자격궁루 육백년

自擊宮漏 六百年

자격루 육백년

600 Years of The Striking Palace Clepsydra:
An Engineer's Journey

펴낸날 / 1판 1쇄 2022년 3월 15일
1판 2쇄 2022년 11월 15일

지은이 / 남문현
펴낸이 / 전영재
펴낸곳 / 건국대학교출판부
등록 / 제 4-3 호 (1971. 6. 21)
주소 / 05029, 서울특별시 광진구 능동로 120 건국대학교
전화 / (02) 450-3891~3
팩스 / (02) 457-7202
홈페이지 / http://press.konkuk.ac.kr
e-mail / press@konkuk.ac.kr

책임편집 / 박명희
찍은곳 / 네오프린텍㈜

정가 / 25,000원

ISBN 978-89-7107-765-8 93500

전면 표지 휘호: 소헌(紹軒) 정도준(鄭道準)
전면 표지 도안: 남문현
표지 디자인: 토리아트

표지 도안 설명: 바탕색은 음양이 번갈아 돌면서 낮과 밤이 바뀌는 "시간의 경과"를 상징한다.(본문 121쪽「보루각명」에서) 회전하는 평륜 위의 시패를 잡은 12지신 보시목인들은 다음 시를 알리는 종이 울리면 번갈아 창에 나타나서 "무슨 시(what time is it)"인가를 알린다. 하룻밤 5경 25점은 경의 숫자대로 북을 울리고, 매 경의 5점은 숫자대로 징을 울린다.(화보 7과 17 참조)

화보 1. [141쪽 그림 3-1]
보루각 자격루 복원 · 제작 설계 조감도

화보 2. [160쪽 그림 3-14] 부전 제작법

A. 제11전 야전(酉-戌時 부분) **B.** 잣대 11개 복원 실물. 잣대 하단에 부표에 꽂는 케이스 부착 **C.** 좌우 수수호 잣대 보관함 **D.** 잣대머리 가로 쇠[橫鐵] **E.** 부구: (좌) 복제품, (우) 유물 **F.** 옻칠한 부표 **G.** 부전

A

B

C

D

E

F

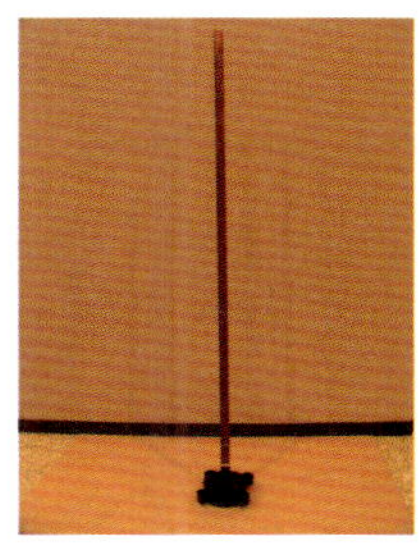
G

화보 3. [163쪽 그림 3-16]
방목 오른쪽 면에
부착하는 경점 동판기구

A. 11개 동판기구(6번 제외)
B. 동판기구함

A

B

A B C D

화보 4. [166쪽 그림 3–17] **파수호 배열**

A. 받침대 위에 안치한 대중소 파수호 배열(동측 정면도) **B.** 소파수호 흐름관, 도수관 배치. 전면 중앙에 보인 흐름관은 C의 원 안에 보이는 무넘기 구멍에 삽입한다. **C.** 소파수호 안쪽 하부에 뚫은 무넘기 구멍(원 안)에 부착한 무넘깃둑 **D.** 폐수호. 물통에 받은 물은 대파수호에 부어 다시 사용한다.

A B C

D E

화보 5. [167쪽 그림 3–18]

수수호 꼭대기에 세운 방목

A. 화강석 받침대 위에 매설한 수수호. 수수호 왼쪽은 물시계 장치 M–1, 오른쪽은 자격장치 궤이며, 꼭대기에 보이는 것은 이 두 개의 장치를 접속하는 광판이다. **B.** 수수호 뚜껑에 세운 방목. 동판기구에 설치한 소환 수납통은 모두 비어 있다. **C.** 수수호 방목 하단에 부착한 커서(백색종이) **D.** 방목 안으로 상승하는 부전 **E.** 경점 동판기구에 수납한 소환(서측면도)

A

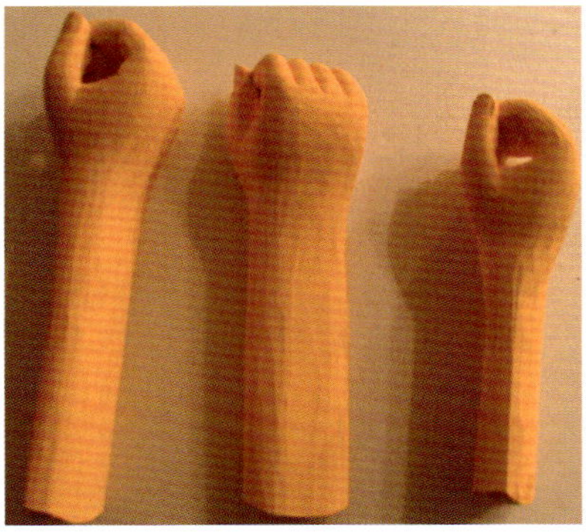

B

C

화보 6. [176쪽 그림 3-23] 사신 목인 제작과 배열 위치

A. 단청을 입힌 삼신 몸체. 왼쪽부터 사시, 사경, 사점 목인
B. 손이 붙은 팔뚝. 왼쪽부터 사시, 사경, 사점 목인용
C. 시보 기구 종, 북, 징 앞에 시범 배치한 삼신(서측면도)

A

B

화보 7. [178쪽 그림 3-25]

12시 보시 목인의 평륜 배열

A. 12시 보시 목인(철륜은 가려서 보이지 않음)
B. 평륜틀 안에 배열한 보시 목인

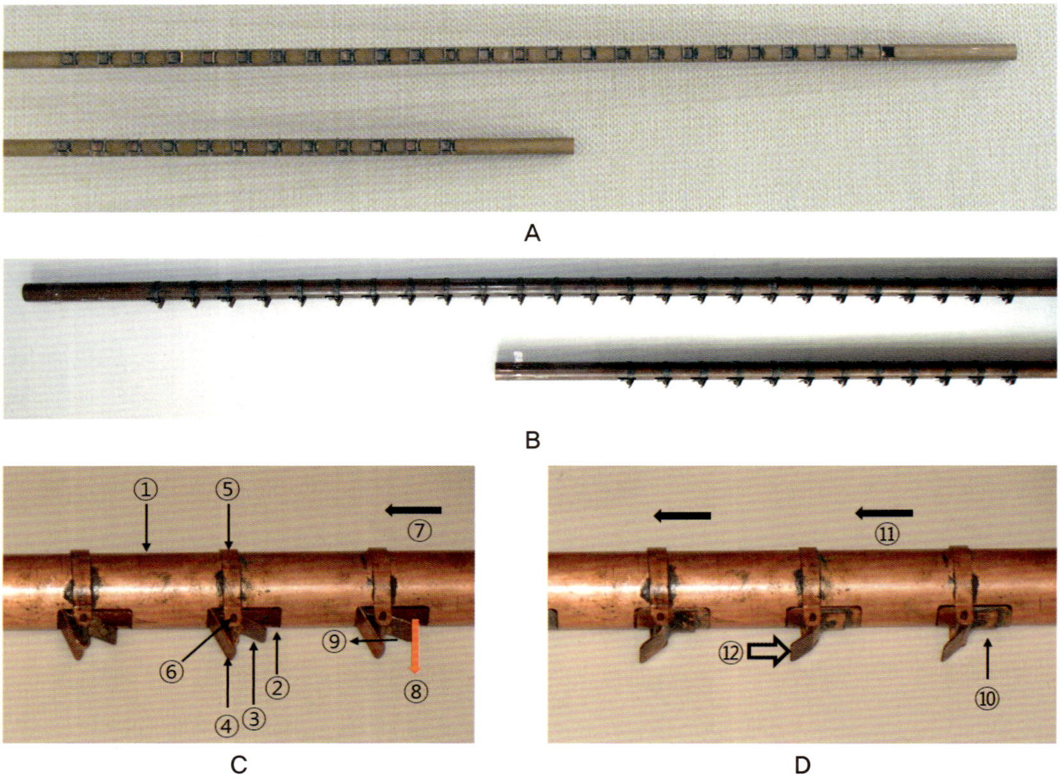

화보 8. [181쪽 그림 3-27] 동통과 구멍 개폐 원리

A. (위) 경점용 동통 하부(앙시도), (아래) 12시용 동통 하부(앙시도) **B.** (위) 경점 동통, (아래) 12시 동통(정면도) **C.** 구멍의 개폐 기구의 구조: ① 동통, ② 구멍, ③ 직사각형 동판, ④ 동통에서 잘라낸 동판, ⑤ 동판 띠, ⑥ 굴대, ⑦ 소환 진입, ⑧ 소환 추락(굵은 화살표는 소환 진행 방향), ⑨ 기구 회전 **D.** 소환 낙하 후 구멍 닫힘 상태: ⑩ 구멍 닫힘 상태, ⑪ 소환 진행 방향, ⑫ 구멍 열기

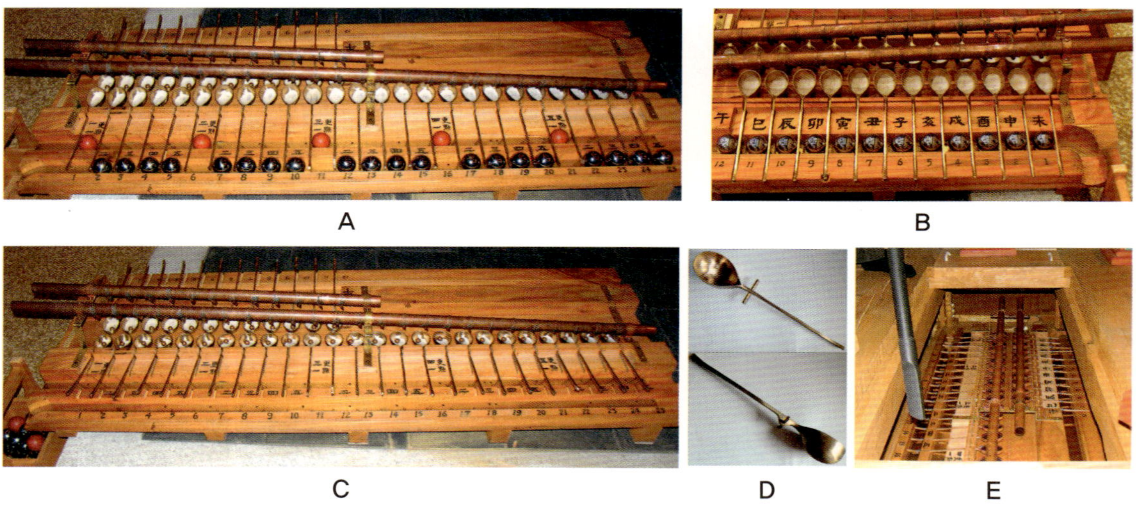

화보 9. [183쪽 그림 3-28] 소환-대환 중계기[M-4]

A. 저장기 상부에다 동통기구를 설치한 M-4. 경환 5개는 중격에, 점환 20개는 우격에 배열(남측면도) **B.** 12시 대환 12개는 좌격에 배열 **C.** 하루가 경과하여 대환은 모두 방출되고, 모든 기시 원단은 소환이 누르고 있다. **D.** 기시에 부착한 굴대. (상) 전면, (하) 측면 **E.** 상층 좌대 밑 중층에 설치한 M-4. A를 90도 회전시켜 설치한 모습(동측면도)

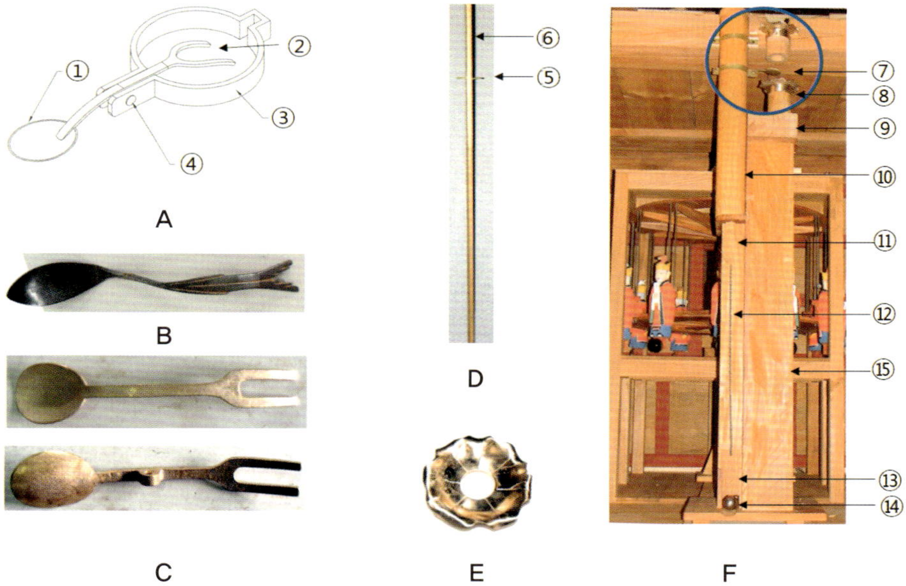

화보 10. [187쪽 그림 3-30] 명종기 부품

A. 기시 설치 방법: ① 기시 원단, ② 핀 걸이, ③ 벨트, ④ 글대 **B.** 고려 말 조선 초의 숟갈 **C.** (상) 기시 평면도, (하) 기시 후면도 **D.** ⑤ 핀, ⑥ 연접봉 **E.** 놋쇠로 주조한 연잎 테 **F.** 명종기 전면: ⑦ 기시, ⑧ 연잎 테를 두른 단통, ⑨ 시환 통로, ⑩ 원통, ⑪ 연접봉, ⑫ 쇠사슬, ⑬ 소판, ⑭ 전환, ⑮ 원주통에 부착한 통

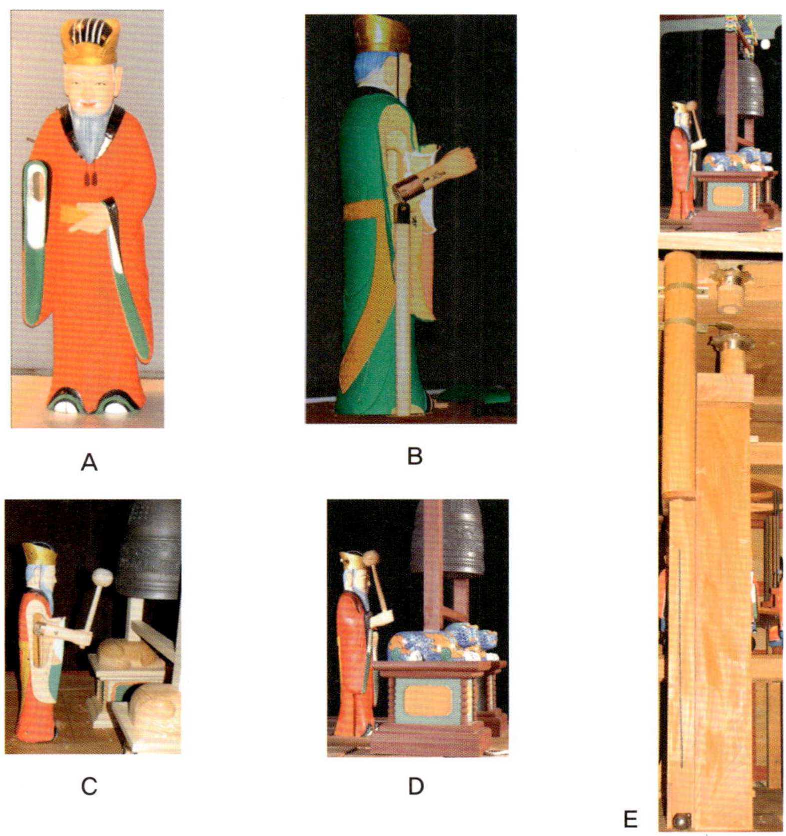

화보 11. [191쪽 그림 3-32] 사시신과 명종기 접속

A. 팔뚝을 달지 않은 사시 목인 **B.** 연접봉과 팔뚝 접속 **C.** 종과 목인 거리 조정 **D.** 사시 목인과 종 틀 위치 고정 **E.** 명종기와 상층에 세운 사시 목인 접속

A

B

C

화보 12. [189쪽 그림 3-31]

보시기와 목인 상승/하강

A. 평륜-횡목기구 정면도. 동판이 목인 오른편 어깨에 걸림 **B.** 원목이 목인 발밑을 떠받침. 철륜 바로 밑에 동판이 위치함. 묘시 목인 상승 **C.** 보시기의 동측면도. 진시 목인 전시 **D.** 진시 목인 상승 대기(정면도) **E.** 진시 목인 전시 **F.** 동판 경사면을 따라 하강하는 진시 목인(서측면도)

D

E

F

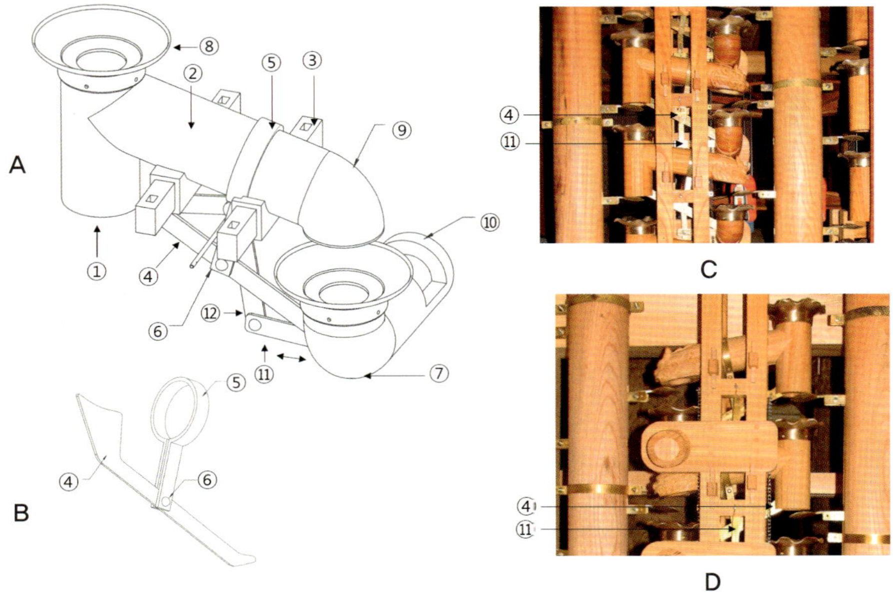

화보 13. [198쪽 그림 3-34] 경로와 점로 개폐기구 설계도와 조립도(부분)

A. 개폐기구 상세도: ① 직단통, ② 사관소통, ③ 고정용 쐐기, ④ 개폐기, ⑤ 소통 고정환, ⑥ 굴대, ⑦ 직소통, ⑧ 연잎 테, ⑨ 용구, ⑩ 경환 수거통, ⑪ 빗장, ⑫ 빗장걸이 **B.** 개폐기의 구조 **C.** 조립도(배면도) **D.** 조립도(정면도)

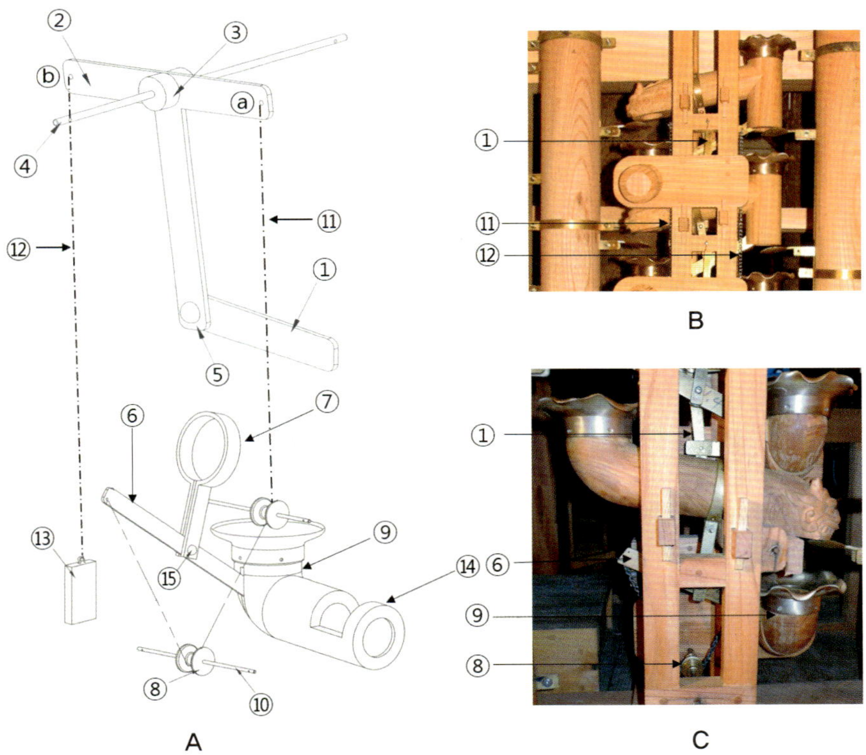

화보 14. [200쪽 그림 3-35] 최하지기, 빗장 설계도와 조립도(부분)

A. 최하지기와 빗장 상세도: ① 빗장, ② 빗장걸이, ③ 빗장걸이 고정환, ④ 굴대, ⑤ 굴대, ⑥ 기시, ⑦ 기시 고정환, ⑧ 도르래, ⑨ 직소통, ⑩ 굴대, ⑪ 기시 작동 쇠사슬, ⑫ 추를 매단 쇠사슬, ⑬ 추, ⑭ 경환 수거통, ⑮ 굴대 **B.** 조립도(정면도) **C.** 조립도(배면도)

A

B

화보 15. [204쪽 그림 3-36]

자격장치 궤 안에 설치한 경점기 모듈 M-6

A. M-6 조립도(정면도). 부품명칭: ① 좌원주, ② 좌방주, ③ 우원주, ④ 우방주, ⑤ 경기와 초점기, ⑥ 점기, ⑦ 직단통, ⑧ 사관소통, ⑨ 용구, ⑩ 놋쇠 연잎 테, ⑪ 개폐기, ⑫ 빗장, ⑬ 최하지기, ⑭ "ㄩ"자형 경환 수거통, ⑮ "ㄇ"자형 점환 방출구 **B.** 궤 안 서측면에 설치한 M-6. 우측부터 안쪽으로 좌원주-좌방주-우원주-우방주 배열. 좌원주에는 매 경을 一 二 三 四 五로 표시하였다. 우원주에도 1에서 5점을 표시하였다. 좌방주에 "ㄩ"자형 경환 수거통 5개, 우방주에 "ㄇ자형" 점환 방출구와 그 밑에 4단 점환 수거용 선반이 보인다. 좌우 방주 좌측에는 최하지기에 설치한 쇠사슬과 추가 보인다.

화보 16. [205쪽 그림 3-37]

자격장치 궤 M-3 상층에 배치한 사경, 사점 목인

목인 손에 각각 북채와 징채를 잡고 있다. 목인 소매 끝에 경점기 M-6에서 팔꿈치와 연결한 연접봉이 보인다.

A B

화보 17. [206쪽 그림 3-38] 자격장치 궤 전면, 후면내부 및 상층 구조

A. 자격장치 궤 M-3 상층 좌대 위에 설치한 사시신, 사경신, 사점신과 전시창에 나타난 보시신. 점선 안은 사시신과 보시신(남측면도) **B.** 자격장치 궤 M-3 북측에 여닫이문을 열고 본 중앙의 시기와 사시신. 점선 안 상층에는 사경신과 북이 보이며, 이것은 궤 안에 안치한 경점기와 연결된다. 왼쪽에 보이는 계단은 중층에 설치한 소환-대환 중계기 관리용이다. **C.** 자격장치 상층에 배열한 목인 3신과 종, 북, 징(동측면도)

C

A B

화보 18. [207쪽 그림 3-39] 자동보시 수력식 기계시계 보루각루 M-7의 외관

A. M-1: 물시계 장치, M-2: 소환 이동통로, M-3: 자격장치, M-4: 소환-대환 중계기, M-5: 시기, M-6: 경점기를 조립한 보루각루 M-7 (6개 모듈의 위치는 그림 3-1C 참조)(규모: 전면 가로 8.8미터, 세로 폭 3미터, 높이 4.7미터)
B. M-1의 방목과 M-3 보개 지붕 연결

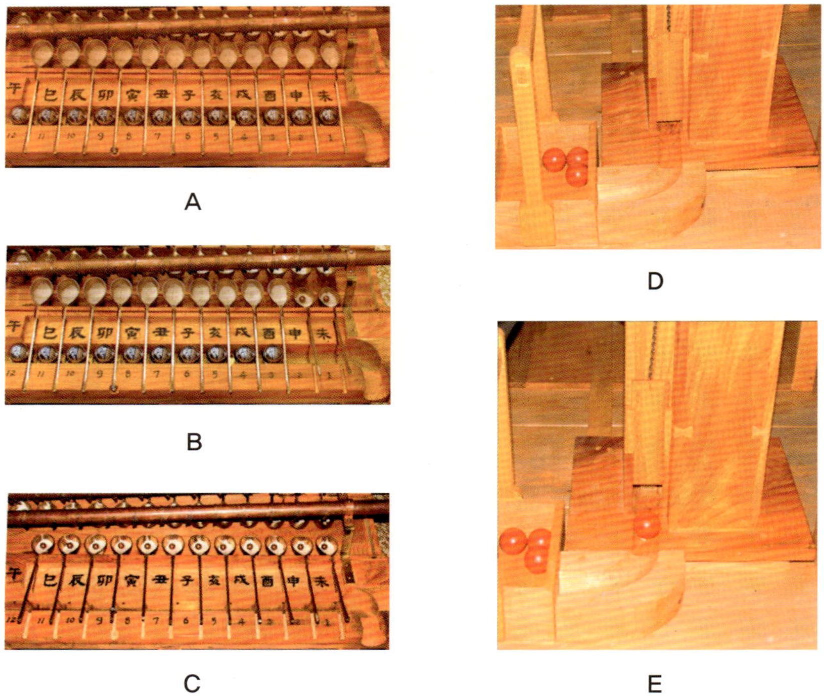

화보 19. [210쪽 그림 3-40] 새로운 운전 중의 소환-대환 중계기 M-4의 소환-대환 작동 상태

A. 운전 준비 상태로서 저장기 안에 시환 12개 안치 **B.** 신시의 좌격 상태. 시환 두 개 방출 **C.** 하루 경과 후의 좌격의 12개 시환 방출 **D.** 수거함에 시환 3개 수거 **E.** 유시가 지나서 소판이 열리고 유시 시환 방출

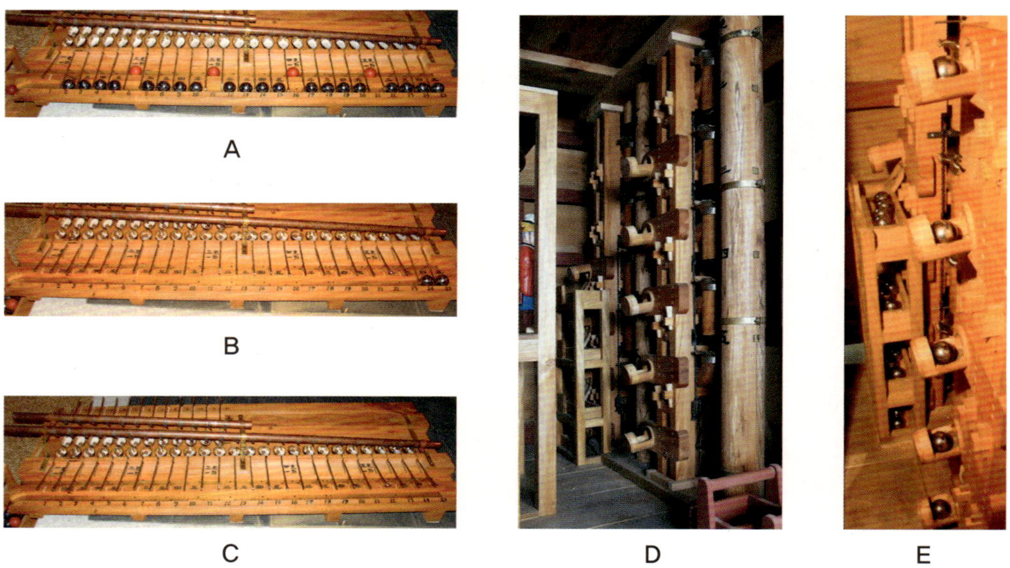

화보 20. [212쪽 그림 3-41] 운전 전후의 소환-대환 중계기 M-4와 경점기 M-6

A. 1경환이 방출된 중격 **B.** 5경 3점 경과 후의 우격 상태. 5경 4, 5점환이 남아 있다. **C.** 5경 5점이 경과하여 중격과 우격의 대환이 모두 방출되고, 25개 소환이 기시 원단을 누르고 있다. **D.** 새로 운전을 시작하기 전의 M-6 상태. "ㅂ"자형 경환 수거통과 "ㄇ"자형 점환 방출통 밑에 놓은 4단 선반이 모두 비어 있다. **E.** 5경 1점이 경과된 후의 "ㅂ"자형 경환 수거통에 5개, "ㄇ"자형 점환 방출구 밑에 놓은 4단 선반에 16개 점환이 수거된 상태

화보 21. [254쪽 그림 4-7] 미시–신시 보시와 소환–대환–기시 작동 상태

십이시 보시과정에서 미시(未時)가 경과한 뒤 신시(申時)를 전시하고 있는 기시의 상태를 보여준다. 기시 원단에 소환 두 개가 들어 있으며, 숟갈총은 위로 들려 있다.

화보 22. [256쪽 그림 4-8]

시기의 명종기와 보시기 구조(동남측면도)

전면 상부에 보이는 원통에 설치한 기시와 쇠사슬이 달린 연접봉이 명종기이다. 직사각형 원주통 상단에 대환 통로 입구, 중앙에 보이는 경사진 횡목, 평륜은 보시기이다. 맨 안쪽에 보시 목인 한 개가 시패를 전시하고 있다.

A

B

C

화보 23. [457쪽 그림 8–7] **송이영 자명종의 자격(타종)–보시 기구의 구조와 원리**

A. 목재 허브 오른쪽에 박은 9개의 넉가래 모양의 막대와 허브 왼쪽에 금속판으로 막은 9개의 방(compartment)(동–북측면도) **B.** 자격–해제 장치(서–북측면도) 상부 중앙에 종을, 그 오른쪽에 타종장치의 타종수 기어와 타종륜열을 배치하였다. **C.** 보시장치(서–북측면도) 부품 명칭: 1. 목재 허브, 2. 9개 방을 가진 드럼형 바퀴, 3. 쇠공을 공급할 수 있도록 드럼형 바퀴 보호 틀(하우징), 4. 보시륜, 5. 쌍톱니 24개를 이동시켜 주는 링, 6. 쌍톱니, 7. 쇠공 회송 관, 8. 쇠공을 들어 올리는 관, 9. 쇠공 공급 관, 10. 쇠공을 들어 올리는 넉가래(패들) 날개, 11. 넉가래 자루, 12. 타종–해제 가로(디딤)막대, 13. 종추 연접막대, 14. 시패 전시용 가로(디딤)막대, 15. 시패, 16. 흔들이(진자), 17. 톱니 120개의 본 톱니바퀴. 화살표는 쇠공의 이동과 수반되는 타종–보시기구의 작동을 나타낸다. (출처: 고려대학교 박물관 소장 국보 제230호 부품 개작. 사진: 남문현, 2015)

화보 24. [508쪽 그림 9-11]

험시의 모델

시반에는 초침 · 각침 · 시침이 회전하고, 케이스 상부에는 종과 망치를 배치하였다. 시반 하부에는 추가 구리사슬에 매달려 있으며, 케이스 맨 안쪽에는 진자와 유추가 위치한다.

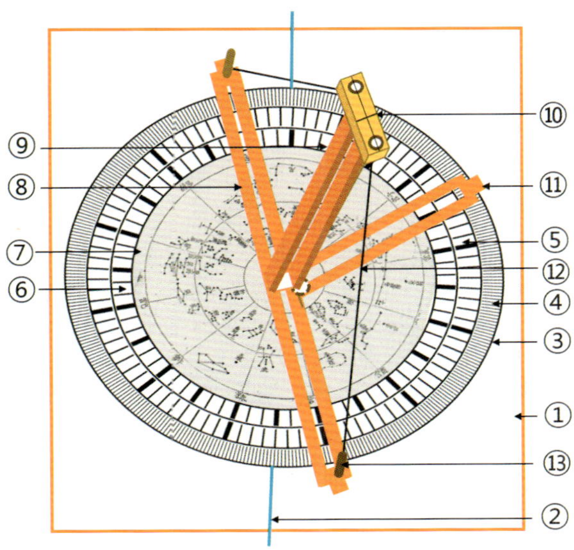

화보 25. [517쪽 그림 9-12]

적도고일구의 복원 모델

부품 명칭: ① 구고판, ② 자오선, ③ 적도권, ④ 주천규, ⑤ 12시 96각, ⑥ 72후, ⑦ 성신판, ⑧ 지형, ⑨ 방주, ⑩ 방형, ⑪ 지삭표, ⑫ 동선, ⑬ 동핀

화보 26. [236쪽 그림 4-1]
한국의 과학: 기계기술 장영실
(2016. 4. 21. 과학기술정보통신부 우정사업본부 발행. 우편번호 3118)

화보 27. [558쪽 그림 E]
조선의 천문과학:
(왼쪽 위로부터) 일정정시의, 측우기, 자격루, 앙부일구
(2021. 4. 21. 과학기술정보통신부 우정사업본부 발행. 우편번호 3502-3504)

자격궁루 육백년

600 Years of The Striking Palace Clepsydra: An Engineer's Journey

남문현 지음

건국대학교출판부

저자 서문

1433년(세종 15년) 9월 16일(음력) 자격궁루의 출현은 한국사는 물론 세계 시계제작사와 과학기술사에서도 중요한 사건 가운데 하나이다. 이 시계는 경복궁 보루각에 설치됨으로써 보루각루報漏閣漏라는 공식 명칭을 얻고 왕조의 표준시계로 반포되었다. 다음 해 7월 초하루(양력 8월 5일)부터는 한양(서울)의 자오선을 기준으로 삼아 결정한 지방시를 보시報時하기 시작함으로써 한국 시간측정사의 신기원을 창조하였다. 당시 조선은 매년 명 황제가 배포하는 역서曆書에 따라 하루하루의 날짜[曆日역일]을 명과 동일하게 지켜야 했지만, 역서의 시간 단위인 "세歲 · 연年 · 월月 · 일日 · 시時"에서 "시"는 예외라고 하는 점을 십분 활용한 결과이다. 보루각루는 울려서 시각을 알리는 시계 "자격루自擊漏"로, 전통에 따라 궁중에 설치한 시계라 하여 "금루禁漏"로 불렀다.

세종 대왕이 추진한 역법교정사업의 성과로써 동지와 하지 후 절기에 따른 한양에 해가 뜨고 지는 일출 · 일입 시각을 계산할 수 있게 되었으며, 이런 성과를 자격궁루에 구현함으로써 비로소 조선은 본국력本國曆『칠정산내편七政算內篇』에 따라 지방시 사용국가라는 시간의 독립성을 성취하게 되었다. 이리하여 절기에 따라 달라지는 도성문 출입 시각을 알리는 인정人定 · 파루罷漏 종을 제때에 울릴 수 있게 되었다. 위로는 궁궐 안의 임금으로부터 아래로는 여염의 백성에 이르기까지 한국사에서 처음으로 풍토에 맞는 "한국 시간"을 누리게 되었다. 궁중과 관청의 업무시간, 국가의 의례와 성리학 사회에서 중요하게 여기는 제사와 같은 의식을 시간에 맞춰 거행할 수 있게 되었다. 왕조 말까지 460년 동안 임진왜란 등 전쟁기간을 빼고 공무와 생활시간 제도가 엄격하게 실시됨으로써 문명국으로 면모를 갖추게 되었다. 당시 세계에서 지방시를 사용한 국가는 손가락으로 꼽을 정도였다.

보루각루는 온 하루를 12등분하는 12시 100각법十二時一百刻法과 하룻밤을 5등분하는 오경법五更法에 따라 12시와 경점更點을 계시하여 자동으로 보시 신호를 발신하는 수력식 기계시계였다. 장영실은 보시 시점時點마다 작은 구슬을 방출시켜 자격(시보)장치로 보내는 물시계 장치에다, 이 구슬을 받아 저장한 큰 구슬을 방출시켜 이것이 낙하하면서 발생하는 동력으로 목인木人(인형 로봇) 세 개가 종 · 북 · 징을 울리고, 종이 울리면 십이지十二支 동물의 이름이 적힌 시패時牌를 잡은 목인 열두 개를 차례대로 전시하여 "무슨 시"인가를 자동으로 보여주는 시청각 자격장치를 접속하였다. 이 시계의 기계적 특징은 "낙하하는 구슬이 발생하는 동력을 전달하는 장치"에 있으며, 이런 장치는 15세기 초까지 동아시아에서는 만든 적이 없었다. 그렇다면 "장영실은 이런 특이한 시계를 어떻게 발명했을까?"

세상에 존재하는 사물은 나름대로 전통이라는 뿌리가 있게 마련이다. 알고 보면 자격궁루도 장영실이 이보다 8, 9년 앞서 제작한 "경점지기更點之器"라는 물시계를 전면적으로 업그레이드한 것이다. 개량이라기보다 혁신이라고 볼 수 있다. 구슬의 낙하를 이용한 시보장치 제작기술은 동아시아가 아닌 서아시아에서 유래한 것으로 알려졌다.

지금은 주로 과학기술사 연구에 매진하고 있지만 나는, 사실 제어공학control과 바이오공학bioengineering을 전공한 공학자이다. 1980년대 초 한국학 연구 붐이 일 때 우리 한국사 속에서 자동제어장치를 발굴하여 교육에 활용해 보자는 학계의 요청을 받아 이를 계기로 자격루 복원을 연구과제로 선택하여 일로매진한 것이 올해로 서른여덟 해가 되었다. 1995년 10월에는 자격루의 구조와 원리, 기능을 밝힘으로써 복원의 토대를 마련하기 위한 나의 첫 저서 『한국의 물시계: 자격루와 제어계측공학의 역사』(1995, 건국대학교출판부)를 상재하였다. 이 책은 10여 년간의 연구논문을 모아 정리한 것으로서 새로운 주장이나 창견創見도 있지만, 미처 피드백 제어를 이용한 모델의 오류를 바로잡지 못하고 성급하게 발간되었다. 이후에 발표한 여러 논저 가운데서도 나는 이 책을 가장 아끼고 사랑한다. 그 까닭의 하나는 한국 시간측정사와 기술사 연구에 가이드가 되어 기여한 바 적지 않고, 세종 대왕을 도와 간의대와 자격루 창제에 엔지니어로서 크게 기여한 장영실의 활약상을 구체적으로 보여주었기 때문이라 생각한다. 개정판은 내지도 못한 채 절판하여 결국 희귀본이 되고 말았다.

1999년에는 전통기술에 관심을 가진 학계와 산업계 인사들과 '한국산업기술사학회'를 창립하고 학회지 『기술과 역사』를 창간하였다. 2002년에는 이 학회에서 연구한 고대기술을 소개한 『전통 속의 첨단공학기술』(2002, 김영사)을 한국공학한림원과 김영사가 공동 기획한 「공학과의 새로운 만남」 총서로 발간하여 일반인의 전통 과학기술에 대한 이해를 증진시키는 데 일조하였다. 이 해에 『한국의 물시계』를 일부 수정한 교양도서 『장영실과 자격루: 조선시대 시간측정역사 복원』(2002, 서울대학교출판부)을 출간하였다. 이 세 가지 책은 현재 절판되었다.

이 책은 첫 저서 『한국의 물시계』를 상재한 지 4반세기, 자격궁루 연구에 착수한 지 38년 만에 간행한 것이다. 겉보기에는 앞서 간행된 저술과 비슷한 점이 많다. 그러나 내용이나 체제는 크게 다르다. 프롤로그에서 소개한 국내외의 천문과학 의기와 시계에 관련된 자료를 대폭 활용했으며, 특히, 보루각루 복원 · 제작 과정을 기술하면서 설계도와 제품 사진을 상세하게 소개하였다. 보루각 연구와 같은 해에 착수한 흠경각欽敬閣 복원 연구는 38년 만에 비로소 모델을 설정하기에 이르렀다. 조선조 말기를 화려하게 장식한 천문 · 계시의기 저술인으로서 고위 관료이며 실학자인 남병철南秉哲이 지은 『의기집설儀器輯說』 국역은 1990년대에 착수하였으나 이번에 연구를 마무리하면서 토픽으로 소개하였다.

이 책은 조선 궁중 천문대의 표준계시기 창제사업으로 장영실이 발명한 자격궁루의 후예로서 세계 천문의기와 시계 제작사에 기록될 의기와 시계를 제작한 선인을 역사 전면에 등장시킴으로써, 한국사 속에서 시간과 문화를 재구성한 나의 자격루 오디세이의 세 번째 도정을 마무리한 연구 저서이다. 이 책에서는 『한국의 물시계』에서 미진했던 부분과 학계에서 미제로 미뤄 두었던 몇 가지 의기와 계시기에 대한 오류를 바로잡고, 모델을 제시함으로써 새로운 복원의 길을 열었다. 이를 위하여 저자는 후대의 기술에서 전대의 기술을 유추하는 방안을 고안하였다. 이것은 왕조정치의 특징 가운데, 선대의 유산을 "조종祖宗의 법"에 따라 후대가 전승하여 발전시키는 이른바 "계지술사繼志述事"에 착안한 것이다. 이 책은 다음에 기술한 몇 가지 특징이 있다.

첫째, 이 책은 세종 대왕이 역상수시 규범을 마련하기 위해 창설한 궁중 천문대 간의대 보루각과 흠경각을 연구하면서 국내의 상황은 물론, 당대 중국의 사정을 살펴 비교하고, 실증적 방법론에 입각하여 "왜(why)"와 "어떻게(how)"에 중점을 두었다. 특히, "자격루에 대한 궁금증을 얼마만큼 해소시켜 주느냐"에 초점을 맞췄다. 이를 위해 세종 보루각루 복원 · 제작 과정을 한 장으로 독립시켜 낱낱이 기술함으로써 궁금증을 풀어주고, 아울러 미구에 닥쳐올지도 모르는 기술 단절이 발생하는 상황에 대비할 수 있도록 하였다. 자격궁루 발명에 영감을 준 것으로 알려진 중국과 이슬람 시계 제작기술의 실상을 보루각루 복원 실물과 대비하여 '같음'과 '다름'의 차이를 밝힘으로써 고유의 특성을 추출하고 이를 한국성韓國性(Koreanness)이라 이름 지었다. 한국문화의 특성을 흔히 창의성, 탁월성, 역사성, 지역성과 보편성에 바탕을 두고 언급했듯이, 대부분의 과학기술은 다문화성(multi-culturalism)을 띠면서 복합 · 소멸 · 융합이라는 과정을 거쳐 새로운 형태로 나타나는 것이 보통이다. 조선시대 과학기술사에서 보루각루와 흠경각루, 그리고 이것의 후예인 천문시계 두 개는 대표적인 사례로 볼 수 있다. '출람出藍'이라는 말이 더 어울릴지 모르겠다. 한국적인 것이 가장 세계적이라는 말과 일맥상통한다.

둘째, 이 책은 전문 연구자는 물론, 일반교양인, 학생, 문화재 복원에 관심을 가진 실무자를 대상으로 쓴 책이다. 따라서 학계 전반의 현황 소개보다 저자를 중심으로 이뤄진 연구를 위주로 썼음을 밝혀 둔다. 또 주장이나 창견을 간단명료하게 풀어서 서술하고, 보충자료는 각주에서 최소화하였다. 이 책의 주註와 참고문헌 목록은 한국사, 한국과학사, 기술사, 공학사를 연구하려는 분에게 긴요한 가이드가 될 것으로 기대한다.

셋째, 이 책은 과학기술사 연구의 새로운 패러다임을 제공하리라 기대한다. 역사적으로 중요한 유산의 복원(historic reconstruction)은 최근 과학기술사 서술에서 결정적인 도구가 되고 있다. 특히, 기구 · 기계학사, 공학기술사, 한국사 분야의 연구는 물론, 문화재 복원에 많은 통찰력과 관점을 제공하게 될 것이다. 지난날 우리나라 과학기술 역사와 문화를 심층적으로 이해하는 데 마땅한 자료를 찾지 못해 어려움을 가지고 있는 분에게는 이 책이 청량제 역할을 할 것이다. 또한 역사 속에서 과학기술의 역할에 대한 지식과 창의력을 높이려는 분에게도 비전을 줄 수 있을 것으로 기대한다.

넷째, 이 책에는 도면과 사진, 영상자료를 풍부하게 실음으로써 독자들이 본문의 내용을 재미있고 실감 나게 파악할 수 있도록 하였다. "**기록**을 통해 옛일을 들려주고, **연구**를 통해 새로운 사실을 알려주고, 의기와 계시기의 **복원 · 재현** 과정을 보여주려면" 도면과 사진, 영상 미디어 자료가 큰 도움이 되기 때문이다. 이리하여 '**들려주고, 알려주고, 보여주는**' 이른바 3차원 지식 창출을 도모하였다. 이러한 시도는 '지식의 저장'이라는 저술 본래 목적 이외에도, 역사적 문화재 복원에 참여하면서 기록 보존의 중요성을 뼈저리게 체득하였기 때문이다. 실례로, 프랑스가 침입한 병인양요(1866년)에서 약탈해 간 외규장각 의궤儀軌를 반환하는 문제와 관련하여, KBS 인터뷰에서 기자가 나를 "하룻밤 사이에 천당과 지옥을 갔다 온 사람"이라고 하였다. 이유인즉슨, "외규장각 도서목록[形止案형지안]"에 "보루각과 흠경각 중수기"가 들어 있다는 사실을 당시 한국 측 협상 대표인 서울대학교 이태진 교수가 알려주었을 때 흥분과 기쁨을, 곧 이은 파리국립도서관 목록에 없다는 사실을 알려왔을 때 실망과 분노를 주체하지 못했던 것을 묘사한 말이다. 외규장각 도서목록에는 광해군 대에 보루각을 개수하고 흠경각을 영건한 후 제작한 의궤 두 가지가 들어 있다. 나는 반환하는 의궤 가운데 당연히 이 두 가지가 있으리라 크게 고대하고 있던 참이었다. 의궤 속에 화원이 그린 도면이 보루각루와 흠경각루 복원에 크게 도움이 되리라는 기대가 일거에 무산되었기 때문이다. 당시의 나의 심경을 표현한 이 에피소드가 이 책에 고스란히 반영되었음은 물론이다.

저자 서문

시간과 시계를 연구하면서 나는 가끔 이런 질문을 스스로 해 본다. "시간을 측정하지 않고도 문화생활이 가능할까?" 한 시, 하루, 한 달, 일 년 그리고 연이 쌓이는 세歲라는 시간 단위를 모른다면 씨 뿌리고 거두는 일, 크고 작은 기념일과 축제, 근무와 수업 시간 등 일상생활은 물론 사회생활도 매우 불편하고 문화가 주는 혜택이나 문명개화는 기대하기 어려울 것 같다. 시간 규범의 독자성을 쟁취하기 위해 독창성을 발휘한 세종대왕과 이를 계승한 역대 군왕이 건설한 과학기술문명의 현장은 대부분 과거의 자취와 체취를 그대로 간직하고 있으며, 사람들은 옛 모습을 다시 찾고 보기를 고대하고 있다. 역사적 현장을 복원하여 보다 나은 문화국가 · 과학기술 강국 대한민국의 미래를 설계하는 데 이 책이 하나의 밑알이 되기를 바라는 마음 간절하다. 지난 38년을 돌아보면서 나는 역사적 유물로서 자격궁루 연구가 공학자인 내게 주어진 소명이 아닐까 하는 생각이 들 때가 있었고 이 글을 쓰고 있는 지금도 마찬가지다. 창경궁 금루각禁漏閣 옛터에 국보 창경궁 자격루를 안치하고, 옛터에 복구한 관천대觀天臺를 정시의대定時儀臺라는 본래 이름을 되찾아 금루각의 짝을 찾아줌으로써 한양 지방시 보시 300년 역사를 간직했던 창경궁 신보루각 금루 – 정시의 제도는 빛나는 문화유산으로 거듭날 것이다. 비로소 모델을 제시한 흠경각루와 제정각 혼천의 복원 제작 등 아직도 산적한 과제가 남아 있다. 가까운 장래에 과제를 풀기 위해 미력이나마 노력할 것을 기약한다.

이 책에 남아 있을 것으로 보이는 오류는 전적으로 나의 책임이며 바로잡을 수 있도록 최선의 노력을 기울일 것이다. 강호 제현의 질정을 바란다.

이 책이 나오기까지 많은 분의 은혜를 입었다. 보루각루(자격루)의 복원과 상설전시를 시행한 국립고궁박물관과 저술을 격려해 주신 서준(구명 승우)님, 희귀 자료를 수소문하여 제공해 주신 건국대 상허기념도서관, 『한국의 물시계』에 이어 이 책의 간행을 흔쾌히 맡아주신 건국대학교출판부 관계자분들께 깊이 감사드린다.

이 책의 초고를 검토하고 값진 조언을 해 주신 한영호 건국대학교 명예교수님, 지난 10년 동안 나의 거친 글을 가다듬어준 외우 이영시 님, 집필을 격려해 주신 강신구, 김용근 교수님, 한문학자 남정강 님, 강성모 전 KAIST 총장님, 벨지움 할스버거Nicole Halsberghe 박사님, 과학고전 국역에 동참해 주신 건국대학교 남종진 박사님, 중국과학원中國科學院 자연과학사연구소自然科學史研究所 진구금陳久金, 중국과기대中國科技大 석운리石云里 교수님께 감사드린다.

귀중한 자료를 제공해 주신 강릉문화원, 고려대학교박물관, 국립고궁박물관, 국립문화재연구소, 국립중앙박물관, 국사편찬위원회, 건국대학교박물관, 서울대학교 규장각한국학연구원, 서울역사박물관, ㈔세종대왕기념사업회 박물관, 전북대학교 한국과학문명학연구소, 한국천문연구원, (재)외솔회, 체코국립박물관(Czech NARODNI MUZEUM), 네덜란드 시계박물관, 대만 국립고궁박물원, 한국문명교류사연구소 정수일 박사님, 연세대학교 나일성 명예교수님, 세종대왕기념사업회 회장 박종국 박사님, 고 전상운 전 성신학원 이사장님, 서울대학교 김명호 · 문중양 교수님과 한영우 · 김영식 명예교수님, 동국대학교 노대환 교수님, 연세대학교 이은희 박사님, 충북대학교 이용삼 명예교수님, 경희대학교 구만옥 교수님, 전북대학교 신동원 · 이문규 · 김근배 · 문만용 · 김태호 교수님, 제주대학교 오상학 교수님, 한국학중앙연구원 전용훈 교수님, 춘천교육대학교 이면우 전 총장님, 서울대학교 규장각한국학연구원 김백철 박사님, 성균관대학교 강민정 박사님, 동북아역사연구소 이민원 박사님, 한양도성박물관 최형수 관장님, 주한체코문화원 이 미카엘라 원장님, 서울외국어대학원대학교 앳킨슨Timothy V. Atkinson 교수님, 미국 캘리포니아대학교 샌디에이고분교 정정일程貞一(Chen Cheng-Yih) 명예교수님, 중국 상해 고 반내潘鼐 교수님, 중국과기대中國科技大 이지초李志超, 서북대학西北大學 곡안경曲安京 교수님, 영국의 고 힐Donald R. Hill 박사님, 독일 프랑크푸르트대학 고 세진Fuat Sezgin 교수님, 고 진미동陳美東, 장백춘張柏春, 손소순孫小淳 교수님께 감사드린다.

나의 첫 저서『한국의 물시계』출판을 주선해 주시고 기술사 연구를 성원해 주신 건국대학교 사학과 이주영 명예교수님을 비롯하여 오랜 연구 동료 중어중문학과 이수웅, 철학과 송병옥 교수님과 좋은 일 궂은일을 마다하지 않고 챙겨 주시는 한림대학교 송상용 명예교수님의 보살핌에 감사의 마음을 드린다.

오랜 세월을 감내하며 자격루 연구에 동참해 준 아내 홍용선, 이 책이 나오기까지 응원을 해 준 큰아들 윤기와 며느리 박현민 내외, 딸 은혜, 작은아들 윤서, 손자 경식, 손녀 경연, 그리고 형제자매와 부모님들이 베풀어 주신 은덕을 기리며 이 책을 올린다.

2022년 임인壬寅 정초에
COVID-19가 만연한 시절에 취화산방醉華山房에서
남문현 쓰다

차례

제1편 보루각

제1장 자격궁루의 출현과 보루각 창설

제2장 「보루각기」 역주 및 보루각루 설계

차례

제3장 세종 보루각루 복원 · 제작

제4장 보루각루의 연원과 특징

제5장 보루각 연혁

제7장 흠경각루의 연원

Contents

600 Years of the Striking Palace Clepsydra: An Engineer's Journey
By Nam Moon-hyon
Konkuk University Press

Contents

Chapter 2. Translation and Annotation of the Memoirs and Inscriptions of the Annunciating Clepsydra Pavilion *Boru-gak-gi* 報漏閣記 and a Reconstruction Design of the Clepsydra

Chapter 3. Reconstruction Making of the *Boru-gak-nu* of Sejong the Great

Contents

Chapter 5. History of the Annunciating Clepsydra Pavilion

Contents

Chapter 7. The Origins of the Hall of Respectful Veneration Clepsydra

Contents

Part III Gwansang-gam (Astro-calendric Office)

Chapter 9. Westernizing the Traditional Astro-calendric, Timekeeping Science

Contents

자격루 육백년

自擊宮漏 六百年

일러두기

- 이 책에서 표기한 조선시대의 날짜는 태양태음력일이며, 1월 1일부터 12월 30일까지 1년은 서기 연도에다 국왕 재임 연도로 표기하였다. 역대 실록, 승정원일기와 관련한 인용문의 서지사항은 다음과 같다. 보기로, 『세종실록』 권12: 세종 3년 6월 10일(辛丑) = 『세종실록』/권12/세종3년/6월/10일/(干支)辛丑 = 세종/12/3/6/10/辛丑으로 본문에 표기하였다.
- 참고문헌의 서지사항은 본문에 저자명(또는 서적명), 연도: 쪽으로 약기하고, 원래 참고문헌은 이 책 말미에 모아서 실었다.
- 서명과 인명은 처음 나올 때 한자를 병기하였으며, 이후에는 특별히 구분하기 어려운 경우를 제외하고는 생략하였다. 등장하는 동아시아 인명에는 한자와 함께 생몰년을 병기하였으며, 확인이 어려운 경우에는 의문부호로 표시하였다.
- 전근대 중국인은 한자음대로 표기하고, 근현대 인물은 한자 또는 병음부호, 일본인은 한자음 또는 일본어 발음으로 표기하고 한자를 병기하였다. 서양인, 아랍 무슬림 등은 발음대로 한글로 표기하고 괄호 안에 중국 전교사의 경우 한자 이름, 원래 해당국 이름을 영어 알파벳으로 표기하였다.
- 주석은 각주를 위주로 하되, 실록 자료, 인용문 등은 본문에다 소주 형태로 풀어서 쓰고 서지사항을 병기하였다.
- 서명, 편명은 겹낫표『 』, 기문, 지도, 그림 등은 낫표「 」로 표기하였다. 한글과 발음이 다르고 뜻이 같은 한자어는 [ ] 안에 병기하였다. 인용문은 본문과 구분하여 따로 문단 처리하거나 본문 내에서는 큰따옴표 " "로 표기하고, 그 안에 따온 곳은 작은따옴표 ' '로 표기하였다.
- 사진은 대부분 저자가 촬영한 것으로 출처를 밝히지 않았으며, 소장처를 밝힌 사진은 허락을 얻어 촬영하거나 제공 받은 것이다.
- 그림은 저자가 작성한 것은 출처를 밝히지 않았으며, 그 밖의 것은 가능한 소장처와 출처를 밝혔으며, 일부 오래된 문서의 경우 저작권자를 찾지 못하여 확인하는 대로 통상 기준에 따른 허가 절차를 밟기로 한다.
- 외국인 독자의 편의를 위해 본문(국문) 차례 다음에 영문으로 차례를 넣었다.
- 아랍어 원문은 해독이 어려워 영문 번역본에 따랐음을 밝혀둔다.
- 본문에 나오는 낱말의 뜻풀이는 주로 국립국어원『표준국어대사전』에 따랐다.

자격루 육백년

프롤로그

세 번째 도정에 나서다

2007년 11월 28일. 23년에 걸친 자격루 복원 연구 끝에 국립고궁박물관에 전시한 세종 보루각루(자격루)가 창제된 지 573년 만에 그 당시와 같이 자격장치가 작동하여 목인 3신과 12신이 때가 되면 종, 북, 징을 울리고 시패를 들어 시간을 알리기 시작하였다. 나의 대학교수 정년퇴임을 100일 앞둔 시점이었다. 1984년에 제어공학자로서 자격루의 자동제어 시스템에 관심을 가지면서 출발한 나의 '자격루 오디세이'는 첫 저서 『한국의 물시계 – 자격루와 제어계측공학의 역사 –』(건국대학교출판부, 1995)를 펴내면서 끝낸 1차 도정에 이어 자격루 복원으로 2차를 마무리하게 되었다. 그해 8월에는 미국 뉴저지공대(NJIT)에서 미국전기전자학회(IEEE) 전력발전역사회의에 "한국의 초창기 전등전력사"를 발표하고, 로드아일랜드 이스트 그리니치에 있는 뉴잉글랜드 박물관(NSWM)을 방문하여 경복궁 전등소에 설치했던 1883년제 증기기관을 조사하였다. 12월 6일에는 대한전기학회 창립 60주년 기념 특강에서 "전등소電燈所"가 "우리나라 전기공학의 뿌리"라는 것을 보고하였다. 전등소는 고종의 개화정책에 따라 미국 에디슨 전등회사가 경복궁 향원정 앞 영훈당에 건설하여 1887년 초에 "문명의 빛"을 밝히기 시작한 전기조명 발전소이다. 궁중 전등소는 한중일 3국에서 최초이다. 전기공학사 연구는 2000년 미국전기전자학회(IEEE) 역사센터 회의에 한국 대표로 참석하여 전등소를 소개하면서 시작한 이후 IEEE역사위원회 위원으로 선임되어 추진한 한국의 초창기 전등전력발전사를 정리한 것이었다. 이후 대한 전기학회 전기역사전문위원회에서 전기역사를 조사 · 발굴하고 전기박물관 설립운동에 참여하였다. 제어공학과 생체공학에 이어 과학기술사와 산업기술사가 명실상부하게 전공으로 자리를 잡게 되었다.

세종 보루각루 복원은 우리나라 과학기술사의 한 축을 이룬 세종 대왕의 간의대 창설이라는 위대한 공적의 일부를 물리적으로 복원한 1단계 업적에 불과하다. 이것이 재현되었다 해서 처음 목표한 "시간측정사와 기술사技術史에서 자격루의 위상을 확립한다"는 연구목표가 모두 달성된 것은 아니다. 오히려 자타가 공인하는 역사적 문화유산 복원(historic reconstruction) 목록에 이름을 올리려면 풀어야 할 일이 남아 있다. 무엇보다 이번 복원이 "보다 광범위한 문화적 맥락에서 보았을 때 무엇을 배울 수 있을 것인가?"가 충족되었다고 보기 어렵다고 판단하였다. 자격궁루 뿌리 찾기, 흠경각루 복원과 함께 간의대 천문의기와 시계 창제에 활용되었던『제가역상집諸家曆象集』다시 보기, 조선 후기 실학자들의 천문학과 계시학의 실체 파악, 대한제국 시대 전기공학사를 비롯하여 전통과학과 21세기 문화 비전 등 이런저런 문제에 답하기 위해 나는 오디세이를 계속하기로 하였다. 다음에는 3차 도정의 마무리가 될 이 책을 집필하는 데 필요한 자료수집, 자격루를 문화적 맥락에서 파악하기 위한 인문학 등 관련 국내외 전문가들과 교류, 전통 과학기술에 대한 연구 및 저술, 교육 및 홍보 활동 등 10여 년간의 학문 편력을 요약하여 정리한다.

대학 강단을 내려와 우리 전통과학기술 연구와 봉사가 본업이 되다

2008년 2월 28일 드디어 33년간의 대학 강단 생활이 끝났다. 앞으로 천문 · 계시의기를 비롯한 과학고전 연구에 전념할 수 있게 되었다. 3월 들어 복원사업에서 제시한 물시계 운영 매뉴얼인 11전법箭法『누주통의漏籌通義』제작 연대와 명대明代의『대통력大統曆』에서 청대淸代에『시헌력時憲曆』으로 역법이 바뀌는 데 따른 계시제도의 변화와『누주통의』변경을 위한 조선시대 경루법更漏法 연구를 일벗 한영호韓永浩 교수(건국대)와 함께 진행하였다. 연말에 "조선朝鮮의 경루법更漏法"을『동방학지東方學志』(연세대)에 기고하였다.[1] 나로서는 2000년 한국산업기술사학회 논문집『기술과 역사』창간호에 발표한 "조선의 천문시계:

[1] 이 글에서는 2008년 이후 발표한 논문, 잡지와 서적명은 대부분 한글로 번역하였으며, 서지사항은 권말 참고문헌을 참조하기 바란다.

세종의 흠경각루에 대하여"에 대해서도 복원연구를 하려고 시도했으나 연구비 문제 등 여러 가지 어려움이 뒤따라 훗날을 기약하기로 하였다. 자격루 연구를 보다 심화하기 위해 『세종실록』「간의대기」 연구와 복원한 자격루를 국내외 학계에 발표하는 방향으로 여정을 잡았다. 7월에 한국공학한림원으로부터 나와 손욱孫郁 박사(당시 삼성기술원장)가 공동 저술한 『전통 속의 첨단공학기술』(2002, 김영사)의 영역판英譯版 제의를 받아 서울외국어대학원대학교 앳킨슨Timothy V. Atkinson 교수와 함께 영역에 착수하였다.[이후 여러 가지 사정으로 초고 영역으로 머물렀다. 훗날 국사편찬위원회가 추진한 조선왕조실록 영역 적임자로 나는 앳킨슨 교수를 추천하였다.] 임진왜란 중에 파괴된 간의대 복원과 활용방안을 연구한 "간의대簡儀臺의 어제와 오늘"을 『고궁문화』 2호에 기고하였다. 12월부터 2009년 봄까지 한국고전번역원 『맹자孟子』 강독반에 등록하고 내각본을 교재로 구결口訣로 토를 다는 법을 익혔다. 이후 중국에 갈 때마다 맹자, 『시경詩經』 관련 책을 모았다.

2009년 가을에 일본 규슈지역을 여행하였다. 11월에는 『한국의 전통 천문의기儀器』 고천문워크숍에서 "세종 간의대와 21세기 문화비전"을 발표하였다. 발표를 마치고 원나라 천문학자 곽수경郭守敬이 대도(현재 北京)에 건립한 북경고관상대北京古觀象臺 창립 730주년 기념 "중국中國의 의기儀器와 천문학天文學 발전發展 국제학술대회國際學術大會"에 자격루 복원 연구팀 건국대 한영호韓永浩, 서문호徐文浩 교수와 함께 참가하여 "15세기 조선 세종 대왕의 보루각루 복원"을 발표하였다. 하북성 흥륭현 관측소에서 최신 천체망원경 LAMOST를 관람하였다. 이 논문은 2010년 『중국과기사잡지中國科技史雜志』에 게재되었다. 국립중앙박물관 박물관대학에서 "한국과학사: 세종시대의 과학과 21세기 문화비전" 강의를 시작하여 2014년까지 계속하였다. 11월에 국립과천과학관 과학기술사료관에 그간 수집한 기술사 관련 각종 고문헌 등의 연구자료(1,700여 점)를 일반인도 활용할 수 있도록 기증하여 교과부 장관 감사장을 받았다.

기구기계학사와 이슬람 과학사 연구 기반 구축

2010년 2월 25일에 건국대에서 한·중천문역법교류 국제회의에 참석하여 "한·중학술교류의 회고와 전망"을 발표하였다. 중국과학원中國科學院 자연과학사연구소自然科學史研究所 손소순孫小淳(Sun Xiaochun) 부소장, 중국과기대中國科技大 석운리石云里(Shi Yunli) 교수와 국가천문대國家天文臺에서 여러 분이 참가하였다. 회의가 끝나고 국립고궁박물관 자격루 관람을 주선하였다. 모두가 놀라는 눈치다. 8월에 부산박물관 2010 특별기획전 "장영실과 과학의 나라 궁리窮理"에 논고 "장영실과 자격루"를 게재하고, "전통과학과 21세기 문화비전"을 강의하였다. 장영실은 젊었을 때 동래에서 관노로 복무하였기에 부산 출신 과학자로 자리매김하였다. 9월에 도쿄 일본국립천문대日本國立天文臺에서 열린 제7회 동방천문학사 국제회의(ICOA-7)에 참석하여 "세종시대 자격루 복원" 논문을 발표하였다. 이 회의를 통해 이슬람 천문학 전문가인 인도의 안사리Ansari S.M. Razaillah 교수의 소개로 독일 프랑크푸르트대학 아랍·이슬람학연구소 소장 세진Fuat Sezgin 교수와 교류하게 되었다.

10월에 중국과학원 자연과학사연구소 소장 장백춘張柏春(Zhang Baichun) 교수가 연구소에서 개최한 국제기구기계학연맹(IFToMM) 산하 기구기계학사(History of Mechanism and Machine Science, HMMS) 연례총회에서 자격루 복원 경위를 발표하였다. 대만 국립성공대학國立成功大學 안홍삼安鴻森(Yan Hong-Sen) 교수와 북경 청화대학清華大學 고선高宣(Gao Xuan) 박사의 북송시대 수운의상대水運儀象臺 복원연구 현황 등 주요 국가의 과학기술문화재 복원연구 동향에 대한 발표가 있었다. 국제기구기계학연맹(IFToMM) 회장인 이탈리아 카시노Cassino 대학 체카렐리Marco Ceccarelli 교수는 2000년 이 대학에서 열린 HMMS 국제심포지엄 HMM 2000을 주관한 구면이었다. 현재 로마대학교로 옮긴 체카렐리 교수는 스프링거 출판사(Springer)가 출판을 주관하는 HMMS 총서 편집인으로 세계기구기계학사 사료를 광범위하게 수집하여 백과사전을 발간하는 방대한 사업을 총괄하고 있다. 이 회의에 참석한 네덜란드 암스테르담 자유대학교 코엣시어Teun Koetsier 교수로부터 2012년 5월에 암스테르담 자유대학교(VU University Amsterdam)에서 열리는 HMMS 연례총회에 논문을 발표해 달라는 요청을 받았다. 회의가 끝나고 참석자들은 금산령金山嶺 장성長城을 등정하였다. 자연과학사연구소 도서실에서 원-명대 이슬람 과학기술 자료를 수집하고, 시내 왕부정 중화서점에서 이슬람 과학 도서를 구입하였다. 10월 22일에 자격루 복원 등 세종학 연구 공로로 제32회 외솔상을 수상하였다.

11월에 한국과학사학회 창립 50주년기념학회에서 "한국의 초창기 전등과 전력 발전사"를 발표하였다. 자격루 복원과정에서 얻은 시간측정과 시보 관련 기술의 현대화를 시도한 아이디어를 발명특허로 출원하여 심사과정을 거쳐 특허로 등록하였다.[특허 내용을 정리한 "해시계와 물시계의 융합 - 디지털 자격루"를 『따뜻한 기술』(2012, 고즈윈)에 기고하였다.]

2011년 초부터 2010년에 출원한 특허를 제품화하는 작업을 시작하였는데, 열매를 맺지 못하고 무위로 돌아갔다. 4월부터 H어학원 TIME반에 등록하였다. 5월에 자격루 복원에 연구팀의 일원으로 참여해 준 정봉룡鄭奉龍 선생님이 별세하셔서 "삼양정밀회장三陽精密會長 연일정공봉룡지구延日鄭公奉龍之軀"라고 명정을 휘호하여 올렸다. 2010년에 과학사학회가 끝나고 귀가하는 길에 『한국과학사학회지』 편집장 박범순(KAIST) 교수가 자격루 복원연구와 과학사 연구방법에 대한 에세이를 집필해 달라는 요청을 받아 집필한 "자격루 오디세이 – 나의 과학사 연구 30년"을 기고하였다. 이 글에서는 세종시대 과학문화를 이해하기 위한 기초단계로 홍이섭洪以燮 선생이 주장한, "임진왜란으로 회진灰塵된 천문의 기들은 원사元史의 기록과 이슬라미카Islamica의 원용援用에 의해 복원적復原的인 연구가 되어야 한다. 구체적 연구와 이해 없이 현상적인 포착에서 자랑하는 것은 우선 삼갈 일이 아닌가 한다"는 견해에 동조하여 과학사에서 복원의 중요성을 강조하였다. 역사적으로 중요한 유산의 복원은 과학기술사에서 결정적인 도구가 된다는 유럽 학계의 인식을 반영한 것이다. 그런 사례의 하나로 중국 북송시대 수운의상대와 더불어 세계적으로 주목을 끌고 있는 고대 그리스의 천체위치 계산기라고 알려진 안티키테라 기구Antikythera Mechanism 복원에서 대두된 문제점들을 비교하여 소개하였다. 런던 과학박물관Science Museum의 라이트Michael Wright는 안티키테라 기구 복원에서 "연구와 출판의 매개체로서 복원"을 주장한다. 모델은 진화하게 마련이다. 한때 "역사적 복원"이라고 여겨졌던 복원 모델들이 소리 없이 학계에서, 진열대에서 사라진 경우를 우리는 많이 보아왔다. 복원에도 어김없이 시장원리가 적용된다고 보아야 할 것은 아닐까. 중국과기대中國科技大 이지초李志超(Li Zhichao) 교수는 "과학사를 '사학개념'으로만 이해하려는 경향은 구식이다. 실험은 필수적이다"라고 강조한다. 과학사에서 복원의 중요성은 우리나라에서도 일찍부터 제기되었지만 구체적인 방법론에 대한 담론은 활발하지 못했다. 이것은 과학사와 관련 이웃들, 그리고 복원의 수요자와 공급자들 간의 언어와 소통의 장벽 때문이라 생각된다. 2012년에 열리는 암스테르담 IFToMM 회의 논문을 보냈다. 9월에 TIME반을 마치고 같은 학원의 영어공부의 비타민이라는 시사통역반에 등록하였다.

장영실 전기, 기구기계학사에 등재 세계적 발명가 반열에

2012년 연초부터 『월간문화재』「과학문화재」 난에 1년간 세종시대 과학문화재 연재를 시작하였다. 4월 말에 국립중앙도서관이 주관한 "혼일강리역대국도지도混一疆理歷代國都之圖 610주년 학술대회"에서 한때 "무함마드 깐수"로 더 유명했던 전 단국대 교수 정수일 박사를 만나고, 그가 번역한 『오도릭의 동방기행』 출판기념회에서 축사를 하였다. 이 책에서 나는 오도릭이 본 원나라 대도 대명전의 "공작시계"를 비롯한 이슬람 과학기술에 대한 정보를 얻게 되었다. 5월 암스테르담 자유대학에서 열린 HMM2012 학술회의에 참석하였다. 회의 전에 HMM Series 15권으로 발간된 논문집이 스프링거 출판사에서 발간되었다. 회의 첫 발표자로, "장영실: 조선 세종시대 자격루 발명자"를 발표하였다. 앞서 소개한 라이트는 낙하는 구슬의 동력을 활용하는 자격루의 동력전달장치가 이슬람 지역에서 유래한 것인데 어떻게 조선에 전파되어 활용되었는지 등을 질문하였다. 무슬림 기술자 알자자리Al-Jazari의 코끼리시계(Elephant Clock) 등에 보이는 구슬 이용 기술을 원용한 것으로 보이지만, 그대로 베낀 것(copy)은 아니다. 당시 동아시아 계시제도에 맞도록 자동화시킨 것이라고 답하였다. 또한 이런 아랍·이슬람 기술의 전래 과정은 아직도 풀지 못해 앞으로 연구 중이라고 하였다. 회의기간 중 소풍으로 암스테르담 근교 풍차 마을에 있는 네덜란드 시계박물관을 탐방하여 관장의 호의로 진자시계를 발명한 하위헌스Christiaan Huygens 연구자료를 수집하였다.[훗날 송이영宋以潁이 제작한 자명종(국보 제230호 혼천시계)의 연원 규명에 요긴하게 활용하였다.] 회의 중에 물리학사를 전공한 피사노 Raffaele Pisano 박사와 인사를 나누었다. 이 회의를 통해 장영실은 11세기 중국 북송시대 수운의상대를 제작한 한공렴韓公廉, 13세기 이슬람 기계기술자 알자자리, 원나라 곽수경과 더불어 15세기의 위대한 기계공학자와 시계발명가 반열에 오르게 되었다. 페르비스트 Ferdinand Verbiest(중국명 南懷仁) 연구가로서 동아시아 과학사학자이며 저명한 화가인 벨지움의 할스버거Nicole Halsberghe 박사의 초청으로 중세의 풍광을 간직한 헌트Ghent 시내에 산재한 박물관과 페르비스트 기념관을 방문하였다. 페르비스트는 이 고장(플랑드르 지방) 출신으로 청대 흠천감 감정을 지낸 선교사이며 기술자로 연경燕京 관상대觀象臺에 천체의 등 6개의 천문의기를 제작하고 『영대의상지靈臺儀象志』를 지었다. 그가 소개한 천문학과 역법, 수학, 지리학 등 서양과학기술은 중국을 거쳐 우리나라에도 소개됨으로써 이 분야 발전에 크게 기여하였다. 흠천감정의 복장을 한 동상이 그의 금의환향을 말해 준다. 암스테르담을 거쳐 스웨덴의 수도 스톡홀름을 방문하여 노벨박물관과 고고학박물관을 관람하였다. 귀국하니 체카렐리 교수가 『기구기계학사의 명사 전기: 이들의 공헌과 유산』 3부를 기획 중인데 "장영실 전기" 집필을 요청하였다.["Yeong-sil Jang (Unknown)"은 2014년에

HMMS 총서 26권에 실렸다.] 3월에 시사통역반을 수료하고 영작문반으로 옮겨 5형식부터 다졌다. 세 과정을 수료하자 아이들이 "아버지, 이왕이면 통번역대학원에 응시해 보시죠?" "그래 볼까?" 한바탕 웃었다.

조선 초기 과학기술과 동서 문명교류사 탐색

2013년 초에 『세계사 속의 이슬람』을 주제로 제13회 한·일역사가회의를 주재한 이태진李泰鎭 교수(서울대학교 국사학과)의 권고로 10월에 "조선 초기의 과학과 이슬람"을 발표하였다. 이 논문에서는 세종 대왕의 의표창제사업에서 "자격루의 보시장치에 활용한 구슬방식은 무슬림 기술자 알자자리를 원용한 것으로 추정되며, 이 기술의 한반도 전파 시기는 니덤Joseph Needham 등이 추정한 고려로 보는 것보다 세종이 2회에 걸쳐 장영실을 명나라에 파견한 시점으로 보아야 한다"고 주장하였다. 또한 세종 대왕은 이슬람 방식 성반星盤(astrolabe), 간의와 성구정시의星晷定時儀를 융·복합한 일성정시의日星定時儀 창제, 자말루딘 Jamal-al-Din(札馬魯丁)이 원나라에 들여온 이슬람 역법(Islamic *Zij*)을 한역漢譯한 『회회력법回回曆法』을 도입하여 『칠정산외편七政算外篇』의 편찬 등으로 15세기 동아시아 천문학과 계시학計時學 발전에 획기적으로 기여하였음을 주장하였다. 이슬람 과학과의 연관성은 앞으로 규명해 볼 만한 연구과제가 되리라고 생각한다.

세종대왕기념사업회가 추진하는 과학고전국역사업에 참여하여 1차로 세종이 간의대와 역법교정사업에 활용한 자료집 『제가역상집諸家曆象集』을 국역하도록 남종진 박사(한국예술종합학교 연구원)를 추천하고, 나는 이를 교열하였다. 아울러 19세기 후반에 남병길南秉吉이 편찬한 『육일재총서六一齋叢書』 국역에 착수하는 한편, 겨레과학연구회 제2회 학술세미나에서 이 사업에 대하여 보고하였다. 나는 총서 가운데 남병철南秉哲의 『의기집설儀器輯說』과 남병길의 『양도의도설量度儀圖說』 국역을 중국과학원 자연과학사연구소 부소장인 진구금陳久金(Chen Jiujin) 교수와 함께 추진하였다. 그리고 『육일재총서』 국역을 위해 천문, 역법 전문가를 초빙하여 남병길과 이상혁의 저술 국역을 의뢰하였다. 한편, 2013년 봄 학기부터 한국과학기술원(KAIST) 과학저널리즘 대학원의 '현대과학기술문명 강좌'를 비롯하여 각급 교육기관과 공공기관에 세종시대 과학기술사 강의와 기고를 시작하였다. 여름 동안에 한국국제교류재단이 주최하고 한국외국어대학교가 주관한 제1회 KF 글로벌 시티즌십 프로그램을 수료하고 민간외교사절로서 적극적으로 세계와 소통하는 글로벌리더 인증서를 받았다. 부지런히 우리 문화의 전파자가 되라는 당부이다. 11월 중순에 스페인 여행을 떠났다. 그라나다에서 '에메랄드 속의 진주'라 불리는 알람브라 궁전을 관람하고, 워싱턴 어빙W. Irving이 여기 살면서 쓴 『알람브라의 이야기』를 한 권 사서 여행 내내 읽었다. 가우디Antonio Gaudi(1852~1926)의 고장 바르셀로나에서 건축 중인 성가족교회를 둘러보고, 시내에서 가우디(Gaudi: *The life of a visionary*환상가의 생애)를 어렵사리 구입하였다. 중세 교회에서 클래식 기타로 듣는 "알람브라 궁전의 추억"은 아직도 기억에 생생하다. 지중해 도시 니스를 거쳐 귀국하였다. 12월 말에 미국 샌디에이고에서 연구년을 보내고 있는 큰아들 윤기네 가족과 연말을 보내고, 생명과학 연구로 이름난 솔크연구소Salk Institute, LA 그리피스Griffith 천문대에서 목성 관찰, 유니버설 스튜디오에서 마릴린 먼로Marilyn Monroe(1926~ 1962) 만나기, 할리우드 영화의 거리 등 남가주 문화탐방을 하였다. 지금은 퇴역하여 샌디에이고 항구에 박물관으로 쓰이고 있는 항공모함 미드웨이 1번함 갑판에도 올랐다. 1976년 판문점 도끼만행사건으로 우리에게 잘 알려진 낯설지 않은 재래식 항모의 엄청난 규모에 놀랐다.

명나라보다 30년 빠른 조선의 회회력법 실용화 연구발표

2014년 1월에 막내 윤서의 뉴욕 주립(SUNY) 스토니 브룩Stony Brook 대학교 졸업식에 참석하고, 뉴욕 현대미술관 관람을 하였다. 3월에 중국 안휘성 합비合肥 소재 중국과기대학中國科技大學에서 열린 제8차 동방천문학사국제회의(ICOA-8)에 참석하여 "『회회력법』의 조선 도입과 『칠정산외편』 편찬"을 발표하였다. 이 논문에서 세종시대에 『회회력법』의 실용화가 명나라보다 30년 앞선 이유는 역법교정을 담당한 이순지와 김담金淡을 성절사聖節使의 일원으로 명나라에 파견하여 흠천감의 무슬림(회회인) 역법가 패림貝琳과의 학술교류를 통해 얻은 자료로 『칠정산외편』을 편찬하고, 성공적으로 실용화한 결과라는 것을 밝혔다. 이 연구는 앞서 소개한 석운리石云里 교수의 요청에 따른 것으로서, 조선과 중국의 역법에 관련된 교류사로서 내게는 의미가 없지 않았다. 항공기 사정으로 개회식 하루 전에 도착하여 일행 몇 분과 당나라 때에 지장보살의 화신으로 알려진 신라 왕자 김교각金喬覺 스님이 불교를 전도한 구화산九華山 화성사化城寺에서 스님 등신불等身佛에 참배하였다. 산 이름은 시인 이태백李太白(701~762)이 유람한 뒤 남긴 시에서 "아름다운 봉우리가 연꽃과 같다"고 읊으면서 구화산이라 부르게 됐다고 한다. 장거리 버스 여행에 협착증이 도져서 내내 고생하였다. 회의가 끝나고 중국 전통 나침반을 만드는 공장을 견학하고, 황산黃山에 올랐다. 비가 억수같이 쏟아지더니 일행이 산에 오르려니 활짝 갰다. 동행한 나일성 교수님이 "하늘이 천문학자들을 맞이하느라 열어 준 것"이라기에 모두가 감탄하였다. 귀국하여 남종진 박사와 중국과기대 석운리石云里(Shi Yunli) 교수와 함께 남병철의『추보속해推步續解』와 남상길의『시헌기요時憲紀要』를 국역하는 일로 한 해를 보냈다. 국역본들은 2013년과 2014년에 걸쳐 성공리에 간행되었다. 회의 발표문을 정리하여 2015년에는 소남천문학사연구소 창설 10주년 국제학술대회에서 "절일사節日使 이순지李純之와 김담金淡의 연경燕京(현재 北京) 파견과 역법제작에 대한 과학교류"를 발표하였다. 이슬람 역법인 회회력은 명나라 초기에 한역되었으나 조선에서는 1447년, 명나라에서는 이보다 30년이 늦은 1477부터 실용화되었다.

서울특별시 문화상을 받다

대한전기학회『전기의 세계』에 "대한제국 근대화 정책의 상징 - 전차 · 전등사업"을 연재하였다. 고종황제가 황도 건설을 위해 미국의 수도 워싱턴을 모델로 하여 서울(한성)을 개조하기 위해 추진한 전차와 전등사업의 경위와 실상을 구한말 외교문서, 신문, 잡지, 증언록 등 사료에 근거하여 일제가 한국을 침탈하면서 가로챈 대한제국의 근대화 실적을 바로잡는 데 기여하였다. 2015년 5월에는 러시아 상트페테르부르크에서 열린 2015 IFToMM 기구기계학사 전문가회의에서 "서양과학지식의 조선전래와 1669년에 출현한 독창적인 천문시계"를 발표하였다. 앞서 소개한 하위헌스가 발명한 흔들이[진자振子]식 시계장치, 일본 추동식을 활용한 송이영宋以穎 자명종의 주시륜열走時輪列(going train) 기구와 자격루의 자격장치 간의 연관성을 규명하였다. 이 기구는 1687년 최석정崔錫鼎이 주관하여 자명종을 중수하면서 도입한 것으로 밝혀졌다. 고종은 러시아 건축가 사바찐Seredin-Sabatin을 고용하여 경복궁 집옥재 앞에 1891년경에 관문각 건축과 함께 러시아풍의 시계탑인 종각을 건설하였다. 상트페테르부르크 에르미타주Hermitage 국립미술관 고시계복원연구소 구리예프Michael Guriyev 소장의 안내로 궁전의 탑시계 내부구조를 조사하면서 이 시계가 종각의 시계 모델이라 추정해 보았다. 시내 중심가 네프스키 대로변에 1871년에 건축한 시계탑도 조사하였다. 종각의 건축양식과 유사한 점이 많았다. 이 회의에서 체카렐리 교수로부터 발표 논문을 바탕으로 한국의 기구기계학사를 집필해 달라는 요청과 함께 새 저서에는 새로운 내용을 담는 것이 좋겠다고 당부하였다. 아직도 진행형이다.

회의가 끝나고 핀란드 헬싱키를 관광하였다. 이번 여행의 하이라이트는 상트페테르부르크 백야제를 기념하는 마린스키 극장의 말러 교향곡부터 차이코프스키 발레 공연 3편을 모두 관람한 것이었다. 일생일대의 호사를 누렸다.

이 해에는 앞서 기고한 "기계시계 – 해와 달의 일치를 위한 타협의 역사 – "가 단행본 『세계를 바꾼 20가지 공학기술』(글램북스)에 새로 실렸다. 또한 "세종의 자격루 창제에서 발현된 장영실의 상상력과 창의성"이 『상상력과 지식의 도약』(이학사, 2016)에 실렸다. 자격루가 출현하게 된 시대적 배경, 창제에 참여한 인물들의 혁신정신, 기술적 상상력과 창의성을 지식의 창조라는 관점에서 재조명하였다.

해외 출판물로는 앞서 소개한 HMM 총서 27권에 피사노R. Pisano(현재 프랑스 릴르Lille 대학 물리학사 교수) 박사가 편집한 과학, 사회 기술학 탐구서인 『개념적 틀 간의 가교』에 "세종 간의대 사업의 성과: 천문대 간의대와 역법 칠정산"과 "세종의 천문대 간의대에서 시간측정기구의 혁신"이 실렸다. 간의대 천문의기와 달리 시간측정 의기는 모두 새로 창제한 것이 특징이다.[이 책의 전자책eBook은 2019년에 Springer eBook Collection 톱 50%에 오를 만큼 다수의 다운로드를 기록하였다고 알려왔다.] 또한 *Handbook of Archaeoastronomy and Ethnoastronomy*(Springer New York)에 "자격루Striking Clepsydras"를 기고하였다. 자격루를 유네스코 전통과학문화유산에 등재할 날을 기대하며 '독립 표제어'로 소개하였다. 2015년은 나의 연구생활 통틀어 다산의 해로 기록될 만큼 많은 저술이 간행되었고, 따라서 그간의 연구결과를 출판물로 정리할 수 있는 기회가 되었다. 연말에는 간의대 천문 · 계시의기, 자격루 원형 복원, 대한제국의 전등 · 전력사업 사료 발굴, 과학기술고전 국역 등 문화재 분야의 발전에 헌신한 공적으로 제64회 서울특별시 문화상을 수상하였다. 나의 연구를 후원해 준 분들과 함께 뜻깊은 연말을 보냈다.

보신각 타종, 당초의 꿈이 이뤄지다

2016년 4월에는 한국과학사학회 춘계학술대회에서 서울시 문화상 수상 기념 특별강연 "한국기술사 개척 30년"을 발표하였다. 5월에는 세종대왕기념사업회 임원으로서 학술강연회를 열어 "세종 대왕의 간의대 자격루 창제 연구"를 발표하고 『세종학 연구』 16호에 논문을 기고하였다. 연초에 응모한 세종문화상 후보에 노미네이트된 바 있다. 5월 15일에 여주 영릉에서 만난 문화재청장(나선화)에게 서울특별시 문화상 수상을 이야기했더니 축하해 주면서 자격루 연구를 적극 후원하겠다는 서신을 받았다. 이에 답하여 최근 자격루연구회의 활동과 "보물 제851호 창경궁 관천대의 명칭을 원래대로 "일성정시의대"로 환원하고, "보물 제1746호 서울관상감 관천대"의 명칭을 함께 원래대로 환원할 것을 건의하였다. 그러나 어떤 조치도 이뤄지지 않았다. 8월 15일에는 서울시 모범시민으로 뽑혀 자격루를 연구하면서부터 꿈꿔왔던 보신각 대종을 타종할 기회를 누렸다. 아마도 앞서 수상한 문화상 수상자로서 뽑힌 것 같다. 이날 나는 타종 후의 감격을 "금루명禁漏銘"으로 지었다.

금루명(禁漏銘)

세종의 창제정신 오늘날에 살리고파　　世宗創意 今日願生세종창의 금일원생
김돈의 기문대로 보루각루 복원하니　　探金墩記 復報漏閣탐김돈기 복보루각
장영실 자격궁루 어제처럼 다시 울리네.　　蔣英實漏 如前更鳴장영실루 여전갱명

물시계 잣대 띄워 작은 구슬을 뱉어내어　　漏刻浮箭 吐銅小丸누각부전 토동소환
큰 쇠구슬 굴려내니 목인 삼신 번개처럼　　大鐵丸轉 司辰木人대철환전 사신목인
종·북·징 두드리고 십이신은 시패 드네.　　擊鍾鼓鉦 十二時報격종고정 십이시보

예전에 닭 사람은 소리쳐서 알렸지만　　昔年鷄人 音聲報時석년계인 음성보시
목인이 대신하니 지키는 품 아니 들어　　代置木人 不勞守機대치목인 불로수기
금루성에 종루 대종 인정 파루 울려주네.　　禁漏從聲 人定罷漏금루종성 인정파루

성군의 백성사랑 관상수시 첫손이라　　聖君之治 觀象授時성군지치 관상수시
간의대 높이 세워 하늘 뜻 받드시고　　首創簡儀 受命開制수창간의 수명개제
칠정산 엮으시니 경수인시 규범이라.　　修七政算 敬授人時수칠정산 경수인시

황제 이래 물시계는 제왕의 기물이니　　黃帝創漏 歷代相傳황제창누 역대상전
각루로 시간재고 십오신이 보시하는　　計時刻漏 報時木人계시각루 보시목인
보루각 금루는 동방사에 금자탑이라.　　自擊宮漏 東邦史寶자격궁루 동방사보

-2016년 8월 15일 법고재에서　　-丙申 八月十五日 於 法古齋
병신 8월 15일 어 법고재

앞의 글은 김돈金墩이 지은 「보루각기報漏閣記」를 읽고 박규수朴珪壽가 지은 다음의 시에서 영감을 받았다. 금루를 창제한 세종을 성인이라 일컬으며 그의 탁월한 지혜를 찬양한 노래이다.[2]

연잎 위로 금빛 용이 쇠구슬을 토하니 蓮葉金龍吐鐵丸연엽금룡토철환
성군의 탁월한 하늘의 조짐을 예측하시네 聖人神智測乾端성인신지측건단
시각맡은 신선이 천연스레 달려가니 司辰仙子天然走사신선자천연주
금루관이 번거롭게 시각을 알릴 것 없네 報刻無煩禁漏官보각무번금누관

제8회 고천문워크숍에서 「보루각정시의명報漏閣定時儀銘과 창경궁昌慶宮 관천대설觀天臺說 재론再論」을 발표하였다. 중종 대에 신보루각을 창설하면서 경복궁 보루각루를 복제하여 금루를 제작하고 이것을 운영하기 위해 정시의定時儀를 제작하고 보루각 앞에 정시의대定時儀臺를 축조하고 그 꼭대기에 설치하였다. 정시의 창제를 기념하여 심언광沈彦光은 왕명으로 「보루각정시의명」을 지었다. 이 명은 당시 복잡한 정치적 파동으로 심언광이 삭탈관작되면서 공식 기록으로 남기지 못하고, 그의 문집에 전해온 것을 내가 1996년에 발굴하였다. 발표 자료를 정리하여 「창경궁 보루각 연혁: 금 루 – 일성정시의 제도를 중심으로」라는 논문으로 『고궁문화』 9호에 기고하였다. 보물로 지정한 창경궁 "관천대"를 "보루각정시의대"로 바로잡아야 한다는 주장을 개진하였다. 9월 초에는 중국 하남성 여남현汝南縣에 소재한 신라 남씨南氏 고적을 둘러본 다음, 용문석굴龍門石窟을 탐방하였다. 9월 26일에는 "23년에 걸친 열정"으로 573년 만에 세종 보루각루를 복원한 업적을 인정받아 "서울의 얼굴"로 서울특별시 명예의 전당에 헌액되었다. 10월에는 전기공학과 동료 김낙교金洛敎 교수가 초청하여 은사 박상희(연세대) 교수님과 중국 산동성山東省 이공대학理工大學 교류센터 행원杏園에 머물면서 곡부曲阜 공묘孔廟를 비롯하여 명승지를 탐방하였다. 11월에 인도 푸네Pune에서 열린 제9회 동방천문학사국제회의(ICOA-9)에 집행위원으로 참석하고, 아잔타 석굴Ajanta Caves, 오랑가바드의 타지마할, 힌두교, 불교와 자이나교가 400년간 공존한 엘로라 석굴 등을 탐방하였다. 일행을 안내한 푸네 TMV 인도학 교수 만지리Manjiri Bahlerao 박사가 아잔타 석굴 중 가장 큰 26번 굴을 자세히 설명해 주었다. 고대 인도와

2 『환재집』 권2, 장42앞, 김명호 『환재 박규수 연구』, ㈜창비, 2008, 114쪽.

우리나라의 관계를 알아보는 계기가 되었다. 3개월에 걸쳐 매달 해외에 나가는 진기록을 수립했다. 세계문화유산 기행이다.

시보 중단 없이 맞은 자격루 복원 10주년이 자랑스러워

2017년은 자격루 복원 10주년이 되는 해였다. 그동안 소소한 고장이 있었겠지만 보시 서비스가 중단된 일은 발생하지 않아 무척 자랑스럽게 생각한다. 앞으로도 관리가 잘 된다면 10년, 20년 그렇게 되리라고 나는 믿는다. 그동안 많은 사람들이 자격루를 관람하였고, 각급 교과서에도 실렸다. 생각보다 큰 성과라고 나는 생각한다. 세월이 지남에 따라 고장도 잦아질 것을 염려하여 박물관장에게 철저한 관리유지를 당부하였다. 또 자격루 복원에 관련된 지식, 자료, 경험 그리고 해외 유관기관과의 교류 등을 바탕으로 우리 전통 과학기술 유산의 복원이 많이 이루어져야 한다고 건의했다. 1월에 '공학기술문화 확산'에 기여한 공로로 한국공학한림원의 제12회 해동상을 수상하였다. 2017년 5월 "세종학 강의"에서 설성경 (연세대) 명예교수가 제안한 "세종 인문학대로" 사업에 공감하여 향후 저술에는 과학기술과 인문학의 융합을 시도하기로 설 교수와 다짐하였다. 2015년에 체카렐리 교수가 제안한 한국의 기구기계학사 모노그래프(Korean Royal Court Clocks and Instruments: Legacy and Restoration) 집필에 착수하였다. 집필 과정에서 이왕이면 지난 10년간의 학술활동을 바탕으로 한글판도 함께 집필하기로 하였다. 이렇게 병행하다 보니 버거워서 영문판 집필을 잠시 접어두고 한글판 집필을 먼저 끝내고 이를 바탕으로 계속하기로 방침을 정하였다. 2018년 중반에는 『세종실록』「간의대기」를 4장에 걸쳐 마쳤다. 이어서 「보루각기」와 「흠경각기」 집필에 착수하였다. "학술 여행기: 고 전상운 회장을 추념하여"를 『한국과학사학회지』 4월호 추모 특집에 기고하여 전 자격루연구회 회장의 명복을 빌었다. 10월에 내 생일을 기념하여 딸 은혜가 주선하여 20년 만에 대만을 다시 찾았다. 이번에는 주로 북부지역을 둘러보았다. 그동안 놀라울 정도로 타이베이시가 변하였다.

새로운 시간여행을 꿈꾸면서

2019년 7월에는 2014년에 구상한 "간의대 - 세종 대왕 경복궁에 천문대를 세우시다"의 1부 간의대, 2부 보루각, 3부 흠경각, 4부 관상감을 주제로 건국대학교출판부에 도서 간행심의요청서를 제출하였다. 8월에는 자격궁루의 기원을 연구한 논문 "디야르 바키르에서 서울까지 2세기의 긴 여행: 알자자리와 장영실이 자격궁루에서 만나다(Two Century's Journey from Diyar Bakr to Seoul: Al-Jazari and Jang Yeong-Sil Met in the Striking Palace Clepsydra)"를 제11회 고천문워크숍과 전주에서 열린 제15회 동아시아과학사국제회의(ICHSEA 2019)에서 발표하였다. 오랜만에 멀리 해외에서 찾아온 친구들을 만나 즐거운 시간을 가졌다. 「흠경각기」 집필은 옥루玉漏 모델 설정에 난항을 겪었지만 2019년에 간의대 수운의상의 격수기를 모델링하고 몇 가지 고안을 함으로써 비로소 흠경각 집필에 착수할 수 있게 되었다.

2020년 4월까지는 11장에 걸치는 초고가 거의 끝나감으로써, 5월에는 내용을 중심으로 저서 발간에 대한 자문을 구하려고 『칠정산외편』 국역에 여념이 없는 한영호 교수에게 염치 불고하고 원고 뭉치를 내밀었다. 검토가 끝난 7월 말에 오랜만에 만나서 장시간에 걸쳐 내용에 대한 토론을 하였다. 우선, 간의대 연구는 첫 저서와 두 번째 저서에서 충분히 소개되었고, 더구나 해외 발표를 통해 널리 알려졌으니 이번 저서에서 빼기로 하고 다음 기회에 손보아 출판하기로 했다. 따라서 보루각과 흠경각을 중심으로 논의를 마쳤다. 후반부에는 첫 저서에서 이름만 소개한 남병길이 엮은 『육일재총서』와 그동안 연구와 국역이 끝난 남병철이 엮은 『의기집설』을 관상감 편의 토픽으로 소개하였다. 이 저서들은 영 · 정조 대에 형성되기 시작한 실사구시 학풍의 영향을 받아 서구화된 청대 말기의 과학기술 성취를 본떠 경학經學의 일부로서 서양 천문학과 수학을 연구한 저술이다. 구한말 관상감은 이들 전문가들에 의해 운영되었다. 이렇게 정리하고 보니 애초의 구상에서 1부를 뺀 것으로 뼈대가 정리되었다. 따라서 표제도 바꾸게 되었다. 자격궁루, 자격루와 천문시계와 관련된 역사적 사실을 일목요연하게 정리할 수 있게 되었다. 집필 구상 당시 해결해야 할 과제들도 거의 풀게 되었다. 말미에는 현대 디지털 · 정보 기반 사회에서 전통을 되짚어 현대성과 융 · 복합을 시도한 사례를 소개하였다. "법고창신法古創新 오도서기吾道西器"의 길 위에서 체득한 전통의 현대화 '외침'이라고 할 수 있다.

2021년 1월 20일, 앞서 건국대학교출판부에 제출한 도서집필계획서를 수정하여 제출하였다. 나의 출판 요청이 수락되어 2월 5일에 1차 원고를 제출하였다. 학술서 출판이 어려운 시기에 순조롭게 간행되기를 손꼽아 기다린다. 이리하여 나의 세 번째 자격루 오디세이도 타향살이를 끝내고 고향으로 발걸음을 재촉하고 있다.

제1편

보루각

그 나라에 사는 신민들, 스스로 감화하여 어기지 아니하네.
이에 표준을 세웠음을 분명히 알리노니 무궁토록 전하리라!
(김빈金鑌, 「보루각명報漏閣銘」에서)

제1장

자격궁루의 출현과 보루각 창설

1.1. 머리말

1.1.1. 장영실이 자격궁루를 발명하다

1433년(세종 15년) 9월 16일乙未 임금은 천추전에서 중신들과 더불어 '자격궁루를 만든 공로로 행사직行司直(정5품) 장영실蔣英實을 호군護軍(정4품)으로 벼슬을 올려주는 안건'을 논의하였다. 이 자리에는 영의정 황희黃喜(1363~1452), 좌의정 맹사성孟思誠(1360~1438)과 도승지 안숭선安崇善(1392~1452)이 참석하였다. 이날은 조선풍토에 적합한 역서를 제작하여 신민에게 절기와 시간을 제대로 알려주기 위해 천문의기와 시계를 제작하는 의표창제儀表創制 사업에 착수한 지 1년 2개월쯤 지난 날이다. 이날의 회의 내용을 『세종실록』에서 옮기면 다음과 같다.

> 안숭선에게 명해 영의정 황희와 좌의정 맹사성과 의논하였다.
> "행사직 장영실은 그 아비의 본관이 원나라 소항주蘇杭州이고, 어미는 기생이었다. 공교한 솜씨가

보통 사람에 뛰어나므로 태종 대왕께서 보호하시었고,[1] ㄴ- 역시 그를 아낀다. 임인, 계묘년[1422, 1423년] 무렵에 상의원 별좌를 시키고자 해서 이조판서 허조許稠(1369~1439)와 병조판서 조말생趙末生(1370~1447)에게 의논하였더니, 허조는 '기생의 소생을 상의원에 임용할 수 없다'고 하고, 말생은 '이런 무리는 상의원에 더욱 적합하다'고 해서, 두 의논이 일치되지 아니하므로, 내가 굳이 하지 못하였다가 그 뒤에 다시 대신들에게 의논한즉, 유정현柳廷顯(1355~1426) 등이 '상의원尙衣院에 임명할 수 있다'고 하기에, 내가 그대로 따라서 별좌에 임명하였다. 영실의 사람됨이 비단 공교한 솜씨만 있는 것이 아니라 성질이 똑똑하기가 보통보다 뛰어나서, 매양 강무할 때는 내가 곁에 가까이 두고 내시를 대신해서 명령을 전하기도 했다. 그러나 어찌 이것을 공이라고 하겠는가? 이제 자격궁루自擊宮漏를 만들었는데 비록 내 가르침을 받아서 하였지만, 만약 이 사람이 아니었더라면 누구라도 만들어 내지 못하였을 것이다. 내가 들으니 원나라 순제順帝 때에 자격궁루가 있었다 하나, 그러나 만듦새의 정교함이 아마도 영실의 정밀함에는 미치지 못하였을 것이다. 만대에 이어 전할 기물을 능히 만들었으니 그 공이 작지 아니하므로 호군의 관직을 더해 주고자 한다."

하니, 황희 등이 아뢰기를,

"김인은 평양의 관노였사오나 날래고 용맹함이 보통 사람보다 뛰어나므로 태종께서 호군을 특별히 제수하시었고, 그것만이 특례가 아니오라, 이 같은 무리들로 호군 이상 관직을 받은 자가 매우 많사온데, 유독 영실에게만 어찌 불가할 것이 있겠사옵니까?"

하니, 임금이 그대로 따랐다. (세종/61/15/9/15/乙未)[2]

앞서 임금이 밝힌 말 가운데 장영실에 대한 사실은 다음과 같이 세 가지로 정리할 수 있다.

첫째, 장영실 신상에 대한 상세한 정보다. 그의 부친(조상)은 본관이 중국 소항주이며,[3]

---

1 태종시대에 시행된 도천법道薦法에 따라 천거되어, 동래현 소속 외공장外工匠에서 경공장京工匠이 되어 상의원에 배속되었음을 알 수 있다.

2 이 책에서 표기한 조선시대의 날짜는 태음태양력일이며, 1월 1일부터 12월 30일까지 1년은 서기 연도에다 국왕 재임 연도로 표기하였다. 역대 실록과 관련한 서지사항은 다음과 같다. 보기로 『세종실록』 권12: 세종 3년 6월 10일(辛丑) = 『세종실록』/권12/세종3년/6월/10일/辛丑 = 세종/12/3/6/10/辛丑으로 본문 주로 표기하였다. 참고문헌의 서지사항은 본문에 (저자, 연도: 페이지)로 약기하고 본문 말미에 상세하게 실었다.

3 여기서 본本은 '본관本貫'을 뜻하며, 소항주인의 '인'은 '소항주 사람'이라는 뜻이라기보다 조선시대 본관을 나타낼 때 지방 이름과 함께 쓰던 글자이다. 따라서 '본'을 '원래' 또는 '본래'라 할 경우 '아비는 소항주에서 출생한 사람'이라는 뜻으로 오역할 수도 있다. 조선시대에는 이름 밑에 본관을 적을 때 ○○인人이라 적었다. 아직도 중국의 사람들은 자기의 출신을 지명과 함께 '○○人'이라 공식적으로 표시한다. 다행히 『아산장씨세보牙山蔣氏世譜』에 장영실의 조상에 대한 내력이 적혀 있어 이러한 오해를 불식시킬 수

모친은 기녀였다.[4] 그는 도구와 기계를 다루는 재능이 탁월하여 태종 대에 발탁된 뒤에, 세종은 임금의 의복과 관식冠飾, 일용품, 보물을 다루는 상의원 별좌別坐(정5품)로 임명하였다. 순제順帝(妥懽帖睦爾, 재위 1333~1367)가 손수 제작한 궁루[자제궁루自制宮漏]를 능가하는 성능을 갖춘, "때에 이르면 자동으로 울려서 시각을 알려주는 자격궁루"를 제작한 뛰어난 재능을 가진 발명가이며 기술자였다.

둘째, 세종은 관노官奴 장영실을 상의원 별좌에서 오위五衛(오위 도총부) 행사직으로 임명하고, 그로 하여금 자동 시보장치를 갖춘 시계를 제작하도록 하였다. 그 공로로 장영실은 호군으로 특별 승진하게 됐다.[5]

셋째, 세종은 장영실이 만든 자격궁루를 만대에 전할 기물로 규정하였다. 세종은 물시계에다 시보장치를 연결한 자격궁루를 경천근민敬天勤民 사상과 역상수시曆象授時 정책을 구현하기에 가장 좋은 수단 가운데 하나로 여겼다.

1.1.2. 순제가 손수 만든 궁루

앞서 9월 16일 어전회의에 참석하였던 대신들도 자격궁루에 대하여는 모두가 처음 듣는 이야기였을 것이다. 당시 사용하고 있는 경점지기更點之器라고 하는 물시계가 시도 때도 없이 시간을 알리는 것에 대하여 임금이 염려하는 소리도 들어 보았을 것이다. 도성문을 닫고 여는 시각이 들쑥날쑥하여 여기를 드나드는 신민의 불평도 적지 않게 들었을 터이다. 임금의 명으로 정인지鄭麟趾(1396~1478)가 책임을 맡아 천문의기와 시계를 창제하는 사업에 착수한 지 1년이 넘었지만, 때가 되면 스스로 울려서 시각을 알리는 자격궁루라는 시계를 벌써 만들었을 리도 없다고 생각했을 것이다. 그러나 임금은 새로운 시계[신루新漏] 제작이 뜻한 대로 진행되어 가는지를 장영실로부터 보고를 받고 자신의 의견을 개진하였다.

있다.

4 관청에 소속된 관기官妓가 아닌, 일반 '기녀'로 해석해야 한다.

5 조선 초기에는 관노도 중앙의 기술직이나 무관직에 진출할 수 있었다. 관노는 중앙의 경공장, 지방의 외공장으로 나눠 관서에 소속시킨 공노비이며, 일종의 자영업 공장으로서 연간 일정기간 조정의 수요에 응해 부역하였다. 장영실은 동래현의 관노였다가 면천되어 양민으로 벼슬길에 올랐음을 알 수 있다.

자격궁루에 대하여 상세하게 설명하기에 앞서, 궁루의 얼개와 기능을 소개한다.

> …… 또 [황제] 스스로 높이가 6, 7척, 폭이 그 반이 되는 궁루를 제작하였다. 나무로 궤짝을 만들고 항아리 여러 개를 그 안에 보이지 않게 설치하였는데 물이 위아래로 순환한다. 궤짝 위에는 서방西方 삼성전三聖殿을 설치하고, 궤짝 허리에는 시각눈금이 새겨진 잣대를 들고 있는 옥녀를 세우는데 때가 되면 그때마다 물에서 떠오른다. 왼쪽과 오른쪽에는 금갑을 입은 신인神人 둘을 배열하였는데, 하나 앞에는 종을, 또 하나 앞에는 징을 매달았다. 밤에는 신인이 자동으로 경점更點마다 [이것들을] 울리는데, 한 치 오차도 없다. 종과 징이 울리면 옆에 있는 사자와 봉황이 모두 너울너울 춤을 춘다. 궤짝 서쪽과 동쪽에는 일궁日宮과 월궁月宮이 있고, 날아다니는 신선[비선飛仙] 여섯이 궁 앞에 서 있는데, 자시子時와 오시午時가 되면 신선은 저절로 나란히 나아가 신선이 다니는 다리[선교僊橋]를 건너 삼성전에 이르고, 뒤이어 다시 물러나 앞서오- 같이 선다. 그 정교함이 무척 뛰어나 사람들은 이전 시대에는 보기 드문 것이었다고 말하였다. (宋濂, 『元史』 「順帝 本紀」)

궁루는 1354년(元 至正 14년)에 제작되어 대도大都의 대명전大明殿에다 설치하였다. 일찍이 『원사』에서 앞서 기사를 읽은 세종은 궁루에 보이는 옥녀, 사자, 봉황, 신선, 삼성전, 때가 되면 종과 징이 저절로 울리는 기계시계에 깊은 감명을 받은 것으로 보인다.[6] 그리고 즉위하자 서운관원 윤사웅尹士雄(?~?), 최천구崔天衢(?~?)와 궁중 공장工匠 장영실 등을 명나라에 파견하여 천문天文 · 역산曆算 · 각루刻漏 관련 문물을 시찰하도록 하였다.(李肯翊, 「天文典故」「瞻星」) 이들이 귀국한 뒤에 세종은 중국의 제도를 고찰하여 경점을 알리는 그릇[경점지기更點之器]를 제작하도록 분부하였다.(세종/24/6/5/6/庚辰) 이 기구는 야간의 경점을 알아내는 물시계로서, 항아리에 시각 눈금을 새긴 잣대를 띄우고 물을 공급하면서 떠오르는 눈금을 시계관리인[계인雞人[7]]이 읽어 시각을 측정하고 알리는 방식이었다. 더구나 오래 사용하다 보니 낡아서 기능을 제대로 발휘하지 못해 관리자가 오류를 범하는 일이 자주 일어났다. 이에 세종은 계인을 대신하여서 궁루처럼 신인이 종과 징을 울려주는 새로운 기계시계를 만들기로 작정하였다. 이런 계획을 실행하기 위하여 장영실을 다시 명나라에 파견하여 궁루 등 기계시계에 대한 자료를 수집하게 하여 제작한 것이 자격궁루이다. 이것은

6 1403년 태종 3년에 명나라 사신이 『원사元史』를 조선에 가져와 바쳤다.(태종/6/3/10/27/辛未)

7 중국 주나라 때 닭 옆에서 자다가 닭이 홰를 치면 머리에 닭 모양의 두건을 쓰고 새벽이 왔음을 알리는 관리.(『周禮』 雞人 참조)

물시계로 계시計時한 12시十二時와 경점 시각마다 계인을 대신하여 목인木人 삼신三神이 각각 종 · 북 · 징을 두드려 알리고, 시의 이름이 적힌 팻말[시패時牌]를 잡은 목인 십이신十二神이 차례대로 나타나서 '무슨 시'인가를 알려주는 자격장치가 부착된 "자동보시 수력식 기계시계"이다. 자격장치는 물시계장치에서 12시와 경점의 보시 시점마다 각각 방출되는 작은 구리구슬 12개와 25개(37)를 받아 12개와 25개(37)의 큰 쇠구슬을 시보 시각마다 차례대로 낙하시켜 이것이 발생하는 동력으로 3신과 12신을 작동시키는 기계이다. 비록 궁루에서처럼 옥녀나 신인, 춤추는 사자와 봉황은 아닐지라도, 시보 시각을 저절로 알려주는 3신과 12신을 만든 솜씨가 순제의 궁루보다 훨씬 정교하다고 여긴 세종은 장영실을 파격적으로 승진시키고 이를 만대에 전할 기물이라 확신하고 경점지기를 교체하기로 결정하였다.

1.1.3. 계시와 보시의 기준

앞서 살펴본 대로 자격궁루 발명은 1433년 9월 16일에 조정 대신들에게 소개되었지만, 공식적으로 표준시간을 알리기[보시報時] 시작한 것은 1434년 7월 1일부터이다. 그러면 순제가 만든 궁루를 능가한다는 이 시계는 왜 당장 사용하지 않고 아홉 달 반이 지난 뒤에야 사용하게 됐는지 의문이 생긴다. 혹시 공식적인 표준시계로 자격궁루를 사용하기에는 준비가 부족했던 것이 아닐까? 앞서 소개한 어전회의에서는 사실상 임금 자신의 지도를 받아 장영실이 자격궁루라는 시계를 발명했는데 그 특징이 순제가 만든 궁루보다 정교하다는 것을 강조하면서도 이것을 당장 실용한다는 것은 언급하지 않은 것으로 보아 아직 표준시계로 사용할 준비가 덜 되었음을 알 수 있다. 이러한 사실은 9개월 뒤인 1434년 6월 24일에 어전회의에서 비로소 자격궁루의 실용을 승인했다는 사실에서 확인된다.(세종/64/16/6/24/己巳) 아직은 3신과 12신이 저절로 작동하여 각각 종 · 북 · 징을 울리고, 돌아가며 시패를 전시하는 오토마타automata(자동 인형 장치)로 구성된 자동기계였을 뿐이다. 이것은 정교하게 작동하는 발명품이었지 아직 표준시계로 반포할 수 있는 단계는 아니었던 것이다. 따라서 자격궁루를 규정된 계시제도에 따라 계시할 수 있도록 물시계를 구성하고, 계시한 시보 시각을 3신과 12신이 자동으로 보시할 수 있도록 물시계와 자격(시보)장치를 연결해 주어야 한다. 정교한 자격장치에 감동한 임금이 만대에 전수할 기물이라고 인정하였다고 하더라도, 그것을 왕조의 표준시계로 사용하려면 계시와 보시에 따르는 여러 가지 요건을 갖춰야 비로소 가능하다. 우선, 표준시계로서 갖춰야 할 계시와 보시 요건은 다음과 같다.

첫째, 십이진각제十二辰刻制를 기본으로 하여 오경제五更制를 병용하는 이원二元 계시제도에 맞춰 자격궁루를 운영할 수 있어야 한다.

둘째, 조선 풍토에 맞는 시간 곧, 한양의 지방시를 보시할 수 있어야 한다.

셋째, 통금과 해금 시각에 각각 도성문을 닫거나 열어 줌으로써 인마의 통행을 금지하거나 허가하는 제도인 인정人定 · 파루罷漏를 절기에 따라 가변적으로 시보할 수 있어야 한다.

다음에는, 자격궁루를 설치한 경복궁으로부터 운종가 종루까지 인정 · 파루 보시 신호를 전달할 수 있도록 다음과 같은 체제를 갖춰야 한다.

첫째, 경복궁 안에 자격궁루의 보시 신호를 받아 종이나 북을 두드려 전달할 수 있도록 전루소傳漏所를 적절하게 설치하고 운영해야 한다. 이리하여 임금을 비롯한 궁인, 신료, 궁궐 안팎의 경비를 서는 군인의 일상생활과 근무시간, 특히 순라군[순군巡軍]에게 경점을 정확하게 알려줄 수 있어야 한다.

둘째, 광화문에서 종루까지 신호를 전달하는 전루소를 시내 곳곳에 설치하여 근무자를 상주시켜야 한다. 종루에서 대종을 울려 보시하는 규정, 인정 · 파루에 맞춰 도성문을 개폐하는 규정 등도 마련하여야 한다.

앞서 제시한 계시와 보시 요건을 갖추기 위하여 경복궁 안에 자격궁루를 설치할 건물을 짓고, 장영실은 간의대 제조 이천李蕆(1376~1451), 『수시력』 교정을 담당한 이순지李純之(?~1465), 서운관의 장루掌漏, 공조의 공장工匠과 협력하여 자격궁루를 설치하고 물시계와 시보장치를 교정하는 작업에 착수하였을 것이다. 이들은 물시계를 운영하기 위하여 태양이 한양에 남중南中하는 오정 초각午正初刻(정오, meridian hour)을 측정하는 해시계日影일영와 자정 초각子正初刻을 측정하는 의기 제작에도 관여하였을 것이다. 육조에서는 서운관, 한성부 등과 협력하여 궁궐 안팎과 경복궁에서 종루에 이르는 곳곳에 전루소를 건축하는 등 시보 체제를 정비하였을 것이다. 이런 작업들이 마무리되자 시보 전달 체제를 점검하고, 인정 · 파루 시각마다 시보신호를 종루에 보내서 종을 울리는 횟수와 도성문을 닫고 여는 규정을 만들었을 것이다. 아울러 절기에 따라 빠르거나 늦어지는 인정 · 파루 제도가 도성의 안보와 치안, 신민의 일상생활에 미치는 영향도 검증하였을 것이다. 이런 절차를 끝내고 마지막으로 자격궁루를 표준시계로 공인한다는 절차에 따라 공식문서를 작성하여 국왕이 반포하였을 것이다. 9개월 반은 자격궁루를 표준시계로 반포하기 위한 실무 차원의 준비기간이었을 것이다.

다음에는 자격궁루를 계시제도에 맞춰 교정하여 표준화하는 작업을 설명하기에 앞서, 이것의 기본이 되는 동아시아의 계시제도와 누각법漏刻法의 기원과 한반도 전파, 조선 초기의 계시와 보시제도, 자격궁루가 출현하기까지 물시계를 이용한 계시법을 고찰한다.

1.2. 동아시아의 계시제도와 누각법

1.2.1. 역상수시 사상

전통적으로 동아시아에서 '하늘'은 물리적인 관찰과 탐구대상으로서, 인격체로 보았다. 하늘의 명[천명天命]을 받아야 통치자로서 정통성이 부여되었다. 아울러 하늘의 변화를 읽어내고 거기에 잘 대응함으로써 왕조의 권위를 인정받고 하늘의 뜻[천도天道]에 부응한다는 정통성이 부여되었다. 이를 위해 위정자는 일 · 월, 5행성(금 · 목 · 수 · 화 · 토성)의 운행을 계산하여 한 해의 세시歲時를 결정하는 역법曆法을 제작하고, 이를 바탕으로 새해의 월일, 해와 달의 운행, 월식과 일식, 절기, 특별한 기상 변동 따위를 날짜 순서에 따라 적은 역서曆書(册曆책력)를 신민에게 내려주는 일이 중요하게 되었다. 이와 같이 천체현상을 관측하여 역서를 제작하여 백성들에게 절기를 알려주는 일이 동아시아 정치사상의 요체가 된 것은 요임금[요제堯帝]가 희화羲和에게 분부한, "공경히 광대한 하늘의 운행을 따라서 해와 달과 별들을 관찰하고, 기록한 책력册曆으로 삼가 신민에게 절기를 알려주도록 하라(欽若昊天흠약호천 曆象日月星辰역상일월성진 敬授人時경수인시)"에서 비롯되었다.(『書經』「堯典」) 이 구절에서 '흠경', '역상수시', '관상수시'란 말이 유래하였다. 선진先秦시대 문헌에서 '시時'는 현대적 의미의 세밀한 '시간'이 아니라 '농시[절기節氣]'를 뜻한다.(李志超, 2014: 5) 오늘날의 세밀한 '시간' 개념은 『묵경墨經』에 나오는 "구久"라고 한다. 따라서 '시간'의 개념은 계시학計時學의 발달로 하루의 시간을 12시진時辰으로 등분하여 측정하면서 비롯된 것으로 보인다.

요임금의 자리를 물려받은 순임금[순제舜帝]는 역상수시를 구현하는 방안으로서, "선기옥형璿璣玉衡으로 칠정七政(七曜: 일 · 월 · 5행성)의 운행을 가지런히 한다"는 '이제칠정以齊七政'

을 정치의 요체로 삼았다. '제정', '제정각齊政閣'이라는 말은 이것에서 유래한다. 이와 같이 천체현상을 관찰하여 절기[농시農時]를 알려주는 행위를 '관상수시觀象授時'라 일컬어 동아시아 여러 나라로 널리 퍼지게 되었다. 국가체제가 갖춰지면서 왕조마다 관상수시를 시행하기 위해 영대靈臺라는 천문관찰대를 축조하여 점성가와 천문가를 고용하여 하늘이 보여주는 재상災祥을 점치고, 천체를 관측하여 역법을 제작하였다. 고대에는 태양의 운동을 모의하기 위하여 규표 등으로 해그림자[구영晷影]를 측정하고 회귀년의 길이를 측정하여 역법을 제작하였다. 또한 천체운동을 관찰하기 위하여 순임금이 만들었다는 선기옥형을 발전시켜 동한東漢의 장형張衡(78~139)은 혼천설渾天說(달걀껍데기가 노른자를 싸고 있는 것같이 하늘이 땅을 둘러싸고 돌아서 끝이 없고 형체가 둥글둥글하여 혼천渾天이라 주장한 중국의 대표적 우주관)을 구현한 혼천의를 발명하였다. 이를 계기로 역대 중국에서는 천문의기로서 혼의, 혼천의가 다양한 형태로 발전하였다. 또 우주를 이해하기 위해 천체의 형상을 구면에 모의한 혼상渾象을 제작하였다. 이것은 구면을 남북극축에 연결하고 회전시켜 시각에 따른 천체운동을 관찰하는 기본적인 천문의기이다. 주로 일월과 5행성의 운행을 실시간으로 관찰할 수 있어 관측자의 방위와 일치하므로 활용성이 매우 높았다. 이것은 혼천의와 함께 제왕의 역상수시 도구로서 고대부터 유교문화권이 견지한 혼천설을 구현한 것이다. 북송대에는 혼의와 혼상, 보시 기구를 수력으로 작동시키는 수운의상대水運儀象臺를 제작하여 실시간으로 시간, 천체운동을 연시할 수 있게끔 하였다. 원대元代에는 곽수경郭守敬(1231~1316)의 주도로 혼의를 분해하여 간략하게 개발한 간의簡儀, 회귀년의 길이를 측정하는 대형 규표圭表 등 여러 가지 의표儀表를 제작하여 『수시력』을 창제하는 데 활용하였다.

중국에서는 천명을 받아 왕조를 개창하면 수명개제受命改制 전통에 따라 제도를 개혁하면서 역법을 우선 개정[개력改曆]하였다. 이리하여 원나라는 개국하면서 『수시력授時曆』을, 명나라는 『대통력大統曆』을, 청나라는 『시헌력時憲曆』을 각각 반포하였다. 역서는 날짜와 시간을 전국적으로 통일하는 도구였으며, 통치자가 왕권을 보장받고 신민에게 베풀어 주는 시혜였다. 고려조는 1281년 원나라로부터 『수시력』을, 1369년에는 명나라로부터 『대통력』을 도입하였다.(明『太祖實錄』 卷44: 洪武 2年 8月 丙子) 1308년(충렬왕 34년)에는 천문 · 역법을 관장하는 기관인 사천감司天監과 태사국太史局을 합쳐서 서운관書雲觀을 설치하였다. 유교 · 신유학新儒學을 교학敎學으로 표방하여 건국한 조선왕조는 고려조의 서운관을 계승 · 정비하여 관상수시를 관장하게 하였다. 태조는 천문도 「천상열차분야지도天象列次分野之圖」를 제작하여 천명을 받았음을 널리 알리고, 정치의 핵심을 "하늘을 공경하고 신민에게 부지런히 힘쓴다는 경천근민敬天勤民"에 두고, 요임금의 "역상수시曆象授時('역상'으로 줄여 부름)"와 순임금[순제舜帝]의 "이제칠정以齊七政(齊政)"을 위정자의 귀감으로 삼아 천문도 비석에 새겼다.

1.2.2. 십이진각제와 오경제

1) 십이진각제

하루를 어떻게 분할하느냐 곧, 어떻게 시간, 시각을 계량[계시計時]하는가를 계시제도計時制度(시각제도)라 한다. 이 제도는 가장 긴 단위인 일日(day), 이것을 다시 세분한 시時(double-hours), 이것을 다시 세분한 각刻(mark, interval), 이것을 다시 세분한 분分(fraction) 등으로 분할하는 방법이다. 이런 제도의 기원은 대체로 기원전 1600년경인 고대 중국에서 통일 정부가 출현한 하夏·상商시대에 전국적으로 시간을 통일하기 위한 시간을 재는 그릇[계시기計時器]를 만들면서 시작된 것으로 보인다. 대략 이때부터 하루를 100등분하는 '100각제刻制'를 쓰기 시작하였다.(華同旭, 1989: 67) 중국의 위진남북조魏晉南北朝 시대 역법에서는 온 하루[1주야晝夜]를 세분하는 계시제도를 창안해서, 하루를 12등분하여 십이시진十二時辰[줄여서 '十二時'(twelve double-hours)]으로 하였다. 그리고 다시 하루를 100각刻으로 나눈 100각제百刻制와 조합한 '십이시진 일백각제', 곧 '십이진각제十二辰刻制'가 한대漢代에 출현하여 정착되었다.

원나라 초기에 조우흠趙友欽(?~?)은 『혁상신서革象新書』「시분백각時分百刻」조에서 십이시진 분할법에 대하여 다음과 같이 기술하였다.

> 주야 12시에 100각을 균등하게 분배한다. 1시는 8대각大刻과 2소각小刻이며, 대각이 96개, 소각은 총 24개이며, 소각 6개는 대각 1개에 준하며, 따라서 모두 100각이 된다. 상반시[매시 시작인 초(初)]에는 대각이 넷이며, 초초각初初刻에서 시작하여 다음이 초1각, 다음이 초2각, 다음이 초3각이고, 마지막 소각이 초4각이다. 하반시[매시 중간인 정(正)]에는 대각이 역시 넷이며, 정초각正初刻에서 시작하여, 다음이 정1각, 다음이 정2각, 다음이 정3각이고 마지막 소각이 정4각이다.[8]

8 초와 정은 현대의 한 시간씩에 해당되므로 1시는 현재의 두 시간이다.

앞서 기술에 따라 중국과 조선에서는 12진각법에 따른 누각漏刻(물시계)을 운영하여 시간을 측정하였다. 100각제에서 1각은 현대시간으로 14.4분이다.[17세기 중반에 서양의 역법을 채용하면서 96각제로 바뀌면서 앞서 매시 초와 정의 4각은 초와 정의 8각에 분배됨으로써 1각의 길이는 현대시간 15분으로 바뀌게 된다.]

2) 오경제

전통적으로 동아시아 국가에서도 수도를 비롯해 도시의 안보와 치안을 위해 야경夜警 제도를 운영하여 낮 시간보다는 밤 시간을 중시하였다. 고대부터 하룻밤을 황혼부터 다음 날 새벽까지 갑甲 · 을乙 · 병丙 · 정丁 · 무야戊夜로 구분하는 '오야법五夜法'을 쓰다가, 역법 발전에 따라 하룻밤을 다섯 구간으로 등분하는 '오경제五更制'로 발전하게 되었다. 초창기에는 28수[二十八宿] 별자리 가운데 황혼과 새벽에 남중하는 별자리를 관측하여 그 사이를 5등분하는 방식으로 오경 시간을 알아내었다. 그 후에 역법과 누각법이 발전됨에 따라 물시계를 이용하였다.

연중 변화하는 낮의 길이에 따라 변화하는 밤 시간(오경 길이)을 물시계로 측정하려면 잣대를 어떻게 만들어야 할 것인가 하는 문제는 역산가와 누각 관리자가 협력하여 해결하였다. 오경만을 별도로 측정하는 것은 그리 쉬운 일이 아니었다. 역법이 발전함에 따라 오경의 길이와 각개 구간을 12진각제를 이용하여 '시'와 '각'으로 표시하는 '기시법記時法'을 써서 오경의 시간을 나타내는 방안이 고안되었다. 이를 구현하기 위하여 경점에 따른 28수 별자리를 관측하여 매 경의 시작과 끝을 알아내고, 그것을 시각으로 표시하기 위하여 역산가는 앞서 소개한 기시법을 활용하였다. 이와 같이 함으로써 '몇 경 몇 점'에는 무슨 별자리가 남중하는지를 '시와 각'으로 나타낼 수 있게 되었다. 말하자면, 경점법은 12진각제의 2차 시제인 셈이다.

이러한 제도는 일찍이 한반도에도 유입되었을 것으로 추정된다. 신라에서는 "길쌈 행사의 마무리를 8월 보름날 을야乙夜(2更에 해당)에 한다"고 한 것으로 보아 오야법에 따른 계시제도가 있었던 것으로 보인다.(『三國史記』 新羅本紀: 儒理尼師今) 그 후에는 당나라와 교류로 『선명력宣明曆』[9]을 수입하였다.(『增補文獻備考』 卷1: 象緯考, 曆象沿革, 장1뒤) 이로 미뤄 『선명력』에

9 822년(唐 長慶 2년)에 서앙徐昂(?~?)이 만든 태음력. 823년부터 71년간 사용하였는데, 1년을 365.2446일로 하였다. 고려에서는 충렬왕忠烈王(재위 1274~1308) 때까지 약 400년 동안 사용하였다.

따르는 온 하루 12시진 100각법과 경점제가 병용된 것으로 보인다.(남문현, 1995: 56) 이런 제도는 『수시력』과 『대통력』[10]을 도입한 고려와 조선에 계승되었다.

1.2.3. 조선 초기의 계시제도

1) 12시진제와 100각제

조선 초기에는 온 하루(1주야)를 12시진제와 100각제를 배합한 12진각제를 채용하여 물시계의 각수刻數를 표시하였다. 앞서 기술한 12시진 분할법은 물시계 잣대에 '12시진十二時辰 안에 100각을 균등하게 조합하는 방식'의 기본으로서, 매 시진每時辰(매시)은 8 대각과 2 소각으로 조합하는 것을 말한다. 매 소각은 대각의 ⅙이다. 매 시진은 초와 정으로 나누며, 각각 4⅙각씩이며, 모두 8⅓각이 된다. 1각은 6[등]분하며, 잣대 눈금을 새길 때는 1각은 6 또는 그것의 배수 분으로 한다. 1각을 다시 세분하여 60분으로 나누면 매 시진은 8각 20분이 된다. 이 시각법은 자격궁루에도 적용된다.

앞서 설명한 분할방식에 따라 12시진을 자시부터 해시까지를 현대시간으로 표기하여 도시하면 그림 1-1A와 같다. 곧, 자시(현대의 23:00~01:00[11])는 자초(23:00)와 자정(24:00), 이어서 축시(01:00~03:00)는 축초(01:00)와 축정(02:00), 인시(03:00~05:00)는 인초(03:00)와 인정(04:00), 묘시(05:00~07:00)는 묘초(05:00)와 묘정(06:00), 진시(07:00~09:00)는 진초(07:00)와 진정(08:00), 사시(09:00~11:00)는 사초(09:00)와 사정(10:00), 오시(11:00~13:00)는 오초(11:00)와 오정(12:00), 미시(13:00~15:00)는 미초(13:00)와 미정(14:00), 신시(15:00~ 17:00)는 신초(15:00)와 신정(16:00), 유시(17:00~19:00)는 유초(17:00)와 유정(18:00), 술시(19:00~21:00)는 술초(19:00)와 술정(20:00), 마지막인 시진인 해시(21:00~23:00)도 해초(21:00)와 해정(22:00)이다.

그림 1-1A는 12시진과 100각을 분포한 12진각제 모델이며, 이것은 현대의 24시간제에 대응된다. 다만, 이것이 현대와 같은 24시간제 시반과 다른 점은 다음과 같다. 현대 시계의 문자판은 12시간만 측정하게 되어 있어 시침이 문자판을 두 번 회전해야 24시간

10 명나라가 건국하고 원대 『수시력』을 역원 등 일부만 수정하여 제작한 역법.

11 이 시간은 평균태양시로 표시한 것이며, 실제로 조선시대 자시는 진태양시로 표시하였다. 이 경우 서울 지방의 지방시는 현대시에 30분 정도를 더해야 한다. 2017년 1월 1일 일남중 시각은 12:35:35이다. (『2017역서』, 한국천문연구원)

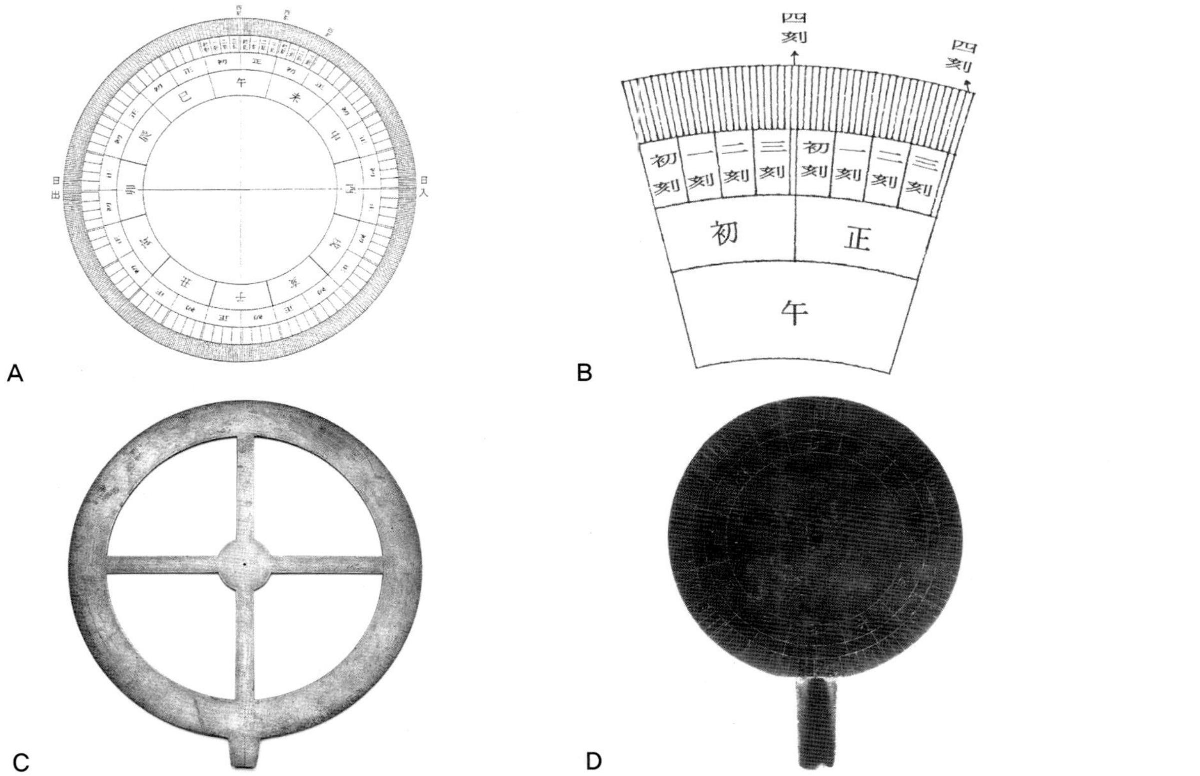

그림 1-1.

A. 십이진각제 **B.** 오시(午時) 눈금 매김 (남문현, 1995: 193, 그림 7-1에서 옮김) **C.** 조선 초기의 백각환 (개인 소장) **D.** 세종 대 현주일구 시반 후면 (출처: 경남 합천 가야산 해인사 소장)

이 지나게 된다.[12] 반면, 동아시아에서는 '자정'에서 시작하여 다음 '자정'까지를 12진각 곧, 24시간으로 온 하루를 나타냈다. 따라서 천문의기의 백각환, 직선형 물시계 잣대, 일부 해시계의 시반은 12진각을 1회에 커버하게 만들었다. 잣대에는 보통 오정부터 다음 오정까지 12진각을 새긴다. 따라서 온 하루 12시진과 하룻밤 오경 눈금을 한 개 잣대에 나타냄으로써 2원적으로 시간을 측정할 수 있게 되었다. 반면, 서양에서는 고대부터 낮과 밤 시간을 따로따로 측정하던 전통에 따라 문자판 시계가 출현하면서 시침이 문자판을 두 바퀴 회전하여 하루를 나타내게 되었다.

12 전근대 또는 현대에 제작한 유럽의 천문시계나 탑시계 가운데는 12시간 문자판을 연속 배열하여 24시간에 시침이 1회전하게 된 것도 더러 볼 수 있다.

한 시진은 그림 1-1B에 보이는 오시(11:00~13:00)의 눈금 매기기와 같이 오초(11:00)와 오정(12:00) 두 부분으로 나눠진다. 오초는 오초 초각 6분, 오초 1각 6분, 오초 2각 6분, 오초 3각 6분, 오초 4각 1분, 오정은 오정 초각 6분, 오정 1각 6분, 오정 2각 6분, 오정 3각 6분, 오정 4각 1분으로 구성된다. 오초 4각과 오정 4각은 각각 1분이며, "여분餘分"이라고 한다. 곧, 앞서 조우흠이 규정한 「시분백각조」와 같이 매 시진의 초와 정을 각각 4⅙각씩 분포시켰다. 이와 같은 12진각 계시법은 조선 초기에 제작된 그림 1-1C에 보인 천문의기의 백각환, 그림 1-1D에 보인 현주일구懸珠日晷나 소일영小日影, 성종 17년(1486년)에 제작한 측후지기測候之器(소일성정시의)의 유물에 새겨진 눈금 매김에서 볼 수 있다.(그림 5-17C 참조) 다음 절에서 소개하는 자격궁루 잣대에는 12시진 100각을 기본으로 눈금을 표시하였다. 자격궁루 잣대 눈금계산에는 기본적으로 온 하루를 십진법으로 표시하여 10,000분으로 규정한 『수시력법授時曆法』을 활용하였다.

2) 경점 기시제

세종 대 사용한 『대통력』에는 앞서 소개한 바와 같이 밤의 길이를 해가 진 뒤 2.5각이 지난 황혼[昏]부터 다음 날 해가 뜨기 전 2.5각인 새벽[효曉, 신晨]까지로 규정하고, 이 시간을 5등분하여 오경으로 규정하였다. 곧, "하늘의 주야는 일출 · 일몰로 나누고, 인간의 주야는 혼명昏明으로 한정한다. 해뜨기 전 2각반(2.5각)을 명明이라 하고, 해진 후 2각반을 혼昏이라 하여 밤 시간[야루夜漏]에서 5각을 빼서 낮 시간[주루晝漏]에 보탬으로써 춘추분의 낮 시간은 55각이 된다"는 사고는 고대부터 역법에서 규정하였다.(『晉書 · 天文志』) 하룻밤을 1경[초경初更], 2경, 3경, 4경, 5경으로 나누고, 매 경은 다시 다섯 개의 점—1점[초점初點], 2점, 3점, 4점, 5점—으로 세분하였다. 경과 점을 조합하여 표시하는 방법은 다음과 같다. 1경 1점, 2점, … , 5점, 2경 1점, 2점, … , 5점, 3경 1점, 2점, … , 5점, 4경 1점, 2점, … , 5점, 5경 1점, 2점, … , 5점이다. 오경은 25점, 곧 25개 구간區間으로 표시한다. 이와 같이 매 경의 시작은 매 경의 1점 시각이다.

그림 1-2는 12시진 100각제와 5경제를 조합한 1주야 진각 모델이다. 하루의 시작은 자정, 중간은 오정이다. 오정 곧, 12:00시는 주간의 중점이고, 자정(정북) 곧, 3경 3점은 야간의 중점이라는 것을 분명하게 보여주고 있다. 춘추분에는 해가 정동에서 묘정卯正에 뜨고[일출日出], 유정酉正에 정서로 넘어간다[일입日入]. 해가 진 후 2.5각 직후에 혼昏부터 해뜨기 2.5각 직전인 신晨까지가 오경五更 25점二十五點이다. 오경은 혼각인 1경 1점[1, 1]에 시작되며, 2, 3, 4경을 지나 신각인 5경 5점[5, 5]에 끝난다. 혼신분昏晨分(昏明分, 昏旦)은 5각이다.

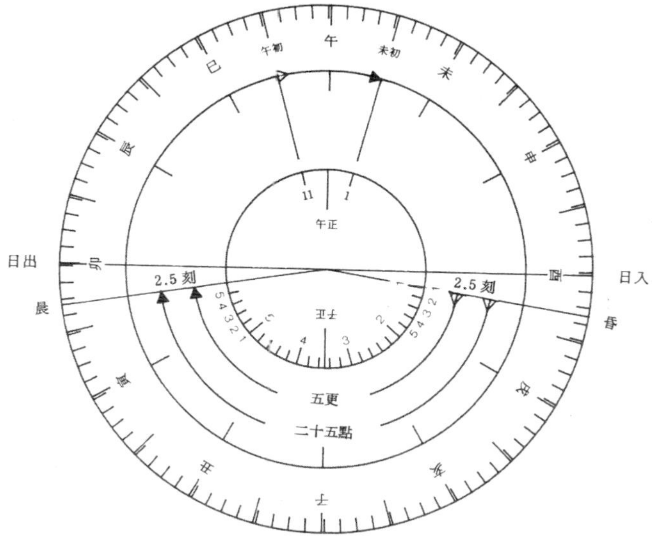

그림 1-2. 1주야 진각 모델(춘추분일)
(출처: 남문현, 1995: 142, 그림 5-1에서 옮김)

1.3. 조선조 이전의 누각법

1.3.1. 중국 누각의 유형

중국 누각의 역사는 "옛날에 황제黃帝가 물이 떨어지는 것을 처음으로 만들어서 관찰하고, 의기를 만들어 법칙을 세우고 그것으로 밤과 낮을 나누었다"는 데에 바탕을 두고 있다.(『隋書 · 天文志』 上)(그림 1-3B 참조) 하 · 상 시대에는 항아리 벽면에 눈금을 새기고 물을 가득 채웠다가 배수하면서 드러나는 눈금을 읽어 시각을 알아내는 유출식流出式(outflow) 항아리 누호漏壺가 쓰인 것으로 추정된다. 그 후에 누각으로 밤낮을 구분하는 일을 근거로 관직에 이름을 붙였는데, 『주례周禮』에 들어 있는 풍상씨馮相氏, 보장씨保章氏, 설호씨挈壺氏, 사오씨司寤氏, 계인은 모두 물시계로 시간을 관리하는 관직명이다. 선진시대에는 군사, 생산, 생활에서 누각을 사용하던 것이 한대에 들어와서 천문관측 의기로 활용되면서 시각 눈금을 새긴 잣대를 띄운 항아리의 물을 빼면서 가라앉히면서 눈금을 읽는 유출식 침전루沉箭漏에서, 다시 잣대를 넣어 둔 항아리에 물을 주입하면서 잣대가 떠오르는 것을 읽고 시각을 측정하는 유입식流入式(inflow) 부전루浮箭漏가 출현하였다.(陳美東·華同旭, 2011: 97) 처음에는 야간에 군사용으로 1각一刻짜리 누기를 만들어 100번을 채웠다가 배수하여 하루 100각을 측정하는 방식이었다. 그림 1-3A의 오른쪽은 앞서 언급한 "1각루"라고 하는 초창기 부전루의 구조를 나타낸 그림으로서, 기둥에는 저수용 물주머니를 매달고, 그 밑에 잣대를 넣은 항아리에 물을 공급하는 모습이다. 기둥 옆에 횃불을 밝혀 보온과 경수警守하는 군사가 잣대가 떠오르는 것을 보아 시각을 알도록 한 것이다.

하루를 12등분하여 매 등분을 다시 2등분하고 12지十二支 동물의 이름으로 시진時辰의 이름[자子·축丑·인寅·묘卯·진辰·사巳·오午·미未·신申·유酉·술戌·해亥]를 붙여 시를 나타내는 12시진제와 100각제를 조합한 주야 12시진 100각제가 정착되면서 이를 구현하기 위한 누각법이 출현하였다. 동한의 장형張衡(78~139)은 1각 누각에다 물을 저수하는 항아리 밑에 잣대를 띄우는 항아리에 물을 공급하는 항아리 하나를 추가한 2급二級 보상형補償型 부전루로 발전시켰다. 장형은 이런 부전루 두 개를 만들고 좌[야루호夜漏壺], 우[주루호晝漏壺]로 나란히 배치해 밤 시간과 낮 시간을 따로따로 측정하였으나 곧 폐지하였다.(徐堅, 卷二十五, 張衡) 당나라 초기에 여재呂才(600~665)는 장형의 부전루에다 파수호 두 개를 더한 4급 보상형 부전루를 발명하였다. 그림 1-3B에 보인 것과 같이 네 개의 계단을 설치하고 맨 위로부터 야천지夜天池, 일천지日天池, 평호平壺, 만분호萬分壺를 설치하고, 야천지의 물을 항아리 하부에 꽂은 대롱을 통해 차례로 내려보내 만분호에서 잣대를 띄운 수해水海(箭壺전호)로 공급한다. 이와 같이 누호의 숫자를 늘린 것은 일천지와 평호의 보상작용을 이용하여 만분호의 수위를 일정하게 유지해 줌으로써 수해에 일정 유량을 공급하기 위해서이다. 그러나 무한정으로 누호 숫자를 늘려도 시간측정 정확도는 개선되지 않았다.

북위시기(약 450년경)에 이란李蘭(?~?)이 도량형을 시간측정에 활용한 칭루秤漏를 발명하였다. 그가 지은 『누각법漏刻法』에는 "물시계 항아리에 고인 물 한 되는 저울추 한 근이며, 시간으로 1각[현대 시간으로 14.4분, 864초]"라고 했다. 물의 무게를 재서 시간을 측정한다는 뜻이다. 이에 비해, 잣대를 사용하는 물시계는 수위水位 변화 곧, 잣대의 시간눈금 간격을 시간으로 변환시키는 방식이다.(華同旭, 1989: 169) 북송 전기에는 칭루를 사천감의 천문용 계시의기로 사용했으나 시보 기구를 갖추지 못하자 1039년에는 천성天聖(1023~1031) 연간에 연숙燕肅(961~1040)이 만류평수법漫流平水法(overflow 방법)을 활용한 연화루를 발명했다. 이 방식은 그림 1-3C와 같이 위와 아래 계단에 물을 담는 상궤上櫃와 하궤下櫃를 배열하고, 갈오渴烏(사이펀)를 써서 상궤의 물을 하궤로 주입시킨다. 이것은 앞서 소개한

2급 보상형 부전루의 일종이지만 그 방식과 달리 하궤 안에 일정한 수위를 설정하고 이것을 넘는 물을 밖으로 배출하는 구멍을 한쪽 벽면에 뚫고, 거기에다 구리 대롱[동절수소통銅節水小筒]을 끼워 이 구멍을 넘는 물을 배출시킨다. 물은 대롱[그림에서 죽주통竹注筒]으로 받아 바닥에 놓인 동이[감수앙減水盎]에 받는다. 수위가 일정한 하궤의 물을 하궤 밑에 놓인 항아리[호壺]에 공급하면 항아리 안에 띄운 잣대가 연꽃을 뚫고 시간경과에 따라 일정한 속도로 떠오른다. 이와 같이 조절호 벽면에 뚫은 구멍을 만류 통로로 이용하여 여기를 넘는 물을 밖으로 배출시키는 만류평수식부전루漫流平水式浮箭漏는 중국 누각발달사에서 새로운 이정표가 됐다. 다급 보상식 부전루보다 훨씬 측정 정확도가 높았기 때문이다. 연숙의 만류평수법을 개선한 것 가운데 대표적인 것이 심괄沈括(1031~1095)의 부루浮漏와 왕보王普(?~?)의 연화루이다. 1073년(熙寧 6년) 사천감 심괄沈括(1031~1095)은 부루浮漏를 제작하여 영양문迎陽門에 설치하였다.(『宋史 · 曆律志13』) 현재 실물은 남아 있지 않고 그가 지은 「부루의浮漏議」에 제법이 전해 온다.(『宋史 · 天文志1)

그림 1-3A의 왼쪽 그림은 남송 초기인 1124년경에 왕보가 고안한 왕씨연화루도王氏蓮花漏圖이다. 세 개의 계단 위에 위로부터 천지호天池壺, 평수호平水壺, 평수소호平水小壺를 배열하고, 바닥에 수수호를 세웠다. 이 방식은 평수소호 벽면에 구멍 하나를 뚫고 배수관을 설치하여, 이 구멍을 넘는 물을 배수시켜 평수소호의 수위를 일정하게 유지시킨다. 따라

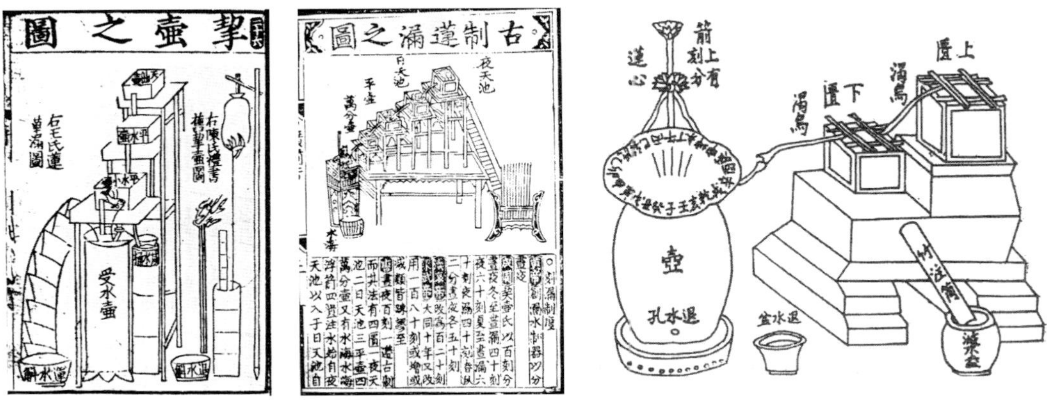

A B C

그림 1-3. 고대 중국 누각법의 발달과정

A. 진씨예서구설호도(陳氏禮書舊挈壺圖)(『六經圖』). 오른쪽: 1각루, 왼쪽: 왕씨연화루도(王氏蓮花漏圖) **B.** 여재 누각도(呂才 漏刻圖) (『事林廣記』 소재) **C.** 연숙의 연화루(『六經圖』)

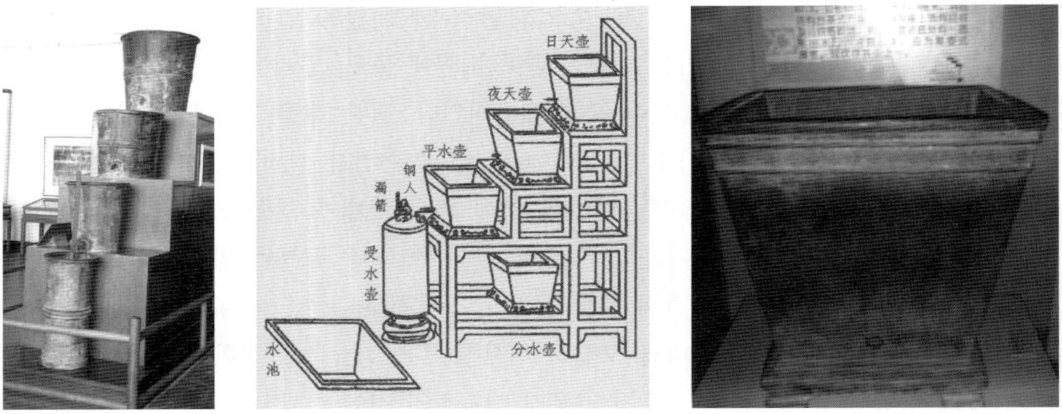

A B C

그림 1-4. 원 · 명 · 청대 중국의 누각 (사진: 남문현, 2005)

A. 광주연우누각 (中國國家博物館 소장) **B.** 동호적루, 명 · 청대 누각 도식(「淸代二銅壺滴漏形制圖」, 『大淸會典圖』)
C. 명대 동호적루 일천지 유물 (南京博物院 소장)

서 항상 일정한 수수호로 유량이 주입됨으로써 잣대는 항상 일정하게 상승한다. 평수호는 평수소호에 수위가 줄어드는 만큼 일정한 유량을 주입함으로써 평수소호의 유량 손실을 보상해 주기 때문에 보상호라 한다. 평수호의 보상 기능과 평수소호의 만류 기능을 활용한 매우 혁신적인 방식이다. 이런 "만류보상혼합형부전루漫流補償混合型浮箭漏"가 발명됨으로써 남송, 원, 명, 청대에는 이것이 표준형식이 되었다. 그림 1-4A에 보인 광주연우누각은 위로부터 일호日壺, 월호月壺, 성호星壺, 그리고 바닥에 원통형은 전호箭壺이다. 성호 안쪽 상부에 만류용 구멍이 뚫려 있다. 그림 1-4B와 C에 보인 명 · 청대의 동호적루銅壺滴漏도 왕보의 형식을 활용하여 제작한 표준시계이다. 중국 누각사를 대표하는 전형적인 형식이다.(陳美東 · 華同旭, 2011: 151)

1.3.2. 조선조 이전의 누각법

1) 삼국시대

삼국시대와 고려조에서는 중국 누각법을 도입하여 제작하고 계시에 활용한 것으로 보인다. 그러나 기록이 희소하고 유물이 없다. 다만, 중국으로부터 역법을 도입하여 사용한 것으로 보아 이에 따라 계시와 보시를 위해 누각을 제작했을 것으로 추정된다. 중국 한나라 때에 사용한 것으로 추정되는 해시계 유물로 보이는 석편이 경주에 남아 있는 것으로 보아 낮 시간은 해시계로 계시하였음을 알 수 있다. 신라는 718년(성덕왕 17년)에 황룡사에 누각을 설치하여 이것을 운영할 누각전漏刻典이라는 관서를 설치하고 누각박사 6인과 사史(점성가) 1인을 두었다. 당나라와 빈번한 교류로 중국 땅에 신라방을 설치하여 신라에서 파견한 유학생과 스님을 장안長安(현재의 西安서안)으로 보냈다는 사실로 미뤄볼 때 장안의 종루와 고루鼓樓에 설치했던 누각을 본떠서 누각전을 설치한 것으로 짐작된다. 황룡사에 설치한 시계가 구체적으로 어떤 방식이었는지에 대하여는 기록이 없지만『선명력』과 같은 역법에 따른 12시진 100각제와 5경제 눈금을 새겨 시간을 측정하였던 것으로 추정된다. 누각은 그림 1-3B에 보인 여재의 4급 보상형 부전루를 사용했을 것으로 추정된다.(남문현, 1995: 172; 이용삼 등, 2016: 219) 749년(경덕왕 8년)에는 천문박사 1인과 누각박사 6인을 누각전에 두었다.(『三國史記』 卷9: 景德王 8年條) 771년(혜공왕 7년)에는 봉덕사에 성덕대왕신종聖德大王神鍾을 주조하여 걸고 신혼대종晨昏大鍾으로 삼아 낮과 밤의 한계를 신민들에게 알렸다.(『增補文獻備考』 卷3: 장16앞뒤) 누각으로 측정한 시각을 계인이 육성으로 알리던 것을 종지기가 종을 울려 절간은 물론, 경주시내에 조석으로 시간을 알리는 선진화된 시간 서비스 제도를 운영하였음을 알 수 있다. 백제에서는 역박사曆博士와 천문박사들을 일본에 보내 역법과 천문학을 전수한 것을 보면 고구려와 신라에 못지않은 활동이 이뤄졌을 것으로 짐작된다.(전용훈, 2017: 96) 더구나 누각법을 일본에 전한 것을 보면 백제에서도 누각을 제작했을 것이다.

2) 고려시대

개국 초기에 조정은 태복감太卜監과 태사국太史局을 두고 천문·역수曆數·측후測候·각루刻漏 업무를 맡겼다. 각루는 누각漏刻과 시간을 관리하는 업무이며, 설호정挈壺正(종8품) 2명과 사신司辰(종9품) 2명이 담당하였다. 충선왕忠宣王(재위 1298, 1308~1313) 때에 사천감을 태사국과 합쳐서 서운관書雲觀이라 고치면서 중국식 명칭인 설호정을 장루掌漏로 고치고 품계를 종7품으로 높였다.(『高麗史·志』 卷76: 書雲觀) 서운관은 조선조에 그대로 승계되었으며, 관제는 다시 조정하였으나 장루는 그대로 두었다.

중국 북송의 사신으로 1123년 송도에 왔던 서긍徐兢(?~?)이 고려의 문물을 보고 지은 『고려도경高麗圖經』「설호挈壺」에는 다음과 같은 보시 풍경이 들어 있다.

시각에 따라 북을 치고 시패를 매단다. 매 시진 정에 붉은 옷을 입은 관리가 패를 들고 왼쪽에 서고, 녹색 옷을 입은 사람이 허리를 굽히고 '지금 무슨 시 입니다'고 아뢴 다음 패를 기둥에 걸고 퇴장한다. (徐兢, 卷22: 挈壺)

앞서 인용한 글은 고려시대의 보시 방법에 대한 유일한 기록이라는 점에서 학술적 가치는 매우 높다. "매 시진 정"마다 보시한다고 한 것으로 보아 12진각제를 사용했음을 알 수 있다. 앞서 글에 등장하는 인물은 설호정(뒤에 장루)과 사진이었을 것이다. 이런 풍경은 『서경도설書經圖說』에 요임금 앞에서 희씨와 화씨 형제들이 양편으로 갈라서서 임금의 명에 따라 매 시진을 받아오는 「명관수시도命官授時圖」를 연상케 한다.(『欽定書經圖說』, 光緒 31년) 그렇다면 이때 알린 시간은 어떤 물시계로 측정하였는지 추정해 본다.

고려는 몽고가 침략하기 이전에는 송나라(북송과 남송)와 긴밀한 외교관계를 유지하면서 발전된 과학기술을 도입하였다. 북송과 외교관계가 깊었던 고려 중기에는 연화루를 도입해서 사용하였던 것으로 추정된다. 1281년 원나라 조정은 고려에 『수시력』을 보내줌으로써 고려 말기의 계시제도는 이 역법에 따라 12진각제와 오경제를 따랐을 것이다. 앞서 1-4A에 보인 연우누각과 같은 누각을 제작하여 사용한 것으로 추정된다. 1346년(충목 2년, 元 至正 6년)에 원나라 장인이 개성에 와서 종을 주조하여 연복사演福寺에 걸었다고 한다. 사찰에서는 이것을 불공드리는 시각을 알려주기 위해서 활용했을 것이며, 오정이나 경점을 알려 도성문을 일정한 시간에 여닫는 시보용으로도 활용했을 것으로 보인다. 이러한 사실은 당대 문인들이 남긴 시문에서도 남아 있다.(남문현, 1995: 59) 고려의 이러한 계시제도는 조선조에 승계되어 초기 시보체제를 구축하는 데 활용한 것으로 보인다. 다음에는 조선 초기의 계시와 보시제도를 알아본다.

1.4. 조선 초기의 계시와 보시제도

1.4.1. 경루와 종루 대종

조선왕조를 개창한 태조 이성계李成桂(재위 1392~1398)는 고려조 서운관을 승계하여 천문 · 재상災祥(화복) · 역일曆日(책력) · 추택推擇(가려 뽑음) 등 업무를 수행하다가, 천문 · 지리 · 역수 · 점주占籌 · 측후 · 각루 등 역상수시 업무를 맡도록 정비하였다. 이 가운데 시간 관리를 담당하는 각루 부서에는 장루(종7품) 4명, 사진(종9품) 4명을 배정하였다.(태조/1/1/7/28/丁未) 수도를 개성에서 한양으로 옮긴 뒤에는 도성을 쌓고 동서남북에 4대문과 5소문을 내어 인마가 드나들게 했다. 궁궐 수비와 도성 안팎의 치안을 위하여 동이 트면 새벽에 문을 열었다가 초저녁에 문을 닫아 통행을 금지하였다. 태조는 경복궁을 건축하고서 "남문[을 광화문이라 불렀는데,][13] 다락[누樓] 3칸을 상 · 하층에 두고, 다락 위에 종과 북을 달아서 아침과 저녁의 한계, 임금의 행차를 신호[중엄中嚴]으로 알렸다.(태조/8/4/9/29/庚申). 또한 1395년(태조 4년)에는 시내 한복판 운종가 청운교 서편에 2층 5칸짜리 종루를 건축하였다.(태조/10/4/12/7/辛卯)

1398년(태조 7년)에는 종루 위층에다 큰 종을 걸고(태조/13/7/4/4/庚辰), 같은 해 윤5월에는 오경 측정용 경루更漏를 제작하여 종루에 설치하였다.(태조/14/7/윤5/10/乙酉) 새벽과 황혼에 울려 도성문을 여닫아 신민이 일하고 쉬는 경계를 알려주었다. 경루의 구조에 대한 기록이 없어서 정확한 구조를 알 수 없지만, 고려 말에 도입한 연우누각을 개량하여 제작한 것으로 추정된다. 태조는 권근權近(1352~1409)에게 종명鐘銘을 짓도록 지시하였는데, 이 종의 기능을 요약하면 다음과 같다.

> …… 도성과 대읍 안에 통하게 새벽과 어둘 무렵에 (종을) 울려서 신민이 일하고 쉬는 시한을 엄격하게 하니, 종의 쓸모가 크다 ……. (태조/13/7/4/4/庚辰)

종루와 광화문 문루門樓: 鐘鼓樓종고루의 모범이 된 것은 명나라가 남경南京 응천부應天府를 수도로 정하면서 1382년(홍무 15년)에 창건한 고루와 1388년(홍무 21년)에 창건한 종루로 추정된다. 종루는 고루에 대응하여 동북쪽에 짓고 큰 동종을 걸었다. 조선조 건국 후 사신들은 남경에 머물면서 아침저녁에 북과 종을 울려 주는 고루와 종루를 오가면서 보았을 것이다. 그림 1-5는 고루 유적과 유물이다. 고루는 전면에 세 개의 무지개문[홍예문虹霓門], 그리고 그 위에 중층 처마를 가진 전각을 세운 대규모 건물이다. 아래층은 병사 100여

13 1395년(태조 4년)에 남쪽 궁문을 지을 때는 "정문正門"이라 부르다가, 1426년(세종 8년) 10월 26일에 "광화문"이라 지었고, 완성되어 현판을 매단 것은 세종 13년 4월 18일이다. 이러한 사정은 세종 30년『태조실록』을 중수하면서 "정문"을 "광화문"으로 수정한 것이다.

A

B

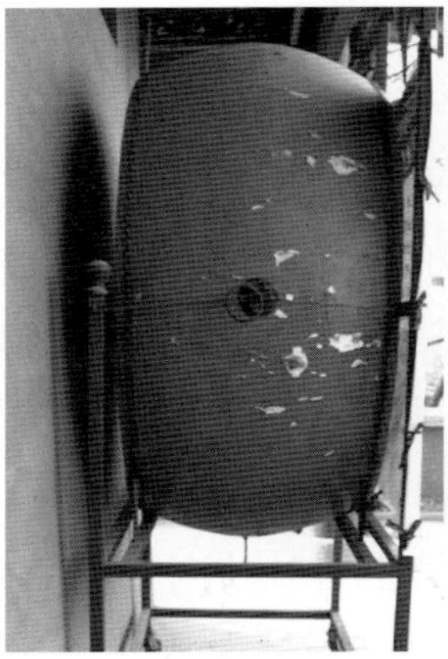

C

D

그림 1-5. 중국 남경 고루 (사진: 남문현, 1993)

A. 남경 고루(남북 44, 동서 22, 높이 30미터) **B.** 작은 북 유 **C.** 큰 북 유
D. 쇠기둥과 쇠들보에 걸은 종

명이 머무는 공간이며, 상층 전각에는 큰 북大鼓과 작은 북小鼓을 각각 1면(1년 상징), 24면(24절기 상징) 설치했으며, 동호적루(물시계), 운판雲板 등 보시 기구를 설치하였다. 고루는 보시 이외에도 황실의 영빈迎賓, 제천祭天 등 중요한 의식을 치르는 성스런 곳이었다. 매일 밤에 경을 알리기 위하여(이를 정경定更이라 함 — 저자 주) 기경起更: 一更일경(19:00~21:00, 통금 개시, 성문 닫기)과 양경亮更: 五更오경(03:00-05:00, 해금 개시, 성문 열기)에는 먼저 북을 울린[격고擊鼓] 다음 종을 울리는데[당종撞鍾], 이 두 가지를 같은 방식으로 반복하여 다음과 같이 모두 108회 울리는데, 빠르게(緊긴) 18, 느리게(慢만) 18, 빠르지도 느리지도 않게(不緊不慢불긴불만) 또 18회를 울린다. 중국인들은 고대부터 108성聲 — 1년은 12개월, 24절기, 72후候 — 으로 1년을 대표하였다.(「鼓樓簡介」; 陳美東 · 華同旭, 2011: 46)

1413년(태종 13년) 2월에는 청운교 서쪽 종루 2층 5칸을 순금사巡禁司 남쪽, 광통교 북쪽으로 옮겨 지었다.(태종/25/13/2/6/乙卯; 태종/13/4/11/己未) 1440년(세종 22년)에 종루를 개축하였으며,(세종/89/22/4/25/丁酉 등) 1458년(세조 4년)에는 새 종을 주조하여 종루에 걸었다.

1.4.2. 조선조 경루법의 창시

경루는 앞서 고찰한 12진각제와 오경제를 따랐다. 이를 운영하려면 절기에 따라 새벽과 황혼에 한양에 남중하는 중성을 관측하고 오경점을 추보推步(계산)하여 중성기中星記를 작성해야 한다. 그리고 이것에 따라 절기에 맞춰 경루에 띄울 잣대[야전夜箭]을 제작해야 한다. 조선조 최초의 중성기는 종루를 세우기 전인 1395년에 태조의 명을 받은 서운관이 제작한 천문도 「천상열차분야지도」 안에 들어 있다. 그림 1-6에 보인 천문도 상단 중앙에 "천天"이라 새긴 원 안에는 24절기 중 황혼과 새벽에 한양에 남중하는 28수 별자리를 관측하고 추보한 중성기가 들어 있다. 이 중성기는 밤 시각의 시작인 혼각昏刻과 끝인 효각曉刻에 어떤 별자리가 남중하고 있었는지를 절기별로 구분하여[절후별혼효중성節候別昏曉中星]을 새긴 것이다. 표 1-1은 이것을 옮겨 놓은 것이다. 서운관은 이 중성기에 따라 야간의 길이[야루각夜漏刻]을 계산하여 잣대 위에 옮겨 눈금을 새겨서 경루에 띄울 잣대를 제작하였다. 낮의 길이가 뚜렷하게 변화하는 절기변화를 가늠하여 그때마다 잣대를 하나씩 제작하고 절기가 바뀔 때마다 이를 교체하여 오경을 계시하였다. 중성

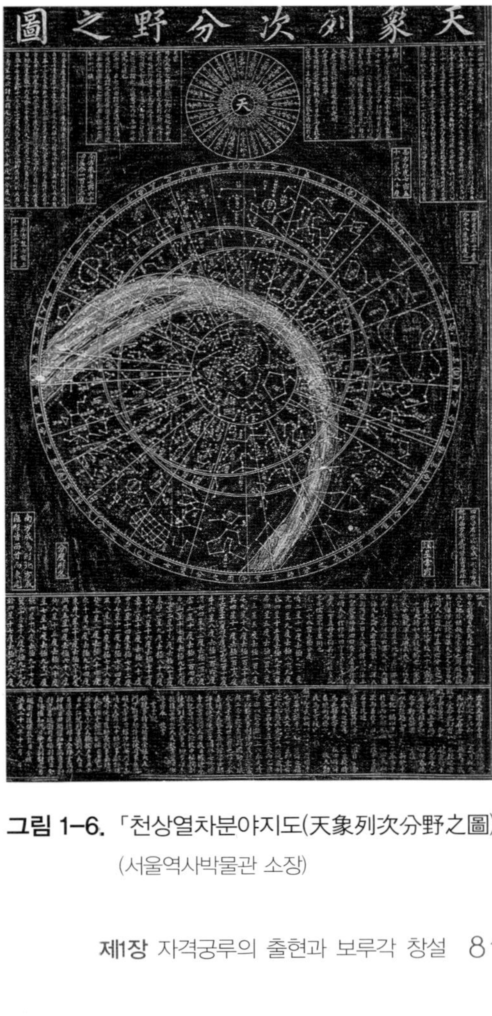

그림 1-6. 「천상열차분야지도(天象列次分野之圖)」
(서울역사박물관 소장)

기는 바로 교체한 경점 잣대의 눈금이 절기의 변화를 올바르게 반영하고 있는지, 또 경루의 유량이 바르게 유지되고 있는지를 검증하는 수단이었다. 중성기 가운데는 눈에 띄는 오류도 포함되어 있지만, 『수시력』에 따라 추산한 결과와 크게 어긋남은 없다.(한영호 · 남문현, 2008: 174) 이 중성기는 「천상열차분야지도」 제작에 참가한 판서운관사 유방택柳方澤(?~?)이 작성하였으며, 장루 전윤田潤(?~?), 권지權知: 서리 장루 김자수金自綏(?~?)가 잣대를 제작하여 경루를 운영하였다. 잣대 숫자가 몇 개라는 기록은 없다. 24절기 가운데 한 절기에 한 개씩이라면 21개 또는 24개였을 것이다. 다음에 소개하겠지만 경루에 이어 1424년(세종 6년)에 제작한 경점지기의 야전 숫자가 21개였던 것으로 보아 21개였을 것이다. 이에 대하여는 저자 등의 태조 을해 중성기와 야전 교체일에 대한 경루법 연구에서 논의한 바 있다.(한영호 · 남문현, 2008: 170-173 등) 경루는 한양의 하늘을 추산하여 작성한 중성기를 바탕으로 운영한 것이므로 당연히 조선조 최초로 지방시를 보시한 표준시계이다. 이와 같이 중성을 관측하여 계산을 거쳐 물시계에 사용할 부전에 경점 눈금을 매기는 방법을 '경루법更漏法'이라 한다. 또한 절기에 관계없이 간격이 일정한 12시진 100각 눈금을 잣대 표면 한쪽 면(전통적으로 왼쪽)에 먼저 새기고, 다른 한쪽 면에다 절기에 따라 변화하는 경점시각을 어떻게 보탤 것인지, 24절기에 몇 개의 야전을 만들어 사용할 것인지를 결정하는 방법을 말한다. 조선조의 경루법은 태조의 역상수시 정책에서 비롯되어, 세종 대의 경점지기용 21전법, 자격궁루(보루각루)용 12전법, 11전법 『누주통의漏籌通義』, 규장각본 『누주통의』, 영조 대의 24전법, 정조 대의 『신법중성기』와 37전법 『신법누주통의』

표 1-1. 태조 을해년(1395년) 중성

절기	천상열차분야지도	
	혼중성	효중성
동지(冬至)	실(室)	진(軫)
소한(小寒)	벽(壁)	항(亢)
대한(大寒)	규(奎)	저(氐)
입춘(立春)	위(胃)	저(氐)
우수(雨水)	필(畢)	심(心)
경칩(驚蟄)	삼(參)	미(尾)
춘분(春分)	정(井)	미(尾)
청명(淸明)	정(井)	기(箕)
곡우(穀雨)	성(星)	두(斗)
입하(立夏)	장(張)	두(斗)
소만(小滿)	익(翼)	우(牛)
망종(芒種)	진(軫)	여(女)
하지(夏至)	항(亢)	위(危)
소서(小暑)	저(氐)	실(室)
대서(大暑)	방(房)	벽(壁)
입추(立秋)	미(尾)	규(奎)
처서(處暑)	미(尾)	위(胃)
백로(白露)	기(箕)	묘(昴)
추분(秋分)	두(斗)	삼(參)
한로(寒露)	두(斗)	정(井)
상강(霜降)	두(斗)	정(井)
입동(立冬)	여(女)	성(星)
소설(小雪)	허(虛)	장(張)
대설(大雪)	위(危)	익(翼)

의 모범이 되었다. 임금이 펴는 정사에서 시간보다 중요한 것이 없을 만큼, 초저녁과 새벽에 성문을 제때에 닫고 열어 신민이 생업에 종사할 수 있도록 하여 경천근민에 힘쓰고, 조정의 정무를 시작하는 시각을 비롯하여서 관리의 출근과 퇴근, 야간 순라, 군인의 군무시간을 알리는 데 필수 불가결한 것이 시계라는 것은 두말할 나위가 없다. 이에 더하여 예치를 정치철학으로 삼은 유교 국가의 가장 중요한 의례인 여러 가지 제사, 의식 등과 관련된 시간을 정확하게 지키는 일이야말로 위정자가 우선해야 하는 임무였다.

1.5. 태종 대 보시제도 개혁

1.5.1. 인정 · 파루 제도

태종(李芳遠, 재위 1400~1418)은 보시 제도를 대폭으로 정비하였다. 야간에 도성 안을 순찰하는 순작법巡綽法을 개정하여 인정시각을 초경 3점으로 규정하고, 동이 트는 5경 3점에 종이나 북을 울려 도성 문을 열고 통금을 해제하여 인마가 드나들 수 있도록 하는 '파루罷漏'라는 제도를 창안하였다.(태종/1/1/5/20/戊申) 또한 궁성문은 초저녁[초혼初昏]에 닫고, 해가 뜰 때[평명平明]에 열고, 도성문은 인정에 닫고 파루에 열도록 해 인정 이후와 파루 이전에는 통행을 금지하였다. 이 규정은 뒷날 "궁성문은 해가 진 후 초혼에 닫고, 해가 뜬 후 평명에 열며, 도성문은 인정에 닫고, 파루에 열어야 한다"고 대전大典에 규정하였다.(『經國大典』 卷2: 56)

인정에는 종루 종을 스물여덟 번 울리는데 이 숫자는 「천상열차분야지도」 비석에 새겨 있는 스물여덟 개의 별자리[28수]를 뜻한다.(그림 1-6 참조) 천문도의 가장 큰 원인 천상도의 맨 가장자리에는 십이차十二次 분야와 십이궁十二宮 이름이 새겨 있고, 그 안쪽에는 하늘의 동서남북에 자리 잡은 밝은 별자리 일곱 개씩 모두 스물여덟 개의 별자리를 새겼는데, 이것을 28수[수宿]라고 하여 신유학의 자연관을 대표하는 숫자다. 말하자면 28회는 28수가 있는 하늘에 하루의 안녕을 알리는 뜻이 있다고 할 수 있다. 또 이 숫자는 주나라의 봉건제도 수립과 관계된 숫자로서, 사방의 제후가 천자를 수호하기 위하여 국토를 지키는 것은 하늘의 사방에 이십팔수를 배치한 것과 같다는 유가의 『주역周易』 「계사상繫辭上」에 나오는 천도사상에서 나온 것이다.(이춘식, 2004: 142 등) 반면, 파루에는 종루 종을 서른세 번을 울리는데, 이 숫자는 불교에서 십이천十二天의 하나로 수미산須彌山 꼭대기에 있는 도리천忉利天의 임금인 제석천帝釋天이 다스리는 온 우주 33천을 뜻한다. 파루는 '누각을 그친다'는 뜻인데, 온 우주의 생명이 있는 것에 새날이 밝았음을 알리는 데 뜻이 있다고 할 수 있다. 인정은 중국 고대 주나라 때 생긴 제도이지만, 파루는 태종 대부터 시행한 조선조 고유의 제도이다.

1.5.2. 파루 당종법

1414년(태종 14년)에는 '파루당종법罷漏撞鐘法'을 고쳐서 인정 종을 1경 3점 말, 5경 3점 말로 늦추고, 궁궐문에서 새벽과 황혼에 종과 북을 동시에 치던 것을 북을 친 후에 종을 28회 울리고, 황혼에는 북만 치도록 하였다.(태종/27/14/6/20辛酉) '인정'과 '파루'는 앞서 소개한 명나라 남경 고루에서 북을 울려 통금과 해금 개시 시각을 알려주는 '기경' · '양경'과 같은 제도지만, 종을 울리는 방식은 크게 다름을 알 수 있다. 경루를 관리하는 조직도 별도로 운영하던 금루방을 서운관의 장루, 사신과 합치고 취재取才(시험)을 거쳐 전담 관리를 뽑았다.(태종/30/15/12/19/壬午) 기우제를 지내는 절목[기우절목祈雨節目]에 따라 가뭄이 심하면 숭례문을 닫고, 숙정문肅靖門은 열도록 하였다. 대개 음陰을 창달하는 뜻[달음지의達陰之意]로 장안의 화기를 밖으로 내보내기 위한 조치였다. 인정 · 파루에는 종을 치는 대신 징을 치도록 하였다.(태종/31/16/6/5/乙丑)

1.5.3. 돈화문종

이와 같이 태종 대에는 수도 치안과 신민의 편의를 위해 인정 · 파루 제도를 정비하였으며, 돈화문에도 종을 걸고 종루의 시보에 따라 창덕궁 내외에 시각을 알렸다. 수도권 외에 지방의 대도시에도 누각을 설치하였다. 평양부平壤府에 누각원漏刻院을 두어 경루를 운영하고 시보를 주관하도록 하였다.(태종/11/6/6/5/癸亥) 대동문에는 큰 종을 주조하여 걸고 아침저녁으로 울렸다.

다음에는 세종시대에 자격궁루가 출현하기까지 과정을 살펴본다.

1.6. 세종 대 의표창제

1.6.1. 원-명대 천문·계시의기 시찰

세종은 즉위 초에 집현전을 정비하여, 동아시아 최고 수준에 바탕을 둔 유학을 왕정에 실현하기 위하여 이것에 부합하는 제도를 강구하는 방안을 마련하였다. 유교 국가 건설을 위한 이상적인 모델로 선정한 주공周公(?~?)의 치세를 본보기로, 그의 저술인 『주례周禮』와 『의례儀禮』에 나오는 제도와 예속을 이 땅에 실현하는 것을 목표로 삼았다.[14] 이 가운데 하나가 중국 고대 천문대인 영대靈臺의 건설이었다. 세종은 1421년(세종 3년) 장영실을 서운관원 윤사웅과 최천구 등과 함께 명나라에 파견하였다. 이때는 명나라 조정이 남경에서 연경燕京(현재 북경)으로 천도한 직후라서 이들은 관성대觀星臺가 있는 남경을 방문하였을 것으로 추정된다. 명나라는 1384년(홍무 17년)에 남경 계명산雞鳴山 북극각 근처에 관성대를 세우고 주야로 흠천감 인원이 근무하였다. 여기에는 천문·계시 설비뿐만 아니라 원나라 때 대도大都의 사천대에서 옮겨 온 간의를 비롯한 천문관측 설비도 있었다. 연경에는 제화문齊化門 근처 성벽 위에 임시로 관천시설을 하였다.(北京天文館 編, 1987: 134) 윤사웅 등이 방문한 곳이 남경인지 연경인지 확실하지는 않지만, 두 곳에는 모두 흠천감이 설치되어 있었다.

흠천감에는 4개 과를 설치하였는데, 그 가운데 하나가 시간 서비스를 담당한 누각과漏刻科이다. 여기에는 서운관 각루에 속한 장루에 해당되는 오관五官(설호정, 영대랑, 보장정, 사력, 사신) 가운데 설호정과 사신에 해당되는 오관 사신, 누각박사를 두었다. 또한 서운관 금루방에 해당되는 누각방漏刻房을 두고 책임자로 장방掌房 1인, 매일 시각을 관장하는 서운관 금루 사령에 해당되는 첨서僉書 다수를 두었다. 별도로 누각의 시보신호를 전달하는 전루소에 해당하는 경고방更鼓房을 두어 종과 북으로 시각을 알렸다.(『明史』「職官志三」) 설호정은 물시계로 시간을 측정하여 물 항아리가 가득 차면 항아리를 비우고, 중성을 관찰하여 잣대를 제작하는 직분이다. 윤사웅 등은 이곳을 방문하여 감원을 만나고 시설을 관찰하였을 것이며, 또한 시내에 설치된 종루와 고루를 시찰하였을 것이다.(그림 1-7 참조)

---

14 이것은 또한 공자孔子(기원전 551년~기원전 479년)의 이상이기도 하였다. 이러한 공자의 사상이 세종에게 영감을 주었음이 분명하다. 요순堯舜(唐虞당우), 삼대三代(夏殷周하·은·주)의 재현이야말로 공자의 유교 사상과 도덕 정치를 구현하는 길이라 여겼기 때문일 것이다.(이태진, 2012: 278; 이춘식, 2004: 39 등)

A　　　　　　　　　　B　　　　　　　　　　C

그림 1-7. 명대 북경 고루와 종루

A. 고루(남쪽)와 종루(북쪽) **B.** 고루 내부에 설치한 크고 작은 북 **C.** 영락 동종(전체 높이 5.55미터, 몸통 높이 4.5미터, 입 지름 3.4미터, 종 벽 두께 12~24.5센티미터, 무게 약 63톤)

명조는 연경으로 천도하기에 앞서 궁성을 건축하면서 1420년(영락 18년)에는 대도 중심에 1272년(至元지원 9년)에 세운 고루 곧, 제정루齊政樓 동쪽에 고루를 중건하였다.[15] 다음 해에 영락제永樂帝(재위 1402~1424)가 천도하였다. 종루는 원나라 때 만령사萬寧寺 중심각中心閣이다. 그림 1-7A는 남쪽의 고루와 북쪽의 종루를 보여준다. 고루는 남경 고루(그림 1-5A 참조)를 본떠 하층은 세 개의 홍예문, 상층은 5칸 전각을 세우고, 그 안에는 1-7B에 보인 것과 같이 큰 북 1면, 작은 북 24면, 동호적루를 비롯하여 시간측정 설비를 갖추었다. 종루에는 처음에 철종을 매달았다가 소리가 맑고 크지 못해서 나중에 1-7C에 보인 것과 같은 동종[영락 동종永樂 銅鐘]으로 바꾸었다. 앞서 소개한 남경 고루와 종루의 정경 관례에 따라 기경[1경]에 북 54회를 먼저 울리고 이어서, 종 54회 모두 108회가 울리면 성문을 닫고, 교통을 두절[정가淨街]하였다. 양경[5경]에는 성문을 열었다.

윤사웅 등은 다음 해에 귀국하여 시찰한 내용과 수집한 책과 기구를 임금과 서운관 관리들에게 보고하고, 이에 따라 세종은 사용하고 있는 경루를 개선할 계획을 세운 것으로 보인다. 또한 광화문 문루에는 종과 북을 설치하여 보루각 금루 시보 신호를 종루로 중계하는 전루소 겸 종고루로 활용하였다.

1423년(세종 5년)에는 태종 대에 인정 종을 1경 3점 말에 치고, 파루는 5경 3점 말에

15 "齊政樓제정루"라는 명칭은 『書經서경 · 舜典순전』에 "在璿璣玉衡以齊七政재선기옥형이제칠정"에서 유래한다.

북을 치도록 규정한 것을 앞뒤가 고르지 않다는 서운관의 건의에 따라, 파루는 5경 3점 초에 북을 치도록 고쳤다.(세종/19/5/1/18/庚子) 세종 15년 2월에는 분리되었던 서운관의 천문과 금루를 다시 합하였다.(세종/59/15/2/2/丙戌)

1.6.2. 경점지기와 21전법

1424년(세종 6년) 5월에는 중국의 누각법을 원용하여 구리로 주조하여 궐내에 경점을 알리는 그릇[경점지기更點之器]를 제작하도록 명하였다.(세종/24/6/5/6/庚辰) 다음 해에 장영실 등은 중국에서 관찰한 견문을 토대로 경점지기를 제작하여 궐내에 설치하였다. 세종은 장영실을 면천, 가자하여 첨지僉知를 제수하고 경점지기를 관리하고 시간을 알리는 업무[보루사報漏事]를 맡겼다고 한다.(李肯翊/「天文典故」/「瞻星」) 이때부터 동래현 관노官奴였던 장영실은 궐내에 머무르면서 기술자[공장工匠]으로서 공무工務에 종사한 것으로 보인다.

물시계는 물의 온도 변화에 민감하여 항상 온도를 일정하게 유지해 주는 수질관리와 시간측정에 숙련된 기술이 필요하다. 더구나 겨울에 물이 얼면 사용할 수 없으므로 난방시설을 하여 일정한 온도를 유지하도록 하여야 한다. 이러한 이유로 종루에 설치하였던 경루를 대신하여 궐내에다 새로운 경점지기를 제작하여 설치하였음을 알 수 있다.

1425년(세종 7년)에는 금루 정원을 40명으로 늘렸으며(세종/29/7/8/30/丙申), 금루의 최고위직 장루를 직장直長으로 고쳤다. 이듬해 11월에는 금루 40명을 네 팀으로 나누어 당직하도록 했다. 이들은 낮에는 궐내에 시간을 알리고, 야간에는 누각을 맡아 경점을 시보하였다. 아직 자동시보시계 자격궁루가 만들어지기 이전이라서, 계시원이 일일이 잣대 눈금을 읽어 북과 징을 울려 경점을 알렸다.(세종/30/7/11/29/甲子) 장영실은 경점지기용 야전 21개를 만들어 절기에 따라 교체하여 경점을 측정하고 보시하였다.(한영호 · 남문현, 2008: 172, 표1) 이러한 사실은 자격궁루를 보루각에 설치하여 표준계시기로 반포한 기문인『세종실록』「보루각기」에, "예전에는 21개의 부전이 있었는데 바꿔 쓰는 데 번거로워……"에서 드러났다.(세종/65/16/7/1/丙子) 이 방식은 교정한『수시력』에 따라 한양의 일출입 시각을 추산하기 이전의 일이었다.

1.6.3. 한양 지방시를 표준으로 삼다

경점지기에 사용한 21전법은 동지 전후에 한양에서 낮의 길이와 밤의 길이가 각각 대략 40각과 60각을 바탕으로 작성한 경루법이다. 또 하지 가까이 이르면 주각 60각, 야각 40각으로 바뀌어 각각 차이가 20각이 되는 것을 1각 단위로 반영한 방식이었다. 21전법은 북송 황우皇祐 연간(1049~1052)에 수도 변경汴京(현재 開封: 위도 35도)에서 이미 시행한 것으로서(『宋史·志』, 卷29: 皇祐漏刻), 고려시대에 도입한 방식으로 추정된다. 다만, 한양의 북극출지北極出地(관측지의 지리상 위도, 38.25도)가 개봉보다 3도 가량 높아 동지에 개봉은 주각이 40각인 데 비해 이보다 북쪽에 위치한 한양은 39.1각으로 약간 짧다. 이지二至(하지와 동지) 전후 주야각이 약간 달랐던 만큼 잣대를 교체하는 날짜에도 차이가 있었을 것이다. 따라서 개봉에서 동짓날에 새로 시작[교체]하는 제1번 잣대를 한양에서는 이보다 열흘이나 늦춰 교체하였을 것이다.(한영호·남문현, 2008: 171)

세종은 황우 연간이 무려 280여 년 전이라는 사실을 알아, 세월이 흐르는 동안 천체운행 도수도 많이 변하였다는 것을 인식하게 되었다. 따라서 새로 제작한 누각에 구태여 그 방식을 사용할 수 없다는 사실을 깨닫고, 한양 지리에 맞는 시간을 찾아내어 백성들에게 알리라 작정하였다. 이런 결심은 명나라의 책봉을 받은 나라로서 정삭正朔(정월 초하루, 역서)을 받아 명나라와 동일한 '날짜[역일曆日]을 쓴다'는 사대외교 조건을 새롭게 해석한 결과이다. 정삭을 하례賀禮하는 조건에는 시간규범인 세歲·연年·월月·일日·시時 가운데 '시간時'은 포함되지 않았으므로, 설령 조선이 독자적으로 '지방시'를 사용한다고 해서 외교상 마찰 소지는 없을 것이라는 점이다. 당시 명조는 연경에 천도한 이후에도 위도가 남경보다 8도 북쪽임에도 연경 지방시를 사용하지 않고 남경 지방시를 표준시로 채용하였다. 그렇다면 지리적으로 경위도가 다른 남경 지방시를 한양 표준시로 받아들일 수 없는 것은 더욱 당연하였다. 이리하여 세종은 한양 지방시를 찾아 표준시로 보시하는 방안을 강구하게 되었다. 하늘의 시간을 지상으로 가져오는 시간찾기를 위해 조정은 1432년부터 천문의기와 계시의기를 제작하는 의표창제儀表創製 사업에 착수하였다. 세종의 간의대 창설과 천문의기와 계시의기 창제사업에 대하여는 다음의 동영상을 참조하면 도움이 된다.[YouTube, 조선, 시간의 문을 열다/YTN 사이언스(2013. 7. 23.) 참조]

1.6.4. 장영실을 다시 연경에 파견하다

세종은 원대 곽수경郭守敬(1231~1316)이 추진한 의기 제작 방식을 벤치마킹하여 새 왕조에 어울리는 '임금의 의기, 왕조의 예기禮器를 창제하는 계획'의 일환으로 1430년(세종 12년)

장영실을 종사관從事官으로 사신에 합류시켜 연경에 파견하였다. 이들에게 자금성紫禁城 안에 세운 관성대를 비롯하여 시보시설 등 역상수시 제도를 견학하고 자료를 수집하도록 했다.(세종/48/12/4/26/丙申) 당시 조선 사신은 연경에서 보통 2개월 정도 체류한 후에 귀국하였다. 아마도 이때 장영실은 원대 대명전 등루燈漏, 궁루와 비서감秘書監에 소장된 경서 가운데 서역 문서로 된 계시기 제작법 관련 문헌을 수집하였을 것으로 보인다. 또 세종이 만들고자 했던 궁루에 관련된 자료와 기술을 습득하기 위하여 원대 사천감에 근무했던 계시기 기술자나 역관들과 교류하여 궁루를 비롯하여 대명전에 있던 등루와 이슬람 기술이 가미된 자동 시보 계시기에 대한 기술을 익히고 돌아왔을 가능성이 농후하다. 또한 그림 1-7에 보이는 고루에 설치된 동호적루(陳美東 · 華同旭, 2011: 154) 등 시보 관련 시설과 의기를 시찰하고 아울러 관련 자료를 수집하였을 것이다. 그림 1-4B는 동호적루의 구조를 나타낸 도식이다. 위로부터 파수호 일천호日天壺(저수조), 야천호夜天壺(보상호), 평수호平水壺(일정 수위 조절호), 그리고 평수호에서 넘치는 물을 받는 분수호分水壺(廢水壺폐수호)를 단계적으로 배열하고, 바닥에 원기둥형 수수호受水壺를 배치하였다. 수수호에는 누전漏箭을 띄우고 떠오르는 잣대를 동인銅人이 잡고 있다. 바닥에는 배수용 수지水池를 놓았다. 그림 1-4C는 명대 동호적루 일천지 유물이다.

다음에는 세종의 의표창제 사업에서 제작한 자격궁루의 출현에 대하여 소개한다.

1.6.5. 경점지기를 혁신하다

앞서 소개한 21전법 경점기는 세종 당시보다 280여 년 전에 북송 때에 사용하던 방식이었다. 더구나 경점기가 오래되어 시간을 제대로 측정하지 못하여 시보를 담당한 관리들이 제때에 궁궐 내외, 종루에 시각을 알리지 못하게 되었다. 따라서 인정 · 파루종을 제때에 울리지 못함으로써 신민의 불편이 날로 심해졌다. 이로 인해 담당 관리들이 중벌을 면치 못한다는 사실을 임금은 항상 염려하고 있었다.(세종/65/16/7/1/丙子)

이런 어려운 국면을 타개하기 위해 세종은 원나라 때에 순제가 만든 궁루와 같은 계시기를 만들어 경점지기를 혁신하고자 하였다. 천명을 받은 위정자로서 임금은 '사람이 일일이 잣대 눈금을 읽는 시계보다 인형이 밤낮으로 12시진과 5경점을 자동으로 알리는 시계' 특히, '궁루'와 같은 기계시계의 필요성을 절감하였을 것이다. 이와 같은 상황에서 두 차례에 걸쳐 중국을 다녀온 장영실 등이 수집한 궁루를 비롯한 이슬람 물시계, 동호적루에 대한 정보를 활용하기로 하였음이 분명하다. 종래에 누각으로 측정한 시간을 알리는 계인을 보시 목인 3신과 12신으로 대체하여 자동으로 시보하는 기계시계 제작에 착수하였던 것으로 보인다.

의표 제작 사업에 착수한 지 1년여가 지나자 여러 가지 의기가 제작되었다. 1433년에는 이순지 등이 간의를 제작하여 간의대에 설치하였으며, 같은 해 6월에는 정초鄭招(?~1434) · 박연朴堧(1378~1458) · 김진金鎭[金鑌(김빈)의 오기] 등이 혼천의를 제작하였으며, 8월에는 정초 · 이천李蕆(1376~1451) · 정인지鄭麟趾(1396~1478) · 김빈이 혼천의를 제작하여 간의대에 설치하였다. 이에 임금과 세자가 간의대에 올라가 김빈 등과 더불어 간의와 혼천의의 성능을 검증함으로써 천체관측이 시작되었다.(세종/60/15/6/9/庚寅; 세종/61/15/8/11/辛卯) 또한 같은 해 9월에는 장영실이 자격궁루를 선보였다.(세종/61/15/9/16/乙未)

자격궁루를 교정하여 표준시계로 공인하는 과정은 잠시 뒤에서 소개하겠지만, 이것의 구조와 원리, 시보 방법 복원 등에 대하여는 제 2장과 3장에서 상세하게 설명한다.

1.7. 경루법을 실행한 자격궁루

1.7.1. 「보루각기」에 나타난 시각법

김돈金墩(1385~1440)은 자격궁루를 보루각에 설치한 뒤에 장영실이 제작한 물시계 잣대 12개에 새긴 경루법을 「보루각기報漏閣記」에서 다음과 같이 설명하였다.

> …… 잣대의 표면은 십이시로 등분하여 매시마다 8각에다 초와 정의 여분(1/3각)을 합하여 모두 100각으로 하였고, 1각은 12등분했다. 경점용 잣대가 예전에는 21개였는데, 한갓 바꿔 쓰는 것이 번거로워 다시 『수시력』에 따라 낮과 밤 시간이 길어지고 짧아지는 것을 비율로 구분하여 두 절기를 요약하여 잣대 한 개로 충당하니 모두 12개다. 간의로 측정한 것과 참고하여 보니 털끝만큼도 차이가 없었다. (세종/65/16/7/1/丙子)

앞의 글에서 자격궁루에 적용한 계시제도를 알 수 있는 정보는 다음과 같이 정리할 수 있다.

첫째, 계시제도는 한양을 기준으로 교정한 『수시력』에 따른다.

둘째, 시각법은 12시진제와 100각제를 조합한 '12진각제'다. 곧, 12시진제에서 매 시진(1개 시진)은 초와 정으로 등분하여 각각 4⅙각씩 분배하여 매시는 8⅓각이 된다. 1각은 12분이다.

셋째, 야루는 '오경점제'이다. 곧, 밤 시간을 재는 잣대는 교정한 『수시력』에 따라 낮과 밤의 길이를 계산하여 두 개의 절기를 요약하여 잣대 1개씩 만들어 모두 12개다.

앞서와 같은 제도에서 12개 잣대를 어떤 방식으로 눈금을 매겨서 만들고, 또 어떻게 두 절기를 요약하여 사용했을까? 또는 이에 앞서 "하룻밤을 오경으로 나누는 계시법의 이점은 무엇이며, 어떻게 오경을 알아냈을까?" 하는 의문이 당연히 생길 것이다. 이러한 의문에 답하는 것이 자격궁루에 쓸 수 있는 경루법을 작성하는 과정이라고 할 수 있다.

1.7.2. 12전법

1) 한양에 해가 뜨고 지는 시각

물시계로 온 하루와 하룻밤 시간을 측정하려면 시간측정 항아리(수수호) 안에 두 가지 눈금을 새긴 잣대 한 개를 띄우고 물을 주입하여 잣대가 떠오르면 눈금을 읽어 시각을 알아낸다고 하였다. 12진각제를 채용한 누각법에서는 전통적으로 잣대 표면 왼쪽에 12시진 눈금을 새기고, 그 오른쪽에다 12시진 눈금에 대응하는 경점 눈금을 새겼다.[16] 이런 방법은 경점시각을 '시', '각', '분'으로 나타내야 하기 때문이다. 12시진은 항상 고정되어 있으므로 이것에 경점을 대응시키려면 기시법을 써서 우선 사용하고 있는 역법(『수시력』)을 활용하여 한양에 해가 뜨고 넘어가는 시각을 추산한다. 다음에 연중 변화하는 낮 길이에 따라 밤 길이를 추산해야 한다. 이것을 바탕으로 절기에 따른 경점시각을 추산하여 잣대에 옮겨 눈금을 매긴다.

16 이런 방식은 일찍이 중국에서 사용했는데, 부전簿箭의 양식도樣式圖가 남아 있는 것은 남송 시대 손봉길孫逢吉(?~?)이 제작한 기루幾漏의 제12전이다.(陳美東 · 華同旭, 2011: 169, 230; 汪小虎, 2014: 450) 잣대 시각눈금은 12시 100각을 나타내야 하는데 작자의 실수로 오류가 있음을 알 수 있다. 읽을 때 주의가 필요하다.

잣대 하나에는 한 절기 경점 눈금만 매길 수 있으므로 예전에는 매 절기마다 잣대를 하나씩 만들어 사용하다가 절기가 바뀌면 다음 절기 잣대로 교체한다. 연중 교체할 수 있는 잣대를 모두 만들려면 한양 위도에 맞춰 교정한 『수시력』을 이용하여 연중 한양의 일출입분日出入分을 추산해야 한다. 정인지와 이순지 등은 한양에서 동지와 하지의 해그림자에 근거하여 차이[지차至差]를 추산해서 매일 일출입 시각과 주야 시각분을 구하여 역산자료를 작성하였다. 『세종실록』 권158 부록 『칠정산내편 · 하』에는 동지 후 182일과 하지 후 182일간 한양의 일출입분[일출입주야진각日出入晝夜辰刻]이 표로 들어 있다. 이 표에 따르면 동짓날 주각과 야각은 각각 39각과 61각이고, 동짓날부터 21일째 되는 날에는 각각 40각과 60각에 이른다. 마찬가지로, 동지 후 159일에는 주야각이 각각 60각과 40각이 되어 차이가 20각이 되므로 서운관은 주야각 차이가 2각씩 날 때마다 교환하도록 잣대 사용지침[「누주통의」: 용전환전用箭換箭]을 작성하였다. 따라서 이순지 등은 이 방법에 따라 동지부터 하지까지 주야간 길이를 계산하여 각각 잣대의 사용기간과 이에 따른 교체 시기를 결정하였다. 먼저, 이지二至 시각차를 20각으로 보고 야각에서 혼신분 5각을 빼서 남은 시간[야루각夜漏刻]을 5등분했다. 다음에 이것을 바탕으로 경률更率과 점률點率을 계산하여 동지부터 하지까지 절기에 따른 경점 시각표를 작성하였다. 마지막으로 이 값을 잣대에 눈금으로 올리는 방안을 강구하였다.

2) 잣대 12개를 교정하다

동짓날부터 사용할 첫 번 잣대의 경점시각을 계산하는 방법은 다음과 같다. 동지 후 21일의 야각 60각에서 신혼분 5각을 빼면 55각이 남고, 이것을 5로 나누면 경률 11각을 얻는다. 경률이 11각이므로 이것을 5등분하여 점률을 구하면 1점의 길이 13.2분을 얻는다. 여기에다 일입시각 신정申正3각을 오경 기점起點으로 정하여 1경부터 5경까지 길이를 25등분하여 잣대에 올린다. 첫 번 잣대는 1경 초점부터 5점까지 모두 66분이 되고, 5경까지의 합은 330분, 곧 55각이 된다. 마찬가지로 맨 마지막 잣대는 야각 40각에서 5각을 빼면 35각이 남으며, 경률은 7각이 된다. 마찬가지로, 점률은 8.4분이므로 오경은 210분, 곧 35각이 된다. 이와 같은 방법으로 2각씩 차이를 두고 첫 번부터 순서대로 잣대 번호를 더하는 것으로 맨 마지막 잣대를 만들 수 있다. 표 1-2는 앞서와 같이 계산하여 얻은 첫 번째 잣대 경점 시각표이다. 그림 1-8A는 표 1-2에 따라 만든 첫 번 잣대를 만들기 위한 12진각 모델이다. 그림 1-8B는 1-8A에서 '오정 초각'을 하부로 절개하여 직선으로 만들어 뒤집은 잣대

표 1-2. 동지 후 21일 야각과 경점각분(주각 40각, 야각 60각, 혼신분 5각, 매 각 6.0분)

일입(日入)		신정(申正) 3각(三刻) 0.0분(分)	비고(備考)
혼분(昏分)		2각 5.0분	
1경(一更)	1점(一點)	유초(酉初) 1각 4.0분	
	2점(二點)	유초(酉初) 3각 5.2분	
	3점(三點)	유정(酉正) 1각 5.4분	인정(人定)
	4점(四點)	유정(酉正) 4각 0.6분	
	5점(五點)	술초(戌初) 2각 0.8분	
2경(二更)	1점	술정(戌正) 초각 1.0분	
	2점	술정(戌正) 2각 2.2분	
	3점	해초(亥初) 초각 2.4분	
	4점	해초(亥初) 2각 3.6분	
	5점	해정(亥正) 초각 3.8분	
3경(三更)	1점	해정(亥正) 2각 5.0분	
	2점	자초(子初) 초각 5.2분	
	3점	자초(子初) 3각 0.4분	자정(子正)
	4점	자정(子正) 1각 0.6분	
	5점	자정(子正) 3각 1.8분	
4경(四更)	1점	축초(丑初) 1각 2.0분	
	2점	축초(丑初) 3각 3.2분	
	3점	축정(丑正) 1각 3.4분	
	4점	축정(丑正) 3각 4.6분	
	5점	인초(寅初) 1각 4.8분	
5경(五更)	1점	인초(寅初) 4각 0.0분	
	2점	인정(寅正) 2각 0.2분	
	3점	묘초(卯初) 초각 0.4분	파루(罷漏)
	4점	묘초(卯初) 2각 1.6분	
	5점	묘정(卯正) 초각 1.8분	
	신(晨)	묘정(卯正) 2각 3.0분	
신분(晨分)		2각 5.0분	
일출(日出)		진초(辰初) 1각 1.0분	

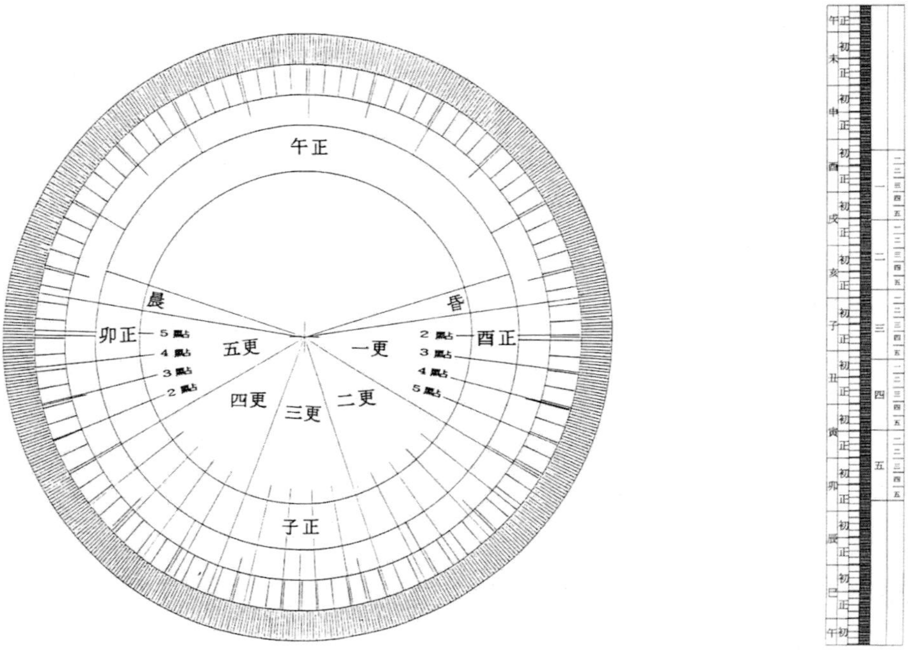

A B

그림 1-8.

A. 동지 후 21일 12진각 모델 **B.** A에 대응하는 잣대 모델

눈금 모형이다. 왼쪽 4개의 수직 칸 왼쪽부터 오른쪽으로 차례대로 각각 12시진 명칭, 12시진의 초와 정 구분, 초와 정의 초각, 1각, 2각, 3각, 4각 눈금, 매 각의 12등분 눈금이다. 그 오른쪽은 오경 숫자, 맨 오른쪽은 오경의 5점 눈금 25개이다. 이 잣대 모형을 실제 잣대 크기로 확대하여 눈금을 새기면 그림 1-8B와 같은 첫 번 잣대 모형을 얻을 수 있다.(남문현, 1995: 200)

아마도 서운관은 "하루12전분 경점진각표"를 작성하여 제 1전부터 12전까지 경점시각을 분배하여 「누주통의漏籌通義」를 작성했을 것으로 추정된다. 이것을 장영실에게 주어 12개 야전을 만들었을 것이다. 서운관은 이 표와 잣대 교환 날짜를 결정한 「12전 목록」과 합쳐서 책자로 엮어 『누주통의』라 이름 지어 발간하고 보루각을 비롯하여 해당 관서에 배포했을 것이다. 현재 「12전 목록」으로 만든 『누주통의』는 남아 있지 않다.(이 절은 2장 2.2.1. 「보루각기」 역주 [기-1-1]에서 말미 원문에 표시한 각주 16 "凡十二箭범십이전"에 대한 설명이다. 계시제도에 대한 이해를 돕기 위해 여기서 상세하게 설명하였다.)

1.7.3. 11전법『누주통의』

1)「누주통의」

자격궁루를 금루로 공인하여 운영하면서 언제부터인가, 아마 역법교정이 마무리되는 1440년대 초부터 12개 야전 가운데 하나를 빼고 11개만으로 운용한 것으로 보인다. 결론부터 말하자면, 처음 얼마간은 원대 대도의 제정루 누각에 사용한 방식을 참고하여 12개를 썼던 것 같다. 이 방법은 동지에서 하지까지 주야 시각 차이 24각에 대응하여 시각차 1각씩마다 1개씩 모두 25전을 사용한다. 이로써 보루각루에도 지차 20각인 한양에서 시각차 2각마다 차이를 두어 12개를 썼을 것으로 추정된다.

그러나 임금은 새 누각의 정확도가 획기적으로 개선되고,『수시력』을 교정하는 데 필요한 '호시할원술弧矢割圓術(태양의 황도 위치를 적도 위치로 환산할 때 호弧와 시矢의 관계로 바꿔 구하는 방법. 줄여서 호시할원)' 등 산술에 능통하게 되자 중성기를 새로 작성할 것을 지시한다. 그리고 종래 12전법을 검증하여 11개로도 충분히 12전법을 대체할 수 있다는 것을 알게 된다. 따라서 11전법과 중성기를 포함한『누주통의』를 새로 작성한다. 변경에 위치한 군영에 계시기구인 일성정시의日星定時儀, 현주일구懸珠日晷, 행루行漏 등을 보급하면서『누주통의』를 한 권씩 보내 주야로 시각을 정확히 잴 수 있도록 했다.(세종/77/19/6/18/丙子) 종래 12전법을 11전법으로 수정함으로써 금루관을 비롯하여 군인도 잣대를 교체하는 데 따르는 번거로움을 덜게 된다. 물론, 보루각루와 같은 정밀한 고정식 계시기가 아닌 휴대용 현주일구와 행루行漏를 사용하는 군영에서는 사용이 간편할수록 좋았다.

그러나 세종 16년에 작성된『누주통의』는 지금 남아 있지 않다. 다만 "거듭된 병란을 겪는 가운데 폐지되었던 옛 제도를 되살려 전하고자 지었다"고 하는 조선 후기의『누주통의』가 있을 뿐이다.(『漏籌通義』序) 그림 1-9A는『누주통의』표지, 1-9B는 11전 목록(일부), 1-9C는「누주통의」의 야루11전분 경점진각표 일부를 보여준다.

그림 1-9B에 보인「11전 목록」의 제1전을 보자. 이것은 동지 첫날부터 사용하여 대한 후 2일까지, 그리고 다시 거꾸로 소설小雪 전 4일부터 동지 전 1일까지 두 절기에 걸쳐 사용한다. 그림 1-9C에 보인 경점시각표「누주통의」에 열거된 야루 제1전의 1경1점은 유초酉初 1각 4.0분부터 유초 3각 5.2분까지로 표시돼 있다. 따라서 이 기간에 1경 1점의 길이는 2각 1.2분(1각은 6분이므로 13.2분이 된다.)이다. 현대시간으로 보면 약 30분 정도이다. 다른 것들도 마찬가지다. 그림 1-9D는 입춘 절기의 중성도이다. 혼昏은 묘칠昴七, 효曉는 심3心三,

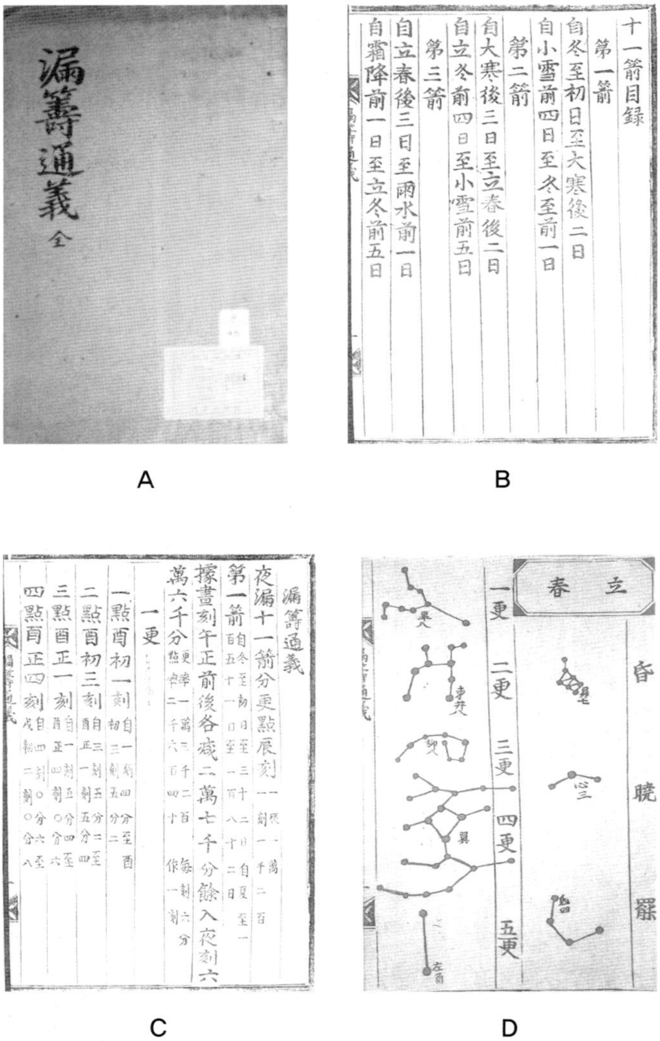

그림 1–9. 『누주통의』 (출처: 서울대학교 규장각한국학연구원, 도서번호 11580)
A. 표지 **B.** 11전 목록 **C.** 「누주통의」 **D.** 입춘일의 중성도

파罷는 저4氐四이다. 또한 1경은 필8[필팔畢八], 2경은 동정8[동정팔東井八], 3경은 유8[유팔柳八], 4경은 익수翼宿, 5경은 좌각左角이다. 이것은 누각을 관리하는 관원이나 누각을 사용할 수 없는 민간, 변방의 군영 등에서 활용하도록 하였던 것으로 보인다.

따라서 현재 남아 있는 후대 『누주통의』를 근거로 세종대 경루법을 추정할 수밖에 없다. 여기서는 앞서 인용한 "21전법이 번거로워 『수시력』에 따라 두 절기를 요약하여 잣대 한 개로 충당하여 모두 12개를 만들었다"는 「보루각기」 기사를 근거로 현존 『누주통의』가 만들어졌다고 추정하였다. 더구나 12개를 갖고 1년 동안 야간시간을 털끝만큼의 오차도 없이 성공적으로 측정하였다고 하였다. 따라서 11전법은 경루 21전법에서 야전 교체 기준을 주야각의 변화폭을 2배로 늘린 누각제도로 보아야 할 것이다. 저자 등은 현존 『누주통의』 경점시각표 「누주통의」는 조선 초기에 채용한 12진각제에 따라 추산되었음을 검증하여 「누주통의」 11전과 이것을 뒷받침할 중성기 작성 등 모두가 『칠정산내편법』을 따라 계산된 것임을 확인하였다.(한영호 · 남문현, 2008: 176, 180; 한영호 · 이은희 · 강민정, 2016: 396)

표 1-3. 한양의 2지 후 일출입분, 『칠정산내편』, 『누주통의』의 조합한 잣대 교체 시간표

『누주통의』						「한양2지후일출입진각」(『칠정산내편』)			
야전 번호	주각 (범위)	야각 (범위)	사용 기간			일출	일입	인정 (1경 3점)	파루 (5경 3점)
제1	40각	60각	첫날	**동지 초일**	**동지 초일**	진초 1각	신정 3각	유정 1각	묘초 초각
	(39–41각)	(61–59각)	끝날	대한 후 2일	동지 후 32일	진초 초각	신정 3각	5.4분	0.4분
제2	42	58	첫날	대한 후 3일	동지 후 33일	진초 1각	신정 4각	유정 2각	인정 3각
	(41–43)	(59–57)	끝날	입춘 후 2일	동지 후 47일	묘정 4각	유초 초각	4.4분	2.8분
제3	44	56	첫날	입춘 후 3일	동지 후 48일	묘정 4각	유초 1각	유정 3각	인정 2각
	(43–45)	(57–55)	끝날	우수 전 1일	동지 후 59일	묘정 3각	유초 1각	3.4분	4.2분
제4	46	54	첫날	우수 초일	동지 후 60일	묘정 3각	유초 1각	술초 초각	인정 1각
	(45–47)	(55–53)	끝날	경칩 전 4일	동지 후 71일	묘정 2각	유초 2각	1.5분	5.7분
제5	48	52	첫날	경칩 전 3일	동지 후 72일	묘정 2각	유초 2각	술초 1각	인정 1각
	(47–49)	(53–51)	끝날	춘분 전 7일	동지 후 83일	묘정 1각	유초 3각	0.5분	1.1분
제6	50	50	첫날	춘분 전 6일	동지 후 84일	묘정 1각	유초 3각	술초 1각	인정 초각
	(49–51)	(51–49)	끝날	춘분 후 5일	동지 후 95일	묘초 4각	유정 초각	5.6분	2.6분
제7	52	48	첫날	춘분 후 6일	동지 후 96일	묘초 4각	유정 초각	술초 2각	인초 3각
	(51–53)	(49–47)	끝날	청명 후 2일	동지 후 107일	묘초 3각	유정 1각	4.6분	5.0분
제8	54	46	첫날	청명 후 3일	동지 후 108일	묘초 3각	유정 1각	술초 3각	인초 3각
	(53–55)	(47–45)	끝날	곡우 초일	동지 후 120일	묘초 2각	유정 2각	3.6분	0.4분
제9	56	44	첫날	곡우 후 1일	동지 후 121일	묘초 2각	유정 2각	술정 초각	인초 2각
	(55–57)	(45–43)	끝날	입하 전 3일	동지 후 133일	묘초 1각	유정 3각	1.7분	1.9분
제10	58	42	첫날	입하 전 2일	동지 후 134일	묘초 1각	유정 3각	술정 1각	인초 1각
	(57–59)	(43–41)	끝날	소만 전 3일	동지 후 149일	인정 4각	술초 초각	0.7분	3.3분
제11	60	40	첫날	소만 전 2일	동지 후 150일	인정 4각	술초 초각	술정 1각	인초 초각
	(59–61)	(41–39)	끝날	하지 전 1일	동지 후 182일	인정 4각	술초 초각	5.8분	4.8분
제11	60	40	첫날	**하지 초일**	**하지 초일**	인정 2각	술초 1각	술정 1각	인초 초각
	(61–59)	(39–41각)	끝날	대서 후 1일	하지 후 33일	인정 3각	술초 1각	5.8분	4.8분
제10	58	42	첫날	대서 후 2일	하지 후 34일	인정 3각	술초 1각	술정 1각	인초 초각
	(59–57	(41–43)	끝날	입추 후 1일	하지 후 49일	묘초 초각	유정 4각	5.8분	4.8분
제9	56	44	첫날	입추 후 2일	하지 후 50일	묘초 초각	유정 4각	술정 초각	인초 2각
	(57–55)	(43–45)	끝날	처서 전 2일	하지 후 62일	묘초 1각	유정 3각	1.7분	1.9분
제8	54	46	첫날	처서 전 1일	하지 후 63일	묘초 1각	유정 3각	술초 3각	인초 3각
	(55–53)	(45–47)	끝날	백로 전 4일	하지 후 75일	묘초 2각	유정 2각	3.6분	0.4분
제7	52	48	첫날	백로 전 3일	하지 후 76일	묘초 2각	유정 2각	술초 2각	인초 3각
	(53–51)	(47–49)	끝날	백로 후 8일	하지 후 87일	묘초 3각	유정 1각	4.6분	5.0분
제6	50	50	첫날	백로 후 9일	하지 후 88일	묘초 3각	유정 1각	술초 1각	인정 초각
	(51–49)	(49–51)	끝날	추분 후 4일	하지 후 99일	묘정 초각	유초 4각	5.6분	2.6분
제5	48	52	첫날	추분 후 5일	하지 후 100일	묘정 초각	유초 4각	술초 1각	인정 1각
	(49–47)	(51–53)	끝날	한로 후 1일	하지 후 111일	묘정 1각	유초 3각	0.5분	1.1분
제4	46	54	첫날	한로 후 2일	하지 후 112일	묘정 1각	유초 3각	술초 초각	인정 1각
	(47–45)	(53–55)	끝날	상강 전 2일	하지 후 123일	묘정 2각	유초 2각	1.5분	5.7분
제3	44	56	첫날	상강 전 1일	하지 후 124일	묘정 2각	유초 2각	유정 3각	인정 2각
	(45–43)	(55–57)	끝날	입동 전 5일	하지 후 135일	묘정 3각	유초 1각	3.4분	4.2분
제2	42	58	첫날	입동 전 4일	하지 후 136일	묘정 3각	유초 1각	유정 2각	인정 3각
	(43–41)	(57–59)	끝날	소설 전 5일	하지 후 150일	진초 초각	신정 4각	4.4분	2.8분
제1	40	60	첫날	소설 전 4일	하지 후 151일	진초 초각	신정 4각	유정 1각	묘초 초각
	(41–39)	(59–61)	끝날	동지 전 1일	하지 후 182일	진초 초각	신정 3각	5.4분	0.4분

2) 야전 교체시기

표 1-3은 앞서 표 1-1과 그림 1-9B와 C의 내용을 조합하여 야전 교체시기를 나타낸 용전환전표이다.(남문현, 1995: 198) 주야 시각이 2각씩 차이가 날 때마다 잣대를 1개씩 만든다. 그러나 주야각이 2각씩 늘거나 줄어들어도 11전법으로도 충분함을 알 수 있다. 따라서『누주통의』11전법은 조선 초기 21전법에서 교체 기준인 주야각의 변화폭을 2배 곧, 2각 늘인 누각제도로 보아도 별로 무리가 따르지 않는다.[이리하여 11전법「누주통의」의 표 1-3은 이 책 158쪽 3.2.4. 부전제작에 그대로 적용하였음을 밝혀 둔다. 이것은 현존하는「누주통의」의 내용을 여기에서 상세하게 설명함으로써 경루법에 대한 이해를 돕기 위해서다.]「보루각기」에서 12전이라고 적은 것은 새 제도에서는 하나의 잣대로 대략 한 절기씩, 1년에 두 차례 사용함을 강조하는 가운데서 강조한 수사修辭에 불과하다는 느낌이 든다.

1.8. 시보 체제 정비

앞 절에서는 주로 계시와 보시 등 자격궁루를 금루로 공인하는 데 필요한 품목(사양)을 열거하였다. 다음 단계는, 보루각에서 발생한 시보음을 궁궐 내외를 비롯하여 운종가 종루에 보내서 인정 · 파루 종을 울림으로써 도성문을 닫고 열어 인마가 드나들 수 있도록 시보 체제를 구축하는 일이다. 새로운 인정 · 파루제의 실시에 따른 사회적 영향을 고려하여 신민이 생활하는 데 편리하고, 또한 안보와 치안유지에 적합하도록 시보 체계를 제도화하는 일이다. 궁궐과 도성 내에는 이미 시보전달과 순찰과 경계 시설을 운영하였다. 그러나 그것만으로 미비한 시설 곧, 궁궐 안에 시보음을 전달하는 전루소와 야경꾼이 머무는 경수소警守所 신축도 필요하였다. 이것을 운영 · 관리하는 인력과 도구 확보는 육조와 한성부 소관사항으로서 기술, 법령, 행정 조치가 뒤따랐다.(남문현, 1995: 62 등) 세종은 1434년 3월에 태조 대 광화문 문루에 걸은 종을 새것으로 교체하여 보루각 시보신호를 종루에 전달하는 중계소의 설비를 갖추었다.(세종/63/16/3/26/癸卯) 다음은 경복궁과 광화문-종루 간에 정비한 전루소이다.

1.8.1. 경복궁 내 전루소

경복궁 보루각에서 시보신호를 종루에 전달하는 데 필요한 전루소를 설치하고, 궁중에도 여러 곳에 설치하였다. 경복궁 안 경회루 남문, 월화문, 근정문에는 쇠북[금고金鼓]를, 광화문에는 큰 종과 북[대종고大鍾鼓]를 설치하고 당일 밤에 각 문마다 쇠북을 맡은 사람이 보루각에서 목인이 울리는 북과 징소리를 듣고 차례로 전하여 울린다. 영추문에는 큰 북을 설치하고 오시에 목인이 울리는 종소리를 듣고 또한 북을 두드린다. 동시에 광화문 문루에 세운 북을 맡은 자도 두드린다. 경회루 남문, 영추문, 광화문은 서운관 금루가 담당하고, 나머지 문은 각각 그 문에 숙직하는 갑사甲士(오위 가운데 의흥위에 속한 군사)들이 맡았다.(세종/65/16/7/1/丙子)

1.8.2. 광화문 – 종루 간 전루소

인정 · 파루 시각을 알리는 보루각 금루의 북과 징소리는 광화문에서 받아 종루로 전달하기 위한 전루소를 여러 곳에 설치하여 시험하였다. 이런 절차를 거쳐 육조 거리의 병조 장문, 월차소 행랑, 수진방 동구 병문을 거쳐 의금부에 이르러 종루에 전달하였다. (세종/77/19/6/28/丙戌) 이에 더하여 도성 안에 야간 순찰을 위한 경수소를 설치하는 등 궁궐 수비와 도성 치안을 위해 시보 시설을 신설하는 한편, 이미 설치된 것은 적합하게 정비하였다.

1.9. 자격궁루의 실용

1.9.1. 공인 절차를 모두 밟다

세종은 천문대 건설이 마무리되지 않았지만, '시간을 알려주는 수시授時는 진실로 하늘을 섬기고 백성을 돌보는 일이므로 조금도 늦출 수 없다'는 사명감으로 경복궁 영추문 안쪽에 보루각을 지어 자격궁루를 그 안에 설치하고 금루로 사용하기로 결심하였다.(세종

/77/19/4/15/甲戌) 이와 같은 국왕의 결정을 뒷받침하기 위한 조치는 무엇보다 자격궁루를 표준시계로 공인하기 위해 다음과 같은 절차를 밟았다는 것이다.

첫째, 한양 북극출지 38 1/4도에 맞춰『수시력』을 교정하여 한양의 일출입 시각을 추산하였다.[17] 이를 바탕으로 절기변화에 따른 밤의 길이에 대응하는 야전을 제작하여 실제로 인정 · 파루 보시에 적용할 수 있는 경루법인 12전법에 이어 11전법『누주통의』를 편찬하였다.[18] 이런 작업은 천문 · 역산 연구에 종사한 정초 · 정인지 · 김돈 · 김빈 · 이순지를 비롯하여 서운관의 천문 · 역법 · 각루 부서 전문 인력과 장영실이 참여하여 추진한 협동 작업의 성과이다.

둘째, 보루각을 건축하여 물시계와 자격장치를 연결한 자격궁루의 여러 가지 기구와 기계를 조립 · 시험하여 정확한 시간측정, 공정관리 등 기술문제를 해결하였다. 이 작업은 자격궁루 개발자 장영실과 이것을 운영 · 관리하게 될 서운관 금루관이 협동한 결과이다. 금루관은 물시계와 자격장치의 교정 · 관리를 수행하였다. 파수호 수위 조절과 급수기구 제작, 매일 오정 초각에 수수호를 교체하는 데 따르는 배수와 교체 시각 결정, 절기변화에 따른 잣대 교환, 시각오차 바로잡기가 물시계와 관련된 작업이다. 하루의 운전이 끝나면 시보신호 표시와 시보 기구 작동에 사용한 크고 작은 구슬[대소환大小丸] 각각 37개를 본디 자리에 재배열하여 다음 날을 대비한다. 이것이 자격장치 부품과 기계 일일 점검 등 정확한 보시 신호를 발신하기 위하여 자격장치와 관련된 작업이다.

셋째, 물시계 수수호를 오정 초각에 교체[체수遞水]하기 위해서 천추전 근처에 세운 일영대나 간의대에서 오정 초각을 관측하여 보루각에 보낼 수 있었다.[간의대를 준공한 1437년부터는 경복궁 만춘전 동쪽에 설치한 일성정시의도 활용하게 된다.] 이 시각이 틀려버리면 정확한 시간측정은 안 된다. 태양이 한양에 남중하는 오정 초각을 보루각에 통보하면 곧바로 비워 둔 수수호에 새로 물을 주입하여 계시를 시작했다. 아무튼 천문관측기를 활용한 한양의 지방시 관측결과를 계시에 적용함으로써 털끝만큼도 틀림이 없었다고 하겠다.

---

17 이 값은『元史 · 天文志1』「四海測驗」에 기록된 고려高麗(開城을 뜻함)의 북극고도이다. 이순지는 경복궁 근정전 앞에서 새로 만든 간의로 측정하여 38도 강强(1/12도)을 얻어 역법교정에 적용하였다.(세조/36/11/6/11/丁亥; 行上護軍 李純之卒記행상호군 이순지졸기 등)

18 이를 용전환전이라고 하며, 중국 고대 누각법에서 유래하였다. 세종 대에도 이를 본보기로『누주통의』를 제작하였다.(陳美東 · 華同旭, 2011: 216,『같은 책』234-236쪽에『누주통의』에 대하여 상세하게 소개하였다.)

넷째, 보시업무를 원활하게 수행하기 위해서는 금루관을 비롯한 금루서원, 승정원을 비롯하여 궁궐 안에 소재한 궐내 각사各司에 비치한 시패를 교체하는 금루사령과 주시동奏時童 선발과 교육도 실시하였을 것이다.

1.9.2. 보루각 창설

앞서 열거한 바와 같이 자격궁루를 교정하면서 인정과 파루시각을 보시하여 도성 내외 신민의 반응을 살핀 뒤 새로운 보시제도가 성안되었다. 1433년 9월에 개발된 자격궁루를 표준계시기로 채용하기 위한 공인과정은 1434년 6월 24일 『세종실록』에 실린 한 건의 기사가 9개월간 자격궁루를 실용하기까지의 역정을 요약하여 알려 준다. 기사 전문은 아래와 같다.

> 임금이 말하기를,
> "이 앞서 물시계의 경점을 마련한 것은 본래 근거한 바가 없었다. 이제 『수시력법』을 상고하여 물시계를 새로 만들었는데 털끝만큼도 틀리지 아니하므로, 영을 내려 이것을 쓰고자 한다. 그러나 이 앞서 누각은, 인정은 늦어서 밤이 깊고, 파루는 너무 일렀는데, 이제 새로 만든 누각은, 전에 비하면 인정이 약간 이르고 파루는 약간 늦다. 또 사람들이 말하기를, '만일 지금 만든 누각을 따르면, 사람이 출입함에 있어 이르고 늦음이 때를 잃게 되고, 전에 있던 누각을 따르면, 인정은 늦고 파루는 이르기 때문에, 도적이 틈을 타서 많아질 것이라.' 하니, 위의 두 가지 중 어느 것을 취하고 어느 것을 버릴 것인가. 만일 『수시력』을 따를 경우 사람 출입에 방해가 있다고 한다면, 이 앞서와 같이 경점을 편의에 따라 올리고 내리되, 전례에 따라 올리고 내리게 할 것인가. 비록 이르고 늦은 것이 약간 전보다는 어긋난다 하더라도 이것으로써 그냥 쓸 것인가. 여럿이 의논하여 아뢰라."
> 하니, 도승지 안숭선이 아뢰기를,
> "봄·여름철에는 인정은 이르되 파루는 늦을 것이요, 가을·겨울철에는 인정은 늦되 파루는 이르게 될 것이오니, 이 같은 때에는 오히려 출입에 어려움이 없을 것이오며, 또한 도적이 불어 일어날 근심도 없을 것이옵니다. 더욱이 이제 만든 누각은 제조가 정밀하여 털끝만큼도 오차가 없사온데, 어찌 다른 의논이 있겠나이까. 신의 어리석은 생각으로는 한결같이 지금 만든 누각을 따르겠습니다."
> 하니, 임금이 말하기를,

"경의 말이 옳다."

하였다. (세종/64/16/6/24/辛未)

앞의 글에서 우리는 다음과 같은 사실을 알 수 있다.

1) 예전 물시계에 쓰던 21전법은 근거가 없다. 따라서 『수시력법』을 따라 한양의 일출 입분에 맞춰 만든 잣대를 쓴 새 시계가 아주 정확하니 이것을 공인하려고 한다. 그즈음에는 이미 간의로 12전법을 쓴 잣대 눈금의 정오 여부를 검증하여 오류가 없다는 것이 확인되었다.

2) 예전 방식과 새로운 보시방식을 비교 · 검증하면 인정 · 파루 시각에 차이가 나지만, 각기 장단점이 있다. 그러므로 신민의 실생활과 도성 치안 유지에 두 가지 방식 가운데서 어느 쪽을 채용할 것인가를 논의하였다.

3) 절기에 따라 치안 유지가 수월하고 생활에 편리함을 주는 새로운 방식을 채택하는 것으로 결말이 났다. 이제 남은 것은 국왕의 인증문서 곧, 「보루각기」를 지어 반포하는 일이다.

결국, 한양의 풍토, 일상생활과 치안 유지에 효과적인 경루법을 표준으로 하자는 데 의견이 모아지게 됐다. 여기까지가 자격궁루를 '보루각루報漏閣漏', 곧 '금루禁漏'로 공인하기까지 추진한 절차이다. 앞서 언급한 자격궁루의 등장부터 이것을 표준화하는 데 필요한 여러 가지 규정과 제도 제정은 9개월이라는 비교적 짧은 기간에 이루어졌지만, 세종대 이전부터 시행되어 오던 제도를 대폭 개선한 것으로 보아야 한다. 역법교정과 천문대 건설이 함께 추진되어 자격궁루를 실용화하는 데 크게 도움이 되었음을 알 수 있다. 다음에는 자격궁루 출현에 공헌한 인물을 소개하기로 하겠다.

1.10. 인물들

장영실이 제작한 새로운 기계시계에 "자격궁루"라는 이름을 붙인 이는 세종이었다.(그림 1-10A 참조) 즉위 전후하여 원대 순제가 손수 만든 궁루에서 영감을 얻어 장영실을 두

A

B

그림 1–10.

A. 세종 대왕 어진 (사진 제공: 세종대왕기념사업회)
B. 장영실 (전 서울과학관 전시 영정)

번씩이나 중국에 보내서 기술정보를 수집하고 기술을 습득하게 한 것도 임금이었다. 장영실은 임금의 복안대로 첫 번 중국 여행에서 돌아와 태조 때에 만든 경루를 개량하여 경점지기를 만들고 두 번째 중국 여행에서 돌아와 이것에다 자격장치를 연결하여 자격궁루를 발명하였다.(그림 1–10B 참조)

김빈이 서문에서 "……진짜로 귀신이 그것을 지키는 것과 같아서, 보는 사람마다 놀라고 감탄하지 않는 사람이 없었다"고 기술하였듯이 경천동지驚天動地할 자격궁루의 창제는 혁신에 대한 강력한 의지의 산물이며, 글자 그대로 "실르 우리 동방에서는 전에 없던 성대한 제도"였음이 사실이다. 이 프로젝트의 기획자로서 임금은 스스로 기획부터 추진까지 모든 과정을 주도면밀하게 챙겼다. 자격궁루의 출현은 오래도록 염원해 오던 역상수시를 창시한 요 · 순의 법도를 구현하고, 또한 동방 유사 이래 처음으로 보시 신호를 자동으로 발신하는 자격장치를 부착한 기계시계를 창제했다는 자부심과 함께 순제가 만든 것보다 더 정교하다는 자신감에 가득 찬 세종의 모습을 잘 나타낸 것이라 할 수 있다. 세종은 장영실의 멘토로서 조선조 기계시계의 역사를 창조한 위대한 군주로 기록되었다.

자격궁루의 출현이 가능했던 이면에는 역법교정을 담당했던 정인지, 이순지의 공헌이 크게 작용하였음을 알 수 있다. 앞서 언급한 12전법과 11전법 경루법을 작성함으로써 야전 제작이 가능하여 한양의 지방시를 보시할 수 있었기 때문이다.

1.11. 맺음말

1433년 9월에 출현한 자격궁루를 보루각에 설치하고 표준시계로 사용할 수 있도록 9개월간 추진한 인증작업과 보시체제 정비가 성공적으로 끝남으로써 1434년 7월 초하루부터는 보루각에서 한양 지방시를 기준으로 한 인정 · 파루시각을 계시하여 종루로 발신하였다. 오시에는 광화문에서 종을 울렸다. 이것은 태조 · 태종 대를 거치면서 창안한 경루법과 보시체제의 구축, 세종 대의 역법교정의 성과를 반영한 경루법에 따른 12전법에 이은 11전법 『누주통의』의 편찬과 선진기술 도입에 따른 기술혁신에 따른 성과였다.

자격궁루는 왕조의 표준시계로 공인되어 보루각에 안치됨으로써 보루각루報漏閣漏라는 공식 명칭과 함께 자격루自擊漏 또 금루禁漏로 불렀다. 이리하여 조선은 한양의 지방시를 표준시로 삼아 생활할 수 있는 문명국가가 되었다. 기술적으로는 단순 누각법에서 자동시보장치를 부착한 기계시계로의 발전을 가져옴으로써 한국 기계시계의 신기원을 창조하게 되었다. 이것은 낙하하는 구슬의 동력을 이용한 동력전달 기술을 조선조의 계시제도에 따라 개발한 창의성과 혁신 마인드가 있었기에 가능하였다. 12진각제와 오경제에 따른 2원 보시 신호를 자동으로 발신하는 자격장치는 15세기 초에 동아시아에서는 사례를 찾을 수 없는 창발적創發的 기술이다. 보루각 창설로 세종은 왕조의 금과옥조인 제왕의 경천근민의 임무를 보다 성실하게 수행할 수 있게 되었으며, 도성의 치안과 안보, 신민들의 일상생활에 편의를 제공하게 되었다. 아울러 조정 관리의 근무와 유교사회에서 최우선으로 여기는 의례, 제사 등을 정해진 시각에 거행할 수 있게 됨으로써 국시인 유교 · 신유학의 교화에 기여할 수 있게 되었다. 『누주통의』는 여러 가지 계시기와 함께 전방 군영에 보내 군사에 쓰임으로써 명실공히 '조선의 시간'을 통일하는 데도 기여하였다.

자격궁루의 출현은 조선조 최초의 수시혁명授時革命 1단계가 성공적으로 완성되었음을 뜻한다. 이것에 대한 자세한 내용은 김돈이 지은 「보루각기」와 김빈이 지은 「보루각명」으로 『세종실록』에 실려 널리 인용되고 후대에 전해졌다. 자격궁루는 '원천기술'로서 4년 뒤에 흠경각루 창제와 236년 뒤에 이민철李敏哲과 송이영宋以穎의 천문시계 창조에도 그 특징이 계승될 만큼 지대한 영향을 미치게 된다. 이와 같이 자격궁루의 출현으로 창설한 보루각은 460여 년에 걸쳐 왕조의 역상수시 정책[시정時政]의 한 축을 담당하는 기구로서 첫걸음을 내딛게 되었다.

제2장
「보루각기」 역주 및 보루각루 설계

2.1. 머리말

2.1.1. 개요

앞서 제1장에서 소개한 바와 같이 1434년 6월 24일 자격궁루를 표준시계로 공인한 어전회의에 따라서 김돈金墩(1385~1440)과 김빈金鑌(조銚로 개명, ?~1455)은 각각 「보루각기報漏閣記」와 「보루각명병서報漏閣銘并序」를 지었다. 1434년 7월 초하루, 호군 장영실이 제작한 새 시계가 한양의 지방시를 보시하기 시작함으로써 이제 자격궁루는 공식적으로 '보루각루報漏閣漏' 또는 '금루禁漏'라는 명칭으로 부르게 되었다.(세종/65/16/7/1/丙子) 「보루각기」는 새 시계의 제작 동기, 기능, 구조와 원리를 기술한 기문이다. 「보루각명병서」는 임금이 요·순의 법을 본받아 역상수시를 정치의 요체로 삼아 동국 역사상 처음으로 계시에 필요한 기구들을 제작함으로써 비로소 신민에게 풍토에 맞는 시간을 알리게 된 위대한 업적을 찬양하고 있다. 새 시계는 천체운동을 바탕으로 운용하므로 털끝만 한 오차도 없으며, 목인을 이용한 시보는 보는 이들을 감탄하게 하고도 남음이 있다고 찬탄했다. 또한 백성을 다스리는 자는 촌음을 아껴 이들을 부지런히 보살펴 공적을 빛낼 것과 신민은 새 시계가 알리는 시보를 잘 따를 것이 확실하므로 국가적인 시간 통일에 대한 전망을 피력하였다. 여기에다 보루각에서 발령한 시보신호를 궁궐 내외에 전달하는 전루방식 등 시보체제에 대하여도 기술하였다. 한자로 기록한 기문은 1,260여 자, 서문과 명문이 740자로 모두 2,000여 자이다. 이것은 대종과 같은 기물이나 건축물의 창조를 기리기 위하여 임금의 분부로 지제교知製教가 작성하는 기 · 서 · 명을 모두 갖춘 조선조 초기의 대표적인 과학기술 문헌이다. 단일 기물에 대한 기록으로 보면 15세기 초 동아시아 시계 제작사를 대표할 만한 귀중한 문헌이며, 당대 시계 제작기술 수준을 가늠할 수 있는 거의 유일한 자료이다.

역주에 활용한 대본은 정족산본鼎足山本『세종장헌대왕실록世宗莊憲大王實錄』 영인본(국사편찬위원회 · 탐구당 발행)과 마이크로필름 복사본(서울대학교 규장각한국학연구원)이다. 이 장에서 제시한 번역과 주석은 국내외 번역본을 참조하였다.[1] 이 장의 전반부에서는 「보루각기」와 「보루각명병서」를 역주하였으며, 이를 지은 김돈과 김빈, 그 밖에 사업에 참여한 인물도 소개하였다. 후반부에서는 역주를 바탕으로 기구와 기계부품을 모듈화modularity하여 구성한 6개 모듈의 설계도를 조립하여 하나의 기계로 구성한 보루각루의 설계도와 조감도를 작성하였다. 이런 절차는 제3장에서 소개할 보루각루를 복원 · 제작하는 데 기초적인 자료로 활용하기 위함이다.

2.2. 역주

2.2.1. 역주 방식

그림 2-1은 『세종장헌대왕실록』 권65의 「보루각기」와 「보루각명병서」의 원본이다. 맨 오른쪽 면의 ●표시부터 맨 왼쪽 면의 ●표시까지 모두 6쪽이다. 「보루각기」는 보루각

1 국역본『세종실록』, 1972; 『국역 증보문헌비고』, 1980: 142-150; 『조선왕조실록』 번역본; Needham, J. et al., 1986: 23-30; Moon-hyon Nam, 2014: 91-101 등.

루를 창제하게 된 동기부터 시계를 구성하는 여러 가지 기구와 기계를 요소별로 서술하여 각개 문단으로 구성한 기술문헌이다. 예를 들면, 누각(물시계)을 구성하는 데 필요한 누기(물 항아리), 그리고 시간측정에 필요한 잣대(야전) 제작과 사용법을 크게 한 문단으로 서술하는 식이다. 따라서 원문 전체를 번역한 뒤에 구성부품에 따라 「보루각기」 원문을 다음과 같이 요소별로 분류하였다. 1) 12시와 경점 보시시각마다 각각 작은 구리구슬[동소환銅小丸, 小丸]을 방출하는 물시계 장치, 2) 물시계에서 방출되는 두 가지 소환을 자격장치로 보내주는 데 필요한 기기, 3) 12시와 경점 보시 신호를 발신하는 자격장치, 4) 자격장치를 작동시키는 데 필요한 동력을 발생하는 큰 쇠구슬[대철환大鐵丸, 大丸] 저장기, 5) 자격장치를 구동하는 데 필요한 동력을 전달하는 기구機構, mechanism[2]와 기계機械, machine의 구조, 원리, 기능과 작동 등이다. 이런 항목에 따라 세분하여 문단으로 분류한 다음 번호를 부여하였다. 방식은 물시계 장치에서 방출된 소환이 자격장치에 도달하여 대환을 방출시키면 이것들이 12시와 경점을 보시하는 기구와 기계를 작동시켜 이것과 접속된 목인木人의 팔꿈치를 촉발하여 종 · 북 · 징을 울리고, 아울러 종이 울리면 시패時牌를 전시하는 목인을 차례대로 교체하여 하루의 경과를 전시하는 순서에 따랐다. 그러나 때로는 한 가지 기구나 기계 구조와 작동을 기술하면서 김돈은 간혹 문단을 일부 끊어서 앞이나 뒤로 붙여줌으로써 문맥이 끊어진 경우가 종종 있다. 이런 경우에는 끊어진 문단을 찾아내서 원래의 문단에 이어지도록 처음 문단 번호에 이어서 일련번호를 부여하였다. 따라서 번호대로 원문을 읽다가 보면 여러 군데서 원문 순서를 바꾸어서 읽어야 할 경우가 생기는데, 이것은 문맥을 바로잡아 준 것으로 보면 된다. 번호를 표기하는 방식은 다음과 같다.

기문의 문단은 [기-x-y]로 표시하였다. 여기서 x는 독립된 기구나 기계에 부여하는 고유번호이다. y는 고유번호에 딸린 일련번호로서 앞서 언급한 대로 끊어진 문단을 찾아서 부여한 번호를 뜻한다. 따라서 원문을 부품별로 읽으려면 원문의 순서에 구애되지 말고 고유번호와 일련번호에 따르면 된다. 이런 번호체계는 마지막 단계에서 이 번호를 종합하여 부품들을 조립함으로써 하나의 기구나 기계를 완성하기 위함이다.

2 여기서는 "역학적인 운동이나 작용을 하도록 구성되어 있는 기계나 도구 따위의 내부 구성"을 말한다. "동력전달 기구" 등.(국립국어원 표준국어대사전 참조) 기계공학에서는 "연결되어 운동하는 물체의 집합a set of linked moving objects"이라고 메커니즘의 개념을 설명한다.

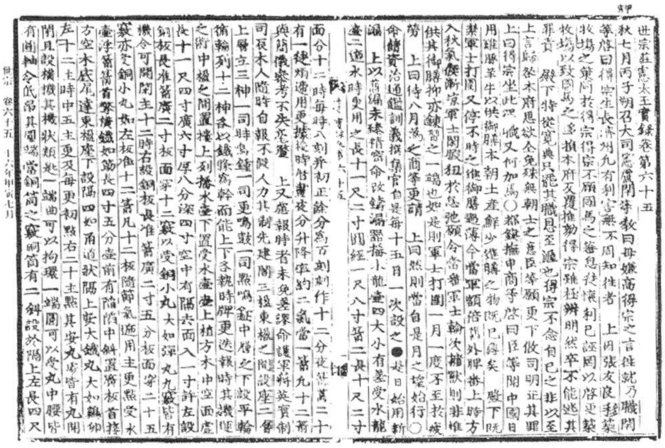

A

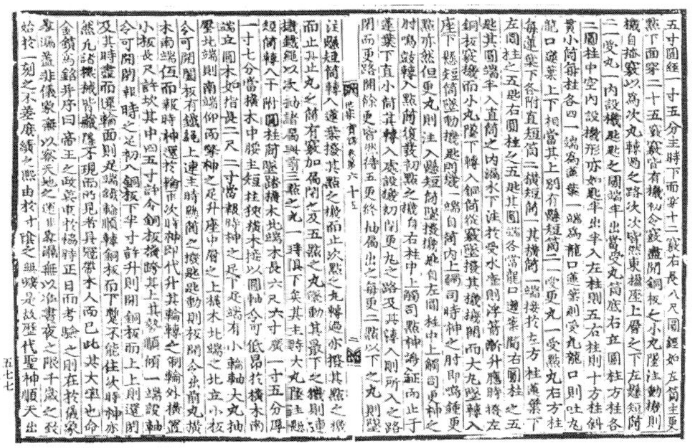

B

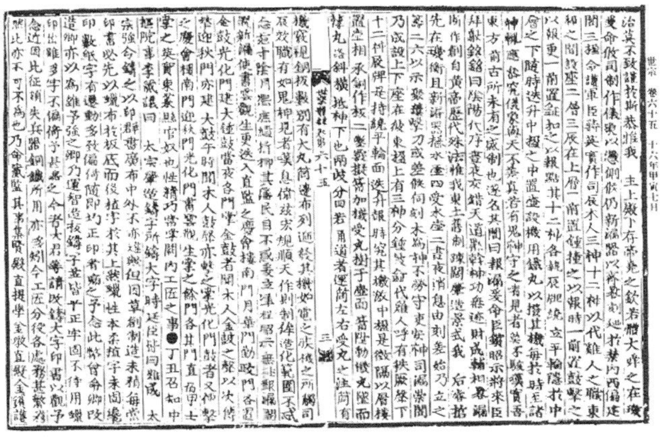

C

그림 2-1. 『세종실록』「보루각기」

오른쪽 1ㄱ쪽 ●표시부터 왼쪽 3ㄴ쪽 ●표시까지 모두 6쪽 (출처: 『조선왕조실록』: 『세종장헌대왕실록』 권65. 국사편찬위원회)

역주는 문단 번호, 번역문, 원문 순서로 진행하였다. 각주는 원문에 달았고, 정의나 간단한 주석은 번역문 또는 각주에다 첨가하였다. 부품을 설명하는 기술용어는 가급적으로 원문대로 쓰고 필요한 경우에는 현대적 의미를 첨가하였다. 오늘날에 사용되지 않는 용어는 가급적으로 현대 용어로 대치하거나 풀어서 썼다. 또한 원문에 서술이 결여되었거나 생략된 부분, 오자誤字와 빠진 글자[탈자脫字] 등은 각주에서 처리하였다.

2.2.2.「보루각기」

[기-1-1] 새 시계의 누기 구조와 잣대 제작법

이날부터 새로 만든 시계를 쓰기 시작하였다. 이전부터 쓰던 물시계가 정밀하지 못하여 새로 시계를 만들도록 임금이 명령하였다. 용 모양의 대롱을 출수구에 꽂은 물을 대주는 파수호가 네 개인데, 크고 작은 차이가 있다. 항아리 겉면에 운룡을 조각한 물을 받는 수수호가 두 개인데, 물을 갈 때 또다시 사용한다. 이것들은 길이가 11척 2촌, 지름은 1척 8촌이다. 잣대가 두 벌이며 길이는 10척 2촌씩이다. 잣대 표면은 십이시로 등분하여 매시마다 8각에다 초와 정의 여분 2/6각을 합하여 모두 일백[100]각을 만들었고, 1각은 12등분했다. 경점을 측정하는 잣대가 예전에는 21개였는데, 한갓 번갈아 쓰는 것이 번거로워, 또다시 『수시력』에 따라 낮과 밤의 길이가 길어지고 짧아지는 것을 비율로 대략 두 절기를 요약하여 잣대 한 개로 충당하니 모두 12개다. 간의로 참고하면 털끝만큼도 차이가 없었다.

[원문]

是日, 始用新漏。上以舊漏[3]未臻精蜜, 命改鑄漏器[4]。播水龍壺四, 大小有差[5]。受水龍壺二[6], 遞水時更用之, 長十一尺二寸, 圓經一尺八寸。[7] 箭二[8], 長十尺二寸, 面分十二時[9], 每時八刻并初正餘

3 1424년(세종 6년)에 장영실이 제작한 경점지기를 말한다.

4 누기는 원래 누각漏刻의 '물을 담는 항아리'를 뜻하지만 여기서는 '계시기計時機'를 뜻한다. 조선시대 누각은 '청동 항아리와 떠오르는 잣대'로 구성된 부전루浮箭漏이다.(『經國大典註解』「吏典」, 1979: 13ㄱㄴ)

5 파수호의 크기를 대소로만 구분했는데, 실제로는 각각 "대중소" 파수호와 폐수호廢水壺로 구분하여 모두 네 개다.

6 파수호와 수수호라는 용어는 북송시대에 심괄沈括(1031~1095)이 1073년 6월에 만든 물시계 부루浮漏의 내용을 황제에게 상주한 「부루의浮漏議」에서 처음 쓰기 시작하였다.(『宋史 · 天文志』 卷48: 「浮漏議」)

分爲百刻,[10] 刻作十二分[11]。夜箭[12]舊二十有一[13], 徒煩遞用, 更據授時曆[14], 晝夜分升降率, 約二氣當一箭[15], 凡十二箭[16]。與簡儀[17]参考, 不失毫釐。

[기-3] 자격장치의 구조

임금은 또 시각을 알리는 관원이 잘못을 저지를까 염려하여 호군 장영실에게 명령해 시간을 알리는 목인을 제작하게 하니, 이것이 때마다 저절로 보시해 줌으로써 관원의 일손을 빌리지 않아도 되었다. 그 제도는 다음과 같다. 먼저 3칸짜리 집을 짓고 동쪽 칸에는 2층으로 좌대를 설치하였다. 상층에는 신상 세 개를 세웠는데, 그중 하나는 시를 맡아 종을 울리고, 하나는 경을 맡아 북을 울리며, 하나는 점을 맡아 징을 울린다. 중간 층 하부에는 평륜을 설치하고, 바퀴둘레에는 차례로 십이지신상을 배열하였다. 시패를 잡은 지신상은 각각 굵은 철사를 기둥 삼아 오르내릴 수 있으므로 바꿔 가며 시를 알린다.

---

7 척-촌尺-寸: 척도 단위. 간의대 의표제작에 사용한 척도가 주척周尺임을 밝히고 있음을 볼 때 주척이었음을 알 수 있다.(세종/77/19/4/15/甲戌, 11ㄴ) 참고로 조선시대 1주척의 길이는 20.70센티미터이다.(남문현, 1992: 『조선시대 척도조사』)

8 수수호 두 개에 각각 한 개씩 사용하므로 한 쌍이다. "전箭"은 화살을 말하는데, 중국에서는 군사용 물시계의 잣대를 만들 때 곧은 화살에 눈금을 매긴 데서 유래하였다.

9 온 하루(日 · a full day)를 12등분하여 십이시十二時로 삼고, 시의 명칭은 십이지十二支 동물의 명칭인 子(자 · 쥐), 丑(축 · 소), 寅(인 · 호랑이), 卯(묘 · 토끼), 辰(진 · 용), 巳(사 · 뱀), 午(오 · 말), 未(미 · 양), 申(신 · 원숭이), 酉(유 · 닭), 戌(술 · 개), 亥(해 · 돼지)를 붙였다.

10 이 책 제1장 1.2.3항 12시진 100각제 참조.

11 이 법은 『수시력』에서 1각을 1,200분分으로 나눈 수에 기본 한 것이다. 1각은 보통 6의 배수 분으로 세분하였다. 보루각루에서는 1각을 12등분하여 12분으로 규정하였다. 참고로 세종 대 현주일구懸珠日晷와 성종 17년(1486)에 제작한 측후지기測候之器의 시반時盤은 1각을 6등분하였다.(이 책 제1장 그림 1-1 참조)

12 경점눈금을 새긴 잣대. 경점법은 이 책의 제1장 1.2.3항 경점기시제, 야전 제작법은 이 책의 그림 1-8 참조.

13 제1장 1.6.2항 경점지기와 21전법 참조.

14 곽수경 등이 창제한 『수시력』을 한양의 위도를 기준으로 세종 14년에 교정한 『수시력』을 말한다.

15 이 말은 두 절기를 연속하여 사용한다는 뜻이 아니라, 1년의 절반에 해당하는 동지에서 하지까지 12개 절기 가운데 한 절기, 나머지 절반인 하지에서 동지까지 한 절기를 뜻한다. 보기로, 제1전은 동지 초일에서 대한 후 2일까지, 그리고 소설 전 4일에서 동지 전 1일까지 두 절기에 사용한다.

16 이 책 91쪽 제1장 1.7.2항 12전법 참조.

17 1270년에 원나라 곽수경이 중국 전통의 혼의渾儀의 여러 개 고리[環]를 해체하여 적도의赤道儀, 후극의候極儀, 입운의立運儀로 간편하게 만든 천체 관측의.(『元史 · 天文志1』)

[원문]

上又慮報時者[18]未免差謬, 命護軍蔣英實, 制司辰木人[19], 隨時自報, 不假人力。其制, 先建閣三楹[20]。東楹之間, 設座[21]二層。上層立三神, 一司時鳴鍾, 一司更鳴鼓, 一司點鳴鉦。中層[22]之下, 設平輪, 循輪列十二神[23], 各以鐵條爲幹而能上下, 各執時牌, 更迭報時。

[기-1-2] 시보 시점마다 동소환을 방출하는 방목과 부전 제작법

그 (물시계) 장치를 운용하는 기술은 다음과 같다. 가운데 칸에 다락을 설치하여 위에 파수호를 배열하고, 다락 아래에다 수수호를 설치한다. 속은 비어 있고 앞이 터진 방목을 수수호 꼭대기에 세우는데, 길이는 11척 4촌, 너비는 6촌, 두께는 8분, 깊이는 4촌이다. 비어 있는 속에는 전면에서 1촌가량 안쪽에다 칸막이를 설치한다. 방목 왼쪽 면에는 길이를 잣대에 맞춘 너비 2촌짜리 동판을 설치한다. 동판 면에는 구멍 12개를 뚫어서 크기가 탄알만 한 동소환을 수납할 수 있도록 한다. 구멍마다 동소환을 담을 수 있는 기구를 설치하여 여닫을 수 있게 하여 십이시를 주장하게 한다. 오른쪽 면에도 길이를 잣대에 맞춘 너비 2촌 5분짜리 동판을 설치한다. 판면에 구멍 25개를 뚫고, 역시 동소환을 수납할 수 있도록 왼쪽 동판과 같게 한다. 잣대 12개에 맞춰 모두 12개 동판을 만들어 절기에 따라 번갈아 사용하는데, 이것이 경점을 주장한다. 잣대를 [부표에 꽂아] 수수호 안에 띄우는데, 잣대머리 꼭대기에는 젓가락처럼 만든 길이 4촌 5분짜리 쇠를 가로로 떠받쳐 부착한다.

[원문]

其機[24]運之術, 中楹之間置樓, 上列播水壺, 下置受水壺。壺上植方木, 中空面虛, 長十一尺四寸,

---

18 서운관에 소속된 금루禁漏, 장루掌漏, 사신司辰 등 시간을 알리는 직책을 맡은 관리.

19 종, 북, 징을 두드리거나 시패를 들어 시간을 알리는 목재로 만든 인형. 현대의 용어로 인형 로봇(humanoid robot)이다.

20 보루각 안 가운데 칸에 물시계를, 동쪽 칸에 자격장치를 설치한 것으로 보아 서쪽 칸은 물시계를 관리하는 데 필요한 계단 등 부대설비를 설치하였음을 알 수 있다.

21 "좌"는 기물을 받쳐서 설치하는 좌대를 뜻한다.

22 좌대 바로 아래 가운데 층.

23 12시를 나타내는 12지 동물을 신격화하여 만든 신인神人 조각상.

24 '기'는 넓은 의미의 '기기機器' 곧, '기계장치'이며, 여기서는 '작은 구슬을 방출하는 물시계 장치'를 의미한다. '機運之術'은 기계장치의 제작과 운전법을 의미한다. 이에 대해 니덤 등(1986)은 "the design of the mechanism for these movements"라 번역하여 '작동을 위한 기구의 설계'라는 의미로 풀이했다.(Needham, J. et al., 1986: 26)

廣六寸, 厚八分, 深四寸。空中有隔, 去面入一寸許。左設銅板, 長准箭, 廣二寸。板面穿十二竅, 以受銅小丸, 大如彈丸。凡[25]竅皆有機, 令可開閉, 主十二時。右設銅板, 長准箭, 廣二寸五分。板面穿二十五竅, 亦受銅小丸如左。板准十二箭, 凡十二板, 隨節氣遞用, 主更點。受水壺浮箭, 箭首擎橫鐵如箸, 長四寸五分。

[기-2] 수수호와 자격장치 궤를 접속하는 광판

수수호 앞에 함지박을 놓고, 광판은 함지박에 맞춰 비스듬히 설치하는데, 머리는 방목 밑에 접속하고, 꼬리는 동쪽 칸 좌대 아래에 도달하도록 한다.

[원문]

壺前有陷[26], 陷中斜置廣板, 首接方空木底, 尾達東楹座下。

[기-4-1] 대환 저장-방출 기구의 구조와 원리

[상층 좌대 밑에] 골목 모양의 홈통 넷을 나란히 설치하여, 그 위에는 크기가 달걀만 한 대철환을 안치한다. 왼쪽 홈통에 안치한 대철환 12개는 12시용이며, 중간 홈통에 안치한 5개는 오경과 매경 초점용이며, 오른쪽 홈통에 안치한 20개는 매 경 2, 3, 4, 5점용이다. 그 대철환을 안치하는 곳에는 모두 대철환을 구속하거나 방출할 수 있는 기구가 있다. 이것은 홈통에 가로로 설치하는데, 그 기구의 형상은 숟가락과 비슷하다. 한쪽 끝은 구부러지게 하여 대철환을 구속하고, 다른 쪽 끝은 둥글게 하여 동소환을 받게 한다. 모든 숟가락 기구의 허리를 관통하여 둥근 굴대를 끼어 오르내릴 수 있게 한다. 둥근 끝은 (홈통 위에 설치한) 동통 (밑면)에 뚫린 구멍과 마주하도록 한다.

[원문]

設隔四如甬道狀, 隔上安大鐵丸, 大如鷄卵。左十二主時, 中五主更及每更初點, 右二十主點。其安丸處, 皆有丸[27]開閉。且設橫機, 其機狀類匙。一端曲可以拘環, 一端圓可以受丸, 中腰皆有圓軸令低昻, 其圓端當銅筒之竅。

---

25 원문에는 "九"로 돼 있으나 "凡"의 오자이다.

26 '함'이란 '함지박'의 바닥에 구멍을 뚫은 일종의 함정이다. 함은 방목에서 추락하는 소환을 받아 광판을 거쳐 동쪽 칸 좌대 아래로 안내하는 매개체이다.

27 '丸'이 '環'으로 된 곳도 있어서, '구슬'이 아닌 '고리'로 보아, "모두 열고 닫는 고리[環]이 있어서 열렸다 닫혔다 하게 되어 있고, ……"로 해석하였다.(『增補文獻備考』, 卷2, 28ㄴ 참조)

[기-4-2] 동통 기구의 구조와 원리

동통 두 개를 만들어 홈통 네 개 위에다 비스듬히 설치한다. 왼쪽 동통은 길이가 4척 5촌, 지름은 1촌 5분이며, 십이시를 주장하며 밑면에는 구멍 열두 개를 뚫는다. 오른쪽 것은 길이가 8척, 지름은 왼쪽 것과 같고, 경점을 주장하며 밑면에는 구멍 스물다섯 개를 뚫는다. 구멍마다 (이것을 여닫을 수 있는) 기구를 만들어 설치하고, 처음에는 구멍을 활짝 열어놓는다. 동판에서 낙하한 소환이 (함지박에 떨어져서 광판을 지나서 동통에 굴러들어 오다가 뚫린 구멍으로) 추락하면서 (구멍에 설치한) 기구를 작동시키면 곧 기구가 저절로 구멍을 막는다. 이리하여 다음 소환이 구르면서 지날 수 있는 통로가 되어 차례차례 모두 그렇게 된다.

[원문]

銅筒有二, 斜設於隔上。左長四尺五寸, 圓経一寸五分, 主時, 下面穿十二竅。右長八尺, 圓経如左筒, 主更点, 下面穿二十五竅。竅皆有機, 初令竅尽開。銅板之小丸, 墜注動機, 則機自掩竅, 以為次丸転過之路, 次次皆然。

[기-5-1] 명종기의 구조

동쪽 칸 상층 좌대 아래 왼쪽에 단통 두 개를 매단다. 한 개는 [주시] 대환을 받으며, 또 다른 통 안에는 기시를 설치한다. 기시 원단의 반은 나와 있어 대환을 받는 단통 밑에 마주한다.

[원문]

東楹座上層之下左, 懸短筒二。一受丸, 一內設機匙[28]。匙之圓端半出, 當受丸筒底[29]。

[기-6-1] 경점기의 구조

(중층 좌대 하부) 오른쪽에는 원주와 방주를 각각 두 개씩 세운다. 원주 안은 비어 있어 거기에다 기구를 설치하는데, 그 형태는 역시 숟가락 기구와 같아 원단은 나오고 한 끝은 들어가게 한다. 좌원주에 다섯 개, 우원주에 열 개를 설치한다. 방주에는 소통을 비스듬히 꿰었는데,

---

28 기시는 숟가락 기구이다.

29 이 구절은 12시 종을 울리는 명종기구의 일부를 기술하였다. 다음에 이어지는 문단 [기-5-2] 가운데 "……轉入座下懸短筒 墜動機匙전입좌하현단통 추동기시……"는 이것의 작동을 기술한 것이다.

매 방주마다 네 개씩이다. 소통마다 한 끝은 연잎 모양으로 만들었으며, 다른 끝은 용구처럼 만든다. 연잎은 대환을 받고, 용구는 대환을 뱉는다. 용구와 연잎은 각각 위아래로 서로 마주한다. (원주마다) 그 위에 별도로 단통 두 개를 만들어 매다는데, 하나는 경환을 받으며 하나는 점환을 받는다. 우방주 연잎 하부마다 직단통 두 개와 횡단통을 하나씩 부착한다. 횡단통 한 끝은 좌방주 연잎 밑에 접합한다. 우원주에 설치한 다섯 개 기시 원단은 (좌방주) 용구와 연잎 사이에 놓인다. (좌원주 5개 기시.) 우원주 5개 기시 원단의 반은 직단통 안에 들어가 있다.

[원문]

右立圓柱方柱各二, 圓柱中空, 內設機, 形亦如匙, 半出半入。左柱則五, 右柱則十。方柱斜貫小筒, 每柱各四,[30] 一端爲蓮葉[31], 一端爲龍口[32]。蓮葉則受丸, 龍口則吐丸, 龍口蓮葉, 上下相當。其上別有懸短筒[33]二, 一受更丸, 一受點丸。右方柱每蓮葉下,[34] 各附直短筒二, 橫短筒一。其橫筒一端, 接於左方柱蓮葉下。左圓柱之五匙, 右圓柱之五匙,[35] 其圓端各當龍口蓮葉間。右圓柱之五匙,[36] 其圓端半入直筒之內。

[기-5-2] 종이 울리는 원리

파수호에서 공급하는 물이 수수호로 주입되면 그 안에 띄운 잣대가 조금씩 떠오르면서 시

30 좌원주 기시 5개에 대응하여 좌방주에 사관소통(또는 횡단통, 횡통) 5개, 우원주 기시 5개 가운데 우방주에 사관소통 4개만 설치하므로 모두 9개다.

31 연잎은 깔때기 상부 모양으로 만들어 단통 전두리에 테로 부착하여 위로부터 단통(통로)으로 추락하는 대환을 온전하게 받기 위해 설치한 것이다.

32 용의 부리.

33 아래위가 뚫린 통이며, 구슬이 낙하하는 통로 역할을 한다.

34 "右方柱每蓮葉下"로 시작되는 이 구절은 앞서 "方柱斜貫小筒"의 구조를 묘사한 것인데, 끝 구절이 "接於左方柱蓮葉下"로 끝난다. 첫 번 문장은 직단통 두 개에다 횡단통 한 개를 부착하는 방식을 기술한 것이다. '橫短筒'이란 가로로 비스듬하게 관통시킨 단통(소통)을 묘사한 낱말이다. 다음 문장에서 이것은 "橫筒"으로 줄였다. 따라서 "右方柱每蓮葉下"는 "左方柱每蓮葉下"로 하든가 또는 반대로 해야 할 것이다. 그래야만 사관소통의 위치를 정립할 수 있다.

35 "右圓柱之五匙"의 "우원주"는 우원주의 "좌반면左半面"에 설치한 초점기용 기시 5개를 말한다. 이것들은 그 원단이 용구와 연잎 사이에 들어간다.

36 "右圓柱之五匙"의 "우원주"는 우원주의 "우반면右半面"에 설치한 매 경의 1, 2, 3, 4, 5점에 작동되는 점기용 기시 5개를 말한다. 이 5개는 용구와 연잎 사이에 들어가지 않는다. 따라서 앞서 나오는 "左圓柱之五匙"는 맨 뒤에 나오는 "右圓柱之五匙" 앞으로 옮겨줘야 문맥이 통한다. 왜냐하면 "左圓柱之五匙"의 "其圓端"은 반半이 직단통直筒 안(밑)으로 들어가야 하기 때문이다.

간에 대응하여 (방목) 왼쪽 면에 부착한 동판의 구멍에 설치한 (소환 수납)기구를 격발하면 (그 안에 넣어둔) 소환이 추락하여 (수수호 앞에 있는 함지박에 떨어져 광판을 지나) 동통으로 굴러들어간다. 이 소환은 열려 있는 구멍에 추락하여 거기에 설치된 기구를 격발시킨 다음, (구멍 밑에 놓인 대환 저장기 기시 원단에 추락한다.) 기시가 열리면서 대환이 방출되어 추락하다가 좌대 아래 왼쪽에 걸린 단통으로 굴러들어가 추락하면서 (그 밑에 설치된) 기시의 원단을 작동시킨다. 동시에 (기시 한 끝에 접속된) 막대 상단이 단통 안으로부터 돌출하여 사시신의 팔꿈치를 촉발하면 곧 종이 울린다.

[원문]

漏水下注於受水壺，則浮箭漸升，應時撥左銅板竅機，而小丸墜下，轉入銅筒。從竅墜撥其機[37]。機[38]開而大丸墜，轉入座下懸短筒，墜動機匙[39]。則機[40]一端自筒內上觸司時神之肘，卽鳴鐘。

[기-6-2] 경기와 초점기의 구조와 원리

경점 역시 (십이시 명종기구처럼) 그렇게 한다. 다만, (대환 저장기 중간 홈통에서 방출된) 경환은 걸려 있는 단통으로 굴러 들어가 떨어지면서 (그 밑에 설치된) 기시를 격발하여 좌원주 가운데로부터 (기시에 얹혀 있는) 연접봉 한 끝이 돌출하여 북채를 잡은 사경신의 팔꿈치를 촉발하여 북을 울리게 한 다음, 점통으로 굴러 들어가 (용구로 배출되면서) 다시 (우원주 좌반면에 설치한) 초점 기시를 격발하여 우원주 가운데로부터 (기시에 얹혀 있는) 연접봉 한 끝이 돌출하여 징채를 잡은 사점신의 팔꿈치를 촉발하여 징을 울리게 한 다음, 기시 밑 연잎 하부에 부착된 직소통에 떨어져 멈춘다. 그 곳에는 기구가 설치되어 있는데, 처음에는 그 한 끝으로 경환의 (직)통로를 막아 두었다가 경환이 굴러들어와 직소통에 멈추면 경환의 (직)통로가 열리면서 방금 들어온 (비스듬한) 통로의 입구가 닫힌다. 나머지 경에도 모두 그렇게 된다. 5경(북소리가) 끝나기를 기다리면 빗장이 뽑히고 경환들이 방출된다.

---

37 "기"는 동통 하부에 뚫린 구멍을 자동으로 막아주는 기구.

38 "기"는 숟갈총이 구부러진 "기시".

39 "기시"는 숟갈총 꼬리가 제비꼬리 모양 갈라진 숟가락.

40 주 39에서 설명한 기시의 갈라진 곳에 얹혀있는 기기(막대 모양)의 상단. 기시 일단이 들려지면 함께 들리는 막대 기구. 이 막대의 상단이 사시신의 팔꿈치를 접촉하여 팔뚝이 움직이므로 이 막대는 "연접봉連接棒"이다.

[원문]

更點亦然，但更丸則注入懸短筒，墜撥機匙，自左圓柱中上觸司更神之肘鳴鼓，[41] 轉入點筒，[42] 復發初點之機，自右柱中上觸司點神鳴鉦，[43] 而止于蓮葉下直小筒。其轉入處設機，初閉更丸之路，及其轉入，則所入之路閉而更路開，餘更皆然。[44] 待五更終，抽扃出之。[45]

[기-6-3] 매 경의 2, 3, 4, 5점 보시 점기의 구조와 원리

매 경 2점 이하의 점환은 매달린 단통에 떨어져 연잎으로 굴러 들어가 점 기시를 격발한 다음 멈춘다. 다음 점환도 굴러떨어지면서 역시 그 점들의 기시를 격발한 다음 멈춘다. 그 점환이 머무는 직소통에 뚫은 구멍은 처음에 모두 빗장으로 막아 놓는다. 5점 점환이 (5점 기시를 작동시키고 사관소통을 거쳐) 그 맨 아래에 설치한 기시를 작동시키면 기시와 연결된 쇠사슬이 차례로 모든 빗장을 뽑아줌으로써 앞서 직소통에 머물던 세 점의 점환들과 더불어 한꺼번에 아래로 떨어진다.

[원문]

每更二點以下之丸，則墜注懸短筒，轉入蓮葉，撥其點之機而止。[46] 次點之丸，轉過亦撥其點之機而止。其止丸之筒，及五點之丸，墜動其最下之機[47]，則連機鐵繩，以次抽諸扃，與前三點之丸一時俱下矣。

---

41 여기까지가 북을 1회 울려 1경을 보시하는 과정이다. 따라서 “경환”은 대환저장기의 중격에 안치된 “1번” 대환, “기시”는 좌원주 최상부에 설치된 “1번” 기시를, “북이 울린다”는 “북이 1회 울린다”를 뜻한다.

42 북을 울리게 한 경환은 직단통이 막혀서 사관 “소통”으로 굴러 들어가 용구로 나오면서 그 밑에 놓인 원주 좌반면 기시를 다시 격발한다. 이로 보아 “점통”은 “소통”의 오기로 봐야 한다.

43 여기까지가 징을 1회 울려 초점을 보시하는 과정이다. “점통”은 “좌방주에 비스듬이 꿴 소통(사관소통)”을 뜻하며, “초점지기”는 우원주 좌측면에 설치한 5개 기시, “징을 울린다”는 “징을 1회 울린다”를 뜻한다. 이로써 1경 1점이 보시된다.

44 여기까지가 수직통로 개폐기를 이용하여 닫힌 수직통로를 열어 경환이 차례대로 낙하하면서 해당되는 경의 숫자대로 북을 울리게 하고, 아울러 매 경 초점을 보시하는 징을 울려주게 해 주는 기구에 관한 것이다.

45 “빗장을 풀고 나온다”는 표현만으로는 금루 관리인이 ‘수동으로 빗장을 풀어 주는지’ 또는 빗장이 ‘저절로 풀리는지’가 명확하지 않다. 이 표현은 다음 문단에 이어지는 점기의 ‘최하지기最下之機와 연기철승連機鐵繩’과 같은 자동화 기구가 좌방주에도 설치되었음을 암시하는 것으로 보아 무방하다.

46 여기까지가 2점 점환이 낙하하면서 우원주 좌반면에 설치된 1, 2점용 기시 두 개를 격발시켜 징이 2회 울리도록 해 주는 과정이다. 원문에는 앞서 기술된 부분을 생략했으므로 번역문에는 생략된 부분을 추가하였다.

47 3개의 직소통 밑에 설치한 “最下之機최하지기”는 다음 구절의 “連機鐵繩연기철승”과 합하여 직소통 세

[기-5-3] 십이시 시패 전시 원리

그 십이시를 주관하는 대환은 (좌대 아래) 걸린 단통 밑에 (설치한 기시 원단에) 추락하여 (원단을 누른 뒤에) 원주에 부착된 통으로 굴러 들어가 추락하면서 (올라온) 횡목 북단을 누른다. 횡목의 길이는 6척 6촌, 너비 1촌 5분, 두께는 1촌 7분이다. 횡목 허리에 맞춰 짧은 기둥을 마주 세우고 굴대로 접합하여 기둥을 끼고 횡목이 오르내릴 수 있도록 한다. 횡목 남단에는 길이가 2척 2촌인 손가락 굵기의 원목을 세워 이것의 상단이 보시신 발아래에 닿게 한다. 보시신 발끝에는 굴대를 끼워 작은 바퀴를 달아준다. 대환이 (통에서) 빠져나와 횡목 북단을 누르면 남단이 올라오면서 보시신의 발을 받들어 중간층 위쪽 자리로 올려준다. 횡목 북단 북쪽에 작은 판을 세워서 여닫을 수 있게 한다. 작은 판에는 쇠줄을 달아 이것의 위쪽은 십이시를 주관하는 단통 안에 설치한 기시에 (엎혀 있는 연접봉 하부에) 연결한다. 따라서 기시가 작동되어 (막대 상단이 돌출하면) 작은 판도 동시에 열려 앞선 (시의) 대환이 굴러 나온다. 횡목 남단이 떨어지면서 (앞선 시의) 보시신은 평륜 면으로 돌아오고, 곧이어 다음 (시의) 보시신이 교대하여 올라간다.

그 평륜을 돌려주는 제도는 다음과 같다. 바퀴 밖에다 길이 1척쯤 되는 작은 (목)판을 가로로 놓은 다음, 4, 5촌쯤에 구멍을 뚫는다. 그리고 그 위에 동판을 가로로 걸치는데, 그 기울기를 완만하게 해 준다. 동판 한 끝에 굴대를 설치하여 열리고 닫히게 한다. 보시신의 발은 처음에 동판 아래로 반 촌가량 내려가 있다. 발을 올려 주면 동판이 위로 열리면서 보시신이 올라오고 동판은 도로 닫힌다. 그 시가 지나면 보시신은 평륜면으로 돌아오는데, 이것은 발끝의 철륜이 동판을 따라 부드럽게 돌면서 하강하므로 잠시도 머물 수 없기 때문이다. 다음 보시신도 마찬가지이다.

[원문]

其主時大丸[48], 墜注懸短筒, 轉入于附圓柱筒[49], 墜踏橫木北端[50]。木長六尺六寸, 廣一寸五分, 厚

개에 머물고 있는 점환들을 방출시켜 직소통의 상태를 원래대로 비워 준다. 매 경의 2, 3, 4, 5점은 오경 동안에 5회 반복되므로 직소통 세 개에는 점환 세 개씩을 5회 채웠다가 5회 방출시켜야 한다. 이런 "되돌림resetting" 기능을 수행하는 것이 최하지기이다.

48 "그 주시대환"이란 앞서 종을 울리게 해 준 대환이다. 각각의 주시대환은 사시신이 종을 1회 울리게 한 다음 이어서 시패를 잡은 보시신을 교대해 주기 위해 가로막대를 누르는 2중 기능을 수행한다.

49 원주에 부착된 통을 말한다. 이 통 안에는 기시를 격발하고 추락한 주시대환을 가로막대의 북단으로 유도하는 데 필요한 통로를 설치한다.

50 횡목은 중앙에 굴대가 있어 양단이 오르내리는 시소seesaw이다.

一寸七分。當橫木中腰，主短柱，狹橫木，接以圓軸，令可低昂。於橫木南端，立圓木如指，長二尺二寸，當報時神之足下。足端有小輪軸。大丸抽壓北端，則南端仰而擎神之足，升座中層之上。橫木北端之北，立小板[51]，令可開闔。板有鐵繩，上連主時懸筒之機匙。匙動則板開，令出前丸[52]。橫木南端低，而報時神還於輪面，次時神卽代升。

其輪轉之制，輪外橫置小板長尺許，坎其中四五寸許，令銅板橫跨其上，其勢順傾，一端設軸，令可開閉。報時之足，初入銅板下半寸許。升則開銅板而上，上則還閉。及其時盡，而還輪面，則足端鐵輪順轉銅板而下，暫不能住，次時神亦然。

[기-7] 보루각루 외관

무릇 여러 기계가 모두 감춰져 있어 밖으로 드러나지 않는다. 보이는 것은 관복을 갖춘 목인뿐이니, 이것이 그 대략의 모습이다.

[원문]

凡諸機械，皆藏隱不現，而所見者，具冠帶木人而已，此其大率也。

2.2.3. 「보루각명병서」

앞서 기문에 이어 김빈이 지은 서와 명이 이어진다. 앞서 기문에 번호를 부여한 것은 시계를 구성부품별로 표시하기 위한 것이었다. 그러나 서와 명은 내용이 일관성을 지녀 번호가 필요 없어 보이지만, 문단을 크게 나눠줌으로써 내용을 파악하기에 쉽도록 번호를 부여하였다. 서는 크게 두 문단으로 나누어 번역문과 원문을 실었다. 명은 전반부의 명문과 후반부의 보루각, 경복궁 내의 전루소, 마지막에 장영실로 나누었다. 역주에 이어 15, 16세기의 한양도와 경복궁 안의 간의대 주요 시설, 보루각에서 광화문에 이르는 전루소를 경복궁도에 표시하여 명문 후반부의 내용을 해설하였다. 설명이 필요한 부분은 각주를 달았다.

51 작은 문짝.

52 앞서 새로운 종소리가 나기 직전의 시를 전시하느라 가로막대의 북단을 누르고 있는 주시대환. 이것이 방출되어야 전시가 끝난 앞선 시의 보시 목인을 하강시킬 수 있다.

1) 서

[서-1] 역상수시와 새시계 창제

김빈에게 명하여 명과 아울러 서문을 짓게 하시니 이르기를,

제왕의 정사에서 시를 따라 날을 바르게 하는 것만큼 중요한 것이 없고, 상고해 증험하는 법칙은 의상과 해시계와 물시계에 있으니, 대체로 의상이 아니면 하늘과 땅의 운행을 살필 수 없으며, 해시계와 물시계가 없으면 밤과 낮의 한계를 가늠할 수 없다. 천 년의 긴 세월은 일각도 어긋나지 않는 데서 비롯되며, 모든 치적의 빛남은 촌음을 헛되게 하지 아니하는 데서 말미암음으로, 역대 성왕들은 하늘에 순응하여 나와 다스리되, 모두 이것에 정성을 다 바쳤고 삼가지 않음이 없었다. 공경히 살피건대, 우리 주상전하께서는 요임금과 같이 하늘을 공경하는데 마음을 두시고, 순임금이 선기옥형으로 칠정을 관찰한 뜻 본받으시어, 이에 해당 관서에 명하여 의상을 제작하여 측후의 근거를 삼고, 인하여 새로운 시계를 만듦으로써 시각을 바르게 하셨다.

[원문]

命金鑌爲銘并序曰:

帝王之政, 莫重於恊時正日[53], 而考驗之則, 在於儀象[54]晷漏[55], 盖非儀象, 無以察天地之運; 非晷漏, 無以准晝夜之限。千歲之致, 始於一刻之不差; 庶績之熙, 由於寸陰之無曠。是故歷代聖神, 順天出治, 莫不致謹於斯。恭惟我 主上殿下, 存帝堯之欽若[56], 體大舜之在璣[57]。爰命攸司, 制作儀象, 以憑測候, 仍新漏器, 以齊晷刻。

53 『書經』「舜典」, "同律度量衡 恊時月正日동률도량형 협시월정일"에서 유래한 것으로, '음률과 도량형을 통일하고, 시를 따라 달과 날을 바르게 하는 것'이 제왕의 중요한 정사라는 것을 강조한 것이다.

54 천문의기 혼의渾儀와 혼상渾象의 준말로, 혼의는 천체의 위치를 관측하는 도구이며, 혼상은 천구의天球儀이다. 이 두 가지 의기는 고대부터 천체 위치를 측정하거나 결정하는 데 상보적이었으며, 병용했다.

55 해그림자의 움직임을 보아 시각을 알아내는 해시계[日晷일구]와 물의 흐름을 천체운동에 맞추고 잣대를 띄워 시각을 알아내는 물시계[漏刻누각]의 준말.

56 "(천문가) 희씨[羲]와 화씨[和]에게 명하사, 공경히 광대한 하늘의 운행을 따라서 해와 달과 별들을 관찰하고 기록한 책력으로 삼가 신민에게 절기를 알려 주도록 하라(乃命羲和 欽若昊天 曆象日月星辰 敬授人時내명희화 흠약호천 역상일월성진 경수인시)."(출전: 『書經』「堯典」) 이 말에서 이 책 2편에서 소개한 흠경각의 '흠경欽敬', 역상수시曆象授時라는 용어가 유래하였다.

57 "위대한 순임금은 선기와 옥형으로 관찰하사, 일월 5행성의 운행을 바르게 하시다(在璿璣玉衡 以齊七政재선기옥형 이제칠정)."(출전: 『書經』「舜典」)

[서-2] 보루각에 설치한 자격궁루의 구조, 원리와 성능

궁궐 안 서쪽에 3칸짜리 집을 짓고 호군 장영실에게 명하여, 시보를 맡길 목인 3신과 12신을 만들어, 이리하여 계인의 직책을 대신하게 하셨다. 동쪽 칸에는 2층으로 좌대를 만들고, 위층에 시를 알리는 신인 세 개를 세웠다. 하나는 앞에 놓인 종을 쳐서 십이시를 알리고, 하나는 앞에 놓인 북을 쳐서 오경을 알리고, 하나는 앞에 놓인 징을 두드려 오점을 알리게 했다. 그 열두 신은 각기 시의 이름이 적힌 팻말을 잡고 평륜에 둘러선 채 가운데 층 밑에 숨었다가 때에 맞춰 바꿔서 올라온다. 가운데 칸 중앙에는 물시계 항아리를 놓고 기구를 설치했다. 철환을 써서 기계를 격발시키는데, 때에 이르면 그때마다 여러 신인이 문득 응답한다. 의상을 참고하므로 천체운동과 조금도 차이가 없어, 진짜로 귀신이 그것을 지키는 것과 같아서, 보는 사람마다 놀라고 감탄하지 않는 사람이 없었다. 실로 우리 동방에서는 전에 없던 성대한 제도이다. 이리하여 그 집을 보루각이라 이름 짓고, 신 빈에게 명하시어 장차 후인에게 밝게 보이라고 하시니, 신 빈은 절하고 명을 지어 올립니다."

[원문]

迺於禁內西偏, 建閣三楹, 命護軍臣蔣英實, 作司辰木人三神十二神, 以代雞人[58]之職。東楹之間, 設座二層, 三辰在上層。一前置鐘, 撞之以報時; 一前置鼓, 擊之以報更; 一前置鉦, 扣之以報點。其十二神, 各執辰牌, 繞立平輪, 隱於中層之下, 隨時迭升。中楹之中, 置壺設機, 用鐵丸以撥其機, 每於時至, 諸神輒應。參究儀像, 與天不差, 眞若有鬼神守之者, 見者莫不駭嘆。實吾東方前古所未有之盛制也。遂名其閣曰報漏, 爰命臣鑌, 昭示將來。

2) 명

명에 이르기를,

음양이 번갈아 돌아 낮과 밤이 바뀌고,
천도는 묵묵히 돌아 신령의 공덕은 자취가 없도다.

58 『周禮』「春官」. 옛날 궁중에서 징을 쳐서 새벽을 알리는 벼슬아치로, 새벽을 알리는 군사[報曉軍보효군]. 닭과 함께 자다가 새벽이 되어 닭이 홰를 치면 머리에다 닭 머리 모양의 붉은 두건을 쓰고 성문에 올라가 닭과 함께 새벽을 알리는 군사. 계인은 닭을 관장하여 고기를 제공하고 대제사大祭祀 때에는 새벽을 알려 백관을 깨운다.

이루시고 보필하여, 해시계와 물시계를 만드셨네
[물시계는] 황제가 창제했으나, 역대로 법은 달랐도다.

우리 동쪽나라는 옛날부터 제도가 허술했는데
비로소 빛나는 제도 만들었으니, 우리 임금의 뛰어난 지혜로다.

먼저 선기옥형으로 관찰하시고, 새로 누기를 만들었으니
물 대주는 항아리가 넷이고, 물 받는 항아리가 둘이로다.

낮과 밤의 길고 짧음은 시각의 차이에서 비롯되므로
수수호에 잣대를 세우되, 열두 개로 보였도다.

딱따기나 꽹과리를 칠적에는 혹 시각이 어긋났지만
목재로 신인을 새겨 만들어 놓으니, 지키는 관리의 일손이 들지 않네.

여러 신인을 안치하여 새 시계를 맡기려고, 높은 전각 지었다네
저기 동쪽 칸에는 위아래에 좌대를 마련했도다.

윗자리에 삼신을 모시고, 종 · 북 · 징 하나씩을 나눠 주었네
계인의 외침을 대신하는데, 그 소리 질서 있도다.

아래 모신 열두 신은, 시패를 잡고 있다네
평륜 둘레에 서 있다가, 번갈아 오르면서 십이시를 알리는구나.

그 기계가 운행하는 것을 자세히 보니, 가운데 칸이 징험일세
사이 띄어 층층이 다락 만들고, 항아리를 서로 잇대어 놓았도다.

동판 두 개를 만들어, 잣대 눈금에 맞춰 구멍을 뚫었네
여기에다 소환을 받는 기구 덧붙여서, 수수호 꼭대기에 세웠도다.

잣대가 올라가면서 동판기구 움직이니, 소환이 떨어져 구르네
소환이 구르는 길은 가로로 비스듬하여, 신인 밑에 다다르는도다.

두 갈래가 넷으로 나뉘는데, 골목길 같구나
동통은 좌우로 운행하는 소환을 받아서 빠뜨리네.

동통에는 구멍마다 기구가 있는데, 동판 구멍 수와 같다네
별도로 대환이 있는데, 동통 밑에 똑바로 벌여 놓았도다.

번갈아 그 기구를 퉁기는데, 번개처럼 빠르구나
기구가 촉발하는 바대로, 사신이 직분을 다하도다.

귀신이 있어 하는 것 같아, 보는 이마다 탄식한다네
거룩할사 훌륭한 규모는, 하늘 본받아 만들었도다.

천지조화를 짝지었고, 범위도 어긋남이 없다네
촌음일지라도 아껴 쓰면, 모든 공적 빛나리라.

그 나라에 사는 신민들, 스스로 감화하여 어기지 아니하네
이에 표준을 세웠음을 분명히 알리노니 무궁토록 전하리라!

[원문]

銘曰
陰陽代序, 晝夜交錯。天道黙斡, 神功無迹。
財成輔相[59], 晷漏斯作。創自黃帝[60], 歷代殊法。
惟我東土, 舊制踈闊。肇造景式, 我后濬哲。
先在璣衡, 且新漏器。播水壺四, 受水壺二。
晝夜消息, 由刻差是。乃立之籌, 二六以示[61]。
聚檦擊刁[62], 或差候伺。刻木爲神, 不勞守吏。

59 "하늘과 땅이 사귐이 태泰이니, 군주가 이것을 보고서 천지의 도道를 이루고 천지의 마땅함을 보필하여 백성을 좌우한다(天地交泰 后以 財成天地之道 輔相天地之宜 以左右民)."(『周易』「泰卦 象傳」)

60 고대 중국의 하夏나라 이전의 전설적인 임금으로, "옛적에 물시계를 발명하여 낮과 밤을 구분하였다(昔黃帝創觀漏水, 制器取則, 以分晝夜석황제창관누수, 제기취칙, 이분주야)."(『隋書 · 天文志』)

61 주籌는 산算가지를 세워 점을 친다는 뜻으로, 한양의 북극고도를 기준으로 교정한 『수시력』에 따라 '한양 일출입시각을 결정하여 이를 잣대에 새겨 수수호에 세웠다'는 뜻이다. '2 · 6을 보인다'는 것은 '잣대 12개를 만들어 시각을 알게 하였다'는 뜻이다. 이것은 앙부일구仰釜日晷와 같은 해시계의 계절선을 그을 때 적도선 곧, 춘추분선을 기준으로 위로 여섯 줄, 아래로 여섯 줄씩 그어 동지에서 하지까지 12칸, 하지에서 동지까지 12칸을 긋는 것과 같은 이치이다.

62 조刁는 동라銅鑼를 말한다. 쟁개비와 징을 겸한 말들이 군사용품으로 밥을 짓거나 꽹과리로 사용함.

安神司漏，崇閣乃成。設上下座，在彼東楹。

上有三神，分鍾鼓鉦。代雞人呼，有秩厥聲。

下十二神，辰牌是持。繞平輪面，迭升報時。

究其機激，中楹是徵。隔以層樓，置壺相承。

銅作板二，鑿竅擬箭。加機受丸，樹于壺面。

箭陞動機，丸墜而轉。丸路斜橫，抵神下也。

兩岐分四，若甬道者。運筒左右，受丸之注。

筒有機竅，視銅板數。別有大丸，筒邊布列。

遞發其機，如電之疾。機之所觸，司辰效職。

有如鬼神，見者嘆息。偉玆宏規，順天作則。

制侔造化，範圍不忒。念玆寸陰，用熙庶績。

折柳其藩[63]，民自不惑。爰立準呈，昭示無極。

[보루각] 경복궁 전루소

보루각에 새 시계를 설치하고 서운관생으로 하여금 번갈아 입직하여 감독하게 하였다. 경회루 남문과 월화문, 근정문에 각각 쇠북을 걸고, 광화문에는 큰 종과 북을 세워서 당일 밤에 각 문마다 쇠북을 맡은 사람이 목인의 북과 징소리를 듣고 차례로 전하여 친다. 영추문에도 큰 북을 세우고 오시에 목인의 북소리를 듣고 또한 두드린다. 광화문의 큰 북을 맡은 사람도 두드린다. 경회루 남문, 영추문, 광화문은 서운관생이 맡고, 나머지 문은 각각 그 문에 숙직하는 갑사들이 맡는다.

[원문]

報漏閣[64]置新漏，使書雲觀生[65]，更迭入直監之。慶會樓[66]南門，月華門[67]，勤政門[68]，各置金鼓，

63 "버들 꺾어 울타리를 만들어도 백성이 스스로 의혹하지 아니한다"는 말은, "버들 꺾어 동산에 울타리를 만들었다"라는 데서 유래한다.(『詩經』「東方未明篇」) 누각을 맡은 관리들이 직책을 제대로 수행하지 못한 것을 풍자하여 변변치 못한 버드나무 울타리에 비유한 것이다.

64 경복궁의 영추문 안 경회루 앞에 위치했었다.

65 서운관은 고려시대의 제도로 예조에 속한 관청으로 세조 때 관상감으로 명칭을 고쳤다. 천문 · 지리 · 역수 · 점주占籌 · 측후測候 · 각루刻漏 등의 일을 담당했으며, 시간 관리는 장루掌漏의 소관이다. 세종 7년에 정원은 40인이었으며, 10인씩 4교대로 운영하였다.(成周悳, 1818: 1 등)

光化門[69], 建大鐘鼓。當夜各門掌金鼓者, 聞木人金鼓之聲, 以次傳擊[70]。迎秋門, 亦建大鼓, 午時聞木人鼓聲, 亦擊之。掌光化門鼓者, 又傳擊之。慶會樓南門, 迎秋門, 光化門, 書雲觀生掌之。餘門各其門直宿甲士[71]掌之。

[장영실] 장영실의 성품, 경력과 궁중 책임공장으로서 역할

장영실은 동래현 관노였다. 성품이 면밀하고 솜씨가 공교로워서 항상 궐내의 공무工務를 관장하였다.

[원문]

英實[72], 東萊縣官奴[73]也。性精巧, 常掌闕內工匠之事[74]。

그림 2-2A는 15세기 한양도성(⑪) 안팎을 그린「한양도」이며 경복궁①, 간의대②, 창덕궁③, 광화문⑤, 종루④, 4대문인 흥인문⑥, 돈의문⑦, 숭례문⑧, 숙정문⑨, 3소문[동소문東小門, 서소문西小門, 창의문彰義門]과 광희문光熙門, 한강⑩, 북한산⑫이 나타나 있다. 이 종루는 제1장에서 고찰하였듯이 태조가 청운교 서쪽에 지은 것을 태종이 옮겨 지은 것이다. 2-2B에 보인「경복궁도」에는 간의대①과 동표銅表②를 비롯하여 세종이 의표창제 사업에서 제작한 시설들이 궁의 서면에 집중돼 있다. 다만, 일성정시의⑧(지도에는 日星儀)를 설치한 축대는 만춘전 동쪽에 떨어져 있다. 보루각報漏院④에서 물시계를 교체

66 경복궁 안 서쪽에 위치하며 사신의 접대 등이 이곳에서 행해졌다.

67 경복궁 안 사정전의 출입문이며, 근정전 후면에 위치.

68 근정전의 출입문.

69 경복궁의 정문.

70 광화문의 북소리는 근처의 병조장문과 몇 군데 초소를 거쳐 종루에 전달된다.(세종/77/19/6/28/丙戌)

71 조선시대에, 오위五衛 가운데 중위中衛인 의흥위義興衛에 속한 군사. 양반 자제들 가운데에서 용모가 준수하고 무예에 뛰어난 사람들을 선발하여, 서울과 중부 지방의 수비를 맡겼다.

72 궁궐의 공장일 주관한 장영실.

73 조선 전기에는 원칙적으로 공장은 공장안工匠案(공장 등록부)에 등록된 관장官匠이었다. 이들은 서울의 궁궐을 비롯한 여러 관서와 지방의 감영, 병영, 수영 등에 배속되었다. 신분은 비록 천인에 속하였지만 노예노동자는 아니었으며, 독립된 가정과 자영업에 종사하면서 매년 일정기간 관역官役에 동원되었다.(이기백, 1999: 209) 동래현의 군영軍營(뒷날 수영水營으로 바뀜)에서 공장으로서 젊은 시절을 보낸 장영실은 이런 연유로 관노로 인식되었던 것으로 보인다.

74 궁궐 기사장.

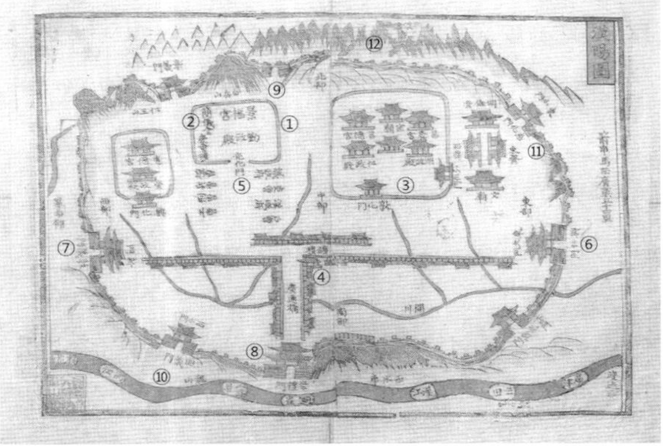

A

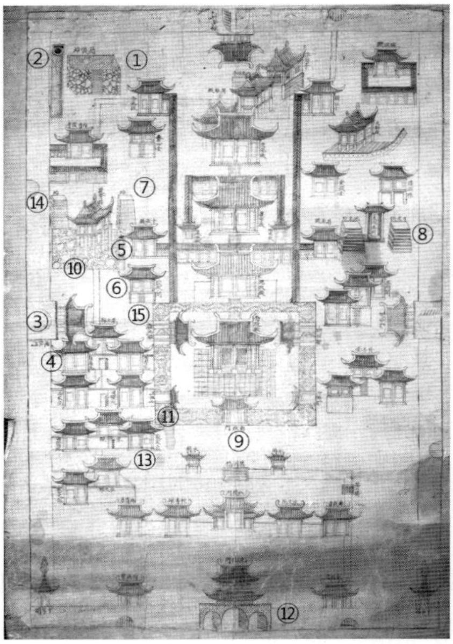

B

그림 2-2.

A. 「한양도(漢陽圖)」(17세기). ① 경복궁, ② 간의대, ③ 창덕 · 창경궁, ④ 종루, ⑤ 광화문, ⑥ 흥인문(동대문), ⑦ 돈의문(신문), ⑧ 숭례문, ⑨ 숙정문, ⑩ 한강, ⑪ 한양도성, ⑫ 북한산 (출처: 남문현, 『장영실과 자격루』, 2002, 130쪽, 그림 2-1 개작)

B. 「경복궁도」(15세기 배치도). ① 간의대, ② 동표, ③ 영추문, ④ 보루각(보루원), ⑤ 천추전, ⑥ 흠경각, ⑦ 일영대[75], ⑧ 일성의(일성정시의대), ⑨ 근정문, ⑩ 경회루 남문, ⑪ 월화문, ⑫ 광화문, ⑬ 내관상감, ⑭ 소간의대, ⑮ 금루정 (출처: 남문현, 『장영실과 자격루』, 2002, 16쪽 그림 7 개작)

하는 오정 초각은 천추전⑤ 옆에 쌓은 일영대⑦에서 알려주었을 것이다. 또한 흠경각⑥도 일영대의 해시계에 따라 운영했을 것이다. 지도에는 나타나지 않은 혼의혼상각(의상각)은 소간의대⑭ 근방에 지었던 것으로 보이며, 여기에 설치한 수운의상水運儀象의 기준시각도 일영대 해시계로 맞추었을 것이다. 지도에는 나타나지 않은 흠경각⑥ 앞에는 지금도 금루정禁漏井⑮이 남아 있다. 이 우물은 보루각, 흠경각과 혼천각 물시계에 물을 공급하는 수원이었으며, 때로는 어정御井으로도 썼을 만큼 수질이 우수하였다고 한다. 일성정시의⑧은 해와 별로써 태양시와 항성시를 한양의 지방시를 결정하는 역할을 한 것으로 일명 "정시의定時儀"로도 불렀다. 앞서 언급한 경회루 남문⑩, 월화문⑪, 근정문⑨, 영추문③은 전루소로서 북을 걸고 시보를 전달하였다. 광화문⑫에는 큰 종과 큰 북을 설치하여 종루로 시보를 전달하는 중계소였다. 서운관(관상감)⑬은 창덕궁 금호문 밖에 있으나(그림 5-1A), 궐내의 간의대, 보루각 근무자를 위한 곳이었으며 내관상감으로 불렀다. 두 개의 지도는 임진왜란 이후에 제작한 것으로 추정되지만 15세기 초 기록에 나타난 건물과 시설 등을 잘 보여준다.

2.3. 보루각 창설 의의와 인물들

2.3.1. 보루각

「보루각기」는 정치 · 사회사, 과학사와 기술사, 건축사에서 다면성을 지닌 문헌이다. 정치 · 사회사 측면에서 보면 신유학新儒學의 핵심인 왕도정치 실현을 위해 천도사상에 바탕을 둔 역상수시의 당위성과 필요성을, 통치 도구로서 계시기의 중요성 및 역사성을 강조했다. 과학사에서 보면 중국 역대 천문 · 역산학사를 담고 있으며, 기술사 측면에서는 동 · 서 아시아의 기계시계의 전통계승과 창신 등 새로운 시계제작 기술을 담고 있어 과학기술 문헌으로서 중요한 의미를 갖는다. 건축사에서 보면 '보루'가 종래 '건축물 속의 시계'라는 일종의 장식물에서 표준시간을 보시하기 위해 건축한 전용 건물인 '누국漏局'으로서 큰 의의가 있다. 그 안에 설치한 계시기의 제작 동기를 비롯하여 정치적 의미, 기계적 구조, 원리, 작동을 함께 기록한 것은 매우 창의적이다. 보루각은 글자 그대로 "표준시간을 보시하는 시계 '보루報漏'를 설치한 건물" 또는 "표준시간을 관리하는 관서"를 일컫는 이름이기도 하다.

2.3.2. 김돈金墩(1385~1440)

「보루각기」를 지을 당시 김돈은 집현전 직제학(종3품)이었다. 김돈의 졸기卒記(추모사)에 따르면, 그는 경학經學에 밝았으며 근시近侍(승지, 정3품)로 있으면서 간의대 의표창제에 깊이 간여했다고 한다.(세종/90/22/9/16/을묘) 그가 졸하매 임금이 사제賜祭하면서 "……간의를 감독하여 만들게 하니 제작이 새로웠으며監製簡儀, 克新制作감제간의, 극신제작, 은대銀臺(승정원)의 장으로 뽑아서 기밀을 관장하게 하였더니, 출납이 밝고 진실했으며, 우모訏謨(큰 계책)에 힘써 부지런했도다"고 한 것을 보면 간의대 의표창제를 비롯해 정책추진에 깊이 간여했다는 것을 알 수 있다.(세종/91/22/11/11/庚戌) 그는 당시까지 알려지지 않은 새로운 기계시계인

75 일영대는 보루각루, 흠경각루와 수운의상을 교정하기 위해 건립한 것으로 보인다. 1865년 영건과정에서 "흠경각 옛터의 일영대를 철거하고 나온 석재를 모두 면을 다듬어서 경회루 연못의 석축에 옮겨 사용했다"고 한다.(『국역 경복궁영건일기 1』 2019: 177)

자격궁루를 구성하는 부품의 명칭부터 세부적인 기구에 이르기까지 기술적으로 서술할 만큼 공학기술에 대한 이해가 깊었던 것으로 보인다. 제왕의 정치 요체로서 의표를 제작하여 신민에게 시간을 알려주는 수시는 『서경』「요전」·「순전」의 법을 구현한다는 사상에 바탕을 두었다. 부품 명칭과 용어는 역대 중국의 누각법을 참고하여 지었으며, 특히 북송시대 연숙燕肅이 만든 연화루蓮花漏와 심괄沈括이 부루浮漏와 혼의를 만든 다음 올린 「부루의浮漏議」와 「혼의의渾儀議」를 참고한 흔적이 곳곳에 보인다.[76] 서술방식과 내용 면에서도 북송시대 한공렴韓公廉(?~?)이 제작한 수운의상대 제도를 보고 소송蘇頌(1020~1101)이 저술한 『신의상법요新儀象法要』라든가, 심괄의 저술과 비교하여도 조금도 손색이 없다. 오히려 이것보다 독창적이어서 동방 최초의 기계시계에 대한 과학지식을 창조하는 데 크게 기여한 글이라 할 수 있다. 김돈은 장영실이 새로 발명한 시계의 독창성과 창의성을 바탕으로 유자儒者로서 인문학과 과학기술의 교차점에서 융·복합을 시도한 과학자이며, 과학저술가이다. 1417년(태종 17년)에 문과에 급제하고 직제학, 이조판서를 지냈다. 간의대 의표창제 사업에 참여하여 「보루각기」, 앙부일구명仰釜日晷銘, 「간의대기簡儀臺記」, 일성정시의명日星定時儀銘, 「흠경각기欽敬閣記」를 지었다. 세종이 추진한 의표창제 사업의 전체 내용을 글로써 남겼다 해도 과언이 아니다. 김돈이 기획과 설계에 직접 관여하지 않고 관찰자로서 보고 느낀 대로 기문을 작성하였다면 「보루각기」는 공학기술 문헌으로서 빛을 발하기 어려웠을 것이다. 이리하여 장영실의 정교한 솜씨가 널리 인정받을 수 있었음은 물론이다. 15세기 당시로서는 매우 보기 드문 획기적인 기록으로서 보루각에 설치했던 자격궁루의 내용을 파악할 수 있는 자료로서 매우 귀중한 가치를 지니고 있다.

2.3.3. 김빈金鑌(개명 조銚, ?~1455)

김빈은 경연 검토관(종6품)에서 1431년(세종 13년)부터는 집현전 교리(정5품)로서 산법연구에 종사했다.(세종/51/13/3/12/丙子) 이후 의표창제 사업에 참여하여 정초鄭招 등과 혼천의를 제작하여 간의대에 설치하고 매일 세자와 함께 일월성신을 관측했다.(세종/61/15/8/11/辛卯)

76 제1장 3.1절 중국 누각의 유형 참조. 연화루蓮花漏는 『송회요宋會要』, 양갑楊甲이 엮은 『육경도六經圖』, 『옥해玉海』 등에 보이며, 『제가역상집諸家曆象集』 권卷4: 22ㄱ에는 『송회요宋會要』의 일부를 인용하였다.

당시에 자격궁루 제작에도 간여했으며 보루각에 이것을 설치하고 서와 명을 지을 당시에는 집현전 직전(정4품)이었다.(세종/65/16/7/1/丙子) 또한 김돈, 장영실, 이순지 등과 갑인자 주조에도 참여했으며(세종/65/16/7/2/丁丑), 역산가로서 『통감通鑑 · 강목綱目』에 실린 일식추산에도 참여했다.(세종/65/16/8/11/乙卯) 그는 사대부 관료지만 산학에 능통하여 역법교정과 의표제작에 참여하여 자격궁루를 구성하는 복잡한 기구, 기계의 구조와 기능, 그리고 작동원리를 간명하게 요약하여 서와 명으로 지을 만큼 공학기술 방면에도 능통했던 것으로 보인다. 앞서 언급한 바와 같이 그는 정초와 함께 역법교정 실무를 담당한 역산가였으며, 간의대 의표창제와 관측을 주도한 천문학자였다. 좌부승지로 승진한 뒤 "빈鑌"이라는 이름이 궁중 여관女官을 부르는 소리와 같다 하여 세종은 그에게 특별히 "조銚"라는 이름을 하사했다.(세종/92/23/5/12/丁未) 졸기에는 집현전 직제학을 거쳐 간의대 의표창제에 참여해 자격루 제작에 크게 기여했다고 하였다. 1453년(단종 1년)에 서운관을 관장하는 예조판서에 올랐다.(단종/8/1/10/11/甲午) 일단은 자격궁루 설계와 제작팀의 일원으로 참가한 것으로 봐야 하겠다. 자는 자화子和, 호는 졸재拙齋. 1411(태종 11년)에 문과에 급제하고, 승지, 예조판서를 지냈다.

2.3.4. 협력자들

앞서 설명한 바와 같이 김돈과 김조는 임금의 문서를 짓는 지제교로서 기와 명을 지을 위치에 있기는 하지만, 이 글에 이들의 경력이 십분 발휘되었음은 우연이 아니다. 김돈이 「보루각기」 첫머리에서 언급한 바와 같이 정확한 시각을 알려야 하는 계인이 혹시 범할지도 모르는 착오를 염려한 임금이 시각을 알리는 목인을 만들어 계인의 직무를 대신할 수 있도록 장영실은 새로운 시계를 제작하여 임금의 의도를 성취했다고 했다. 이 과정에서 김돈과 김조의 역할은 단순히 장영실이 제작한 새로운 시계를 관찰하고서 본 내용을 기록한 것만은 아닌 것으로 보인다.

제1장에서 고찰한 바와 같이 한양의 2지후 일출입시각을 추산해서 이를 바탕으로 제작한 열두 개 잣대, 복잡한 기구와 기계의 설계, 특히 중국과 이슬람 시계제작기술의 활용 등 고도의 전문성이 요구되는 작업은 한 사람의 힘으로 섭렵해서 제작에 반영하기는 결코 쉬운 일은 아니었을 것이다. 더구나 임금 자신이 자격궁루는 자신의 가르침을 받아 장영실이 제작했다고 하였듯이, 자격궁루를 보루각에 안치하고 공인하는 과정에서 김돈,

김빈, 이순지, 이천, 장영실, 서운관 장루, 공조 관원 등은 한 팀을 이뤄 표준시계 만들기에 협력한 것으로 봐야 한다. 간의대 사업을 추진하면서 임금이 정인지에게, "고전을 연구하여 의기를 창제하고, 측정과 증험에 대비하라"는 분부는 전문분야별로 담당해서 추진하라는 뜻이 내포된 것이다. 대제학 정초에 이어 역법교정에 참여한 김빈과 이순지 등은 이 과정에서 중요한 역할을 했다. 한반도 지리에 부합하는 지방시를 독자적으로 측정하여 표준시로 사용하기 위해서는 관측지 곧, 한양의 위도에 맞는 역법에 따라 일출입시각을 추산하고 정확한 해시계 일영 등을 제작하지 않으면 안 되었기 때문이다. 이와 같이 당시 역법교정은 역상수시 정책의 핵심인 시계 제작과 불가분의 관계를 갖고 있었다. 결국, 자격궁루를 제작해 금루로 채용하는 데는 임금을 비롯해 정인지, 김돈, 김빈, 이순지 등 집현전 학사와 이천을 비롯해 장영실 등 기술관료와 장인이 참여했다는 것을 의미한다. 실무는 기사장인 장영실이 총괄 지휘했을 것이다. 보루각 기와 명은 아마도 조선시대 과학기술 문헌으로서 가장 귀중한 공학기술의 보전寶典이라 할 수 있으며, 세계적으로도 기계식 물시계 제작기술 역사의 한 페이지를 기록하고도 남음이 있을 것이다.

2.4. 보루각루 복원 · 설계

2.4.1. 부품의 모듈화

앞서 「보루각기」 역주에서 제시한 정보를 바탕으로 모델 만들기[modeling]라는 공학기술을 활용하여 기구와 기계요소를 모형으로 제작하여 실험한 다음,[77] 이를 바탕으로 보루각 자격루를 복원 · 설계하였다.[78] 이 과정에서 보루각루를 12시 보시 시스템과 경점 보시 시스템으로 이원화하여 보시 신호의 흐름을 분석하였다. 이와 같은 방식은 실험에 앞서 개발한 12시 시보 시스템과 경점 시보 시스템 내에서 다양한 형태의 신호가 흐르면서

77 모형 제작과 실험은 과학기술처(현 과학기술정보통신부의 전신)의 지원을 받아 실행하였다.(남문현 등, 1996: 『전통과학기기의 복원기술개발』 참조)

78 남문현, 1998: 『보루각 자격루 복원설계 용역 보고서-1998년 11월』 참조.

시보 시스템을 형성할 수 있다는 데 바탕을 두었다.[79] 분석 결과는 모의실험에 적용하여 합당한 결과를 도출하였으며, 이를 바탕으로 보루각 자격루의 복원·설계를 추진하게 되었다. 이런 경험을 바탕으로「보루각기」의 내용을 구현하기 위하여 현대 산업 디자인에서 활용하는 소규모로 구성된 하위 시스템이나 부품을 조합하여 하나의 시스템이나 기계로 구성하는 기법을 시도하였다. 앞서「보루각기」원문을 분해하여 번호를 붙인 문단은 기능 단위로서 기기, 기구나 기계, 나아가서는 기계장치에 관한 집합으로서 하나의 모듈module을 구성하는 요소가 된다.[80] 이를 바탕으로 보루각루 제작에 앞서 컴퓨터 애니메이션을 제작하여 복원·설계의 적정성을 검토하였다.[81] 다음에는 앞서 소개한 기법과 설계를 참고하여 역주 내용 가운데 기구와 기계부품을 모듈화하여 보시 신호를 이원화한 시스템 블록선도 모델을 구성하고,[82] 이를 바탕으로 보루각루를 복원·설계한 과정을 소개한다.

[ ] 안의 번호는 앞서 부여한 기문의 문단번호이며, 모듈은 줄여서 'M'으로 표시하였다. 앞서 부여한 번호를 묶어 예를 들면, 시보 시점마다 방목에서 소환을 방출하는 물시계 장치를 묘사한 [기-1-1], [기-1-2]를 묶어서 하나로 합성(종합, synthesis)했다. 이리하여 "시보 시점마다 소환을 방출하는 물시계 장치"라는 장치를 나타낸 모듈-1[M-1]을 구성할 수 있다. 이 모듈은 파수호, 수수호, 부전, 방목으로 구성된다. 앞서 역주를 따라서 모듈을 구성하면 다음과 같이 모두 6개가 된다.

1) 시보 시점마다 소환을 방출하는 물시계 장치 모듈 M-1

모듈 M-1에 해당하는 기문의 문단은 [기-1-1], [기-1-2]이다. M-1의 기능은 하루 동안 파수호에서 수수호 하나에 물을 주입하여 그 안에 넣은 부전을 상승시켜 12시와

79 12시 보시 시스템 알고리듬은 남문현, 1995: 143-145, 경점 보시 시스템 알고리듬은 남문현, 1995: 152-153 참조.

80 공업 디자인에서는 소규모 하위 시스템을 조합하여 대규모 시스템을 구성하는 공학기술을 모듈화(modularity)라 한다. 모듈은 혼합되거나 다양한 구성으로 갖춰질 수 있는 다수의 부품으로 분해될 수 있다.

81 남문현, 1998:『보루각 자격루 복원설계 용역 보고서-1998년 11월』을 바탕으로 2003년에 건국대학교 한국기술사연구소와 ㈜여금에서 개발하였다. 이것의 동영상은 한국콘텐츠진흥원 홈페이지에 게시되었으나 현재는 내려진 이 모델의 동영상들은 이 책에서 소개한 동영상 자료 YouTube, 국립고궁박물관 과학문화실 자격루/YTN 사이언스(2020. 04. 09.) 등을 참조할 것.

82 종래 12시 보시 시스템과 경점 보시 시스템을 분리하여 작성한 블록선도를 통합하여 하나로 작성하였다.(남문현, 1995: 그림 5-2와 그림 5-8 참조)

경점 보시 시점마다 방목의 좌우 측면에 설치한 동판기구에 수납한 소환을 방출시키는 데 있다. 하루에 12시 보시용 소환 12개, 경점 보시용 소환 25개를 방출시킨다. 방출된 소환은 보시 시점을 표시한다.

2) 물시계와 자격장치 궤 접속기기 모듈 M-2

모듈 M-2에 해당하는 기문의 문단은 [기-2]이다. M-2의 기능은 부전이 방목 안으로 상승하면서 방목 좌우 측면에 설치한 소환을 수납한 동판기구를 밀어 올려 방출된 소환을 함지박에 받아 광판 위에 설치한 통로로 진입시켜 자격장치 모듈 M-3의 궤 안에 설치한 소환-대환 중계기 모듈 M-4의 동통으로 이동시키는 데 있다.

3) 12시와 경점을 보시하는 자격장치 모듈 M-3

모듈 M-3에 해당하는 기문의 문단은 [기-3]이다. M-3의 기능은 목인 3신이 보시 시점마다 종·북·징을 울려 보시 신호를 자동발신하고, 종이 울림과 동시에 12신 가운데 하나가 해당되는 시패를 전시하는 데 있다. 이것들은 겉으로 드러난 자격장치 부품이다. 궤 안 중층에는 상층 좌대에 배치한 3신의 팔을 운동시키는 데 필요한 동력을 공급하는 모듈 M-4, 바닥에는 사시신의 팔과 보시신 12개를 작동시키는 필요한 동력을 전달하는 장치[전동장치傳動裝置]인 시기 모듈 M-5, 사경신과 사점신의 팔을 작동시키는 데 필요한 동력을 전달하는 장치인 경점기 모듈 M-6을 설치한다.

4) 소환-대환 중계기 모듈 M-4

모듈 M-4에 해당하는 기문의 문단은 [기-4-1], [기-4-2]이다. M-4의 기능은 방목에 설치한 동판에서 방출되어 모듈 M-2를 지나 각각 12시와 경점용 동통에 진입하는 소환을 동통 하부에 뚫린 구멍으로 추락시켜 동통 밑에 설치한 대환 저장기의 숟가락 기구(횡기)의 원단을 눌러서 구속된 대환을 방출시키는 데 있다. 여기서 방출된 대환은 각각 모듈 M-5와 6에 추락한다.

5) 12시 보시 목인 작동용 전동장치 시기 모듈 M-5

모듈 M-5에 해당하는 기문의 문단은 [기-5-1], [기-5-2], [기-5-3]이다. M-5의 기능은 매시 사시신이 종을 한 번씩 울리게 하고, 동시에 울린 종소리가 "무슨 시"인가를 전시하는 보시 목인을 상승/하강시켜 주는 데 필요한 동력을 전달하는 데 있다. 종소리와 시패 교체 전시는 거의 동시에 진행된다. 보시 목인 12개와 이것을 배열한 평륜은 시기에 부속되어 있으며, 전시창은 궤의 전면 중앙에 위치한다. 이것은 종을 울리게 한 시환이 다시 낙하하면서 보시 목인을 하강/상승시켜야 하므로 상층 좌대에 설치할 수 없기 때문이다.

6) 경점 보시 목인 작동용 전동장치 경점기 모듈 M-6

모듈 M-6에 해당하는 기문의 문단은 [기-6-1], [기-6-2], [기-6-3]이다. M-6의 기능은 야간에 경의 숫자대로 북을 울리고, 이어서 징을 1회 울려 몇 경 초점을 보시하고, 이어서 2, 3, 4, 5점을 숫자대로 징을 울려 청각 보시 신호를 발신하는 데 필요한 목인의 팔 작동용 동력을 전달하는 데 있다. 이 모듈의 특징은 매 경의 초점 보시에 이어 2, 3, 4, 5점을 매 경마다 자동으로 반복하는 자동화 기구 "최하지기"에 있다.

앞서 소개한 6개 모듈을 조합하면 다음과 같이 기계시계 모듈 M-7이 된다.

2.4.2. 자동보시 수력식 기계시계 보루각루 모듈 M-7 모델

모듈 M-7에 해당하는 문단은 [기-7]이다. 그림 2-3A는 6개 모듈을 12시 보시 시스템과 경점 보시 시스템으로 이원화하여 보시 신호의 흐름을 보여주는 모듈-7의 블록선도 모델이다. 각개 모듈은 기본적인 요소로 블록에 나타내었으며, 이것들의 관계 곧, 보시 신호의 흐름은 화살표로 나타냈었다. 따라서 화살표는 각개 블록(하위 시스템) 간의 입력과 출력을 나타낸다.[83] 물시계장치 M-1에서 수수호에 수위가 점차 높아지면(입력) 부전이

83 어떤 요소에 자극을 가하여 이것의 기능을 발휘시켜 주는 원인과 발생된 응답에 따른 결과는 처음부터 끝까지 하나의 닫힌 경로를 따라 말단에서 나타난다. 따라서 원인이 제공되는 한 결과는 늘 따른다. 이러한 인과관계를 공학적으로 표현하여 원인은 입력入力(input), 결과는 출력出力(output), 요소는 시스템system(계통)이라 한다. 입력, 출력, 시스템은 서로 별개로 분리된 성분들이다. 블록선도는 어떤 물리 시스템의 입력과 출력 간의 원인과 결과의 관계를 간단히 그림으로 표시한 것이다. 시스템은 보통 블록선도(block diagram)로 나타내는데, 블록의 왼편에는 화살표(→)로 입력을, 오른편에는 출력을 화살표(→)로 나타낸다. 정보나 신호, 동력은 화살표의 방향으로 흐르거나 전달된다. 시스템은 한 개 또는 서로 연결된 여러 개의 하위 시스템(subsystem)으로도 나타내는데, 마찬가지로 입력은 왼편에 출력은 오른편

떠오르면서 방목의 양편에 있는 소환 통을 밀어 올리면 각각 12시 소환과 경점 소환이 방출된다. 이것이 M-1의 입력과 출력의 관계이다. 방출된 두 가지 소환은 접속기기 M-2를 거쳐 각각 M-4의 동통에 굴러 들어가면서 동통 바닥에 뚫린 함정에 떨어지면서 대환 방출기기를 작동시켜 세 가지 대환 — 시환, 경환, 점환 — 을 방출시킨다. 방출된 시환은 시기 M-5로, 경환과 점환은 경점기 M-6으로 떨어진다. 따라서 M-5의 명종기를 작동시켜 발생한 동력을 사시 목인의 팔에 전달하여 종이 울리고, 동시에 평륜 바닥에서 상승하여 전시창에 시패를 전시하는 목인을 하강시키고 대기 중인 다음 목인을 상승시켜 교대시킴으로써 방금 울린 종소리가 "무슨 시"인가를 보시한다. 이때 평륜은 30도 회전한다. 따라서 자격장치 모듈 M-3에서 종소리와 시패전시 신호가 발신(출력)된다. 또한 M-6으로 떨어진 경환과 점환은 각각 경기 · 초점기, 점기를 작동시켜 사경 목인과 사점 목인의 팔에 동력을 전달하여 각각 경과 점의 숫자대로 북과 징을 울리게 한다. 따라서 자격장치 모듈 M-3에서 북소리와 징소리 신호가 발신(출력)된다. M-1 블록은 계통 전체의 입력을 발생하며, M-3 블록은 계통 전체의 출력을 발생한다.[84]

따라서 물시계를 가동하여 계시와 동시에 시보 시점 표시 소환이 방출되어 시기와 경점기 동력을 공급하는 대환을 낙하시켜 3신과 12신이 보시 신호를 발신하는 공정이 연속으로 진행된다. M-7은 소환, 대환이 방목과 대환저장기에 들어 있는 동안 보시를 계속하는 일종의 닫힌 루프 시스템closed-loop system이다.

그림 2-3B는 A를 바탕으로 구성한 모듈 M-7의 설계도이다. 그림 2-3B의 왼쪽에 보인 M-1은 모듈 M-1의 구성을 나타낸다. 곧, 대중소 파수호①(폐수호는 소파수호 밑에 놓인다.), 수수호② 두 개, 수수호 안에 띄운 부전③, 수수호② 꼭대기에 세운 방목④의 우측면(R)에 부착한 경점용 소환을 수납한 동판기구⑤와 방목④의 좌측면(L)에 부착한 12시용 소환을 수납한 동판기구⑥으로 구성된다. B의 가운데 보인 M-2는 모듈-2의 구성을 나타낸다. 곧, 12시용 동판기구⑥에서 방출된 소환을 받는 함지박⑦, 경점용 동판기구⑤

에 표시한다. 하위 시스템 간의 입출력 관계는 화살표(→)로 표시하여 블록을 연결한다. 이런 경우 하위 시스템의 출력은 다음에 연결된 하위 시스템의 입력이 된다. 사각형의 블록 안에는 시스템의 요소(부품)를 기술하는 명칭이나 입력이 출력을 산출하는 데 필요한 수리연산을 수행하는 기호를 표시한다.

84 현대공학의 용어로 설명하면 M-1은 보시 시점을 표시하는 신호발생기(아날로그/디지털 변환기), M-2는 신호 전송로, M-4는 신호 증폭기(기계식 등록기와 증폭기), M-5는 명종 사시 목인 작동용, 보시 목인 전시용 전동장치(2중 작동 기시기구와 일방향성 탈진기)이다. M-6은 명고, 명정 목인 작동용 전동장치(5진법 디지털 계수기)이다. M-3는 시청각 보시 신호 발신기라 할 수 있다.(M.H. Nam, 2014: 103)

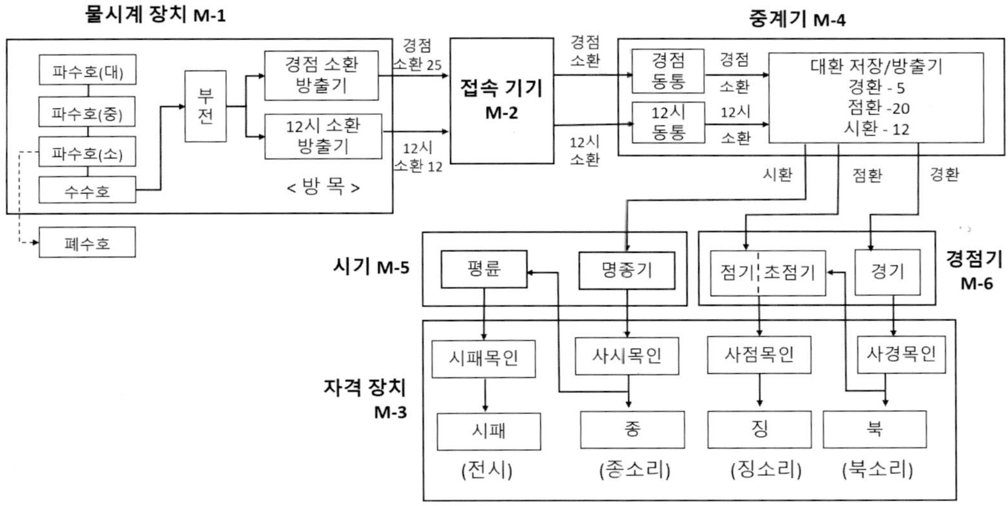

A

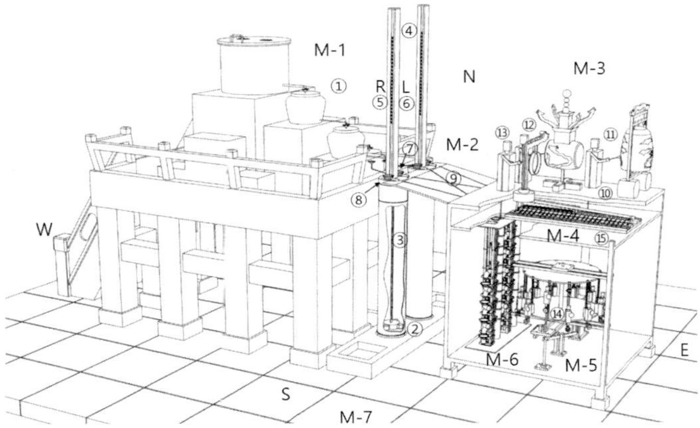

B

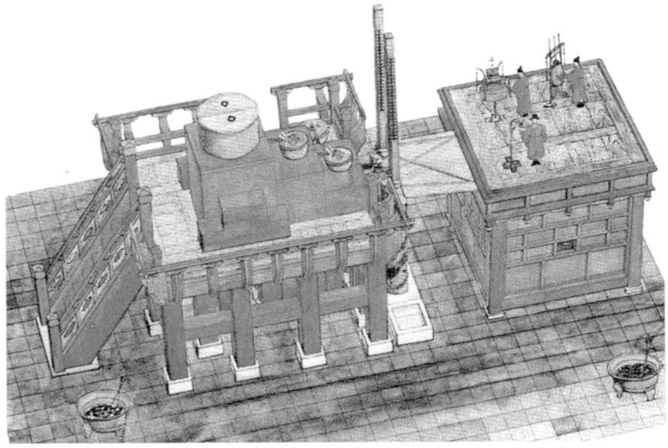

C

그림 2-3. 보루각루의 블록선도 모델, 복원 설계도와 조감도

A. M-7의 보시 신호 흐름과 부품의 기능을 나타내는 보시 시스템 블록선도 모델

B. 블록선도 모델을 바탕으로 설계한 M-7 설계도의 투시도(남동측면도). 왼쪽 칸에 물시계를 운용하기 위해 설치대에 마루를 놓고, 물시계 받침대 위에 파수호를 3단 1열로 설치하고 그 밑에 수수호 두 개를 나란히 설치하였다.(M-1) M-1에서 방출된 소환은 M-2에 보인 함지박에 추락하여 통로를 거쳐 오른쪽 칸에 설치한 자격장치 M-3의 궤 안 중층에 설치한 소환-대환 중계기 M-4의 동통으로 진입한다. 오른쪽 칸에 자격장치 궤를 설치하고, 좌대에 3신과 종, 북, 종을 배치하였다. 하층 중앙에 보시 목인이 시패를 전시한다. 하층에는 상층의 3신을 작동시키기 위해 전동장치 시기 M-5와 경점기 M-6을 설치한다. 이런 모듈 6개를 조립한 것이 M-7이다. E, W, S, N은 동서남북 방위를 나타낸다. 모듈 M의 부품 명칭은 본문 참고. (출처: Moon-hyon Nam, 2014: p. 104, Fig. 5 개작)

C. B를 바탕으로 작성한 조감도. 왼쪽 마루 위에 대중소 파수호와 소파수호 밑에 폐수호가 보인다. (출처: 남문현, 1998: 『보루각 자격루 복원설계 용역 보고서-1998년 11월』)

에서 방출된 소환을 받는 함지박⑧, 광판 위에 설치한 소환 이동 통로⑨로 구성된다. B의 오른쪽에 보인 M-3은 모듈-3을 나타낸다. 곧, 자격장치 궤 상층 좌대⑩에 배치한 사시신과 종⑪, 사경신과 북⑫, 사점신과 징⑬, 하층에 보이는 시패를 전시하는 보시신⑭로 구성된다. 이것이 외부에 드러난 자격장치 부품이다. B의 오른쪽에 자격장치 궤 모듈-3의 중층⑮에 설치한 M-4는 모듈-4이다. 이것은 상부에 12시와 경점용 동통 두 개, 하부에 12시환, 경환, 점환을 배열한 대환 저장-방출기로 구성된다. B의 오른쪽에 보인 M-4의 좌대 바로 하층 중앙에 설치한 M-5는 모듈-5이다. 이것은 사시신의 팔뚝을 촉발하여 종이 울리게 하는 명종기구, 보시 목인 12개를 배열하고 매시마다 하나씩 바꿔서 전시하는 횡목-평륜 기구, 매시마다 교대하여 해당 시패를 전시하는 보시 목인으로 구성된다. M-5는 사시 목인의 팔을 작동시켜 종을 울리게 해 주는 전동장치이다. B의 오른쪽에 보인 M-4의 좌대 바로 밑 왼쪽(서측면)에 설치한 M-6는 모듈-6이다. 이것은 매 경마다 숫자대로 북을 울리고, 아울러 징을 한번 울려 초점을 보시하는 경기와 초점기, 매 경의 2, 3, 4, 5점을 숫자대로 징을 울리고 5경이 끝날 때까지 자동으로 5회 반복하는 점기로 구성된다. M-6은 사경 목인과 사점 목인의 팔을 작동시켜 각각 북과 징을 울리게 해 주는 동력을 전달하는 장치이다. 그림 2-3C는 보루각루 모듈 M-7의 조감도이다.[이와 관련된 동영상은 YouTube, 국립고궁박물관 과학문화실 자격루/국립고궁박물관(2020. 04. 09.) 참조]

앞서 구성한 모듈 명칭은 보루각루 복원 · 제작 과정에서 그대로 사용된다.

2.5. 맺음말

「보루각기」는 정치 · 사회사, 과학 · 기술사, 건축사에서 다면성을 지닌 문헌이다. 정치 · 사회사 측면에서 보면 신유학의 핵심인 왕도정치 실현을 위해 천도사상에 바탕을 둔 역상수시의 당위성과 필요성을, 통치 도구로서 보루각의 중요성 및 역사성을 강조했다. 과학사에서 보면 동아시아 역대 천문 · 역산학의 역사를 담고 있으며, 기술사 측면에서는 동 · 서 아시아 기계시계의 전통계승과 창신, 전통문화의 요소를 적극 활용함으로써 새로운 시계제작기술을 담고 있어 기술문헌으로서 중요한 의미를 갖는다. 건축사에서 보면 '시간을 알리는 시계[보루報漏]'가 종래 '건축물 속의 시계'라는 일종의 장식물에서 표준시간을 보시하기 위한 전용 건물 보루각은 '누국漏局'으로서 건축사에서 보면 큰 의의가 있다. 「보루각기」는 동아시아는 물론 15세기 세계시계제작사의 한 페이지를 장식한 과학기술 보전寶典 가운데 하나이다. 「보루각기」의 내용을 주요 부품, 기구와 기계로 분류하여 문단으로 나누고 이것을 다시 같은 것끼리 모아서 다음과 같이 6개의 모듈을 구성하였다.

(1) 12시와 경점 시보 시점마다 각각 소환을 방출하는 물시계 장치
(2) 물시계와 자격장치를 접속하는 기기
(3) 12시와 경점을 보시하는 자격장치
(4) 소환-대환 중계기구
(5) 종과 시패로 12시를 시청각 보시하는 목인 작동용 동력을 전달하는 시기
(6) 북과 징으로 경점을 자동으로 청각 보시하는 목인 작동용 동력을 전달하는 경점기

6개 모듈은 실제로 12시와 경점을 계시하여 자동으로 보시하는 전 과정을 아우른다. 따라서 이것들을 조립하여 온 하루를 주기로 보시 신호를 자동으로 발신하는 수력식 기계시계의 기능을 보여주는 블록선도 모델을 구성하여 복원·설계에 활용하였다.

제3장
세종 보루각루 복원 · 제작

3.1. 머리말

3.1.1. 개요

1434년 7월 초하루부터 표준시계로 158년간 사용한 경복궁 보루각루報漏閣漏는 임진왜란이 발발하여 왜군이 한양에 도달하기 전인 1592년(선조 25년) 4월 29일에 경복궁 화재로 소실되었다. 이후 경복궁 보루각은 1866년(고종 4년) 경복궁 누국이 건설될 때까지 275년간 복구되지 못하였다. 보루각루의 보수와 유실에 대비하여 1536년(중종 31년) 보루각루를 복제하고 정시의를 제작하여 창경궁에 신보루각(일명 금루각禁漏閣)을 창설하였다.(沈彦光, 『漁村集』, 卷9) 그리고 창경궁과 창덕궁 안에 전루소를 설치하고 인정 · 파루를 보시하였다. 전쟁이 소강상태에 들어가고 의주로 몽진했던 임금이 돌아오자 인정 · 파루를 시보하기 위해 신보루각의 금루를 임금의 처소 근처 여염집에 이설하고 임시로 시보체제를 복구하였다. 조정이 창덕궁으로 이전하자 1614년에는 원래 금루각을 개수하여 비로소 금루–정시의 제도를 복구하였다. 정시의는 1536년에 축조한 정시의대定時儀臺(일명 일영대日影臺)에다 설치하였다. 그 후 금루는 280여 년간 — 250년은 창경궁 누국漏局에서 마지막 30년은 경복궁 누국에서 1895년까지 — 한양의 지방시를 보시하였다. 금루의 누기[금루기禁漏器]는 1908년 제실박물관의 전시물로 창경궁 양화당 옆 화단에다 전시하였다. 1938년에는 이왕직박물관을 개설함에 따라 덕수궁 광명문 안에다 이설하였다. 1985년에는 이 금루기를 국보 제229호 창경궁 자격루로 지정하였다.

대한민국 정부(문화재청)는 경복궁 안에 국립고궁박물관을 창립하면서 기념사업의 하나로 경복궁 옛 보루각 터에 세종 보루각루를 복원 · 제작하여 전통 보시를 재현하기로 결정하였다. 이에 따라 2004년 12월 문화재청이 착수한 "자격루 복원 · 제작 사업"은 세종 16년(1434년) 7월 초하루부터 표준으로 사용한 보루각루를 창제 당시의 형태로 복원 · 제작하여 시보를 재현하는 것을 목표로 하였다. 이를 통해 우리나라 과학문화재의 독창성과 우수성을 널리 알리고, 새로 건립되는 국립고궁박물관에 전시하여 역사적 과학기술유산의 이해를 높이는 교육 자료로도 활용하기로 하였다.[1] 이 사업은 1998년 문화재관리국(현 문화재청)의 「보루각 자격루 복원설계 용역」을 수행했던 건국대학교가 수주함으로써 저자가 연구책임자로 참여하게 되었다.

3.1.2. 제작 방법

1) 사업 지침

(1) 『세종실록』 「보루각기」의 기록대로 경루법更漏法에 따라 12시와 경점을 시보할 수 있도록 물시계를 제작하여 계시하고, 시보 시점마다 시청각적으로 보시할 수 있는 보시장치를 제작해야 한다.

(2) 1997~1998년에 문화재관리국이 시행한 『보루각 자격루 복원설계 용역보고서』, 국보 제229호 창경궁 자격루, 그리고 국내외 시계제작 및 시간측정사 자료를 참고로 해야 한다.

(3) 척도는 세종시대 주척周尺을 207.0밀리미터로 환산하여 적용해야 한다.

(4) 전통기술을 보유한 국가지정 기능보유자들과 문화재 보수 및 제작 전문기업체를 참여시켜야 한다.

1 사업내용은 이 장 말미 참조.

앞서 제작지침에 따라 사업 전반을 자문할 수 있는 자문위원회(위원장 1인 포함 9인)를 구성하고, 건국대학교 한국기술사연구소와 ㈔자격루연구회를 제품의 설계·감리자로 지정하고, 물시계와 부대설비 제작, 자격장치와 접속기기 제작, 운영에 필요한 설비 등의 제작을 담당하는 전문기업을 선정하였다.[2] 조선 초기 보루각터가 지금은 경복궁 밖에 있으므로 보루각을 별도로 건축하는 대신 박물관 안에 이번에 새로 제작하는 시계를 설치하기로 하였다. 설치할 공간은 박물관 안의 대형 전시장(가로세로 각각 16미터, 높이 8미터 정도)으로 결정되었다. 제2장 「보루각기」 역주에 따르면 신루新漏 곧, 보루각루를 설치한 보루각은 1434년에 경복궁 경회루 남서쪽에 세웠는데, 전각의 규모는"삼영三楹"이었다. 이 전각의 "중영中楹"에 물시계를 설치하고, "동영東楹"에 자격장치를 설치한 궤櫃를 설치하였다고 했다. 이 기록에 따라 배정된 공간에다 설치하도록 결정하였다.

2) 설계도

그림 3-1은 제2장 그림 2-3을 바탕으로 설계한 보루각루를 설치할 공간배치와 그 안에 들어설 보루각루의 구조를 나타낸 실시 설계도이다. 다음에 표시한 M-1~M-6은 앞서 제2장에서 소개한 6개 모듈의 번호이다. A는 전시실 평면도에다 보루각루의 물시계 설치대(왼편)와 받침대(M-1), 그리고 자격장치 궤(오른편)(M-3) 초석의 위치를 나타낸 것이다. 중앙에 보이는 원 두 개는 수수호를 세울 받침대 구멍이며, 큰 원 한 개는 파수호의 하나인 폐수호를 바닥에 설치하기 위한 것이다. 좌측 직사각형은 설치대를 오르내리는 계단의 초석이다. 그림 3-1B는 이 공간에 들어설 보루각루의 입면도이다. 왼편은 물시계 장치 모듈 M-1의 파수호 설치대와 그 위에 파수호를 안치할 받침대 구조이다. 받침대는 대중소 파수호를 3단 1열로 배열할 수 있도록 제작한다. 파수호 아래에는 수수호 두 개를 나란히 세우고, 그 꼭대기에 각각 방목을 세운다. 오른편은 자격장치 모듈 M-3의 궤와 그 위에 설치한 보개를 나타낸다. 궤 상층에는 좌대(마루)를 놓고 그 위에다 종, 북, 징을 배열하고 이것을 울리는 목인 세 개를 각각 배치한다. 상층 좌대 바로 밑에 중층을 두고, 그 안에는 소환-대환 중계기 모듈 M-4를 설치한다. 하층에는 시기 모듈 M-5와 경점기 모듈 M-6를 각각 설치한다. 물시계 설치대 마루와 자격장치 궤 사이에는 광판을 비스듬하게 놓아 접속하고 그 위에다 소환이동 통로 모듈 M-2를 설치한다. 그림

2 명단은 상량식 화보 「자격루 복원기」 참조.

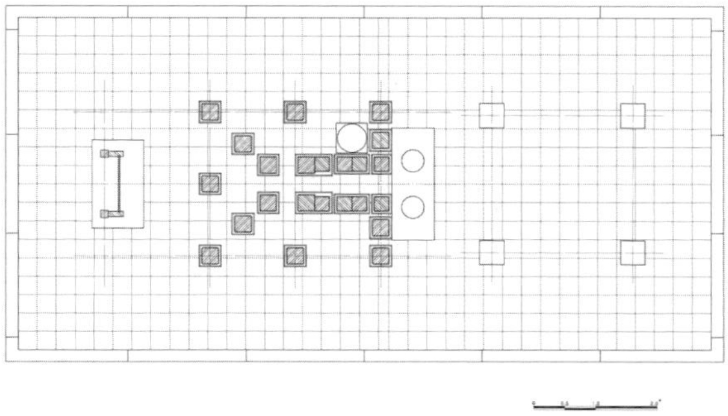

A

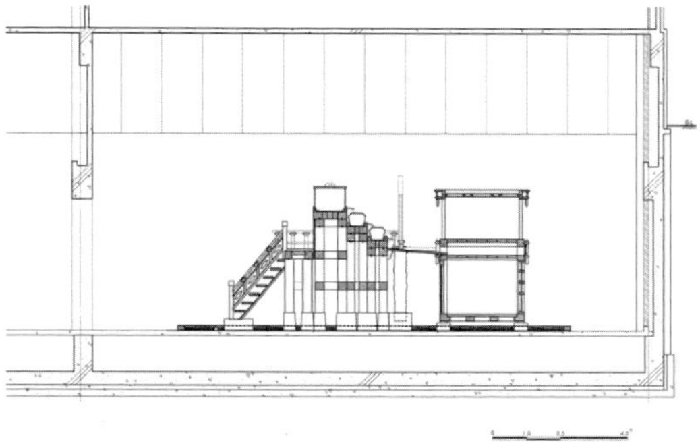

B

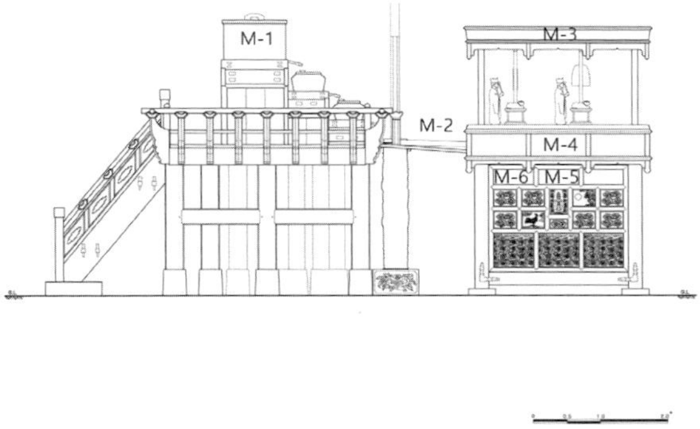

C

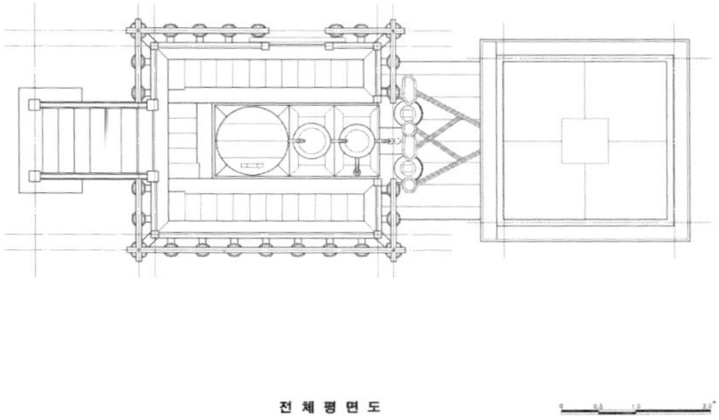

D

E

그림 3-1. 보루각 자격루 복원 · 제작 실시 설계도

A. 전시실 기초 평면도 **B.** 보루각루 설치 입면도 **C.** 보루각루 외형 입면도. 6개 모듈(M)의 위치를 설계도에 표시하였다. **D.** C의 평면도 **E.** 조감도

3-1C는 보루각루의 외형도(남측면도)이다. 자격장치 M-3 궤 전면에는 문양을 조각하고, 두 번째와 세 번째 머름칸 중앙에는 보시 목인을 전시할 수 있는 창을 낸다. 궤 후면에는 문짝 두 개를 달아 내부로 드나들 수 있도록 한다. 소환-대환 중계기 모듈 M-4를 설치할 수 있도록 오른쪽(동쪽) 벽 중층에도 문짝 두 개를 단다. 궤 내부에 설치한 경점기 모듈 M-6를 관리하기 위하여 왼쪽(서측) 벽에도 문짝 두 개를 단다. 문짝에는 문양을 새기지 않는다. 그림 3-1D는 그림 3-1C의 평면도이다. 물시계 설치대와 자격장치 궤를 접속한 광판 위에는 방목에서 방출된 소환을 자격장치 중층에 설치한 소환-대환 중계기로 보내기 위한 통로를 그림과 같이 설치한다. 수수호 꼭대기에 세운 방목 좌우에서 낙하는 소환을 받도록 방목 하단 좌우에는 각각 함지박을 설치한다. E는 조감도이다. 그림 2-3A에는 나타냈으나 그림 3-1에 나타내지 못한 상세 설계도는 모듈 M-2, 4, 5, 6 제작단계에서 제시한다.

3) 복원 자료

부품에 따라서는 유물이 있는 경우에는 제작에 앞서 유물 조사결과를 바탕으로 시공도면을 작성하였으며, 없는 경우는 부품을 제작하는 전통방식이나 중국 누각 연구를 참고하여 고안한 시공도면을 작성하고 자문을 받아 제작하였다. 이런 경우는 「보루각기」에 나타나지 않은 비교적 소소한 부품에 대하여도 마찬가지였다. 부품의 규모는 「보루각기」에 나타난 누기, 야전, 동판, 동통 등의 치수를 참작하여 자문을 받아 시제품을 제작하고 시험을 거쳐서 본 제품을 제작하였다. 앞서 제2장에서 구성한 모듈 M-1부터 6을 참고하여 설계도에 따라 해당되는 부품을 제작하여 성능을 시험한 다음에 조립하여 보루각루 모듈 M-7을 완성하는 순서로 진행하였다. 모듈 M-7을 이용하여 실기 운전을 하여 제품의 성능을 평가하였다. 모듈 7개는 다음과 같다.

(1) 모듈 M-1: 보시 시점마다 소환을 방출하는 물시계 장치(이하 "물시계 장치"로 줄임)
(2) 모듈 M-2: 물시계와 자격장치 접속기기("소환 이동 통로")
(3) 모듈 M-3: 12시와 경점을 보시하는 자격장치("보시기구와 궤")
(4) 모듈 M-4: 소환-대환 중계기("중계기")
(5) 모듈 M-5: 12시 보시 목인 작동용 전동장치 시기("시기")
(6) 모듈 M-6: 경점 보시 목인 작동용 전동장치 경점기("경점기")

(7) 모듈 M-7: 온 하루를 주기로 보시 신호를 자동 발신하는 수력식 기계시계 보루각루("보루각루")

다음에는 M-1에서 M-6을 제작하여 M-7을 조립하는 과정을 차례대로 소개한다.

3.2. 보시 시점마다 소환을 방출하는 물시계 장치 모듈 M-1

이 장치는 제2장 「보루각기」 역주 문단 [기-1-1], [기-1-2], [기-1-3]에 서술한 바와 같이 물시계로 십이시와 경점시간을 계시計時(측시)하면서 정해진 시보 시점마다 각각 하나씩 소환을 방출시키는 장치이다. 이를 위해서는 우선 계시에 소요되는 유량을 일정하게 연속하여 계시 용기인 수수호로 주입시키는 데 필요한 유량조절기능을 가진 대중소 파수호 네 개를 제작하여 3단 1열로 배열하고, 폐수호는 별도로 바닥에 배열한다. 다음, 수수호 두 개를 파수호 아래에다 좌우로 배열한 다음, 부표에 야전을 꽂은 부전을 각각 그 안에 넣어둔다. 그다음에는 12시와 경점용 시보신호를 표시하기 위해 소환을 수납할 수 있는 동판기구 두 벌을 제작하여 각각 속이 빈 방목 좌우 면에 설치하고 수수호 꼭대기마다 수직으로 세운다. 소파수호로부터 수수호에 물이 주입되어 수위가 증가하는 데 따라 잣대를 꽂은 부표에 부력이 작용함으로써 부전은 방목 안으로 상승하면서 소환을 수납한 동판기구를 밀어 올려 소환을 방출시킨다. 이리하여 시보 시점을 표시하는 신호가 발생된다. 하루 동안의 시보 시점마다 방출되는 소환 숫자는 12시용이 미시부터 오시까지 12개, 경점용이 1경 1점부터 5경 5점까지 25개이다. [방출된 소환은 번호대로 시보 시점을 표시한 계시정보를 소환-대환 중계기에 전달한다. 따라서 대환 저장기에서 방출된 대환은 보시 정보로 변환되어 시기와 경점기를 작동시켜 해당되는 보시 목인들이 시보 신호를 발신한다.] 이것이 M-1의 구조, 작동 원리와 시보 시점 신호 발생과 표시 방법이다.

다음에는 누기 부품 제작에 앞서 국보 제229호 창경궁 자격루 유물, 사진자료, 물리조사 결과를 바탕으로 부품을 제작하는 과정을 설명한다. 이 과정은 사업이 끝난 뒤에 연구논문으로 발표한 바 있다.(이재효 등, 2006: 67)

3.2.1. 국보 제229호 조사

1) 사진 조사

국보 제229호의 누기 유물은 1536년에 제작한 창경궁 신보루각 금루를 임진왜란이 끝나고 1616년(광해군 8년)에 개수하여 1867년(고종 4년)까지 창경궁에서 사용하다가 경복궁으로 이설하여 보루제도를 복구하고 1895년 인정 · 파루제도를 폐지할 때까지 활용한 것이다. 그 후 1908년에 제실박물관 전시물로 창경궁 양화당 옆 화단에 "금누긔[금루기禁漏器]"라는 이름으로 전시하였다. 1979년부터 만 원권 지폐 앞면에 "물시계"란 이름으로 세종 대왕의 초상과 나란히 그림으로 들어갔으며, 1985년 대한민국 국보 제229호 보루각 자격루로 지정하여 예전대로 덕수궁 광명문 안에 보존해 왔다.[3]

그림 3-2는 제실박물관 전시물로서 양화당 화단에 1938년까지, 그리고 그 후에 덕수궁 광명문 안에 진열한 사진 모음이다. 그림 3-2A는 제실박물관을 개관하면서 경복궁 누국(보루각)에서 옮겨 놓은 "금루기(금누긔)" 사진이다. 대파수호 밑에 중파수호를 2단 1열로 배열하고, 자리가 협소하여 소파수호를 놓지 못한 것으로 보인다. 그림 3-2B는 일본인 기상학자 와다유지和田雄治(Wada Yuji, 1859~1918)가 1908년에서 1910년 사이에 창경궁에서 촬영한 금루기이다. 앞의 두 사진에는 대파수호와 중파수호가 2단 1열로 배열되어 있다. 1910년대에는 대 · 중 파수호 2단 1열 배열에다 다시 소파수호를 추가하여 그림 3-2C, D와 같이 중소 파수호를 3단 1열로 배열하지 않고 가로로 나란히 놓았다. 아무튼 3단 1열로 배열해야 할 파수호는 그때부터 3각형 배열로 굳어졌다. 그림 3-2E는 1920년대 파수호와 수수호에 출수관을 연결한 모습이다. 그림 3-2F는 "水時計수시계(물시계)"라는 안내판을 세워 관람자의 편의를 도모한 것으로 보인다. 그림 3-2G는 1936년 연희전문학교(현 연세대학교) 천문학 교수 이원철(1896~1963)과 1910년대 연희전문학교 천문학 교수였으며, 당시 미국 미시간대학교 천문학 교수였던 루휘스W. Carl Rufus(1876~1946)가 조사한 뒤에 촬영한 기념사진이다. 그림 3-2H는 1938년부터 이왕직박물관 진열품으로 덕수궁 광명문 안에 홍천사명 동종(보물 1460호)과 함께 2018년까지 진열한 사진이다.

---

3 금루기는 2018년부터 문화재청 국립문화재연구소 문화재보존과학센터에서 보존처리가 끝나서(2020: 19쪽 자료) 국립고궁박물관에서 전시할 계획이다.

그림 3-2. 금루기(禁漏器)의 변천

A. 1907년 제실박물관 개관 당시 (출처: 국립중앙박물관, 『국립중앙박물관소장 유리건판: 궁궐』, 2007: 245) **B.** A의 동남측면도 사진 (Wada, 1910: PLATE Ⅳ) **C.** 소파수호를 중파수호와 나란히 놓아 파수호 배열이 3각형이 되었다.(1910대) (출처: 국립중앙박물관, 『국립중앙박물관소장 유리건판: 궁궐』, 2007: 246) **D.** C의 사진 서측면도 (출처: 국립중앙박물관, 『국립중앙박물관소장 유리건판: 궁궐』, 2007: 247) **E.** 1920년대 배열 (高林兵衛, 1924: 『時計發達史』에서 옮김) **F.** 정면도 (岡田貢, 1936, 巻1) **G.** 연희전문학교 교수 이원철(좌)과 칼 루퓌스(우) (Rufus, 1936: plate 13) **H.** 1938년부터 2018년까지 모습(덕수궁 광명문 안) (사진: 남문현, 2018)

2) 물리조사

그림 3-3은 국보 제229호의 정면도(A), 측면도(B), 부전(C), 제작자 참여자 이름(D)을 보여준다. 그림 3-3E는 수수호, F는 대파수호의 조성 성분을 조사하는 장면이다. G는 대파수호를 실측하는 장면이다. H는 중파수호, I부터 O는 소파수호의 내부와 외부를 보여준다. P는 좌향 수수호의 내부를 보여준다. 이 누기는 '1534년부터 제작에 착수하여' 1536년 6월에 제작되었음을 알려주는 "嘉靖丙申六月 日造가정병신유월 일조"[가정 병신년은 명나라 세종(世宗) 15년(1536년)]라는 명문이 새겨진 대파수호 한 개와 제작에 참여한 인물의 명단과 오조룡五爪龍(발톱이 다섯 개인 용 — 저자 주)이 부조된 수수호 두 개, 그리고 1616년에 보루각을 개수하면서 교체된 중소 파수호 각각 한 개씩으로 구성되어 있다.(폐수호는 1908년 제실박물관 전시물로 이설한 때부터 유실된 것으로 추정된다.)[4] 파수호 하부 중앙 출수구에 꽂는 흐름관[출수관出水管], 항아리 뚜껑은 유실된 채이며, 중소 파수호는 심하게 변형된 채 수리한 흔적이 남아 있다. 좌측 수수호 뚜껑을 덮는 자리 바로 밑과 용이 부조된 면 사이에 제작 참여자들의 직책과 성명이 세로로 새겨져 있으며, 그 일부는 그림 3-3D와 같으며, 명단은 다음과 같다.

都提調도제조
領議政 金謹思영의정 김근사
左議政 金安老좌의정 김안노
提調제조
右贊成 柳 溥[5]우찬성 유 보
工曹參判 崔世節공조참판 최세절
都廳도청
右通禮 朴 翰우통례 박 한
司僕寺正 李公檣사복시정 이공장

4 광해군 대에 개수하면서 대수호(대파수호)는 그대로 쓰고, 용통龍桶(수수호)은 파손된 곳을 보수하여 썼다. 그리고 삼수호三水壺(중 · 소 파수호와 폐수호를 말함)는 새로 만들었다.(광해군일기/정초본/103/8/5/4/癸酉)

5 柳專라고 새겨져 있으나 氵획이 마모되었다. 유보柳溥(?~1544)는 중종조 문신으로 초명은 장莊, 본관은 진주晉州, 자字는 언박彥博이며, 우의정과 좌의정을 지냈다.

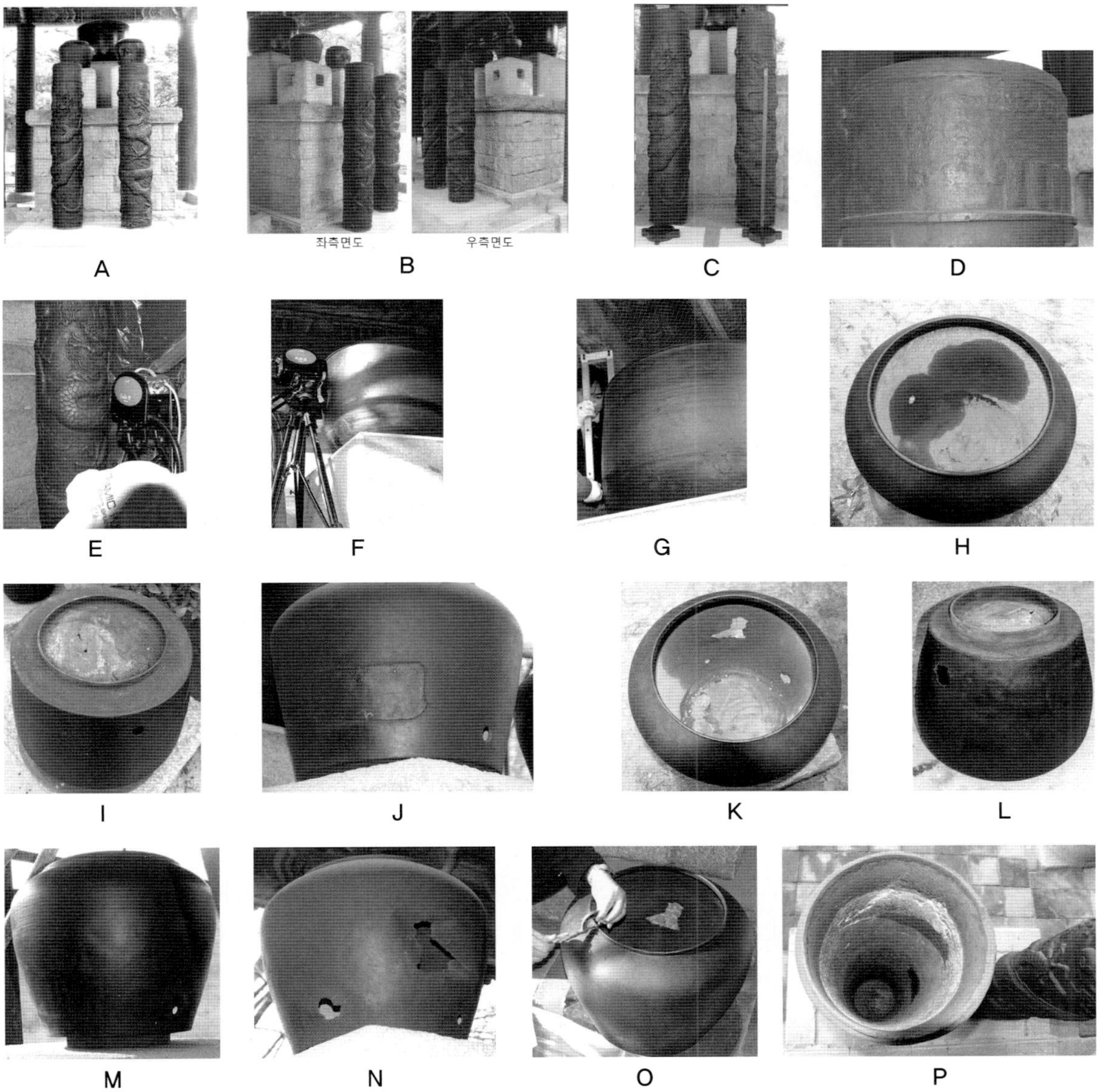

그림 3-3. 1536년제 창경궁 신보루각 금루 누기 유물(덕수궁 광명문 안)

A. 축대 위 맨 꼭대기에 대파수호, 그 밑에 중파수호(좌), 소파수호(우) 지상에 좌우 두 개 파수호(정면도), 파수호마다 하부 중앙에 흐름관을 꽂는 구멍이 보인다. **B.** 측면도, 좌측면도: (좌) 중파수호에는 좌측에 땜질한 흔적이 남아 있다. (우) 소파수호에는 뜯겨진 흔적과 좌측에 큰 구멍이 보인다. 이 구멍은 흐름관을 꽂았던 구멍으로 보인다. **C.** 수수호 부전 유물. 잣대 한 개와 부구(浮龜: 부표) 두 개가 남아 있다. **D.** 좌측 수수호 상단에 돋을새김 한 신보루각 제작 참여자와 직책(일부)이 보인다. **E.** 수수호 조성 성분 조사 **F.** 대파수호 조성 성분 조사 **G.** 대파수호 실측 조사. **중파수호 조사: H.** 내부 **I.** 밑바닥 **J.** 하부. **소파수호 조사: K.** 내부 **L.** 밑바닥 **M.** 하부 **N.** 하단부 **O.** 두께조사 **P.** 좌향 수수호 내부

司憲府執義 安玹[6]사헌부집의 안현

司憲府掌令 金遂性사헌부장령 김수성

監造官감조관

掌樂院主簿 蔡無敵장악원주부 채무적

天文學教授 辛輔商천문학교수 신보상

昭格署參奉 姜永世소격서참봉 강영세

天文肆習官 申光弼천문사습관 신광필

앞서 언급한 바와 같이 누기에는 제작된 후 470여 년을 지나면서 360여 년은 실내에서, 30여 년은 노천에서, 그리고 80년은 비를 가려줄 지붕만 있는 곳에 진열되는 동안 부분적으로 파손된 부분은 그대로 남아 있거나 수리한 흔적이 남아 있다. 부전 한 개와 손상된 부구浮龜 두 개가 남아 있고, 항아리 뚜껑과 흐름관 등은 유실되었다.(徐浩修 · 成周悳 · 金泳, 1796: 更漏條 참조) 부품의 부식과 변형이 매우 심하여 측정 위치에 따라 길이나 두께에 상당한 편차를 보였다. 중소 파수호의 하부가 가늘고 위로 갈수록 넓어지는 전형적인 조선시대 항아리 모양의 역원뿔형 부품이므로 동서 및 남북 방향으로 구분하여 치수를 측정하였다. 또한 측정치의 검증을 위하여 기존의 도면과 비교하였으며(남문현, 1995: 221), 파수호의 상단 테두리는 한지로 탁본을 떠서 그 자국과 비교하였다.

대파수호의 대표 측정값은 다음과 같다.(단위: 밀리미터) 높이 711밀리미터, 외경 942밀리미터, 내경 877밀리미터, 두께 17밀리미터, 하단 모서리는 원형(반지름 R311)으로 굴곡진 형태로 용량 400리터, 무게 360킬로그램이다.[7] 받침대 바닥으로부터 위쪽으로 114밀리미터 되는 곳에 지름 25밀리미터의 구멍이 한 개 뚫려 있다. 이것은 흐름관을 꽂는 구멍이다.(그림 3-3A 참조) 전면 중앙부에 세로로 "嘉靖丙申六月 日造가정병신유월 일조"라는 검은색 명문이 음각되어 있다.[8] 곧, 중종 31년(1536년) 6월에 주조한 것이다. 중파수호와 소파수호는 특히 굽다리를 포함한 밑바닥 부분이 심하게 변형되어 있었는데, 이는 청동제의 무거

6 안현安玹(1501~1560), 김수성金遂性(?~1546), 채무적蔡無敵(1500~1554)이라는 것이 보존처리하는 과정에서 밝혀졌다.(문화재청 국립문화재연구소 문화재보존과학센터, 2020: 19)

7 좌우 수수호, 대중소 파수호를 보존처리하는 과정에서 측정한 무게.(문화재청 국립문화재연구소, 2020: 2)

8 검은색으로 보이는 명문은 보존처리하는 과정에서 은입사 기법으로 새겼다는 것이 밝혀졌다.(문화재청 국립문화재연구소, 2020: 18)

운 항아리를 이동하면서 평평한 석재 판 위에 100여 년을 놓아둠으로써 초래한 결과라 추정된다. 따라서 밑바닥이 원래는 평탄한 모양이었을 것이다. 그림 3-3A 좌측에 보이는 중파수호는 전체 높이 410밀리미터, 입지름 366밀리미터, 최대 외경 511밀리미터, 밑면에 높이 17밀리미터, 지름 284밀리미터, 두께 10밀리미터 정도의 굽다리가 달려 있으며, 밑바닥으로부터 35밀리미터, 위쪽에 지름 25밀리미터의 구멍이 한 개 뚫려 있다. 무게 35킬로그램, 용량은 60리터 정도이다.

소파수호는 최대 외경 466밀리미터, 높이 382밀리미터, 입 지름 328밀리미터, 두께 8.0밀리미터, 밑면에 지름 252밀리미터, 높이 29밀리미터, 두께 6.8밀리미터 정도의 굽다리가 달려 있다. 무게 26킬로그램, 용량은 46리터 정도이다. 받침대 바닥으로부터 99.1밀리미터 위쪽으로 35밀리미터 정도의 구멍 한 개와, 위쪽으로 88.8밀리미터의 위치에 지름 20밀리미터 정도인 또 하나의 구멍 한 개가 뚫려 있으나 벌려진 채 손상되었다.[중소 파수호는 광해군 대에 중창한 것이다 — 저자 주]

그림 3-3A 맨 아래층에는 두 개의 오조룡을 부조한 수수호[수수용호受水龍壺]가 지상에 세워져 있다. 전체 높이 2,270밀리미터, 안쪽 깊이 2,222밀리미터, 외경 361밀리미터, 내경 안지름 323밀리미터, 수수호의 하단 250밀리미터 정도는 지하에 묻혀 있다. 수수호에는 배수를 위해 용두龍頭를 설치한 흔적이 없으며, 이는 수수호의 누수를 방지하기 위한 것이라 추정된다. 용량은 약 180리터, 무게는 좌측 수수호 430킬로그램, 우측 426킬로그램이다. 파수호의 경우와 마찬가지로 형상이 비틀림, 찌그러짐, 부식, 파손 등 변경된 부분이 적지 않았다.

3) 성분 조성비

유물이 문화재이므로 비파괴검사 장비인 X-선 형광분석기XRF(X-ray fluorescent) 등을 사용하여 재질의 성분을 조사하였다.(그림 3-3E, F 참조) 주로 구리-주석-납 계통의 청동이 검출되었으며, 그 밖에 철, 규소 등 불순물이 소량 검출되었다. 제작된 지 470여 년이 지나서인지 측정지점마다 성분의 조성비 편차가 매우 심하였다. 그리고 파수호는 수수호에 비하여 구리 성분이 높았으며, 중파수호와 소파수호 흐름관을 삽입했던 구멍 부근에서는 납 성분이 높게 검출되어 도수관을 납땜으로 접착하였음을 알 수 있었다. 수수호도 좌우 수수호의 조성비가 차이가 났는데, 용머리가 오른쪽을 향한 향우(그림 3-3A의 좌측) 수수호는 향좌(우측) 수수호에 비해 구리 성분은 낮고 납 성분은 다소 높게 나는 등 주물을 제작할 때 조성비가 달랐을 수도 있다. 또는 장구한 세월 동안 납 성분이 표면으로 불균일하게 석출析出된 것으로 추정된다. 파수호 세 개와 수수호 두 개에 대한 조성비 분포는 약간씩 차이를 보였는데, 중-소-대 파수호-향우-향좌 수수호 순으로 구리 성분 비율이 낮아졌다. 이러한 분석을 바탕으로 파수호(폐수호 포함)는 구리 85%, 주석 15% 이내, 납 미량 등으로, 수수호는 구리 85%, 주석 12%, 납 3%로 주조하도록 하였다.

3.2.2. 파수호 제작

금루기 유물을 실리콘 고무로 복제하여 아래 예시한 공정을 거쳐 파수호를 주조하였다. 축대칭 형상인 대파수호 외형 곡선은 실리콘 고무를 발라 형상을 뜨고, 가변형 강판 운형자를 이용하여 형태를 모사하였다.(그림 3-3G 참조) 중소 파수호 모형은 이와 유사한 과정을 거쳐 얻은 곡선을 비교 · 절충하여 결정하였다. 따라서 주형鑄型 곧, 거푸집을 제작하는 과정에서는 이러한 점을 감안하여 측정치를 평균하여 치수를 결정하였다. 중소 파수호는 밑바닥이 심하게 변형되어 있으나, 원래는 평탄한 모양이었을 것으로 설정하여 형태를 교정한 후 석고 모형을 제작하였다. 이를 바탕으로 사형법sand mold을 이용하여 파수호 모형을 제작하고, 모형이 완성된 후 주형을 뜨고 정해진 조성비(구리 85%, 주석 15% 이내, 납 미량 등)로 청동을 합금하여 파수호(폐수호 포함)를 주조하였다. 주조한 파수호 항아리 하면에 흐름관을 삽입할 수 있는 구멍을, 소파수호에는 수위 조절용 구멍을 흐름관 삽입 구멍과 직각되는 위치에 뚫었다. 폐수호는 소파수호와 같은 크기로 제작하여 하면에 구멍 하나만 뚫었다. 파수호의 원래 명칭이 파수용호播水龍壺인 점을 감안하여 흐름관의 모양은 유물에 부조된 용의 형상을 간략하게 직선형으로 제작한 다음, 몸체 안으로 물이 흐를 수 있도록 파이프 형태로 제작하여 주조하였다. 이것은 중국 북경 중국국가역사박물관 소장 원대 연우延祐 누각과 자금성紫禁城 안 종표관鐘表館이 소장한 명 · 청대 동호적루의 파수호를 조사한 자료를 참고하여 이와 유사한 구조로 된 흐름관을 제작하였다.(그림 3-6 참조) 항아리는 누수 시험을 거

그림 3-4. 대파수호 누수 시험

쳐 품질을 검증하였다.

1) 대파수호

대파수호를 주조하는 과정을 요약하면 다음과 같다. ① 석고 모형 제작, ② 사형 몰드 제작을 위한 코어 성형, ③ 코어 굽기, ④ 거푸집 제작, ⑤ 거푸집 굽기, ⑥ 주물 붓기, ⑦ 거푸집을 식힌 다음 주물 빼기 및 주조공정 마무리, ⑧ 누수 시험(주물에 청동으로 주조한 흐름관을 삽입 후 물을 채워 1개월 동안 방치) ⑨ 고압시험. 이리하여 대파수호가 완성되었다. 대파수호 유물에 음각된 기존의 명문 "嘉靖丙申六月 日造가정병신유월 일조"를 복제한 후 음각하였다. 그림 3-4는 이 과정을 거쳐 주조한 대파수호 누수 시험 방법을 보인 것이다.

2) 중소 파수호 제작

중소 파수호는 크기만 다를 뿐 구조가 동일하므로 제작과정도 동일하다. 소파수호는 두 개를 제작하여 한 개는 폐수호로 활용하였다. 제작과정은 다음과 같다. ① 굽다리와 몸체 실리콘 몰드 뜨기, ② 석고 모형 제작, ③ 거푸집 제작용 실리콘 몰드 제작, ④ 밀납wax 거푸집 몰드 제작, ⑤ 거푸집 건조, ⑥ 코어 성형, ⑦ 코어와 거푸집 굽기, ⑧ 주형 완성, ⑨ 주물 붓기, ⑩ 주조 완성, ⑪ 누수 시험. 주조물은 시험 규격 KS D1673:2002에 따른 재료 시험에서 주석(Sn) 11.32%, 납(Pb) 1.79%, 나머지가 구리(Cu)로 검출되었다. 그림 3-5는 이것들의 주조물이다.

A B C

그림 3-5. 중소 파수호 제작

A. 소파수호 **B.** 중파수호 **C.** 폐수호

3) 파수호 부속품

(1) 흐름관

금루기 유물에는 파수호마다 흐름관을 꽂는 구멍은 뚫려 있으나 그곳에 꽂았던 흐름관은 유실되었다. 「보루각기」에 파수호를 "파수용호播水龍壺"라는 표현을 쓴 것으로 보아 각 파수호 구멍에 꽂혔던 흐름관은 용의 부리[용구龍口] 또는 용의 형상으로 장식되었음을 알 수 있다. 중국에서는 일찍부터 흐름관을 용머리[용두龍頭] 모양으로 만들었으며, 원대 연우누각에 장착된 짧은 흐름관은 그림 3-6A에 보인 것과 같은 용머리 형상이다. 청대에 제작한 동호적루의 흐름관은 길이가 150밀리미터 정도로서 용의 형상을 조각하였으며, B에 보인 것과 같이 용두보다 몸통이 3배 정도 길다. 따라서 흐름관은 조선 초기에 제작한 보루각루 수수용호 유물에 돋을새김 한 용과, 종묘 제기 가운데 규찬圭瓚(제사에서 강신降神할 때 쓰는 술잔)에 조각한 어룡, 그리고 중국 동호적루의 것을 참고하여 그림 3-6C와 같이 청동 주물로 제작하였다. 이는 흐름관에 장시간 물이 흐르면 마모와 부식이 생기는 현상을 방지하기 위해서다. 부수적으로 용무늬 조각의 미관과 흐름관 내부를 균일하게 하여 물의 흐름을 일정하게 유지하기 위한 것이다. 파수호 배출구에 흐름관을 꽂고 납땜하여

A

B

C

그림 3-6. 흐름관 형상과 제작

A. 원대 연우누각의 용두형 흐름관 (中國科技館 소장, 복제품)
B. 청대 동호적루의 용신형 흐름관 (中國 北京 紫禁城 鍾表館 소장)
C. 중파수호 흐름관

고정했다. 흐름관 출구에는 용의 혓바닥을 본떠 구리조각을 땜질하여 도수로導水路로 삼았다. 출구는 목재 마개를 만들어 흐름을 일시 정지할 때 끼우도록 하였다.

(2) 흐름관 오리피스

보루각루의 누기는 파수호 세 개를 상부에, 수수호 두 개를 하부에 배치하는 유입식 부전루이다. 파수호에는 각각 출수구를 내고 여기에다 흐름관을 삽입하여 대파수호의 물을 차례대로 파수하였다. 소파수호의 수위를 일정하게 유지시켜야 수수호에 일정한 유량이 중, 소 파수호로 주입될 수 있으므로 소파수호에 설정한 수위를 넘는 물은 밖으로 배수해야 한다. 이와 같은 방법을 무넘기[일류溢流, 만류漫流, 오버플로overflow]라 하며, 보루각루에서는 소파수호에 무넘기 구멍[일류공溢流孔]을 뚫는 방법을 채택하였다. 소파수호로부터 수수호에 주입시키는 유량은 하루에 수수호의 4/5를 채우는 분량에 불과하므로 물줄기가 1~2밀리미터 굵기의 가는 선[세선細線]에 가까운 층류層流유동이다. 따라서 일정한 유량을 수수호로 주입하려면 파수호 세 개의 수위를 일정하게 유지할 수 있도록 각각 흐름관 입구에 작은 구멍(노즐nozzle)이 뚫린 오리피스orifice를 삽입한다. 이것이 이른바 제1장에서 고찰한 중국 누각법에서 사용한 용구옥적龍口玉滴이다. 용의 부리에다 옥을 끼워 방울로 떨어뜨린다는 뜻이다. 보루각루를 창제할 때 마노瑪瑙를 사용하였다는 기록은 없으나, 중종 대 창경궁에 신보루각을 창설할 때 "마노는 보루각에서 사용되는 것이므로 평안도 안주安州에서 채굴하여 비축하라"고 한 것으로 보아 이것을 파수호 흐름관에 사용하였음을 알 수 있다.(중종/81/29/11/10/壬申) 이것을 제작하는 방법이 남아 있지 않아서 전통적으로 마모에 잘 견디는 마노를 재료로 선정하였다. 우선, 실험용으로 한국산 마노에 지름 1.5~2.3밀리미터 사이에서 여러 가지 구멍을 뚫고 유량계수流量係數를 구하였다.[9] 이를 위하여 대중소 파수호를 모의한 모의 물시계를 제작하여 대중 파수호 흐름관에 오리피스를 삽입하고, 지름에 따른 수위차水位差, 유량(밀리미터/분), 유량계수를 구하였다. 이 값을 이용하여 실험한 결과 대중소 파수호용으로서 적합한 흐름관 지름은 각각 1.7밀리미터, 2.0밀리미터, 2.2밀리미터를 얻었다.[10] 따라서 앞서 제작한 흐름관 지름에 맞춰

9 작은 관을 통하여 흐르는 유량의 계산에서 마찰계수, 관의 지름, 관의 조도粗度 등 여러 가지 영향을 총합한 것이 유량계수이다.

10 대중 파수호의 최적 유량계수는 각각 0.97, 0.95였다.

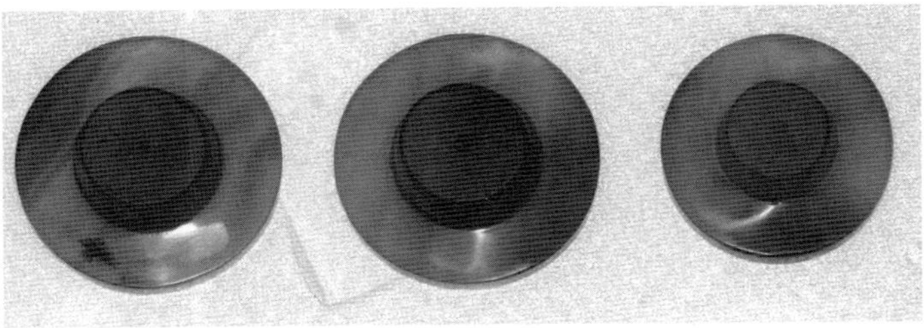

그림 3-7. 오리피스

왼쪽부터 차례대로 대중소 파수호용

그림 3-7과 같이 마노를 가공하여 오리피스를 제작하였다.(김성균 등, 2006: 77)

(3) 대파수호 뚜껑

누기 뚜껑은 먼지나 이물질의 침입을 방지하면서 수면을 안정적으로 유지하기 위해 필요하다. 신보루각루 유물에는 뚜껑이 하나도 남아 있지 않아 새로 고안하여 제작하였다. 대파수호 뚜껑은 하루에도 몇 번씩 열어 물을 보충해야 하기 때문에 청동 주물로 제작하면 너무 무거워 다루기가 어렵다. 따라서 취급이 간편하면서 부식에 강한 목재로 그림 3-8과 같이 제작하여 표면에 유제 안료를 도색하였다. 또한 경첩을 달아 여닫기 편리하도록 하였다.

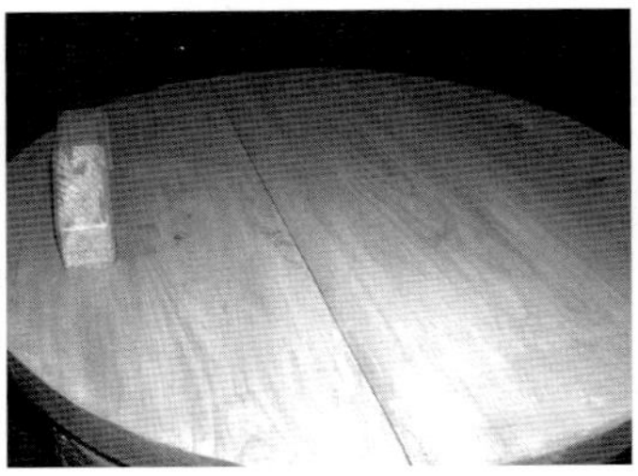

A

B

C

그림 3-8. 대파수호 뚜껑

A. 경첩을 단 목재 뚜껑 **B.** 안료 도색
C. 뚜껑을 덮은 대파수호(정면도)

(4) 중소 파수호 뚜껑과 도수용 깔때기

중소 파수호 뚜껑에는 각각 대파수호와 중파수호 흐름관에서 흘러내리는 물을 받아 안정적으로 중파수호나 소파수호 안으로 유도하는 데 필요한 도수관을 설치하여야 한다. 앞서 대파수호에서 소개한 바와 같이 중소 파수호에도 조선 초기의 항아리 뚜껑과 주전자 뚜껑을 참고하여 중소 파수호에 맞는 뚜껑을 제작하였다. 이것은 중소 파수호의 수면에 파동이 일지 않고 수면을 거울 면같이 유지하기 위하여 고안한 도수관을 설치하는 데에도 필요하다. 도수관을 설치한 사례는 그림 3-9A에 보인 중국 남송시대 한중통누각韓仲通漏刻에서 볼 수 있다.(陳美東 · 華同旭, 2011: 147) 이것은 제1장 그림 1-3C에 보인 연숙의 연화루에다 연잎 줄기 형태의 도수관을 각각 하궤下櫃와 바닥에 세운 전호箭壺(수수호)에 설치하고, 상궤와 하궤 흐름관의 물을 받도록 한 것이다. 이것은 하궤 안의 수면을 안정시켜 일정한 유량을 전호에 주입하기 위하여 활용한 것이다.

도수관을 중소 파수호와 수수호에 활용하기 위하여 자연산 연잎 줄기 모양을 본뜬 깔때기를 제작하여 그림 3-9B, C에 보인 것과 같이 중소 파수호 뚜껑에 설치하였다.[또한 줄기 모양을 달리하여 뒤에 소개할 수수호 두 개에도 설치하였다.] 뚜껑에는 깔때기를 삽입할 수 있는 구멍을 뚫었다. 도수관을 설치하고 실험을 통하여 수면의 상태가 안정되는 것을 확인하였다.

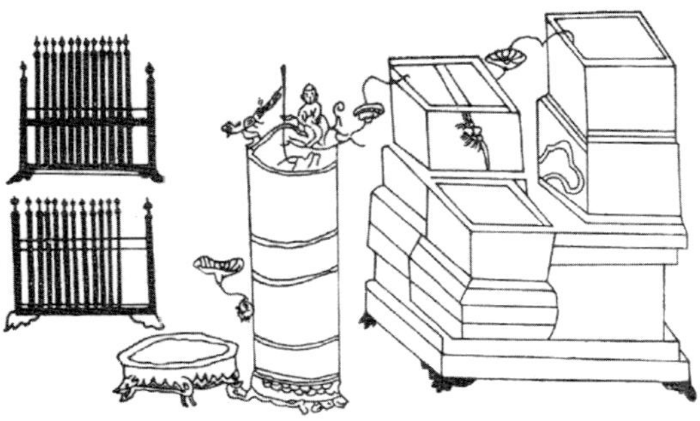
A

B

C

그림 3-9.

중소 파수호 뚜껑과 도수관(깔때기) 설치

A. 한중통 연화루도에 보이는 연잎 줄기 모양의 도수관 (출처: 陳美東 · 華同旭, 2011: 148頁, 圖 2-2-32)

B. 중파수호 뚜껑을 열고 도수관을 설치하여 수면의 안정성 시험

C. 소파수호 뚜껑, 배수구에 설치한 깔때기들(사진의 왼쪽과 전면)과 수수호에 설치한 깔때기(사진의 오른쪽 하단)

A

B

그림 3-10. 급수용 부품

A. 목제 물통과 물지게, 그리고 배수통 **B.** 대파수호에 물 붓기

(5) 급배수용 부품

대파수호에 물을 길어다 붓고, 폐수호의 물을 받아서 재사용하고 난 물을 버리기 위하여 물통과 물지게를 목재(육송)로 제작하였다. 표면은 부식을 방지하기 위하여 유제 안료를 도장하였다.(그림 3-10 참조)

3.2.3. 수수호와 부속품 제작

금루기의 수수호 유물을 복제하여 수수호를 제작하는 과정은 실리콘 고무로 유물을 음화로 떠서 석고로 양화를 제작하고, 이러한 공정을 반복하여 유물과 같은 양화를 제작하는 과정이다. 이 과정은 다음과 같다. ① 유물 복제, ② 유물의 양각 석고 모형 제작, ③ 유물 석고 모형 수정과 주형 원본 제작, ④ 주형 제작, ⑤ 코어 제작, ⑥ 주조. 주물이 식기를 기다려 거푸집과 코어 등 주형을 깨트리고 주물을 다듬어 그림 3-11A와 같은 주조물이 완성되었다. B는 주조된 수수호 표면의 용 문양 일부이다. 주조품은 C와 같이 내경 검사를 거친 뒤에 앞서 파수호 검사와 같이 누수 시험을 실시하였다.(이재효 등, 2006: 67 참조) 주조물은 시험 규격 KS D1673:2002에 따른 재료 시험에서 주석(Sn) 11.32%, 납(Pb) 1.79%, 나머지는 구리(Cu)가 검출되었으므로 인수하였다.

A B C

그림 3-11. 수수호 주조물 및 검사

A. 주조물 B. 용문양 일부 C. 내경 균일도 조사

1) 수수호 뚜껑

수수호 유물에는 뚜껑이 없으므로 몸통 표면에 부조된 용, 구름무늬와 수수호 상단에 조각된 완자무늬 등을 참고로 그림 3-12와 같이 뚜껑을 제작하였다. 상부는 방목을 수수호 위에 세우는 데 필요한 보조물인 방목 케이스를 삽입할 수 있도록 뚜껑과 일체로 제작한 원통관을 부착하였다. 원통관 좌우에 용 모양의 손잡이를 부착한 뚜껑을 주조하였다. 뚜껑에는 수수호에 고인 물을 배수하는 데 사용할 그림 3-13B와 같은 갈오渴烏, siphon와 그림 3-13A와 같은 도수관을 꽂을 구멍 두 개를 뚫었다.

그림 3-12. 수수호 뚜껑

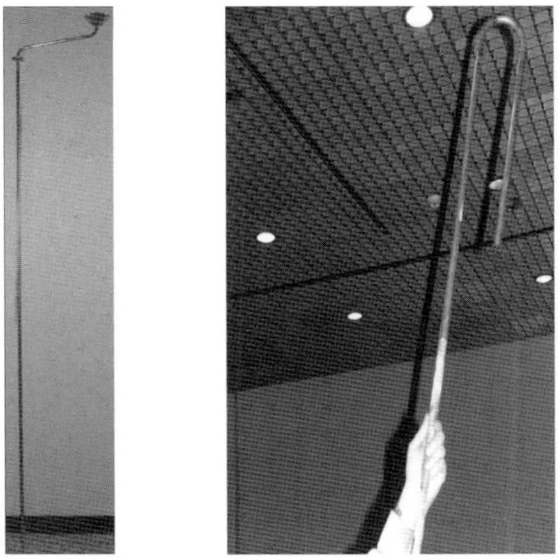

A B

그림 3-13. 수수호 급배수용 도수관과 갈오

A. 도수관 B. 갈오

2) 갈오와 도수관

앞서 중소 소파수호에 설치한 도수관을 모양을 바꿔서 그림 3-13A와 같이 수수호에서 주입되는 유량을 수수호 바닥으로 인도하는 도수관

두 개를 제작하였다. 또한 수수호에 고인 물을 빼내기 위해 그림 3-13B와 같은 갈오곧, 동관으로 상부가 U자형 사이펀을 만들었다. 갈오를 이용하여 배수할 경우 부표의 초기 위치까지 물이 배수되면 배수가 자동적으로 멈춰진다. 이로써 수수호를 받침대에 세울 수 있는 준비가 완료되었다. 다음에는 수수호에 띄우는 야전 제작과정을 설명한다.

3.2.4. 부전 제작

부전은 절기에 따른 시각눈금을 새긴 잣대[야전夜箭]과 이것을 수수호 안에 띄우는 부표[부구浮龜]로 구성된다. 그림 3-3C는 금루기 유물에 남아 있는 부표 두 개와 잣대 한 개가 꽂힌 부전을 보여준다. 좌측 수수호 앞에 놓인 부표는 부품이 떨어져 나갔다. 잣대는 1895년까지 사용했던 37개 가운데 남아 있는 한 개이다.[11] 이것은 삼목杉木으로 만들었으며, 12시 96각법에 따른 『신법누주통의』에 따라 눈금을 새겼다.

1) 야전

제2장 「보루각기」 역주 문단 [기-1-1]의 소문단 1)은 두 개 수수호에 각각 사용하는 잣대 한 쌍과 길이가 10척 2촌(2,050밀리미터)짜리 잣대 표면에 12시 100각 눈금을 새기는 방법에 대한 서술이다. 소문단 2)는 야간시각을 알아내는 경점용 잣대가 예전에는 21개였는데, 사용하기가 번거로워 『수시력』에 의거하여 두 절기에 한 개로 충당하여 12개로 줄였다는 내용이다. 금루기 잣대 유물에 따라서 삼목으로 잣대의 소재를 만들고, 눈금은 조선 초기에 사용된 12시100각법과 오경제에 따라 새겼다. 제1장에서 고찰한 바와 같이 세종 대에는 한양을 기준으로 교정한 『수시력』에 따라 일출입 시각을 계산하여 잣대를 제작하였다. 따라서 세종 대에 작성한 것으로 보이는 야전 사용지침서인 『누주통의』에 따라 교체할 수 있도록 모두 11개의 잣대를 제작하기로 하였다.(이 책 95쪽 제1장 1.7.3항 11전법 『누주통의』 참조)

잣대는 모두 2,131×41.5×6밀리미터 크기로 만들어 그림 3-14A에 보인 잣대와 같

11 영조 대에는 잣대를 24개, 정조 대에는 1789년에 김영金泳(?~?) 등이 편찬한 『신법누주통의新法漏籌通義』에 따라 37전법箭法을 썼던 것으로 미뤄볼 때 1867년 경복궁으로 이설된 후에도 37전법을 사용하였을 것이다.

이 가로 세로를 분할하여 다음과 같이 눈금을 새겼다. 이 잣대는 제11전의 유酉시에서 술戌시까지를 확대한 부분이다. 이것의 눈금 새김은 다음과 같다.

(1) 12시 100각과 분: 맨 좌측면부터 분分, 매시 8⅓각, 매시 초初와 정正, 12시 명칭 — 午正오정 · 未미 · 申신 · 酉유 · 戌술 · 亥해 · 子자 · 丑축 · 寅인 · 卯묘 · 辰진 · 巳사 · 午初오초 — 를 새긴다. 잣대의 유효 상승 높이 1,800밀리미터 구간의 세로 폭을 6등분한 다음, 좌단으로부터 네 번째 구간을 상단으로부터 12등분하여 12시 100각과 분을 새긴다. 잣대 상단에 새긴 '오정午正'(현대시각 12:00)은 물시계의 시작을, 하단의 '오초午初'(현대시각 11:00)는 물시계의 끝을 나타내는 시각이다. 11개 시진의 시간은 현대 시법으로 두 시간씩이다. 매시는 초와 정으로 나누고, 각각 4⅙각씩이다.

(2) 야전 오경 25점: 맨 우측면에 25점, 그 안쪽에 오경을 새긴다. 야전의 경점시각, 경률, 점률, 경점시각의 시작과 끝은『누주통의』11전법에 따라 작성한 표 3-1에 따라서 눈금을 새겨 11개 야전을 제작하였다. 경률과 점률 계산법은 앞서 제1장 7.2절에서 소개하였으며, 이 방법을 11전법의 경률과 점률을 계산하여 길이로 환산한 것이다. 경률은 1경의 길이, 점률은 1점의 길이이다.

표 3-1. 야전의 눈금 간격과 경점시간의 시작과 끝

부전	경점시간 (mm)	경률 (mm)	점률 (mm)	경점 시작★	경점 끝★
제1전	990	198	39.6	유초 1각 8분	묘정 2각 6분
제2전	954	190.8	38.16	유초 2각 8분	묘정 1각 6분
제3전	918	183.6	36.72	유초 3각 8분	묘정 초각 6분
제4전	882	176.4	35.28	유정 초각 6분	묘초 3각 8분
제5전	846	169.2	33.84	유정 1각 6분	묘초 2각 8분
제6전	810	162	32.4	유정 2각 6분	묘초 1각 8분
제7전	774	154.8	30.96	유정 3각 6분	묘초 초각 8분
제8전	738	147.6	29.52	술초 초각 4분	인정 3각 10분
제9전	702	140.4	28.08	술초 1각 4분	인정 2각 10분
제10전	666	133.2	26.64	술초 2각 4분	인정 1각 10분
제11전	630	126	25.2	술초 3각 4분	인정 초각 10분

★『누주통의』에서는 1각을 6등분하였으므로 제1전의 야각 시작을 "유초 1각 4분"으로 기재하였다. 제6전의 야각 시작도『누주통의』에서는 "유정 2각 3분"으로 표기되며, 다른 경우도 마찬가지이다.

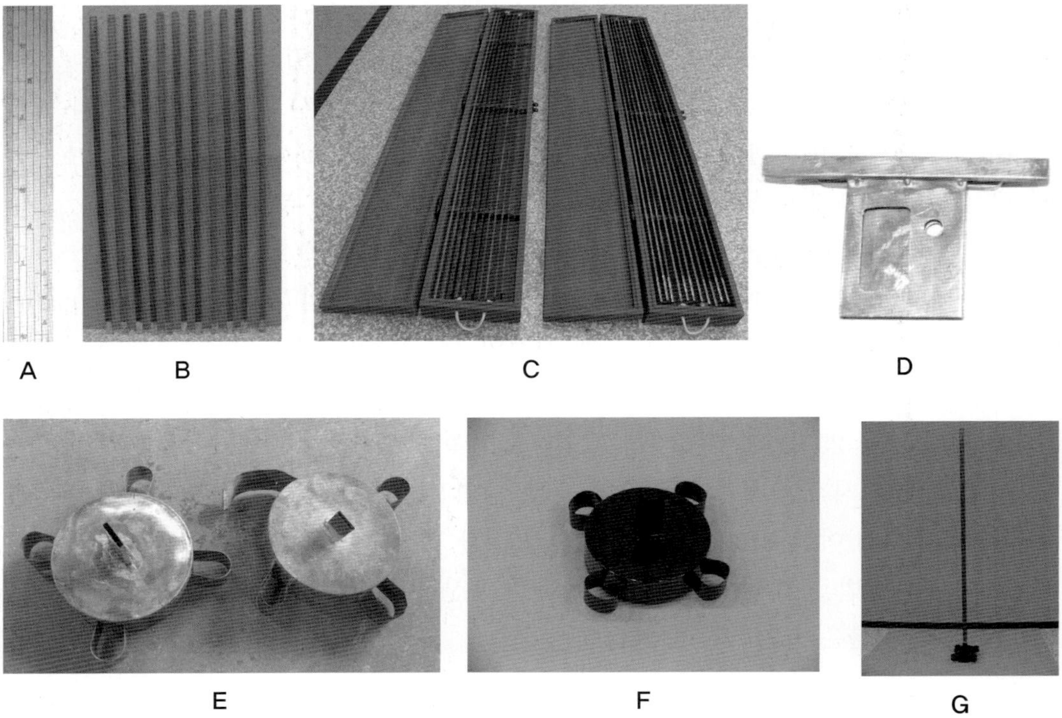

그림 3-14. 부전 제작법

A. 제11전 야전(酉-戌時 부분) **B.** 잣대 11개 복원 실물. 잣대 하단에 부표에 꽂는 케이스 부착 **C.** 좌우 수수호 잣대 보관함 **D.** 잣대머리 가로 쇠[횡철橫鐵] **E.** 부구: (좌) 복제품, (우) 유물 **F.** 옻칠한 부표 **G.** B에 보인 잣대를 F에 보인 부표에 꽂아 만든 부전(浮箭)

그림 3-14B는 11개 잣대를 보여주며, 잣대 하단에 삽입한 금구는 그림 3-14E에 보인 부표 상단에 돌출한 잣대 꽂이 케이스(41.4×6.5×90밀리미터)에 맞춰 만들어 끼운 것이다. 그림 3-14C는 수수호 두 개에 사용하는 부전 11개 한 쌍을 담아 두는 잣대 보관함이며, 절기에 따라 순서대로 교체하도록 하였다.

2) 잣대머리

그림 3-14D는 제2장 「보루각기」 역주 문단 [기-1-2]의 맨 끝 문장 "…… 잣대머리에 젓가락처럼 생긴 쇠를 가로로 떠받쳐 놓는데, 길이는 4촌 5분(93밀리미터)이다"에 따라 제작한 잣대머리에 꽂은 횡철橫鐵(가로 쇠)의 구조를 나타낸 것이다. 이것의 용도는 잣대 상단에 가로로 부착하여 잣대가 떠오르면서 동판에 설치된 소환 수납통을 밑에서 위로 들어

올려 통이 엎어지도록 하는 데 있다. 통이 엎어지면 그 안에 수납한 소환이 동판 밖으로 방출된다.

3) 부표

부표[부구浮龜]는 그림 3-14E, F, G에 보인 것과 같이 수수호 안에 잣대를 물 위에 띄워 주는 부자浮子이다. 고대 중국에서는 구리로 북[동고銅鼓] 또는 배[전주箭舟] 모양을 만들어 수수호 안에 띄우고 잣대를 꽂았다. 그러나 조선에서는 그림 3-14E 오른쪽에 보인 것과 같이 바닥이 불룩하고 속이 빈 북 모양을 만들고 사방에 귀를 달아 뜨는 거북 모양으로 만들고 부구라고 하였다.(徐浩修 · 成周悳 · 金泳, 1796: 更漏條) 이렇게 거북 모양을 한 부표는 전통적으로 수수호를 만수호萬水壺나 수해水海라 여겨 그 안에 장수를 상징하는 거북을 형상화한 것으로 보인다. 그림 3-11A, B에 보인 수수호 표면에 돋을새김한 운룡은 바다에서 승천하는 용 곧, 임금을 상징한 것이다. 거북 등에 잣대를 꽂는 방식은 삼국시대 이래 하나의 형식으로 발전한, 석재로 만든 거북의 등을 파서 비석을 세운 형태의 한 변형이다. 부표가 물과 접촉하는 부분은 약간 불룩하게 하여 부력을 증가시키도록 하였다. 귀 네 개는 수수호 안쪽 지름에 꼭 맞도록 조정할 수 있어서 부구 본체의 요동을 방지하며, 잣대를 안정하게 하고 수직으로 상승하게 해 주는 역할을 한다. 이것은 종래 물시계 역사에서 볼 수 없었던 새로운 발명이다. 그림 3-14F는 옻칠한 부구를 물에 띄워 누수 시험을 마친 모습이다. G는 부구에다 야전을 꽂은 부전이다.

3.2.5. 방목 제작

1) 동판기구 제작

수수호 위에 세우는 방목은 '방공목方空木'이라고도 하는데, 속은 비어 있어 그 안에서 잣대가 수직으로 상승할 수 있는 통로를 제공한다. 4면 가운데 전면은 개방하여 상승하고 있는 부전이 보이게 하여 관리자가 눈금을 읽을 수 있게 해 준다. 방목 좌우 측면에는 길이가 잣대와 똑같은 두 개의 동판기구를 설치한다. 방목 설치 위치와 구조는 제2장 「보루각기」 역주 문단 [기-1-2]에 기술된 것과 같이 수수호 뚜껑 꼭대기에 세운다. 방목 내부는 중앙에 칸막이를 설치하여 부전이 이것에 의지하여 수직으로 상승할 수 있도록 한다. 방목은 좌우 측면에 설치한 동판기구와 그 안에 수납한 소환의 무게를 안정적으로 지탱할 수 있는 구조여야 한다.

그림 3-15A는 방목 설계도이다. 중앙에 보인 방목 틀①의 전면은 부분적으로 절개하여 개방하고, 좌우 측면도 각각 12시용 동판기구②와 경점용 동판기구③을 부착할 수 있도록 절개한다. 동판기구는 다음과 같이 제작한다. 먼저, [기-1-2]에 따라 잣대의 길이와 똑같은 동판 열두 개를 마련한다. 하나에는 부전의 매시 초각 눈금에 맞춰 구멍 12개를 뚫고 소환 12개를 수납할 수 있는 작은 통(소환 수납통)⑥을 12개 설치한 동판기구②를 제작한다. 다른 11개 동판에는 11개 야전의 경점 눈금에 맞춰 25개씩 구멍을 뚫고 경점용 소환 25개를 수납할 수 있는 작은 통⑦을 설치한 경점용 동판기구③을 제작한다. 그림에 보인대로 ⑥과 ⑦은 똑같이 만들어 하부에 굴대를 부착하여 동판에 부착한다. 따라서 소환을 수납하면 방목 안쪽으로 기울어지고, 부전이 떠오르면서 부전 머리에 부착한 가로 쇠가 기울어진 수납통을 위로 밀어 올리면 수납통은 반대쪽으로 기울어져서 그 안에 수납한 소환이 방출된다. 이로써 12시와 경점의 시보 시점마다 소환을 방출할 수 있는 동판기구 ②와 ③을 제작하였다. 이것들은 방목 좌우 측면에 맞춰 제작한 액자에 끼워 방목에 설치한다.

부전은 11개이지만, 12시용 동판기구 1개, 경점용 11개로 동판기구는 모두 12개이다. 방목의 상단은 방목의 변형을 방지하기 위하여 마개④로 막았다. 방목 하단은 수수호 뚜껑에 방목을 세울 수 있도록 가운데를 사각형으로 뚫은 목재 원주통⑤에 삽입한다. 통의 내부로 부전이 안전하게 상승하기 위한 것이다.

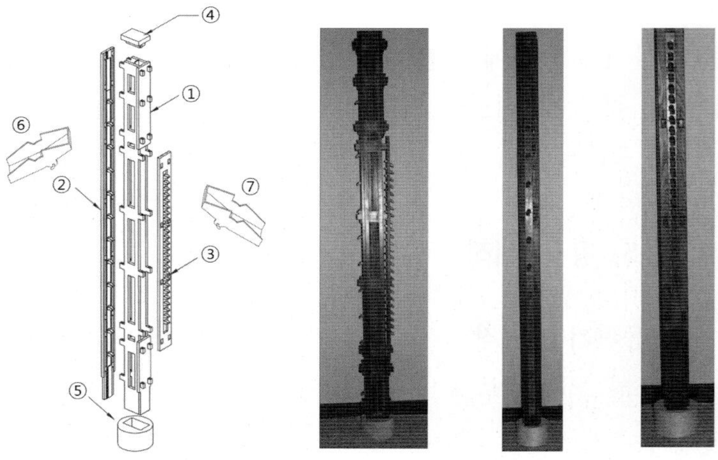

그림 3-15. 방목

A. 방목 설계도: ① 방목틀, ② 12시 동판기구, ③ 경점 동판기구, ④ 마개, ⑤ 방목 꽂이 원주통, ⑥ 소환 수납통 **B.** 동판기구를 조립하여 원주통에 삽입한 방목 **C.** 12시용 동판기구 **D.** 경점용 동판기구

그림 3-15B는 방목 좌우에 액자를 설치하는 방법을 보인 것이다. 좌측에는 12시 동판기구②를 부착하여 고정시킨다. 우측에는 경점 동판기구③을 부착하는데 야전 11개를 교체할 때 동시에 교체하도록 하였다. 12시용은 교체할 필요가 없어 고정하였으며, 경점용은 절기에 따라 잣대를 11개를 차례로 교체할 수 있도록 하였다. 그림에 동판기구를 약간 벌려놓은 것은 교체한다는 것을 뜻한다. C는 방목 좌측면에 부착한 12시 동판기구②를 보여준 것이며, D는 경점 동판기구③을 방목 우측면에 부착한 모습이다. 이리하여 방목은 소환을 방출시켜 시보 시점 신호를 발생시켜 주는 기구가 되었다.

2) 경점 동판기구

그림 3-16A는 경점용 동판기구 11개 가운데 사용 중인 제6번을 뺀 10개이다. 맨 오른쪽의 것이 제1전에 맞춰 만든 동지용(1번)이며, 맨 왼쪽의 것은 제11전에 맞춰 만든 하지용이다. 두 개 동판기구의 간격 곧, 경점길이가 60 : 40으로 차이가 난다. 동판기구는 좌우 수수호용 한 쌍을 만들어 보관함에 넣어 보관하였다가 순서대로 교체되도록 하였다. B는 좌측 수수호용 동판기구 함이다. 이리하여 물시계 장치 구성에 필요한 부품은 모두 제작되었다. 다음에는 물시계 장치 모듈 M-1을 설치하는 초석과 설치대 기둥, 물시계 받침대 기둥, 자격장치 궤의 초석과 기둥을 세우는 과정을 소개한다.

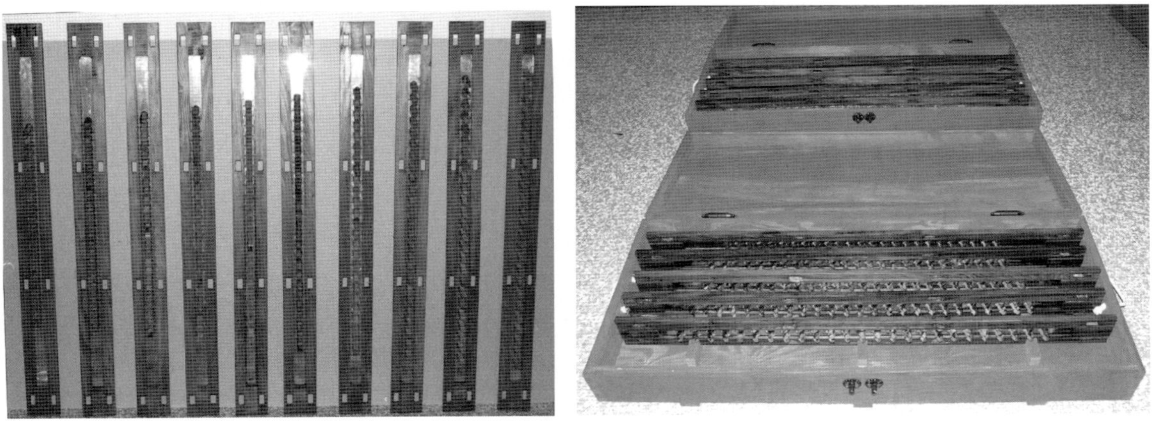

A B

그림 3-16. 방목 오른쪽 면에 부착하는 경점 동판기구

A. 11개 동판기구(6번 제외) **B.** 동판기구함

3.2.6. 물시계 설치대 제작

1) 설치대 시공

앞서 제작한 물시계 장치를 구성하는 부품을 조립하여 M-1을 완성하려면 먼저 그림 3-1A에 보인 설치 공간 안에 배치한 초석 위에다 물시계 파수호와 수수호를 관리할 수 있는 공간을 받치는 기둥을 세워야 한다. 이것의 구조는 그림 3-1B와 C의 왼쪽에 보인 외부에 드러난 기둥과 계단, D에 보인 설치대 위에 마루와 이것을 둘러싼 계자 난간鷄子欄干이다. 그리고 마루 앞 바닥에 수수호를 세울 받침대이다. 물시계로 계시할 때는 물론, 보루각 건물 내에서 일어나는 모든 미세한 진동이라도, 파수호에 전달되지 않도록 설치대 안쪽에 별도로 기둥을 세우고 그 위에 이것을 안치할 수 있는 받침대를 제작해야 한다. 따라서 그림 3-1E에 보인 바와 같이 기둥 위에 귀틀, 그 위에 바닥 널, 그 위에 고정 틀을 촉으로 고정하여 거멀장식으로 접착하고, 그 위에 파수호를 안치해야 한다. 설치대와 받침대 시공은 다음에 열거한 순서에 따라 시행하였다.

(1) 시공 절차

시공은 그림 3-1에 보인 설계도에 따라 대체로 다음 순서대로 시행하였다.

① 설치대와 받침대 초석, 수수호 받침대석 놓기
② 기둥 세우기, 계단과 마루 놓기, 계자 난간 설치
③ 파수호 받침대 상판 놓기
④ 파수호 고정용 귀틀 제작과 파수호 안치
⑤ 중소 파수호 받침대 초석, 기둥, 귀틀, 바닥 널, 고정 틀 등은 대파수호 받침대와 함께 제작 설치
⑥ 석재 받침대 위에 수수호 두 개 세우기. 받침돌(대석) 전후, 좌우에 천도天桃 문양 돋을새김
⑦ 설치대, 받침대, 수수호 받침대석을 비롯하여 작업대 등은 조선시대 양식을 본떠서 육송, 화강석, 전돌 등 전통 건축자재 사용
⑧ 부품 제작과 설치가 끝나는 대로 부식방지를 위하여 목재 부품에는 안료를 도색하거나 단청 입히기

(2) 초석, 목재, 전돌 시공

앞서 열거한 항목에 따라 석재(화강석), 목재(소나무), 전돌[전甎]을 마련하여 설치대를 시공하였다.

① 초석과 수수호 받침대 제작: 대중소 파수호 3개가 모두 그 크기와 설치 높이가 다르므로, 받침대 세 개를 제작하고, 이것들은 각기 다른 높이와 서로 간의 간격을 적절하게 유지하도록 했다. 평면 배치를 위하여 그림 3-1A와 같이 물시계 설치대[와 자격장치 궤] 초석을 배치하였다. 네 가지 크기의 초석을 제작하였다. 수수호 받침대석은 그림 3-11A에서 보인 수수호 하단부를 본떠서 수수호를 매설할 두 개의 구멍을 파서 제작하였다. 초석과 장대석, 수수호 받침대석은 4종 화강석을 시험하여 압축강도 151[N/㎟], 흡수율 0.1%, 비중 2.64를 얻어 제작하였다.

② 물시계 설치대 초석 놓기와 기둥 세우기: 소나무[육송陸松, 금강송]을 치목하여 증기·통풍 건조시킨 다음, 시험하여 함수율 11%, 휨강도 567kgf/㎠, 압축강도 339kgf/㎠를 얻어 공사 현장으로 운반하였다. 현장에서는 도편수가 치목, 가공하여 기둥을 제작하였다. 시공 철차에 따라서 초석 위에 기둥을 세우고, 그 가운데다 파수호를 안치할 받침대 기둥을 세웠다. 그리고 파수호 받침대를 제작하여 그 위에 설치하였다. 그림 3-1D에 보인 대로 받침대 주변에다 마루를 놓았다.

(3) 물시계 부품 설치

① 파수호 설치: 그림 3-17은 파수호 받침대 위에 설치한 대중소 파수호와 부품, 마루 밑바닥에 놓은 폐수호를 보인 것이다. A는 그림 3-8C에 보인 대파수호, 3-9B와 C에 보인 중소 파수호를 받침대 위에다 안치한 것이다. 대중소 파수호 흐름관 입구에는 그림 3-7에 보인 오리피스를 각각 삽입하였다. 중파수호 뚜껑에는 그림 3-9B에서 보인 연잎 줄기 모양의 도수관(깔때기)을 세웠다. 이것은 대파수호 흐름관을 통해 흘러내리는 물을 중파수호 밑바닥으로 유도하기 위한 것이다. 소파수호 뚜껑에 세운 도수관은 중파수호에서 흘려보내는 물을 소파수호 밑바닥으로 유도한다.(그림 3-9C 참조) 그림 3-17B는 소파수호를 남측에서 본 것이며, 왼쪽 흐름관은 중파수호에서 소파수호로 보내는 흐름관이다. 소파수호 하단 오른쪽에는 물을 수수호로 보내주는 흐름관이 오른쪽에 보이며, 수수호에 꽂은 도수관 꼭대기(오른쪽 중앙)가 보인다. 그림에서 보면 소파수호 전면 중앙에는 또 하나의 흐름관이 보인다. 이것의 입구는 소파수호 벽면 하부에 뚫은 그림 3-17C의

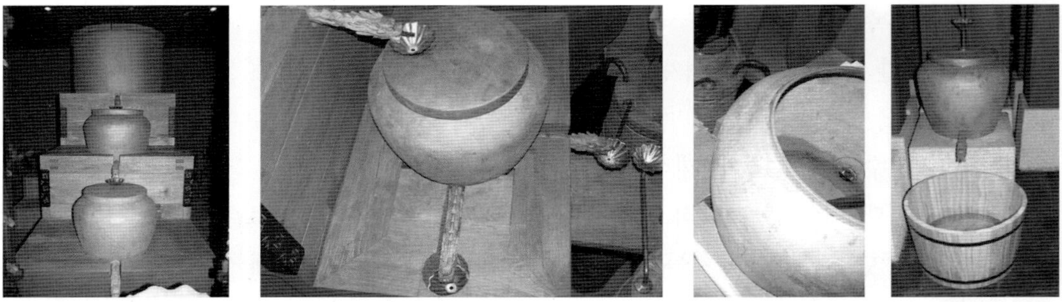

A B C D

그림 3-17. 파수호 배열

A. 받침대 위에 안치한 대중소 파수호 배열(동측 정면도) **B.** 소파수호 흐름관, 도수관 배치. 전면 중앙에 보인 흐름관은 C의 원 안에 보이는 무넘기 구멍에 삽입한다. **C.** 소파수호 안쪽 하부에 뚫은 무넘기 구멍(원 안)에 부착한 무넘깃둑 **D.** 폐수호. 물통에 받은 물은 대파수호에 부어 다시 사용한다.

안쪽에 보이는 무넘기 구멍(소파수호 안 원 속의 구멍)에 삽입한다. 이 구멍에는 놋쇠 조각 중앙부를 "凵"자형으로 만든 무넘깃둑을 부착하여 이 둑을 넘는 소파수호의 물을 D에 보인 폐수호로 배출한다.(남문현 · 이재효, 2007: 특허 제 10-0762345호 참조) 이 둑은 놋쇠 조각 양편 아래위로 기다란 골을 내고 구멍 테두리에 부착한 8각형 패드에 나사로 둑을 부착하여 높이를 조절하도록 하였다. 수위를 조절하려면 나사를 풀어 둑을 아래위로 조정하면 된다. 이 구멍은 수수호에 물을 주입하는 흐름관 입구보다 약간 상부에 설치한다. 이 둑이 제대로 기능을 발휘하여 소파수호 수위를 거울 면처럼 안정시키려면 여기에 유입되는 물의 양이 적고 느릴수록 좋다. 이를 "평수平水라 한다.[12] 그렇게 해 줘야 수위가 안정되어(수면에 파동이 일지 않음) 일정한 유량을 수수호에 공급하게 된다. 대중소 파수호 수위를 맞춰 놓은 다음에는 반드시 마개로 막아 놓았다가 운전을 시작할 때 열어놓아야 한다.[13] 이리하여 파수호, 수수호와 그 부속설비를 제작하여 물시계 파수 계통을 적절하게 배치하는 작업이 마무리되었다. 다음에는 수수호 위에 방목을 세우는 방법을 설명한다.

12 수력학에서는 이러한 방식을 일정 수두水頭(constant head)라 한다. 고대 물시계는 대부분 이 방식으로 일정 유량을 계량호(수수호)에 주입하여 시간을 측정하였다. 일류법은 중국에서 송대 연숙이 연화루에 적용한 이래 명 · 청대에 사용한 동호적루에도 적용하여 누각의 수위를 조절하는 표준이 되었다.(제1장 1.3.1항 그림 1-3C에 보인 연숙의 연화루 참조)

13 중파수호 수위는 실험을 통하여 구한 다음 실제로 부전을 띄운 누기[실기實器]시험에 적용하여 최종적으로 수위를 결정하였다.(김성균 등, 2006: 77)

② 방목 세우기: 수수호는 그림 3-1C에 보인 것과 같이 파수호를 설치한 받침대보다 낮은 위치에 설치한다. 그림 3-18A는 받침대석에 세운 수수호이며, 이것을 설치대 바닥에서 위로 본 것이다. 수수호에 부전을 띄우는 방법은 다음과 같다. 빈 수수호 안에 물을 가득 채우고 3-14F에 보인 부구를 띄운다. 다음에는 그림 3-15에 보인 방목을 평지에 눕혀 놓고 그림 3-14B에 보인 야전 가운데 해당되는 번호를 택하여 잣대머리에다 그림 3-14D에 보인 가로 쇠를 삽입한 다음 하단에 삽입하여 끝까지 밀어 올린다. 잣대 번호와 동판기구 번호가 일치하는지 확인한다. 다음에는 방목을 세우고 잣대 하단을 수수호에 떠있는 부표의 잣대 꽂이에다 삽입한 다음 수수호 뚜껑 원통관에 방목 하단을 삽입한다. 그림 3-18B는 그림 3-15에 보인 방목을 두 개 수수호 꼭대기에 각각 설치한

A B C

D E

그림 3-18. 수수호 꼭대기에 세운 방목

A. 화강석 받침대 위에 매설한 수수호. 수수호 왼쪽은 물시계 장치 M-1, 오른쪽은 자격장치 궤이며, 꼭대기에 보이는 것은 이 두 개의 장치를 접속하는 광판이다. **B.** 수수호 뚜껑에 세운 방목. 동판기구에 설치한 소환 수납통은 모두 비어 있다. **C.** 수수호 방목 하단에 부착한 커서(백색종이) **D.** 방목 안으로 상승하는 부전 **E.** 경점 동판기구에 수납한 소환(서측면도)

모습이다.(동측면도) 방목 하단 좌우에는 방목 동판기구에서 방출된 12시와 경점 소환을 받아 자격장치 궤로 보내주는 함지박을 설치하였다. 이것은 다음에 소개할 물시계와 자격장치를 접속하는 통로 M-2를 제작하는 과정에서 자세하게 소개한다. 시간측정을 시작하려면 수수호 바닥에 마중물[저수低水, 밑물]을 넣어 그림 3-18C에 보인 방목 하단에 부착한 백색 커서 기준위치에 잣대머리 상단이 오도록 맞추어 둔다. 그림 3-18D는 방목 안으로 상승하는 부전을 보인 것이다. 부전이 끝까지 상승하면 하루가 경과한다. 수수호를 비우려면 그림 3-13A에 보인 갈오를 수수호에 넣고 배수하여 잣대가 밑으로 내려와 기준수위에 도달하면 배수를 중지한다. 잣대가 원활하게 상승하는지를 시험하려면 잣대 상단을 눌렀다 놓기를 반복하여 부구가 수수호 벽에 끼이지 않는지 점검한다. 따라서 계시 계통이 완비되어 시간을 측정할 수 있는 준비가 끝난다. 그림 3-18E는 방목을 세우고 동판기구에 소환을 수납한 상태를 보인 것이다. 하루가 경과하면 동판기구 두 개에 수납한 소환이 모두 방출되어 다음에 소개할 M-4의 대환 저장기 기시 원단을 누르고 있다. 이것을 수거하여 방목에 다시 채우고 시간측정을 시작해야 한다.

2) 물시계 장치 M-1 조립

이 장치는 대중소 파수호와 폐수호, 두 개 수수호와 방목기구, 부전으로 구성된다. 파수호는 흐름관, 도수관과 수위 조절용 흐름관과 도수관, 폐수호 등으로 구성된다. 수수호 안에는 부전을 띄우고, 이 부전은 수위가 증가함에 따라 수수호 위에 세운 방목 안에 설치된 소환을 수납한 소환통을 뒤엎어 소환을 방출시킨다. 이것이 시보 시점마다 구슬을 낙하하는 물시계 장치의 구조와 원리이다. 그림 3-19는 앞서 제작한 부품을 모두 조립한 M-1을 나타낸 것이다. 다음은 앞서 설치한 넓은 판과 그 위에 설치하는 함지박과 소환 이동통로 M-2를 소개한다.

그림 3-19.
시보 시점 표시 소환을 방출하는 물시계 장치 M-1

3.3. 물시계와 자격장치 궤 접속기기 모듈 M-2

3.3.1. 광판-함지박-통로 설계

방목에서 낙하하는 소환을 자격장치로 안내하려면 이것이 굴러갈 수 있는 통로를 확보해야 한다. 아울러 소환이 신속하고 원활하게 구르려면 통로가 적절한 경사도를 유지해야 한다. 제2장「보루각기」역주에서 밝혔듯이 방목에서 방출되어 낙하하는 소환은 낙하하면서 동력을 얻으므로 수용기受容器 바닥에 부딪히면서 대부분 튀어 오른다. 따라서 이것이 떨어진 용기 안에서 동력을 감쇄시키지 않으면 안정되는 데 시간이 오래 걸린다. 이렇게 되면 자격장치 M-3에 설치된 소환-대환 중계기 M-4의 동통으로 신속하게 진입하지 못하게 된다. 이러한 점을 고려하여 소환이 안정성 · 안전성 · 신속성 · 정확성을 갖고 동통으로 진입시키기 위해 1차로 설치한 동력 감쇄 수용기가 함지박이다. 따라서 그림 3-20A와 같이 광판①을 머리가 M-1의 수수호 앞에 놓이고, 꼬리는 자격장치(M-3) 좌대 아래쪽에 닿도록 한다. 다음에는 수수호 방목 RC1과 RC2 좌우에 각각 두 개씩 함지박을 설치하는데, 방목 RC1 좌측 함지박②는 경점 소환을, 우측 함지박③은 12시 소환을 받는다. 경점용②는 12시용③보다 높게 만들어 모두 네 개를 판 위에 설치한다. 함지박에 추락한 소환이 밑의 기둥 중앙에 뚫린 구멍을 통하여 빠져나갈 수 있도록 통로 ④와 ⑤를 만들어 광판① 위에 설치한다. 이것이 광판-함지박-통로로 구성된 M-2의 설계도이다. 이것의 특징은 네 개의 함지박, 그리고 이것과 연결된 12시용 통로④ 두 개, 경점용 통로⑤ 두 개 모두 네 개의 통로로 구성된다. 그러나 하루 동안에는 수수호 한 개만 사용하기 때문에 통로는 한 쌍이면 된다. 따라서 다음 날 수수호가 바뀌어도 소환은 항상 고정되어 있는 소환-대환 중계기 M-4의 상부에 위치한 고정된 12시와 경점 동통으로 굴러 들어간다. 통로 교환을 위하여 안쪽 통로 두 개는 그림에 보인 밑이 터진 V자형 통로 안쪽 상부에 X자형 교차로가 있도록 통로를 설치한다. 통로 두 개는 M-4 상부에 설치한 12시 동통과 경점 동통 입구와 연접한다. 따라서 12시와 경점 소환은 각각 고정된 동통으로 굴러 들어간다.

3.3.2. 소환 이동통로 제작

그림 3-20B는 A에 보인 M-2의 설계를 실행한 것이다. 먼저, 길이 1.5미터, 폭 2.5미터, 두께 5센티미터 판재를 가공한 다음, 설계 도면에 따라 그림 3-20B와 같이 머리 두 개를 수수호 상부에, 꼬리를 자격장치 2층 좌대 하부에 설치하여 물시계 장치(M-1)와 자격장치(M-3)를 접속한다. 수수호 두 개 위에 세운 방목으로부터 방출된 12시와 경점용 소환을 받기 위해 12시와 경점용 소환을 받는 함지박을 각각 한 벌씩 네 개를 광판 위에 세운다. 함지박은 방출된 소환을 받을 수 있도록 전두리가 연잎 모양이 되도록 목재로 만들어 밑바닥 중앙에 구멍을 뚫어 그것을 받쳐 줄 6각 기둥에 부착하여 광판 위에 세운다. 비스듬히 설치한 광판 위에다 소환 이동통로를 설치하여 6각 기둥 속을 빠져나온 소환을 M-3으로 안내하도록 한다. 광판은 통로 설치 이외에도 물시계 운전과 보수유지, 잣대와 동판기구 교체, 방목에 시점 표시 소환 수납, 시보장치 부품 보수와 관리 등을 위한 관리자의 작업공간으로 매우 유용한 다목적 공간이다. 이리하여 광판-함지박-통로로 구성된 M-2가 제작되어 M-1과 M-3이 접속되었다. 다음에는 M-3의 제작을 소개한다.

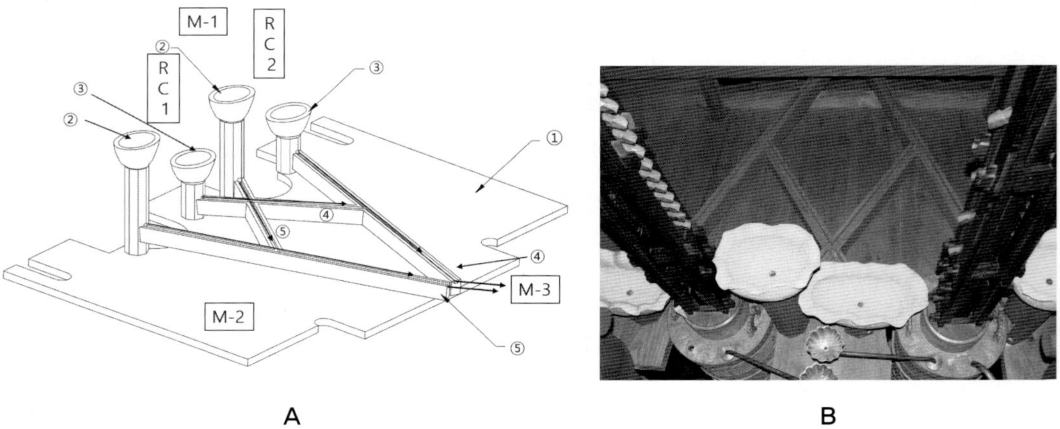

그림 3-20. 함지박-소환 이동통로 제작 설계도

A. 설계도: ① 광판, ② 경점용 함지박, ③ 12시용 함지박, ④ 12시용 소환통로, ⑤ 경점용 소환 통로. 화살표는 함지박을 거쳐서 나와 모듈-3쪽으로 이동하는 소환 경로. RC1은 방목1, RC2는 방목2 **B.** 함지박-통로 제작품. 물시계 방목(아래)에서 자격장치(위) 쪽을 보인 것이다. 함지박은 왼쪽부터 12시, 경점, 12시, 경점용이다. 상부에 보인 통로 양단은 자격장치[M-3] 중층에 안치한 소환-대환 중계기[M-4]의 동통 입구에 각각 접속된다.

3.4. 12시와 경점을 보시하는 자격장치 모듈 M-3

3.4.1. 자격장치 궤와 보개

자격장치는 제2장「보루각기」 역주 문단 [기-3]에 들어 있다. 요약하면, 3칸으로 지은 보루각 실내 동쪽 칸에는 자격장치를 설치할 수 있는 궤를 2층으로 만든다. 상층에는 종 · 북 · 징을 놓고 각각 이것들을 울려줄 목인 세 개를 세우고, 중층 아래(하층)에는 12개의 목인 보시신을 평륜 위에 배열하고 시패를 전시하여 12시를 보시한다. 자격장치의 외관은 그림 3-1B와 C의 오른편에 보인 자격장치 궤와 그 위에 설치한 보개寶蓋이다. 궤의 설계치수는 소환-대환 중계기 M-4, 시기 M-5와 경점기 M-6의 규모, 운전 · 관리에 편리한 공간 치수, 그리고 M-1과 연계된 수치들이다. 또한 궤의 4면 벽은 운용관리에 편리하도록 설계하였다. 북측면에는 문 두 짝, 서측면에도 문 두 짝을 달아서 운영자가 궤 안으로 들어가든가 열고 밖에서 작업할 수 있도록 하였다. 서측면 상부 허주와 널로 형성된 장방형의 중앙 머름 칸은 널 없이 비워두었다.

상층은 우물마루를 놓고 가운데 칸은 그 밑에 설치한 소환-대환 중계기 M-4를 관리할 수 있도록 마루판 일부를 절개하고 뚜껑을 덮도록 하였다. 중층은 소환-대환 중계기를 설치할 수 있도록 우물마루를 놓도록 하였다. 보개 천정에는 임금을 상징하는 문왕文王(중국 주나라 武王무왕의 아버지) 팔괘八卦 문양을 새기도록 하였다. 자격장치 궤 상층 네 모서리에 각각 기둥구멍을 내어 보개를 설치하도록 하였다. 궤 안에 설치한 M-4, M-5, M-6을 운용 · 관리하는 데 필요한 이동식 계단도 제작하도록 하였다.

3.4.2. 시공절차

자격장치 궤와 보개의 시공절차는 다음과 같다.

① 초석 시공: 궤의 초석은 4개의 독립 기초로 하였으며, 물시계 설치대 초석 놓기와 동시 시공

② 초석 위에 기둥 세우기와 귀틀 시공

③ 벽체 설치

④ 상층 우물마루 시공
⑤ 보개 시공
⑥ 하층 우물마루 시공
⑦ 중층 우물마루 시공
⑧ 궤의 남측면에 보시 목인 12지신 조상 전시창 설치
⑨ 그림 3-1C에 보인 바와 같이 궤의 기둥 안쪽으로 벽체에 전통장傳統欌의 입면을 구성하는 기둥, 쇠목, 동자를 세우고 눕혀서 4단 머름 칸 구성. 하단의 가장 넓은 머름 칸 세 개에는 파도 무늬 돋을새김. 다음 2단 머름 칸에는 구름, 닭, 태양 무늬, 나무 등 돋을새김. 제2단 중앙 머름 칸은 십이시 보시 목인을 전시하는 창이므로 보시 목인이 구름 속에서 나타나는 것을 유감한 구름무늬 돋을새김. 상단 3개 머름 칸은 무늬 없이 비움. 궤 하부에 파도문양 새김.{경기도 남양주시 봉선사 대종[보물 제397호, 1469년(예종 1년) 주종] 종구鐘口에서 올려서 양각한 물결무늬 띠[수파문대水波紋帶]를 본뜸} 궤 중앙에 보시 목인을 전시하는 창 둘레에 구름무늬 새김.[구 정릉貞陵 호상석(그림 3-24D에 보인 서울 청계천 광통교 축대석) 참조함]
⑩ 궤와 보개에는 부식과 방충에 취약한 점을 보완하기 위해 물시계 설치대, 파수호 받침대와 같이 석간주와 들기름을 발랐다. 그리고 궤와 보개에는 단청을 입혔다.

앞서 M-1에서 보인 것처럼 부품을 먼저 제작하고 이것들을 조립하기 위하여 설치대와 받침대를 나중에 제작하였다. 이때 자격장치 궤와 보개도 앞서 열거한 시공절차에 따라 기둥을 세우고 우물마루를 놓고 도색하여 이곳에 종, 북, 징과 이것을 두드릴 목인들을 설치하도록 했다. 궤 상층 네 모서리에 각각 기둥구멍을 내어 기둥 4개를 박고 보개를 시공하였다. 보개는 지붕을 만들고, 천정에는 반자 문양으로 장식하였다. 무늬는 문왕[주문왕周文王] 팔괘 문양이다. 궁중 건축 전통에 따라 바닥에 포방전을 깔았다. 전돌(포방전)은 크기 300×300×45밀리미터로 제작하고 KS F4201-02에 따라 시험하여 압축강도 20N/㎟ 이상을 얻어 시공하였다. 궤에는 벽채를 시공하지 않은 채 기구와 기계들을 먼저 설치하였다. 모든 기계를 설치한 뒤에 벽채를 시공하여 마무리하였다. 따라서 이 절에서는 단계적으로 제작하여 궤 상하층에 설치하는 기구와 기계 제작을 먼저 소개한다.

3.4.3. 궤 밖에서 보이는 보시기구

이 절에서는 상층에 배치한 종, 북, 징과 이것을 울려주는 목인 3개, 중층 아래에 설치하는 12보시 목인 12개와 이것을 배열하는 평륜 제작을 소개한다.

1) 청각 보시기구

궤 상층에 설치할 청각 시보를 발생하는 종, 북, 징과 이것을 울려주는 목인 세 개를 제작하는 방법은 다음과 같다. 조선시대 초기 악기, 복식 등은『세종실록』권128「오례五禮」길례서례吉禮序例 등의 문헌과 국립국악원, 세종대왕기념관 등이 소장하고 있는 유물을 조사하여 기초자료로 하고 해당 분야 문화재 전문가의 고증을 받았다. 먼저, 이것을 제작하기 전에 고증을 통하여 디자인을 확정하고 제작에 착수하였다.

(1) 종, 북, 징

이것은 길례서례에 의거하여 세 가지 악기와 이것을 매다는 틀[거簴]를 제작하였다.

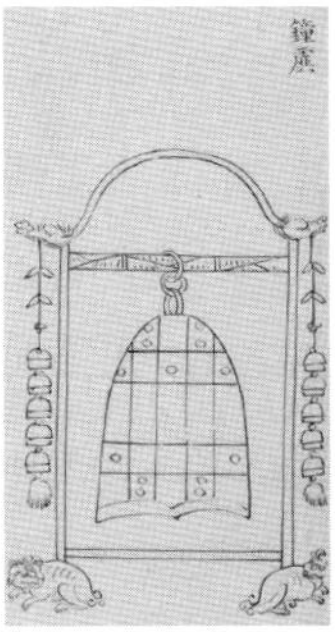

A

B

D

E

C

그림 3-21. 종, 북, 징과 종거

A.『世宗實錄』卷128「五禮」吉禮序例 鐘簴 **B.** 해인사종 (사진 제공: 성종사) **C.** 용고 (세종대왕기념사업회 박물관 소장) **D.** 틀에 건 북 **E.** 틀에 건 징(후면)

① 종鐘: 보시종報時鐘은 조선 초기의 전유점사종傳楡岾寺鐘(국립춘천박물관 소장), 가야산해인사종伽倻山海印寺鐘(그림 3-21B), 국보 제229호 금루기 수수용호의 용문양 등을 참조하여 조각한 범종梵鐘 형태로 제작하였다. 종명鐘銘은 "자격루종"으로 결정하고 훈민정음체 한글로 "**자·격루종**"이라고 돋을새김하였다. 종거鐘簴는 그림 3-21A에 보인『세종실록』권128권「오례五禮」길례서례吉禮序例 종거鐘簴와 세종대왕기념사업회 박물관 소장 고거鼓簴 등을 참조하여 목재로 제작하고 단청을 입혔다. 또한 종추鐘搥도 함께 제작하였다.

② 북鼓: 북은 세종대왕기념사업회 박물관 소장 조선 초기 용고龍鼓(그림 3-21C) 형태로 제작하여 소가죽(牛皮우피)으로 고면鼓面을 만들고, 여기에다 창덕궁 돈화문 누각에 그린 삼태극三太極 문양을 넣어 단청을 입혔다. 북을 걸 수 있는 고거도 북과 함께 제작하여 단청을 입혔다.(그림 3-21D) 또한 북채도 함께 제작하였다.

③ 징鉦: 징은 대금大金과 소금小金 가운데서 적절한 음량과 크기의 것을 시험하여 대금에 가까운 것을 구입하였다. 징을 매다는 정거鉦簴도 고거를 참조하여 제작하고 단청을 입혔다.(그림 3-21E) 또한 징추鉦搥도 함께 제작하였다.

2) 시청각 시보기구: 3신과 12보시 목인

이 절에서는 앞서 제작한 악기 세 개를 상층에 안치하고, 이것을 울려줄 사시司時, 사경司更, 사점司點 목인을 제작하는 과정을 소개한다. 사시 목인은 종을 울려 청각적으로 매시를 알려준다. 그러나 종을 1회만 울리므로 이 소리가 "무슨 시"인지는 알 수 없으므로 시각적으로 이것을 알려줄 수단이 필요하다. 곧, 매시를 알리는 종소리에 이어 "무슨 시"인가를 해당되는 시패時牌로 알리는 것이 시각 시보기구이다. 이것은 시패를 잡은 보시 목인 12개를 평륜에 배열하고 종을 울리는 기구와 연계하여, 종이 울리면 동시에 앞서 전시한 보시 목인을 교대시켜 새로운 시를 전시하는 방식이다. 온 하루에 이러한 교대는 12회 실행된다. M-3에는 12개 보시 목인 가운데 하나만 밖에서 보일 수 있도록 전시되며, 가운데 나머지 11개는 밖에서 보이지 않게 궤 안에 설치한 평륜 위에 머물다가 차례대로 돌아가며 교대시키면 된다.

다음에, 야간 경점은 사경 목인과 사점 목인이 경과 점의 숫자만큼 북과 징을 두드려 소리를 내어 보시한다. 목인 두 개는 사시 목인과 똑같은 구조로서, 각기 손에 잡은 기구와 복장 색깔만 다르다. 이것도 앞서 악기와 마찬가지로 문헌과 유물을 바탕으로 디자인 초안을 만들고 전문가 자문을 거쳐 설계를 확정하였다.

(1) 종, 북, 징을 울리는 목인 세 개

『세종실록』「보루각기」에 서술된 사신司辰은 종9품의 서운관에서 날이 밝은 것을 알려주는 임무를 가진 관리를 말한다.(태조/1/원년/7/28/丁未) 여기서는 이것을 바탕으로 문관 복장을 한 목인을 만들어 각기 종, 북, 징 앞에 세우기로 하였다.

① 유물조사: 그림 3-22는 조선 초기 왕릉 가운데 건원릉의 문관석, 세종대왕기념사업회 소장 문관석이다. 이것은 모두 상태가 매우 양호하여 디자인에 활용하였다.

② 문헌조사: 『세종실록』 권128「오례五禮 · 길례서례吉禮序例」 관면도冠冕圖에 따라 사신司辰의 관冠과 복식을 참조하여 결정하고, 그림 3-22에 보인 문인석 형상을 참조하여 목재로 제작하였다. 고려조에서는 "붉은 옷을 입은 관리(사신司辰)가 시패를 들고 왼쪽에 서고, 녹색 옷을 입은 사신은 허리를 굽히고 지금은 '무슨 시입니다'고 아뢴 뒤에 패를 기둥에 걸고 퇴장한다"고 하여 사신의 복색을 규정하였다.(徐兢, 『高麗圖經』「挈壺條」) 그러나 조선조에 들어와서 관리의 복색이 바뀌었으므로 종, 북, 징을 울리는 관리의 복색을 각각 홍紅, 녹綠, 청색靑色으로 결정하였다.

③ 목인 삼신 제작: 목인의 형상은 그림 3-22를 바탕으로 하되, 양손에 잡고 있는 홀笏은 제거하여 동일하게 하고, 각각 종, 북, 징을 울리는 종추鍾椎, 북채[고봉鼓棒], 징채를 손에 잡고 있도록 하였다. 관모는 복두 대신으로 문관 일량관을 본떠 이량관二梁冠으로

A B C D

그림 3-22. 문관석 유물

A. 건원릉 문관석 **B.** 구 세종영릉 문관석(전면) **C.** B의 후면 **D.** 문관석 상반부

조각하였다. 사시신은 홍색, 사경신은 녹색, 사점신은 청색 복식으로 하였다. 그림 3-22C에 보인 것과 같이 허리에 띠를 두르고 후수後綬를 내렸다. 전체 높이는 70센티미터, 폭은 25센티미터 정도로 하였다. 목재로 조각하여 그림 3-23A와 같이 팔뚝 삽입구만 제작한 목인 세 개의 몸체에 단청을 입혔다. 목인 세 개는 형체는 동일하고 색깔만 다르게 만들었다. B는 목인 세 개의 팔뚝이다. C는 목인의 오른쪽 어깨부터 발끝까지 절개한 다음 B에 보인 팔뚝을 어깨에 붙인 다음 다시 봉합하여 손에 각각 종추, 북채, 징채를 들려 앞서 제작하여 틀에 건 종, 북, 징 앞에 가설한 모습이다. 이것들의 정확한 위치는 궤 안에 연접봉을 장착한 시기 M-5, 경기와 점기 M-6을 설치한 이후에 연접봉을 팔뚝과 접속하여야 결정할 수 있다. 이때는 봉합한 어깨를 분리한 다음 M-5와 M-6의 연접봉을 좌대(마루)로 돌출시킨 다음 목인의 팔뚝과 접속하면 된다. 이런 작업은 뒤에서 소개할 M-5와 M-6을 제작한 다음에 계속한다. 여기서는 목인 제작과 설치법을 보인다.

다음에는 M-3의 외부에 나타난 12시 보시 목인을 제작하여 평륜에 설치하는 과정을 소개한다.

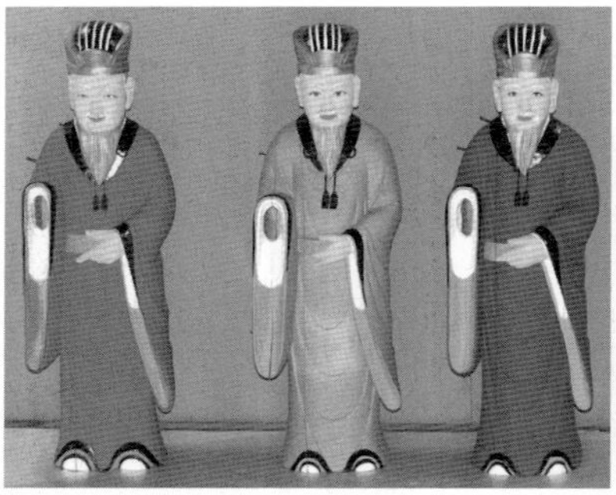

A

C

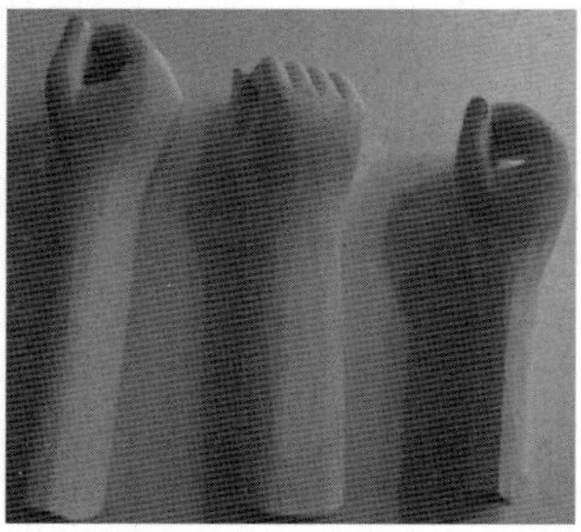

B

그림 3-23. 사신 목인 제작과 배열 위치

A. 단청을 입힌 삼신 몸체. 왼쪽부터 사시, 사경, 사점 목인
B. 손이 붙은 팔뚝. 왼쪽부터 사시, 사경, 사점 목인용
C. 시보 기구 종, 북, 징 앞에 시범 배치한 삼신(서측면도)

(2) 12보시 목인과 평륜 제작

① 자료조사: 12보시 목인은 시패를 잡고 있는 형상으로 디자인하였다. 12지신 형상은 삼국시대 이래 한반도에서 나타난 것으로 보이며, 대표적으로 경주에 소재한 김유신 묘 등의 능묘에 화상석 조각으로 남아 있다. 이것의 특징은 머리는 12지 동물 형상에다 몸체는 인형이다. 고려조에 들어서는 능묘 안 현실玄室 벽에 문관 복장에 관모 꼭대기에 12지 동물 머리를 얹어 놓은 그림 3-24 A, B와 같은 형상을 띈 벽화로 바뀌었다. 조선 초기 건원릉과 같은 왕릉 화상석에는 C, D와 같이 문관 복장에 머리 꼭대기에 12지 동물 머리를 얹은 형상으로 바뀌었다. 이러한 것을 심의하여 고려 말 조선 초기 형태로 결정하였다. 시패는 문관이 잡고 있는 홀에 새겨 넣기로 하였다.(이훈종, 1997: 3; 유희경, 1980) 구 세종대왕영릉 문인석 형상을 참조하여 인형을 조각하고 12개 모두 웃옷은 붉은색, 그 안에 그림 3-24E와 같이 청삼靑衫 의복으로 통일하고, 십이지신도 사신 복식에 추가하여 이량관 금색 관모 꼭대기에 12지 동물의 머리모양[두상頭狀]을 장식하기로 하였다. 복색은 앞서 목인 삼신 문헌조사에서 소개한 바와 같이 웃옷은 붉은색, 그 안에 청삼, 띠와 상裳, 후수를 둘렀다.

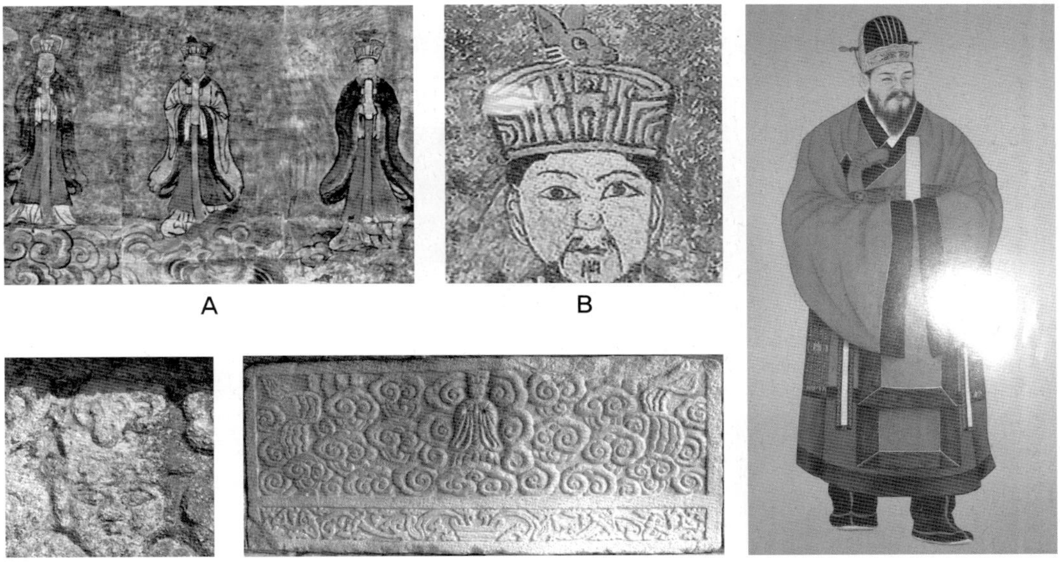

A B C D E

그림 3-24. 12지신상

A. 고려 공민왕릉 현실 북벽 벽화.(이미지 제공: 임명미) **B.** 묘(卯: 토끼, 확대) **C.** 건원릉 호상석 未(羊)(확대) **D.** 정릉 호상석(청계천 축대) **E.** 조선시대 문관 복장.(국립고궁박물관 소장)

② 목인 제작과 평륜 배치: 보시 목인 12개의 구조와 원리는 제2장 「보루각기」 역주 문단 [기-3]에 들어 있다. 보시 목인 12개를 설치한 평륜은 종이 울리면 "무슨 시인가"를 시각적으로 전시하는 기구로서 시기 M-5의 말단 기구다. 목인은 높이 36센티미터쯤 되도록 조각하여 등을 가는 쇠기둥에 장착할 수 있도록 두 개씩 구멍을 뚫었으며, 목인 발밑에 작은 쇠바퀴[철륜鐵輪]을 달고 단청을 입혔다. 그림 3-25A는 이것을 차례대로 세운 것이다. 발밑에 부착한 쇠바퀴는 가려서 보이지 않는다. 이것을 배열할 수 있는 평륜은 목재로 제작하여 둘레에다 12쌍의 가는 쇠기둥을 부착하고 부식을 방지하도록 도색하였다. 그리고 이것을 설치할 수 있는 틀을 제작하여 그 안에 설치하고 그림 3-25B와 같이 보시 목인 12개를 배열하였다. 미시未時를 보시하는 종이 울리고 나면 잠시 후에 앞에 보이는 목인 가운데 오시午時 시패를 보시하던 목인은 왼쪽으로 하강한다. 동시에 중앙으로 이동한 미시 목인이 상승하여 시패를 한 시진 동안 전시한다. 이것이 하강하면 오른쪽 신시申時 목인이 중앙으로 이동하였다가 잠시 후에 상승하게 된다. 이와 같이 평륜에 배열한 보시 목인을 상하로 작동시키는 횡목과 동판기구는 M-5 제작 · 설치 과정에서 설명할 것이다. M-3 궤 중앙 전시창에는 목인 하나만 전시된다. 따라서 M-3에 보이는 것은 관대한 목인 세 개와 시패를 잡은 보시 목인 하나뿐이다.

이로써 M-3 상층에 배치할 사시, 사경 · 사점 목인과 종, 북, 징, 그리고 평륜에 배열할 보시 목인 12개를 갖추게 되었다. 다음에는 방목에서 방출된 소환을 광판 위에 설치한 통로를 거친 다음 M-3 궤 상층 좌대 바로 밑 중층에 설치한 M-4의 동통에 진입시켜 동통 밑에 설치한 대환 저장기에 안치한 대환을 방출시키는 과정을 소개한다.

A

B

그림 3-25. 12시 보시 목인의 평륜 배열

A. 12시 보시 목인(철륜은 가려서 보이지 않음)
B. 평륜틀 안에 배열한 보시 목인

3.5. 소환-대환 중계기 모듈 M-4

3.5.1. 중계기 설계

중계기는 제2장 「보루각기」 역주 문단 [기-4-1] 대환 저장기구와 [기-4-2] 동통으로 구성된다. 대환 저장기구는 바탕이 되고 그 위에 동통을 설치하여 아래위로 마주 대하게 하여 일체로 조립한다. 그림 3-26은 M-4의 설계도이다. 목판 위에 판 네 개의 홈통 4격四隔①의 상부에는 12시 동통②와 경점용 동통③을 입구 쪽이 높게 비스듬하게 설치한다. 동통은 수수호 꼭대기에 세운 방목 좌우 면에 장착한 12시 동판(좌)과 경점동판(우)에 대응한다. 12시 동통은 구멍기구[규기竅機]를 설치한 구멍이 12개, 경점 동통은 25개이며, 모든 구멍 번호는 방목에 소환을 저장하는 수납통 번호와 일치한다. 말하자면, 방목에서 분리한 동판 두 개의 형태를 달리하여 눕혀 놓은 것이다. 이것들의 길이는 12시용은 4척 5촌, 지름 1촌 5분, 경점용은 8척, 지름은 동일하다. 12시 동통②의 입구로는 방목에서 방출되어 M-2를 통과한 12시 소환④가 진입한다. 경점 동통③의 입구로는 방목에서 방출된 경점용 소환⑤가 진입한다. 방목에서 방출된 12시 소환은 번호대로 12시용 동통에 진입하여 하부에 설치한 구멍기구에 추락한다. 방출되는 소환의 번호는 미시부터 다음 날 오시까지 12시의 계시 정보를 가지고 추락한다. 또한 경점 소환 25개는 오경 25점의 25개 구간을 표시하는 것으로서 방출되는 번호는 경점의 정보를 가지고 동통에 진입한다. 경점 동통 하부에는 25개의 구멍기구를 설치하여 25개의 소환이 차례대로 추락하도록 하였다.

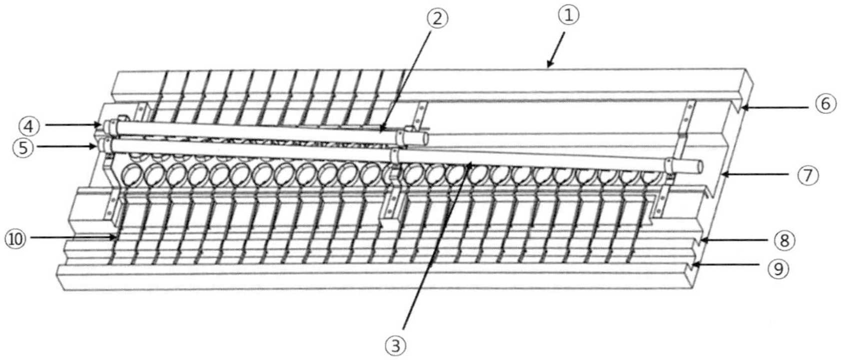

그림 3-26. M-4 설계도

다음에는 4격 ①의 구조를 설명한다. 직사각형 목판 윗면에 홈통 네 개를 파는데, 각각 ⑥은 좌격左隔, ⑦은 공격空隔, ⑧은 중격中隔, ⑨는 우격右隔이다. ⑥에는 시기 M-5의 동력원인 시기용 대환(시환) 12개를 안치한다. ⑧에는 경점용 대환 25개 가운데 경기용更機用 대환(경환) 5개를 안치한다. ⑨에는 경점기 M-6의 동력원인 대환 25개 가운데 점기용點機用 대환(점환) 20개를 안치한다. 기문에는 ⑦의 명칭이 없으나 이곳은 비워 두었다가 12시용 기시機匙 12개의 둥근 끝 원단圓端과 경점용 기시 25개의 원단을 그림과 같이 마주 보도록 수용하는 홈통이다. 기시 ⑩의 간격은 바로 마주하고 있는 동통 구멍의 간격과 같게 설치하고, 숟갈총 사이사이마다 각각 대환 12개와 25개를 안치한다. 대환의 안치 방법은 그림 3-28에서 보인다. 앞서 동통에서 추락한 12시 소환은 12시용 기시 원단에 추락하여 간직한 계시정보를 대환에 전달한다. 12시 계시와 보시는 직렬로 실행되므로 미시부터 오시의 순서대로 대환을 좌격⑥에 안치하면 된다. 그러나 경점 계시와 보시는 직렬이 아니라 병렬로 실행된다. 따라서 번호순인 계시정보를 병렬로 처리할 수 있도록 그룹으로 묶어서 보시정보를 바꿔주어야 한다. 따라서 12시 대환 배열과 달리 중격⑧에 경환, 우격⑨에 점환을 안치하여 두 가지 대환의 역할을 분담하도록 하였다. 이러한 설계는 각각 시기 M-5와 경점기 M-6에 그대로 반영되었다. 다음에는 동통 제작법과 작동원리를 설명한다.

3.5.2. 동통 제작

길이가 각각 93센티미터, 165센티미터, 지름 31센티미터 되는 동통 두 개를 준비하여 그림 3-26에 보인 동통에 그림 3-27A와 같이 각각 사각형 구멍 12개와 25개를 뚫고, 모든 구멍에 기구를 부착한다. B는 처음에 구멍기구를 모두 열어 놓은 상태이다. 기구는 C에 보인 것과 같이 만든다. 동통①의 하부를 그림과 같이 직사각형으로 잘라낸다. 잘라낸 동판 조각 ④보다 길이가 약간 작고 폭이 비슷한 직사각형의 동판 ③을 마련한다. 다음에 직사각형 동판 가운데쯤에다 구리줄로 "ㄷ"자 모양으로 만든 굴대 ⑥을 땜질하여 부착한다. 직사각형 동판 조각③의 한 쪽을 동통에서 잘라낸 동판 조각④의 바깥쪽 가운데쯤에다 45도 정도로 땜질하여 부착한다. 마지막으로 동판 띠(벨트)⑤를 만들어 동판을 둘러쌓도록 부착하고 그 양쪽 끝에 구멍을 뚫어 먼저 만든 직사각형 동판에 부착한 구리

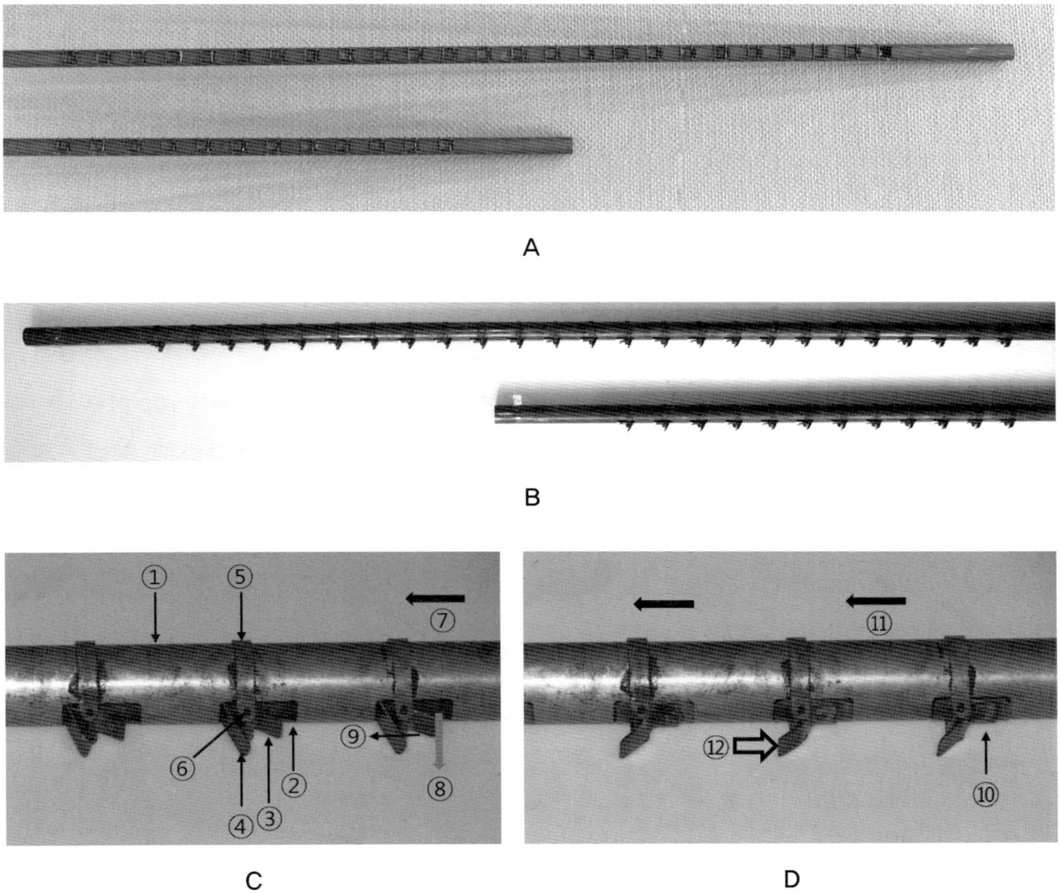

그림 3-27. 동통과 구멍 개폐 원리

A. (위) 경점용 동통 하부(앙시도), (아래) 12시용 동통 하부(앙시도) **B.** (위) 경점 동통, (아래) 12시 동통 (정면도) **C.** 구멍의 개폐 기구의 구조: ① 동통, ② 구멍, ③ 직사각형 동판, ④ 동통에서 잘라낸 동판, ⑤ 동판 띠, ⑥ 굴대, ⑦ 소환 진입, ⑧ 소환 추락(굵은 화살표는 소환 진행 방향), ⑨ 기구 회전 **D.** 소환 낙하 후 구멍 닫힌 상태: ⑩ 구멍 닫힌 상태, ⑪ 소환 진행 방향, ⑫ 구멍 열기

줄 "ㄷ"자 양단을 구멍에 삽입한다. 따라서 두 개의 동판 조각은 구리줄로 만든 굴대⑥을 중심으로 회전할 수 있어서, 동통 구멍을 열어주었다가 닫아 줄 수 있게 된다. 처음에는 동통 구멍을 모든 구멍을 열어 놓는다. 소환⑦이 동통으로 진입하면 열린 구멍⑧에 추락하면서 직사각형 동판③의 오른쪽을 눌러서 기구는 ⑨와 같이 시계방향으로 회전한다. 따라서 소환⑦은 화살표⑧의 방향으로 추락한다. 다음 단계는 D에 보인 바와 같이 된다.

소환이 추락하면 기구가 회전하여 구멍에서 잘라낸 동판④가 구멍을 원래 모습대로 막아 준다. 따라서 다음 소환⑦은 막힌 첫 번째 구멍을 통과하여 열려 있는 다음 구멍으로 추락한다. 이와 같이 기구는 회전하면서 다음 소환이 지나는 통로⑩을 형성해 줌으로써 다음 소환도 ⑪에 표시한 대로 차례대로 빠지고, 통과하게 된다. 동통의 열린 구멍으로 진입한 소환은 그 구멍으로 추락하여 그 밑에 마주하고 있는 대환 저장기의 기시[횡기橫機] 원단에 떨어진다. 이때 구멍에 설치한 기구는 시계방향으로 회전하여 자동으로 구멍을 막는다. 이것이 [기-4-2]에서 언급한 "동판에서 낙하한 소환이 추락하여 기시를 작동시키면 기구가 저절로 구멍을 막는다(銅板之小丸동판지소환, 墜注動機추주동기, 則機自掩竅즉기자엄규)"는 문구를 실행한 것이다. 12시 동통에서는 12회, 경점 동통에서는 이런 과정이 25회 되풀이되어 방목 동판기구에 수납한 소환은 모두 방출된다. 이로써 하루가 경과하게 된다. 새로 시작하려면 D의 ⑫에 보인 화살표 방향으로 손으로 부드럽게 밀어 주면 구멍이 모두 열린다. 동통은 소환이 차례대로 구멍에 빠지도록 하여 대환을 방출시켜 주는 일종의 중계기relay 역할을 한다.[14] 말하자면, 소환이 가진 계시정보를 동통을 매개로 대환에 전달하는 중계역할을 한다.

3.5.3. 대환 저장기 제작

그림 3-26에 보인 설계도에 따라 그림 3-28과 같이 160센티미터, 너비 62.5센티미터 되는 직사각형 목판에 네 개의 홈통[사격四隔]을 판다. 먼저, 두터운 직사각형 목판에다 창문틀 홈통과 비슷하게 "ㅁ"형 홈통 네 개를 나란히 판다. 위[좌左]로부터 첫 번째 홈통[좌격左隔]과 밑으로부터 두 개 홈통[중격中隔과 우격右隔]은 대환을 안치시킬 수 있도록 적절한 너비로 수직 벽과 바닥을 평평하게 요凹형으로 판다. 위로부터 두 번째 홈통(공격)은 먼저 세 개보다 넓게 파는데, 이 홈통은 12시용 12개, 경점용 25개 기시(횡기)의 둥근 쪽이 서로 마주 보도록 배열하는 공간이다. 기시 원단이 상하로 오르내릴 수 있게 원단 후면에다 굴대를 부착하였다. 홈통을 평평하게 파는 이유는 대환을 안치시키기 위함이다. 홈통 세 개에는 그림 3-28A에 보인 바와 같이 각각 좌격에 12개, 중격에 5개, 우격에

14 니덤 등(1986)은 이것을 ball-relay mechanisms라고 이름 붙였다.(Needham, J. et al., 1986: 37)

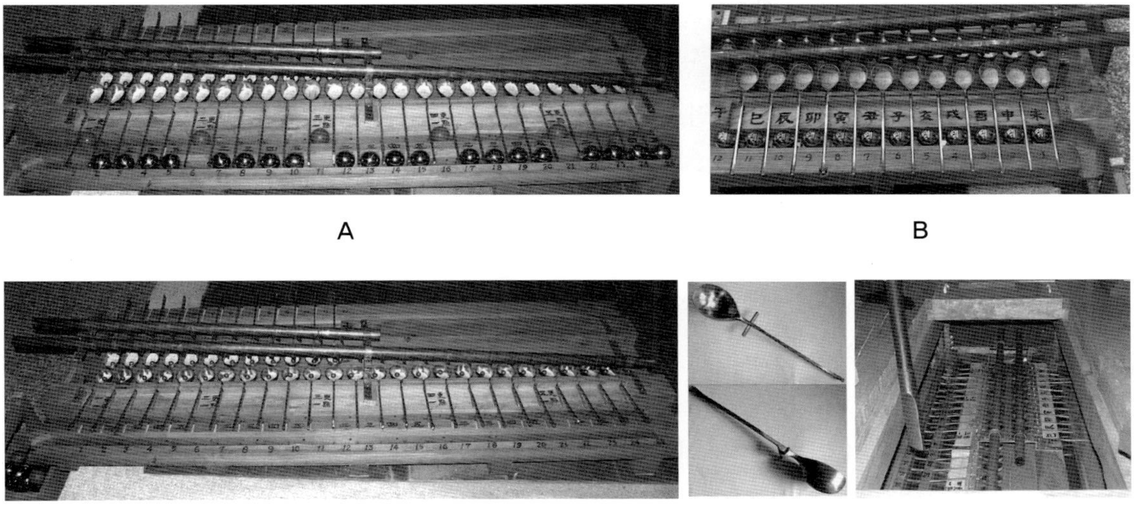

A B C D E

그림 3-28. 소환-대환 중계기 M-4

A. 저장기 상부에다 동통기구를 설치한 M-4. 경환 5개는 중격에, 점환 20개는 우격에 배열 (남측면도) **B.** 12시 대환 12개는 좌격에 배열 **C.** 하루가 경과하여 대환은 모두 방출되고, 모든 기시 원단은 소환이 누르고 있다. **D.** 기시에 부착한 굴대. (상) 전면, (하) 측면 **E.** 상층 좌대 밑 중층에 설치한 M-4. A를 90도 회전시켜 설치한 모습 (동측면도)

20개 기시를 가로로 설치한다. 기시 수대로 대환을 안치하면 이로써 M-4의 하부인 대환 저장기가 구성된다. 여기다가 앞서 그림 3-27에서 보인 동통을 그림 3-28A와 같이 저장기 상부에 조립하면 M-4가 된다. 12시와 경점용 동통의 길이가 각각 93센티미터, 165센티미터이므로 일정한 경사도를 유지하도록 세 곳에 받침대를 설치하여 동통을 그 위에 설치한다. 기시 간격은 대환 크기(지름 45밀리미터, 무게 440그램 정도)에 맞춰 55밀리미터로 결정하였다.

그림 3-28A는 기시 25개를 설치하고 경점 시보 순서대로 중격에 경환 5개, 우격에 점환 네 개씩 5조로 모두 20개를 배열하였다. 중격에 배열한 경환 5개의 번호 1, 6, 11, 16, 21번은 각각 1, 2, 3, 4, 5경과 이것들의 초점에 대응된다. 곧, 1번은 1경 1점, 6번은 2경 1점, 11번은 3경 1점, 16번은 4경 1점, 21번은 5경 1점용이다. 매 경의 시점은 매 경 초점과 일치되기 때문에 경환은 하나면 된다. 우격에 배열한 20개는 매 경의 1점 시보 후에 이어지는 2, 3, 4, 5점용이다. 이 네 개 점은 1, 2, 3, 4, 5경에 5회 반복되므로 네 개씩 5개조로 분할하여 배열한다. 이 20개의 번호는 다음과 같이 매 경의 2, 3, 4,

5점에 대응된다. 2번에서 5번은 각각 1경의 2점, 3점, 4점, 5점을, 7번에서 10번은 각각 2경의 2점, 3점, 4점, 5점을, 12번에서 15번은 3경의 2점, 3점, 4점, 5점을, 17번에서 20번은 각각 4경의 2점, 3점, 4점, 5점을, 22번에서 25번은 각각 5경의 2점, 3점, 4점, 5점을 표시한다.

그림 3-28B는 A에 배열한 중격과 우격의 상부인 좌격에 안치한 12개 주시 대환[시환 時丸] 배열을 보여준다. 곧, 방목에서 12시용 12개 소환이 방출되는 순서와 동일하게 12개 대환의 번호를 부여하여 시와 대응시키면 다음과 같다. 1번에서 12번은 각각 미, 신, 유시, 술, 해, 자, 축, 인, 묘, 진, 사, 오시를 표시한다. 방목 동판기구는 동통, 대환 저장기의 대환과 기시, 12시 종소리 순서와 12보시신 전시 순서, 매 경 보시 북소리 횟수, 매점 보시 징소리 횟수와 연계된다. 그림 3-28C는 하루가 경과한 뒤에 M-4의 상태를 보여준다. 3개 홈통에 배열한 대환은 모두 방출되고, 기시 원단은 모두 소환이 누르고 있다. D는 기시의 구조를 보인 것이며, 우묵한 원단과 숟갈총이 만나는 곳에 구멍을 뚫고 굴대[축軸]을 삽입하였다. 이것을 홈통에 가로로 설치한다. 원단은 모두 그것의 상부에 위치한 동통 구멍들과 마주하여 구멍에서 추락한 소환을 받도록 한다. 숟갈총으로 대환을 차단하고, 반대편 원단은 동통에서 추락하는 소환을 받도록 한다. 이렇게 목판과 직각으로 설치한 기시[횡기橫機]가 상하로 오르내릴 수 있도록 허리에다 굴대를 장치하면 기시는 일종의 시소가 되어, 소환이 원단에 추락하면 숟갈총은 위로 들리면서 차단되었던 대환이 구르게 된다. 다음 날에는 방출된 대환을 모두 수거하여 다시 배열하고, 동통 하부에 닫힌 구멍은 모두 열어놓는다. 따라서 대환을 수거하여 재배열하는 데 필요한 수거함 세 개를 제작하였다. 이리하여 M-4의 제작이 완료되었다. 그림 3-28E는 자격장치 궤 상층 좌대 바로 밑 중층 좌대 위에 설치한 M-4를 보여준다. M-4를 설치한 부분의 상층 마루는 절개하여 뚜껑으로 여닫게 한다. M-4를 설치하려면 궤의 동측면 벽체 상부에 달은 문 두 짝을 열고 그리로 반입한다. 홈통에 저장한 대환을 방출시키려면 동통과 반대로 M-4를 왼쪽으로 약간 비스듬히 기울여 설치하여야 한다. 따라서 방목에서 방출된 소환이 시기 M-5와 경점기 M-6을 작동시켜 주는 동력원인 대환을 저장-방출시켜 줄 준비가 끝난다. 자격장치 운전 전후에 M-4에 대환을 재배치하고 동통 하부를 열어놓는 등 관리를 위해 궤 바닥에다 이동용 계단을 제작하여 가져다 놓았다. 다음에는 시기 M-5의 제작과정을 소개한다.

3.6. 12시 보시 목인 작동용 전동장치 시기 모듈 M-5

3.6.1. 시기 설계

시기의 구조와 원리는 제2장「보루각기」역주 문단 [기-5-1], [기-5-2], [기-5-3]에 들어 있다. 이것은 매시마다 사시 목인이 종이 울리게 해 주는 명종기구(이하 "명종기"로 줄임)와 이 종소리에 대응되는 시진이 "무슨 시"인가를 시패로 전시하는 보시 목인을 상승/하강시켜 주는 보시기구(이하 "보시기"로 줄임)로 구성된다. 시기는 상층에 위치한 사시 목인의 팔꿈치와 시패를 잡은 목인을 작동시켜 주는 전동장치(동력전달장치)로 구성된 기계이다.

그림 3-29는 앞서 그림 3-23C에 보인 종 앞에 배치한 사시 목인을 운동시켜 주는 명종기와 그림 3-25B에 보인 평륜에 배열한 보시 목인을 한 개씩 상승/하강시켜 주는 보시기로 구성된 M-5의 설계도이다. 그림 3-29A는 M-5의 투시도이며, B는 A의 서측

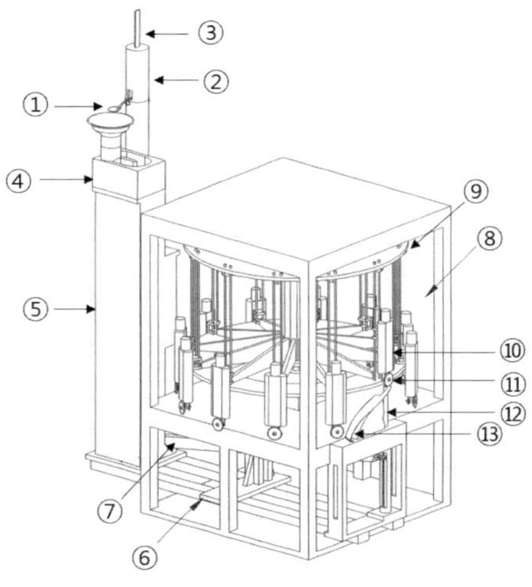

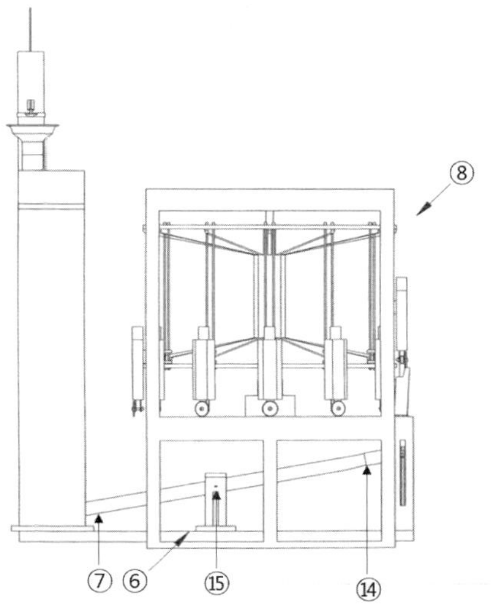

그림 3-29. 시기 모듈 M-5의 설계도

A. 투시도(남동측면도): ① 기시, ② 원통, ③ 연접봉, ④ 시환 통로, ⑤ 원주통, ⑥ 횡목기구, ⑦ 횡목북단, ⑧ 보시기, ⑨ 평륜, ⑩ 시패전시 목인, ⑪ 철륜, ⑫ 원목, ⑬ 동판 **B.** A의 서측면도: ⑭ 횡목 남단, ⑮ 굴대. 그 밖의 부품 명칭은 A와 같음

면도이다. A에서 ①, ②, ③은 명종기 부품이며, ④번부터 ⑮번까지는 보시기 부품이다. 기시①에는 숟가락총에 굴대를 꽂아서 원단이 밑으로 젖혀지면 숟갈총 끝은 위로 올라간다. 이런 시소seesaw 운동을 이용하여 숟갈총 끝에다 연접봉③을 설치하고 상단은 위로 돌출시킨다. 또한 연접봉 하단에는 쇠사슬을 연결하여 그 끝에다 작은 문짝[소판小板]을 매단다. 따라서 연접봉③의 상단은 돌출하고 하단에 매단 작은 문짝도 위로 열린다. 이런 구조는 그림 3-30에서 보인다.

M-4에서 방출된 시환이 기시①을 타격하여 원단이 밑으로 젖혀지면 원통② 안에 설치한 원통 상부로 돌출한 연접봉③의 상단은 그림 3-23C에 세운 사시 목인의 팔꿈치를 촉발하여 종이 울리게 한다. 이것이 명종기의 원리이다.[종이 울림과 동시에 소판이 열리고 횡목 북단⑦을 누르고 있던 앞선 시의 대환(전환前丸)이 굴러 나오고 앞선 시를 전시하던 보시 목인은 하강한다. 동시에 평륜은 30도 회전하고 다음 시의 목인이 상승을 대기한다. 그동안에 종을 울리게 해 준 시환은 통로④로 굴러 들어가 원주통⑤ 안에 설치한 통로를 거쳐 횡목기구⑥을 작동시켜 평륜⑨에 배열한 다음의 목인을 상승시킨다. 이와 같이 시환은 명종기를 작동시킨 다음, 이어서 보시기를 작동시키는 2중 작동을 함으로써 12시를 보시한다.] 다음은 보시기의 구조와 원리를 설명한다.

보시기의 구조는 다음과 같다. 앞서 3-25B에서 보인 바와 같이 보시 목인 12개를 배열한 평륜⑨를 틀 안 좌대에 설치하고, 보시 목인 앞에다 동판⑬을 경사지게 설치한다. 그리고 목인⑩의 발밑은 그림 3-29B에 보인 것과 같이 횡목기구⑥의 굴대⑮에 가로로 설치한 횡목 남단⑭에 수직으로 세운 원목⑫와 접속한다. 원주통⑤에서 낙하는 시환이 횡목 북단⑦을 누르면 북단은 낮아지고 남단⑭는 올라간다. 횡목기구는 시소와 같이 상하로 오르내리면서 보시 목인⑩을 전시창에 올려주었다가 내려줌으로써 매시마다 종이 울리면 차례대로 목인을 교대시켜 준다. 원목⑫에 의해 상승한 목인은 남단⑭가 내려지면 하강을 시작하다가 발밑에 달린 철륜이 동판⑬에 놓이므로 더 이상 수직으로 하강하지 못하고 동판의 경사면을 따라 원운동을 하면서 하강한다. 따라서 목인의 등이 평륜에 세운 쇠기둥에 끼어 있으므로 평륜도 함께 시계방향으로 회전하여 상승했던 목인은 하강하여 본래 자리로 돌아오고 다음 시의 목인이 전시를 위해 상승을 대기하게 된다. 동판은 목인의 수직 하강운동을 원운동으로 바꿔준다. 이것은 목인의 자중에 의해 중력으로 이루어진다.

3.6.2. 명종기 제작

그림 3-30은 명종기에 필요한 부품과 이것들을 조립한 명종기를 보여준다. A는 원통에 부착한 기시의 상세도이다. 기시는 원단①, 숟갈총 끝을 "⊂"자 모양으로 만든다. 이것은 D에 보인 연접봉⑥에 꽂은 핀⑤를 가로로 걸쳐 놓을 수 있는 핀 걸이②가 된다. C의 (하)에 보인 바와 같이 허리에 굴대 구멍을 뚫은 기시를 A에 보인 바와 같이 벨트③ 양단에 삽입하고 굴대④를 꽂는다. 이것을 F에 보인 원통⑩에 설치한다. 이러한 디자인은 B에 보인 고려말 조선 초 숟갈의 숟갈총 끝(제비 꼬리 모양)을 본떠 C와 같이 청동으로 제작하였다. F는 명종기를 전면(실제는 M-5의 후면)에서 본 것이며, 그 뒤에 평륜에 배열한 보시목인이 보인다. 명종 과정은 다음과 같다. F의 상부 원 안에 보인 원통⑩에 부착한 벨트③에 설치한 기시⑦ 바로 위에 설치한 단통으로 M-4로부터 (미시未時) 시환時丸이 추락하여 기시⑦을 타격한다. 기시⑦은 아래로 젖혀지고 기시에 걸쳐 놓은 연접봉⑪은 돌출한다. 연접봉의 상단은 상층 좌대 위에 세운 그림 3-23C에 보인 사시 목인의 팔꿈치를 촉발하여 손에 잡은 종채가 종을 한번 두드린다. 동시에 연접봉⑪에 매단 쇠사슬⑫와 그것의 끝에 매단 소판⑬도 위로 올려지면서 앞서 그림 3-29B에 보인 횡목 북단⑦을 누르고 있던(그림 3-30F에 보인) "전환(오시午時 시환)"⑭가 방출된다. 따라서 그림 3-29B에 보인 횡목의 남단⑭

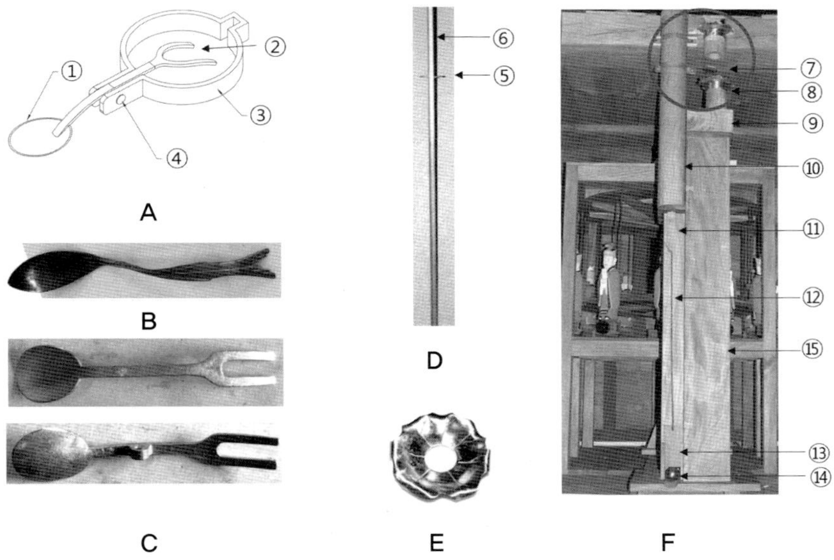

그림 3-30.

A. 기시 설치 방법: ① 기시 원단, ② 핀 걸이, ③ 벨트, ④ 굴대 **B.** 고려 말 조선 초의 숟갈 **C.** (상) 기시 평면도, (하) 기시 후면도 **D.** ⑤ 핀, ⑥ 연접봉 **E.** 놋쇠로 주조한 연잎 테 **F.** 명종기 전면. ⑦ 기시, ⑧ 연잎 테를 두른 단통, ⑨ 시환 통로, ⑩ 원통, ⑪ 연접봉, ⑫ 쇠사슬, ⑬ 소판, ⑭ 전환, ⑮ 원주통에 부착한 통

가 낮아지면서 A에 보인(오시午時 동안 시패를 전시한) 보시 목인⑩은 경사진 동판⑬을 따라 하강한다. 전환은 소판 안쪽에 설치한 횡목 북단을 한 시진 동안 눌러 평륜에 배열한 해당 보시 목인을 상승시켜 창에 머물게 하는 압력을 제공한다. 이것이 명종기 작동의 1차, 2차 효과이다. 다음은 보시기의 제작법과 작동과정을 소개한다.

3.6.3. 보시기 제작

그림 3-31은 설계도에 따라 제작하여 궤 안에 설치한 M-5의 보시기이다. 목재기구는 건조시킨 괴목, 여러 가지 기구는 놋쇠로 제작하였다. 다음에는 평륜에 보시 목인을 배열하여 횡목기구로 작동시키는 과정을 설명한다. 그림 3-31A는 앞서 그림 3-30F에 보인 후면도의 반대쪽인 정면도이다. 중앙에 배열한 목인 왼쪽에는 길이 31센티미터 되는 동판을 가로 걸친다. 동판 한쪽(왼쪽) 끝에는 축을 설치하여 여닫게 한다. 그림 3-29B에 보인 바와 같이 동판 밑에는 밑변 18, 높이 14센티미터 되는 ◢ 모양에 빗면이 둥그런 받침대를 그 밑에 설치한 직사각형 받침대 위에다 부착한다. 평륜이 회전하여 목인을 중앙으로 가져오면 동판이 조금 열려[개開] 목인 오른쪽 어깨에 닿게 된다. 동판과 받침대를 설치한 판목을 지탱하기 위해 판목으로 높이 43.5, 너비 42, 두께 10센티미터 틀을 제작하여 그 상부에 동판 받침대를 부착한다.(그림 3-29A 참조) 직사각형 받침대 안 오른쪽에는 원목을 속이 빈 기둥 안에 설치한다. 그림 3-31B는 A에 보인 상태에서 횡목의 북단을 눌러 남단에 세운 원목이 (묘시卯時) 목인의 발을 떠받쳐 상승시킨 상태이다. 이때 조금 벌어졌던 동판은 더 열렸다가 목인이 상승하면 받침대 위로 닫힌다[폐閉]. 원목이 내려지면 목인은 동판 표면을 따라 하강하는데, 수직으로 하강하다가 철륜이 동판에 걸리기 때문이다. 따라서 평륜도 30도 회전하는데, 목인의 등이 쇠기둥에 삽입되어 있기 때문이다.

그림 3-31C는 그림의 오른쪽에 보이는 명종기에다 보시기를 접속한 것이며, 시환이 횡목 북단을 눌러서 남단이 올라가며 상승을 대기하고 있던 진시 목인을 상승시킨 상태를 보여준다. 그림 3-31A에서 보인 개방된 궤의 전면 벽체를 시공하고 막아서 목인은 전시창에 몸체만 드러난다. 보시기 후면에 보이는 것은 경점기 모듈 M-6이다. 이제 전시장 전면에서 목인의 상승과 하강을 보기로 한다. 그림 3-31D는 앞서 B에서 보인 묘시卯時

A

B

그림 3-31.

보시기와 목인 상승/하강

A. 평륜-횡목기구 정면도. 동판이 목인 오른편 어깨에 걸림 **B.** 원목이 목인 발밑을 떠받침. 철륜 바로 밑에 동판이 위치함. 묘시 목인 상승 **C.** 보시기의 동측면도. 진시 목인 전시 **D.** 진시 목인 상승 대기(정면도) **E.** 진시 목인 전시 **F.** 동판 경사면을 따라 하강하는 진시 목인(서측면도)

C

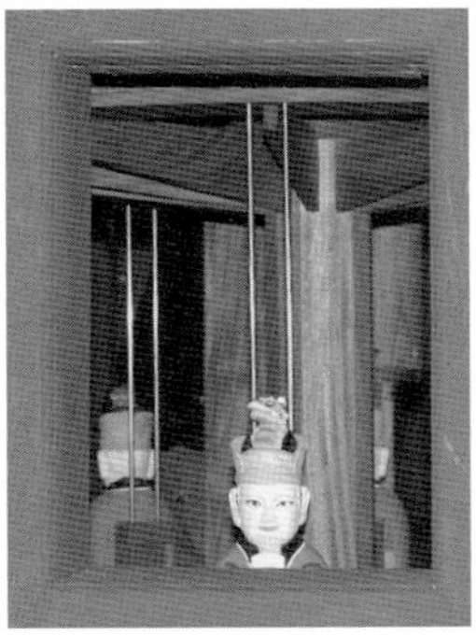
D

E

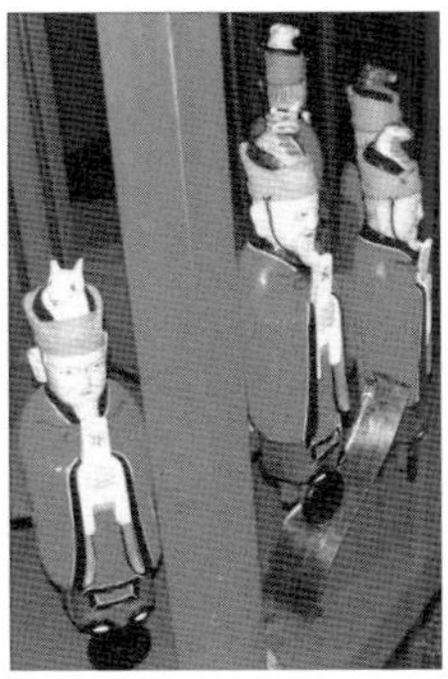
F

목인이 하강하면서 다음 시진인 진시辰時 목인이 전시창 아래서 상승을 대기하고 있는 상태이다. 이것은 종 앞에 세운 사시 목인이 진시를 알리는 종을 울리면서, 연접봉 하단에 연결된 소판이 열려 진시辰時의 전환인 묘시卯時 시환이 방출되고 묘시卯時 목인이 하강하면서 평륜이 회전하였기 때문이다. 진시辰時 시환은 원주통에 추락하여 올라온 횡목 북단을 눌러서 남단이 올라가면서 원목이 대기 중인 진시辰時 목인을 떠받쳐 전시창으로 올려주는데, 이것이 그림 3-31E의 상태이다. F는 한 시진이 지나서 진시 목인이 하강하는 모습을 보여준 것이다. 오른쪽에 보이는 진시辰時 목인이 동판 표면을 따라 미끄러져 내려오고 있다. 왼쪽에 묘시卯時, 오른쪽에 사시巳時, 오시午時 목인이 보인다. 이런 과정은 하루에 12회 반복된다. 이것이 보시기의 기능이다. 횡목기구는 이런 기능을 수행하기 위하여 오르내리면서 평륜에 배열한 12개 보시 목인을 교대시켜 주는 핵심적인 역할을 한다. 목인의 하강과 상승은 거의 동시에 진행되는데, 대략 3초 정도의 시차가 있다. 이런 2중 운동을 수행하도록 3초를 기계적으로 지연遲延(time-delay)시켜 주는 수단이 그림 3-30F에 보인 원주통에 부착한 통 안팎에 설치한 시환 통로이다.

앞서 설명한 횡목의 기능을 원활하게 수행할 수 있도록 횡목은 길이 138센티미터, 너비 5센티미터, 두께 3센티미터 각목으로 만들고, 이것의 양단에는 크기에 맞춰 놋쇠로 테를 둘렀다. 횡목 북단은 대환이 낙하하는 지점이므로 이것이 파괴되는 것을 막기 위한 것이다. 남단은 횡목에 수직으로 45센티미터 원목을 세우기 위한 것이다. 횡목 중앙 양편에는 좌대 위에 높이 20센티미터 받침목을 세우고, 그 사이에 횡목을 끼운 다음 구멍을 뚫고 굴대를 삽입한다. 그리고 여기에다 핀을 꽂고 쐐기를 박아 핀이 이탈하는 것을 방지하여 횡목이 상하로 자유롭게 오르내리게 한다. 원목 꼭대기에는 "V"자형 금구金具를 부착하여 목인의 발을 받들 수 있도록 하였다.

방출된 전환은 통로를 거쳐 놓아둔 시환 수거함에 모이도록 한다. 하루가 지나 12개가 모이면 수거통을 들고, 먼저 M-4의 좌격에 설치한 기시 원단을 누르고 있는 12개의 소환을 수거하고, 시환을 안치한다.[여기서 유의할 것은 하루가 경과하면 12시를 보시한 시환 12개를 수거하여 대환 저장기에 안치하여야 한다. 그러나 물시계 수수호를 교체하는 오시 동안에도 오시 시패는 전시되어야 하므로 오시 시환이 횡목 북단을 누르고 있어야 한다. 오정 초각에 물시계를 가동하면 반시진이 지나 미시가 되면 오시 시환이 방출된다. 따라서 연속으로 계시하려면 시환은 12개에 한 개를 더한 13개가 있어야 한다. 오시 시환이 두 개인 셈이다.]

3.6.4. 상층 사시 목인과 M-5의 연접봉 접속

앞서 3.4절 M-3 제작에서는 상층 좌대에 시보음을 발생하는 종, 북, 징과 이것을 각각 울려 줄 사시신, 사경신, 사점신 몸체를 제작하여 배치하는 방법을 소개하였다. 또한 앞 절 M-5 제작과 설치에서는 사시 목인의 팔꿈치를 촉발시켜 손에 잡은 종추로 종을 울리는 명종기와 12개 보시 목인을 차례대로 하강/상승시켜 주는 보시기를 제작하였다. 따라서 시간측정이 시작되어 때에 이르면 종을 울릴 수 있는 준비가 되었다. 그런데 M-3에서 제작한 사시 목인은 어깨에 손이 붙은 팔뚝을 접속하지 않은 상태이므로, M-5에서 제작한 명종기 연접봉 상단이 목인의 팔꿈치를 촉발하려면 팔뚝을 몸체에 붙여 연접봉과 접촉하도록 하여야 한다. 이 절에서는 사시 목인의 어깨에다 팔뚝을 붙여주는 과정을 소개한다. 이 과정은 경점기 M-6과 연결하게 되는 사경 목인, 사점 목인의 팔뚝과 연접봉을 접속하는 경우와 동일하므로 여기서 설명하는 것으로 대신한다.

그림 3-23C에 보인 목인은 팔뚝을 임시로 끼워 종, 북, 징 앞에 세운 것으로서 이것을 운동시켜 주는 연접봉을 접속하지 않은 것이며, 여기에다 3-23B에 보인 팔뚝을 연접봉과 접속하여 몸체에다 붙여야 한다. 그림 3-32A에 보인 사시 목인의 '팔뚝 구멍'에다

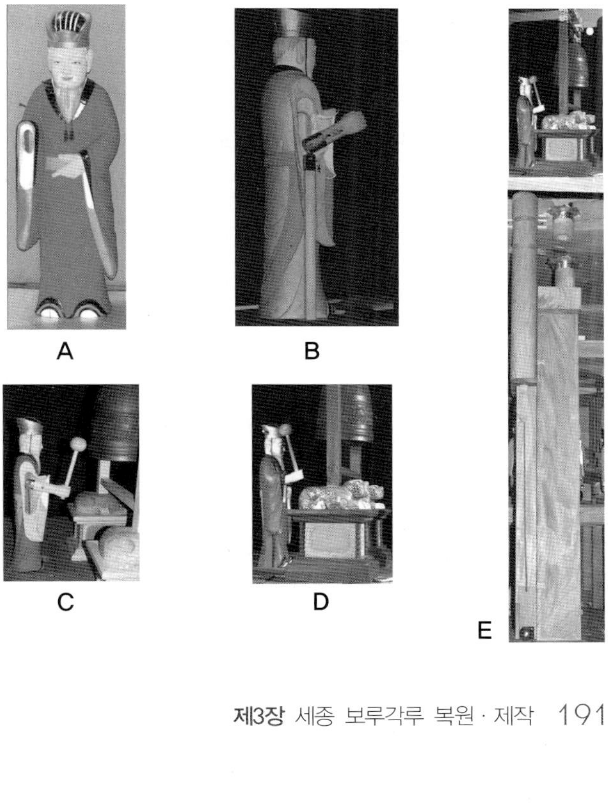

그림 3-32. 사시신과 명종기 접속

A. 팔뚝을 달지 않은 사시 목인 **B.** 연접봉과 팔뚝 접속 **C.** 종과 목인 거리 조정 **D.** 사시 목인과 종 틀 위치 고정 **E.** 명종기와 자격장치 궤 상층에 세운 사시 목인 접속

그림 3-23B에 보인 팔뚝을 붙이려면 먼저 어깨를 몸체에서 분리하고 그림 3-32B와 같이 '어깨 절단-팔뚝 달기' 과정을 거쳐야 한다. 다음에는 그림 3-32E에 보인 앞서 제작한 명종기구 원통에서 돌출하는 연접봉이 팔꿈치 밑에 오도록 목인을 종 앞에 세우고 위치를 조절하면 3-32B에 보인 '팔뚝달기-연접봉' 과정이 끝난다. 팔뚝을 고정한 다음에는 3-32C와 같이 손에 종추를 끼우고, 위치를 조절한다. 이제 목인의 몸체를 관통하는 연접봉과 종 틀을 채색하여 정돈하면 D에 보인 사시신이 완성된다. 이것이 장영실이 고안한 '로보틱 팔robotic arm'을 장착한 로봇이다. 3-32E는 앞서 제작한 그림 3-30F에 보인 명종기 상부에 채색한 3-32D를 접속한 모습이다. 이리하여 매시마다 종을 울리는 사시신이 제작되었다. 다음에는 경점기 모듈 M-6의 제작 방법을 소개한다.

3.7. 경점 보시 목인 작동용 전동장치 경점기 모듈 M-6

경점기 M-6의 구조와 원리는 제2장 「보루각기」 문단 [기-6-1], [기-6-2], [기-6-3]에 들어 있다. M-6의 기능은 자격장치 M-3의 궤 상층에 배치한 사경, 사점 목인의 팔을 촉발하여 1경 초점부터 5경 5점까지 자동으로 북과 징을 두드리는 데 필요한 동력을 전달하는 데 있다. 경점 보시는 그림 3-28A에 보인 경환과 점환의 배열에 따라서 다음과 같은 순서로 진행된다. 1경 초점(1점)에 북 1회에 이어 징 1회를 울린 다음, 2점에 2회, 3점에 3회, 4점에 4회, 5점에 징 5회를 울려 1경을 보시한다. 2경 1점이 되면 북 2회에 이어 징 1회를 울린 다음, 앞서 1경의 경우와 같이 2점에 2회, 3점에 3회, 4점에 4회, 5점에 징 5회를 울려 2경을 보시한다. 이와 같은 과정은 5경이 끝날 때까지 5회 반복된다. 이와 같은 기능은 북과 징을 두드리는 목인 두 개의 팔을 구동시켜 주는 경기更機와 초점기初點機, 그리고 징을 두드리는 사점 목인의 팔을 구동시켜 주는 점기點機에 의해 수행된다. 경기와 초점기는 앞서 언급한 바와 같이 목인 두 개가 매 경마다 경의 숫자대로 북을 울린 다음 징을 1회 울리도록 동력을 전달한다. 경기는 물리적으로 경기에 초점기를 결합시킨 것이다. 경기의 작동은 M-4 중격에 안치한 5개의 경환이 담당한다. 점기는 매 경의 초점 보시가 끝난 다음 사점 목인이 2, 3, 4, 5점을 울리도록 사점 목인의 팔을 운동시켜 주는 동력을 전달한다. 초점기와 점기는 번갈아가며 사점 목인의 팔을 구동시켜 준다. 점기의 작동은 M-4 우격데 4개씩 5개조로 안치한 20개의 점환이 담당한다. 경기를 작동시켜 주는 경환은 앞서 소개한 시기 모듈 M-5에서 시환 한 개가 명종기와 보시기를 한꺼번에 작동시키듯이, 경환 한 개가 좌원주에 배열한 경기 기시와 우원주에 배열한 초점 기시를 작동시킨다. 이미 우리는 북과 징, 그리고 이것들을 울릴 목인을 제작하여 M-3 상층 좌대에 가설하였다. 다음 절에서는 명종기구에서 보인 바와 같이 연접봉 상단이 돌출하여 사경, 사점 목인의 팔꿈치를 촉발하여 북과 징을 울리게 동력을 전달해 주는 경기와 점기를 설계 · 제작하여 설치하는 과정을 소개한다.

3.7.1. 경점기 설계와 제작

그림 3-33은 앞서 언급한 기능을 수행할 수 있도록 제2장「보루각기」역주 문단 [기-6-1]에서 기술한 경점기의 구조, [기-6-2]에서 기술한 경기와 초점기의 원리, [기-6-3]에서 기술한 점기의 원리를 바탕으로 설계한 경점기 M-6의 설계도이다. 주요 부품은 원주 두 개, 방주 두 개로 구성된 경기와 초점기⑤와 점기⑥이다. 경점을 보시하는 순서에 따라 좌원주①-좌방주②-우원주③-우방주④를 차례대로 가로로 배열한다. 상판⑦에서 하판⑧까지 높이는 160센티미터, 너비는 120센티미터, 하판에서 연접봉 상단까지는 250센티미터, 방주의 폭은 40센티미터이다. 좌원주에는 각각 경용 기시⑮ 5개, 우원주에는 점선 좌측면에 초점용 기시 5개, 우측면에는 점선 우측면에 점용 5개를 설치한다. 좌원주에 설치한 경용 기시 5개는 위로부터 1, 2, 3, 4, 5경용이다. 원주 좌측면에 설치한 초점 기시 5개는 각각 1경 초점, 2경 초점, 3경 초점, 4경 초점, 5경 초점용이다. 우원주 우측면에 설치한 점용 기시 5개는 위로부터 1점, 2점, 3점, 4점, 5점용이다. 여기서 유의할 것은 점기는 원래 매 경 초점 다음에 매 경의 2, 3, 4, 5점을 보시하는 기구인데, 2점을 알리려면 2점 기시 한 개만으로는 1점밖에 알릴 수 없으므로 1점을 알려주는 기시가 하나 더 필요하다. 곧, 2점=1+1점, 3점=1+1+1점, 4점=1+1+1+1점, 5점=1+1+1+1+1점이어야 한다. 이것을 일반식으로 나타내면 N(new)=N(old)+1과 같다. 곧, 여기서 1번 기시는 단지 증분기增分器(incremental counter)의 역할을 할 뿐이다. 따라서 1번 기시 밑에는 개폐기를 내장하지 않은 점환 통로 역할을 하는 깔때기(Y자형 직단통)

하나만 설치하면 된다. 이런 설계는 앞서 그림 3-28A에서 소개한 경점 대환 저장기에 안치한 대환이 방출되어 경기와 점기를 작동시켜 오경 25점을 보시할 수 있도록 작성한 것이다. 경점기는 수직 구조를 부여함으로써 평면에 설치한 소환-대환 저장기에서 방출되는 대환이 낙하하면서 발생하는 동력을 활용할 수 있도록 하였다. 다음에는 설계도에 따라 경점기 부품을 제작하는 방법을 설명한다.

1) 경기와 초점기

그림 3-33에서 좌원주①, 좌방주②, 우방주③의 좌측면은 경기와 초점기⑤이다. 이것의 구조와 기능은 다음과 같다. 좌원주①에는 기시⑮ 5개 상부에다 경환⑬을 통과시켜 주는 직단통⑩을 5개 설치한다. 이것은 다섯 개의 경환이 매 경마다 한 개씩 차례대로 통과하면서 기시를 타격하여 연접봉을 돌출시키기 위한 것이다. 따라서 1번 경환은 좌원주 연접봉 1회, 우원주 연접봉 1회 돌출, 2번 경환은 좌원주 연접봉 돌출 2회, 우원주 연접봉 1회, …… , 5번 경환은 좌원주 연접봉 5회, 우원주 연접봉 1회를 돌출시킨다. 직단통은 경환이 통과하는 수직 경로更路 역할을 한다. 다섯 번째 기시 밑에는 짧은 통(직소통)을 설치한다. 5개 직단통은 아래위가 개방되어 경환이 통과하므로, 가령 1번 경환이 맨 위 직단통에 추락하면 1번 기시를 작동시키고 이어서 다음 직단통을 통과하여 2번 기시를 작동시킨다. 나머지 직단통을 통과할 때마다 기시를 작동시켜 그때마다 연접봉을 돌출시킨다. 결국, 1번 경환은 5경까지 연접봉을 돌출시킨다.

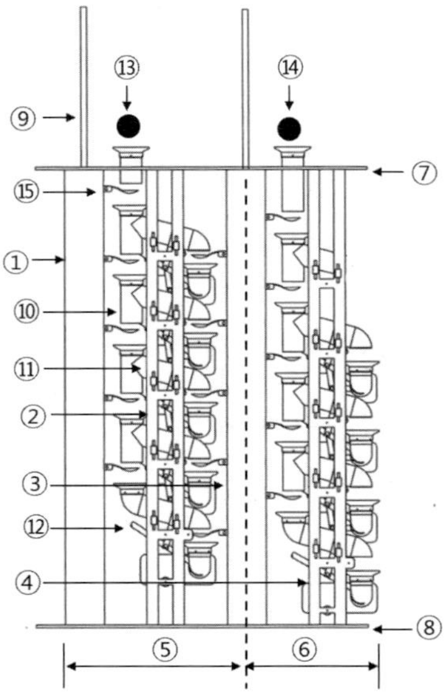

그림 3-33. 경점기 모듈 M-6 설계도

부품 명칭: ① 좌원주, ② 좌방주, ③ 우원주, ④ 우방주, ⑤ 경기 및 초점기, ⑥ 점기, ⑦ 상판, ⑧ 하판, ⑨ 연접봉, ⑩ 직단통, ⑪ 사관소통, ⑫ 최하지기, ⑬ 경환, ⑭ 점환

앞서 언급한 상황에 이르지 않도록, 1번 경환은 1번 기시를 작동시킨 다음에 우원주③에 설치한 초점 기시를 작동시켜 우원주 연접봉을 돌출시키도록 해야 한다. 이를 위하여 좌원주 기시 밑에 설치한 직단통 2번부터 5번까지는 처음에 경환이 통과하지 못하도록 폐쇄하였다가 차례대

로 개방해 주어야 한다. 따라서 좌원주①에 설치한 기시⑮를 작동시킨 경환이 폐쇄된 직단통을 우회하도록 통로를 개설하여 우원주 초점기시를 작동시키도록 해 주어야 한다. 그런 다음 그 경환을 활용하여 막혔던 2번 직단통을 개방해 주면 된다. 그래야 2번 경환은 2번 직단통을 통과하여 그 밑에 놓인 2경기시를 타격하여 연접봉⑨를 2회 돌출시킬 수 있다. 이런 목적을 달성하기 위하여 좌방주③에 설치한 통로가 소통⑪이다. 좌방주에는 소통 5개를 비스듬히 설치하는데, 그 가운데 위로부터 네 개는 소통 입구를 직단통에다 접합한다. 이것이 [기-6-1]에서 언급한 방주 사관소통斜貫小筒⑪이다. 그리고 끝에다 용의 부리 모양의 통[용구龍口]를 접합한다. 그리고 용구 바로 밑에 초점기시, 그리고 그 밑에 연잎으로 테를 두른 직소통 5개를 설치한다. 사관소통을 통과하여 용구로 배출된 경환⑬은 초점기시를 작동시킨 뒤에 연잎에 떨어져 그 밑에 직소통에 머문다. 직소통 안에는 기구를 설치하여 방금 지나온 소통⑪의 입구를 막도록 한다. 이 기구의 한쪽 끝은 직단통을 폐쇄하였다가 경환이 직소통에 설치한 한쪽 끝을 누르면 다른 한쪽 끝이 위로 들려서 소통 입구를 막도록 하면 된다. 이것이 경로 개폐기이며, 이리하여 경환 한 개는 좌원주의 1경 기시와 우원주의 초점 기시를 연거푸 타격하고 직소통에서 오경이 끝나기를 기다린다. 개폐기는 위로부터 우원주③에 설치한 네 개의 초점 기시 아래마다 설치한 직소통과 좌원주 기시 아래마다 설치한 네 개의 직단통 간에 설치한다. 따라서 4경 초점이 끝나면 직소통 안에서 개폐기를 누르고 있는 경환은 1경부터 4경까지 모두 네 개가 된다. 이 경환들이 굴러 나가지 못하도록 빗장으로 차단하였기 때문이다. 이리하여 입구가 폐쇄된 직단통 네 개는 개방된다.

5경용 경환은 개방된 네 개의 직단통을 통과하면서 연접봉을 5회 돌출시키고 우원주 초점기시를 작동시켜 연접봉을 1회 돌출시킨다. 5경 초점 기시 밑에 설치한 직소통으로 추락하여 그 안에 설치된 기구를 작동시켜 앞서 저장된 4개의 경환을 차단하고 있던 빗장 네 개를 빼줌으로써 이 경환 네 개와 함께 경환들은 방출된다. 이것이 [기-6-2]에서 언급한 "빗장을 풀고 나온다[추경출지抽扃出之]"이다. 따라서 소통 입구를 막고 있던 개폐기 네 개의 한쪽이 열리면서 처음의 상태대로 네 개의 직단통은 다시 폐쇄된다.

이렇게 사관소통과 직단통의 상태를 원래 상태로 되돌려주는 기구는 좌방주에 설치한 5경용 초점기시 밑에 설치한 직소통 안의 기시⑫가 수행한다. 이것이 [기-6-3]에서 언급한 최하지기最下之機이다. 5경 경환이 사관소통을 거쳐 용구 밑에 설치한 최하지기를 작동시키면 직소통에서 개폐기를 누루고 있는 경환이 굴러 나오지 못하도록 차단하는 빗장 네 개가 한꺼번에 뽑혀서 앞서 직소통에 머물고 있던 경환 네 개와 함께 다섯 개가 함께 방출된다. 모든 빗장은 쇠사슬과 연결되어 있으며, 기문 [기-6-3]에서 "연기철승連機鐵繩"이라고 언급한 것이다. 빗장이 열림으로써 개방된 직단통과 폐쇄된 사관소통 상태를 원래대로 되돌려주는 리셋reset(되돌림) 기능이 수행되었다. 빗장이 저절로 열리려면 최하지기는 쇠사슬과 연결되어야 한다. 최하지기는 빗장걸이에 매단 쇠사슬을 당겨서 빗장이 뽑히도록 해 주는 기구이다. [기-6-2]에는 빗장에 대하여만 언급하고 최하지기와 연기철승은 언급하지 않았지만, 빗장이 저절로 뽑히려면 이 두 가지 기구가 있어야 하므로 설계에 포함시켰다. 또한 직소통에서 방출된 경환을 수거하는 통에 대한 언급이 없으나 직소통의 빗장 뒤에 구멍을 내고 단면이 "ㄩ"자 형으로 절개한 소통을 가로로 접합하여 방출된 경환을 쉽게 수거할 수 있도록 하였다. 사관소통의 "상태"란 뒤에서 다시 언급하겠지만, 경환 또는 점환이 이것의 열린 입구를 통해 내부로 들어오면 열린 입구가 닫히게 되는 것을 말한다. 이것을 다시 원래대로 열어주는 기구가 최하지기이다. 말하자면, 오늘날의 소형계산기의 숫자 계산이 끝나면 원래대로 "0"으로 돌려주어 다음에 계산을 할 수 있도록 "Clear Cl"이나 "C" 단추와 같은 것이다. 이것의 개폐기와 최하지기의 상세한 구조는 그림 3-34와 3-35에서 소개한다.

2) 점기

앞서 언급한 바와 같이 그림 3-33의 우원주③부터 우방주④는 점기⑥이다. 우원주 점선 좌측면에 기시 5개를, 우측면에 5개 기시 모두 10개를 설치한다. 좌측의 5개는 초점(1점)용이며, 우측의 5개는 매 경의 1, 2, 3, 4, 5점용이다. 초점용 기시 5개는 각각 좌원주 기시를 타격한 경환이 2차로 타격하여 연접봉을 돌출시켜 사점신이 매 경의 초점을 알리는 징을 1회 울리도록 한다. 매 경의 1, 2, 3, 4, 5점용 기시 5개도 점환⑭를 받아 사점신이 매 경의 2, 3, 4, 5점마다 점의 숫자대로 2회, 3회, 4회, 5회씩 연접봉이 돌출하도록 한다. 이와 같이 우원주 연접봉은 매 경 초점과 점마다 2중으로 돌출한다.

우방주④에는 모두 연잎 테를 부착한 다섯 개의 직단통을 설치하는데, 위에서 두 번째부터 직단통 3개에는 각각 사관소통⑪을 부착하고 관통시킨다. 사관소통에 부착한 용구 세 개의 밑에 마다 개폐기를 설치한 직소통 세 개를 설치하는데 구조와 기능은 좌방주의 것과 같다. 점기시를 타격한 다음 점환은 사관소통을 거쳐 용구로 배출되어 직소통 안으로 추락하여 거기에 설치한 개폐기의 한쪽 끝을 누르는 것으로 마지막 역할을 한다. 5점 기시 밑에는 좌방주와 같이 직소통에다 사관소통을 부착한다. 용구 밑에는 좌방주와 같이 최하지기⑫를 설치한다. 따라서 용구 네 개 밑에는 직소통 네 개가 설치되는데 빗장으로 출구를 막아 점환 세 개가 개폐기를 누르고 있도록 한다. 5점환은 최하지기를 작동시켜 우방주 개폐기를 누르고 있는 2, 3, 4점환이 머물고 있는 직소통의 빗장을 풀어 줌으로써 그것들과 함께 일시에 방출된다. 이것이 기문 [기-6-3]에서 언급한 "앞서 점환 세 개와 함께 한꺼번에 아래로 떨어진다(與前三點之丸一時俱下矣여전삼점지환일시구하의)"이다. 매 경의 2, 3, 4, 5점은 오경 동안에 5회 반복되기 때문에, 앞서 기문에는 언급하지 않았지만 매번 4개씩 방출되는 점환을 수거하기 위해 직소통 빗장 뒤에 점환이 방출되는 구멍에다 소통 하부를 "ㄇ자형"으로 절개한 소통을 가로로 접합하였다. 방출되는 점환을 모았다가 수거하기에 편리하도록 4단 선반으로 만들어 소통 밑에다 놓고, 1단에 5개씩 모았다가 5경이 끝난 다음 수거하도록 하였다. 상부에 설치한 두 개의 직단통 가운데 맨 위의 것은 상판에 걸쳐 놓고, 두 번째 것은 사관소통의 반을 잘라서 우방주에 관통시켜 직단통을 부지하게 한다. 이와 같이 점기는 우원주와 우방주에 설치한 개폐기와 최하지기에 의해 자동화 기능을 발휘한다. 이것이 경기와 점기 설계의 요점이다. 경기와 점기의 기능은 방목에 설치한 개폐기와 최하지기에 의해 수행된다. 이것들은 일종의 경로와 점로 개폐, 되돌림과 같은 연산演算을 수행함으로써 경점기의 순서제어와 자동화에 기여한다.

다음에는 경점기를 구성하는 핵심 요소인 경로와 점로 개폐와 되돌림 기구의 구조와 제작에 대하여 설명한다.

3) 경로와 점로 개폐 방법

경로와 점로 개폐기는 각각 앞서 그림 3-33 상부에 설치한 직단통, 사관소통, 용구, 직소통, 경환(또는 점환) 방출통, 개폐기가 일체로 결합한 기구이다. 이것은 좌방주에 설치한 직단통 4개와 우방주에 설치한 직단통 3개를 개폐하는 기구이다. 그림 3-34는 이것의 설계도이며, 다음과 같은 과정을 거쳐 제작한다.

(1) 제2장 역주 문단 [기-6-1]에는 직단통 두 개와 소통 한 개를 만든다고 하였으나, 직단통에 소통 상단을 접합하면 직통 상부를 차지한다. 직통 내부 중앙에는 개폐기가 위치하므로, 사실상 직통은 두 부분으로 조립한 것과 같다. 자료에 대한 언급이 없으므로 목재로 제작한다. 목재(괴목)로 직단통①과 소통②를 제작하여 그림 3-34A와 같이 소통을 직단통에 비스듬하게 접합한다. 그리고 이것을 목재 쐐기③으로 소통 하부에 고정한다.

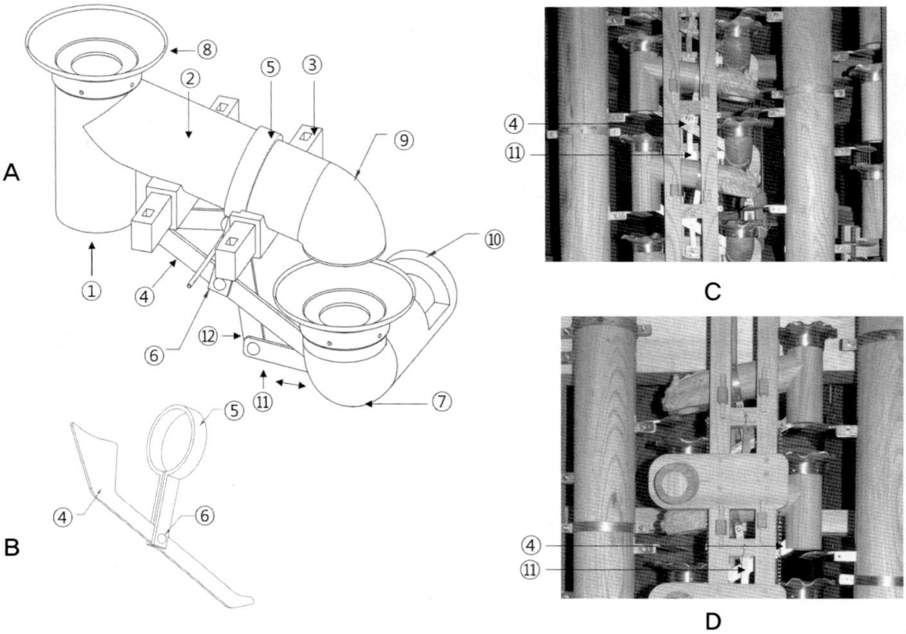

그림 3-34. 경로와 점로 개폐기구 설계도와 조립도(부분)

A. 개폐기구 상세도: ① 직단통, ② 사관소통, ③ 고정용 쐐기, ④ 개폐기, ⑤ 소통 고정환, ⑥ 굴대, ⑦ 직소통, ⑧ 연잎 테, ⑨ 용구, ⑩ 경환 수거통, ⑪ 빗장, ⑫ 빗장걸이 **B.** 개폐기구의 구조 **C.** 조립도(배면도) **D.** 조립도(정면도)

(2) 개폐기④는 그림 3-34B와 같은 형상으로서, 상단(좌측)과 하단(우측)이 시소와 같이 작동하도록 고정환⑤를 만들어 개폐기 중앙에 부착하고, 양단에 구멍을 뚫고, 굴대⑥을 개폐기 중앙에 삽입하여 소통 중앙에 부착한다. 상단은 무겁게 하고 하단은 상단보다 가볍게 한다. 이것의 하단은 그림 3-34A에 보인 바와 같이 직소통⑦ 안에 넣어 오르내리게 한다. 상단은 직단통과 사관소통 입구에 닿도록 한다. 따라서 직단통①의 하단 벽과 사관소통 하부 초입을 절개하여 그 틈에다 개폐기④의 상단이 오르내리도록 A와 같이 설치한다. 개폐기④의 상단이 무겁기 때문에 직단통①은 처음에는 항상 막힌 상태가 된다. 이것을 열려면 직소통⑦ 안으로 들어간 경환(또는 점환)이 개폐기 하단을 눌러 상단이 들리게 하면 자연히 막힌 직단통①의 경로가 열리고 사관소통②의 입구가 막히게 된다. 개폐기와 소통에 고정하는 고정환⑤를 좌우 방주에 각각 4개, 3개씩 놋쇠로 제작하여 각각 사관소통에 부착하여 경환과 점환 이동통로를 직단통①과 사관소통②로 분할한다.

(3) 직단통①의 전두리 테는 연잎⑧의 모양, 사관소통의 출구는 용구⑨의 모양으로 제작하고, 그 밑에 직소통⑦과 단통⑩을 접합하여 설치한다. 경기의 단통 단면은 앞서 언급했듯이 "ㅁ"자 형으로 절개하여 가로로 접합한다. 반면, 점기의 단통 단면은 앞서 언급했듯이 "ㄇ"자형으로 절개한 소통을 가로로 접합한다. 용구⑨로부터 낙하한 경환(또는 점환)은 용구와 직소통⑦의 연잎 사이에 설치한 초점기시(또는 점기시)를 작동시킨 다음 직소통⑦에 추락하여 그 안에 설치한 개폐기④의 하단을 눌러 개폐기 상단을 들어올린다. 따라서 경환(또는 점환)이 방금 지나온 사관소통 입구는 막히고, 막혔던 직단통①의 경로(또는 점로)가 열려 다음 경환(또는 점환)이 낙하할 수 있도록 통로를 형성하게 된다.

(4) 직소통⑦과 경환 방출통⑩은 "ㄴ"자형 통로를 형성하므로 경환이 개폐기 하단이 누르고 있는 동안 경환(또는 점환)이 구르지 않도록 차단해야 한다. 이것이 그림 3-34A에 보인 빗장⑪이며, 이것은 화살표 "↔"와 같이 좌우로 드나들어 경환(또는 점환)을 차단/방출시킨다. 따라서 직소통⑦ 안에는 개폐기를, 방출통 입구는 빗장⑪을 설치해야 한다. [빗장의 출입은 다음에 설명할 되돌림 기구의 그림 3-35에 보인 빗장①의 상단에 부착한 "T"자형 빗장걸이② 양단에 쇠사슬 고리를 끼울 수 있도록 구멍 ⓐ와 ⓑ를 뚫고 굴대 ④에 고정하여 쇠사슬을 장착하고 이것을 상하로 운동시키면 된다.] 개폐기는 빗장걸이⑫와 접촉하지 않도록 설치한다.

(5) 개폐기와 빗장은 놋쇠로 제작하여 목재 소통에 설치한다. 이와 똑같이 좌방주에 4개조, 우방주에 3개조를 설치한다.

4) 최하지기와 상태 되돌림

5경이 경과하면 4경까지 개폐기 하단을 누르고 있던 경환을 방출시켜야 한다. 마찬가지로 매 경의 5점이 끝나면 이보다 앞서 1, 2, 3번 개폐기 하단을 누르고 있던 점환을 방출시켜야 한다. 앞서 언급한 바와 같이 직소통에 머물러 개폐기 하단을 누르고 있는 경환과 점환은 빗장에 막혀 구르지 못한다. 빗장을 뽑아(실제로 저절로 뽑힘) 경환과 점환을 방출시킴으로써 열려 있는 경로와 점로를 원래 상태로 되돌려주는 기능을 수행하는 기구가 되돌림 기구이다. 이것을 제작하는 과정을 그림 3-35를 통하여 설명하면 다음과 같다.

(1) 앞서 그림 3-34A에서 보인 빗장⑪이 그림 3-35A에 보인 빗장걸이②의 하단에 굴대⑤에 연결된 빗장①이다. 이 빗장의 출입은 빗장걸이 고정환③에 구멍을 뚫고 삽입한 굴대④를 중심으로 빗장걸이②를 상하로 운동시키면 된다. 이런 운동은 빗장걸이② 양단

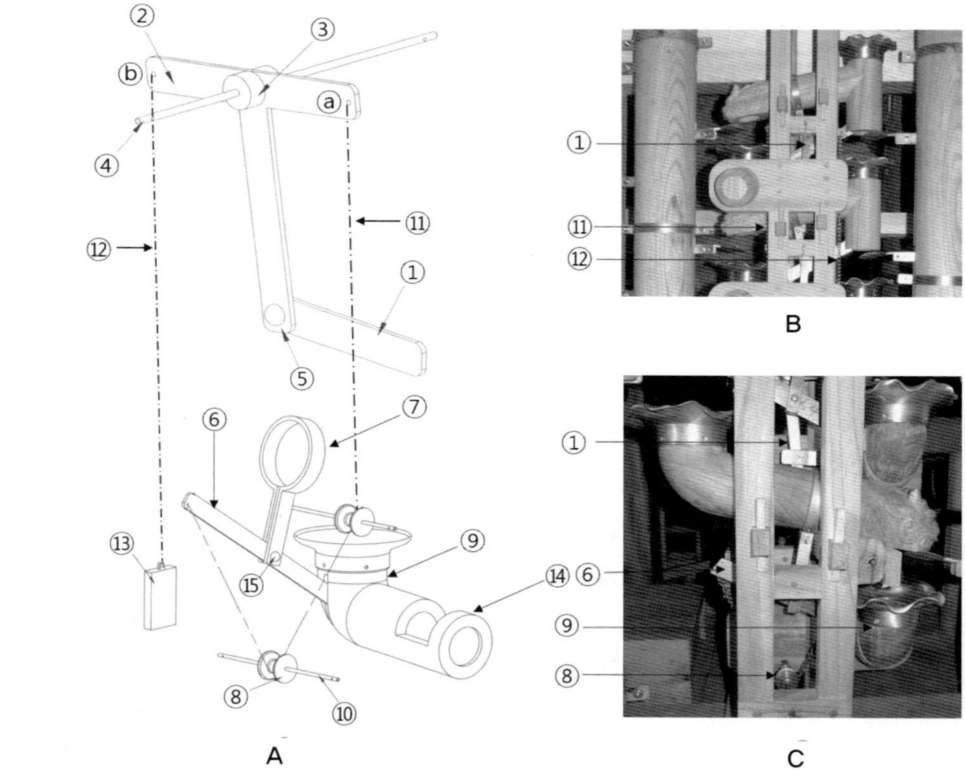

그림 3–35. 최하지기, 빗장 설계도와 조립도(부분)

A. 최하지기와 빗장 상세도 부품 명칭: ① 빗장, ② 빗장걸이, ③ 빗장걸이 고정환, ④ 굴대, ⑤ 굴대, ⑥ 기시, ⑦ 기시 고정환, ⑧ 도르래, ⑨ 직소통, ⑩ 굴대, ⓐ와 ⓑ는 쇠사슬을 거는 구멍, ⑪ 기시 작동 쇠사슬, ⑫ 추를 매단 쇠사슬, ⑬ 추, ⑭ 경환 수거통, ⑮ 굴대 **B.** 조립도(정면도) **C.** 조립도(배면도)

에 구멍ⓐ, ⓑ를 뚫고 쇠사슬⑪과 ⑫를 걸고, 쇠사슬⑪을 아래로 당겨주면 된다.

(2) 최하지기는 소통⑨와 그 안에 설치한 기시⑥과 이것을 상하로 운동시키는 고정환⑦과 기시와 접합한 양단에 뚫은 구멍에 삽입한 고정 굴대⑮, 도르래⑧과 똑같은 도르래 두 개를 관통하는 고정 굴대⑩, 쇠사슬⑫에 매단 추⑬과 경환(또는 점환)을 방출시켜 수거하는 단면이 "ㅂ"자 형인 경환 수거통(또는 이것을 뒤집어 놓은 단면이 "ㄲ"자형 점환 방출구)⑭로 구성한다. 빗장은 좌방주 직소통 네 개, 우방주 직소통 세 개에 설치하고 모두 쇠사슬로 그림 3–35와 같이 연결한다. 이것이 [기–6–3]에서 언급한 "연기철승"이다. 이것을 작동시키는 방법은 다음과 같다.

(3) 기시⑥은 개폐기처럼 한쪽 끝은 무겁고 다른 끝은 가볍게 만들어 고정환⑦로 방목의 사관소통에 고정하여 시소처럼 오르내리게 만든다. 한편, 좌방주에서 직소통보다 상부에 설치한 4, 3, 2, 1번 — 우방주에는 3, 2, 1번 — 빗장걸이 양단은 쇠사슬 고리 ⓐ와 ⓑ에 쇠사슬 ⑪과 ⑫의 상단을 고정하고 하단에는 추⑬을 매단다. 추의 무게에 따라 평상시에는 기시 상단이 처져 있고 빗장①이 걸려 직소통 하단과 경환과 점환 방출구는 막히게 된다.

(4) 직소통⑨에는 하단이 숟가락 원단 단면과 같게 만든 기시⑥을 비스듬히 설치하여 직소통에 추락하는 경환과 점환을 받도록 한다. 그리고 빗장걸이② 한쪽에 뚫은 구멍ⓐ에다 쇠사슬 고리를 끼우고 쇠사슬⑪을 연결하여 적당한 위치에 도르래 두 개를 고정한다.

(5) 빗장①은 빗장걸이② 중앙에 뚫린 구멍에 꽂은 굴대④로 인해 시소처럼 쇠사슬⑫가 내려가면 ⑪은 올라간다. 처음에 기시⑥은 추가 내려간 상태로 원단이 들려 있으며, 따라서 쇠사슬 ⑪은 당겨지므로 빗장①은 잠기게 된다. 경환과 점환이 추락하여 기시⑥의 원단을 누르면 기시 상단은 올라가고 쇠사슬 ⑪이 당겨지면서 순식간에 빗장은 저절로 빠지게 된다. 경환과 점환이 방출구로 배출되면 추가 내려오면서 빗장은 저절로 원래대로 들어간다.

(6) 빗장은 좌방주 직소통마다 한 개씩 모두 네 개를 층층이 설치하며, 우방주의 경우 세 개를 층층이 설치하여 쇠사슬 ⑪, ⑫와 연결한다. 따라서 좌방주 쇠사슬⑪을 밑으로 당기면 좌방주 빗장 네 개, 우방주 쇠사슬⑪을 밑으로 당기면 빗장 세 개가 동시에 빠지게 된다.

(7) 빗장①이 빠짐으로써 직소통에서 개폐기를 누르고 있던 경환(또는 점환)이 방출되고 개폐기는 원래 상태로 되돌아간다. 따라서 경기와 초점기는 1회의 되돌림, 점기는 5회의 되돌림이 시행되어 자동화가 가능하게 된다.

그림 3-35 B와 C는 각각 조립도(부분)의 정면도와 배면도를 보여준다.

경점기는 원주 2개와 방주 2개, 그리고 작동을 수행하는 기시 17개, 연접봉 2개, 직통로 10개와 사관소통 9개, 직소통 9개, 개폐기구 7개조, 횡통 9개, 최하지기 2개조, 쇠사슬 2개, 빗장걸이 7개와 빗장 7개, 추 2개 등으로 구성된 매우 복잡한 자동화 장치이다. 이 가운데서 핵심적인 역할을 하는 것이 개폐기와 되돌림 기구이다.

3.7.2. 경기 · 초점기 · 점기 부품 제작과 설치

1) 좌우 원주

(1) 좌원주

그림 3-33에서 좌원주①과 여기에다 설치하는 기시, 연접봉을 제작하는 방법은 그림 3-29와 30에서 보인 명종기와 거의 같다. 따라서 여기서는 이것의 물리적 치수와 다른 점만을 설명한다. 설계도에 따라 다음과 같이 제작하였다. 외경 100밀리미터, 두께 10밀리미터 괴목으로 원주통①을 만들어 반으로 절개하여 그 안에 연접봉⑨와 기시⑮를 설치하는데, 그림 3-30에 보인 명종기의 경우와 같이 설치한다. 길이가 250센티미터, 30×10밀리미터 사각단면 목재로 만든 연접봉⑨에다 기시 5개의 간격에 맞추어 핀 5개를 꽂는다. 연접봉에 꽂은 핀 5개는 기시의 "⊂"자형 숟갈총 끝에 걸쳐 놓는다. 기시를 설치한 벨트는 명종기와 달리 원주통 내부에다 설치한다.

원주통 상단에는 연접봉이 출입할 수 있도록 중앙에 구멍이 30×10밀리미터, 지름 80밀리미터인 목재로 마개를 만들어 막는다. 하단은 같은 외형 치수에다 구멍이 없는 원판으로 막는다. 이런 절차가 끝나면 분리한 반쪽을 접합하고 벨트 세 개로 외부에서 통을 조여 좌원주①을 제작한다. 원단이 돌출된 기시에 굴대가 있으므로 원단에 경환이 추락하면 원단은 밑으로 젖혀진다. 따라서 기둥 안에 설치한 연접봉⑨는 돌출한다. 기시 원단 밑에 설치한 직단통⑩에는 그림 3-30과 똑같이 청동으로 만든 테를 부착한다. 이것은 대환이 추락하여 기시 원단을 타격한 후 다음 단통에 추락할 때 이탈을 방지하고 아울러, 북을 연달아 울릴 경우 두드리는 시간 간격을 적절하게 유지하기 위한 것이다. 말하자면, 기계적으로 시간을 지연시켜 주는 방법이라고 할 수 있다. 다음에는 우원주 제작과정을 소개한다.

(2) 우원주

그림 3-33에 보인 우원주③의 제작과정은 앞서 좌원주 제작과정과 같은데, 다만 원주 좌우로 기시 원단이 5개씩 돌출하도록 설치한 것이 다르다. 또한 길이가 250센티미터인 사각단면 목재로 만든 연접봉에다 기시 10개 간격에 맞추어 핀 10개를 꽂아 10개 기시 연접봉 걸이에 평형이 되도록 걸쳐 놓는 것이 다르다. 10개 핀 가운데 홀수번은 점기용, 짝수번은 초점기용이다. 제작과정을 그림 3-33에 보인 설계도와 부품을 통하여

설명하면 다음과 같다.

좌원주와 같이 외경 100밀리미터, 두께 10밀리미터 괴목으로 원주통①을 만들어 반으로 절개하여 그 안에 초점기시와 점기시 그리고 연접봉⑨를 설치하여 합쳐서 벨트로 조인다. 상단에는 연접봉⑨가 출입할 수 있도록 중앙에 구멍이 30×10밀리미터, 지름 80밀리미터인 목재로 마개를 만들어 막는다. 하단은 같은 외형 치수에다 안에 구멍이 없는 원판으로 막는다. 기시는 좌원주에 설치한 것과 동일하게 제작한다. 기시들을 설치하는 벨트도 놋쇠로 만든다. 다음은 방주 제작과정을 소개한다.

2) 좌우 방주

그림 3-33에 보인 좌우 방주②와 ④의 높이 1,600밀리미터, 가로, 세로가 190×135밀리미터의 목재로 외곽 틀을 제작한다. 방목 네 구석에 단면 치수 40×10밀리미터인 네 개의 나무판과 100밀리미터×130×10밀리미터인 아래 위는 각각 그림 3-33에 보인 상판⑦과 하판⑧에 각각 고정한다. 그림 3-34에 보인 바와 같이 직단통①에 접합한 사관소통②, 그리고 소통 출구에 부착한 용구⑨를 좌방주 틀 안쪽에 5개, 우방주 틀 안쪽에 4개를 설치한다. 직단통마다 상단은 전두리에 연잎 형태로 된 테를 부착한다. 좌방주 용구 밑마다 직소통에다 단통 상부를 "ㅁ"자 형으로 절개한 통을 접합하여 가로로 둥근 구멍에 설치한다. 이것이 경환 방출통(수거통)이다. 직소통 안에는 경로 개폐기의 하단을 설치하고 직단통과 사관소통 입구를 절개하여 개폐기의 상단을 설치한다. 좌방주와 같이 우방주 용구 밑마다 단통 하부를 "ㄇ"자형으로 절개한 통을 가로로 둥근 구멍에 설치한다. 이 단통이 "점환 방출통"이다.

그림 3-33에 보인 좌방주② 우방주③에 하단에 설치한 "최하지기"는 그림 3-35에 따라 제작하였다. 빗장①을 부착한 빗장걸이②를 제작하여 좌방주에 네 개, 우방주에 세 개를 설치한다. 모든 빗장걸이② 양단에 구멍을 뚫어 쇠사슬 ⑪, ⑫를 연결한다. 직소통⑨ 안에다 한쪽이 무겁고 한쪽은 가볍게 만든 기시⑥을 설치하고 돌출된 끝에다가 쇠사슬⑪의 끝을 연결한다. 쇠사슬⑫의 끝에는 추를 매달아 반동을 이용하여 잠긴 빗장을 풀었다가 다시 잠그도록 하였다. 도르래⑧을 두 개 만들어 쇠사슬 한 끝은 기시⑥에, 또 한 끝은 빗장걸이②에 뚫은 ⓐ와 연결한다. 기시는 고정환⑦을 이용하여 사관소통에 고정한다. 직소통⑨에는 방출된 경환을 수거하는 통을 접합한다. 우방주 최하지기 직소통⑨에는 방출된 점환을 방출시키는 방출통⑭를 접합하는데, 이 통은 점환을 방출시켜

그 밑에 설치한 4단 선반으로 점환을 떨어뜨리도록 통의 밑을 "ㄇ"자형으로 절개하였다. 이런 되돌림 기구는 좌우 방주 하단에 한 개씩 설치하였다. 따라서 좌우 방주에는 사경신을 구동한 경환이나 사점신을 구동한 점환의 기능을 수행하는 데 필요한 기본 기구를 설치하게 되었다.

3) 경기 · 점기 조립과 설치

그림 3-36A는 앞서 제작한 부품을 조립한 경점기 모듈 M-6이다. 우측에서 좌측으로 좌원주①, 좌방주②, 우원주③, 우방주④이며, 각각 경기와 초점기⑤, 점기⑥로 구분된다. 좌원주①에는 기시 5개, 우원주③의 좌우측면에 각각 점기 기시 5개, 초점기 기시 5개가 설치돼 있다.

A

B

그림 3-36. 자격장치 궤 안에 설치한 경점기 M-6

A. M-6 조립도(정면도). 부품명칭: ① 좌원주, ② 좌방주, ③ 우원주, ④ 우방주, ⑤ 경기와 초점기, ⑥ 점기, ⑦ 직단통, ⑧ 사관소통, ⑨ 용구, ⑩ 놋쇠 연잎 테, ⑪ 개폐기, ⑫ 빗장, ⑬ 최하지기, ⑭ "ㄩ"자형 경환 수거통, ⑮ "ㄇ"자형 점환 방출구 **B.** 궤 안 서측면에 설치한 M-6. 우측부터 안쪽으로 좌원주–좌방주–우원주–우방주 배열. 좌원주에는 매 경을 一 二 三 四 五로 표시하였다. 우원주에도 1에서 5점을 표시하였다. 좌방주에 "ㄩ"자형 경환 수거통 5개, 우방주에 "ㄇ"자형 점환 방출구와 그 밑에 4단 점환 수거용 선반이 보인다. 좌우 방주 좌측에는 최하지기에 설치한 쇠사슬과 추가 보인다.

좌원주 기시 밑에는 좌방주②에 설치한 직단통⑦과 연잎 테⑩, 소통⑧, 용구⑨로 구성된 직단통-사관소통 4개조, 맨 밑에 직소통-사관소통 1개조를 설치하였다. 좌방주②의 용구⑨ 밑에는 원주 우측면에 설치한 초점기시 5개가 돌출되어 있으며, 그 밑에는 연잎 테를 두른 직소통과 "ㅂ"자형 경환 수거통⑭를 5개조 설치하였다.

우원주 좌측면에는 점기시 5개를 설치하고 그 밑에는 우방주④에다 연잎 테를 두른 직단통 4개조와 직소통 1개조를 설치하였다. 우방주 좌측에는 용구 밑마다 연잎으로 테를 두른 직소통과 "ㅠ"자형 점환 방출통⑮ 4개조를 설치하였다.

그림 3-36B는 A를 자격장치 궤 하층 좌대 위 서측면에 설치한 것이다. 좌측 하부에는 "ㅠ"자형 점환 방출통⑮ 4개조에서 방출되는 점환을 모으는 4단 선반을 설치하였다. 좌우 방주 좌우에는 그림 3-35 최하지기에 설치한 쇠사슬과 추가 보인다. 따라서 M-6이 궤 하층 좌대 위에 설치되었다. 오른쪽 좌원주 기둥 밑에 경환 수거함 두 개가 보인다.

3.7.3. 상층 사경-사점 목인과 연접봉 접속

1) 사경 · 사점 목인 조립과 북과 징 앞에 세우기

이제 경기와 점기가 완성되었으므로 이것을 그림 3-23C에서 보인 M-3 상층 좌대에 가설한 사경신(목인)과 사점신(목인)과 접속하여 북과 징을 울릴 수 있도록 조립해야 한다. 이미 그림 3-32에서 보인 M-5와 사시 목인을 접속하는 방법에서 제시한 바와 같은 과정을 밟으면 된다. 그림 3-37은 이러한 과정을 거쳐 상층에 배치한 사경 목인과 사점 목인을 보여준 것이다. 목인들은 각각 손에 북채와 징채를 잡고 있다. 목인 두 개의 소매 밑에는 M-6에서 목인 팔꿈치와 연결한 연접봉이 보인다. 이리하여 목인들이 각각 북과 징을 울릴 준비가 끝난다.

그림 3-37. 자격장치 궤 M-3 상층에 배치한 사경, 사점 목인

목인 손에 각각 북채와 징채를 잡고 있다. 목인 소매 끝에 경점기 M-6에서 팔꿈치와 연결한 연접봉이 보인다.

2) M-3과 M-5, M-6의 조립도

그림 3-38은 M-3과 M-5, M-6을 조립한 모습이다. A는 남측면도, B는 북측면도이다. A는 자격장치 궤의 전면 점선 안에 보이는 사시신과 종, 보시신의 모습이며, 사시신 뒤에 사경신과 북, 사점신과 징이 보인다. 점선 안은 M-3에서 시기 M-5의 위치를 나타낸 것이다. B는 자격장치 궤의 후면 점선 안에 보이는 경점기 M-6과 상층의 사경신과 북이 보인다. 중앙에는 명종기와 평륜 위에 보시신을 배열한 M-5를 안치하였다. 원주통 앞에는 원주통에서 방출되는 시환을 모으는 수거함을 놓았다. 그 왼쪽에는 중층에 설치한 M-4 관리용 계단이 보인다. C는 그림 3-37에다 사시 목인을 추가하여 상층에 배열한 목인 3신과 종, 북, 징의 모습이다. 목인들은 각각 M-5와 M-6과 연접되어 있다. 이리하여 M-3 안팎에는 M-4, M-5, M-6을 모두 설치하였다. 따라서 3개 모듈을 조립한 온 하루를 주기로 보시 신호를 발생하는 자격(시보)장치가 완성되었다.

A

B

C

그림 3-38. 자격장치 전면, 후면 내부 및 상층 구조

A. 자격장치 M-3 상층 좌대 위에 설치한 사시신, 사경신, 사점신과 전시창에 나타난 보시신. 점선 안은 사시신과 보시신 (남측면도) **B.** 자격장치 궤 북측에 여닫이문을 열고 본 중앙의 시기 M-5와 사시신. 점선 안 상층에는 사경신과 북이 보이며, 이것은 궤 안 좌대 위에 안치한 경점기 M-6과 연결된다. 왼쪽에 보이는 계단은 중층에 설치한 소환-대환 중계기 M-4 관리용이다. **C.** 자격장치 상층 좌대 위에 배열한 목인 3신과 종, 북, 징 (동측면도)

3.8. 보시 신호 자동 발신 수력식 기계시계 보루각루 모듈 M-7

3.8.1. 6개 모듈 조립

앞서 제작한 모듈 M-1부터 M-6을 조립하면 보루각루 M-7이 된다. 그림 3-39A는 3-1C에 보인 설계도에서 지시한 대로 조립한 것이다. 이것은 크게 나누어 물시계 장치 M-1과 자격장치 M-3, 그리고 이 두 개를 접속하는 소환 이동통로 M-2로 구성된다. M-1은 대중소 파수호와 폐수호, 두 개의 수수호로 구성된 물시계와 12시와 경점 시보 표시용 소환을 수납하였다가 매 시보 시점마다 이것을 방출시켜 주는 방목기구로 구성된다. M-2는 방목에서 낙하하는 소환을 받아 M-3 내부에 설치한 M-4로 인도하는 통로이다. M-3은 상하층으로 구성되며, 상층 좌대 위에는 시간 보시 말단末端 기구인 종, 북, 징과 이것을 울려주는 세 개의 목인을 배열하였다. 그리고 하층은 궤로 만들어 상층 좌대 바로 아래 중층에는 소환-대환 중계기 M-4를 설치하였다. M-4의 동통에 진입한

A

B

그림 3-39. 자동보시 수력식 기계시계 보루각루 M-7의 외관

A. M-1: 물시계 장치, M-2: 소환 이동통로, M-3: 자격장치, M-4: 소환-대환 중계기, M-5: 시기, M-6: 경점기를 조립한 보루각루 M-7 (6개 모듈의 위치는 그림 3-1C 참조)(규모: 가로 8.8미터, 세로 폭 3미터, 높이 4.7미터) **B.** 물시계 장치 M-1의 방목과 자격장치 M-3 보개 지붕 연결

소환이 대환 저장기에 저장된 대환을 방출시켜 명종기와 보시기로 구성된 시기 M-5에 공급하여 사시 목인을 구동하여 종을 울리고, 보시 목인을 전시한다. 대환을 경기와 점기로 구성된 M-6에 공급하면 이것들이 작동하여 상층에 배열한 사경, 사점 목인을 작동시켜 북과 종이 울린다. 이와 같이 M-3 궤에는 동력공급 기구 M-4, 그리고 이것의 밑에는 동력전달장치를 갖춘 시기 M-5와 경점기 M-6을 설치하여 대환의 낙하를 이용하여 구동시킨다.[추가사항: M-1 수수호 상단에 세운 높이가 2,300밀리미터를 넘는 방목의 안정성과 작업자의 안전과 편리를 위해 공사 마지막 단계에서 그림 3-39B와 같이 용신을 조각한 목재 구조물을 만들어 방목 상부와 M-3 보개 지붕을 경첩으로 연결하였다. 용신에는 황룡과 청룡 무늬로 단청을 입혔다.]

이리하여 보루각루를 구성하는 부품을 조립하여 계시 · 보시 시스템을 구성하게 되었다.[복원과 관련한 동영상은 YouTube, 조선의 혁신적인 물시계, 자격루/YTN l 사이언스(2017. 07. 12.) 등 참조] 다음에는 파수호 수위를 조절하여 계시한 결과를 바탕으로 보시한 결과를 소개한다.

3.8.2. 계시와 보시 절차

1) 운전 준비

앞 절에서 조립한 그림 3-39A에 보인 보루각루(M-7)를 대상으로 계시 및 보시 성능을 평가하기 위하여 운전에 필요한 준비를 한 다음 물시계를 가동하였다. 부품의 개별적인 성능은 앞서 6개 모듈을 제작하는 과정에서 대부분 검증되었다. 이 가운데 시간측정의 기본이 되는 M-1의 핵심인 수수호는 앞서 설명한 바와 같이 전체 높이가 2,250밀리미터, 실효 높이 1,800밀리미터로 설정하고 유량을 산출하였다. 수수호에 일정한 유량을 공급하기 위하여 파수호 흐름관 입구마다 그림 3-7에 보인 마노로 제작한 오리피스를 삽입하였다. 공급유량은 소파수호 수위에 관계되므로 이를 제어하기 위해 소파수호 벽에 뚫은 무넘기 구멍에다 그림 3-17D에서 보인 무넘깃둑을 부착하였다. 이 방식은 만족할 만한 결과를 보여 소파수호의 최적 초기수위를 설정하는 데 크게 기여하였다. 예비 운전을 통하여 산출한 소파수호 주입 유량을 8분당 811.77밀리리터에 따라, 대중소 파수호의 초기 수위를 각각 560밀리미터, 235밀리미터, 20밀리미터로 설정하고 물을 채운 다음 흐름관 배수구를 그림 3-17F와 같이 마개로 막아 둔다.(김성균 등, 2006: 75) 다음 사항을 점검하였다.

(1) 수수호 안에 부전을 띄우기 위해 사전에 수수호 바닥에 일정한 양 곧, 그림 3-18C에 보인 커서(백색종이)에 잣대 상단 첫 번째 눈금 - 오정 초각 - 이 드러나도록 마중물을 부어둔다. 부전의 초기 위치와 이것이 안정적으로 상승할 수 있는가를 점검한다. 잣대머리를 약간 눌러 부표가 수수호 벽에 끼이지 않는지 확인한다.(성능평가에 쓰인 잣대는 11개 부전 가운데 6번과 이에 대응되는 방목 동판 6번을 선택하였다.)

(2) 수수호 방목 좌우 동판기구에다 그림 3-18D와 같이 12시 소환 12개, 경점 소환 25개를 수납하였는지 확인한다.

(3) M-2에 설치한 소환 이동 통로는 먼지나 이물질이 끼지 않았는지 점검한다.

(4) 그림 3-38에 보인 M-3 상층에 배치한 보시 목인의 팔뚝 위치를 점검한다.

(5) M-4의 동통 하부의 구멍을 그림 3-27(하)에 보인대로 모두 열어 놓는다. 동통 밑에 놓인 대환 저장기 좌격에 그림 3-28B에 보인 시환 12개, 중격에 그림 3-28A에 보인 경환 5개, 우격에는 점환 20개를 배열하여 기시로 구속 · 안치하였는지 확인한다. 홈통은 이물질이나 먼지가 끼었는지 확인한다.

보루각루의 운전 주기는 온 하루(십이시) 동안이며, 오정 초각[한국표준시각 12:00]에 운전을 시작하여 다음 날 오정 초각[한국표준시각 12:00]까지 운전하여 십이시와 경점을 계시 · 보시하면 시간측정은 일단 끝난다.[15] 운전을 위한 준비와 운전 중 필수 점검 항목을 앞서 제시한 그림을 참조하면서 설명하면 다음과 같다.

2) 운전

(1) 오정 초각(한국표준시각 12:00) 신호에 따라 계시를 시작하려면 오정 초각에 그림 3-6C에 보인 파수호 흐름관 마개를 열어 비워둔 수수호에 물을 주입하기 시작한다.

(2) 수위가 증가함에 따라 부전이 안정적으로 상승하는지 확인하고, 매 시간마다 상승한 부전의 눈금을 기록한다. 매 시진마다 부전 머리가 방목에 수납한 소환을 제대로 방출시키는지 확인한다.

(3) 방목에서 방출된 소환이 자격장치 M-3로 안전하게 이동하는지 그림 3-20B에

15 세종 때 개발한 일성정시의를 사용하여 서울의 정오를 결정하려면 동경 127도 30분을 지나는 서울의 지방시를 측정하면 된다.

보인 함지박과 통로 M-2를 점검한다.

(4) M-4의 12시, 경점 동통에 소환이 추락한 다음 열린 구멍이 제대로 닫혔는지 확인한다.

(5) M-4의 동통 밑에 놓인 대환 저장기 좌격에 그림 3-28B에 보인 시환 12개, 중격에 그림 3-28A에 보인 경환 5개, 우격에는 점환 20개가 제대로 방출되었는지 확인한다.(그림 3-40 참조)

(6) 매시마다 그림 3-40A에 보인 M-4의 좌격에서 방출된 시환이 M-5 상단에 걸린 단통을 통과하여 그 밑에 놓인 기시에 추락하여 M-3 상층에 배열한 사시司時 목인의 팔꿈치를 촉발하여 종이 울리고, 이어서 시패를 잡은 12보시 목인이 교대되는가를 확인한다. 아울러 그림 3-40D와 E에 보인 원주통 하단에 설치한 소판이 열려 대환[전환]의 방출상태를 확인하기 위해 대환이 수거함에 들어갔는가를 확인한다. 12시 보시가 끝나면 손잡이가 달린 목재 수거함 안에는 대환이 12개가 들어 있어야 한다. 그림 3-40은 M-4의

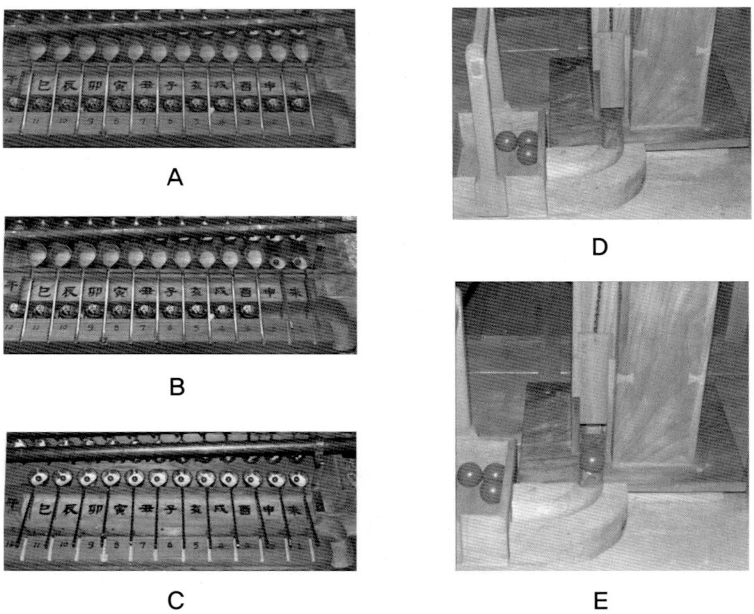

그림 3-40. 새로운 운전 중의 소환-대환 중계기 M-4의 소환-대환 작동 상태

A. 운전 준비 상태로서 저장기 안에 시환 12개 안치 **B.** 신시의 좌격 상태. 시환 두 개 방출 **C.** 하루 경과 후의 좌격의 12개 시환 방출 **D.** 수거함에 시환 3개 수거 **E.** 유시가 지나서 소판이 열리고 유시 시환 방출

대환 저장기와 수거함의 상태를 사례로 보인 것이다. A는 운전 준비가 된 M-4의 대환 저장기 상태로서 기시 원단은 비어 있으며, 좌격에는 시환 12개가 안치되었다. 현재 시각은 오시이다. 이때 수거함은 비어 있다. B는 미시가 지나 신시 목인이 시패를 전시하고 있는 상태이며, 이때 수거함에는 두 개의 전환 곧, 오시와 미시 시환이 들어 있어야 한다. C는 하루가 경과하여 대환이 모두 방출되고 기시 원단에는 소환 12개가 들어 있다. 이때 숟갈총은 모두 들려 있다. 수거함에는 12개 시환이 들어 있어야 한다. D와 E는 M-5 원주통에 설치한 소판이 열려 전환이 방출되어 수거함에 모이는 상태를 보인 것이다. D에 보인 수거함의 시환 세 개는 오, 미, 신시가 지나고 유시 시패를 전시하고 있음을 나타낸다. E는 유시가 끝나 술시를 알리는 종이 울린 다음 유시 시환이 방출되고 있음을 나타낸다. 새로 운전을 시작하려면 먼저 기시 원단을 누르고 있는 12개 소환을 수거하여 방목에 수납하고, 수거함에 모인 12개 시환을 A와 같이 저장기에 재배치해야 한다.

(7) 매 경마다 M-4의 중격에서 차례대로 방출된 1, 2, 3, 4경용 경환 4개가 차례대로 M-6의 직소통에 추락하여 각각 좌원주에 설치된 1, 2, 3, 4경 기시를 작동시켜 사경司更 목인이 매 경의 숫자대로 북을 울리고, 이어서 매 경마다 대환은 좌방주를 거쳐 우원주 좌측에 설치한 초점기시를 작동시켜 사점司點 목인이 징을 1회씩 울리는가를 확인한다. 그리고 좌방주 직소통마다 경환이 들어 있는가를 점검한다. 5경 대환은 앞선 절차를 거쳐 북을 5회, 징을 1회 울리고 좌방주 직소통에 머물고 있는 앞서 4개의 대환과 함께 방출통으로 배출되어야 한다. 따라서 좌방주 방출통 5개에 각각 대환이 하나씩 들어 있는가를 점검한다.

그림 3-41은 M-4의 중격에 저장한 경환과 우격에 저장한 점환이 시간의 경과에 따라 방출된 상태와 M-6의 상태를 보인 것이다. A는 1경 경환이 방출된 상태이다. B는 5경 3점이 지난 상태이다. 기시 원단에는 23개의 소환이 기시를 누르고 있어 숟갈총이 들린 상태이다. C는 모든 경점환이 방출되어 기시 원단에 25개의 소환이 기시를 누르고 있다. 5경5점이 지난 상태이다. D는 운전이 시작되기 전 M-6의 "ㄩ"자형 경환 수거통과 "ㄇ"자형 점환 방출통 밑에 놓은 4단 선반이 모두 비어 있는 것을 보여준다. E는 5경 1점이 지나서 "ㄩ"자형 경환 수거통에 경환 5개가 수거되었다. A에서 방출된 1경부터 5경 경환 5개는 E의 맨 위의 "ㄩ"자형 경환 수거통에 한꺼번에 방출되었다.

(8) 매 경의 2, 3, 4점마다 M-4 우격에서 차례대로 방출된 점환이 M-6 직소통에 추락하여 각각 우원주에 설치된 1, 2, 3, 4점 기시를 차례대로 작동시켜 사점 목인이 점의 숫자대로 징을 울리는가를 점검하고, 이어서 좌방주 직소통마다 점환이 들어 있는가를

확인한다. 이어서 5점 대환이 5점 기시를 작동시켜 사점신이 징을 5회 울리면 5점 대환은 앞서 직소통에 들어 있는 2, 3, 4점 대환과 함께 방출되어야 한다. 따라서 이 4개 대환은 방출구 밑에 놓인 4단 선반의 1단부터 4단까지 하나씩 한꺼번에 채운다. 이와 같은 과정은 오경 동안 5회 반복되어 선반마다 5개씩 채워졌는가를 점검한다. 그림 3-41E에서 5경 1점이 지나서 "ㄇ"자형 점환 방출통 밑에 놓은 4단 선반에 매 단마다 네 개씩 점환이 수거되었다. 나머지 5경 2, 3, 4, 5점이 지나면 4단 선반에 각각 다섯 개씩 20개가 들어 있게 된다. 곧, C에 보인 바와 같이 경점기 작동은 완료된 상태가 된다. 새로 운전을 하려면 먼저 기시 원단을 누르고 있는 25개 소환을 수거하여 방목 경점 동판 수납통에 다시 저장하고, 대환은 D의 좌원주 밑에 보이는 수거통에 담아서 M-4에 재배열한다. 새로운 계시를 위해 비워둔 수수호에 물을 주입할 준비를 하고, 사용한 수수호의 물을 배수해 둔다. 이리하여 새로운 계시와 보시를 위한 절차가 준비된다.[보루각루 창제와 복원 · 제작, 작동 동영상은 YouTube, 영상한국사 I 078 장영실과 자동 시보 물시계자격루, 그 원리와 복원/KBS 역사저널 그날(2019. 05. 16.) 등 참조]

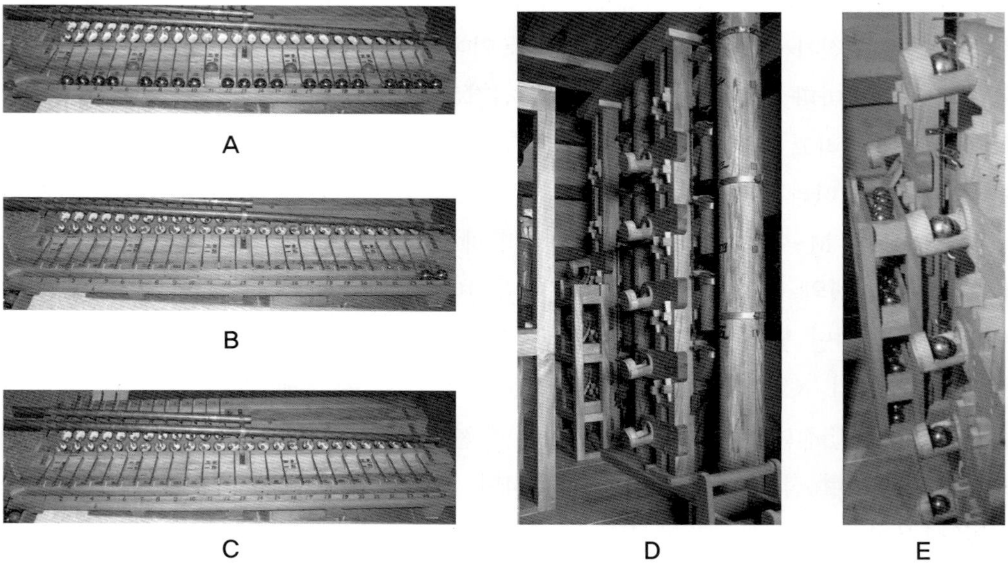

그림 3-41. 운전 전후의 소환-대환 중계기 M-4와 경점기 M-6

A. 1경환이 방출된 중격 **B.** 5경 3점 경과 후의 우격 상태. 5경 4, 5점환이 남아 있다. **C.** 5경 5점이 경과하여 중격과 우격의 대환이 모두 방출되고, 25개 소환이 기시 원단을 누르고 있다. **D.** 새로 운전을 시작하기 전의 M-6 상태. "ㄩ"자형 경환 수거통과 "ㄇ"자형 점환 방출통 밑에 놓은 4단 선반이 모두 비어 있다. **E.** 5경 1점이 경과된 후의 "ㄩ"자형 경환 수거통에 5개, "ㄇ"자형 점환 방출구 밑에 놓은 4단 선반에 16개 점환이 수거된 상태

3.8.3. 계시와 보시 성능에 미치는 요인

1) 계시 성능

(1) 물시계의 계시 결과

계시 정밀도를 평가하기 위해 소파수호 주입 유량을 8분당 811.77밀리리터, 대중소파수호의 초기수위는 각각 560밀리미터, 235밀리미터, 20밀리미터, 오리피스 노즐 지름 1.7밀리미터, 2.0밀리미터, 2.2밀리미터로 설정하여 다음과 같은 결과를 얻었다. 매 시진당 계시오차는 17초였으며, 12시진 동안에는 200여 초로서 3, 4분 오차가 예상되었다. 이와 같은 오차는 초기수위 설정값을 약간 변화시켜 줌으로써 1분 이내로 개선시킬 수 있는 측시 오차로 평가된다.

(2) 계시 정밀도에 미치는 요인

① 수수호 안지름의 균일성: 물시계를 가동하여 한 시진 동안 수수호에 유입되는 유량을 산출하기 위해 먼저 수수호 안지름의 균일성을 점검한 뒤 한 시진 동안 상승하는 잣대 눈금과 유량을 계량하였다. 수수호를 주조한 뒤에 이미 그림 3-11C에 보인 바와 같이 내부 표면의 균일성을 조사하고 누수 시험을 했다. 그러나 내부에 존재할지도 모를 기포氣泡나 미세한 금이 가서 균열된 것을 조사하기 어려웠기 때문에 시험 운전 전에 잣대에 새긴 한 시진 눈금에 도달하는 물의 부피를 측정하여 균일성을 조사하는 간접적인 방법을 채택하였다. 측정한 잣대의 눈금 값을 바탕으로 안지름을 계산하고, 12시진(온하루) 동안에 필요한 유량을 계산하여 소파수호 방출량을 계산하였다. 안지름은 320.84밀리미터 부분이 가장 많아 고른 편이었으며, 몇 군데서 이 값을 벗어나는 곳이 있었으나 평균 321.57밀리미터로서 매우 고른 편이었다. 한 시진 당 부피는 12121.21밀리리터가 가장 많았으며, 평균은 12176.56밀리리터로서 큰 편차를 보이지 않았다. 수수호는 전체 높이가 2,250, 실효 높이 1,800밀리미터로서 아마 물시계 역사상 가장 큰 시간 계량호로 추정된다. 명대 동호적루 수수호의 두 배가 넘는다. 이것은 계량 오차를 최소화하면서, 아울러 표면에 돋을새김한 운룡의 기상을 극대화하기 위해 대형화한 것으로 보인다. 수수호 내부표면이 유리처럼 고르지 않아서 발생한 불균일성에 따른 오차는 당연히 계시 결과로 나타났음을 알 수 있다.

② 소파수호 수위변화: 보루각루의 누각법은 대파수호에 저장한 물을 중파수호로

흘려보내서 수압을 조절한 물을 다시 소파수호로 보내서 거기서 일정한 유량을 수수호로 주입하는 유입식流入式(inflow-type) 부전루浮箭漏다. 이것은 부표를 띄운 수수호에 물을 주입하여 잣대를 띄우는 유입식 물시계를 말한다. 이 방식은 소파수호 안에 무넘기 구멍을 뚫어 이것을 넘는 물을 배수함으로써 항아리 안의 수위를 항상 일정하게 유지시킨다.[16] 따라서 일정한 유량이 수수호에 유입됨으로써 수위가 균일하게 증가하고, 이에 따라 그 위에 띄운 부표가 균일하게 떠오름으로써 잣대도 균일하게 떠오른다. 이런 물시계를 "일류 평수 보상 혼합형 부전루溢流平水補償混合型浮箭漏"라 한다. '일류평수보상혼합형'이란 대중소 파수호를 각각 저수, 보상, 평수 기능을 갖도록 대파수호의 물을 유출하여 중파수호로 유출하고, 다시 이것의 물을 소파수호로 유출시키고 마지막으로 소파수호의 물을 수수호로 유입하는 과정에서 유량을 조절하는 방식을 말한다. 대파수호에 저장된 물은 그 밑에 위치한 중소파수호보다 수압이 높아 그대로 수수호로 주입하지 못하고, 1차적으로 중파수호에 흘려보내면서 물이 가진 에너지, 수압, 속도 등을 낮춰 수위 증가를 더디게 해 준다. 이것을 다시 소파수호로 보내면서 수위 증가가 더욱 완만하게 하여 수면의 교란이 적어지도록 해 준다. 이때 대파수호의 물을 받아 그것보다 수위를 낮추면서 증가율을 완만하게 하면서 소파수호에서 줄어드는 유량을 보상해 주므로 중파수호를 '보상호補償壺(compensating vessel)'라 부른다. 중파수호에서 흘려보낸 물은 소파수호로 모여 수수호로 주입되는데 이 과정에서 수위를 매끈하게 유지하여 거울표면처럼 균일하게 만드는 것을 '평수'라 한다. 일명 소파수호를 "평수호constant-level vessel"라 한다. 따라서 수면을 균일하게 유지하기 위한 수단 가운데 하나가 정해진 수위를 넘는 물을 밖으로 배출하는 무넘기overflow 방식이다.[17] 따라서 설정한 수위를 넘는 물을 소파수호 밖으로 배출하는 방법의 하나로 저자는 앞서 항아리 안 벽면에 구멍을 뚫어 그림 3-17C에 보인 것과 같이 여기에다 흐름관을 꽂았다. 그리고 내부 구멍에는 그림 3-17D에 보인 것과 같이 무넘깃둑을 부착하였다.(3.2.6항 파수호 설치 참조) 앞서 관찰을 통하여 유입 유량이 거의 일정한 상태에서 수위변화가 적었음을 확인하였으며, 이것은 무넘깃둑이 수위 유지에 크게

16 수력학에서는 이러한 방식을 일정 수두水頭(constant head)라 한다. 고대 동아시아 물시계는 대부분 이 방식으로 일정 유량을 계량호(수수호)에 주입하여 시간을 측정하였다.

17 이것은 벼를 심는 논에 물을 배출하는 물꼬에 둑(무넘깃둑)을 쌓아 이것을 넘는 물을 배수하는 원리와 같다. 조선시대 조정원로가 퇴임하여 귀향할 때 임금이 선사하는 지팡이[궤장几杖]은 끝에 네모난 철판을 붙였는데 이것으로 무넘깃둑의 높이를 조절하라는 뜻이라고 한다.

기여하였기 때문으로 밝혀졌다.

③ 물시계의 관리: 중소파수호의 수위는 대파수호에서 공급되는 유량, 유속, 온도 등과 밀접한 관계가 있다. 물시계는 파수호의 수위, 수온, 수질, 흐름관, 관리 방법 등 주위 환경과 운용 방법에 민감하여 시간 오차가 발생한다. 1464년(세조 10년)에 어정御井이 오염되자 보루각 물시계 급수원인 금루정禁漏井을 어정으로 삼았다는 기록으로 보아 이 우물은 수질관리를 철저하게 한 것으로 보인다.(세조/33/10/5/29/辛巳) 따라서 이와 같은 항목에 대한 운용 지침을 만들어 준수하고, 기계를 설치한 공간이 항온, 항습 기능을 유지할수록 계시 정밀도가 높아진다고 하겠다. 특히, 유량에 영향을 끼치는 파수호 흐름관과 오리피스 노즐, 소파수호 무넘깃둑과 출수관 등에 낀 이물질은 유속에 큰 영향을 끼친다.

세종 대에는 한양의 자오선(경선經線) 통과 시각을 표준으로 삼아 물시계를 교정하였다. 따라서 이 시각은 해시계인 일영의日影儀나 주야측후기 일성정시의日星定時儀로 관측하였다. 지구 회전축의 경사로 인해 오정(정오, meridian hour)는 매일 조금씩 달라진다. 따라서 태양시를 사용하던 시절에는 오히려 오정 초각을 기준으로 매일 물시계를 교정·가동함으로써 계시기 오차가 누적되는 것을 일정부분 피할 수 있었다. 그러나 흐린 날이 계속되면 사실상 오차를 보상할 방법이 없어 오차가 누적되었을 것이다. 그러나 사용 중인 수수호로 오초 4각을 측정하여 곧바로 오정 초각부터 비워둔 수수호를 가동할 수 있었기 때문에 오차가 누적되는 것을 예방할 수 있었을 것이다. 이것이 수수호 두 개를 사용한 방법의 장점이다. 일성정시의를 이용하여 자정에 북극성의 위치를 찾아내어 시간 오차를 알아낼 수도 있었을 것이다. 당시에도 금루관들은 시간 오차를 보상하여 물시계의 정밀도를 높이기 위해서 앞서 언급한 파수호의 수위, 수온, 수질, 흐름관, 관리 방법 등 주위 환경의 개선에 노력을 경주하였을 것이다.

2) 보시 성능에 미치는 요인

자격장치의 보시 성능은 물시계로 계시한 시간을 유지하는 능력이라 할 수 있다. 따라서 계시 결과가 보시 말단기구인 목인의 팔에 전달되어 시보음을 내거나 시패를 전시하는 데 걸리는 시간은 물시계에서 말단까지 거리에 비례한다. 이것은 대략 20초 내외다. 이것은 주로 기계적 시간 지연 때문에 발생하는 시간이다.

수수호에서 상승하는 잣대머리가 방목 동판기구에 저장한 소환을 방출한 시점부터 사시 목인의 팔이 작동하여 종을 울리고 동시에 시패를 잡은 보시 목인이 교체되어야 한다. 마찬가지로 사경 · 사점 목인도 마찬가지로 작동해야 한다. 첫째, 방목에서 낙하하는 소환을 안전하게 함지박에 추락시킨 다음, 신속하게 여기를 빠져나와 목재로 만든 통로 M-2를 신속하고 안정적으로 통과하여 M-3에 설치한 M-4의 동통으로 굴러 들어가도록 해야 한다. 둘째, 소환이 동통 구멍기구에 추락하여 M-4의 대환 저장기 기시원단을 눌러 저장된 대환을 방출시켜 각각 시기 M-5, 경기와 점기 M-6을 작동시켜야 한다. 이리하여 연접봉이 위로 돌출하면서 목인의 팔꿈치를 촉발하여 팔뚝을 운동시켜 종추, 북채와 징채가 각각 종, 북, 징을 울리고, 평륜에 배열한 12 보시 목인을 교대시켜야 한다. 곧, 잣대머리가 방목 동판에 설치한 수납통에서 소환을 방출시키는 시보 시점부터 보시 음이 발생하고 시패가 전시되기까지는 짧지 않은 시간이 소요된다. 이와 같이 기구와 기계 간에 크고 작은 구슬의 이동시간 곧, 기계적 시간 지연이 짧을수록 시간 유지 성능이 우수하다고 말할 수 있다.

크고 작은 구슬이 이동하는 시간은 다음과 같은 기구와 기계 간의 거리에 따라 증가한다. 첫째, 잣대가 방목 안에서 상승하는 거리 1,800밀리미터 사이에 설치한 12시용 소환 수납통 12개, 경점 동판 하단에서 상단 900밀리미터를 중심으로 상하로 설치된 25개의 오경 25점 수납통에서 소환이 낙하하는 거리와 시간도 미세하지만 동일하지는 않다. 둘째, 방목에서 방출된 소환을 받는 함지박과 소환 이동통로는 1,500밀리미터이며, 함지박에서 통로로 진입하는 시간도 짧지 않다. 셋째, 소환-대환 저장기 M-4에서 M-5의 명종기까지 거리는 최대 1,600밀리미터이다. 또한 명종기를 작동시킨 12시 대환이 평륜을 작동시키려면 다시 2,000밀리미터 정도를 나선형으로 이동하여야 한다. 이것은 종이 울린 시각과 전시 중인 목인이 하강하고 새로운 목인을 대기시키는 데 필요한 3초 정도의 시간을 유예猶豫하기 위한 이동거리이다. 넷째, 경점 소환이 M-4에서 동통을 이동하여 대환을 방출시켜 경점기 M-6이 동작하기까지 경로 길이는 최대 3,000밀리미터에 이른다.

앞서 제시한 바와 같이 잣대에 나타나는 계시 시간과 보시장치 말단인 종, 북, 징과 시패로 보시하는 시간 사이에는 이와 같은 기계적 요인으로 틈[간극間隙]이 생긴다. 이를 앞서 언급한 바와 같이 기계적 시간 지연이라 한다. 이것은 마치 인간이 이동하는 물체를 인식하여 시신경이 두뇌를 거쳐 안구 신경-근육계를 자극함으로써 안근眼筋이 수축 · 이완하면서 안구를 운동시키는 데 소요되는 대략 0.25초의 반응시간reaction time(RT)과 비슷한 개념이다. 또한 세면기에서 온수 보일러의 물을 사용할 때 냉수가 나오다가 한참 뒤에 온수가 나오는 것과 같다. 이런 지연 현상은 전기 시스템에서는 거의 없다.

시보에 필요한 기구는 구리구슬, 쇠구슬, 청동, 목재 등 여러 가지 재료를 사용하여 기계적인 부품을 구성하였으므로 온도와 습도 변화, 진동, 열화 등으로 부품이 변형되거나 티끌 등 이물질이 끼지 않는 한 비교적 안정성을 유지한다고 할 수 있다. 그러나 쇠로 만든 대환이 기구를 작동시키면서 발생하는 충격에 따라 진동이 발생할 우려가 있다. 소환 이동통로 M-2, M-4의 동통과 대환저장기는 경사로이므로 경사도가 중요한 요인이 된다.

3.9. 맺음말

『세종실록』에 기재된 「보루각기」를 역주하여 6개의 모듈로 구성한 보루각루는 조선조 초기의 계시제도에 따른 계시와 보시 기능을 갖춰 원형대로 복원하였다. 물시계 누기인 대중소 파수용호 네 개, 수수용호 두 개는 1536년에 제작한 국보 제229호 창경궁 자격루 유물을 복제하고, 유실된 부품을 복구하여 격일 교대로 계시할 수 있는 기능을 복원하였다. 계시 성능은 흐름관에 삽입한 오리피스 노즐 지름, 파수호의 수위, 수온, 수질, 관리 등 운전 조건에 따라 일정하지 않았으며 변화를 보였다. 「보루각기」에 따라 잣대 눈금 간격을 세밀하게 나눠 1각을 12등분하여 1분당 최소 1.5밀리미터를 확보함으로써 정밀 측정이 가능하였다. 계시 오차는 하루에 1분 내외로 줄일 수 있다는 것이 확인되었다. 이런 결과는 조절호[소파수호小播水壺]에 무넘깃둑을 설치하여 수위를 일정하게 유지함으로써 시간 계량용기[수수호受水壺]에 일정 유량을 주입할 수 있었기에 가능하였다. 무넘깃둑은 종래 무넘기 방식을 개선하여 새로 고안한 것이며 탁월한 평수기능을 발휘하였다. 잣대[부전浮箭]의 실효 길이를 1,800밀리미터로 설정할 수 있도록 대형화된 수수호의 크기는 계시 오차를 최소화할 수 있도록 고안된 것임이 밝혀졌다. 계시 결과로 시보 시점마다 방목에서 소환이 방출되는 시간과 자격장치에서 시보음이 발생하는 보시에 소요된 시간은 20초 내외였으며, 개선의 여지가 있다. 이런 시간 지연은 방출된 소환이 이동하는 함지박-소환통로, 소환-대환 중계기의 동통과 대환저장기의 경사도, 시기와 경점기에 설치된 통로의 길이와 경사도, 시기와 경점기의 구성부품의 형태에 따라 차이가 발생하였다. 시보 시점마다 잣대에 의해 방출된 계시정보를 가진 소환은 소환-대환 중계기에서 대환으로 전달되어 대환의 방출로 보시를 위한 동력으로 변환된다. 대환은 동력전달장치인 시기와 명종기에 입력되어 종, 북, 징을 울리는 목인의 팔을 작동시킴으로써 보시 신호를 발생시키지만 보시 신호는 지연된 계시정보이다. 계시와 보시에서 발생하는 물리적 시간 지연은 불가피한 것이지만, 앞서 언급한 소환과 대환의 이동 통로의 최적화 설계로 문제를 해결할 수 있음을 확인하였다. 소환과 대환이 이동하는 물리적 거리는 공간적이므로 통로설계에서는 1차적으로 이동에 따른 안정성, 안전성 그리고 신속성을 고려해야 한다. 사시 목인이 종을 울리는 명종기와 12개의 보시 목인이 시패를 전시하는 보시기로 구성된 시기는 대환 하나가 두 가지 동작을 해 주는 기구와 연계된 하나의 기시를 작동시킴으로써 신속하게 수행되었다. 명종과 동시에 보시 목인의 하강/상승 운동은 목인 발밑에 부착한 철륜과 경사진 동판으로 구성한 탈진기에 의해 완벽하게 작동함을 확인하였다. 경점기의 직단통과 사관소통, 그리고 직소통에 부착한 연잎은 통로의 요건들을 충족시켜 시간 지연을 최소화시키는 데 기여하였다. 경점기의 최하지기는 점기의 기능을 자동화하는 데 필수적인 기구이다. 세종이 이름 지은 "자격궁루"라는 이름에 걸맞게 저절로 울려서 보시하는 자동화 장치가 핵심이며, 이 가운데서 개폐기와 되돌림 기구는 핵심적인 역할을 한다는 것이 입증되었다. 계시와 보시 성능을 개선하기 위해서는 매뉴얼을 준수하고 지속적인 관리와 정기적인 보수가 뒤따라야 한다.

[앞의 복원 · 제작 사업은 문화재청(청장 유홍준俞弘濬)이 발주하여 2004년 12월 9일에 건국대학교(총장 정길생鄭吉生) 산학협력단(단장 정선호鄭善浩)과 용역계약(연구책임자 남문현南文鉉)이 체결되어 2004년 12월 16일에 착수하였다. 계약내용은, 과제명: 자격루 복원 · 제작, 계약번호: 서울지방조달청 120423559-00, 수요기관: 문화재청 국립고궁박물관, 용역기관: 건국대학교 산학협력단, 책임자: 남문현, 계약기간: 2004. 12. 09.~ 2005. 12. 10.]

부록

부록에서는 본문에서 밝히지 않은 관례에 따른 의식 가운데 상량식과 「자격루 복원기」 수장식, 인수인계식을 소개하고, 자격루 재현 행사를 보도한 문화재청 보도자료, 자격루 복원 소감, 자격루 복원에 관심을 갖고 과정을 보도한 신문기사, 저자의 복원연구를 후원한 분들의 자격루 관람, 복원연구 주역들을 소개한다.

1. 상량식과 「자격루 복원기」 수장식(국립고궁박물관, 2005. 12. 1.)

공사 진척에 따라 관례대로 도편수가 주관하여 상량식上樑式을 갖고 「자격루 복원기」를 수장收藏하는 의식을 공사현장에서 거행하였다. 연구책임자인 저자는 다음과 같이 경과보고와 아울러 인사말을 하였다.

1.1. 경과보고

"자격루 복원 · 제작" 사업은 조선왕조 세종 15년(1433년)에 세종의 성지를 받들어 행사직 장영실蔣英實이 발명한 자격궁루를 다음 해인 세종 16년(1434년) 7월 1일부터 국가의 표준시계로 반포한 보루각루報漏閣漏를 복원 · 제작하는 과제이다. 이 사업을 위하여 건국대학교(총장 정길생鄭吉生) 산학협력단(단장 정선호鄭善浩, 연구책임자 남문현南文鉉)은 2004년 12월 9일 서울지방조달청과 자격루 구매계약을 체결하고 2004년 12월 16일부터 과제수행에 착수하였습니다. 2004년 12월 22일 사업설명회를 개최하여 자문위원회를 구성하고 위원장에 정재훈 한국전통문화대학교 석좌교수를 선출하고 제1차 자문회의를 개최하였다. 이 회의의 결정에 따라 제작을 감리할 감리단과 고증자문단(자문위원과 초빙 전문위원 포함)을 구성하였으며, 전통문화 복원전문가들을 초빙하여 사업설명회를 개최하였다. 감리단은 1997~1998년 문화재관리국이 발주한 '보루각 자격루 설계용역'을 주관했던 건국대학교 한국기술사연구소의 연구원을 주축으로 하고 여기에 사단법인 자격루연구회의 전문가들을 참여시켜 구성하였다. 또한 고증자문단은 자격루 제작시방서에 명시된 대로 천문학, 과학사, 시계학, 한국사, 제어계측, 기계기구학, 한국건축, 문화재 전문가 등 사계의 권위자들과 수시로 이들의 활동을 보조하도록 초빙한 각 분야의 전문가들로 구성하였다. 또한 제1차 자문회의에서는 시간을 알리는 보시신報時神 가운데 12지신상은 조선조 초기의 유물을 바탕으로 제작하기로 하고, 동구릉의 건원릉과 현릉, 청계천 광통교 복원 현장을 답사하여 조선 초기의 왕릉 석조물에 부조된 12지신상의 양식을 조사하는 한편, 고려 공민왕릉 자료를 수집하여 제2차 자문회의에 보고하기로 하였다.

제2차 자문회의에서는 조선 초기 12지신상의 조사 자료를 정리하여 보고하고, 수요기관인 문화재청 궁중유물전시관(국립고궁박물관으로 개편)의 '과업내용서'와 '자격루 제작 시방서'에 따라 사업추진 일정 및 복원 방법의 대강을 결정하였으며, 국보 제229호 보루각 자격루를 시찰, 유물의 현황을 관찰하고 제작을 위한 유물복제와 누기漏器의 조성성분 조사에 대하여 논의하였다.

2005년 1월에 들어서 서울지방조달청으로부터 선급금을 지급받아 실행예산을 편성하고 제3차 자문회의에서 수요기관의 관계자(관장 소재구蘇在龜, 자격루복원사업담당 서승우徐昇佑), 제작업체 대표들이 참석하여 실행예산을 심의하여 확정하였다. 이 회의에서는 전시용 자격루와 아울러 교육용 자격루를 제작하기로 하고 그간 전통문화유산 보전과 수리제작 실적 등을 바탕으로 자격루 제작을 맡게 될 업체를 선정하여 물시계 누기는 범종제작 전문 업체 성종사聖鍾社, 물시계 부품 및 시보장치는 여진미술관, 로반금속공예, 연리지불교공예사, 교육용 자격루의 누기는 경기과학이 맡도록 선정하였다. 이리하여 자격루 제작 사업이 개시되어 예산집행에 들어갔다.

과제수행에 착수한 이래 과제의 세부내용과 수행일정 설명, 자격루 작동모델 시범을 통한 제작업체의 교육과 '과업내용서'에 따라 제1차 해외 학술자료조사로 2005년 1월 29일부터 2월 4일까지(6박7일) 중국지역, 제2차 해외 학술자료조사로 2월 14일부터 18일까지(4박5일) 일본지역에서 관련 자료를 관찰하였다. 관례에 따라

3월 5일에 한국기술사연구소가 과학기술처로부터 용역을 받아 1996~1997년에 개발한 보루각 자격루 모델을 시보장치 주 제작사인 연리지불교공예사로 옮겨 놓고 도편수 이광복 님이 주관하여 시공식施工式을 가졌다. 이 사업의 연구책임자로서 저는 공사가 착수된 것을 축하드리며, 참여자들의 협력으로 역사적인 사업이 순조롭게 추진되기를 당부하였다.

앞서 자료 관찰성과를 평가하고 제작업체들의 사업 진행상황을 점검하기 위하여 3월 18~19일에 제1차 자격루복원 세미나를 개최하고, 제작업체의 작업현장을 답사하였다. 3월 24일부터 국보 제229호 복제와 조성성분 조사에 착수하였다. 이리하여 물시계와 자격장치의 시제품 제작과 감리원의 지도와 교육에 따라 시보장치 부품제작과 시험이 이루어졌다. 5월 17일에는 중간결과 점검과 애로사항 논의, 향후 일정 논의를 위해 감리단, 제작업체, 수요기관이 합동으로 회의를 개최하였다. 5월 말에는 국보 제229호 조사에 대한 결과보고회를 개최하였다. 물시계 누기는 조사결과에 따라 구리 85% 이상, 주석 12~13%, 납 2~3%로 시험주조하기로 하고 밀납 주조법을 활용하여 거푸집을 만들어 주조하도록 지시하였다. 6월 21일에 강릉 소재 토담목조주택에서 물시계 받침대와 설치대, 자격장치 제작용 목재의 제재와 건조 상황을 점검하고, 국립고궁박물관의 전시실을 배정받아 기존의 설계를 수정하는 물시계와 자격장치의 설계변경에 착수하였다.

과제 추진 일정의 반이 되는 시점인 7월 13일에 누기 주조 작업의 성공과 안전을 기원하는 고천식告天式을 성종사 진천 공장에서 거행하였다. 7월 중순에 제2차 자격루복원 세미나와 제4차 자문회의를 개최하고, 성종사 공장에서 누기의 시험주조 결과를 평가하여 본 주조 시의 작업요령을 제시하였다. 7월 말에 12지신 제작설계를 위해 세종대왕기념사업회 소장 구영릉 문관석을 조사하고 12지신 도안의 바탕으로 사용하기로 하였다. 자료조사를 위하여 춘천시 조각공원 내에 설치한 물시계를 시찰하였다. 또한 8월 16일에 제5차 자문회의를 파주 연리지불교공예사에서 개최하고, 시보장치 시제품의 시연을 견학하였다. 회의에 앞서 덕수궁의 국보 제229호 앞에서 누기 시제품을 평가하는 회의를 개최하였다. 이 회의에서는 12지신,

자격장치 궤의 문양, 자격루종, 북과 징의 제작, 자격장치 궤와 물시계 설치대 제작에 사용할 목재 제재와 건조, 치목에 대한 유의사항을 심도 있게 논의하였다.

물시계와 자격장치의 제작이 본궤도에 올라 11월 3일부터 박물관 전시실에 설치공사가 시작되었다. 같은 날 전시용과 교육용 자격루의 전시방안을 논의하기 위하여 제6차 자문회의를 개최하고 전시장을 답사하고 자재 반입현황을 확인하였다. 이 회의에서는 전시실에 적절하게 복원품을 설치하고 인근에 전시장을 마련하여 규모에 적합하게 교육용을 설치하기로 하였다. 교육용은 자격루의 원리와 기능을 알려 줄 수 있는 수준에서 전시공간을 마련하기로 하였으며, 이에 대한 계획은 박물관 측에서 마련하기로 위임하였다.

1.2. 인사말씀

보시는 바와 같이 자격루의 설치가 착착 진행되고 있으며, 오늘 상량과 「자격루 복원기」 수장식을 갖게 되었습니다. 이상으로 경과보고를 드리며 아울러 간단히 인사의 말씀을 올리겠습니다.

제가 보루각 자격루를 복원하려는 시도는 1988년 서울 올림픽 때로 거슬러 올라갑니다. 당시 문화재관리국의 정재훈 국장님의 배려로 국보 제229호 보루각 자격루를 복제하는 일에 착수하여 성종사 원광식 님을 비롯하여 여진미술관 이진형 님 삼양정밀 정봉룡 님 등을 초빙하여 사업에 착수하였으나 중도에서 사업이 중단되어 결실을 보지 못하였습니다. 1993년 건국대학교는 한국기술사연구소를 설립하고 자격루를 비롯한 전통과학기기 연구에 착수하여 1994~1995년도에 과학기술처로부터 전통과학기기 복원기술 개발연구 용역을 받아 자격루의 작동모델을 개발하고, 이를 바탕으로 1997~1998년도에 문화재관리국은 '보루각 자격루 복원 실시설계'를 한국기술사연구소에 의뢰하였습니다. 복원 · 제작에 착수한 것은 앞서 말씀드린 대로 작년(2004년)에 궁중유물전시관이 발주하여 오늘에 이르렀습니다.

그동안의 연구를 바탕으로 막상 복원 제작에 착수하였으나 오리무중을 헤매는 정도로 난관이 많았습니다. 이러한 어려움을 헤쳐나가도록 후원해 주신 국립고궁박물관 소재구 관장님을 비롯한 전시홍보과장 김연수 님, 자격루복원사업 담당자 서승우 님, 건국대학교 산학협력단장 정선호 교수님께 감사의 말씀을 드립니다. 사업의 방향을 지도해 주신 자문위원장 한국전통문화대학교 정재훈 교수님을 위시한 자문위원 박종국(세종대왕기념사업회 회장, 세종학), 나일성羅逸星(연세대, 천문학), 이태진李泰鎭(서울대, 한국학술단체총연합회 회장, 국사학), 이건무李健茂(국립중앙박물관 관장, 청동기학), 염영일廉永一(포항공대, 기구학), 강신구姜信龜(과학기술단체총연합회 부회장, 과학언론), 손욱孫郁(국가과학기술자문위원회 위원, 기계공학), 정동찬鄭東燦(국립중앙과학관 학예관, 겨레과학) 님, 전문위원 이명희李命熹, 이오희李午熹 님, 김규호金奎虎(공주대, 문화재학), 박장식朴長植(홍익대, 금속학), 임영미(동덕여대, 의상학) 교수님, 서예가 정도준鄭道準(紹軒書室) 박사님, 해외협력위원 강성모姜城模(미국 University of California, Santa Cruz 공대학장, 전 한국과학기술원 KAIST 총장), 고천기일랑古川麒一郎(元東京大學教授), 황천문생荒川文生(日本GEI Co.), 좌좌목승호佐佐木勝浩(日本國立科學博物館 理工學部長), 오촌수사奧村守司(日本 儀象堂 館長), 왕유생王谕生(中國科學技術館 館長), 진개가陳凱歌(中國蘇州天文儀器研究中心 主任), 오용섭吳龍燮(中國 北京, 漢語通譯) 님, 오늘의 상량식을 갖게 해 주신 도편수 이광복 님, 제작을 맡아주신 성종사 원광식 님과 여진미술관 이진형 님, 연리지불교공예사 이남형 님, 로반금속공예 최교준 님, 교육용 물시계를 만들어 주신 경기과학 엄재용 님, 유기 제품을 만들어 주신 납청유기촌 대표 이봉주 님, 대한민속악기사 김관식 님, 옥석장 김영희 님, 한송옻칠공방 박성규 님, 최상의 자재를 공급해 주신 강릉 토담목조주택 최벽규 님, 일등석재 이흥균 님, 대림목재 이명옥, 단청화공 양영송梁泳松, 조교 김현숙金賢淑 님께 이 자리를 빌려 심심한 감사의 말씀을 드립니다. 그리고 지난 십여 년간 자격루의 완성을 위하여 저와 동고동락하고 설계와 감리를 맡아주신 건국대학교 한국기술사연구소 한영호 소장님을 위시하여 서문호, 이재효, 김성균 교수님, 고려대학교 명예교수이신 주남철 님과 윤대길(조선건축사무소 소장) 님과 삼양정기 대표 정봉룡 님께 감사를 드립니다. 그리고 공정관리와 행정을 맡아주신 사단법인 자격루연구회 사무총장 이영시, 연구원 홍용선 님, 코리아영상 대표 조경래, 연구조원 님 등께 감사를 드립니다.

이번 사업은 여러분의 협력과 사명감에 힘입어 순조롭게 진행되고 있음을 다시 한번 말씀드리고, 앞으로 검사와 검수가 완료될 때까지 긴장을 늦추지 말고 유종의 미를 거두어 주시기를 당부드리며, 이 사업을 추진해 주신 국립고궁박물관의 무궁한 발전을 기원하면서 인사의 말씀을 마치겠습니다.

2005년 12월 초하루
자격루 복원 · 제작 연구책임자
건국대학교 교수 남문현

A

B

C

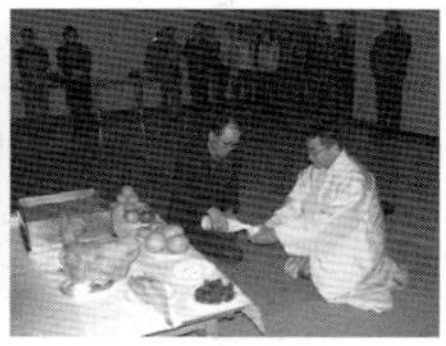
D

E

F

G

H

I

J

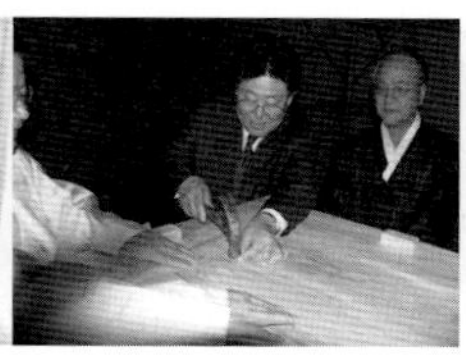
K

L

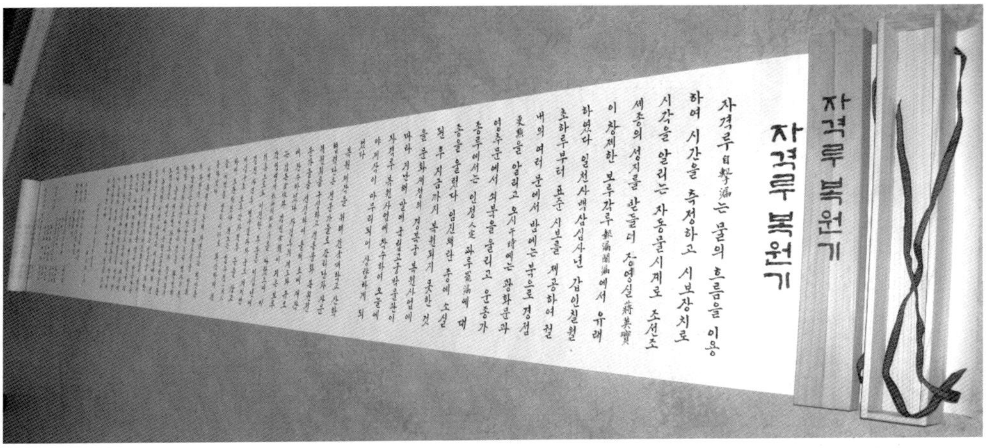

M

자격루 복원기

자격루自擊漏는 물의 흐름을 이용
하여 시간을 측정하고 시보장치로
시각을 알리는 자동물시계로 조선조
세종의 성지를 받들어 장영실蔣英實
이 창제한 보루각루報漏閣漏에서 유래
하였다 일천사백삼십사년 갑인칠월
초하루부터 표준 시보를 제공하여 궐
내의 여러 문에서 밤에는 북으로 경점
更點을 알리고 오시午時에는 광화문과
영추문에서 쇠북을 울리고 운종가
종루에서는 인정人定 파루罷漏에 대
종을 울렸다 임진왜란 중에 소실
된 후 지금까지 복원되지 못한 것
을 문화재청의 경복궁 복원사업에
따라 지난해 말에 국립고궁박물관이
자격루 복원사업에 착수하여 오늘에
야 제작이 마무리되어 상량하게 되
었다
복원 제작을 위해 건국대학교 산학
협력단은 전문가들로 감리단과 자문
위원회를 구성하고 전통문화 복원전
문가들을 선정하여 올해 초에 제작
에 착수하였다 자격루의 제도와 규모
는 김돈金墩과 김빈金鑌이 지은 보루
각명병서報漏閣銘幷序를 따랐으며 이
기록으로도 미진한 부분은 이십년에
걸친 자격루 연구결과와 국보 제이백
이십구호 보루각자격루 등을 참고
하여 보완하였다 척도는 일주척一周尺
을 이백칠 밀리미터로 환산하여 적
용하였다
이번 복원을 통해 자격루는 한민족
의 과학적 우수성과 창조성을 발휘
한 발명품으로 반만년 우리 역사의 찬
란한 문화유산에 드는 것을 확인하
였다 돌이켜보면 자격루가 창제된지
오백칠십 여년 만에 국립고궁박물관
이 추진한 이번 사업은 세종대의 천
문의기들을 복원하는 경복궁 과학
문화재 복원사업의 이정표로서 역사
적으로 중대한 의의를 갖는 아름다운
일이다 이제 자격루가 옛 모습을 되
찾았으니 이를 계기로 우리는 세종대
왕의 인본사상과 과학정신을 이어 받
아 우리의 인문 과학문화를 만방에
선양하는 일에 온 국민이 힘을 모아
야 할 것이다

이천오년 을유 십이월 열일
南文鉉 지음

사업명 자격루 복원 제작
제작비 십일억이천만원
시행청 문화재청
청장 兪弘濬
국립고궁박물관
관장 蘇在龜
전시홍보과장 金姸秀
유물과학과 자격루담당 徐昇佑
자문위원 鄭在鐸 朴鍾國 羅逸星
李泰鎭 李健茂 康榮一
姜信龍 孫郁 鄭東燦
용역기관 건국대학교
총장 鄭吉生
산학협력단장 鄭善浩
연구책임자 南文鉉
설계감리
한국기술사연구소
사단법인자격루연구회
韓永浩 朱南哲 李載秀
徐文浩 金益均 鄭秦龍
李泳暎 洪容善
제작자
元光植 李鎭炯 李南炯
崔敎俊 李康福 嚴享鎔
李成周 金寬植 金泳照
鄭道準 書

N

A. 상량식 진설 B. 초헌례(남문현), 사준(서승우) C. 아헌례(소재구 관장) D. 종헌례(도편수 이광복) E. 헌작(김연수 과장) F. 헌작(정봉룡) G. 헌작(이재효, 김성균 교수 외 성종사 수수호 제작진) H. 상량문 「자격루 복원기」 올리기 I. 대파수호 받침대 안에 「자격루 복원기」 안치 J. 덮개 덮기(소재구 관장) K. 덮개 덮기(정재훈 자문위원장) L. 음복례. M. 「자격루 복원기」 원본 N. 「자격루 복원기」: 복원기, 사업명, 시행청, 자문위원, 운영기관 건국대학교, 제작자, 휘호 정도준 (기다란 두루마리 3분할 편집)

2. 보루각루 인수인계식 기념사진(2005. 12. 29. 국립고궁박물관)

12월 29일 오전에 국립고궁박물관(발주처)에 인계하는 의식을 거행하였다. 당일 아침에는 서승우 담당관이 전시장 주변을 정리하였고, 10시 반이 넘자 내빈, 자문위원, 박물관 관장 이하 간부, 사업 참여자들이 속속 도착하였다. 문화재위원회 안휘준 위원장, 국립중앙과학관 조청원 관장, 안승락, 윤용현, 홍현선 학예연구관, 질 좋은 금강송을 마련해 준 강릉 토담목조주택 최벽규 대표 가족 등 내방객이 왔다. 이 사업의 연구책임자로서 저자는 "자격루 복원 · 제작 경과보고"를 하고, 이어서 브리핑과 시보 시연을 하였다. 참석자 모두가 571년 만의 "보루각 자격루"의 복원을 박수로 축하하였다. 관장에게 열쇠를 인계하고 자격루 앞에서 기념사진을 찍었다. 이것으로 1년여에 걸친 "자격루 복원 · 제작 사업" 과제가 일단 마무리되었다.[2006년 1월부터 박물관 전체를 리모델링함에 따라 보루각루는 포장한 상태로 두었다가 2007년 9월에 포장을 풀고 개관에 대비하였다.]

인수인계 기념촬영 (보루각루 앞, 국립고궁박물관, 2005. 12. 29.)
(앞줄 왼쪽부터) 이건무, 나일성, 남문현, 안휘준, 정재훈, 염영일, 강신구, 최교준, 조경래, 서승우, 최벽규 아들, (둘째줄 오른쪽부터) 최벽규 부인, 홍용선, 안정혜, 안승락, 한 사람 건너서, 김연수 과장, 소재구 관장, 이재효, 원광식, 원원식, 홍현선, 이명희, 원천수, 정봉룡, 김성균, 한영호, 이광복, 양영송, 주남철, (뒤줄 왼쪽부터) 손욱, 서문호

3. 자격루 복원 · 제작 보도자료(문화재청, 2007. 11. 21.)

문화재청 CULTURAL HERITAGE ADMINISTRATION　　문화유산으로 국민에게 자긍심과 희망을 주는 문화재청

報道資料 [2007. 11. 21.]	보도시점	2007. 11. 21.(수) 11시 브리핑 이후		
	담 당 과	국립고궁박물관 유물과학과	전화번호	02)3701-7651 02)3701-7652
	담 당 자 (e-mail)	김지연(jian@nricp.go.kr) 서준(mujumu@ocp.gc.kr)	F A X	02)3701-7640

「문화재청(www.cha.go.kr) 알림마당, 국가유산종합서비스(www.heritage.go.kr) 동시게재」

570년 만의 조선왕조 첨단과학 자격루 복원 · 제작

문화재청 국립고궁박물관(관장 소재구)은 박물관 전관개관(2007. 11. 28.)을 앞두고 조선왕조 세종 때 만들어졌던 보루각報漏閣 자격루自擊漏를 570년 만에 복원 · 제작하였다.

자격루自擊漏는 물의 흐름을 이용하여 만든 물시계와 자동 시보장치時報裝置를 갖춘 표준시계로서 한국과학사의 위대한 발명품이다. 세종 대왕의 천문의기天文儀器 및 시계時計 창제사업인 간의대사업簡儀臺事業의 중요 품목으로, 세종16년(1434년)에 장영실蔣英實 등이 주관하여 제작되었다.

자격루는 세종이 "시각을 알리는 사람이 잘못 알리게 되면 중벌을 면치 못하는 것을 염려하여 장영실에게 명하여 시각을 알리는 일을 맡길 시보인형을 나무로 만들었으니, 이에 시각을 스스로 알림으로써 사람의 힘이 들지 않았다"는 실록의 내용에서도 알 수 있듯이 경천애민敬天愛民 사상이 배어 있는 조선조 첨단 과학기기이다.

이번 자격루 복원사업은 1997년부터 문화재청에 의해 연구용역 및 복원 · 설계 작업을 추진, 2004년 12월부터 2005년 12월까지 1년간 본격적으로 진행되었다. 복원작업에는 건국대학교 산학협력단(총괄책임자 남문현 교수: 문화재위원, 자격루연구회 이사장) 등이 참여하였다.

자격루가 복원되기까지는 현재 유일하게 남아 있는 중종 31년(1536년)에 제작된 덕수궁 소재 자격루(국보 제229호, 원 창경궁 소재)의 원형 실측작업, 국내외 관련 문헌들에 대한 철저한 사전조사와 고증작업, 3차에 걸친 자격루 복원 세미나 개최 결과 분석 등 각고의 노력이 있었다.

복원된 자격루의 주요 부대장치로는 수수호受水壺(물을 일정하게 흘려보내는 항아리), 파수호播水壺(흘러온 물을 받는 항아리), 시기時機(十二時 시보기구: 12지시마다 종을 울리는 장치), 경점시보기구〔1경(오후 7시)~5경(오전 3시)까지 북과 징을 울리도록 하는 장치〕 등으로 이루어져 있다.

자격루 복원 제작의 가장 큰 의의는 자동시보장치를 원형 그대로 복원 제작하였으며, 물시계의 원형을 구현했다는 데 있다.

국보 제229호 자격루의 물시계 항아리 배열방식은 큰 파수호 1개와 파수호 2개를 같은 평면에 설치하는 2단 방식인데, 이는 일본인 학자들이 경복궁에서 창경궁으로 이전하면서 저지른 오류이다. 이번 복원에서는 파수호의 위치를 대파수호, 중파수호, 소파수호 순으로 1열 3단으로 배치하였다.

복원된 자격루는 11월 28일부터 관람할 수 있다. 이에 앞서 자격루의 공개행사를 다음과 같이 진행할 예정이다.

- ㅁ 일시: 2007년 11월 21일(수) 11:00
- ㅁ 장소: 국립고궁박물관 지하 1층 자격루 전시실

붙임: 자격루 관련 참고자료 1부.

4. 보루각루 복원을 마치고

"이리하여 사반세기에 걸친 자격루 연구로 보루각루가 복원되었다. 2007년 11월 21일 자격루 전시관 개관식장에서 저자는 한국 계시기 역사의 새로운 장을 쓴다는 사명감으로 제작 · 연구 · 자문 · 감리에 참여해 준 30여 분을 호명과 함께 내빈들에게 소개하였다. 유홍준 청장이 "이제 보루각 자격루가 복원되었으니 덕수궁 유물은 어떻게 보존하는 것이 좋겠습니까?"라는 물음에 "옛 모습대로 처음에 설치했던 곳으로 복귀시켜야 하겠지요"라고 답하였다. "제자리로 돌려놓아야 하겠지요. 그렇게 해 보도록 하겠습니다." 벌써 네 해 전의 일이다. 그날의 심정을 글로 적어 두었다.

> 돌이켜 보면, 한국인의 자랑스러운 과학발명품 중 으뜸, 우리 조선朝鮮의 시간 지킴이 - 그 이름 자격루! 세종성왕世宗聖王께서 조선풍토에 맞는 역상수시曆象授時 시책 펴실 때 1433년 9월 궁중기술자 장영실蔣英實이 자격궁루自擊宮漏를 발명하셨다. 만세에 전할 기물이라 칭찬하시면서 경복궁에 "시간 알리는 집 보루각報漏閣"을 짓고 1434년 7월 초하루 날에 보루각 자격루를 표준 계시기計時機로 반포하신 지 어언 570여 성상. 1536년 중종 대왕中宗大王께서 이것을 본떠 창덕궁에 재창再創하셔서 두 개가 되니 한양성 밖 백성들도 인정人定 · 파루罷漏 종소리에 맞춰 생업에 종사하였다. 임진왜란 중에 경복궁 불타 자격궁루 소실되니 1616년 광해光海 임금께서 "백성들에게 시각을 알리는 일은 하루라도 폐할 수 없다" 하시고 창경궁에 보루각을 새로 짓고 누기漏器 남은 것에 더하여 개수改修하셨다. 이때의 시말始末을 보루각개수의궤報漏閣改修儀軌로 만들어 외규장각에 보관할 때 병인양요에 불타 없어지니 정교한 제도制度 영영 알 길이 없게 되었다. 1866년 고종황제高宗皇帝께서 경복궁 중건하실 때 누국漏局 짓고 옮겼다가 1895년 인정·파루 제도가 폐지되니 물 흐름이 멈추었다. 1908년 제실박물관帝室博物館 진열품으로, 1938년 덕수궁 이왕가미술관李王家美術館 진열품으로, 110여 년이 물 항아리 빈 채로 침묵이 흘렀다. 『세종실록世宗實錄』 읽어보고 보루각 자격루 유물 살펴가며 옛 모습 만들어 내니 2007년 대한민국에서 물이 예전처럼 다시 흐르게 되었다. 이제 470여 성상을 풍상 속에 지내온 나라의 보배 — 국보 제229호 보루각 자격루 — 는 창경궁 금루각禁漏閣 옛터에 새집 지어 옛 모습 간직하기를 축수하고 또 축수합니다. 그날이 얼른 오시기를……. (남문현, 2011: 457)

5. 자격루 복원 알림과 후원자들

자격루 복원에 대한 사회적 관심이 높아지면서 국내 매스컴은 저자의 자격루 연구 진척 상황을 20여 년에 걸쳐 보도하여 국민들에게 알려주었다. 1984년 10월에 자격루 연구에 착수한 지 5개월 뒤인 1985년 3월 26일자 「경향신문京鄕新聞」은 "자격루自擊漏 복원한다"는 제목의 과학란 기사로 저자의 자격루 연구를 최초로 보도하였다. 1988년 6월 3일자에는 "세종世宗 때 물시계 설계도면 복원復元"이라는 소식을 전하였다. 1996년 저자가 과학기술처(현 과학기술정보통신부)에서 "전통과학기술개발사업"의 지원을 받아 실물 규모 모형을 전시한 1997년 1월 22일에는 도하 신문, 한국방송(KBS)을 비롯한 TV와 라디오 방송에서도 때때로 알려주었다. 1997년 2월 3일 「동아일보東亞日報」는 자격루의 대규모 모델 실험 과정을 보도하였으며, 다시 10년 뒤인 2007년 2월 20일에 자격루가 복원된 최초의 모습을 특종으로 1면에 보도하였다. 이리하여 대규모 모형이 개발됨으로써 『세종실록』 「보루각기」의 내용이 최초로 구현되었으며, 종래 연구에서 미진한 부분이 바로잡혔다. 저자와 한국기술사연구소의 연구를 물심양면으로 지원해 주신 국민과 정부, 사회에 이 지면을 빌려 심심한 감사의 말씀을 드린다. 『세종실록』 「보루각기」 하나만 믿고 무작정 연구에 착수하여 중도에 포기하지 않고 연구를 계속한 저자에게 따뜻한 눈길로 후원을 아끼지 않은 문화재관리국(현 문화재청)과 전통과학기술 복원기술개발 특별연구사업(특연사)을 추진하여 저자의 복원연구를 지원해 준 과학기술처에 감사를 드린다. 2007년 11월 21일 국립고궁박물관 개관에 앞서 매스컴에 시연한 기사는 국내의 대부분의 매스컴과 KBS World, Arirang TV를 비롯한 국내 TV와 REUTERS WORLD NEWS EXPRESS, NDTV(India TV) Correspondent, 중국의 CCTV(中華電視臺) 방송이 자격루 복원을 심층적으로 보도했다.

2008년 1월 3일에 부총리 겸 과학기술부 김우식金雨植 장관 일행이 자격루 복원을 축하하기 위해 박물관에 내방하여 저자가 안내하였다. 2016년 3월에는 저자의 자격루 연구를 후원해 준 송상용宋相庸 교수(한림대), 이주영李柱郢 교수(건국대)와 김영권金暎權 교수(건국대)를 초청하여 뒤늦게 자격루를 소개하였다. 저자와 동고동락하며 미답의 경지를 개척한 한국기술사연구소의 동료 교수들의 열정에도 감사를 드린다. 그 밖에 많은 분들의 후원에 감사드리며, 저자의 업적을 기려 명예의 전당 헌액으로 오늘도 573년 만의 세종 자격루 복원을 널리 알려주시는 서울시에도 감사의 말씀을 드린다.

東洋最古의「自動물시계」

自擊漏 복원했다

지렛대 이용한 정교한 時報장치

A

東亞日報

하버드대생 '표절 땐 어떤 처벌도 감수'

매학기 '학문정직성 메모' 서명

B

장영실 물시계 573년 만에 돌렸다

남문현 건국대 교수 '복원 23년' 결실

C

우리가 머뭇거릴때… 中, 북한 광물 '싹쓸이'

똑 똑 똑… '장영실 물시계' 다시 돌아가요

D

E

F

G

H

A. 『경향신문』 1985년 3월 26일 B. 『동아일보』 2007년 2월 20일 C. 『중앙일보』 2007년 11월 22일 D. 『조선일보』 11월 22일 E. 김우식 부총리 겸 과학기술부장관(왼편에서 두 번째) 일행 관람. 안내(남문현, 왼쪽에서 첫 번째) (2008년 1월 3일, 뉴시스) F. 자격루 연구 후원자들[오른쪽부터 서준(국립고궁박물관), 남문현(건국대 명예교수), 김영권(건국대 명예교수), 송상용(한림대 명예교수), 이주영(건국대 명예교수), 남정강(출판인)] (2016년 3월 23일) G. 서울의 얼굴(서울특별시 명예의 전당. 23년의 열정 '남문현', 2017년) H. 자격루 복원의 주역들[오른쪽부터 반시계방향으로 서문호, 김성균, 정봉룡 님, 한영호, 남문현, 이재효 교수] (2008. 1. 6. 건국대 한국기술사연구소)

제4장
보루각루의 연원과 특징

4.1. 머리말

세종시대 간의대 의표창제 사업의 연원에 대해 최남선崔南善(1890~1957)과 같이 아랍 · 이슬람 과학의 영향을 간파한 이는 영국의 중국과학사가 니덤Joseph Needham(1900~1995)이다. 니덤과 왕Needham and Wang(1965)은 『중국의 과학과 문명*Science and Civilisation in China*』을 집필하면서 조선시대 과학기술에 흥미를 갖고 1986년에 『서운관*The Hall of Heavenly Records*』을 출간하였다. 이 책에서 니덤 등은 세종시대 간의대 창설에 끼친 원대에 곽수경의 영향과 아울러 자격루 창제에 영감을 주었다고 보는 중세 아랍 · 이슬람 계시학計時學의 한반도 전래에 대해서 깊은 관심을 보였다. 니덤 등은 "자격루Striking Clepsydra의 특징은 아랍 물시계에서 사용한 낙하하는 공(구슬)의 동력전달 방식으로부터 영감을 얻은 것으로 보인다. (……) 공을 운용하여 동력을 전달하는 자격루 시보 인형 기구를 상세히 연구한 결과 이것의 기원이 원나라에서 하나 또는 그 이상의 중간 기구를 거쳐 알자자리Ibn al-Jazari 주변까지 거슬러 올라갈 수도 있다는 것을 강력하게 시사하고 있다"고 추론하였다.(Needham, J. et al., 1986: 41) 곧, 낙하하는 공을 이용한 자격루[자격장치]는 동력전달 방식이 13세기 초 이슬람 기술자 알자자리의 저서에 뿌리가 닿아 있다는 뜻이다. 그런 증거를 살펴보면 15세기 초반 세종과 장영실이 자격궁루 제작과정에서 공을 이용하는 방법을 채택하게 된 것은 14세기를 전후하여 활발했던 고려와 원나라의 교류관계에서 찾을 수 있다고 하였다.(Needham, J. et al., 1986: 43) 이를 뒷받침하는 증거로 볼 수 있는 것이 이슬람 기술자 알자자리가 지은『기발한 기계장치에 대한 지식서』(Hill, 1974)는 물론 그 속의 주요 내용이 마라가Marāgha 천문대를 방문한 페르시아계 천문학자 자말루딘Jamal al-Din, 중국명 札馬魯丁이 1267년(元 至元 4년)에 제작한 서역의상 7종(『元史 · 天文志1』 西域儀象; 『諸家曆象集 3』, 32ㄴ) 가운데서 찾을 수 있다.(Needham, J. et al., 1986: 42) 또한 원나라 대도大都의 궁전을 방문한 고려 사신이 순제의 정교한 의기("궁루"를 뜻함 — 저자 주)에 대한 내용을 고려 개경에 보고했을 것이라고 추정했다.(Needham, J. et al., 1986: 43) 니덤은 그간의 경위가 어떻든 간에 알자자리의 아랍어 저서 범주(Category) I. 10개 장 가운데 제3장 보트시계Boat Clock와 제4장 코끼리시계Elephant Clock 제작에 쓰인 금속 공의 낙하 기법을 원용한 자격루가 한양에서 제작된 것이 분명하다고 추정했다. 한편, 공의 낙하를 활용한 이 두 가지 시계가 갖는 중력식 동력전달 방식은 여러 면에서 자격루 설계자들에게 영감을 준 것은 분명하지만, 그것을 그대로 베끼지copy 않았다고 강조했다. 이런 기술이 이슬람 세계로부터 중국을 거쳐 한국까지 전파된 경로는 아직 확실하게 밝혀지지 않았지만, "낙하하는 공을 활용한 이슬람 세계의 기술이 구세계를, 페스Fez(모로코의 도시)에서 서울까지, 완전히 가로질러 15세기에 서울(한양)에서 자동시보 시계에 사용됐다는 사실은 전근대의 위대한 문명 사이에서 아이디어의 능력은 먼 거리를 빠르게 여행한다는 것을 웅변적으로 증명한 것이다"라고 하였다.(Needham, J. et al., 1986: 44)

이런 니덤 등의 추론에 대해 저자는 모델링과 실험을 통하여 이들의 주장을 일단 수용하는 한편, 아랍 전통의 공을 이용한 동력전달 방식이 200년 뒤에 메소포타미아에서 서울까지 왔다고 추론하였다.(Nam, M. H., 1990A: 19) 또한 세종 대에 천문 · 계시의기 제작 관계자를 두 차례나 중국에 보내 원대에 유입된 아랍 기술을 도입했다고 추정하였다.(남문현, 1995: 185) 2007년의 보루각루 복원 · 재현을 통해 저자는 장영실이 알자자리의 저서에서 영감을 얻었다는 증거를 확보하고 니덤 등(1986)이 주장한 추론이 검증 가능하게 되었다. 현재까지 알자자리의 저서를 비롯한 아랍 문헌이 중국이나 국내에서 발굴되지는 않았다. 설령 문헌이 도입됐다고 해도 오랜 세월이 지나는 동안 왕조 교체기의 혼란

특히, 우리나라에서는 여말선초의 혼란, 임진왜란 등 병란 중에 소실됐을 것으로 보인다. 저자는 니덤보다 한 걸음 더 나가서 중세 아랍·이슬람 시계를 집대성한 알자자리가 1206년에 저술한 책이나 계시기 관련 기술의 한반도 유입경로를 여러 면에서 추적해 왔다. 국내와 일본, 중국, 유럽에서 열린 학회에서 보루각루 복원을 소개하면서 이슬람 지역 연구자들과 교류하게 되었다.(Nam, M. H., 2010: 116; Nam, M. H., 2014: 56 등) 한편, 중세 이슬람 과학기술의 동아시아 전파를 추적하였다.(남문현, 2013: 125)

이 장에서는 세종 대에 영향을 끼친 중국 및 이슬람의 계시기 제작기술과 대비하여 보루각루의 특징을 비교·고찰하고 이것의 연원을 살펴보았다. 주로 「보루각기」 역주, 앞서 제3장에서 제작한 보루각루 복원자료와 문헌상에 나타난 알자자리의 계시기 관련 도식, 비데만과 하우저Wiedemann and Hauser(1915), 힐Hill(1974)의 역주·복원 연구와 세진 Sezgin(2002)의 영인본을 인용하여 대비하였다. 앞서 소개한 바와 같이 장영실과 알자자리의 시계에서 낙하하는 공을 활용한 동력전달 운용법을 중심으로 검토하였다. 보루각루 제작에 참고한 역대 중국 자료는 이순지가 편찬한 『제가역상집』과 연구 자료, 그리고 저자의 관찰과 조사결과를 활용했다. 전반부에서는 보루각루 창제에 영향을 준 것으로 알려진 인물인 무슬림 기술자 알자자리의 생애를 장영실과 대비하였다. 이어서 시보 시점마다 이산적離散的으로 소환(동소환)을 방출하는 보루각루의 물시계 장치 M-1[1], 이 장치와 자격장치 M-3을 연결하는 소환 이동통로 M-2, 방출된 소환이 동통을 거쳐 미리 저장한 대환(철환)을 방출시켜 주는 중계기구 M-4, 대환의 낙하 동력을 각각 M-3의 사시 목인에 전달하는 시기 M-5와 사경, 사점 목인에 전달하는 경점기 M-6의 특징과 연원을 고찰하였다. 시보신호 발생기로부터 12시와 경점을 보시하는 기구와 기계를 고찰하는 과정에서는 주로 앞서 소개한 알자자리와 장영실의 업적을 비교하면서 두 문화권의 시계 제작기술을 비교 고찰하였다. 후반부에서는 문헌 자료를 포함한 이슬람 기술이 원나라에 유입·활용되거나 한반도에 전래된 과정을 고찰하였다.

1 M은 제3장에서 소개한 모듈의 약자이며, 번호와 기구 명칭은 제2, 3장의 것과 동일하다.

4.2. 장영실과 알자자리

보루각루의 특징을 결정하는 요소는 무엇보다 동아시아에서는 일찍이 보지 못했던 아랍 · 이슬람 지역에서 출현한 낙하하는 공의 동력을 활용하는 동력전달 기술에 있다고 할 수 있다. 이 기술의 중심에는 12~13세기 디야르 바키르Diyar Bakir(현재 터키 동남부)에 소재한 이슬람 왕국의 발명가이자 엔지니어인 알자자리가 있다. 원대 순제가 제작한 궁루에서 영감을 받은 세종은 장영실로 하여금 경점지기를 혁신하여 자동시보장치가 부착된 시계를 만들도록 분부하여 제작한 것이 자격궁루이다.(Nam, M.H., 2012: 100) 따라서 이 두 발명가는 220여 년이란 오랜 여행 끝에 자격궁루에서 만난 셈이 된다.(M. H., Nam, 2019: 94) 먼저, 이 두 발명가에 대한 생애와 업적을 살펴보기로 한다.

4.2.1. 장영실(전성기 1430~1442)

장영실의 일생에 대한 기록은 단편적이지만『세종실록』에는 그에 대한 기사가 14건이 실려 있으며, 그 후 역대 실록에도 5건이나 실려 있다. 그의 업적에 대하여는 제1장에서 간략하게 소개한 바와 같이 세종이 추진한 의표창제 사업에서 주로 엔지니어링 관련 업무를 도맡다시피 해서 두 개의 자격루를 제작했다. 그리고 이천李蕆(1376~1451)과 함께 여러 가지 천문의기와 계시기, 갑인자甲寅字 주조에도 참여했다. 관노官奴 신분으로 동래현에 소속돼 있었으나 태종 때에 조정에서 필요한 인재를 8도에서 천거하는 도천법道薦法에 따라 경공장京工匠이 되어 궁중에서 공장工匠으로 복무했다. 세종은 즉위 초기인 1421년(세종 3년)에 새로운 역상수시를 위한 의기제작을 위해 서운관원 윤사웅, 최천구, 궁중 공장 장영실 등을 명나라에 파견해 흠천감 역관과 교류하도록 했다.(李肯翊, 1911) 그 후 면천免賤되어 이천이 제조로 있는 상의원尙衣院에 직장直長(종7품), 별좌別坐(정 · 종5품)를 거쳐 오위五衛의 행사직行司直(정5품)으로 궁중에서 복무했다. 1424년(세종 6년) 5월에는 중국의 누각 체제를 고찰하여 구리를 주조해서 궐내에다 경점을 알리는 계시기인 "경점지기更點之器"를 제작하라는 명을 받아 이를 제작했다. 1430년(세종 12년)에는 종사관으로 사신단에 합류하여 연경에 파견되어 천문의기와 계시기를 시찰했다. 귀국하여 1432년에 착수한 의표창제 사업의 일환으로 1433년(세종 15년)

에 자격궁루를 제작함으로써 호군護軍(정4품)으로 특별 승진했다.(세종/61/15/9/15/乙未) 그 후에는 궐내의 공무를 관장하면서 1438년 흠경각루欽敬閣漏를 제작하여 대호군大護軍(종3품)으로 승진했다.(세종/80/20/1/7/壬辰; 남문현, 2015A: 336) 그 후 1442년(세종/95/24/3/16/丁丑)에 임금의 가마를 제작할 때 감독 부실로 처벌을 받고 사직한 것으로 보인다.(세종/96/24/5/3/壬戌)

장영실의 인품에 대하여 세종은 만대에 전할 자격궁루를 발명한 공로를 치하하면서 그가 보통 사람보다 솜씨가 "공교工巧"하여 태종(세종의 부왕)도 보호하였고 자기도 아낀다고 했다.(세종/61/15/9/16/乙未) 김조(김빈의 개명)는 "영실은 동래현 관노 출신으로 성질이 정교하여 항상 궁중의 공무[공장지사工匠之事]를 주관했다"고 하여 장영실을 "솜씨가 교묘하고 뛰어난 인물"로 묘사했다.(세종/65/16/7/1/丙子) 성종 대 서거정徐居正(1420~1488)은 "장영실은 세종의 성대한 창제를 위하여 때에 맞추어 태어났다[응기이생應期而生]"고 극찬했다.(徐居正, 1487: 29) 장영실은 혁신가, 발명가, 엔지니어로서 이미 당대에 높은 평가를 받았음을 알 수 있다.(Nam, M., 2014: 87) 현대에 들어 "과학선현장영실선생기념사업회"가 발족되어 활동하고 있으며, 한국과학기술한림원이 주관해 국립과천과학관 명예의 전당에 헌정됐다. 그 밖에 그의 이름을 딴 충남 아산시의 과학관, 소행성 "68719 장영실[68719 Jangyeongsil 2002, DW]", 과학고등학교가 있으며, 과학기술정보통신부와 매일경제신문사가 주관하여 산업체 신기술, 신제품을 대상으로 시상하는 장영실상 등이 있다. 그림 4-1은 국립고궁박물관에 전시 중인 보루각루를 배경으로 2015년 우정사업본부가 제작한 기념우표이다.

A

B

그림 4-1.

장영실과 그의 대표작

A. 한국의 과학, 기계기술 장영실 기념우표 (2016. 4. 21. 과학기술정보통신부 우정사업본부, 우표번호 3118)
B. 보루각루 (국립고궁박물관 소장)

4.2.2. 알자자리(1136~1206)

1) 출생과 업적

알자자리는 12, 3세기에 터키 동부 아나톨리아(Eastern Anatolia)와 자지라Jazira를 통치했던 아르티키드 왕조(Artiqid dynasty) 디야르 바키르Diyār Bakir의 왕 나시르 알딘Nāsir al-Dīn의 부친, 형의 아르트클루 궁전(Artklu Palace)에서 기사장으로 25년간 복무했다. 그의 일생은 그가 1206년에 지은 저서의 첫 부분에 간략하게 적은 것이 거의 전부다.(Hill, 1974: 3) 그의 이름에도 업적을 기리는 여러 가지 칭호가 붙게 되었다. 곧, 아랍어로 된 그의 이름을 영어로 표기하면 다음과 같다.

Al-Shaykh Rais Al-Amal Badii Al-Zaman Abu Al-Izz (Ibn Ismail, Ibn Al-Razzaz) Al-Jazari

앞의 이름을 우리말로 풀이하면, "역대 최고로 존경받는 기사장(알자지라 출신 이븐 알 라자즈의 손자이며 이스마일의 아들) 알자자리"쯤 된다. 보통 Al-Jazari 또는 Ismail Al-Jazari로 줄여 부른다.(Romdhane and Zeghloul, 2010: 1) 1206년 초에 아랍어로 저술한『기발한 기계장치에 대한 지식서』속에는 범주(category) I. 물시계와 양초시계 제작법 10장, II. 음주연회에 적합한 용기와 인형제작법 10장, III. 정맥절개용 대야와 예배의식 세수기 제작법 10장, IV. 형태를 바꾸는 분수와 만능 피리 제작법 10장, V. 양수기 5장, VI. 다양한 사물의 제작법 5장, 모두 50장이 들어 있다. 앞서 소개한 보트 시계와 코끼리시계는 범주 I에 들어 있으며, 크랭크crank-슬라이더slider 방식의 양수기와 더불어 가장 정교한 기계로서 알려졌다. 그는 발명가이자 엔지니어로서 예술적 감각도 탁월하여 원본의 필사본[Library of Topqapu Serai, Istanbul, No. 3472; MS Aya Sofya 3606, Süleymaniye Kütüphanesi, Istanbul(755 H./1354 C.E.)]에도 잘 나타났다.

알자자리의 발명품 가운데서 실용적인 기계로 분류되는 것은 몇 개에 불과하지만, 그가 이와 같은 발명품을 내놓을 때는 앞 세대 사람과는 판이하게 달랐다. 그는 궁중 일에 종사하는 신분이었지만, 일반인의 요구에도 귀를 기울였다. 앞서 범주 V에 드는 발명은 주로 "공공용 기술(utilitarian technology)"로서 관개灌漑와 생활용 양수법揚水法에 관한 것이다. 그 밖의 범주에 드는 알자자리가 발명한 다른 형식의 공학기술은 주로 정교한 기구(mechanisms)와 제어장치(controls)를 사용한 것으로서 힐은 이것을 "정밀기술(fine technology)"

이라고 불렀다.(Hill, 1987: 9; al-Hassan and Hill, 1986: 57) 마이어Mayr(1970)는 이와 같이 단순 명쾌하고 도해圖解에서 나타난 현실주의에 입각한 알자자리의 저술 스타일은 현대의 "do-it-yourself(DIY)" 매뉴얼과 매우 닮았다고 했다. 대표적인 사례로 아르키메데스 시계(Pseudo-Archimedean clock)를 모조하여 시간의 길이를 조절하는 기구를 논하면서 그는 다양한 눈금교정 이론은 배제하고 체계적인 시행착오를 통한 경험으로 만족할 만한 결과를 얻은 것을 보기로 들었다.(Mayr, 1970: 29)

이런 알자자리의 태도는 당시 과학자 대부분이 칼리프Caliph(이슬람 교단의 지배자 — 저자 주) 밑에서 종사하면서 주로 그들의 관심사는 군주의 요구에 응하는 것인 데 비하여 매우 색다른 것이었다. 더구나, 그의 저서를 보면 소박한 아랍어를 사용하여 그가 제작한 기계의 작동 방법을 명확하게 기술했으며, 기계를 구성하는 부품을 제작하는 데 필요한 세밀한 정보라도 빠뜨리지 않고 알려줬다. 당시 이러한 서술방식은 특이한 것으로서 대부분 학자는 일반인이 읽기 어려운 수준 높고 세련된 언어를 사용함으로써 동료들을 감동시키는 것을 취미로 했기 때문에 그들의 저술은 엘리트에게 한정됐다.(Romdhane and Zeghloul, 2010: 4)

2) 현대적 해석

거의 망각될 정도로 관심 밖이었던 무슬림 문화권의 기술은 20세기 초에 들어오면서 유럽에서 연구가 시작됐다. 독일의 물리학자 비데만Eilhard Wiedemann(1852~1928)은 공학자인 하우저Fritz Hauser와 함께 이슬람 문화 가운데에서 계시기에 대해 방대한 논문을 발표하면서 이 가운데 상당 부분을 알자자리의 업적 역주에 할애했다.(Wiedemann and Hauser, 1915: 42-166) 이들은 알자자리의 저서 필사본 10여 종 가운데 옥스퍼드 필사본(Oxford MS. Grav. 27)과 라이덴 필사본(Leiden Nos. 1025 and 1026)을 독일어로 번역한 뒤 발표하여 기술발전에서 이슬람의 공헌을 최초로 서방에 소개했다. 영국의 기술사학자 힐Donald Hill(1922~1994)은 앞서 독일어 번역을 바탕으로 여러 필사본 중에서 앞서 옥스퍼드 필사본을 기본으로 다른 필사본과 비교하여 『기발한 기계장치에 대한 지식서*The Book of Knowledge of Ingenious Mechanical Devices*』로 역주했다.(Hill, 1974) 힐의 역주에 큰 도움이 된 것은 비데만과 하우저의 연구로서, 힐은 "그들의 연구가 아니었다면 기술발전에서 이슬람의 공헌은 알려지지 않은 채로 남았을 것"이라고 소회를 밝혔다. 이에 힘입어 영국에서는 1976년 "이슬람 축제"를 계기로 이에 대한 복원연구가 시작됐다.[2] 이 연구에서는 중세 이슬람 황금기에 발전한 과학기술이 유럽에 전파되어 인간성 해방을 위한 문화쇄신 운동 르네상스가 일어나게 됐다는 사실에 경의를 표하는 동시 알자자리를 오늘날 로봇공학의 창시자로 자리매김함으로써 붐을 조성하게 됐다.(Salim T.S, Al-hassani, 2012: 42) 알자자리의 또 다른 필사본은 시리아 알레포Aleppo 소재 아랍과학사연구소에서 하싼Ahmad Y. al-Hassan(1979)의 연구로 빛을 보게 되었다. 한편, 독일 프랑크푸르트대학 아랍 · 이슬람 과학사연구소 소장 세진Sezgin, F.(2002)은 헤지라Hegira 755년(1354 AD)에 복제한 아야 소피아 필사본[Manuscript(MS) Aya Sofya 3606]을 영인하여 보급하고 있다.

3) 전통의 계승과 혁신, 그리고 전파

힐(1974)은 알자자리가 원래 혁신가(innovator)는 아니라고 말했지만 그렇다고 혁신이 없었던 것도 아니다. 그가 만든 것이 중요하지 않다는 의미는 더욱 아니다. 그가 이룬 기술혁신은 대체로 1. 티핑 버킷의 완성(the perfection of the tipping-bucket), 2. 왕복식 펌프(reciprocating pump), 3. 침루식 시계(*tarjahar* clocks), 4. 사혈瀉血(정맥 절개술) 계량 대야(phlebotomy measuring basins) 외에도 수차의 탈진기(escapement of a water-wheel; IV.7) 등을 꼽을 수 있다. 알자자리의 업적인지는 분명하지는 않지만 기원전 3세기 그리스 기계공 크테시비우스Ctesibius(300~270, BC)가 알렉산드리아에서 만든 부자 밸브(float valve) 조절기는 물시계에 사용됐다. 독일 고전학자 딜스Diels, H. A.(1848~1922)는 비트루비우스Marcus Vitruvius Pollio(81 BC~15 BC)의 『건축서*De Architectura*』에 실린 알렉산드리아 크테시비우스의 물시계를 복원하였다.(Diels, 1919: 206; 남문현, 1995: 46) 그 이후 이것은 9세기경에 익명의 아르키메데스Pseudo-Archimedes, 이슬람의 이븐 앨 사티Ibn al-Satti와 알자자리 문헌에 나타난 이후 자취를 감췄다. 이것은 르네상스나 바로크 시대 기술문헌에 소개된 바가 없어 그것에 대한 사전 지식이 거의 없는 상태에서 18세기에 영국에서 가정용 물탱크 수위조절기로서 재발명되었다. 1758년에는 증기기관의 보일러 수위조절기로 등장하였다.(Mayr, 1970: 113) 이것은 또한 19세기에 미국에서 화장실 변기 물탱크의 수위조절기로 개발되어서 보건 분야에 활용된 이래 현재까지 인류복지에 크게 기여하고 있다.(Coury, B.G., 1996: 1179) 알자자리의

2 이러한 활동은 영국에서 "이슬람 축제Islamic Festival"를 계기로 활기를 띠면서 Salim Al-Hassani 교수가 이끄는 FSTC(Foundation of Science and Technology Civilisation)를 통해 세계적으로 보급되고 있다.(http://muslimheritage.com/article/al-jazari-mechanical-genius 참조)

저서는 무슬림 스페인이나 십자군이 시실리Sicily, 남부 프랑스, 이탈리아 등을 거쳐 유럽으로 전파되면서 르네상스시대 기계기술 발전에 기여했다.

과학사가 사튼George Sarton(1884~1956)은 “이 저서가 이 분야에서는 가장 정교한 것으로서 무슬림이 성취한 최고의 업적이 될 것이라”고 평가했다.(Sarton, 1931: 510) 현재 그는 현대 공학기술에 끼친 영향으로 “기계의 천재”라는 칭호를 받을 만큼 널리 알려졌으며, 힐은 알자자리가 현대 로봇학robotics에 많은 영향을 끼친 것으로 밝혀냄으로써 그를 창시자로 자리매김했다.(Hill, 1984) 그림 4-2는 알자자리의 초상과 그의 대표작인 코끼리 물시계 사진이다.

앞서 고찰을 통하여 장영실과 알자자리는 여러 면에서 비슷한 경력을 가졌음을 알 수 있다. 알자자리는 많지는 않지만 아랍 전통을 계승하면서 몇 가지 부문에서 혁신을 성취하여 자신의 기술을 창조하였으며, 장영실은 중국과 이슬람 기술을 통달하여 모든 부문에서 혁신을 성취하여 조선에서 자격궁루를 발명한 인물이다. 결국, 두 사람은 각각 13세기 이슬람 세계와 15세기 동아시아를 대표하는 혁신가-발명가-기술자라고 평가할 수 있다.

A

B

그림 4-2. 알자자리와 그의 대표작

A. 초상 (출처: Nam, M.H. 2012: 102)
B. 코끼리시계 (사진 출처: en. wikimedia commons)

4.3. 보루각루의 특징과 연원

4.3.1. 12시와 경점 시보 시점을 표시하는 물시계 장치(M-1)의 특징

1) 동호적루와 보루각루

(1) 누기형상

그림 4-3A에 보인 누각은 제1장 그림 1-4C에 보인 명대 동호적루銅壺滴漏의 누기와 동일한 형태를 띤 1799년(가경 4년)에 제작한 동호적루이다. 이것은 제1장 1.3.1에서 소개한 만류보상혼합형부전루이다. 그림 4-3B는 명대 동호적루의 원리를 본떠 조선식으로 제작한 보루각루의 누기이다. 두 가지 누각의 구성은 저수조, 보상호, 평수호, 폐수호로 구성된 파수호는 동일하며, 수수호는 동호적루가 한 개인 반면, 보루각루의 것은 두 개이며, 모두 만류보상혼합형부전루이다. 보루각루 파수호가 동호적루와 다른 점은 원리보다는 형상에 있다. 동호적루의 누기 일천호日天壺, 야천호夜天壺, 평수호平水壺는 곡물의 분량을 헤아리는 데 쓰이는 말을 뒤집어 놓은 형상[방두형方斗形]이다. 반면, 보루각루의

A

B

그림 4-3. 동호적루와 보루각루 비교

A. 동호적루 (北京 紫禁城 鍾表館 소장) **B.** 보루각루 물시계 장치 (국립고궁박물관 소장)

파수호는 1536년(중종 31년)에 1434년제 세종 보루각루를 복제한 유물에서 볼 수 있듯이 방형이 아닌 원형 항아리로서 전형적인 조선시대 항아리의 형상이다. 동호적루 파수호의 모양은 위로 올라갈수록 개구부開口部가 넓어지도록 옆면이 경사져 있다. 이에 비해 보루각루의 물 항아리들은 대파수호는 원주형 드므이며, 중소파수호는 역원추형으로 항아리 옆면이 경사져 있다. 동호적루와 보루각루의 중소 파수호가 모두 경사를 갖는 것은 수위 제어를 고려한 형상으로 봐야 할 것이다.[3]

(2) 유량조절방식

「보루각기」에는 파수호의 형상이나 수위조절에 대한 언급이 없지만, 보루각에서 마노를 사용한 점과 흠경각루를 구동하는 물시계 명칭이 "옥루玉漏"라는 사실에서 알 수 있듯이 파수호 흐름관 출수구에는 마모에 강한 경옥硬玉 마노瑪瑙로 만든 오리피스를 삽입해 출수구의 마모와 배수량의 변화를 방지했다. 마찬가지로, 동호적루도 흐름관의 모양은 용두龍頭 형태로 하고, 그것의 입구에 삽입한 옥관玉管을 통해 물을 흘려보냈다고 한다. 여기서 옥관은 옥으로 만든 오리피스이며, 역대 누각의 전통을 계승한 용구옥적龍口玉滴의 전형이다. 두 시계는 같은 방식으로 누기 간에 물을 주입했으며, 평수호(수위 조절호) 측면 하부에다 폐수호(분수호)를 설치하여 무넘기 구멍을 통해 흘러나오는 물을 받아 재사용하였다.

(3) 부전

수수호의 형태는 두 시계가 똑같이 평수호 앞에 원통형 수수호를 설치하고, 보루각루는 그 안에다 잣대를 꽂은 부구浮龜를, 동호적루는 동고銅鼓 모양의 잣대를 꽂는 전주箭舟를 띄웠다. 물이 차오르면 배가 뜨고 잣대가 위로 올라오며, 물이 가득 차면 잣대가 끝까지 올라오므로 수지水池에 물을 배설하도록 했다. 보루각루의 부구는 몸체를 동고와 같이 북 모양으로 만들고 사방에다 얇은 동판으로 "⊂" 형상의 귀를 북 높이와 같이 만들고 그림 3-14E에 보인 것과 같이 귀를 부착했다. 귀의 역할은 수수호에 물이 유입되면서 일으키는 교란으로부터 부전을 안정시키기 위한 것이다.(그림 3-14H 참조) 이러한 사실은

3 물시계의 파수호를 원주형으로 하지 않고 경사를 갖게 한 예는 고대 그리스 아고라의 물시계Agora clepsydra에서도 볼 수 있다. 랜들스(1979)는 아고라agora 물시계의 종단면도profile를 구하여 포물선 형상의 옆면을 갖는 물시계의 유량은 파수호의 반지름과 수면의 높이와 관계를 갖는다는 것을 실험적으로 증명하였다.(Landels, 1979: 32)

실험을 통해서 2미터가 넘는 잣대가 최상부까지 미동도 없이 상승함으로써 입증됐다. 곧, 네 개의 귀는 부전의 안정화 디바이스(stabilizer)라는 것이 입증됐다. 부구는『국조역상고國朝曆象考』 권4 경루更漏 누각조漏刻條에서 언급한 부구와 어긋남이 없는 형상이다. 부구는 잣대가 수직으로 떠오르면서 수수호 위에 세운 방목을 통과하면서 그 양편에 설치한 동판기구를 작동시켜 작은 구슬(공)이 신속하고 안전하게 방출되도록 하는 데도 일정부분 기여하는 것으로 밝혀졌다. 동고에다 귀를 부착하는 아이디어는 수수호를 만수호萬水壺라 하여 바다에 비유하고 그 안에 장수의 상징인 거북을 띄우는 것에서 유래된 것으로 보인다. 장영실은 비석의 거북 받침대에서 거북을 공학적으로 형상화시킴으로써 계시기 제작사에 새로운 아이디어를 추가했다.

(4) 수수호 규모

동호적루의 수수호 꼭대기에다 동인銅人을 안치하고 잣대를 두 손으로 잡고 있는 형상은 관리자가 눈금을 읽기에 편리하도록 한 것으로 보인다. 보루각루 수수호 꼭대기에는 방목을 세워 시보 시점마다 소환을 방출시켰다. 보루각루 수수호는 높이를 동호적루의 수수호 99센티미터보다 2배 이상으로 늘려 그 안에 띄우는 부전 눈금 간격을 늘림으로써 시간계측의 정밀도를 높였다. 이로써 눈금 간격(1각=14.4분을 12등분)을 더욱 세분할 수 있게 해서 현대 1분보다 약간 길게 했다. 특기할 사항은 제3장 그림 3-3에 보인 수수호의 두께가 평균 1센티미터 정도인데, 수수호를 감고 있는 용신龍身의 부조浮彫 부분의 두께는 보통 3센티미터 정도로 견고하게 수수호를 둘러싸고 있다.(그림 3-3A 참조) 이 부조는 수수호의 상징인 왕권은 물론, 변형을 방지하는 데 중요한 역할을 고려한 조치로 생각된다. 여기에 더하여 운룡雲龍 부조와 부수된 문양은 조선 전기의 양식과 금속공예기술을 대표할 만한 걸작이라 할 수 있다.

(5) 계시법

동호적루는 매일 오초 2각에 수수호 하부에 부착한 용두를 틀어서 배수하고 오정초각부터 다시 물을 주입하여 계시하였다.(陳美東 · 華同旭, 2011: 158) 그러나 보루각루 수수호에는 용두를 부착하지 않고 갈오渴烏(사이펀)로 배수하는 방식이다. 이것은 용두를 사용할 때 발생하는 누수를 원천적으로 차단하기 위한 것으로서, 왕권을 상징하는 수수호의 누수는 곧 '왕권의 누수'라 여겼기 때문이다. 두 개의 수수호를 격일로 교체해서 연속

계시를 가능하게 한 이 방식은 당시는 물론 세계 어느 문명권에서도 활용된 바 없는 특유의 방식이다.[4] 태양시를 지방시로 규정하고 태양이 한양의 자오선을 통과하는 시각을 결정하고 이 시각을 오정 초각으로 삼아 시간측정을 개시했다. 이를 위해 세종은 보루각 근처에 일영대를 쌓고 그 꼭대기에다 정시의를 설치하고 오정 초각을 결정하였다. 비가 오거나 흐린 날, 야간의 자정 초각을 결정하기 위해 주야측후기를 창제했는데 이것이 일성정시의日星定時儀이다.(그림 4-4 참조) 다만, 유럽을 비롯하여 무슬림 문화권에서는 고대부터 낮 시간과 밤 시간을 따로따로 측정하는 전통이 있어 중세에 기계시계가 출현한 후에도 12시간 시반에 시침을 두 번 돌려 24시간을 측정했다. 오랜 관습의 산물이다. 이것은 동아시아 문화권에서 온 하루(a full day)는 자정 초각에서 시작하여 다음 날 자정 초각까지로 규정했지만, 야간에 물시계 교체가 어려운 점과 태양의 남중시각을 기준으로 하여 시간측정 개시 시각을 결정하는 제도의 차이에서 비롯된 것이다.

보루각루의 누각법은 명대 동호적루를 본떴지만 실행과정에서는 앞서 언급한 바와 같이 누기의 형상, 수수호의 개수, 부전, 기준시각 결정 방법 등에서는 독창성을 발휘하였다. 보루각루의 누각법은 당대 중국 표준 누각법을 도입하여 개량·발전시킨 혁신의 산물이다. 말하자면, 동호적루는 전통적인 누각법에 머물러 수동적인 방법으로 계시와 보시를 하였으며, 보루각루는 이를 초월하여 수수호 꼭대기에 방목을 세워 계시와 보시를 기계화함으로써 기계시계로 발전하게 되었다고 할 수 있다.

2) 일성정시의

수수호를 두 개로 만든 것은 보다 정밀한 시간측정을 위한 것임을 앞서 언급했다. 진태양시를 기준으로 물시계를 운영하려면 수수호에 물을 공급하기 시작하는 시각기준이 필요하다. 『수시력법』에서는 하루의 시작을 자정으로 규정하였지만 야간에 물시계를 교체하는 일이 번거로워 오정 초각에 했다. 오정은 관측지의 자오선을 태양이 통과하는 이른바 자오선 시간(정오)을 말한다. 세종은 해와 별로써 이 시각을 결정하는 "일성정시의(일명 정시의)"를 손수 창제했다.(세종/77/19/4/15/갑술/「간의대기」) 그림 4-4는 「간의대기」에 따라 니덤 등(Needham, J. et al., 1986: p. 45, fig. 2.6)이 복원한 모형을 개작한 시반의 구조다. 주야

4 중국에서는 동한東漢의 장형張衡(78~139)이 주야 시각을 별도로 측정하기 위해 한번 구성했던 적은 있었으나 곧 폐지하였다.

시각 결정법은 다음과 같다.(이용삼 · 남문현, 1998: 23)

(1) 자오선 통과시각 결정법

일구환 2에는 12시 1백각을 새기는데, 매 각을 6등분한다. 사용법은 간의와 같다.(『元史 · 天文志 1』, 5ㄴ) 그림 4-4에 보인 바와 같이 계형 4의 실 6을 백각환 오정 초각 눈금에 맞춰 놓는다. 한양의 자오선을 통과하는 시각을 알려면 오정이 가까워지면 두 명의 관측자가 정시의대에 올라가 자오선 통과 순간을 알아낸다. 계형 4에 맨 두 개(앞뒤) 실 6의 그림자가 백각환 눈금 위의 오정 초각 눈금과 일치하는 순간을 알아내면 된다.

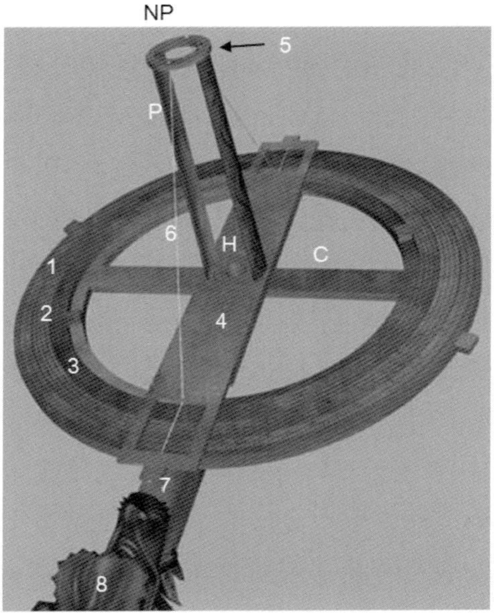

그림 4-4. 일성정시의 구조(복원), 시반(복원도)
(그림 제공: 한영호, 2013. 개작)

시반: 1. 주천환, 2. 일구환, 3. 성구환, 4. 계형, 5. 정극환, 6. 실, 7. 바퀴자루, 8. 바퀴자루 삽입 고정, C. 십자거, H. 별 관측 구멍, P. 장방형 기둥

(2) 주천환으로 밤시간 결정법

주천환 1에는 주천도周天度를 새기는데, 매 도를 4등분한다. 성구환 3과 일구환 2에는 십이시 1백각 눈금을 같은 방식으로 새긴다. 먼저, 금루[水漏: 물시계]로 동지 신전晨前 자정을 맞추고,[5] 계형 4로 북극 둘째 별[제성帝星]이 있는 곳을 살펴서 바퀴 가[의 긴 획]에 표시하고, 주천 첫 도 초에 맞춘다.[6]

5 나머지 세 개의 눈금은 점점 짧게 매겨, 첫해에는 긴 획에 닿도록 하고, 다음 해부터는 차례대로 닿도록 하여 5년째 이르면 다시 긴 획에 닿게 된다. 이것은 당시 주천을 365.25도로 보았기 때문에 단수端數인 0.25도를 4년 간격으로 보정해 주기 위해서 그렇게 하였다. 이렇게 주천환의 초도에 일치시키는 이유는 태양이 하루에 약 1도씩 동행하기 때문에 1태양일이 1항성일보다 약 4분 정도 길게 되므로 신전 자정이 항성의 기준이 되는 자정보다 늦게 나타나기 때문이다. 당시 사용하던 『수시력』에 따라 16년에 1분씩 뒤로 물러나고, 66년에 1도씩 위치를 조정하여 세차歲差(조선 초기에는 이를 '天歲천세'라 부름)를 보정하도록 한다.

6 이때 계형으로 북극 제2성인 제성帝星, beta UMi을 맞추고, 주천환의 초도를 이것에 일치시킨다. 이 일치된 곳의 아래에 있는 바퀴에 그 표시를 하며 성구환의 자정도 이것에 맞춘다. 항성은 북극을 중심으로 한 시간에 15도씩 움직이므로 제성의 움직임을 관찰하면 시간을 알 수 있다.

또한 성구 3에 자정 눈금을 이것에 일치시킨다. 이렇게 하면 항성시 자정도 측정하게 된다. 곧, 동짓날(첫째 날) 삼수參宿가 자정시간에 남중한다면, 둘째 날, 자정시간 기준으로 삼수는 1도(4분, 4min)를, 셋째 날, 자정시각 기준으로 삼수는 2도를 더 움직인다.(항성일은 23시간 56분이 된다) 북극성이 중요한 이유는 중심이 되는 별이기 때문이다.[7]

오정과 자정을 관측하는 원리를 요약하면, "별자리를 살펴보아 해그림자와 맞추는 것[규성배구窺星配晷]"이다. 정시의는 별로써 적도극축을 교정하여 관측지의 자오선을 지나는 한낮의 햇볕 그림자 곧, 자오선 시간(정오)을 정밀하게 측정할 수 있는 의기이다. 야간에는 북극성을 기준으로 자정에 항성시恒星時(sidereal hour)를 측정한다. 니덤 등(1986)은 정시의를 이용한 관측 방법이 서양에서 1520년 이후에 제작된 휴대용 야간시계 기능과 유사하지만 그것들보다 훨씬 정확했으며, 세차운동歲差運動(지구의 자전축이 궤도에 대하여 23도 30초의 기울기를 가지고 자전하는 운동)도 교정할 수 있는 정교한 의기로 평가했다.(Needham, 1986: 58) 당시에는 물시계의 시각을 바로잡는 데 주로 해시계를 사용했지만, 이것에 더하여 태양과 별로써 시각을 결정한 사례는 찾기 쉽지 않다. 일성정시의는 보루각루의 가치를 제고시켜 조선조가 독자적으로 지방시를 사용하게 해 준 장본張本이라 할 수 있다. 일성정시의는 세종시대 간의대 사업의 성과를 알게 해 주는 대표적인 발명품으로서 창경궁과 경희궁 금루를 가동하기 위한 정시의에 계승되었다.(M.H. Nam, 2015: 359; 남문현, 2016A: 179)

3) 수수호 방목

보루각루는 물시계로 측정한 시간 가운데 매시 초각初刻과 매 경점시점마다 이 시각을 자동으로 보시하는 자격장치를 갖춘 수력식 기계시계이다. 매시마다 보시하려면 매 시진의 초각인 12개 시점時點, 始點과 오경五更 이십오점二十五點의 25개 시점을 표시하여 이것을 바탕으로 음향기기를 울리거나 시패를 시각적으로 보여 "무슨 시" 또는 "몇 경 몇 점"인가를 알려줘야 한다. 이를 위하여 보루각루에서는 잣대와 같은 길이의 동판 두 개에다 각각 12시와 경점 시보 시점 눈금에 맞춰 구멍을 뚫고 작은 구리구슬[동소환銅小丸, 小丸] 12개와 25개를 수납할 수 있는 하부에 굴대를 부착한 통을 설치하여 방목 좌우면에 부착한 다음, 방목을 수수호 꼭대기에 세웠다. 그리고 떠오르는 잣대의 머리로 이것을 뒤엎어 소환을 방출시킨다. 따라서 방출된 소환은 중계기에 대기 중인 대환을 방출시킴으로써

7 동양에서는 북극성을 '황제의 별'로 불렀다.

계시정보는 대환에 전달되도록 하였다. 이와 같은 동작은 하루 동안에 매시마다 1회씩 12회, 오경 동안에 매 경점마다 25회 반복된다. 이것이 방목의 역할이다. 이후 12시 대환은 시기(M-5)를 작동시켜 매시마다 시를 맡은 목인(인형 로봇)이 종을 울리게 하고 울린 시패를 잡은 목인을 전시하여 종소리가 "무슨 시"인가를 보시하도록 한다. 경점 대환은 경점기(M-6)을 작동시켜 경을 맡은 목인이 경의 숫자대로 북을 울리게 하고, 점을 맡은 목인이 점의 숫자대로 징을 울리게 한다.

이와 같은 방목기구는 조선 초기까지 유래가 없으며, 중국에서도 마찬가지다. 그렇다면 어떻게 방목기구를 만들어 이산 시보 시점을 표시하게 되었을까? 이것을 만들기 위해 장영실은 알자자리의 시계 자료를 원용하여 동판기구를 고안하여 방목에 설치한 것으로 보인다. 그리고 동판기구에는 소환을 수납하고 떠오르는 잣대의 부력을 이용하여 차례대로 방출시키는 방법을 고안한 것으로 보인다. 소환이 방출되는 시점은 잣대에 표시한 매시와 매 경점의 시점과 일치시키면 방출된 소환은 그 시점을 표시하는 정보(부호)로 변환된다. 장영실이 고안한 방목과 비슷한 사례는 알자자리의 양초시계에서 찾아볼 수 있다. 다음에는 이것에 대해 알아본다.

4) 방목에 설치한 동판기구와 양초시계의 공 채널

그림 4-5A는 알자자리의 제 7시계 일명 양초시계candle clock이다. 계시와 보시 원리는 다음과 같다. 바깥쪽 양초꽂이first sheath 내부 안쪽 꽂이에 꽂힌 양초와 닿아 있는 오른쪽 공 채널ball channel에 설치한 14개 저장실chamber 안에는 공 14개를 수납한다. 양초꽂이에 부착한 받침대bracket 위에 칼을 잡은 노예가 앉아 있다. 바깥 양초꽂이 왼쪽과 양초 사이에 설치한 도르래에 얹은 줄 하단에는 추weight가 달려 있다. 바깥 양초꽂이에 박은 횃대 위에는 매falcon가 날개를 펼친 채로 똑바로 앉아 있다. 매의 뒤통수는 양초꽂이 벽에 뚫은 구멍과 맞닿아서 공이 통로를 따라 낙하하면 이곳으로 굴러들어오도록 되어 있다. 매의 부리는 목에 설치한 굴대에 따라 움직인다.

그림 4-5B는 A에 보인 양초시계의 구조를 그린 도해이다. 시각눈금을 새긴 양초 y와 그것을 받치고 있는 접시 t는 내부 양초꽂이에 자리하고 있으며, 시간측정이 시작되는 최하위에 놓여 있다. 공 채널 z는 꽂이와 양초 사이에 끼어 있다. 통로 후면은 외부 양초꽂이 e와 맞닿는다. 꽂이 뚜껑 d 밑으로부터 양초 심지가 올라온다. 처음에는 양초를 최하위에 맞추었으므로 추 j는 반대로 최상위에 올라와 있다. 접시 t는 내·외부 틈새

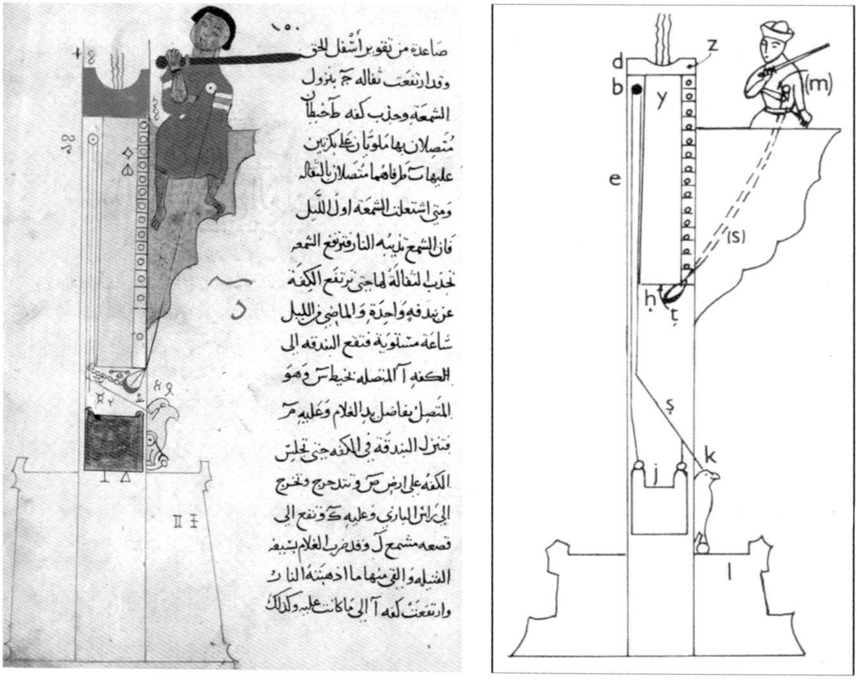

A B

그림 4-5. 알자자리의 양초시계

A. 양초 오른쪽에 설치한 공 채널 안에는 공이 수납돼 있다. 양초 옆에는 칼을 잡은 노예가 앉아 있다. 양초 접시는 최하위, 추는 최상위에 위치한다. 추 오른쪽에는 매가 앉아 있다. (그림 출처: Sezgin, 2002: 여분 88쪽) **B.** A의 도해. z: 공 통로, d: 양초꽂이 뚜껑, y: 양초, ṭ: 접시, e: 외부 양초꽂이, b: 도르래, ḥ: 내 · 외부 꽂이 틈새, (s): 줄, (m): 노예, ṣ: 공 통로, j: 추, k: 매의 머리, l: 횃대 [(그림 출처: Wiedermann and Hauser, 1915: 151, fig. 80)의 원도를 힐(그림 출처: Hill, 1974: 85)이 개작한 것이다.](A와 B는 다른 판본이지만 노예의 모습만 다르고 그 밖의 내용은 동일하다.)

ḥ에 설치한 도르래 b에 얹은 줄 양단에 매여 있다.

밤이 되어 양초에 불을 붙이면 양초가 녹으면서 추의 하강으로 인해 접시는 상승한다. 이에 따라 접시가 공이 담긴 채널 z 내부 저장실을 하나씩 들어 올려 공을 방출시킨다. 공은 노예의 뻗친 손과 연결된 줄(s) 끝에 부착한 [접시 밑에 놓인] 작은 주머니pouch 속으로 빠진다. 이때 낙하하는 동력으로 공은 매의 뒤통수 k로 굴러 들어갈 위치 통로 ṣ까지 주머니를 늘어뜨린다. 그 뒤에 공이 매의 뒤통수 k로 굴러 들어가면 부리가 열려 양초꽂이 받침대 l에 떨어진다. 이때 노예의 손이 당겨지면서 불에 탄 심지는 칼로 잘려 나가고, 주머니는 본디 위치로 당겨진다. 이와 같은 동작은 공이 모두 방출될 때까지 계속된다. 이렇게 하여 일정하게 밤 시간이 계시된다. 날이 밝으면 공을 수거하여 다음 날 밤에 대응되는 숫자대로 양초꽂이 대 위에 수납한다. 이 시계는 낮의 길이가 14시간에서 9시간 사이 지역에서 야간시간 보시에 사용할 수 있도록 만들었다.

앞서와 같이 양초시계는 추의 하강에 따라 작동되는 양초와 접시의 상승을 이용하여 동시에 계시와 보시를 이산적으로 수행한다. 공이 수납된 저장실을 접시 한쪽이 밀어 올려 매의 부리로 방출시키는 원리는, 수수호 방목 속에 설치한 소환을 수납한 하부에 굴대를 부착한 통의 한쪽을 잣대 머리가 들어 올려 소환을 방출시키는 원리와 대비된다. 또한 눈금을 새긴 양초는 잣대와, 추의 하강은 수수호 수위 증가와, 낙하한 공이 주머니에 빠지는 것은 소환이 함지박에 빠지는 것과 대비된다. 양초시계에서 양초꽂이 받침대1에 금속용기를 놓으면 매 부리에서 떨어진 공이 용기를 두드리는 소리는 시보 음이 된다. 마찬가지로 방목에서 공이 추락하는 함지박에 금속용기를 넣어 공이 그것을 두드리게 하면 음향으로 시보하게 된다. 두 가지 시계가 서로 같은 점은 다음과 같다.

이슬람 지역의 시각제도에 따라 양초시계는 야간시간을 계시하는 데 사용한다는 점이다. 보루각루에서는 절기에 맞춰 방목 우측면에 부착한 11개 경점용 동판마다 설치한 버킷에다 25개 소환을 수납하였다가 방출시킨다는 것이다. 방목 좌측면에는 12시용 소환 12개를 수납하는 통을 설치한 동판을 부착한다. 양초시계가 단일 계시 방식인 데 반하여, 보루각루의 방목에는 좌우에 각각 12시와 경점용 동판기구를 설치하여 2원 시제를 동시에 실행한다는 사실이다. 장영실은 단일 공 채널 방식에서 영감을 얻어 2원 시제에 맞도록 개발한 것으로 보인다. 결국, 장영실은 방목 동판기구를 수수호 위에 수직으로 세우고 수직으로 떠오르는 잣대의 부력을 활용하여 소환을 방출시키도록 설계했다. 이와 같은 점으로 미뤄볼 때 방목기구를 수수호 꼭대기에 세워 떠오르는 잣대의 부력으로 이산 시보신호를 표시하는 방식은 어쩌면 양초시계에서 영감을 받은 것일 수도 있어 보인다.

보루각루의 방목 동판기구와 알자자리 양초시계의 닮은 점은 앞서 니덤 등(1986)이 "자격루의 특징은 아랍 · 이슬람 물시계에 사용한 낙하하는 공의 동력전달 방식에서 영감을 얻은 것으로 보인다"는 추론을 뒷받침하는 첫 번째 증거로 채택해도 무리가 없어 보인다. 수력 운용으로 2원 시보제도에 맞춰 이산시간 공(정보)을 방출하는 기구를 장착한 물시계는 물시계 제작사에 전례가 없는 새로운 자동 보시 방법이다.

4.3.2. 소환-대환 중계기 M-4

1) 동통과 대환 저장/방출 기구

방목에서 방출된 소환은 크기가 탄환(구의 지름이 1센티미터 정도)만 하다. 따라서 이것은 앞서 방목 옆에 금속용기를 놓고 이것을 두드리게 하여 음향으로 보시하는 데는 쓸모가 있다. 그러나 이것만으로 보시기계를 작동시켜 높이 7, 80센티미터 되는 목인의 팔을 운동시키기에는 힘이 부족하다. 장영실은 물시계 장치와 자격장치 사이에 기계적 중계 기구를 추가하여, 무게가 소환의 30배 정도인 계란 크기의 쇠공(대환)이 낙하하는 동력을 이용하여 자격장치를 가동시켰다. 이 방식은 소환으로 미리 저장한 대환을 방출시켜 목인과 연계된 구동장치를 가동시켜 목인이 팔로 종, 북, 징을 울리고 시패를 전시하자는 아이디어이다. 이것은 계시는 물시계로 하고 보시는 대환의 동력을 활용함으로써 동력원을 이원화하는 방안이었으며, 이에 따라 계시와 보시도 자연스럽게 이원화되었다. 동통은 방목의 동판기구를 눕혀 놓은 것으로서, 12시 소환 12개는 번호대로 동통의 12개의 구멍에 설치한 기구를 작동시키면서 추락하고, 마찬가지로 경점 소환 25개는 동통의 25개 구멍에 설치한 기구를 작동시키면서 추락하도록 만든 것이다. 말하자면, 동통은 제2의 방목 동판기구라 할 수 있다. 이것의 구조는 그림 3-27에 보인 것과 같이 동통에 진입한 소환은 순서대로 구멍에 떨어지면서 기구를 작동시켜 소환이 추락한 구멍을 막아서 다음 소환이 지나가는 통로를 형성한다. 추락한 소환은 구멍 밑에 놓인 대환저장기에 저장된 동일한 번호의 대환을 구속하고 있는 기시의 원단에 떨어져 차례대로 방출시킨다. 따라서 소환은 동통을 매개로 하여 계시정보를 대환에 전달하고 기시 원단을 누름으로써 다음 대환이 방출될 수 있도록 통로를 제공한다. 그림 3-27은 소환이 구멍에 추락하면서 기구를 작동시켜 구멍을 막는 원리를 보여준다. 이런 원리를 실행하려면 동통과 대환을 구속하고 있는 기구들이 일체가 되어야 한다. 따라서 동통 밑에는 대환 저장/방출기구가 위치해야 한다. 그림 3-28은 소환-대환 중계기(M-4)의 구조, 대환 안치와 기시, 대환이 방출된 후 기시의 상태를 보여준다. 대환은 목판에 판 세 개의 홈통 — 좌격, 중격, 우격 — 에다 안치하고, 좌격과 중격 사이에 파놓은 공격에는 세 개 홈통에 안치한 대환을 구속하는 기시의 원단을 수용하도록 하였다. 기시는 홈통에 직각으로 설치하여 원단이 그것의 상부에 설치한 동통 하부에 뚫린 구멍과 마주하도록 하였다. 따라서 저장기 목판에는 네 개의 홈통을 파서 기시를 설치함으로써 4격[사격四隔] - 기시[횡기橫機]의 구도를 형성하게 하였다. 기시를 홈통에 가로로 설치하였다 해서 일명 횡기라고 불렀다. 그림 3-28A에 보인 동통 두 개는 왼쪽을 오른쪽보다 약간 높이고, 그 밑의 대환 저장기는 동통과 반대로 오른쪽을 왼쪽보다 약간 높여 대환이 원활하게 구르도록 했다. 동통은 동판 기구 안에 수납한 소환을 번호대로 받아들여 다시 번호대로 추락시켜 주는 등록기로서 중계기능을 수행하는 기구다.[8] M-4는 현대공학용어로 방목에서 낙하하는 시점표시 소환이 같은 번호를 갖는 대환을 방출시켜 주는 중계기구이며,[9] 일종의 기계식 증폭기라 할 수 있다.

자격장치에는 상층 좌대에 세운 목인, 시보용 음향기구와 이것을 구동하는 기계도 수직으로 세워야 공의 낙하 동력을 효율적으로 활용할 수 있다. 따라서 대환을 저장하는 기구는 상층 좌대와 보시 목인을 구동시켜 주는 기계 사이에다 수평으로 설치하여 공간을 적절히 활용하면서 공을 낙하시키는 것이 최적의 방법이다. 이런 아이디어는 어디에서 나왔을까? 이러한 사례는 당시 문헌이나 계시기 자료에서 찾아보기 어렵다. 창발적인 아이디어의 소산이라고 할 수 있다. 이러한 기구의 등장은 시보 시점 표시가 된 소환이 방목-함지박-광판 통로-동통으로 이동하는 과정에서 관련 기구의 역할을 극대화시키기 위한 최적 설계라 높이 평가할 만하다. 다음에는 이와 같은 중계기의 기능을 갖는 기구를 찾아본다.

2) 대환 저장기의 4격-기시 방식과 알자자리의 두 줄 식 홈통-칼날 기구

동통기구는 장영실이 수직으로 세운 방목을 가로로 눕혀 놓고 구멍마다 설치한 회전기구를 달아 소환이 구멍에 빠지면 통로가 형성되어 차례대로 소환을 이동시키는 방식이다. 그러나 기시를 이용하여 홈통 네 개[4격]에 안치한 대환을 구속했다가 시보 시점마다 방출시키는 방식은 조선은 물론 중국에서도 사례를 찾아보기 어렵다. 다만, 이와 유사한 사례는 공을 이용하여 시보 신호에 따라 이것을 방출하여 보시하는 방식을 알자자리의 성문시계(Castle Clock)에서 볼 수 있다. 그림 4-6에 보인 성문시계는 아나포릭anaphoric(유출식 물시계의 부표에 끈을 달아 부표가 하강하는 힘으로 상부에 설치한 굴대를 회전시키는 방식 — 저자 주) 물시계를

8 2진 데이터 비트가 좌측이나 우측으로 정해진 수만큼 한 덩어리로 자리를 이동시켜 주는 시프트 레지스터shift register의 기능과 유사하다.(한국정보과학회, 1984: 519)

9 니덤 등은 이를 ball-relay mechanisms라 불렀다.(Needham, J. et al., 1986: 37)

이용한 천체운동, 주간의 인형 출현과 야간의 조명, 공을 낙하시켜 악기와 함께 자동인형이 악기를 연주하는 시보기구로 구성되어 있다. 그림 4-6A는 이 시계의 겉모습이다. 상부에는 황도 12궁 환과 함께 태양과 달이 회전한다. 그 밑에 12개의 문과 12개의 창이 있다. 중간 좌우 양편(V_1-V_2)에는 날개를 편 매와 그 밑(B)에 병 두 개가 나란히 놓여 있고 그 중간에 반원형 원창roundel 12개가 있다. 하부(M)에는 자동인형들이 악기를 들고 있다. 그림 4-6B는 A의 뒷모습이며, 이 시계 후면에 장치한 물시계와 시보기구이다. 그림 4-6A에 보인 매의 부리로 공을 방출하는 기구는 다음과 같다. s: 공을 안치할 홈통과 공을 구속하는 기구(칼날)를 설치한 목판. f: s에서 방출된 공을 받는 직사각형 통로. σ: 공 방출구로 구성. 물시계는 실린더형 저수조 a, 부자 b, 용두tap g, 부자 밸브 기구 d, 출수구 줄마노(onyx) w로 구성된다. 시보기기 작동 부품은 수레cart z, 수레 뒤에 매단 추 θ, 12개 인형 잔등에 매단 고리hook l, 고리를 벗겨주는 막대 h, 고리ring로 만든 반원창 j, 도르래 k, 지붕 위에 설치한 굴림대roller로 구성된다. 시간측정이 시작되어 출수구 w로 물이 빠지면 부표 b가 하강하면서 지붕에 설치한 굴림대에 걸친 줄이 반원창 j 굴대에 부착한 평형 도르래 k에 맨 줄을 당겨 j가 반시계방향으로 회전하여 수레 z에 맨 줄을 왼쪽으로 당겨서 수레가 이동한다. 수레에 세운 막대 h가 고리 l에 걸린 인형을 벗겨준다. 인형 등에 맨 줄이 젖혀지면서 홈통 s 안에 들어 있는 공 p를 구르지 못하도록 구속하고 있는 칼날 α 뒤쪽에 맨 줄을 당겨 칼날 앞쪽이 위로 들리면 공이 굴러 그 밑에 있는 통로 f로 떨어져 구리 파이프 σ로 방출되어 그림 4-6A에 보인 매의 뒤통수로 떨어진다. 그림 4-6C의 (s)는 그림 4-6B의 상단에 보인 홈통 $\boldsymbol{s}$의 평면도이다. 홈통 $\boldsymbol{s}$ 밑에 설치한 f는 (s)의 $\boldsymbol{g-g}$에서 굴러떨어진 공을 받는 통로와 방출 통(구리 파이프)이다. 목판 $\boldsymbol{a-b}$에 뚫은 홈통과 구멍의 단면은 section (s)와 같다. 기구의 명칭은 다음과 같다.

(s): B의 s에 대응됨. 목판 $a-b$에다 두 줄로 판 6개 홈통 $d-d$, 홈통 앞쪽을 경사지게 판 다음 뚫은 구멍 $g-g$, 공이 구르지 못하도록 목판 가에다 수직으로 설치한 굴대를 부착한 칼날blade w, 인형 등에 맨 줄을 꿰는 고리 z.(Wiedemann and Hauser, 1915: 82, fig. 36) (s) 우측에 보인 section (s)는 (s)의 홈통 단면.(Wiedemann and Hauser, 1915: 81, fig. 36a)

(f): 그림 4-6B의 f에 대응된다. (s) 밑에 설치하여 $d-d$에 안치한 공이 $g-g$를 통해 방출되면 이 공을 받아 가운데 판 구멍 $g-g$로 유도하여 각각 d와 e로 방출하기 위해 경사진 홈통을 판 목판이다.

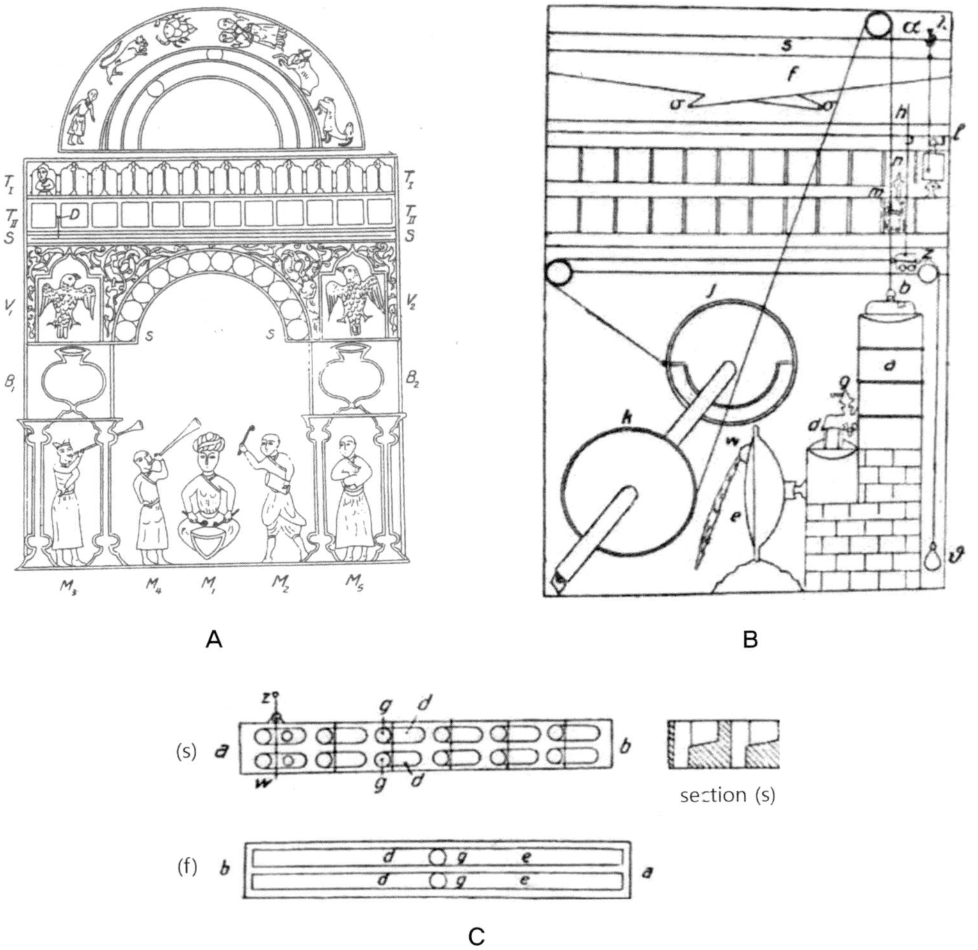

그림 4-6. 알자자리의 제1물시계(일명 Castle Clock)

A. 겉모습. 상부에 황도 12궁 환과 함께 태양과 달이 회전한다. (그림 출처: Wiedemann and Hauser, 1915: 63, fig. 18) **B.** A의 뒷모습 (그림 출처: Wiedemann and Hauser, 1915: 82, fig. 38) **C.** 경사진 홈통을 판 목판의 구조. (s): B의 s에 대응 (그림 출처: Wiedemann and Hauser, 1915: 82, fig. 36), (s) 우측에 보인 section (s)는 (s)의 홈통 단면 (그림 출처: Wiedemann and Hauser, 1915: 81, fig. 36a), (f): B의 f에 대응 (그림 출처: Wiedemann and Hauser, 1915: 81, fig. 37)

그림 4-6C에 보인 *d*, *d*와 여기에 담긴 공이 구르지 못하도록 설치한 굴대를 부착한 칼날 w, 인형과 연결된 줄을 꿰는 고리 z의 역할은 그림 4-7에 보인 앞서 소개한 대환 저장기의 4격 홈통과 기시에 대비된다. 이것은 좌격에 안치한 12시 시환이 시보과정에서 미시未時가 경과한 뒤 신시申時를 전시하고 있는 기시의 상태를 보여준다. 소환은 상부에

그림 4-7. 신시-미시 보시와 소환-대환-기시 작동 상태

십이시 보시과정에서 미시(未時)가 경과한 뒤 신시(申時)를 전시하고 있는 기시의 상태를 보여준다. 기시 원단에 소환 두 개가 들어 있으며, 숟갈총은 위로 들려 있다.

설치한 동통에 진입하여 구멍에 추락하여 기시 원단을 눌러준다. 이로써 미시 시환이 방출되고, 이어서 신시 소환이 구멍에서 추락하여 신시 시환이 방출된다. 이리하여 기시 원단에 소환 두 개가 들어 있으며, 숟갈총은 위로 들려 있다. 방출된 시환은 시기(M-5)를 작동시킨 후 방출되어 수거함에 모인다. 우선, 목판에 판 홈통을 보면, 장영실의 4격이 네 줄인 반면, 알자자리의 것은 두 줄이다. 4격의 석 줄에다 공을 안치하므로 한 줄이 많지만 실제는 각각 시기용 한 줄, 경점기용 두 줄이라 사실상 두 줄로 봐야 한다. 알자자리의 두 줄은 각각 두 마리 매 뒤통수로 보내기 위한 것이다. 홈통의 숫자 6개는 6개 시간대를 위한 시제에 따른 것이다. 4격이 한 줄로 된 홈통인 데 비해 대비가 되지는 않는다. 홈통 구간마다 공의 방출구가 있어 목표지점인 매 뒤통수에 도달하는 시간은 약간 빠를 수 있어 효율적이라 볼 수 있다. 보시 시점 표시 신호에 따라 공을 방출하기 위해 설치한 칼날과 기시는 형태는 다를지라도 역할은 동일하다. 다만, 칼날은 꼬리 고리에 맨 줄을 당겨야 한 끝이 들리고, 기시는 원단에 소환이 떨어져 눌러주어 숟갈총이 들려야 대환이 방출된다.

이상은 4격-기시 기구와 알자자리의 두 줄 식 홈통-칼날 기구의 구조와 원리이다. 이로 미뤄볼 때 두 기구의 유사점은 원리상 동일하다고 볼 수 있다. 앞서 언급했듯이 서로 다른 시각제도를 구현하기 위해서 이산 시보 시점 표시 신호에 따라 보시기구로서 작동하는 점에서 4격-기시가 알자자리에서 영감을 얻은 것으로 보아도 무리가 없어 보인다. 숟갈에 기구를 연결한 자동장치는 일찍이 로마시대와 비잔틴의 파일론Philon(ca. 280~220 BC)과 알렉산드리아의 헤론Heron(ca. 10 AD~ca. 70 AD)이 활약하던 시대에 출현하여 성수 자동급수기holy water automaton(Diels, 1919: 69), 자동세권대의 유량 제어기(Chaupis and Gelis, 1928: Fig. 31) 등에 활용되었다.(남문현, 1995: 179) 그렇지만 앞서 소개한 바와 같이 보루각루에 보이는 4격-기시와 유사한 방식은 알자자리(1206)에 이어 다마스쿠스의 이븐 알사티Ibn Al-Satti(1231)(Wiedemann and Hauser, 1915: 248, Fig. 132)[10]가 계시기에 활용하면서부터라고 말할 수 있다. 결국, 이러한 아이디어를 혁신하여 우리나라 시각제도에 맞춰 4격-기시를 고안했다는 것은 높이 평가할 만하다. 또한 이것을 작동시키는 데 필요한 신호를 제공한 동통기구도 함께 평가되어야 할 것이다.

4.3.3. 종과 시패로 12시를 시청각 보시하는 데 필요한 동력을 전달하는 시기 M-5

세종과 장영실은 중국 역대 혼천의에서 목인[목우인木偶人]이 종과 같은 악기를 울려서 보시하는 시계를 만들어 보시 직무를 맡은 관리를 대체하려고 시도한 것으로 보인다. 이런 아이디어는 『금사金史』에 나타난 태평흥국시대 장사훈張思訓(?~?)이 만든 태평혼의와 소송蘇頌과 한공렴韓公廉이 만든 수운의상대에서 영향을 받은 것으로 보인다. 여기에다 제1장에서 소개한 순제 '궁루'에 나타난 서방삼성전西方三聖殿: 서역에서 숭배하는 삼성을 안치한 전각 — 저자 주에 설치한 목인에서 얻은 아이디어를 가미하여 자격장치를 고안한 것으로 추정된다. 새로 고안한 방식은 물시계로 측정한 시간을 목인들이 종, 북, 징을 울려서 알리는 방식이다. 그림 3-38에 보인 것과 같이 2층 좌대를 만든 다음, 위층에 목인 세 개를 배치하여, 그것이 각각 십이시와 오경, 그리고 매 경의 오점 시각을 알릴 수 있도록 그 앞에 종, 북과 징을 배치했다. 그리고 매시마다 시時를 맡은 사시 목인[사시신司時神]이 종을 울리면 동시에 아래층 평륜에 배열된 12개의 시패를 잡은 보시 목인 가운데 해당되는 시를 맡은 보시 목인[보시신報時神]이 차례대로 위로 올라와서 자子 · 축丑 · 인寅 · 묘卯 · 진辰 · 사巳 · 오午 · 미未 · 신申 · 유酉 · 술戌 · 해亥시의 십이시 시패를 전시하여 시각을 알리는 방법을 고안했다. 이리하여 목인이 종을 울리고 "무슨 시what time is it?"인가를 알리는 기구를 구동하는 데 필요한 동력을 전달하는 시기時機 M-5를 발명하기에

10 Al-Satti는 그의 부친이 12세기 중엽에 만든 다마스쿠스Damascus, Syria에서 만든 시계를 복원하면서 앞서 알자자리의 매의 부리로 공을 방출하는 방식을 사용한 『시계제작과 사용법』을 지었다.(Ibn Al-Satti, d. 618/1231, Sezgin, F., 2010)

이르렀다. 이것의 구조와 원리는 제3장 3.6절에서 소개하였다.

그림 4-8은 M-4에서 방출된 12시 대환시환이 낙하면서 발생하는 동력으로 기시를 타격하면 기시와 연접한 막대연접봉가 목인의 팔꿈치를 촉발하여 종이 울리고, 평륜에 배열한 목인 하나를 전시하여 "무슨 시"인가를 알리는 시기의 구조이다. 전면 상부에 보이는 원통에 설치한 기시와 쇠사슬이 달린 연접봉이 명종기의 핵심부품이다. 연접봉은 그림 3-32에 보인 바와 같이 상층 좌대에 세운 사시 목인의 팔꿈치와 연접된다. 직사각형 원주통 상단에 대환 통로 입구, 중앙에 보이는 경사진 횡목, 목인 12개를 배열한 평륜은 보시기이다. 맨 안쪽에 보시 목인 한 개가 시패를 전시하고 있다. 이 그림은 제3장에서 소개한 그림 3-30F를 동남측에서 본 것이다. 부품 명칭은 동일하다. 이와 같이 시기는 사시 목인이 종을 울리는 데 필요한 동력을 전달하는 명종기와 울린 종소리가 "무슨 시"인가를 시패를 전시하여 알리는 보시기로 구성된다. 이 두 가지 기구를 연결하는 것이 횡목이다. 이 횡목의 북단이 눌리면 남단이 올라가면서 보시 목인의 발을 떠받쳐

그림 4-8. 시기의 명종기와 보시기 구조(동남측면도)

전면 상부에 보이는 원통에 설치한 기시와 쇠사슬이 달린 연접봉이 명종기이다. 직사각형 원주통 상단에 대환 통로 입구, 중앙에 보이는 경사진 횡목, 평륜은 보시기이다. 맨 안쪽에 보시 목인 한 개가 시패를 전시하고 있다.

전시창으로 올려준다. 새로운 시를 알리는 종이 울리면 연접봉에 매단 쇠사슬에 연결한 소판이 열리고 전환이 방출되어 횡목 북단이 올라가면 한 시진 동안 시패를 전시한 보시 목인은 하강하고 평륜은 시계방향(CW)으로 30도 회전하고 멈춘다. 이어서 종을 울리게 해 준 대환이 올라간 횡목 북단을 누르면 횡목 남단이 올라가면서 다음 시의 시패를 잡은 목인을 전시창으로 올려줌으로써 목인을 교대시킨다. 대환 한 개가 명종기와 보시기를 연속하여 작동시킨다. 이런 과정은 3.6절 그림 3-30과 31에서 소개하였다. 다음에는 명종기와 보시기의 특징과 연원을 고찰한다.

1) 명종기의 특징

앞서 소개한 그림 4-8의 오른쪽 상부는 명종기의 핵심부품이다. 원통에 설치한 기시의 원단은 돌출하여 M-4에서 방출된 12시 대환이 추락하면서 타격하는 부분이다. 기시의 꼬리 부분은 원통 내부에 설치하여 연접봉을 수직으로 걸쳐 놓을 수 있도록 그림 3-30에 보인 것과 같이 끝이 "⊂"자형으로 되어 있다. 거기에다 연접봉에 가로로 꽂은 핀을 걸쳐 놓고 원단이 대환의 타격을 받아 젖혀지면 꼬리가 위로 들리면서 연접봉은 위로 돌출하도록 하였다. 연접봉의 상단이 사시 목인의 팔꿈치를 촉발하면 손에 잡은 종추가 종을 두드린다. 이리하여 대환 한 개가 방출될 때마다 종이 한 번씩 울리며, 하루에 12회 반복된다. 이것이 종이 울리는 원리이다. 이런 동작은 대환-기시-연접봉-목인 팔꿈치-손으로 연결된 기구들에 의해 수행된다. 이런 명종방식은 조선조 이전에는 없었으며, 보루각루에서 처음으로 출현하였다. 중국의 혼천의에도 목인이 종이나 징을 울리는 사례가 보이지만 낙하는 구슬이 발생하는 동력을 활용한 사례는 전무하다. 구슬이 기시를 타격하여 음향기구를 울리는 방식은 앞서 소개한 알자자리의 코끼리시계에 나타난다. 이에 대하여는 뒤에서 소개하겠지만 동력전달 방식이 시기의 명종방식과 대비한다.

2) 평륜의 특징

평륜의 회전과 보시 목인이 교대하는 원리는 제2장 「보루각기」 역주 [기-5-3]에 실려 있다. 앞서 잠시 소개한 바와 같이 보시 목인의 발을 받쳐 주는 횡목 남단에 세운 원목의 상하운동은 그림 4-8에서 보인 연접봉에 매단 쇠사슬에 연결한 소판의 상하운동과 연계된다. 연접봉이 상승하여 판이 열리면 앞선 시진의 시패를 잡은 보시 목인을 전시하기 위해 횡목 북단을 누르고 있던 전환前丸이 방출되고, 횡목은 올라가고 전시 중인 보시 목인은 하강한다. 동시에 평륜이 30도 회전하면서 다음 시를 전시할 목인은 전시창 밑에 오게 된다. 이어서 종을 울리게 해 준 대환이 올라온 횡목의 북단을 누르면 남단의 원목이 대기 중인 목인의 발을 떠받쳐 올려준다. 이리하여 목인의 교대가 이뤄진다.

이런 과정에서 중요한 역할을 하는 것이 경사진 동판이다. 이것의 역할에 대해 [기-5-3] 후반부에서 자세하게 설명하고 있다. 그림 4-9는 이것의 내용을 구현한 것으로서, A는 원목이 목인의 발을 떠받쳐 올리면 동판이 열렸다가 올라가면 도로 닫힌 상태를 보여준다. B는 원목이 내려져서 목인이 동판을 타고서 하강하는 상태를 보여준 것이다. 하강하는 목인은 자중[중력重力]에 의해 수직으로 하강하지 못하고 발에 달린 작은 쇠바퀴로 인해 경사판을 따라 회전운동운동을 하면서 평륜을 30도 회전시키므로 다음 목인이 전시창 밑으로 오게 한다. 이것은 목인이 경사판을 따라 미끄러지면서 발생하는 탈진脫進 작용의 결과다. 목인이 하강하면서 회전운동으로 전환하면서 발생시킨 중력이 평륜에 작용하여 목인이 본디 위치로 돌아오면 평륜은 정지한다. 따라서 동판이 다음 보시 목인의 오른쪽 어깨-팔 부위를 차단하므로 평륜은 더 이상 회전하지 못한다. 평륜에는 톱니미늘가 없지만 동판이 회전을 차단함으로써 평륜은 래칫 휠ratchet wheel로서 작동한다. 여기서 동판은 래칫 휠의 역전을 방지하는 멈춤쇠pawl 역할을 한다. 이로 보아 장영실은 보시 정보에 따라 매우 정교하게 진행-정지-진행이 주기적으로 제어되는 공전空前의 탈진기脫進機를 고안하였음을 알 수 있다. 다음은 평륜의 연원을 살펴본다.

A

B

그림 4-9.

평륜에 배열한 보시 목인의 상승/하강 원리

A. 상승하여 시패를 전시하는 목인
B. 한 시진이 경과하여 경사판으로 하강하는 목인

(3) 평륜의 연원

평륜에 12지신을 배열하고 회전시키면서 시패를 전시하는 방식은 당나라 때인 692년에 해주海州 장인이 "십이진차十二辰車"를 만들어 측천무후則天武后(624~705)에게 올린 것이 시초로 보인다. 이것이 뒷날 중국 북송 태평흥국太平興國(976~983) 시대에 장사훈張思訓(?~?)이 만든 혼천의와 소송蘇頌과 한공렴韓公廉이 제작한 수운의상대로 이어진다. 십이진차는 수직축 바퀴[평륜平輪]이 회전하여 정남에 오면 오문午門이 열리면서 머리에 말머리를 조각한 인형이 나타난다고 했다. 바퀴는 털끝만치도 틀림이 없이 4방으로 돈다고 했다. (Needham, J. et al., 1960: 82) 이것의 구조와 원리에 대하여는 알려지지 않았다.

그렇다면 장영실은 어떻게 이와 유사한 평륜을 만들었을까? 세종은 간의대 창설이 마무리된 뒤 이순지를 시켜 의표창제 사업에서 참고한 중국역대 사서史書, 유서類書(백과사전) 등에서 천문天文 · 역법曆法 · 의상儀象(혼천의와 혼상) 등 천문의기 · 구루晷漏(해시계와 물시계) 관련 자료를 4편으로 묶어 『제가역상집』으로 편찬하도록 명했다.(세종/107/27/3/30/癸卯) 장영실은 아마도 이 가운데 『금사金史』 卷22 志 第3에서 979년 북송시대(太平興國 4년)에 장사훈이 제작한 혼천의와 한공렴이 제작한 수운의상대에서 아이디어를 얻어 개발한 것으로 보인다.(李純之, 3: 17, 20) 그러나 앞의 두 가지에 나오는 평륜은 바퀴 주위에 12지신상을 고정 배열하여 바퀴가 회전하면서 열린 창 앞에 해당 시진의 지신이 나타나는 방식이다. 장영실은 이것을 원용하여 평륜 위에 배열한 12지신 인형의 잔등을 수직으로 세운 쇠막대에 삽입하여 앞서 소개한 횡목의 시소 운동, 그리고 경사진 동판을 이용하여 오르내릴 수 있게 만든 것으로 보인다. 12지신상을 평륜에 배열하는 방식은 동아시아 전통 누각법을 따랐지만 작동은 이슬람 방식의 구슬을 활용했다. 이 방식의 장점은 보시 시점마다 방출된 대환이 보시 목인을 올려줌으로써 창가에 나타난 인형이 잡은 시패를 보고 현재 "무슨 시"를 보시한 것인지를 단박에 알 수 있다는 점이다. 이러한 뛰어오르는 것처럼 보이는 'jumping jack'은 중국 전통방식과 본질적으로 차이가 있음을 알 수 있다. 기술혁신의 성과라 할 수 있다.

3) 기시-목인 기구와 평륜기구의 연원

대환이 '기시'를 촉발하여 사시 목인이 종을 울리고 동시에 평륜에 배열한 보시 목인을 교대시키는 2중 작동 방식과 유사한 것은 그림 4-2B에 보인 알자자리의 코끼리시계에서 볼 수 있다. 이것의 모습과 기능을 살펴 자격기구를 구동하는 시기 M-5와 대비하여 본다. 먼저 코끼리시계의 구조와 원리를 소개한다.

(1) 알자자리의 코끼리시계

그림 4-2B에 보인 코끼리시계는 복부 내부에 만든 저수조에다 하부에 구멍이 뚫린 부표*Tarjahar*를 띄우고 매 30분마다 가라앉혔다가 비우기를 반복하는 침루浸漏(sinking water-clock)를 이용하여 계시한다. 부표 내부에는 공ball을 삽입하고 쇠사슬로 연결하여 밖으로 빼내어 코끼리 잔등 위에 안치한 가마 모양의 단壇 난간에 설치한 원형 받침대 굴대를 거쳐 용의 꼬리에 부착한 도르래에 고정한다. 부표 상부에는 중심을 비켜서 고리를 달아 쇠사슬 한 끝을 연결하여 단 상부에 꾸민 성castle 하부에 설치한 공 29개를 수납한 홈통 등 다음에 열거하는 여러 가지 보시 기구와 연결한다. 그림 4-2B와 그림 4-10A에 보인 바와 같이 시보 기구는 밑에서 위로 가면서 다음과 같은 다양한 모습을 갖고 있다. ① 오른손에 도끼, 왼손에 망치를 잡고 코끼리 목 위에 올라앉은 몰이꾼(w). 오른손에 잡은 도끼는 올려 있고, 왼손에 잡은 망치는 코끼리 머리에 닿아 있다. ② 코끼리 양쪽 어깨 위에 고정한 금색 화병vase 두 개(s: 왼쪽). ③ 코끼리 잔등에 설치한 난간에 둘러싸인 4각형 연단 중앙의 돔 위에 설치한 원형받침대 위에 앉아 시간경과에 따라 펜(f)을 잡고 회전하는 서사(x: scriber). ④ 연단 사방에 세운 기둥 네 개 위에 돔을 얹어 만든 성(L)과 그 꼭대기에 세운 새(k). ⑤ 반은 흑색, 반은 은색을 칠한 원반으로 만든 15개 원창roundel을 설치한 반원형 시반(ş). ⑥ 성 발코니(j)에 앉은 술탄Sultan 복장을 한 인형(b)과 성벽 구멍으로 돌출한 두 마리 매의 머리. 인형이 좌우로 움직이면 두 손은 번갈아 매의 부리 위에 놓인다. ⑦ 기둥 사이에 굴대가 있고 그 위에 입을 벌린 뱀(d: 원문에는 serpent. 중국의 '용'이라 함) 두 마리가 좌우에 위치하는데, 각각 발톱이 굴대를 잡고 있다. 꼬리는 고리ring처럼 굴대를 둘러싸고 머리는 뒤로 젖혀지며, 입은 매를 집어삼키듯이 벌리고 있다. 이것이 밖으로 드러난 모습이다. 그림 4-10B와 C는 코끼리 가슴 내부에 설치한 화병과 연결된 공 통로 두 개, 몰이꾼 상완上腕(upper arm) 두 개를 각각 막대와 쇠사슬로 연결한 숟갈기구[기시spoon mechanism] 한 개와 그 밑에 코끼리 다리에 매단 심벌cymbal을 울려준 공을 수거하는 여물통 모양의 용기(4-10A에 보인 z)는 겉에서 보이지 않는다. 이것이 대강의 모습이다.(Hill, 1974: 58-59, 70)

(2) 코끼리시계의 보시 방법

그림 4-10A와 C를 보면서 보시과정을 설명하면 다음과 같다. 저수조에 띄운 부표 구멍에 삽입한 줄마노 오리피스를 통해 물이 들어와서 서서히 가라앉으면, 부표와 돔 위의 원형받침대 굴대에 연결한 도르래가 서서히 회전한다. 서사書士(x)는 오른쪽에서 왼쪽으로 회전하면서 그가 잡은 펜(f) 끝도 첫 번 구간에서 7½구간까지 회전하면서(1구간은 4분 단위) 눈금을 지시한다.[11] 30분이 경과하여 부표가 완전히 가라앉으면 앞서 언급한 상부에 설치한 ④, ⑤, ⑥, ⑦번 기구가 차례대로 작동된다. 먼저, 물이 부표 안으로 들어오면서 그 안에 차 있던 공기가 압축되어 부표 상단에 파이프로 연결한 공에서 호각 소리가 나면서, 쇠사슬(a)이 당겨지면 공 수납 홈통을 당겨 공 하나가 방출된다. 이 공은 성 돔 위에 새를 세운 막대를 받치는 바퀴를 작동시켜 새가 회전하면서 날카로운 호각 소리가 들린다. 시반의 1번 원창 흑색 원반의 반이 은색으로 변하여 30분이 지났음을 시보한다. 바퀴를 회전시킨 공은 통로를 거쳐 매의 몸으로 들어간다. 그림 4-2B에 보인 발코니(j)에 앉은 인형(b)의 왼쪽 허벅지가 들리면서 매의 부리에 얹은 손이 들리고 열린 부리로 공이 굴러 나온다. 공은 부리 밑에 입을 벌린 왼쪽 용(y)의 입안으로 추락한다. 공의 무게 때문에 용의 몸은 천천히 낮아지면서 머리가 코끼리 어깨 위에 고정한 왼쪽 화병(s)에 도달한다. 입안에 물고 있던 공을 화병에 떨어뜨린 용은 즉시 본디 위치로 올라간다. 이때 용 꼬리에 설치한 도르래가 작동하여 부표 내부와 연결된 쇠사슬이 당겨져서 가라앉았던 부표가 표면으로 떠오른다. 동시에 왼쪽으로 돌아간 서사(x)는 재빠르게 오른쪽으로 돌아오며 펜(f)의 끝은 첫 번 구간 밖으로 놓인다.

화병(s)에 추락한 공은 그림 4-10B와 C에 보인 왼쪽 통로(x)(코끼리 전면에서 보이는)를 통해 그 밑에 가로로 놓인 숟가락(t)에 떨어진다. 동시에 몰이꾼은 오른손에 잡은 도끼로 코끼리 머리(drum 역할)를 한 번 타격한 다음 본디 위치로 올라가고, 동시에 왼손을 들어 올려 왼손에 잡은 망치로 코끼리 머리를 타격한 다음 멈춘다. 숟가락을 타격한 공이 앞다리 사이에 걸린 심벌 위에 떨어지면 소리가 들린다. 공은 코끼리 코 밑에 놓은 용기에 떨어진다. 서사는 다시 7½도 회전하고 첫 번 원창은 온전히 백색으로 바뀐다. 다시 반 시간이 경과되었다. 발코니에 앉힌 인형은 오른쪽 매 부리에서 손을 들어 올리고

11 30분은 원호(arc) 구간(division) 7½도이며, 1도는 현대의 4분에 해당한다. 한 시간은 15도로 설정하여 지구가 회전하는 각도에 대비한 것으로 보인다.(Hill, 1974: 248)

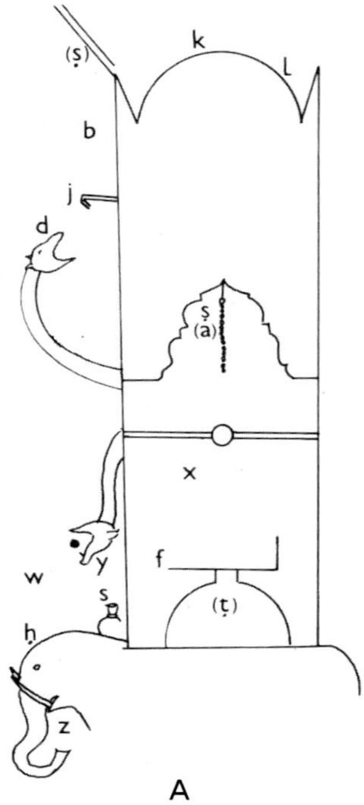

A

그림 4-10. 코끼리시계 주요 부품 도해

A. 그림 4-2B에 보인 코끼리시계의 부품 도해. (a): 성 밑에 연결된 쇠사슬이며, 이것을 당기면 돔 L 안에 설치한 29개 공 수납통에서 공이 하나씩 방출되어 새를 세운 막대기(rod)를 세운 바퀴가 회전한다. k: 새. L: 돔. (ṣ): 시반. b: 술탄 복장 인형. j: 발코니. d: 왼쪽 뱀(용)의 머리. x: 서사. y: 공을 뱉은 왼쪽 용. s: 왼쪽 화병. w: 몰이꾼. b: 술탄 인형. z: 용기. f: 펜.(출처: Hill, 1974: 58. fig. 48) **B.** 몰이꾼 양쪽 팔과 가슴 내부에 설치한 숟갈기구의 연결.(그림 출처: Sezgin, 2002) **C.** B의 도해. l: 우측 상완 굴대. k: 막대. s: 좌측 상완에 뚫은 구멍. n: 좌측 상완 끝에 뚫은 구멍. y: 손잡이 끝에 뚫은 구멍. ṭ: 숟갈 밑동에 뚫은 구멍. m: 숟갈 끝에 뚫은 구멍. (x): 화병과 연결된 공 통로.(Hill이 수정 추가), ḥ: 코끼리 가슴에 뚫은 구멍(공 배출구) (그림 출처: Hill, 1974: 62, fig. 52)

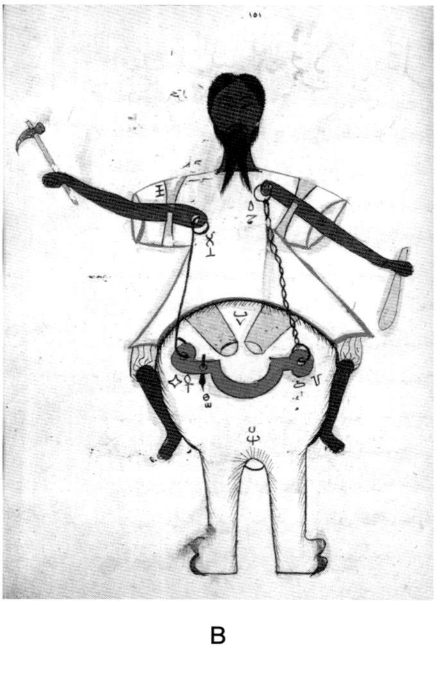

B

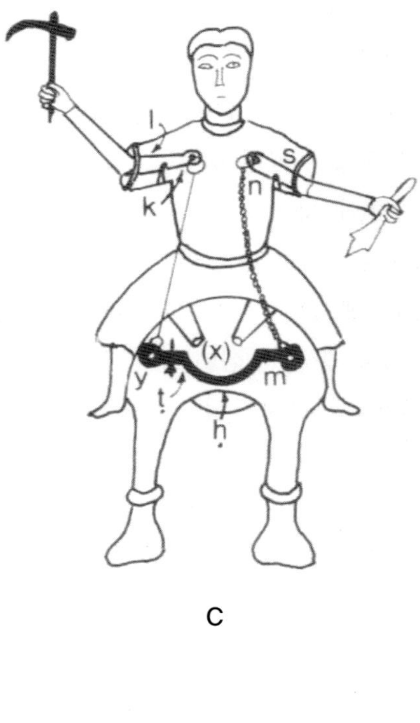

C

들렸던 왼쪽 허벅지는 기울어지고 왼손은 매 부리에 놓인다. 공은 오른쪽 매 부리에서 오른쪽 용의 입안으로 떨어지면서 용의 입은 서서히 낮춰져서 오른쪽 화병에 떨어지고 몰이꾼은 앞서와 같이 코끼리 머리를 타격한다. 공은 다시 심벌 위에 떨어져 소리가 들린다. 한 시간이 경과했음을 알린다. 용기에는 공 두 개가 모이게 된다. 용의 꼬리가 돌면 가라앉은 부자가 다시 떠오른다. 이것이 한 시간을 보시하는 사이클이다. 이와 같은 과정은 30분마다 14½ 원창이 백색으로 바뀔 때까지 계속되며, 공 29개를 수거하면 하루가 끝난다. 이 방식은 위도 4구역에서 낮이 가장 긴 14시간 30분에 적용한다. 낮의 길이가 짧아지면 밤이 길어진다. 공을 다시 돔 안의 수납통에 배열하고, 흑색 반원을 구멍마다 다시 전시한다. 이것이 운전법의 대강이다.(Hill, 1974: 62, 70) [동영상 YouTube, Animation of Al-Jazari's Elephant clock (1001 Inventions) 알자자리 코끼리시계/WIKI(2018. 1. 13. 참조)]

(3) 공-숟갈기구를 이용한 코끼리시계

여기서는 코끼리 가슴 내부에 설치한 숟갈기구를 작동시켜 몰이꾼이 팔을 움직여서 손에 잡은 장비로 북을 울리듯이 코끼리 머리를 두드리고, 심벌을 울려 시보하는 과정만 비교하기로 하겠다. 그림 4-10A와 C는 필사본(Oxford MS Graves 27)에서 비데만Wiedemann & Hauser(1915: 117, Fig. 58; 122, Fig. 61)이 작성한 알자자리의 설계도를 힐Hill(1974)이 수정한 것이다. 몰이꾼 오른손은 B에 보인 바와 같이 가벼운 도끼를 잡고 있으며, 왼손은 망치를 잡고 있다.(Sezgin, 2002) C는 B의 도해이며, 작은 손잡이(숟갈총)가 달린 가벼운 숟가락을 만든 다음, 우묵한 원단과 손잡이 사이의 밑동을 가로질러 구멍(t)을 뚫고, 양쪽 손잡이 끝에도 구멍(y, m)을 뚫는다. 밑동에 뚫은 구멍(t)에다 굴대를 단단히 삽입하고, 그 두 끝은 코끼리 배와 가슴 사이에 만든 칸막이에 단단히 땜질하여 고정시킨다. 숟갈은 이것을 축으로 상하로 운동한다. 팔(상완)에는 각각 굴대(l)를 설치하여 이것이 상하로 회전하도록 하고, 끝에는 구멍을 뚫고 고리를 끼운다. 손잡이 양쪽에 뚫은 구멍에는 각각 고리를 끼워 양쪽 팔(상완)에 구멍에 끼운 고리와 연결한다. 오른쪽 팔에는 가벼운 쇠막대를, 왼쪽에는 쇠사슬로 연결하여 자유롭게 움직이도록 해 준다. 숟갈은 이것을 축으로 아래위로 회전한다. 숟갈 손잡이는 원단보다 무겁게 만든다. 따라서 도끼를 잡은 몰이꾼의 손은 위로 올라간다. 망치는 왼쪽 팔보다 무거워 코끼리 머리에 놓인다. 공이 원단에 떨어지면 무게로 인해 원단이 밑으로 젖혀지면서 오른손에 잡은 도끼는 처지며, 왼손은 올라갔다 떨어지면서 코끼리 머리를 타격한다. 이어서 도끼를 잡은 손은 올라가고 망치를 잡은 손은 처진다. 공은 숟갈을 빠져나와서 코끼리 가슴에 움푹 파인 구멍으로 추락하여 그 밑 앞발에 걸어놓은 심벌로 추락한다. 그런 다음 코 밑에 놓인 용기에 떨어진다.

(4) 공–숟갈기구의 공통성

앞서 그림 4–10C에 보인 코끼리 가슴 내부에 설치한 숟갈기구는 그림 4–8에 보인 시기 모듈 M–5의 명종기에 설치한 기시와 여러 면에서 대비된다.[12]

첫째, 파이프(x)는 M–4에서 방출된 대환 통로 곧, 그림 4–8의 상단에 보이는 단통에 대응된다. 숟갈 밑동에 구멍을 뚫고 굴대를 끼워 코끼리 몸체에 고정하여 회전하도록 한 것은 흡사 그림 4–8의 단통 밑에 놓인 기시와 대비된다. 마찬가지로, 숟갈 손잡이 끝에 구멍을 뚫고 몰이꾼 상완과 쇠사슬로 연결하여 손에 잡은 장비로 코끼리 머리를 두드리는 것은, 원통 내부에 설치한 기시의 ⊂자형 안쪽에 연접봉을 걸쳐놓고 그것의 상부가 사시 목인의 팔꿈치를 촉발하여 손에 잡은 종추(망치)가 종을 울리는 것과 흡사하다.

둘째, 숟갈을 작동시킨 공이 밑으로 추락하면서 심벌을 울려 시보하는 것은 순서는 바뀌었지만, 마치 기시를 작동시킨 구슬이 평륜에 배열한 보시 목인을 교대시키는 행위에 대비된다. 역할을 마친 공과 대환을 수거함에 모아 재배치하는 것(return)은 똑같다.

셋째, 앞서 설명에는 빠졌지만 공과 대환을 안치했다가 방출시키는 방식도 유사하다. 코끼리시계에서는 상부에 공 29개를 담은 고정형 수납통과 이것에 담긴 공을 한 개씩 뽑아내어 방출시키는 가동형 수납통moving channel을 설치했다. 부표가 가라앉으면 그것에 연결된 쇠사슬 한 끝이 가동형 수납통을 작동시켜 공이 한 개씩 방출된다. 공이 돔 내부 중간에 설치한 통로를 거쳐 매 부리에서 용의 입안으로 떨어져서 다시 화병에 추락하는 중간 과정은 시기 M–5와는 다르지만 이산 시보 신호에 따라 방출시키는 방식은 유사하다. 공이 용의 입에서 화병에 떨어지는 것은 뒤에 소개할 경점기 M–6에서 용의 부리에서 토해낸 대환이 전두리를 연잎으로 두른 직소통(통로)으로 추락하여 기구를 작동시키는 방식과 매우 유사하다.

12 이에 대해 니덤 등(1986)은 "낙하하는 큰 구슬이 가진 동력으로 기시를 작동시키는 동력전달 방식은 15세기 초까지 동아시아 시계에서 찾아볼 수 없다. 낙하하는 구슬의 동력을 이용한 동력전달기구는 무슬림 기술자 알자자리al-Jazari가 1206년에 저술한 저서에 나오는 코끼리시계 등에서 볼 수 있다"고 했다.(Needham, J. et al., 1986: 41)

4.3.4 경점기 M-6의 특징과 연원

1) 경환과 점환으로 작동하는 경점기

그림 3-28A는 경환과 점환을 4격에 판 중격과 우격에 안치하는 방법을 보여준다. 그림 4-11은 이것의 도해이며, 작동하는 원리를 설명하면 다음과 같다. 방목의 경점 동판에 설치한 소환 수납통과 경점용 동통 하부에 설치한 구멍기구의 수는 모두 25개이며, 오경의 점의 수와 같다. 그림 4-11에서 1~25는 이것에 따라 4격 목판①에다 가로로 홈통 두 개를 파고, 각각 위쪽 홈통에 안치한 경환 5개와 아래쪽 홈통에 안치한 점환 20개의 구슬 번호이다. 방목에서 방출되어 동통②에 진입하는 소환③ 25개는 번호순으로 동통 하부에 설치한 구멍기구에 추락하여 그 밑에 놓인 기시④의 원단을 눌러 숟갈총④를 위로 들어서 1번(1경) 경환⑦을 방출시킨다. 1번 경환은 1경과 초점용이다. 마찬가지로 6, 11, 16, 21은 각각 2, 3, 4, 5경과 매 경의 초점용이다. 두 번째로 동통에 진입하는 소환은 2번 기시의 원단을 눌러 2번 점환⑧을 방출시킨다. 2, 3, 4, 5번은 각각 1경의 2, 3, 4, 5점 점환이다. 마찬가지로 7, 8, 9, 10번은 2경의, 12, 13, 14, 15번은 3경의, 17, 18, 19, 20번은 4경의, 22, 23, 24, 25번은 5경의 2, 3, 4, 5점이다. 이리하여 방목에서 방출된 25개의 소환은 대환인 경환 5개와 점환 20개를 방출시킨다. 방출된 경환 5개는 그림 3-33A에 보인 대로 경기⑤로 추락하고, 점환 20개는 점기⑥으로 추락한다. 경점 보시 대환방출은 다음 순서를 따라야 한다.

1경 1점(북 1회 징 1회), 2점(징 2회), 3점(징 3회), 4점(징 4회), 5점(징 5회)을 보시하면 1경이 끝난다. 이어서, 2경 1점(북 2회 징 1회), 2점(징 2회), 3점(징 3회), 4점(징 4회), 5점(징 5회), 3경

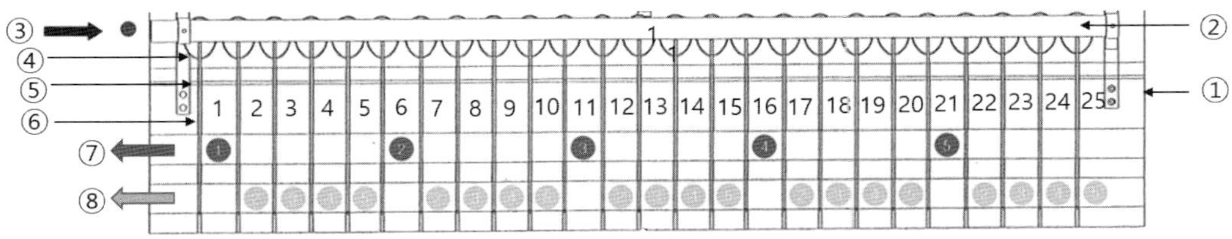

그림 4-11. 대환 저장기에 경환과 점환 배열 방법

① 4격 목판, ② 경점 동통, ③ 소환 진입, ④ 기시 원단, ⑤ 기시 굴대, ⑥ 숟갈총, ⑦ 경환 방출, ⑧ 점환 방출. 번호 1~25는 방목에서 방출된 소환, 중격과 우격에 안치한 대환번호, 동통 하부 구멍기구 번호

1점, 2점, …… , 5점, 4경 1점, 2점, …… , 5점, 5경 1점, 2점, ……, 5점이 시보되면 오경 25점이 모두 끝나게 된다. 경환 5개는 방목에 배열한 순서와 동통에서 추락하는 번호대로라면 번호가 1, 6, 11, 16, 21번이 돼야 한다. 그러나 이것의 기능에 따라 경의 수대로 1, 2, 3, 4, 5여야 한다. 이 번호는 각각 경환 한 개만으로 앞서 언급한 경과 매 경과 그것의 초점을 시보하는 두 개의 목인을 작동해야 한다는 뜻이다. 곧, 1번은 1경용이며 북 1회 징 1회, 2번은 2경용이며 북 2회 징 1회, 3번은 3경용이며 북 3회 징 1회, 4번은 4경용이며 북 4회 징 1회, 5번은 5경용이며 북 5회 징 1회를 울려야 한다는 뜻이다.

여기서 주목할 것은 매 경의 2, 3, 4, 5번이 5회 반복된다는 사실이다. 이것은 점기가 이 번호 수대로 실행할 수 있는 기능을 갖춰야 한다는 것을 뜻한다. 이런 배열에 맞춰 그림 3-36A에 보인 것과 같이 경점기를 제작하였다. 앞서의 시보 순서를 실행하려면 경환과 점환이 수직으로 이동하는 통로를 개폐하는 기능을 수행하는 기구가 필요하다. 이것이 경기와 초점기, 점기를 구성하는 좌방주와 우방주이다.

좌우 방주에는 통로의 개폐를 수행할 수 있도록 기구를 설치하는데 그림 3-34는 개폐기의 구조다. 경환과 점환은 개폐기를 작동시켜 주는 동력원으로서 오경과 매 경의 2, 3, 4, 5점이 끝날 때까지 개폐기를 작동(통로 열림)시키다가 5경 25점이 끝나면 다시 원래의 상태(통로 닫힘)로 되돌려 놓아야 한다. 작동 중에 경환과 점환은 빗장에 걸린 상태를 유지한다. 이를 위해서 빗장을 뽑아서 경환과 점환을 방출시켜야 한다. 이러한 되돌림 기능은 빗장을 자동으로 풀어주는 것을 뜻한다.

그림 3-35는 되돌림 기능을 수행할 수 있도록 대환을 구속하고 있는 좌방주와 우방주에 설치한 빗장을 쇠사슬로 연결하여 맨 마지막 경환과 점환을 이용하여 뽑아주는 원리를 도시한 것이다. 경기에서 이런 되돌림은 1회로 끝나지만, 점기에서 이런 되돌림은 오경 동안에 5회 반복된다.

앞서 소개한 시기 M-5에서는 횡목 북단을 누르고 있는 시환을 연접봉에 연결한 소판을 열어 방출시키는 것으로 충분하다. 그러나 경점기는 개폐기와 최하지기로 구성된 자동화 장치를 가동해야 비로소 경점기의 통로 상태를 원래대로 되돌려 다음 운전을 대비할 수 있다. 이것이 경점기의 특징이다. 장영실이 발명한 새 시계를 세종이 "자격궁루"라고 부른 것은 이런 자동화 기능을 강조하기 위해서다. 그리고 이런 장치에 따라 북과 징을 울리는 목인들의 모습을 김빈은 「보루각명」에서 "귀신이 있어 하는 것 같아, 보는 이마다 탄식한다네"라고 찬탄하였다.

2) 장영실의 용구-연잎과 알자자리의 용구-화병

그림 4-12A는 점기를 남측면에서 관찰한 것으로서 그림 3-36B의 반대편이 된다. 경점기에는 좌방주에 용구-연잎 세트가 5개조, 우방주에는 4개조가 있다. 좌방주의 5개조는 용구에서 방출된 경환이 초점기시를 작동시킨 다음 연잎을 두른 직소통으로 들어가서 개폐기를 작동시킨다. 반면, 우방주의 4개조는 용의 부리에서 방출되는 점환은 곧바로 연잎을 두른 직소통으로 추락하여 통로 개폐기를 작동시킨다.

이것은 앞서 소개한 알자자리의 코끼리시계에서 보이는 용의 부리에 담긴 공을 코끼리 잔등에 설치한 화병으로 방출시키는 것에 대비된다. 다만, 장영실의 것은 고정형 용구-연잎 세트이고, 알자자리의 것은 가동형 용구-화병 세트인 것이 차이가 난다. 이것은 장영실이 알자자리의 방식을 원용하였는지 알 수 없지만, 용구-화병의 대안으로 용구-연잎을 택한 것은, 그림 4-12B에 보인 용구-연꽃잎이 불교 사찰 건축에서 오랜 전통으로 장식된 것에서 영감을 받았다고 볼 수도 있다. 이 그림에 보이는 용구-연꽃 봉오리-연꽃잎 구도는 그림 4-12A에 보이는 용구-기시-연잎 구도와 유사하다.

A　　　　B

그림 4-12. 점기의 용구-연잎 문양의 연원

A. 점기의 용구 - 연잎 세트 4개조(남측면도) **B.** 불교 사찰의 용구-연잎 조각 (흥국사 대웅전, 경기도 남양주시)

4.3.5. 장영실과 알자자리 시계의 공통점

1) 보루각루: 닫힌 루프 시스템

「보루각기」에는 "임금이 또 시각을 알리는 담당 관원이 잘못을 저지를까 염려하여 호군 장영실에게 명령하여 시간을 알리는 목인을 제작하게 하시니, 이것이 때가 되면 저절로 시보해 주어 관원의 일손을 빌리지 않아도 되었다"고 새 시계의 기능적 특징을 묘사하였다. 이것은 그림 4-1B에 보인 자격장치 모듈 M-3에서 볼 수 있듯이 상층에 안치한 3신(종, 북, 징을 울리는 목인)과 창에 보이는 보시신(시패를 잡은 목인)이 때가 되면 크고 작은 구슬이 기계를 가동하여 스스로 "울리고 보여서" 시각을 알리는 자동장치이다. 앞서 6개 모듈의 특징과 연원을 밝히면서 구슬의 낙하를 이용한 동력전달 방식의 계시기로 알자자리의 계시기 가운데 몇 가지 기구와 세종 보루각루를 대비하였다.

보루각루의 주요 특징은 앞서 고찰한 바와 같이 성문시계, 양초시계와 코끼리시계의 특징 가운데 기본적으로 낙하하는 구슬을 이용하여 동력을 전달하는 방식에서 아이디어를 얻어서 발전시킨 것임을 알 수 있다. 물론 대비한 기구에 따라 "같음"과 "다름"이 상존하고 있음을 알 수 있다. 보루각루와 알자자리의 시계들은 "공이 수납된 홈통에 들어 있는 동안 보시를 계속하는 닫힌 루프 장치closed-loop system"로 작동한다는 점이 공통점이다.

12시 시기의 작동은 대환이 직렬식serial으로 이동하면서 시보 작동이 수행되므로 비교적 단순하지만, 경점기의 자격기구는 병렬식parallel으로 작동이 수행되므로 매우 복잡하다. 말하자면, 5진법進法 논리기구로 구성된 프로그램으로 작동할 수 있는 컴퓨터에 비유할 수 있으며, 시보 목인은 프로그램 인형programmed automata이다. 물시계로 계시한 시간을 크고 작은 공을 낙하시켜 얻은 동력으로 시보 목인을 작동시키는 기계시계는 한반도는 물론, 동아시아에서 제작한 사실이 없을 만큼 새로운 시계 제작법이다. 자격궁루는 한국 기계공학사에서 처음으로 출현한 프로그램 자동장치라 할 수 있다.

2) 기술다문화주의

앞서 고찰한 바와 같이 12시 시기의 작동은 비교적 단순하지만, 경점기의 자격기구는 매우 복잡하다. 이것은 앞서 코끼리시계에 나타난 시보 인형과 기구, 부품은 보루각루와 직접적으로 대비되지는 않지만 대응되는 동아시아 문화가 갖는 요소를 고루 갖추고 있다.

우선, 용은 기원이 동일한 중국 용이며, 공은 불교 사찰 조각에 보이는 용이 물고 있는 여의주如意珠에 대응하며, 화병은 연잎에, 코끼리 몸 안에 들어 있는 숟가락은 보루각루에서는 기계식 숟가락 곧, 숟갈 꼬리가 갈라진 기시에 대응된다고 하겠다. 흔히 불교 사원에서 볼 수 있는 용구–여의주–봉오리–연꽃잎으로 구성한 조각은 경점기 부품으로서 톡톡히 역할을 맡은 셈이다. 시보음을 내는 악기는 심벌과 북, 호각 소리에서 종, 북, 징으로 바뀌었으며, 물시계는 인도식 침루浸漏로서 계시법은 크게 다르다. 코끼리시계가 갖는 특징은 여러 면에서 장영실에게 영감을 주었지만, 그것을 그대로 베끼지 않았음을 알 수 있다.

앞서 소개한 바와 같이 코끼리시계는 다양한 부품으로 구성된다. 이것의 원산지를 살펴보기로 하자. ① 코끼리는 인도, ② 코끼리 복부 내부에 설치한 저수조에 띄운 하부에 구멍을 뚫은 부표 *tarjahar*도 역시 인도, 관개수로에 물 대주는 시간을 재기 위해 사용한 것을 알자자리가 계시용 물시계로 개발했다. 바닥에 뚫은 구멍에다 줄마노(onyx)로 만든 노즐을 삽입하여 물이 들어올 때 마모를 방지했다. ③ 코끼리 잔등에 앉은 서사(인형)의 의상은 아라비아, ④ 성 위에 만든 돔 위 꼭대기에 세운 새는 이집트의 불사조phoenix, ⑤ 물시계를 이용한 수력기술은 그리스, ⑥ 용은 중국, ⑦ 성 발코니에 앉은 인형의 의상은 아랍 · 이슬람, ⑧ 원창으로 구성한 반원식 시반은 아랍 · 이슬람 계시법. 이를 보면 가히 다국적이라 할 수 있다.

한편, 보루각루의 연원은 다음과 같다. ① 3단식 만류보상 혼합형 부전루는 중국, ② 잣대를 삽입하는 부표는 한반도, ③ 수수호 위에 세운 방목기구는 이슬람, ④ 자격장치 좌대에 설치한 관대한 시보 목인과 악기는 중국 전통 목우인과 악기, ⑤ 대환 저장/방출용 4격은 이슬람, ⑥ 구슬–기시를 이용한 3신 작동방식은 이슬람, ⑦ 보시 목인 배열 평륜은 중국, ⑧ 경점기에서 통로로 사용한 대환을 받아 방출시키는 용은 이슬람 · 한반도, ⑨ 통로의 전두리에 부착한 연잎蓮葉은 인도. 이로 미뤄볼 때 보루각루를 구성하는 요소의 상당 부분은 이슬람, 중국의 시계제작기술에서 유래한 것으로 봐야 할 것이다.

앞서 고찰한 바와 같이 장영실은 알자자리의 성문시계, 코끼리시계, 양초시계에서 아이디어를 얻어 조선시대 계시제도에 따라 기구를 개량하고 발명함으로써 독창적인 계시기로 발전시켰음을 알 수 있다. 이슬람 시계를 한 군데도 복제하지 않았음이 분명하게 드러났다. 이것은 세종시대까지 한반도에 유입된 외래문화를 바탕으로 형성된 기술다문화주의의 개가라 할 수 있다. 전통이 새로운 문물 및 문명과 융합하는 과정에서 변화와 혁신을 거치면서 새로운 문명으로 성장한 것이라고 봐야 할 것이다. 알자자리가 1206년에 지은 저서와 1433년에 출현한 자격궁루 사이에는 2백 20여 년이라는 긴 공백이 있었지만 그 기간에 발달한 기술은 오히려 혁신적인 면면이 두드러진다. 이 두 계시기는 동아시아 유교 · 신유학 문화와 이슬람교가 추구하는 사상을 최고로 반영한 것으로서 각기 인류문화의 다양성을 상징하는 걸작임에 틀림이 없다. 아울러 장영실은 알자자리의 낙하하는 공을 이용한 동력전달 방식을 혁신하여 보루각루에 이어 흠경각루에 활용할 수 있게 됨으로써 후세에 모범이 되었다. 이보다 236년 뒤에 이민철이 제작한 혼천의와 송이영이 제작한 자명종은 바로 자격궁루의 전통을 계승 · 발전시킨 것이다. 다음에는 중세 이슬람 과학기술의 동아시아 전래를 고찰한다.

4.4. 중세 이슬람 과학기술의 중국 전래

4.4.1. 원대 『비서감지』의 이슬람 과학기술 서적

중세 이슬람 과학기술의 중국 전래는 원나라 세조 쿠빌라이가 대도大都에 초청한 마라가 천문대의 페르시아 천문학자 출신 자말루딘Jamal al-Din(중국명 札馬魯丁, ?~?)이 1267년(至元지원 4년)에 제작한 서역의상 7종(『元史 · 天文志1』 西域儀象; 『諸家曆象集 3』, 32ㄴ-34ㄴ)이 대표적이다. 당시에 자말루딘이 가져온 서적과 그 후에 유입된 과학기술 서적은 대부분 원나라 비서감에 소장되었다. 이 과학기술 도서는 원명이 아랍어로 돼 있는 것을 한어漢語로 음역하여 작성한 목록이 『원비서감지7元秘書監志七』에 전해온다. 그림 4-13A는 『원비서감지7』에 기술된 과학기술 서적 목록의 페이지이다. 1273년(至元 10년) 10월, "北司天臺(上都回回司天臺)申북사천대(상도회회사천대)신: 本臺合用文書總計經書 242部본대합용문서총계경서242부"이며, 본대에는 195부가 소장돼 있으며, 제점가提點家(Jamal al-Din 서재)에 47부가 소장되어 있다고 했다.

앞의 『원비서감지7』을 새로 번역한 서역인 학자 마잔馬堅이 수정한 것과 종래의 비교한 것이 그림 4-13B이다. 이 가운데 12번 책 San′ at Alāt는 한어 번역명이 "조혼천의향루造渾天儀香漏"였던 것을 마잔은 『의기제조법儀器製造法』(*Construction of instruments*) 8권으로 수정하였다. 또한 제점관가(提點家, 자말루딘 서재를 말함) 보존본인 21번 책 *Hiyai* (*Hiyal*의 인쇄오류?)은

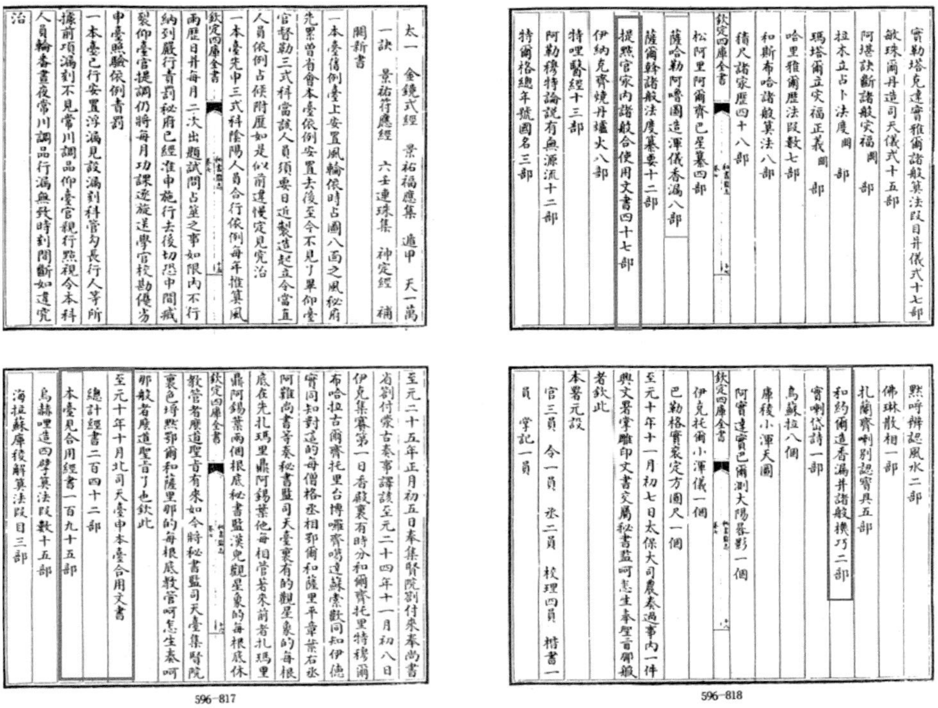

A

原名	注音	原译名	马坚译名	卷数
兀忽烈的	euclid	四擘算法段数	欧几里得《几何原本》	15
罕里速窟台	,	解算法段目	《知识和学问》	3
撒唯那罕答昔牙	Sarina Hancsi-ya	诸般算法段目并仪式	《几何学》	17
麦者思的	almagest	造司天仪式	托勒密《天文学大成》	15
阿堪	Ahkam	决断诸般灾福	《诸星断决》(星占书)	?
兰木立	Raml	占卜法度	《沙卜法》	?
麻塔合正 (麻合塔止之误)	Mahtaj	灾福正义	《占卜必读》	?
海牙剔穷	Hayat	历法段数	《七洲形胜》	7
呵些必牙	Hisabiya	诸般算法	《算数》	8
积尺	zidj	诸家历	《天文表》	48
速瓦里可瓦乞必	Suwālikawāki-bi	星纂	《星象问答》	4
撒那的阿剌忒	San'atAlāt	造浑仪香漏	《仪器制造法》	8
撒非那	Sàfina	诸般法度纂要	《宝筏》	12
(以下是提点家存书 47 卷)				
亦乞昔儿	Iksir	烧丹炉火	点金术	8
忒毕	Tibb	医经	医书	13
艾竭马答	Hikmat	论说有无源流	《智慧书》	12
帖里黑	Tārikh	总年号国名	世界古代史	3
密阿	mlr'āt	辨认风水	《幽玄宝鉴》(占卜书)	2
福剌散	Firasah	相书	人相书	1
者瓦希剌	Jawāhir	别认宝具	《识宝石书》	5
黑牙里	Hiyai	造香漏并诸般机巧	《机械制造法》	2
蛇艾立	Shi'r	诗	《诗歌法则》	1
(以下器具 4 件)				
兀速剌八个窟勒 (兀剌土剌八窟勒之误)	Usturolobkura	小浑天图	小天球仪	1 个
阿剌的杀密剌	'ālāt shāmi la	测太阳晷影	万能仪(星盘)	1 个
牙秃鲁	yaolūru	小浑仪	小黄道浑仪	1 个
拍尔可尔潭	pargār	定方圆尺	圆规	1 个

B

그림 4–13.

A.『元秘書監志七』(『欽定四庫全書』 卷七, 왼쪽부터 16–17, 오른쪽 17–18頁) 네모 안은 總計經書 242部, 本隊合用經書 195部, 提點官家內諸般合使用文書 47部 **B.**『元秘書監志七』에서 馬堅이 새로 수정한 내용과 의기명. 상단의 항목명은 각각 원명(原名), 주음(注音), 원역명(原譯名), 마견역명(馬堅譯名), 권수(卷數). 밑줄 친 행은 각각 『儀器製造法』,『機械製造法』에 대한 원역명과 수정역명 내용이다. (출처: 陳久金,『回回天文學史研究』, 廣西科學技術出版社, 1996, 79頁)

번역명이 "조향루병제반기교造香漏并諸般機巧"였던 것을 『기계제조법機械製造法』(*Ingenious Devices*) 2권으로 수정하였다.(馬堅, 1995: 7. 7) 알자자리al-Jazarī가 1206년에 저술한 책의 원명이 *Kitáb fi màrifat al-hiyal al-handasiyya* 또는 *Al-Jami` bayn al-'ilm wa 'l-'amal al-nafi` fi sina'at al-hiyal*이며, 9세기 바그다드Baghdad의 바누 무사Banū Mūsa(800~860)가 지은 *Kitab al-Hiyal*인 것을 보면 앞서 두 책은 시계와 기계제작법 서적임을 알 수 있다.(Hill, 1979) 따라서 『의기제조법』과 『기계제조법』은 그 저자가 알자자리와 바누 무사일 가능성이 농후하다.(Nam, 2019: 94) 앞으로 이에 대한 정밀한 연구가 요망된다.

4.4.2. 원대에 서역기술을 활용한 계시기와 기구

앞서 소개한 『원비서감지7』에서 특정한 두 종류의 서적에서 영향을 받아 제작한 것으로 추정되는 사례(시계와 기구에 한정)를 살펴본다. 원 제국 대도의 정궁 대명전大明殿은 1273년(지원 10년)에 낙성하여 황제즉위, 원단元旦, 경수慶壽와 같은 중대한 의식을 거행하는 곳이다. 의식에는 황제와 황후를 비롯한 황실과 조정의 고관, 해외에서 온 사신이나 중요 인사들이 참여했다. 여기에는 계시기 칠보등루七寶燈漏를 비롯하여 나는 독수리 모형, 대형 술독과 술상, 옥 항아리가 있었다. 대명전 밖에도 술독을 진열하여 몽골족의 습관을 나타냈다고 한다.(陶宗儀, 1959: 251; 陳高華 · 史衛民, 2010: 44) 1328년 초에 이곳을 방문한 이탈리아 출신의 수도승 오도릭Odoric of Pordenone(?~1331)은 여기에 도관(conduit)이 궁정과 연결된 대형 술독과 황금 고블릿Goblet(高杯: 받침대가 높은 술잔), 그리고 춤추는 공작peacock이 있다고 그의 여행기에서 밝혔다.(Odoric of Pordenone, 2002: 137) 13세기 이후 긴밀한 관계를 유지했던 고려 왕실과 조정 인사들도 이곳을 다녀갔다. 이 가운데 황제 생일 천수절天壽節에 대명전에 초대된 이색李穡(1328~1396)은 「천수절 입근대명전天壽節 入勤大明殿」이란 송축시頌祝詩를 남겼다.(원주용, 2009: 17번) 다음에는 이곳에 설치했던 등루, 춤추는 공작, 대형 술독과 술상, 그리고 고배高杯를 사례로 하여 이것과 알자자리와 바누 무사의 저서와의 관련성을 추구해 보기로 하겠다.

1) 대명전 등루

"등루燈漏"에 대한 기사는 『원사 · 천문지1』을 비롯하여 『초당아집草堂雅集』 권1, 「궁사宮

詞』에도 나온다. 이순지가 엮은 『제가역상집』 권3에도 실려 조선에도 잘 알려졌다.(『諸家曆象集』 卷3, 29ㄴ-30ㄱ) 『원사 · 천문지1』에는 이것의 제작자가 나와 있지 않지만 곽수경이 제작한 것으로 보고 있다.(陳高華 · 史衛民, 2010: 97) 또한 이 시계에서는 아랍풍이 풍긴다고 하였으며, 이것은 알자자리가 발명한 제1시계 일명 성문시계(그림 4-6A 참조)와 유사성이 있다고 했다. 이로 미뤄볼 때 1270년에 제작한 등루는 곽수경이 알자자리의 시계에서 영감을 얻어 북송시대 장사훈의 태평혼의와 소송 · 한공렴이 제작한 수운의상대의 전통을 계승한 것이라고 볼 수 있다.(Needham · Wang · Price, 1960: 136, n.6; Needham, J. et al., 1986: 40) 『원사 · 천문지1』에 나오는 등루의 구조는 다음과 같다.

> 이 등루의 제도는 다음과 같다. 높이는 17척, 틀[架가]는 금金으로 만든다. 그 휘어진 들보[曲梁곡량] 위에는 가운데에 운주雲珠를 설치하는데, 왼쪽은 해[日일]고 오른쪽은 달[月월]이다. 운주 밑에는 다시 구슬 하나를 매단다. 들보 양 끝에는 용머리를 장식했는데, 입은 벌리고 눈알을 굴려서 물 흐름의 완급을 헤아려 수평을 잡을 수 있다. 들보 가운데 위쪽에는 구슬을 희롱하는 용 두 마리가 있어 구슬을 따라서 아래를 굽어보고 위를 쳐다보고, 또 수위가 균등하게 조절하는 것을 살필 수 있으니, 이런 것들이 모두 괜히 설치한 것은 아니다. 등구燈球는 금은, 보화를 섞어서 만들고 내부는 4층으로 나눈다. 맨 위층 모서리에는 사신四神(동 청룡, 서 백호, 남 주작, 북 현무)을 배치하는데, 회전하면 해, 달, 삼수參宿 · 진수辰宿 자리에 해당하며, 하루에 한 번 회전한다. 그다음 층에는 용, 호랑이, 새와 거북[龍용 · 虎호 · 鳥조 · 龜구]의 형상을 각각 방위에 따라 배치하였는데, 각刻마다 뛰어올라 동발을 울려 안쪽에서 호응한다. 다음은 둘레를 백각으로 구분[周分百刻주분백각]하여 위에는 시패를 잡은 십이신을 배열하여, 때가 되면 사문四門에 알린다. 또 한 사람은 문 안에서 항상 손으로 해당되는 시각수[刻數각수]를 가리킨다. 맨 아래층 네 모퉁이에는 종, 북, 징, 요鐃(작은 징, 동발)에 각각 한 사람씩인데, 1각에는 종을 울리고, 2각에는 북을 두드리고, 3각에는 징을 치고, 4각에는 동발을 두드리는데, 초와 정[初正초정]에는 모두 그렇게 한다. 그 기계는 궤 안에 감춰져 있고 물을 이용하여 운용한다. (남문현, 1995: 50)

그림 4-14A는 이지초李志超(1997)가 제시한 등루 복원설계도이며, B는 천 카이거陳凱歌의 복원 모형이다. 니덤 등(1960)은 등루가 4층으로 구성된 알자자리의 성문시계에 보인, 위로부터 회전하는 12궁도zodiac signs, 불이 켜지는 램프lamp, 컵cup에 황금색 공을 떨어뜨리는 독수리 또는 매, 마지막으로 악기를 연주하는 인형jacks 오케스트라와 유사하다고 했다.(그림 4-6A와 4-14A 참조) 특히 성문시계의 아치 모양의 틀framework은 휘어진 대들보에 분명하게 나타난다고 보았다. 이것은 앞서 등루의 구조에 나타난 틀의 휘어진 대들보를 뜻한다.

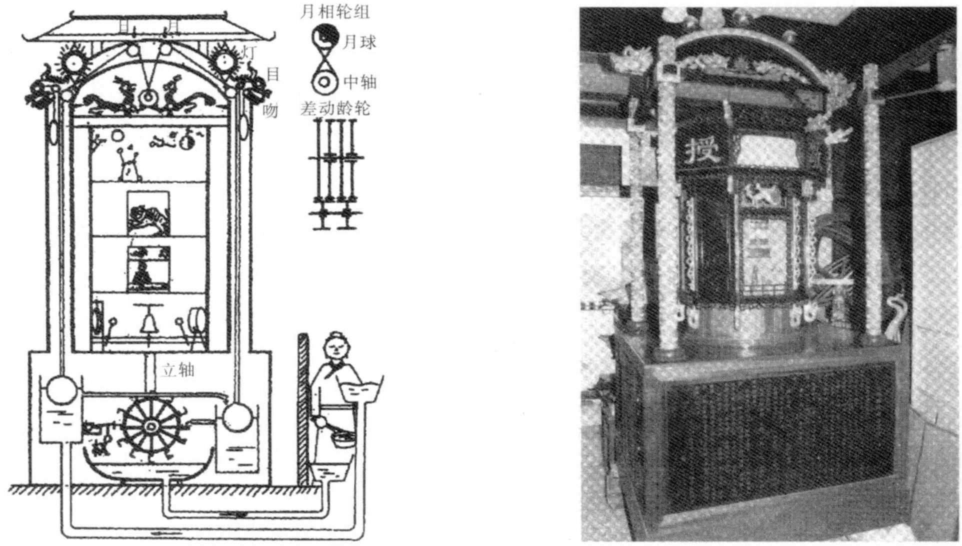

A　　　　　　B

그림 4-14. 대명전 등루

A. 李志超의 대명전 등루 복원설계도. 상부에는 해와 달을 나타내는 운주(雲珠), 현주(懸珠), 용(龍), 등구(燈球) 등 설치, 4층은 위로부터 사신(四神), 용 · 호 · 조 · 구, 십이신(十二神), 그리고 맨 아래층에 지각인(指刻人), 종인(鐘人), 고인(鼓人), 정인(鉦人), 요인(鐃人)을 배치했다. (출처: 李志超, 1997: 103) **B.** 陳凱歌가 제작한 등루 복원 모형(중국 蘇州古代天文計時儀器研究所, 2001) (출처: 陳美東 · 華同旭, 2011: 527)

원대의 문인이며 화가 가구사柯九思(1290~1343)는 「궁사15수宮詞十五首」 가운데서 등루를 다음과 같이 서술하였다.(陳高華 · 史衛民, 2010: 97)

> 대명전에는 등루가 있는데 진주를 사용하여 장식하였고, 안쪽에는 기계를 만들었다. 작은 나무 인형[목우인木偶人] 열두 개를 이용하여 십이상속十二相屬을 들어 올린다. 매 시진 초각에 인형들이 돌아가며 작은 문을 열고 등루 밖의 널빤지 위로 나와 어상御牀과 나란히 서서 '해당' 시진이 속한 곳을 들어 올려서 시각을 알린다.

또한 앞의 글에 이어 다음과 같이 시를 지었다.

> 옥루 속의 기계에는 물이 보이지 않게 흐르고,　　玉漏藏機水暗流옥루장기수암류,
> 진주는 햇빛을 받으며 등구를 돌아가게 한다.　　眞珠射日動燈球진주사일동등구.

인형은 스스로 푸른 문[靑瑣][13]을 열어젖히고, 偶人自解開靑瑣우인자해개청쇄,
두 손으로 용상 껴안으며 새벽[曉籌효주][14] 시각을 알린다. 高拱龍牀報曉籌고공용상보효주.

-元詩選三集원시선삼집 戊集무집 『元詩選원시선』 柯博士九思(丹丘生稿)가박사구사(단구생고)-[15]

가구사가 묘사한 십이신의 보시 운동은 때가 되면 "인형이 문을 열고 나와서 시패를 전시"하는 것으로서 『원사 · 천문지1』의 기술보다 훨씬 상세하고 구체적이다.(그림 4-6A T_1 참조) 이러한 인형의 운동은 종래 중국 기계시계에서는 보기 어려운 것이다. 이 또한 알자자리의 성문시계로부터 영향을 받았음을 알게 해 준다.

2) 춤추는 공작

(1) 알자자리가 발명한 공작시계

1328년 대도에 도착한 오도릭Odoric은 황제의 초정을 받아 대명전에서 춤추는 공작을 본 소감을 다음과 같이 그의 여행기에 남겼다.

> 또한 궁정 홀에는 황금으로 만든 공작새가 많이 있다.[16] 타타르인들은 누구나 그들의 군주를 기쁘게 해드리고 싶으면, 한 명씩 연이어 다가가서 손뼉을 짝짝 친다. 이를 따라 공작새는 마냥 춤추듯 날개를 퍼덕거린다. 그렇다면 이것은 악마의 어떤 술책이거나, 아니면 지하에 있는 엔진에 의해서 일어나는 일일 것이다. (Odoric of Pordenone, 2002: 137)

고대 중국에는 춤추면서 울어대는 황금 공작새 모형이 보이지 않는 것으로 보아, 아마도 춤추는 공작은 당시 쿠빌라이가 초빙한 회회 천문학자 자말루딘이나 무슬림 기술자가 만든 것으로 보인다. 오도릭은 공작을 춤추게 해 주는 엔진은 지하에 있을 것으로 추정했다. 공작이 춤추는 것처럼 보였다면 이것에 동력 기구를 부착하여 작동시켜 줘야 한다. 그림 4-15는 공작시계의 전면도이다. 그림 4-15A는 알자자리가 발명한 공작시계 전면도이다. 전면 벽에는 3층으로 벽감壁龕(벽면을 오목하게 파서 만든 공간)을 만들고, 상층에는

13 靑瑣: 【韻會】 靑瑣, 門名. 漢制給事黃門之職, 日暮入, 對靑瑣門拜, 名日夕郎.
14 曉籌: 일출 이전의 태양이 지평선 아래 6도 이상에 있는 시단時段. 불효拂曉. 여명黎明.
15 출전을 밝혀 번역을 해 주신 남종진 박사님께 감사를 드립니다.
16 이 새는 "금동으로 도금한 나르는 수리(塗金銅飛鵰冒도금동비조모)"이다.(陶宗儀, 1959: 251)

암컷 공작peahen 오토마타 한 개가 원구 위에 서 있다. 중층에는 어린 수컷 공작peachick 오토마타 두 개가 굴대 위에 서 있다. 하층에는 수컷 공작peacock 오토마타 한 개가 원구 위에 서 있다. 동이 터서 새날이 시작되어 물시계로 시간을 측정하기 시작하면 상층 공작은 목을 길게 빼고 오른쪽에서 왼쪽으로 먹이를 찾는 시늉을 하면서 30분 동안 회전하였다가 원래대로 돌아온다. 30분이 지나면 중층 공작은 서로 소리를 지르며 언쟁하는 시늉을 하다가 그친다. 하층 공작은 우아하게 날개를 펴면서 춤추는 시늉을 하다가 그친다. 공작의 이러한 동작의 매 30분마다 반복된다. 벽감 상부에는 검정색 유리 원창圓窓, roundel 15개를 설치한 반원형 시반을 설치했다. 새날이 시작되면 낮에는 매 30분마다 유리 원창 반쪽이 차례대로 흑색에서 적색으로 바뀐다. 야간에는 유리 원창에서 불빛이 나와서 시간의 경과를 나타낸다.

그림 4-15B는 옥루玉漏(수위 조절호 하부에 경옥onyx으로 만든 노즐을 삽입한 물시계)의 물로 작동하는 주걱 수차water-powered scoop wheel와 톱니바퀴gear wheel로 구성한 기륜機輪, mechanical wheel을 보여주는 도면이다. 조절호의 물이 티핑 버킷tipping bucket으로 흘러들어가 가득 차면 버킷이 뒤집어지면서 출수관을 통해 수차의 주걱을 차례대로 채워서 수차가 회전한

A B

그림 4-15. 공작시계의 구조와 시보원리

A. 공작시계(전면). 상단의 유리 원창, 그리고 세 개 벽감에 설치한 모형 공작 (그림 출처: Sezgin, 2002) **B.** A에 보인 전면도 후면에 설치한 옥루로 구동시키는 국자형 수차 - 기륜(좌측) - 원구. 수차를 돌린 물은 하부의 퇴수호로 흘러들어간다. (그림 출처: Szegin, 2002)

다. 동시에 수차 굴대에 부착한 톱니바퀴가 직각으로 연결된 원반 톱니바퀴를 돌려주면 원반 위에 세운 원구가 돌아가고 그 위에 발을 고정한 상층 벽감의 암컷 공작도 회전한다. A에 보인 중층 벽감에 세운 두 마리 어린 공작을 작동시켜 주면서 호각 소리를 낸다. 이것은 앞서 수차를 돌린 물은 B에 보인 퇴수호에 고여 오른쪽 출수관을 통해 공기통으로 흘러들어가면서 그 안에 차 있던 공기를 위로 밀어 올린다. 압축된 공기는 파이프를 통해 이것의 상부에 부착한 공[호각]이 울리게 한다. 따라서 두 마리 마주 보고 있던 공작은 고개를 움직이며 언쟁하는 것처럼 보인다. A에 보인 하층 벽감 안의 모형 공작을 작동시키는 기구는 B의 버킷 안에 띄운 부표가 뜨거나 잠기는 현상[부침浮沈]을 이용하여 원구 위에 고정한 공작을 작동시키는데, 부표에 연결한 작은 도르래–큰 도르래–작은 도르래–추의 조합으로 구성되어 있다.(Hill, 1974: 75)

13세기 후반에 대명전에 출현한 춤추는 것처럼 보이는 황금 공작새는 알자자리가 발명한 제6번 시계 공작시계에 설치한 공작 오토마타automata를 활용한 것으로 추정된다. 러시아 에르미타주Hermitage 국립미술관에서 전시 중인 춤추는 공작도 이러한 오토마타를 활용한 것으로 보인다. 이것은 제정 러시아 때에 캐서린 2세Catherine Ⅱ가 영국 제임스 콕스 보석상에 주문하여 제작한 것으로서 1797년부터 현재에 이르렀다. 이것은 공작새 모형 날개에다 기구를 연결하고 음향기기를 조합하여 태엽 진자시계로 작동시키는 것이다. 아마도 알자자리의 공작시계에서 아이디어를 얻은 것으로 보인다.[17]

3) 황금으로 테를 두른 거대한 술독과 황금 술잔

(1) 도종의陶宗儀가 지은 『남촌철경록南村輟耕錄』

원말 명초의 학자 도종의陶宗儀(?~1369)는 그의 저서 『남촌철경록南村輟耕錄』에서 대명전의 구조와 그 안에 두었던 계시기와 여러 가지 기물에 대하여 언급하였다. 앞서 소개한 어탑御榻(임금이 앉는 상탑) 앞에 놓인 (칠보)등루와 "금동으로 도금한 나르는 수리" 외에도 눈길을 끄는 것은 대형 항아리 한 개, 코끼리 조각을 한 술상[주탁酒卓] 한 개, 옥으로 만든 항아리 한 개[옥옹일玉甕一]이다. 대형 항아리는 금으로 꿈틀거리는 운룡을 두르고(金雲龍蜿繞之금운용완요지) 목질에 은을 입혀 옻칠하였는데(木材銀裏漆瓮목재은리칠옹) 높이가 1장 7척이며, 술 50여 석石을 저장할 수 있다고 하였다. 그리고 술상은 길이 8척, 너비 7척 2촌이라

17 동영상, YouTube, Peacock Clock at the Hermitage(2018. 2. 24.) 참조.

고 하였다.(陶宗儀, 1959: 251) 그가 활동하던 시기와 거의 같은 시기에 대명전을 방문한 외부인 가운데 한 사람이 앞서 소개한 오도릭이다.

(2) 오도릭의 관찰기록

오도릭은 도종의의 기록을 보완할 수 있는 다음과 같은 관찰기록을 남겼다.

> 궁전 중앙에는 정말로 거대한 항아리jar가 놓여 있는데, 높이는 2보步(pace)[18], 메르다카스Merdacas[19]라는 극히 진귀한 석재로 만들고 황금으로 테를 둘렀다. 4방에는 서로 사납게 쟁투하는 모양의 용을 장식하였다. 항아리 테두리에는 여러 개의 거대한 진주로 만든 망상網狀 술을 장식하였는데 폭이 한 뼘이나 되었다. 이 술독에는 궁전 정원으로부터 도관導管(conduit)을 통해 술이 공급되며; 그 옆에는 의식이 행해지는 동안에 참석자들이 술을 마시도록 다수의 황금 고블릿高杯(goblet)이 놓여 있다고 하였다. (Ordoric of Pordenone, 2002: 137)

오도릭이 본 거대한 항아리는 메르다카스라는 백옥으로 만들고 그 둘레에 황금과 쟁투하는 것처럼 보이는 용, 그리고 진주로 만든 망상 술을 장식한 것으로 보아 앞서 도종의가 관찰한 50석들이 대형 항아리가 분명하다.[20] 높이가 대략 3.3미터라고 한 것으로 보아 매우 거대한 것임을 알 수 있다. 오도릭은 도종의가 미처 관찰하지 못하였지만, '항아리에 연결되어 궁정으로 통하는 도관'이 있다고 하였다. 또한 도종의가 목재에 은을 상감하고 옻칠하였다고 한 데 비해, 오도릭은 이것의 재질이 백옥(?)이라고 하여 차이를 보였으나, 이 부분은 도종의의 견해가 신빙성이 높을 것으로 추정된다. 저자는 오도릭이 말한 대로 궁정 정원에는 술을 숙성시키는 항아리 밑에다 놓은 항아리 하부에 도관을 연결하여 정전의 50석들이 술독으로 술을 공급하였을 것이라고 보았다. 이 두 개의 항아리는 정전의 술독에 술이 떨어지지 않도록, 퍼내면 그만한 분량을 채워 주는 장치를 갖춘 이른바, 고대 아랍·이슬람 지역에서 유행했던 "무진장 술독"으로 추정된다. 술독 밑에 궁정으로 연결한 '도관'이 이러한 사실을 말해 준다. 대형 항아리, 코끼리 조각

---

18 1보는 5척(약 165센티미터)이고 360보가 1리里이다.(오도릭 지음, 정수일 역주, 2012: 각주 47 재인용)

19 정수일은 "백색무늬가 있는 옥"이라고 추단하였다.(오도릭 지음, 정수일 역주, 2012: 각주 49 재인용)

20 이에 대해 정수일은 오도릭이 본 것은 30석들이 광한전廣寒殿 내에 소옥전小玉殿의 공개된 항아리일 개연성을 주장하였다.(오도릭 지음, 정수일 역주, 2012: 각주 48 재인용)

술상, 옥으로 만든 항아리가 연관성이 있다는 것을 암시하고 있음을 뒷받침하고 있다. 옥항아리는 집사(시중꾼)가 대형 술독에서 술을 퍼내 담아 두었다가 술잔에 따를 때 쓰인 것으로 보인다. 더 나아가서 오도릭은 이 술독의 술을 마시는 데 필요한 황금 고블릿이 많이 있다고 하였다.

이 두 가지 음주 관련 용기의 원류는 아랍 · 이슬람풍이 엿보인다. 앞서 고찰한 『원비서감지7元秘書監志七』에서 언급한 알자자리와 바누 무사의 저서로 보이는 서적과 깊은 관련이 있어 보인다. 먼저, 바누 무사의 저서에 보이는 강물을 끌어들여 도관으로 연결한 대야basin에 저장하여 사람과 가축에게 공급하는 늘거나 줄지도 않는 항아리 모델 75를 소개한다.

(3) 바누 무사Banū Mūsa의 무진장 항아리

힐Hill(1979)은 9세기경 바그다드의 학자, 정치가인 바누 무사의 저서 『정교한 장치; *ingenious devices; Kitab al-Hiyal*』 역주에서 그가 발명하거나 그리스, 비잔틴과 아랍 전통을 계승 · 개량한 여러 가지 수력기계를 역사적으로 개괄하였다.(Hill, 1979: 19) 바누 무사는 항상 일정한 수위를 유지하는 무진장 항아리를 12개를 발명하였다. 이 가운데 기본이 된 것이 강가에 설치하여 대야에 물이 줄어들면 끊임없이 채워지는 이른바 피드백 제어 기구를 갖춘 그림 4-16A에 보인 모델 75이다.

그림 4-16B는 이것의 도해이다. 오른쪽 상단에 보인 강 또는 대형 물탱크의 물을 왼쪽에 보인 대야(x)에 설정된 수위(f)에 도달하도록 물을 공급하는 데 필요한 장치를 구성하는 요소는 다음과 같다. 강에 연결된 파이프(jd) 안에 설치한 탭(we: 수도꼭지)과 이것에 연결된 "U"자형 막대(wz), 미리 수위를 설정한 물탱크(m) 안에 띄운 부표(t)와 그 위에 세운 링ring(고리)이 부착된 막대이다. 이것을 작동하는 원리는 다음과 같다.

대야의 물이 줄어드는 것을 감지하여 탭을 열거나 잠그도록 해 주는 센서sensor가 물탱크 안에 띄운 부표이다. 바꿔 말하면, 대야의 물이 줄어들면 부표는 가라앉는다. 이때 부표에 세운 링이 부착된 막대가 동일 평면상에 위치한 "U"자형 막대를 끌어당겨서 탭이 열린다. 부표가 상승하면서 설정 수위까지 도달하면 "U"자형 각대 wz를 밀어 올려 탭이 닫히고 물은 더 이상 파이프를 통과하지 못한다. 그리고 앞서와 같은 과정이 연속적으로 반복되어 대야에 담긴 물의 양은 항상 일정하게 유지된다. 이것은 부표와 탭이 결합되어 피드백 제어시스템으로 작동하기 때문이다.(Hill, 1979: 192)

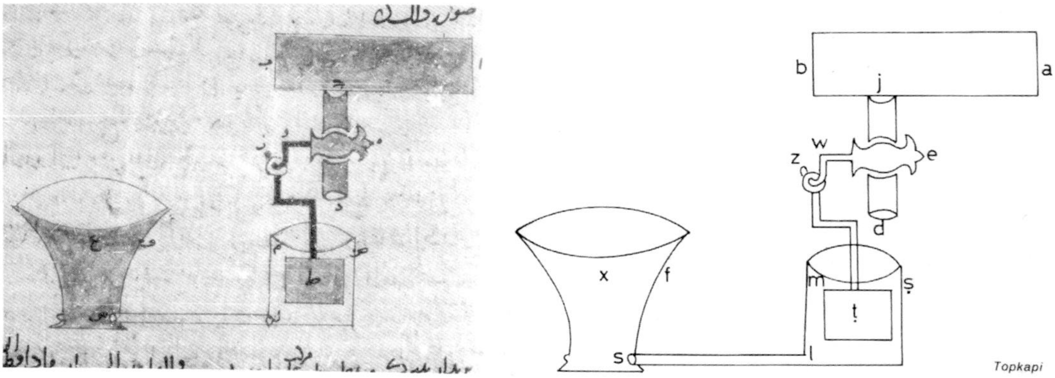

A B

그림 4-16. Banū Mūsa의 모델 75

A. 지속적으로 리필(refill)되는 용기 모델 75 (출처: Hill, 1979: 192, 75 Tokapi) **B.** A에 대한 Hill의 도해 (출처: Hill, 1979: 193, Tokapi). ab: 강, jd: 파이프, we: 탭, wz: U자형 막대, m: 물탱크, ṭ: 부표float, ṣ: 탱크의 설정 위치(수위), x: 대야, s: 대야 하부, sl: 파이프, f: ṭ와 동일한 위치, (ṭ, f): 수위 상한선

이것은 원추형 밸브conical valve로 작동되는 기원전 알렉산드리아 기술자 크테시비우스(Ctesibius, 또는 Tesibius)가 발명한 물시계 원리와 같은 피드백 제어 시스템의 하나다.(남문현, 1995: 44)

이것을 도관으로 연결된 대형 술독과 대비하자면, 술독은 그림 4-16B 모델 75의 대야(x)에, 도관은 파이프(sl)에, 도관으로 연결된 궁정 정원의 거대한 술 숙성용 항아리는 강(ab)에 대비된다. 물론 술 숙성용 항아리 밑에는 모델 75에 제시된 수위 제어장치와 수위가 술독과 동일하게 설정된 물탱크 m이 설치되었을 것이다. 도종의와 오도릭의 기록에서 대명전 내부 중앙에 놓인 대형 술독은 아랍 · 이슬람풍이 담긴 무진장 술독으로 추정된다. 이러한 무진장 술독은 기원후 1세기경에 알렉산드리아에서 활약한 헤론Heron(?~?)이 발명한 대표적인 수력기술로서 피드백 제어 기술을 활용한 것이다.(Mayr, 1970: 20)

(4) 황금 고블릿

또한 오도릭은 술독 옆에는 의식이나 의례 진행 중에 참석자가 마실 수 있도록 다수의 황금 술잔이 놓여 있다고 하였다. 이 술잔은 도종의가 말한 넓은 술상 위에 놓아두었을 것이다. 술상 위에 올려놓고 집사가 옥 항아리 술독에서 술을 퍼내어서 술잔을 채워

대접하였을 것이다. 당시 유목민 몽골족이 세운 원 왕조는 서역 방식 천문의기와 역법, 의료제도 등을 수용함으로써 세계제국으로서 면모를 과시하였다. 이로 미뤄볼 때 앞서 무진장 술독과 마찬가지로 황금 술잔은 아랍 · 이슬람풍이 담긴 것으로 유추할 수 있을 것이다. 앞에서 저자는『원비서감지7』에서 언급한 알자자리와 바누 무사의 서적에서 영향을 받아 제작한 것으로 보이는 등루, 춤추는 공작에 이어 대형 술독을 유추하여 보았다. 마찬가지로, 가톨릭 수사인 오도릭이 관찰한 황금 술잔을 'Goblet'이라고 한 것을 보면 이것은 그가 알고 있는 유럽이나 무슬림풍이 아니었을까 생각된다.

저자는 황금 고블릿이 알자자리의 저서 가운데 10장으로 구성된 범주 Ⅱ「음주회합에 적합한 용기와 다양한 제작법」제1장 음주연회를 중재하는 고블릿과 유사한 것으로 추정하여 보았다. 그림 4-17A에 보인 고블릿은 고배高杯의 하나로서 손잡이가 없다. 돔형 뚜껑 위에는 부리를 벌리고 있는 오리를 세우고, 그 밑에는 공과 파이프, 축이 달린 바퀴, 술이 주입되는 홈통, 술이 나오는 예쁜 주둥이 등을 설치하였다. 집사는 잔을 들어 주객이 둘러선 가운데다 놓고 잔에 술을 붓는데, 그동안에 돔 위에 새가 돌아가면서 날카로운 호각 소리를 내다가 가득 차면 멈춘다. 이때 새 머리가 어떤 주객을 향하게 되는데, 이때 집사는 잔을 들어 새의 머리가 향한 반대편 주객에게 잔을 건넨다. 이것을

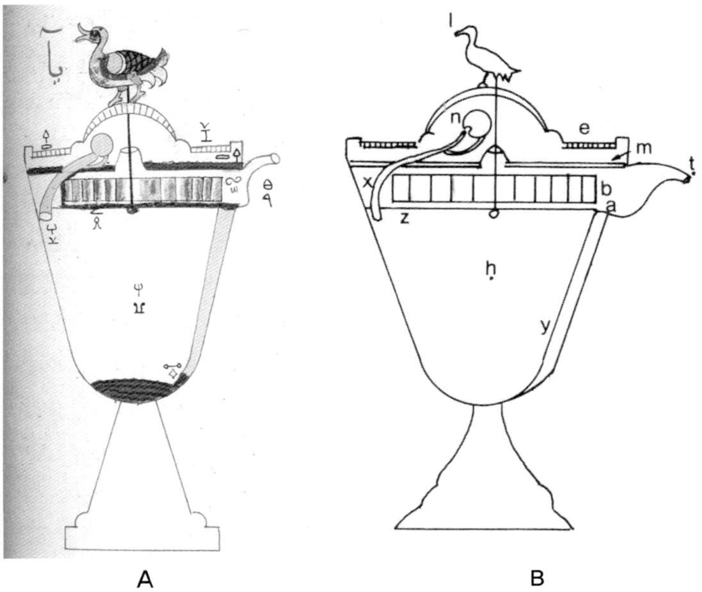

그림 4-17. 고블릿

A. 음주연회를 중재하는 고블릿 (그림 출처: Sezgin, F., 2002) **B.** A의 도해. e: 술을 주입하는 뚜껑(lid), m: 구멍, b: 수차 날개(vane), l: 오리, z: 커버, a: 구멍, y: 홈통(channel) 하부, ḥ: 고블릿, x: 파이프, n: 호각, t: 주둥이 (그림 출처: Hill, 1974: 96)

받은 주객이 마시다가 남으면 다 마실 때까지 새가 호각 소리를 내므로 집사는 잔을 받지 않고 잔을 비우라고 한다. 잔을 비운 다음 집사에게 잔을 건네면 된다. 따라서 이 술잔은 연회 참여자들의 흥취를 돋우기 위해 만든 것으로 보인다.

그림 4-17B는 힐(1974)이 A를 바탕으로 작성한 도해이며, 작동원리는 다음과 같다. 집사는 뚜껑(e)에다 술을 따르면 이것이 두 번째 뚜껑으로 흘러들어가며 구멍(m)으로 흘러내리면 수차 날개(b)가 회전하고 굴대 위의 오리도 회전한다. 술이 덮개(z) 위로 흘러 홈통 상단의 구멍(a)로 빨려 들어가 고블릿을 채우면 그 안에 있던 공기를 파이프(x)로 밀어 올려 공(n)에서 호각 소리가 난다. 주둥이(t)로 술을 마시면 술로 채워졌던 자리가 공기로 차게 된다. 술이 주둥이에서 거꾸로 흐르면 덮개 상단으로 공기를 밀어 올려서 호각 소리가 나고 이것은 마치 오리가 소리를 내는 것처럼 들린다. 이 소리는 고블릿이 비워질 때까지 계속된다.(Hill, 1974: 96)

고려 말에 원 황제 생일 천수절에 대명전에 초청된 이색李穡(1328~1396)이 지은 「천수절입근대명전天壽節入勤大明殿」란 송축시 넷째 구절 "봄빛 가득 금 술잔에 천자 기쁨 받드네春滿金巵奉聖歡춘만김치봉성환"에 보인 황금 잔은 고블릿으로 술을 마시는 장면을 읊은 것으로 보인다.(원주용, 2009: 147번) 고블릿은 유목민의 연회에서 취흥을 돋우기 위한 새로운 형태의 술잔으로서 대명전에서 열리는 음주연회에 아주 적합했던 것으로 보인다.

4) 순제 궁루

제1장에서 궁루를 소개할 때 이 시계는 중국학계에서도 아랍 · 이슬람의 영향을 받은 것으로 본다고 하였다. 아직 궁루에 대한 모델이 제시되지 않아서 더 이상 구체적인 증거를 제시할 수는 없지만, 저자도 이것에 아랍 · 이슬람풍이 보인다고 생각한다. 궁루가 우리에게 중요하게 받아들여진 것은 무엇보다 이것이 세종의 마음을 사로잡은 데서 찾아야 할 것이다. 궁루의 특징은 다음에 이어질 제7장 흠경각루의 연원에서 상세하게 고찰한다.

4.5. 이슬람 과학기술의 한반도 전래와 창발적 진화

저자(남문현, 2013)는 고려 충선왕忠宣王(재위 1298, 1308~1313)이 원나라 대도에 설립한 만권당萬卷堂을 중심으로 고려 · 원 간의 학술교류와 이슬람 과학기술의 전래를 추적하였다.[21] 서유구徐有榘(1764~1845)는 충선왕이 중국에서 강남江南(남송 시대 수도가 있던 양자강 이남 — 저자 주)에 사람을 보내 수집한 주자朱子 성리학 서적과 원나라 황제(武宗무종/仁宗인종)가 제공한 다량의 서적을 개경으로 가져왔으며, 이 서적은 조선 초기에 집현전 도서로 편입되었다고 하였다.(徐有榘, 儲書) 이를 통해 송대 성리학과 원대 문화가 고려로 전래된 것으로 보인다. 황실의 외손으로서 충선왕은 원나라 대도로 들어가면서 최성지崔誠之(1265~1330)를 데리고 들어가 백금百金을 주고 역가曆家에게서 『수시력법授時曆法』을 익히게 하였다.(『세종실록』 권156: 1ㄱ) 아마도 최성지는 대도의 사천대, 천문 · 역법 학자들과 함께 연구를 하였을 것이고 왕을 따라다니면서 대명전의 등루를 비롯한 여러 가지 기물도 관찰하였을 것이다. 이 과정에서 역법 관련 업무에 더하여 회회 사천대나 자말루딘札馬魯丁 가문이 소장한 알자자리의 저서에 대한 정보를 수집하여 만권당 서적과 함께 개경으로 가져왔을 것이라는 가설도 세워 보았다. 그리고 이 도서들은 앞서 서유구가 언급하였듯이 조선 초기에 집현전 도서로 편입되었을 것으로 추정하였다.(남문현, 2013: 137) 그러나 이러한 가설을 뒷받침할 증거는 아직까지 발굴하지 못했다.

또 한 가지 가능성은 제1장 1.6.1항에서 소개한 바와 같이 1421년에 세종이 장영실을 윤사웅, 최천구와 함께 명나라에 파견하여 천문 관련 서적을 구입하고 시설을 관찰한 데서 찾을 수 있을 것으로 추정하였다.(李肯翊, 1911) 그러나 현재까지 고려시대나 조선 건국 초기에 아랍 · 이슬람 계시기에 대한 흔적이나 기록을 찾아볼 수 없다. 따라서 제1장 1.6.4항에서 언급하였듯이 장영실의 1차 명나라 파견보다 2차 시찰에서 이슬람 과학기술 자료를 입수하였다는 것에 개연성을 부여하게 되었다.(남문현, 2015A: 380)

21 충선왕의 만권당 활동에 대하여는 이승한, 2012. 『혼혈 왕, 충선왕 –그 경계인의 삶과 시대–』, 푸른역사, 서울, 453–472쪽 참조.

4.6. 맺음말

세종世宗 보루각루報漏閣漏의 누각법은 명대明代 동호적루銅壺滴漏에 비해 수수호의 숫자를 두 개로 하여 매일 번갈아 사용함으로써 연속측정이 가능하였으며, 규모를 두 배로 크게 하여 계시정밀도를 높인 데 특징이 있다. 파수호의 형상도 차별화하여 동호적루의 방두형方斗形이 아닌 조선식 드므와 항아리의 형태를 취하였다. 장영실蔣英實은 수수호 부전이 수직으로 상승할 수 있도록 부표의 형태를 거북의 형상을 본떠 제작함으로써 방목기구에 수납한 소환을 신속하고 안정적으로 방출하는 방법을 고안하였다. 이런 사실은 금루기禁漏器 유물을 통해 확인되었다. 수수호의 외형에 부조한 운룡은 변형방지를 위한 목적 이외에도 왕권의 상징으로서 부수된 문양은 조선 전기의 양식과 금속공예 기술의 정수를 보여주었다. 또한 계시의 기준으로 일영日影과 일성정시의日星定時儀를 활용하여 한양의 지방시를 결정하였으며, 절기에 따른 한양의 일출 · 일몰시각에 따라 다르게 야전 11개를 제작하여 절기가 바뀔 때마다 교체함으로써 지방시를 표준으로 하는 독자적인 보시 체제를 확립할 수 있었다.

물시계와 자격장치에 보이는 금속 구슬(공)을 활용한 동력전달 방식은 무슬림 기술자 알자자리Al-Jazari가 발명한 시계에서 사례를 찾을 수 있다. 낙하하는 구슬의 동력을 활용한 알자자리의 시계 가운데, 양초시계candle clock는 장영실의 방목기구, 성문시계castle clock는 소환-대환 중계기, 코끼리시계elephant clock는 시기와 경점기와 보시 목인 제작에 영감을 준 것으로 보이지만 구현 방법이 판이한 것으로 밝혀짐으로써 베끼거나 복제하지는 않았음을 알 수 있었다. 자격궁루라는 이름에 걸맞게 보시기에서 보인 중력을 이용한 보시 목인 하강/상승 기술, 경점기에서 보인 개폐기와 되돌림 기구를 활용한 오토메이션(자동화 장치)은 당시 세계 어느 곳에서도 출현한 적이 없는 장영실의 독창적인 고안이라고 할 수 있다. 낙하하는 구슬의 동력을 이용한 자동시보장치 제작기술 역시 동아시아에서는 최초이다.

이슬람 과학기술의 한반도 유입은 고려 충선왕忠宣王이 원나라 대도에 설립한 만권당萬卷堂을 중심으로 최성지崔誠之가 수시력법授時曆法을 연구한 것이 대표적이다. 그러나 여기를 통해 회회回回사천대나 자말루딘札馬魯丁 가문이 소장한 의기제작에 관련된 정보를 수집하여 만권당 서적과 함께 개경으로 가져왔을 것이라는 증거는 아직까지 발굴하지 못했다.

장영실의 두 차례에 걸친 중국 방문에서 수행한 학술교류 활동으로 알자자리가 저술한 저서나 적어도 그것의 사본을 수집하였거나, 또는 관련 기술 전수가 이루어졌을 것이라는 정황은 충분히 상정할 수 있다. 13세기 중후반에 자말루딘이 원나라에 전파한 이슬람 과학기술로 상도上都에는 회회사천대가 건립되어 무슬림 과학기술자들은 서역의상을 제작하여 운영하였다. 이런 사실은 자말루딘이 제점으로 복무한 회회사천대의 『비서감지7』에도 실려 있음이 확인되었다.

또한 대도大都의 대명전에 설치했던 등루, 춤추는 공작, 대형 술독과 술상, 그리고 고배高杯에는 아랍·이슬람풍이 뚜렷하게 보인다. 이것들은 자말루딘과 그가 초빙한 무슬림 학자들이 가져온 것으로 보이는 과학기술 문헌 자료 가운데 아랍의 바누 무사Banū Mūsa와 이슬람의 알자자리의 저술로 보이는 문헌 자료를 활용하여 제작한 기물들이라는 것이 농후하다. 명나라가 건국한 이후에 회회사천대는 흠천감 회회과回回科로 바뀌었으며, 세종 대에는 역법교정을 위해 파견한 사신들은 흠천감 역관들과 교류하였다. 이 과정에서 장영실도 이들과 교류하면서 이슬람 시계 제작기술을 습득하였을 개연성이 매우 높다. 향후 이 과제는 조선과 명의 외교 교섭사와 한·중 또는 한·이슬람 과학기술 교류사 연구에서 밝혀질 것으로 기대된다. 알자자리가 저술을 마친 1206년과 자격궁루가 출현한 1433년 사이에는 2백 20여 년이라는 긴 시간이 가로놓여 있었지만 그 사이에 알자자리의 저서에서 보인 공을 이용한 동력전달 기술은 전혀 다른 형태로 혁신·변개變改되어 보루각루에 녹아 있음을 확인할 수 있었다. 따라서 한국 기계시계의 원형原型으로서 보루각루의 위상과 아울러 세계 시계제작사에서 위치를 확립할 수 있을 것으로 기대된다. 한편, 장영실은 자격루의 특징을 대변하는 로봇공학과 오토메이션 공학의 창시자의 한 분으로서 역사에 기록되어야 할 것이다.

제5장
보루각 연혁

5.1. 머리말

5.1.1. 당종법

보루각은 그림 2-2B에 보인 바와 경복궁 영추문 안에 짓고 그 안에다 보루각루를 설치한 "시각을 알리는 집"이다. 조선 국초에는 서운관에 각루刻漏를 맡은 장루掌漏 4자리, 사신司辰 4자리 등 40명이 금루禁漏를 관리하고 운영하다가 보루각이 창설되고 그대로 유지하다가 30명으로 줄었다. 장루는 1425년(세종 7년)에 직장直長으로 명칭이 바뀌었다. 조선 중기와 후기의 각루에 대하여는『서운관지書雲觀志』에 상세한 기록이 남아 있으며, 법전에도 금루관禁漏官의 역할과 인원에 대해 규정하고 있다.(『大典通編』 卷2, 屬官, 26나) 정원은 종전의 30명에서 15명으로 줄어들었다. 또한 관상감에 소속하여 자격루를 제작하는 자격장自擊匠 6명(소목장 4명, 목수 1명, 야장 1명), 금루사령 7명, 시동時童 2명, 전루군사傳漏軍士 2명, 급수군사 2명으로 그 직분이 세분되었다. 금루사령은 서원書員이라고도 하며, 종전의 6명에서 7명으로 증가되었다. 시동은 주시동奏時童이라고 하는데, 금루의 시보에 따라 궁궐의 각 방에 시패時牌를 교체하며 시각을 알리는 나이 어린 서원을 말한다. 전루군사는 북을 쳐서 금루의 경점 시각을 다음 장소로 전달해 주는 보루각에 소속된 군사이다. 급수군사는 금루정에서 물을 깃는 군사이다.(『大典通編』 卷2, 吏隸) 1436년(세종 18년)에 의정부에서는 천문 · 금루 · 풍수학의 거관법을 개정하면서 자격自擊장치가 이미 만들어졌으므로 금루를 맡은 사람의 공력功力이 더욱 경하게 되었다하여 금루 체아직遞兒職(현직을 떠난 관리에게 녹봉을 계속 주기위해 만든 벼슬) 1명을 감하고 풍수학으로 변경했다. 계시 자동화에 따른 조치였다.(세종/75/18/10/7/己巳)

앞서 제1장 1.5.2항에서는 태종 대까지 당종법을 소개하였다. 1423년(세종 5년)에 인정과 파루에 종과 북을 치는 제도가 다시 바뀌어 인정은 1경 3점 말에 치고, 파루는 5경 3점 말에 치던 것을 5경 3점 초에 북을 쳐서 알리게 되었다.[1] 파루에 치던 북을 종으로 대체한 것은 예종睿宗(재위 1468~1469) 1년에야 확정되었다.(『增補文獻備考』卷3: 18ㄱㄴ, '補') 전루소에서는 인정이 되면 북과 징을 치기 시작하여, 경의 숫자대로 북을 치고, 점의 숫자대로 징을 친다. 1경 3점에는 북을 1회, 징을 3회씩 각각 5차례씩 친다. 이렇게 하여 5경 3점에 이르면 북소리 295회, 징소리 303회가 울린다. 인정에 울리는 종소리 28이라는 숫자는 28수宿 별자리에서 따왔다. 인정종 28회 종소리는 28수가 천자天子의 별자리인 삼원三垣(자미원紫微垣, 태미원太微垣, 천시원天市垣)을 옹위하는 뭇 별들에게 평안한 하루에 감사하고 평화로운 밤을 보내게 해달라고 기원하는 소리이다. 파루종 33이라는 숫자는 제석천帝釋天이 이끄는 33천天에서 유래한 것으로, 불교의 우주관이 담긴 숫자이다. 삼천 대천세계에 새날이 왔음을 고하고 평화로운 하루를 지내게 해달라는 기원이 담긴 소리다. 당시 조선조의 유교사상과 고려조의 불교사상을 상징하는 숫자라 하겠다. 다음에는 궁성문에 설치한 시보시설을 소개한다.

1 이것은 중국의 제도를 따른 것으로 보이는데, 명대 초기에는 남경南京의 고루鼓樓에서, 북경으로 천도한 후에는 제정루齊政樓에서 북을 쳐서 새벽을 알렸다. 조선조 말기 1860년(철종 10년)에는 추분 후의 파루 시각을 한밤중인 자정 3각으로 바꾸도록 관상감에서 건의하였다.(철종/11/9/6/壬申)

5.1.2. 대루원

1) 「대루원기」

궁성문 개폐와 관련하여 설치한 시설 가운데 하나가 대루원待漏院이다. 글자 그대로 궁문이 열리기를 기다리는 집이다. 관원은 묘유법卯酉法에 따라 묘시에 출근하고 유시에 퇴청해야 하는데, 승정원 6승지는 평명平明에 궁문이 열리면 기다렸다가 입궁하여 업무에 임해야 된다. 그동안에 대기하는 집이 대루원 또는 대루청待漏廳이다. 이것의 기원은 중국 북송시대 왕우칭王禹偁(954~1001)이 지은 「대루원기待漏院記」에서 유래한 것이다. 이 책은 재상을 비롯한 관원은 국정에 대하여 늘 힘써야 한다는 것으로서, 집정자와 백관의 규감規鑑이 되는 내용으로 되어 있다. 1430년(세종 12년) 3월에 상정소에서 올린 여러 학과[제학諸學]의 고시[취재取才] 과목 가운데 역학譯學에는 한어漢語 몽훈蒙訓(敎訓)에 「대루원기」가 들어 있다. 성종成宗(재위 1469~1494)은 이것을 대신들에게 전해 써서 붙이게 하고, 친히 써서 승정원 벽에 붙이게 하였다.(성종/159/14/10/13/壬申)

2) 대루원

대루원이 언제부터 설립되었는지는 기록이 보이지 않지만 경복궁에는 영추문 밖에, 창덕궁에는 금호문 밖에 있었다. 그림 5-1A는 「도성전도」에 나타난 금호문 밖 대루원이다. A에 보인 네모는 위에 보이는 것이 대루원, 밑에 보이는 것이 관상감이다. B는 대루원 현판이다.

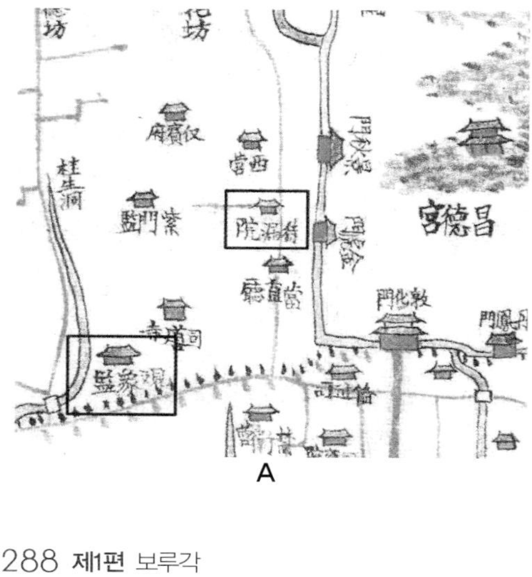

A

B

그림 5-1. 대루원

A. 창덕궁 금호문 밖 대루원 (『靑丘要覽』, 「都城全圖」; 서울대학교 규장각한국학원구원 소장) **B.** 대루원 현판. 고종시대의 것으로 미루어 영추문 밖 대루원에 걸렸던 것으로 보인다. (출처: 국립고궁박물관 소장. 유물번호 727)

3) 돈화문종

대루원과 관련하여 궁성문을 열고 아침 조회 시작, 저녁때 궁성문을 닫고 야간에는 경점시각을 알리기 위해서 1413년(태종 13년)에 동종을 주조하여 창덕궁 돈화문 문루에 걸었다. 창덕궁 종루에 대하여는 뒤에서 고찰할 흥천사의 종루와 연관된『세종실록』기사에서도 확인된다.(세종/78/19/7/18/병오) 태종 대에 윤회尹淮(1380~1436)는 이 종소리를 듣고 "돈화문의 새벽종敦化門晨鐘"이라는 시 한 편을 남겼는데 여기 소개한다.

만호(萬戶)장안의 새벽을 알리는 종	閶闔鐘鳴夜向晨창합종명야향신
닭 울기 전 주상께선 벌써 일어나셨네	宵衣元不待鷄人소의원부대계인
천문의 금 자물쇠가 잠간 새에 열리고	千門金鏁須臾闢천문금쇄수유벽
오색구름 깃발이 차례로 펼쳐지네	五彩雲旗次第陳오채운기차제진
용안(龍顔)이 다사로이 보좌에 납시고	日表溫溫臨寶座일표온온림보좌
조신(朝臣)들 엄숙히 뜰에서 절 하옵네	朝儀濟濟拱楓宸조의제제공풍신
공(功)을 새길 장상들이 모두 충성을 품고	勒功將相懷忠藎늑공장상회충신
다투어 정책내어 임금님을 돕사옵네	爭進謀猷補聖神쟁진모유보성신

-한국고전번역원 번역-

파루 종소리가 구중궁궐에 잠든 임금에게도 울려 퍼지니 시각을 맡은 관리가 깨우러 오기 전에 임금님은 잠자리에서 일어나 수라를 들고 의관을 정제하여 조회에 나갈 채비를 마친다. 문루의 종이 울려 돈화문을 비롯한 모든 문이 열리면 대루원에서 대기하고 있던 관료들이 들어오고, 조회가 시작되면 신하들은 앞다투어 정책을 건의하고 국사를 논의하는 창덕궁의 아침 풍경이다. 이처럼 궁궐의 아침은 종소리에 따라 위로는 임금으로부터 아래로 신하에 이르기까지 부산하게 움직이며 하루를 시작한다. 궁성문을 여닫는 것이 단순한 물리적 행위를 넘어 국가발전을 위한 정치 행위에 연결된 것이라는 위의 시는 알게 해 준다.

5.1.3. 보루각의 전말

제1장에서 고찰한 바와 같이 1434년 세종이 경복궁에 보루각을 창설하여 보시 신호를

발신하기 시작한 것은 세종 16년 7월 초하루(양력 1434년 8월 5일)이다. 그리고 보시 신호를 발신하지 못하게 된 것은 임진왜란이 발발하면서부터였다. 보루각이 창설된 지 20년이 지난 1454년(단종 2년)에는 보루각과 자격루의 수리 문제가 대두되었으나 별문제가 없었던지 그대로 사용하다가 다음 해인 1456년에 보루각을 개혁하여 관련 부서를 바꾸었다. 1464년(세조 10년) 5월에는 보루각루를 옛날 서연書筵으로 이전하였다가 1469년(예종 원년) 10월에 보루각에 복구하였다고 한다. 1505년(연산군 11년) 11월 24일에는 금루를 창덕궁으로 이전하였는데, 어느 곳에 설치하였는지는 분명하지 않다. 그러나 거대한 금루를 이설하는 것은 쉽지 않은 일로 실제로 이전하였었는지는 의문이다. 설사 이전하였다 해도 1536년(중종 31년) 창경궁에 신보루각을 창설하고 나서는 경복궁 보루각으로 복귀시킨 것으로 보이며, 그 후 임진왜란으로 유실될 때까지는 원래 보루각 자리에 있었다. 그동안 변천을 감안하더라도 1434년(세종 16년)부터 1592년(선조 25년)까지 158년 동안 조선의 표준시를 발신하였다. 이 기간이 1차 경복궁 보루각 시대다.

1592년 4월 29일 무오戊午의 『선조실록』 머리기사에 "밤에 호위 군사가 달아나고 궁문에는 자물쇠가 채워지지 않고, 금루도 경점을 알리지 않았다(是夜시야, 衛士盡散위사진산, 宮門不下鑰궁문불하약, 禁漏不傳更금루부전경)"고 한 것으로 보아 이날 경복궁이 불타고 보루각도 불에 타서 이로부터 전쟁 중인 3년 동안에는 시보를 발신하지 못했다. 이리하여 세종 보루각은 158년 만에 폐허가 되었다. 종루도 불타서 그 후 3년간은 보시를 못하다가 1595년부터는 남대문 안에 방치하였던 원각사종을 수습하여 북고개[종현鍾峴]에 종각을 짓고 조석으로 울렸다. 1602년부터는 누국동漏局洞에 창경궁 금루를 이설하고 인정 · 파루 제도를 복구하여 1616년까지 14년간은 궁 밖에서 발신하였다. 1618년에 창경궁 보루각을 개수하여 1867년까지 창경궁-종각 보시체제를 유지하다가 1867년에 경복궁 옛터에 누국과 일영대日影臺(일성정시의대)를 건축하고 1895년까지 경복궁-종각 보시체제를 유지하였다. 이 장에서는 창경궁 신보루각 창설과 보시체제, 그리고 경복궁 누국으로 이전하기까지의 누기와 누각법, 종루에서 종각으로의 보시체제 변천을 고찰하였다. 다음에는 창경궁 신보루각 창설과 보시체제를 고찰한다.

5.2. 창경궁 보루각

5.2.1. 신보루각 창설

경복궁 보루각을 창설한 지 반세기가 경과되자 금루도 고장이 잦아지고, 그동안 이곳 저곳으로 옮겨 설치하느라 기계에도 많은 손상이 생겨 계시기능이 저하되었다. 경복궁 보루각에서 발신하는 인정 · 파루 시보로 운종가 종루에서 종을 울려 도성문을 여닫는 제도가 확립된 후 얼마 동안은 이것으로 보시하는 데 충분하였다. 그러나 도시 규모가 확대되고 금루의 노화, 유실과 재변에 대비하기 위하여 보루각 창설 53년이 되는 1487년(성종 18년) 창덕궁에 또 하나의 보루각을 건설할 것을 결정하였다. 공사에 착수한 지 두 달이 지나 가뭄이 심해지자 공사를 정파停罷하게 되어 끝내 성사되지 못하였다.(성종/203/18/5/5/甲辰)

보루각 창설 100년이 된 1534년에 관상감제조 김안로金安老(1481~1537)와 유보柳溥(?~1544)는 성종 대에 중단한 보루각 공사를 재개하여 창덕궁에도 새로운 시보시설을 만들 것을 건의하였다.(중종/78/29/9/17/庚辰) 이에 따라 금루 제작에 필요한 부품을 미리 수배하도록 하는 한편, 다음 해 봄에 성종 18년에 터를 닦은 창경궁 문정문文政門 앞 동궁東宮(侍講院시강원) 동쪽에 터를 닦고 공사에 착수하였다.(중종/78/29/11/10/壬申)

공사에 착수한 지 1년 반이 되는 1536년(중종 31년) 4월에는 보시지역의 확대를 위해 폐사廢寺된 정릉사貞陵寺(뒤에 興天寺흥천사로 개명)와 원각사圓覺寺 대종을 각각 흥인지문과 숭례문 안에 걸고 창경궁 신보루각에서는 흥인지문으로, 구보루각에서는 종루와 숭례문으로 보시 신호를 전달하여 타보打報하도록 건의하였다. 또한 금루를 새로 만들 기술자로 박세룡朴世龍(?~?)을 자격장으로 보루각에 전담시키고 누기를 보수하게 하였다.(중종/81/31/4/9/癸巳) 동년 6월에는 신보루각의 완공을 기념하여 임금은 정사룡鄭士龍(1491~1570)과 소세양蘇世讓(1486~1562)에게 각각 기記와 명銘을 짓도록 하였다.(중종/82/31/6/28/癸巳)

그리고 새로운 물시계의 시각교정 장치로 쓰일 일성정시의를 제작하고 이것을 설치할 정시의대를 축조하였다. 중종은 이를 기념하여 심언광沈彦光(1487~1540)에게 명을 짓도록 하여 「보루각정시의명병서報漏閣定時儀銘并序」를 지어 올렸다. 그해 7월에는 앞서 도제조가 건의했던 대로 양 대문 안에 종각을 짓고 종을 걸었다.(중종/82/31/7/14/丁卯) 그해 8월 20일에는 정시의定時儀(일성정시의)와 전판箭板(물시계 수수호 위에 세우는 방목기구) 제작이 완료되어, 임금이

8월 24일에 현장을 시찰하고 관계자를 포상하였다.(중종/82/31/8/24/丁未) 보루각 건립 도제조 영의정 김근사金謹思(1466~1539)와 우의정 김안로, 제조인 우찬성 유보, 공조판서 최세절崔世節(1479~1535), 김수성金守性(金遂性, ?~1546과 동일인?), 자격장 박세룡朴世龍(?~?)이 상을 받았다. 도제조 김안로가 건의하여 박세룡은 그 후 보루각에 소속되어 물시계를 관리하였다.

이때 창제한 보루각루 누기는 제3장 그림 3-3A에 보인 금루기 유물[국보 제229호 창경궁 자격루]이다. 경루법은 경복궁의 관례에 따라 『누주통의』에 따라 11전법을 사용하였을 것이다. 보루각 창설에 참여한 관원의 이름은 그림 3-3D국보 제229호 창경궁 자격루(금루기 유물)의 좌측(우향) 수수호 상단에 새겨 있다. 이때쯤에 인정 · 파루에 종루, 숭례문, 흥인지문 세 군데서 동시에 종을 울렸는데, 이 종소리가 혼란스럽다 하여 이 제도는 시행해 보기도 전에 폐지하고 종전대로 종루 한 군데서만 종을 울렸다. 제2의 보루각이 창경궁에 창설됨으로써 양 궐의 정시의 시각을 비교하여 구보루각의 정시의를 교정하였다. 이를 위하여 군기시의 큰 징 20개를 두 보루각 사이에 설치하고 그 가운데에 사람을 세우고 양쪽의 징 소리를 비교하여 늦고 빠름을 판단하게 하였다. 100여 년 동안 사용한 누기의 노후화와 천도의 변화를 보정하기 위한 조치였다.(중종/89/33/11/22/壬辰)

이때 창건된 신보루각루는 경복궁 보루각루를 복제한 것으로서, 전의 것이 시각만을 보시한 데 비해 인정 · 파루를 보시하는 기능을 추가하였다고 하였다. 앞서 언급한 바와 같이 인정 · 파루 계시기능을 추가하였다는 말은 새로 제작한 보루각루의 장점을 나타낸 수사로 보인다. 경복궁 보루각루의 자격장치가 노후화되어 복잡한 기구로 구성된 경점기가 제대로 작동하지 않는 것을 빗댄 것으로 보인다. 정시의명에는 세종 창제 일성정시의를 개선하였다고 하였다. 다음에는 창경궁 정시의를 소개한다.

5.2.2. 보루각 정시의명

앞서 언급한 바와 같이 신보루각을 창설하면서 금루의 물시계를 운영하는 데 필요한 정시의를 세종 대의 규범[「간의대기簡儀臺記」]에 따라 제작하여, 보루각 앞에 석대를 축조하고 이것을 설치하였다. 보루각 금루와 정시의는 한 쌍의 의기로서, 표준시계 금루의 시동시각과 시각오차를 보정하는 데 필수이다. 따라서 별도의 지방시를 결정할 의기를

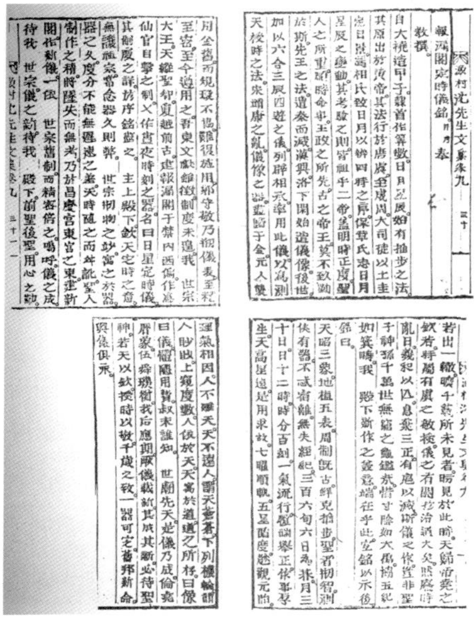

A

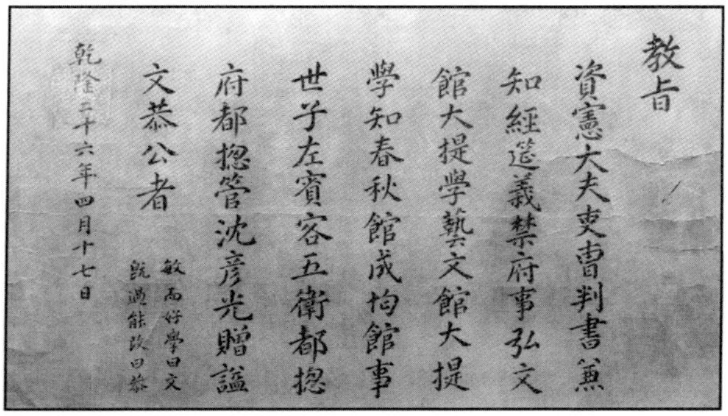

教旨
資憲大夫吏曹判書兼
知經筵義禁府事弘文
館大提學藝文館大提
學知春秋館成均館事
世子左賓客五衛都摠
府都摠管沈彦光贈謚
文恭公者
敏而好學曰文
旣過能改曰恭
乾隆三十六年四月十七日

B

그림 5–2.

A. 「報漏閣定時儀銘 并序 奉 敎撰」(출처: 『漁村先生文集』 卷9, 30–31) **B.** 삭탈한 관직을 회복하고 시호를 내리는 교지 (출처: 강릉문화원에서 『國譯 漁村集』 화보에서 옮김)

갖추지 못한 창경궁에 오정시각을 결정하는 전용 관천觀天 · 계시의기로 제작한 것이 정시의다.

앞서 언급한 바와 같이 임금의 명을 받고 심언광은 「보루각정시의명병서」를 지었는데, 이것의 전문은 심언광의 『어촌선생문집漁村先生文集(약칭 "漁村集")』 권9에 실려 있다.[2] 그림 5–2A에 보인 원문을 국역하여 옮기면 다음과 같다.

임금의 명을 받들어 「보루각정시의명병서」를 지어 올림
(報漏閣定時儀銘 并序 奉 敎撰보루각정시의명 병서 봉 교찬)

대요大撓[3]가 갑자甲子를 창조하고, 예수隷首[4]가 산수算數를 발명하면서부터 처음으로 일월성신을

2 한국고전번역원 『어촌선생문집漁村先生文集』 해제에는 심언광의 후예 이지렴李之濂(?~?)이 찬한 행장行狀을 근거로 작성한 저자, 가계도, 행력, 편찬 및 간행, 저본의 구성과 내용 등이 실려 있다. 강릉문화원 간행 『국역 어촌집』 권수卷首에는 저자의 일생일대기가 정리되어 있다.

3 대요大撓: 황제黃帝의 사관史官으로 최초로 갑자甲子를 만들었다는 중국 고대의 전설상의 인물. 『여씨춘추呂氏春秋』 「존사尊師」에 "황제는 대요를 스승으로 삼았다(黃帝師大撓황제사대요)"라고 하고, 고유高誘의 주에

추보하는 방법이 생겨났는데, 그 근원은 황제黃帝에게서 비롯되었고 그 방법은 당우唐虞(堯舜요순)에서 시행되었다. 성주成周에 이르자 대사도大司徒가 토규土圭(圭表)를 사용하여 일영日景(해그림자)을 측정하고,[5] 풍상씨馮相氏[6]가 해와 달을 관측하여 사계절의 순서를 분별하고, 보장씨保章氏[7]가 일월성신의 변동을 기록하였는데, 그들은 관측하고 검증하는 본보기를 모두 이제二帝(堯舜)에게 근원을 두었다. 시각을 밝히고 도수를 바로잡는 것은 성인이 중요하게 여긴 것이고, 시각에 순응하여 정사를 펴는 것은 왕정에서 우선한 것이었기에 고대의 제왕은 누구든지 이 일에 부지런히 힘을 쏟았다. 선왕들의 법은 진秦나라에 이르러 단절되고 말았다. 한漢나라가 흥성하자 낙하한洛下閑[8]이 처음으로 의상儀象을 제작하였고, 후세에는 육합의六合儀 · 삼진의三辰儀 · 사유의四遊儀가 덧보태지니, 대대로 이어가며 이들 환의環儀를 사용하여 천상을 관측하여 시각을 알리는 기준으로 삼았다. 송宋나라 정강靖康의 난亂[9]으로 이들 의상기구는 모두 금金나라로 이관되었다. 원나라 사람은 금나라의 옛 의기를 그대로 사용하였으나 규환規環이 조화를 이루지 못하여 더 이상 사용하기 어렵게 되었다. 그 후 곽수경郭守敬[10]이 의표儀表를 새로 만들었는데, 너무도 정교하고 치밀하여 지금까지도 그대로 사용하고 있다. 우리나라의 문헌에서도 입증은 되었지만 미처 제도로 자리 잡지는 못하였다. 우리 세종 대왕께서는 천부적 지혜가 옛사람을 크게 넘어섰는데, 궁궐의 서쪽에 보루각을 건립하여 선관仙官(木人)이 자동으로 시각을 알리는 제도를 만드시고, 주야의 시각을 정하는 의기를 제작하시어 그 이름을 일성정시의日星定時儀라고 하셨다. 그 제도의 상세한 것은 서문과 명문銘文에서 모두 밝혔다.[11] 주상전하가 천상의 운행을 공손히 살펴서 시각을 정하는 뜻은 조종祖宗에게 뒤지지

"대요는 갑자를 창제하였다(大撓作甲子·대요작갑자)"라고 하였다.

4 예수隷首: 황제黃帝의 신하로 최초로 도량형을 정하였다는 중국 고대의 전설상의 인물.

5 대사도大司徒가 …… 측정하고 : 『주례周禮』「대사도大司徒」에 "토규土圭의 관측법을 이용하여 토심土深(사방의 거리)을 측정하고 해의 그림자를 교정하여 지중地中(대지의 중앙)을 구한다"라고 하였다.

6 풍상씨馮相氏: 주나라 때에 천문을 맡아보던 관직 이름.

7 보장씨保章氏: 주나라 때에 천상의 관측과 기록, 재이災異의 점후占候, 택일擇日 등을 맡아보던 관직 이름.

8 낙하한洛下閑: 기원전 156~기원전 87년. 전한前漢의 학자로, 천문과 지리에 밝고 역수曆數에 능하여 전욱력顓頊曆을 개정하고 태초력太初曆을 제정하였다. 낙하굉洛下閎, 낙하굉落下閎, 낙하굉落下宏이라고도 한다.

9 정강靖康의 난亂: 북송北宋 정강靖康 연간(1126~1127)에 도성 개봉開封이 금金나라 군대의 공격을 받아 함락되고 휘종徽宗과 흠종欽宗이 사로잡히고 북송이 멸망한 일을 말한다. 이때 소송과 한공렴이 제작한 수운의상대水運儀象臺도 금나라 군사가 약탈하여 수도로 이설하였다.(이에 대하여는 이 책 7.3.2항 수운의상대 참조)

10 곽수경郭守敬: 원나라의 천문학자, 수리학자. 간의簡儀 · 규표圭表 등 천문기구 제작에 탁월한 업적을 보였으며, 수리관개와 토목사업에도 탁월한 자취를 남겼다. 『의상법식儀象法式』, 『추보推步』, 『입성立成』, 『상중하삼력주식上中下三曆注式』, 『수력원류修曆源流』 등 14종 105권의 천문서를 지었으며, 특히 왕순王恂(1235~1281) 등과 함께 만든 『수시력授時曆』은 중국의 역법 가운데 가장 정밀하였다고 평가된다.

11 김돈이 지은 「간의대기」에 처음 등장하는 "주야측후지기晝夜測候之器"인 "일성정시의"를 말한다.

않으며, 또 의기가 오래되면 문제가 생긴다는 것도 늘 염두에 두었다. 세종 대왕께서 사물을 창조하신 절묘함은 의기에 담겼는데, 의기는 오래되면 도분度分에 지질遲疾의 차이가 생기지 않을 수 없어서 천시天時도 그에 따라 어긋나게 되기에 성인이 제작한 정밀함이 실추되어 참고할 수 없게 될 것이다. 그러므로 창경궁 동궁의 동쪽에 새로 보루각을 세우고 새로운 의기를 만들었는데, 모두 세종의 옛 제도에 따른 것이지만 정밀함은 배가 되었다.

아! 의기를 완성한 것은 우리 세종 대왕을 기다렸으며, 의기를 새로 만든 것은 우리 전하를 기다렸으니, 앞선 성왕聖王과 뒤따른 성왕께서 열심히 마음을 쓰신 것이 같은 길에서 나온 것만 같으니, 천년 동안 보지 못한 것을 지금에야 보는 것만 같다. 천문을 살피는 것은 제요帝堯의 공경하는 마음으로 돌아간 것이며, 시절時節을 알려주는 것은 유우씨有虞氏의 신중함에 해당하니, 의기는 치도治道와 관련이 큰 것이다. 그러나 시각과 날짜를 정하는 것이 어긋나서 희화씨羲和氏는 멸망하였으며,[12] 삼정三正[13]을 태만히 하였기에 유호씨有扈氏[14]도 멸망하였으니, 이 의기를 만든 것이 어찌 성신聖神의 자손에게 천년만년 영원토록 귀감이 되지 않겠는가! 짧은 시간도 아끼기를 우禹임금처럼 하고, 오기五紀[15]의 조화를 기주箕疇[16]와 같이 해야 하거늘, 우리 전하께서 새로 '의기'를 제작하신 아름다운 뜻이 오롯이 여기에 있으니 명문銘文으로 후학에게 보여주는 것이 마땅하리라.

명銘하여 이르기를,
하늘에는 삼상三象(해, 달, 별)이 빛나고 땅에는 오곡이 자라는데
주周나라 제도가 오래되니 천상의 추보推步도 드물어졌도다.

성인께서 창조의 지혜로 천기天氣 관측 의기를 제작하시니

12 희화羲和: 『상서尙書』「우서虞書」 요전堯典에 "희씨와 화씨에게 명하여 하늘을 삼가 따르게 하고, 일월성신의 운행을 관찰하여 사람들에게 때를 알리도록 하였다"라고 하였다. 훗날 희화는 천문역관의 직책이 되었는데, 주나라가 망하자 주인疇人(천문 · 역학을 담당하는 관리)의 자제들이 이리저리 흩어져 희화씨의 법수法數가 전해지지 않아 잡술이 뒤섞이고 망령된 작법이 어지러이 생겨났다고 한다. 남병철南秉哲(1817~1863), 「서추보속해후書推步續解後」 참조.

13 삼정三正: 자子[주나라의 세수歲首] · 축丑[은나라의 세수] · 인寅[하나라의 세수]의 정월이다. 즉 자 · 축 · 인으로 정삭을 삼는 것으로, 역曆은 정월을 시초로 하므로 정正이라고 한다.

14 하夏나라의 계啓가 "유호씨가 오행五行을 능멸하고 삼정三正을 태만히 한다"는 구실로 하늘을 대신하여 벌을 내린다며 군사를 일으켜 불복하는 유호씨를 죽였다고 한다. 『상서尙書』「하서夏書」 감서甘誓 참조.

15 오기五紀: 세歲 · 월月 · 일日 · 성신星辰 · 역수曆數를 통틀어 이르는 말.

16 기주箕疇: 기자箕子의 홍범구주洪範九疇. 우禹가 정한 오행五行 · 오사五事 · 팔정八政 · 오기五紀 · 황극皇極 · 삼덕三德 · 계의稽疑 · 서징庶徵과 오복五福 · 육극六極의 아홉 가지 정치 도덕의 원칙. 『상서尙書』「홍범洪範」 참조.

별자리의 거리가 어긋나지 않으면 정치경영에도 실책이 없도다.
360하고 6일은 1년이오, 한 달은 30일이며,
하루는 12시이고, 시분時分은 100각이라네.
일기一氣[17]가 유행하니, 이단履端[18]이 바로잡혔도다.
하늘은 높고 별들은 아득하지만 이것으로 그 원리를 구하니,[19]
칠요는 바른 궤도를 돌고 오성은 정해진 도수를 따르리로다.
멀리 해를 보면 천리天理와 기상氣象은 서로 말미암으니
사람은 하늘을 떠날 수 없고 하늘은 사람을 멀리하지 않도다.
하늘을 일컬어 아득하다 하지만 아래에는 관측기구가 즐비하니
사람을 일컬어 미미하다 하지만 위로는 천도를 살필 수 있도다.
사람은 하늘을 의지하고 하늘에는 운행하는 길이 있으니
길이 있는 곳엔 천상天象이 있고 의기儀器가 있다네.
감추어진 천체에 정력을 쏟는 것을 이 말세에 누가 알랴마는,
세종께서는 선천적으로 이 의기를 완성하셨도다.
요임금의 역상曆象을 본받고 순임금 기형을 뒤따라
우리 전하께서 때에 부응하여 의기[정시의定時儀]가 새로워졌네.
그 새로이 완성한 것은 기필코 성신을 기다린 것이니
천상을 공손히 살펴서 신중히 시절을 알리게 되었도다.
천세에 이르러도 이 하나의 의기로 능히 정할 수 있네.
오래된 나라 천명도 새롭게 새 의기와 더불어 영원하리라.

(『漁村沈先生文集九어촌선생문집9』)[20]

---

17 천지의 근원인 태극太極을 말함.

18 이단履端은 음력 1월을 달리 부르는 말. 이履는 밟는다는 뜻이며 단端은 처음이라는 뜻으로, 새해가 처음 시작되는 정월이 되었음을 뜻한다. 이원履元, 원월元月, 정월正月, 인월寅月이라고도 한다.(국립민속박물관, 2005. 『한국세시풍속사전』)

19 드높은 …… 까닭이니: 『맹자孟子』「이루하離婁下」에 "하늘은 높고 별은 아득한데, 진실로 그것의 운행 원리를 파악한다면 천년 후의 동지에 이르더라도 앉아서 계산할 수 있으리라(天之高也, 星辰之遠也, 苟求其故, 千歲之日至, 可坐而致也천지고야, 성진지원야, 구구기고, 천세지일지, 가좌이치야)"고 하였다.

20 정시의명은 최근 심언광의 사상과 문학을 재조명하는 사업을 추진하고 있는 강릉문화원에서 『국역어촌집國譯 漁村集』 9권 문文 · 가歌 · 부賦 · 송頌 · 명銘 · 기記 · 서序 · 논論 가운데 명 541- 545쪽 보루각 정시의명報漏閣定時儀銘 병서并序. 교지를 받들어 찬하다[봉 교찬奉 敎撰]이란 제목으로 국역되었다.

앞의 글에서 심언광은 일성정시의를 세종 대의 규범에 따라 제작하였다고 한 것으로 보아 신보루각도 세종 대 금루-일성정시의 제도를 충실하게 계승하였음을 알 수 있다. 「보루각정시의명」은 『중종실록』에 등재되었어야 마땅하겠지만 당시 정국의 혼란으로 심언광이 삭탈관작 처분을 받게 되어 조정에서 물러남으로써 실리지 못한 것으로 추정된다. 그나마 수습되어 문집에나마 실려 전하게 된 것은 매우 다행스러운 일이다.

자헌대부 이조판서 겸 경연의금부지사 홍문관대제학 예문관대제학 춘추관 성균관지사 세자좌빈객오위도총부도총관 심언광은 사후 145년 만인 1687년(숙종 13년)에 관작이 회복되어, 1761년(영조 37년)에 문공文恭이라는 시호를 받았다.(그림 5-2B 참조) 심언광과 더불어 당대의 문필로 명성을 얻었던 소세양과 정사룡의 신보루각 기명이 더해졌다면 그들의 탁월한 글솜씨로 엮은 신보루각의 규모를 볼 수 없는 아쉬움은 남아 있다. 명문은 세종 대에 간의대 의표창제 사업의 성과를 김돈과 김조가 기록한 「간의대기」, 「보루각기」, 「흠경각기」, 「앙부일구명」 등과 더불어 조선 초기 역상수시와 관련된 과학기술사상을 충실하게 계승하고 있음을 드러낸 것이다. 이 정시명은 저자가 역주하여 보루각 자격루 복원·설계에 포함하였으며, 또한 저서에서 소개한 바 있다.(남문현, 1998: 문화재관리국; 남문현, 2002: 139; 남문현, 2016A: 175)

그림 5-3A는 『동궐도東闕圖』[21]에 나타난 창경궁 보루각 옛터와 정시의대 위치이다. 옛터에는 주춧돌만 남아 있으며, 이것은 1616년(광해군 8년)에 개수한 보루각이 1828년(순조 28년)에 무너지면서 남은 것이다. 이 터 중앙에는 석대를 축조하고 "금루각기禁漏閣基"라고 표시하였다. 주춧돌의 배치로 보아 가로 5칸, 세로 4칸의 전각이었음을 알 수 있다. 그 오른쪽에 보인 "ㄱ"자 건물은 신축한 누국이다. 중앙에 금루를 안치한 누수간漏水間을 배치하고, 위쪽에 금루관이 근무하는 사무실[금루관직소禁漏官直所]와 금루서원이 머무는 방[금루서원방禁漏書員房]을 배치하였다. 보루각 문 앞에 금루정이 있어 금루에 급수하였다. 동궁 동쪽에는 앞서 소개한 정시의대를 축조하고 그 꼭대기에다 남쪽을 향하여 정시의를 안치하였다. 동궁과 마주한 동룡문銅龍門 근처에는 전루소를 설치하고 보루각에서 발신한 보시 신호를 받아서 동수구 전루소로 전달하였다.

21 『동궐도東闕圖』는 1824년부터 1828년 연경당演慶堂이 건립되기 직전 1830년 사이에 도화서 화원이 그린 창경궁과 창덕궁도이다. 국보 제249호로 지정되었으며, 한 부가 고려대학교 박물관에 소장되어 있다.

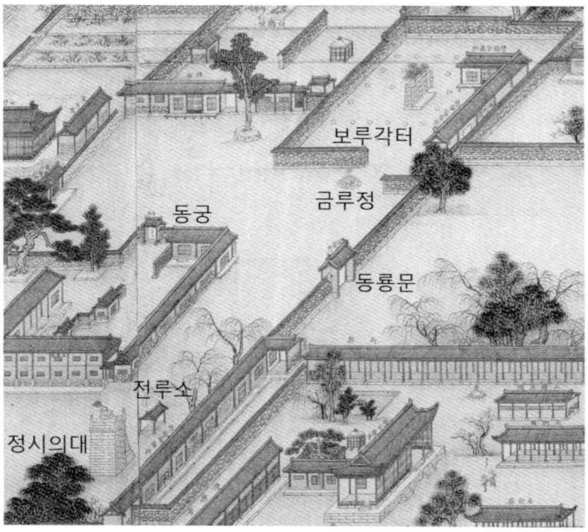

A

B

그림 5-3.

A. 창경궁 보루각 정시의대로 추정되는 석대와 정시의(남측면도) (출처: 『동궐도』 7첩 6면) **B.** (상) 정시의 받침돌, (하) 창경궁 관천대 유물(보물 제851호)

그림 5-3B의 하단은 정시의대(일영대) 유물이며, 상단은 대 위에 정시의를 안치하기 위해 설치한 받침돌[부석趺石]이다. 이 받침돌의 사방에는 정시의 받침대 다리[부趺]를 안치하는 구멍이 파여 있다. 적어도 260년이라는 오랜 세월 동안 풍상에 씻긴 자국이다. 가운데 뚫린 구멍의 용도는 미상이다.

1788년(정조 12년)에 정시의대에 올라 정시의를 조사한 황윤석黃胤錫(1729~1791)은 이 대를 "일영대", 정시의를 "측영기[측영기測景器=測影器]라고 그의 일기에 남겼다.(黃胤錫, 『頤齋亂藁』 卷二十六, 戊戌 七月 丁未) 정시의대는 현재 보물 851호 창경궁 관천대觀天臺로 지정하여 보호하고 있는데, 관천대 안내문에는 그 위에 소간의를 설치하여 천체를 관측하였다고 적혀 있다. 정연식(2010)은 이것을 인용하여 보물 제851호 창경궁 관천대가 정시의를 올려놓았던 석대[일영대日影臺]라고 지적한 바 있다.(정연식, 2010: 265) 이에 대하여는 이 장의 후반부에서 다시 고찰할 것이다.

5.2.3. 계시기 교정

관상감에서 종묘 남쪽 거리에 설치한 앙부일구를 신보루각 금루, 그리고 [광화방廣化坊] 외관상감 해시계[일영日影]과 교정하여 큰 차이가 없음을 확인하였다. 그러나 세월이 오래 지나 국초에 추보한 중성을 측후하여 차이가 생긴 별들을 바로잡아야 한다고 관상감이 건의하였다. 또한 교외 능원 제사에 사용하는 행루의 시간 측정오차가 심하여 우선 시각눈금을 새긴 잣대와 이것을 꽂아 띄우는 동판으로 만든 거북 모양 부표[동부구銅浮龜]만 개조하기로 하였다. 아울러 신구 보루각 금루 수수호[대루大漏]에 띄우는 잣대와 부표가 깨지려고 하여 개조하였다.(명종/10/5/6/24/丁巳) 동판에 납땜을 하여 만든 부표가 오랫동안 물속에 잠겨 있어 부식되었기 때문이다.

5.2.4. 보시체제

1) 창경 · 창덕궁 전루소

창경궁 금루는 1536년(중종 31년) 6월부터 인정 · 파루와 경점시각을 발신하였다. 이에 따라 시보체계도 변경되었으며, 보루각에서 돈화문에 이르는 곳곳에 시보를 중계하는 전루소를 두었다. 태종 대에 창덕궁과 창경궁을 건축하면서 궁궐 안의 시보를 위해 전루소와 경수소警守所를 설치하였다.(연산군일기/50/9/6/10/乙巳 등) 1536년 이전에는 종루의 시보음을 돈화문에서 듣고 건양문으로 전달하고 곳곳에 설치한 전루소도 이에 따랐던 것으로 보인다. 경수소는 궁성 내외를 순찰하는 순라제도의 신설과 관련되어 설치하였다.

전루소는 창경궁 보루각과 가까운 동룡문(그림 5-3A 참조)에서 동수구, 어정, 경화문, 광정문, 창덕궁 인정문, 진선문, 마군영, 돈화문, 경추문, 북수각, 영숙문 등 12개 처이며, 매소마다 군사[전루군傳漏軍] 2명씩 배치하였다. 주로 창경궁과 창덕궁 남쪽 담장을 따라 별감, 금위군이 머무는 직소 근방에 설치하였다. 대궐 밖에는 6개소를 두었다.(『東國輿地備攷』 卷2:16; 『備考篇 東國輿地備考』 卷1 京都, 昌慶宮, 報漏閣) 그림 5-3A에서 보듯이 전루소는 단층 경수 시설로서 그 안에는 북과 징을 걸어놓고 두 명의 군사가 숙직하였다. 1618년부터는 보루각에서 발신하는 시보를 돈화문-종각으로 전달하였다.

2) 정릉사와 흥천사 동종의 유전

앞서 소개한 바와 같이 보루각 도제조 김안로는 도성 밖 거주자를 위해 도성 밖까지 시보 구역을 확장하려는 계획을 세웠다. 경복궁 보루각의 시보는 종루를 거쳐 숭례문(남대문)에 이르게 하고, 창경궁의 것은 흥인지문(동대문)에 이르게 하여 도성 안팎의 백성들이 모두 들을 수 있도록 하는 시보체계를 변경하는 일에 착수하여 두 대문 안에 종각을 건축하기로 하였다.(중종/81/31/4/9/癸巳; 중종/82/31/7/14/丁卯) 이에 따라 새로이 종을 주조하지 않고, 도성 안에 폐사로 방치한 정릉사(貞陵寺: 興天寺흥천사)와 원각사의 큰 종을 각각 흥인지문과 숭례문으로 옮겨 달도록 하였다.

흥천사종은 태조의 계비인 신덕왕후神德王后(康氏강씨, 1356~1398)의 명복을 빌기 위해 정릉사를 건축할 때 주조하여 걸은 것인데, 1425년(세종 7년)에 남대문에 옮겨 달았다.(세종/28/7/4/19/戊午) 그 뒤에 1468년(세조 14년) 효령대군孝寧大君(1396~1486) 등 왕실의 발원으로 각 분야의 관장官匠이 참여하여 종을 주조하여 흥천사에 걸었다. 그러나 흥천사가 1504년(연산군/56/10/12/9/乙丑)과 1510년의 화재로 폐사되어 민가가 들어섰어도 종은 그 자리에 남아 있었다.(중종/10/5/3/28/癸未)

또한 원각사종은 원래 1464년 흥복사興福寺 터에 원각사를 세우고 그해 6월 16일에 전국에서 구리 5만 근을 수집하도록 하여 다음 해 1월 16일에 주조가 끝났다.(세조/33/10/6/16/戊戌; 세조/35/11/1/16/甲子) 그러나 원각사가 방화로 불에 타고 종은 그대로 방치되었다.

김안로의 계획대로 이것들을 흥인지문과 숭례문 안으로 각각 이전하고 종각을 지어 걸고 시보용으로 활용하려고 시험하였다. 그러나 종루, 흥인지문, 숭례문에서 동시에 시보 종을 울리자 혼란이 생겨 다시 종루종만 울리고 두 개 종은 울리지 않고 종각은 헐어버리고 그대로 방치하였다.(중종/95/31/6/1/丙辰) 그러다가 남대문 종은 군자감에, 동대문 종은 훈련원에 옮겨 놓으려고 하였으나 시행하지 않아 그대로 방치되었다. 원각사종은 임진왜란 이후 종각의 인정종(人定鍾: 인정은 인경人定, 인경종人磬鍾이라도 불렀다.)으로, 흥천사종은 경복궁 중건 후에 광화문 문루로 이설하였다.

5.3. 임진왜란과 신구 보루각

5.3.1. 창경궁 금루 궁궐 밖으로

> "밤에 호위 군사가 달아나고 궁문에는 자물쇠가 채워지지 않고, 금루도 경점을 전달하지 않았다."
> (선조/26/25/4/29/戊午)

앞의 기사는 1592년(선조 25년) 4월 29일 실록의 머리기사이다. 임진왜란이 발발하여 왜군이 도성을 유린하기 며칠 전의 상황을 한마디로 표현한 사관의 기록이다. 혼란 중에 임금과 세자는 북쪽으로 몽진하게 되었고, 궁성 내외는 아비규환 그 자체였다. 왜군이 한양에 도달하기도 전에 조정의 모든 기능이 정지되어 위급을 알리는 광화문 문루의 첩종은 울려 보지도 못했으며, 경복궁, 창덕궁을 비롯한 장안의 중요 건물과 시설, 운종가 종루도 불길에 휩싸였다. 인정 · 파루를 알리던 종루의 대종은 불길에 녹아 바닥에 처박혀 버렸다. 궁성 문도 열린 채로, 금루도 운행을 멈춘 채, 시보와 비상경보도 한번 발령하지 못한 조정의 앞날은 원시의 혼돈 바로 그것이었다. 사관은 후손에게 이렇게 금루가 주동이 되는 보시의 중대성을 앞의 한마디 말로 경고하였음이 분명하다.

구보루각이 소실되고, 신보루각도 파괴되었지만 다행히 금루는 일부만 손상되었다. 1594년(선조 27년) 의주 행재소에서 환도한 선조는 월산대군月山大君(婷정, 성종의 형, 1454~1488) 사저(현재의 덕수궁 자리)를 임시거처[시어소時御所]로 정하였다. 수도 치안과 인정 · 파루 복구를 위해 중종 때에 김안로가 숭례문 안으로 옮겨 놓았던 원각사종을 명나라 경리 양호楊鎬(?~1629?)를 시켜 명례동 북고개[종현鍾峴(현재 명동성당 근처)]에 옮겨 걸고 인정 · 파루를 알려 전후의 피폐한 민심을 수습하려고 노력하였다.(『增補文獻備考』 3卷, 儀象2: 18ㄴ) 이 종소리를 들은 장안의 신민은 평화가 다시 온 것에 감격하여 눈물을 흘렸다고 한다.

1598년(선조 31년) 2월에는 관상감을 일부나마 복구하였으며, 1601년에는 관상감제조 이항복李恒福(1556~1618)으로 하여금 의상을 복구하도록 하여 간단한 것들은 이때 대부분 복구하였다. 서운관에 있던 의상은 세종 대왕의 성지聖智로 창제한 것인데, 임진왜란으로 의상과 사각史閣에 보관하였던 의기제작에 대한 기록이 모두 불타 버렸다. 다행히 옛날 이 일에 종사하였던 기술자를 얻어 우선 긴급한 것부터 복구하였다고 한다. 신보루각 금루, 간의, 혼상 같은 것은 후세에 법식이 되게 만들었는데, 규표, 혼의, 앙부일구와 일성정시의 등은 만들지 못하였다. 이런 일을 계속한 것은 세종 대왕의 하늘을 본받고 때에 순응하던 뜻을 밝혀서 우리 주상이 선대왕의 위업을 계승하려는 노력을 크게 천명하려 함에 있다고 하였다.(『增補文獻備考』 卷3 象緯考 3, 儀象 2) 세종 대왕의 역상수시 규범을 복구하여 국가의 위기를 극복하고 왕조의 정체성을 회복하기 위한 조치였다.

1602년(선조 35년)에는 창경궁 금루를 행궁 근처 여염집에 이설하고, 누국을 설치하여 물시계를 교정하고 인정 · 파루를 보시한다고 하였지만 자주 틀려 관리에 만전을 기해 때맞춰 종을 울리도록 하라고 임금이 관상감에 분부하였다.(선조/154/35/9/15/甲戌) 혼란 중에 대형 누기를 일반 가옥으로 옮겨 놓았으니 제대로 된 계시가 어려웠을 것이다. 정시의대는 옮기지 못한 것으로 보인다. 다음 해 정월에는 이것을 시정하기 위해 제대로 건물을 지으려고 하였으나 워낙 벌려 놓은 공사가 많아 후일로 미루기로 하였다.(선조/159/36/2/7/甲午) 이렇게 지내기를 10여 년이 지나서 1613년(광해 5년)에 궐내에 각루를 설치하자고 관상감이 상주하였다. 이때 황화방에 누국을 차렸던 동네를 그 후부터 누국동漏局洞이라 부르게 되었다. 시계와 관련된 지명이 붙여진 곳은 세종 때에 앙부일구를 설치하였던 혜정교惠政橋(지금의 서린동 근처) 일대의 일영대계日影臺契가 있었고, 다음이 바로 이 누국동이다.

5.3.2. 창경궁 보루각 개수

선조를 이어 즉위한 광해군은 1609년(광해 1년) 10월부터 창덕궁 개수 공사를 시작하여 행궁에서 창덕궁으로 조정을 이전하였다. 1613년(광해군 5년) 8월에 관상감이 시보와 관련하여 그간의 형편을 임금에게 아래와 같이 아뢰고 보루각을 개수해야 한다고 건의하였다.

> 관상감이 아뢰기를,
>
> "시각을 알려주는 일은 하루도 폐기할 수 없는 일입니다. 주상의 임시 거처가 좁은 관계로 궐내의 각사도 오히려 일일이 배설할 수 없었기 때문에, 이른바 보루각을 우선 궐문 밖 여염집에 대략 모양을 갖추어 놓고서 겨우 일을 행해 왔습니다. 지금은 배설해 놓은 선반[간가間架]가 세월이 오래 흐름에 따라 기울고 무너져 내려 동서로 버텨 놓았는데, 저수조[파수호播水壺]에서 주입하는 물을 받는 항아리[수수호受水壺], 구슬이 통행하는 통로[영로鈴路]의 기구機構들이 기울어져 서로 지장을 주고 있습니다. 운용하는 제도가 형편없으니 시각에 맞도록 수선해야 합니다. 재료는 호조에서 이미 지급했는데, 부려야 하는 역군은 병조에서 지급하지 않고 있습니다. 겨울이 나날이

다가오므로 지극히 염려됩니다. 기운 곳을 일으키고 인하여 수리하는 공사가 처음에는 대단한 공사가 아닙니다만, 지금 만약 수리하지 않는다면 시각을 갈려주는 제도가 장차 영원히 폐지될 지경에 이르렀습니다. 해당부처로 하여금 일의 완급을 살펴 역군을 헤아려 정하도록 하여, 즉시 수선하게 하는 것이 어떻겠습니까?" 하니, 윤허한다고 전교하였다. (광해/69/5/8/26/辛亥)

앞서 건의에 따라서 보루각도감을 설치하여 창경궁 신보루각을 개축하고 아울러 금루를 수리하는 공사에 착수하였다. 공사 진행과정은 1616년(광해군 8년) 5월 4일 『광해군일기(중초본)』에 상세히 기록되어 있다. 보루각 개수에 앞서 창덕궁에 흠경각을 영건하면서 흠경각도감을 설치하고 공사를 진척하였는데, 이 공사는 1614년(광해군 6년)에 준공되었다. 공사기록은 『흠경각영건의궤欽敬閣營建儀軌』로 만들어 보관하였다. 흠경각에 이어 보루각도감을 설치하고 시강원[춘방春坊] 동쪽에 있는 보루각을 수리하는 공사 진척을 다음과 같이 보고하였다.

보루각도감에서 아뢰기를,

"도감이 필요한 여러 가지 물품을 장인을 불러다 헤아려 보았더니, 들어가는 잡다한 물품이 흠경각도감과 거의 같습니다. 그 가운데에 대파수호는 전에 사용했던 것을 그대로 쓸 수가 있고, 좌우 수수용호 또한 전에 쓰다가 파손된 것을 보수하여 쓸 수가 있습니다. 중소 파수호와 폐수호[삼수호三水壺], 큰 종, 대환, [방목] 좌우에 수납하는 소환을 만들 주철, 쇠가죽, 쇠붙이, 석탄과 석재 등 물품들은 각도에 지시하여 조달하거나 해당 관사에 공문을 보내서 가져다 사용해야 하겠습니다. 다만 받침돌의 축조에는 반드시 잔돌을 사용해야 하기 때문에 공역이 매우 큰데, 석공들이 지금 선수도감에서 일을 하고 있고, 그쪽 일이 매우 급하다고 하니 조금 기다렸다가 이달 그믐께쯤 일이 한가해지거든 몇 명 데려다가 일을 시작해도 늦지 않을 것입니다. 보루각을 수리하고 단장할 재목은 적어도 아람드리 재목[대부등大不等]이 200여 개는 있어야 된다고 합니다. 섬에서 베어 오려고 하니 본도의 물력이 달릴 뿐만 아니라 한 그루를 베어 오는 데에도 비용과 공력이 적지 않게 드는데, 200그루를 상납하는 일은 달이나 날로 기약을 할 수가 없습니다. 호남의 완도 등의 쓸 만한 재목은 선수도감에서 거의 다 베어 왔고, 또한 군사용 배를 만드는 재목을 생산하는 지역이니 한 그루도 남김없이 모두 베어 오는 것은 곤란합니다. 황해도는 합당한 큰 재목이 이전부터 전혀 없고 나무의 품질도 매우 좋지 않습니다. 할 수 없이 충청도[공홍도公洪道]의 안면도에서 낱개로 가려서 베어 와야 하는데, 그렇게 하면 구할 수 있을 것이라고 합니다. 도감의 낭청을 속히 내려보내어 수군절도사[수사水使]와 함께 의논하여 편의에 따라 베어 오게 하되, 싣고 올 배는 도내 병선 가운데 완전하고 견고한 것을 몇 척 가려서 장마철이 되기 전에 올려보낼 일로 수사에게 명하는 것이 마땅하겠습니다. 또한 강철强鐵과 2년목二年木 등의 물품은 지난번 흠경각을 수리할 때의 전례대로 공문을 보내어 상의원[상방尙方]에 있는 물건들을 가져다가 사용해야 하겠습니다. 이런 뜻을 감히 아룁니다." 하니, 전교하기를, "아뢴 대로 하라. 아람드리 재목 200여 개는 지나치게 많은 것이 아닌가. 우리나라는 일을 할 때에 으레 지나치게 하는 폐단이 많다. 앞으로도 법궁法宮을 중건할 일이 있을 터이니, 궁궐에 쓸 만한 나무는 절대로 베지 못하게 하고, 실제로 들어갈 숫자를 다시 충분히 상세하게 의논하여 베어 오도록 하라" 하였다. (광해/103/8/5/4/癸酉)

앞의 글은 보루각 수리와 관련하여 물시계 수리, 자격장치 제작, 아람드리 재목 200여 개를 벌목하여 공사장까지 운반하는 방법을 기록한 것이다. 보루각도 흠경각 정도의 규모였던 것 같다. 중종 때에 박세룡이 만든 보루각루를 수리하고 없어진 부품은 새로 보충하였다. 앞서 그림 5-3A에서 보인 보루각터의 주춧돌의 개수로 가로 5칸, 세로 4칸의 대형 건물이었음을 알 수 있다. 공사내역은 1618년에 『보루각수개의궤報漏閣修改儀軌』로 제작하여 규장각에 보관하였다.[1857년 강화에 있는 외규장각에 이전하였으나(『외규장각형지안外奎章閣形止案』, 규장각 도서 奎9165 참조) 1866년 병인양요 때에 소실되었다.] 이렇게 개수한 보루각은 1618년경부터 1867년(고종 4년) 중건된 경복궁으로 이전되기까지 250년간 창경궁에서 표준시계로 한양의 지방시를 발신하였다.

5.3.3. 종묘서와 경희궁 누국

1) 종묘와 능묘 제사

유교국가의 의례에서 가장 중요한 것 가운데 하나가 시각을 지키는 것이다. 대부분의 의례는 길한 날짜와 시를 택하여 치른다. 이와 같은 조건을 맞추려면 해시계든 물시계든 계시기가 필요하다. 특히 역대 임금과 왕비를 모신 능원의 정자각丁字閣과 역대 임금의 위패와 업적과 관련된 자료를 보관한 사당인 종묘를 수호하기 위해 설치한 관서가 종묘서宗廟署이다. 종묘 제례는 왕실 제사 가운데 가장 규모가 크고 중요하여 엄격한 유교식 의례 절차에 따라 진행되었다. 이러한 절차는 철저하게 시각에 맞춰 진행하였다. 이를 위해 정전正殿 담장 밖 남쪽에는 시각을 관리하는 누국청漏局廳 2칸을 두었으며, 그 앞에는 작은 못이 있다. 누국청에는 물시계를 두어 제향 진행시각을 알렸으며, 아마도 보루각 금루관이 시각을 알려주는 일을 했을 것이다. 종묘 제사는 정시제定時祭와 임시제臨時祭가 있는데, 정시제는 춘하추동 사계절과 납일臘日(동지 뒤의 셋째 未日미일)에 지냈다. 또한 영녕전永寧殿에서는 정시제를 춘 정월, 추 7월의 상순 2회만 지냈다. 또한 국가에 흉사나 길사가 있을 때마다 임시제인 고유제告由祭를 올렸다.

능원에는 누국청을 두지 않고 때마다 금루관이 행루나 자명종을 휴대하고 가서 제례 시각을 알려주었다. 따라서 누국청은 제향이 진행되는 동안에만 누기를 작동시켰을 것이므로, 능원 제사에 금루관이 행루를 휴대하고 가서 시각을 알렸듯이 여기서도 같은 방식으로 진행했을 것이다. 다만, 누국 앞에 작은 연못이 있는 것으로 미뤄보아 소규모 누각을 설치하고 제향 때마다 금루관이 왔을 것이다. 누국은 국초부터 두었을 것으로 추정된다. 그림 5-4A는 『종묘의궤宗廟儀軌』에 실린 「종묘전도宗廟全圖」 속의 2칸 규모의 누국을 보여준다. 능묘 제사에 금루관이 누기를 휴대하고 계시하는 관례는 임진왜란 이후에 제작한 의궤 속에서 사례를 찾을 수 있다.

그 밖에 태조의 어진을 봉안한 경주 집경전集慶殿에도 누각과 일영을 제조하여 내려보내어서 제향에 시각을 알도록 하였다. 평양부, 함흥부에는 장루서掌漏署를 두고 관리는 토관土官으로 5품관을 봉했다. 전주, 영흥, 강화를 비롯하여 수원 화성, 함길도와 평안도 도절제사영에도 해시계, 누각, 작은 행루 등 계시기를 보냈다.(남문현, 1995: 70)

2) 능묘 제사용 행루

세종은 곽수경이 황제가 교외에 산재한 능묘 원행園行에 배종하는 용도로 제작한 행루를 원용하여 의표창제 사업에서 행루를 제작하였다.(蘇天爵, 『元朝名臣史略원조명신사략』「太史郭公태사곽공」, 17ㄴ; 「간의대기簡儀臺記」 10ㄱ) 이러한 원행은 조선시대에도 많았으며 제사의 시각을 맞추는 데 행루를 활용하였다. 조선조에서 제작한 상당수 원행 의궤에는 대부분 누각이 들어있는 것으로 보아 행루의 용도가 원나라 때의 원행을 본받은 것으로 보인다. 몇 가지 보기를 들면 다음과 같다.

(1) 『莊陵[22]修改都監儀軌장릉수개도감의궤』에서: ……相地官一書吏三莎土匠三奏時使令一所騎馬漏器載持馬及文書載상지관일 서리삼 사토장삼 주시사령일 소기마누기재지마급문서재…… [해설] 주시 사령 1 기마 누기(물시계)를 말에 싣고……

(2) 『宣祖妃仁穆后國葬都監儀軌선조비인목후 국장도감의궤』에서: ……外傳漏軍士十二名發

22 조선 단종의 영월 장릉.(사적 196호)

引時奏時官所騎馬二疋 漏器載持馬一疋외전루군사십이명 발인시주시관소기마이필 누기재지마 일필…… [해설] 전루군사 12명 발인 시 주시관이 탈 말 두 필, 누기를 실을 말 1필……

(3) 『孝宗寧陵遷陵都監殯殿所儀軌효종영릉 천릉도감빈전소의궤』에서: ……雜物載持馬一匹 舊陵奏時官二員各騎馬一匹漏器載持馬二匹隨駕奏잡물재지마일필 구릉주시관이원 각기마일필 누기재지마이필 수가주…… [해설] 구릉 주시관 2원 각 기마 1필 누기를 실을 말 두 필……

(4) 『純祖仁陵山陵都監儀軌순조인릉 산릉도감의궤』에서: 觀象監官禁漏官領漏器及自鳴鍾前一日관상감관금루관령누기급자명종전일일. [해설] 관상감관 금루관 누기 및 자명종을 담당한다.

앞서 예시한 의궤는 임진왜란 이후에 나타난 기록으로서 전쟁 전에도 작성된 의궤가 소실됨에 따라 확실하게 알 수는 없지만, 선조 대 왕실 장례의례 (2)번에 나타난 것과 같았을 것으로 추정된다. 이후의 누기는 행루로 추정되며, 이것을 운영할 주시관 2명이 따랐음을 알 수 있다. 모든 국장 의례에 시를 알릴 주시관[금루관禁漏官]이 행루를 운영하여 시각을 알려 장례가 진행되도록 한 것으로 보인다. 조선 후기로 오면 누기 외에 자명종도 가져가게 된다.[23]

3) 경희궁

지금까지 살펴본 바와 같이 궁궐마다 시각을 알려 줄 보루각을 건설하여 궁궐 내외의 보시 서비스를 수행하였다. 경복궁이나 창경궁의 보루각은 표준시간을 유지하고 시보하기 위한 것이었다. 경희궁은 1617년(광해군 9년)에 건축을 시작하여 1620년(광해군 12년) 완공하여 경덕궁慶德宮이라 이름 지었다. 광해군은 창경궁 보루각을 개수할 때 금루와 일영대도 수리한 관례를 들어 새로 지은 궁궐에도 금루각과 일영대를 건축하였다. 금루에 대하여는 건축 당시 별도로 기록이 없지만, 1831년에 작성된 「서궐도안西闕圖案」에 위치(궁 서쪽 언덕)와 규모가 나타나 있다.(그림 5-4B 참조) 광해군은 이 궁에 들어가지 못하고 폐위되고 인조가 들어갔다. 영조는 1760년(영조 36년)에 경덕이 장릉章陵(인조의 아버지로서 추존된 원종과 그의 비 인헌왕후仁獻王后의 능)의 시호와 같다 하여 경희궁으로 바꾸고 상당한 기간 이 궁에 머물렀다. 이 궁의 금루 관리와 운영도 보루각과 마찬가지로 관상감 각루 부서가 맡았을 것이다.

23 이 자명종은 1723년(경종 3년)에 관상감에서 서양 자명종을 본떠 만든 문신종問辰鍾으로 보인다.(『增補文獻備考』 3卷, 儀象2: 6ㄱ)

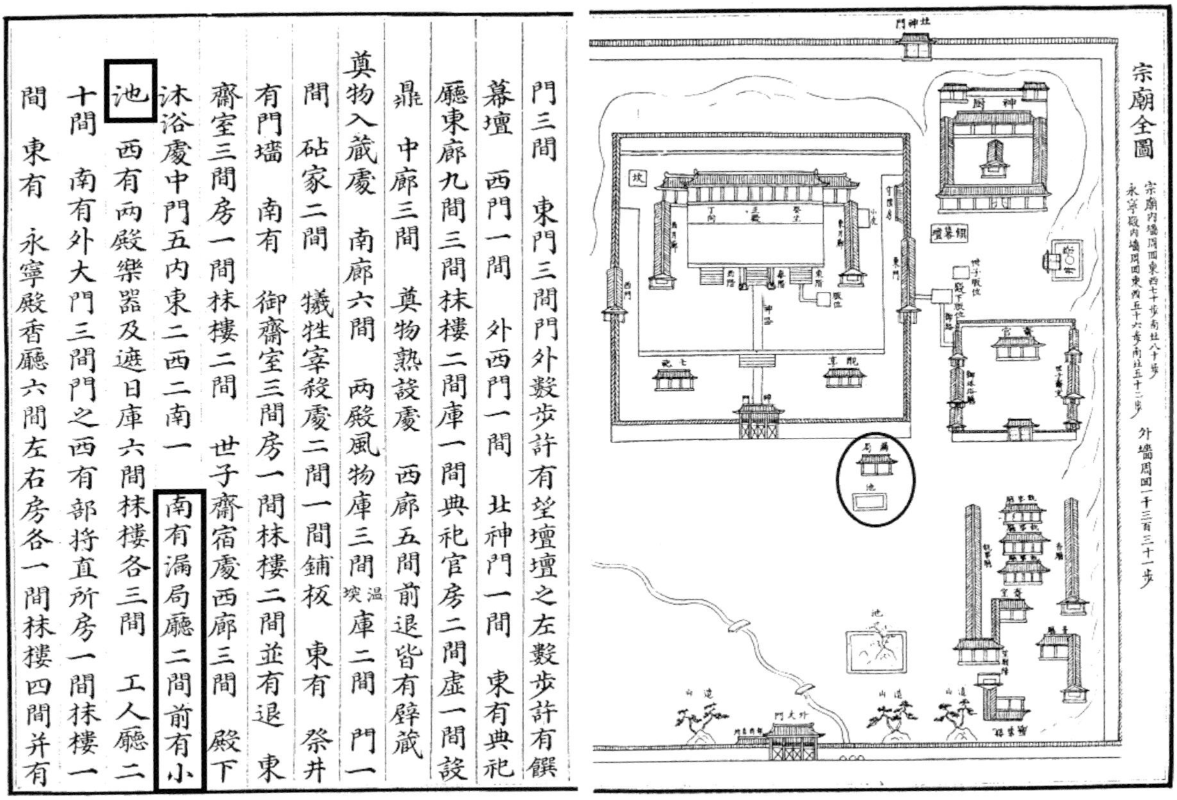
門三間 東門三間門外數步許有瘞壇瘞之左數步許有饌
幕壇 西門一間 外西門一間 北神門一間 東有典祀
廳東廊九間三間抹樓二間庫一間典祀官房二間虛一間設
鼎 中廊三間 奠物熟設處 西廊五間前退皆有辟蔵
奠物入蔵處 南廊六間 兩殿風物庫三間 温堗庫二間 門一
間 砧家二間 犧牲宰殺處二間一間鋪板 東有 祭井
有門墻 南有 御齋室三間房一間抹樓二間並有退 東
齋室三間房一間抹樓二間 世子齋宿處西廊三間 殿下
沐浴處中門五內東二西二南一 南有漏局廳二間前有小
池 西有兩殿樂器及遮日庫六間抹樓各三間 工人廳二
十間 南有外大門三間門之西有部將直所房一間抹樓一
間 東有 永寧殿香廳六間左右房各一間抹樓四間并有

A

B

그림 5-4. 종묘서와 경희궁 누국

A. 중앙의 정전 신문(神門) 밖 남쪽 둥근 원 안에 "漏局"과 "池(연못)"가 보인다. (출처: 『宗廟儀軌』 제1책, 도설, 「종묘전도」 왼쪽 도설 안에 "남쪽에 누국청(漏局廳) 2칸 앞에 작은 연못"이라 적혀 있다. 서울대학교 규장각한국학연구원 소장)

B. 경희궁 서면 언덕 오른쪽에 금루(禁漏), 왼쪽에 일영대(日影臺)가 보인다.(「西闕圖案」(부분) (출처: 고려대학교 박물관 소장)

5.4. 경루법의 변혁

17세기 중반에 중국에서 종래 『대통력大統曆』을 『시헌력時憲曆』으로 개력함에 따라 『칠정산내편』에 바탕을 둔 11전 경루법에 일대 변혁이 일어나게 되었다. 계시법도 종래 12시 100각법에서 12시 96각법으로 바뀌게 되었다. 따라서 새로운 역법에 따라 한양의 중성기를 작성하고 이것에 따라 일출입시각을 새로 추산해야 했다. 이것을 바탕으로 전법을 바꾸어 영조 대에는 24전법, 정조 대에는 37전법이 출현하게 되었다. 이 절에서는 이런 변혁을 몰고 온 중국에서 시헌력법의 출현과 이것을 도입하여 조선에 적합한 『중성기』와 『누주통의』를 편찬하여 경루법이 정착되기까지의 과정을 고찰한다.[이런 성과는 관상감의 천문, 역법, 각루 부서와 관상감을 관장하는 예조, 의기제작을 담당한 공조 등이 협력하여 성취한 것이다. 따라서 이 책의 구성상 5.4절은 제3편 관상감에서 다뤄야 하겠지만 시헌력을 활용하여 편찬한 경루법을 시행하는 부서가 보루각이라는 점을 강조하여 여기에 이어서 소개하기로 한다.]

5.4.1. 시헌력법 출현 — 구법에서 신법으로

금루를 이용한 계시법의 핵심은 야간 경점시각을 정확하게 추산하여 잣대 눈금을 새긴 야전을 제작하여 절기 변화에 따라 교체하는 데 있다. 임진왜란 전후에는 제1장에서 소개한 『누주통의』 11전법에 따라 시간을 측정하였다. 17세기 중반에 들어와서 『누주통의』에 따르던 시간측정법에 큰 변화가 생겼다. 중국이 종래 사용하던 『대통력』에서 『시헌력』으로 개력하고, 이에 따라 서양식 태양력법이 가미된 역법이 도입되어 시각법이 12시 100각법에서 12시 96각법으로 전환되었다. 『누주통의』도 신법에 따라 바뀌면서 영조 대의 구본 누주통의를 거쳐 정조 대에는 『신법누주통의』로 정착되었다. 이 절에서는 『신법누주통의』에 따른 새로운 시간측정법이 자리 잡기까지 중국에서 『시헌력』의 출현과 조선으로의 유입과정을 고찰한다.

1) 중국의 『대통력』 개력과 『시헌력』 반포

『수시력』을 교정하여 『칠정산내편』을 편찬함으로써 유사 이래 처음으로 우리 풍토에 적합한 역서를 제작하여 사용하였다는 것은 이미 제1장에서 고찰하였다. 그러나 책봉국으로서 표면상으로는 명 황제가 만든 역서에 따라야 했기에 매년 새로운 역서를 받아 오기 위해 동지사冬至使를 연경에 보내고, 이를 통해 조선과 중국 간의 과학기술 문화의 교류가 이루어졌다. 이러한 관계는 『대통력』이 통용된 17세기 중엽까지는 온전하게 지속되어 왔다. 그러나 17세기 초 명나라에는 유럽 예수회 선교사가 들어와서 중세 서양과학기술을 보급하여 중국의 전통 천문학, 수학, 지리학 등에 일대 변혁이 일어나게 되었다.

『수시력』을 계승한 『대통력』이 시간이 흐를수록 일식과 월식 예보에 오류가 누적되자 이미 성화成化년간(1465~1487)부터 역법개정을 주장하는 건의가 있었는데, 서광계徐光啟(1562~1633)가 한림원 검토로 재직하고 있던 만력제萬曆帝(재위 1572~1620) 말기에는 이러한 현상이 더욱 가속되었다. 이에 숭정제崇禎帝(명 마지막 황제 毅宗의종, 재위 1627~1644)는 1629년(숭정 2년)에 앞서 건의를 받아들여 서광계를 감독으로 역국曆局을 개설하여 서양 역법서를 번역하고 역법개정에 착수하였다. 이 사업에 참여했던 중국인으로는 이지조李之藻(1563~1659), 이천경李天經(1579~1659) 등이고, 선교사로는 롱고바르디N. Longobardi(중국 이름 龍華民, 1559~1654), 판토하Diego de Pantoja(龐迪我방적아, 1571~1618), 우르시스Sabathin de Ursis(熊三拔웅삼발, 1575~1620), 디아스Emmanuel Dias(陽瑪諾양마락, 1574~1659), 테렌츠Johannes Terrenz(鄧玉函등옥함, 1576~1630), 아담 샬J. Adam Schall von Bell(湯若望탕약망, 1591~1666), 로Giacomo Rho(羅雅谷나아곡, 1592~1638) 등이었다. 당시 예부상서 겸 한림원학사 서광계는 1631년(崇禎 4년) 1월 28일 황제에게 첫 번째 『역서총목표曆書總目表』를 올렸다. 서광계는 임종을 앞두고 이천경을 후계자로 추천하여 1635년(崇禎 8년) 1월 역서 30권을 받쳤는데, 이전 것까지 합쳐 모두 46종 137권이었다. 이것이 『숭정역서崇禎曆書』, 일명 『서양역서西洋曆書』이다.(徐光啟, 2010: 27) 1643년(崇禎 16년) 일식을 정확하게 예측하자 숭정제는 그동안 사용한 『대통력』을 폐지하고 서양 역법을 채용하기로 결정했지만 명조 멸망으로 시행하지는 못했다. 명조 멸망으로 아담 샬은 서양 역법을 『대통력』 체제를 바탕으로 하여 편역한 『숭정역서』를 약간 손질하여 『서양신법역서西洋新法曆書』를 편찬하였다. 이를 바탕으로 제작한 『시헌

그림 5-5. 『서양신법역서』(출처: 서울대학교 규장각한국학연구원 古書 奎 중 3418)
왼쪽 페이지에 편찬에 참여한 徐光啟를 비롯하여 湯若望, 羅雅谷과 문인의 이름이 보인다.

력』은 청조가 들어선 직후 순치제順治帝(재위 1643~1661)가 1645년(순치 2년)에 반포하였다. 그림 5-5는 당시에 도입한『서양신법역서』의 표제이다. 아담 샬이 사망한 후에 보수파 양광선楊光先(1597~1669)의 반대로 잠시『대통력』과『회회력』으로 돌아갔다가 강희제康熙帝(재위 1662~1722)의 신임을 받은 페르비스트Ferdinand Verbiest(南懷仁남회인, 1623~1688)의 활약으로 다시『시헌력』을 쓰게 되었다. 이것이 이른바 강희옥사康熙獄事이다. 이후 청조가 멸망하는 1911년까지 266년간 사용하였다.

2) 조선의『시헌력』도입

(1)『대통력』과『시헌력』병용

17세기 조선과 중국 간 과학기술 교류는 1차적으로 역법개정에 따른 문제해결과 이에 부수되는 천문, 지리, 수학, 기술 관련 지식의 습득을 위한 활동에 초점이 맞춰져 이루어졌다. 17세기 초에는 문관 출신의 연행사신이 서양 과학지식의 교류에 참여하였다. 그러나 사안의 전문성이 고려되어 17세기 후반부터는 관상감 역관을 연행사에 합류시켜 주로 흠천감 관리들을 상대로 연수를 하는 한편, 선교사들과도 교류를 가졌다. 이와 같이 17세기 이래 조 · 중 간 과학기술 교류는 양국의 천문 · 역법과 지리를 관장하는 관상감과 흠천감 간의 교류가 주축을 이루었다.(이수웅 · 陳久金 · 남문현, 2001: 231) 이것은 15세기 초에 세종이『수시력』과『회회력』을 교정하여『칠정산내편』과『칠정산외편』을 편찬한 과정과 대비된다. 이러한 과정에서『칠정산내편』을 바탕으로 만든『누주통의』대신에『서양신법역서』를 바탕으로 한 구본『누주통의』와『신법누주통의』가 출현하여 시제도 12시 100각법에서 12시 96각법으로 전환되었다.

앞서 소개한 바와 같이 청조는『숭정역서』를 개수하여『서양신법역서』를 편찬하고 이것을 토대로『시헌력』을 제작하여 1645년에 반포하였다. 다음 해 6월 조선에서는 연행사신 한흥일韓興一(1587~1651)이 연경에서『시헌서時憲書』,『신력효혹新曆曉惑』,『칠정력비례七政曆比例』등을 구입하였다. 한흥일은 귀국한 뒤 인조에게 관상수시는 제왕의 임무 가운데서도 으뜸이고 원대에 곽수경이 만든『수시력』은 400여 년이 지나 천도의 운행과 맞지 않으니, 아담 샬이 만든『시헌역서』로 곧바로 개력해야 할 당위성을 건의하였다.(인조/46/23/6/3/甲寅) 이에 인조는 관상감으로 하여금 책의 근거 및 그 법을 연구하게 하였다. 관상감 제조 김육金堉(1580~1658)은『시헌력』사용에 대비하여 연구한 끝에 시각제도와 절기 안배에 있어 당시 통용되고 있던『대통력』과 중대한 차이가 있다는 것을 발견하고 개력을 지지하였다. 이에 따라서 관상감의 일관을 연경에 보내 계산하는 방법을 배워 올 필요성을 강조하였다. 이른바 "역을 제작하는 실마리[작력누자作曆縷子]"는 역관이 구체적으로 천체현상을 계산한 다음 반드시 체계적인 정리를 거쳐야 이해할 수 있는 것이므로 계산법을 전수받기란 쉬운 일이 아니었다. 더구나 청조와 관계가 그리 원만하지 못했던 상황에서는 조정 차원에서 역법추보를 전수해 오는 일을 추진한다는 것이 쉬운 일이 아니었다. 조정에서는 1651년에 김상범을 연경에 보내 우여곡절 끝에 흠천감에서 1년 동안 학습한 끝에 마침내 시헌력의 편산법編算法을 터득하게 되었다. 그리고 『일리표日離表』, 『월리표月離表』 등 저작물을 구입하여 귀국하였으며 이것을 바탕으로 천신만고 끝에 독자적으로 1653년에 『신법역서』를 편찬하였는데, 청조에서 발행한 역서와 대조하여 별 차이가 없었다. 마침내 조정은 1654년부터 『시헌력』을 채용하기로 결정하고 정식으로 반포하였다. 그러나 반대와 비평은 끊이지 않았다. 한 가지 사례로 "모든 제사 때에 모두 청력淸曆을 사용하였고", "사람들 모두 그 무식이 병이다"라는 말로 한흥일의 『시헌력』의 사용을 비난하였다.(인조/49/26/윤3/7壬申) 앞서 소개한 바와 같이 중국에서는 탕약망 일파의 실각으로 다시 『대통력』을 사용하게 되었고, 따라서 우리나라에서도 『대통력』을 사용하였으나, 1669년(현종 10년)에 역안曆案이 끝나고, 중국이 『시헌력』을 다시 사용하게 됨에 따라 조선에도 『시헌력』으로 바꾸어 사용하게 되었다. 그림 5-6A는 17C2년(강희 41년) 『시헌력』이며, B는 「대조선건양2년세차정유시헌력大朝鮮建陽二年歲次丁酉時憲曆」[건양 2년은 1897년(광무 원년)]이다. 이 역서는 이전 역서와 달리 양력일과 요일, 세시의례, 대왕 · 대비 · 세자 등 왕실 가족의

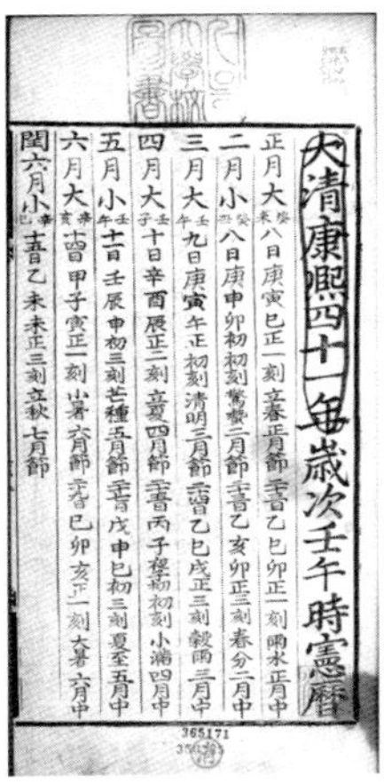

A

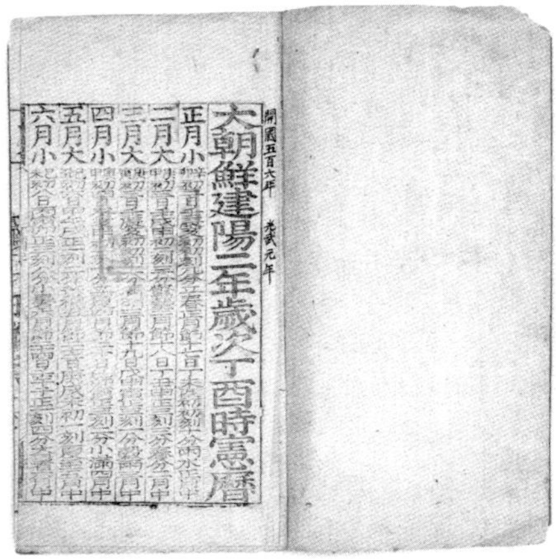

B

그림 5-6. 『시헌력』

A. 「大淸康熙四十一年歲次壬午時憲曆」(1702년)(부분) (출처: 서울대학교 규장각한국학연구원) **B.** 「大朝鮮建陽二年歲次丁酉時憲曆」(첫장) (출처: 서울역사박물관, 유물번호 서11080)

탄신과 제삿날[기신忌辰] 등이 더 들어 있어 역서의 자주성을 부각시켰다.(이창익, 2013: 46)

(2) 부연관 파견

『시헌력』 편제는 서양의 수학과 천문학의 심오한 이론을 토대로 한 것이었기 때문에 동방학자 대부분이 터득하기란 쉽지 않았다. 따라서 『시헌력』 계산 및 수학 · 천문학상의 과학이론을 완전히 습득하기 위하여 조선 조정은 학자들을 시켜 서양과학을 학습하게 하는 한편, 관상감 역관들을 연경에 파견하여 고찰하고 학습하도록 하였다. 이들을 “부연관赴燕官”이라고 불렀으며,[24] 1741년(영조 18년)에 이르러 관상감은 정식으로 부연관을 청에 파견하는 것을 제도화하였다. 이들 가운데 허원許遠(?~?), 안중태安重泰(?~?), 안국빈安國賓(?~?) 등은 몇 차례씩이나 연경을 왕래하면서 지속적으로 서법西法(서양 역법)을 학습하였으며, 조선의 과학 발전에 지대한 공헌을 하였다. 특히, 허원은 1705년과 1707년, 두 차례에 걸쳐 입경하여 흠천감 하군석何君錫(?~?)에게 칠정추보법과 일월식 계산법을 익혔다. 그의 계속적인 노력으로 귀국 후 계산서들이 하나씩 발행되었으며, 1707년부터 사용되기에 이르렀다. 허원은 이러한 계산 방법을 정리하여 1710년에 『현상신법세초류휘玄象新法細草類彙』를 저술하였다. 이 책은 몇 차례 중국에서 배운 역법 계산 순서를 상세히 기록하여 조선 천문학자들의 역서 작성지침이 되었다. 이에 관상감은 시헌력 교식추보법과 오성방위의 계산 방법을 숙달하게 되었다.

(3) 『역상고성』의 도입

흠천감은 1714년에 『서양신법역서』 수정에 착수하여 1722년에 완성하고 이름을 『역상고성曆象考成』이라고 개칭하였다. 계산 방법과 기본상수의 근거는 크게 바뀌지 않았으나 이론적으로 좀 더 치밀하게 체계화하였다. 조선 조정은 즉시 『역상고성』을 구입하고, 역관을 중국에 파견하여 학습하도록 하였다. 다만, 그 법이 대단히 어려워 큰 성과는 없었다. 중국에서도 『역상고성』의 사용 방법이 낙후하여 상수의 정밀성이 저하됨에 따라 천체방위 계산에 비교적 큰 오차가 생기게 되자 예수회 선교사인 흠천감원 대진현戴進賢(Ignatius Kögler, 1680~1722)은 『역상고성후편』을 편찬하였다. 이때 시헌력 안에 케플러Johannes

---

24 부연관은 고시를 거쳐 선발하였으며, 고시과목에는 『칠요주七曜籌』, 『수리정온數理精蘊』, 『역상고성曆象考成』 등 한역 서양 과학서를 포함하였다.

Kepler(1571~1630)의 제1법칙[타원궤도의 법칙], 제2법칙[면적속도 일정법칙] 및 뉴턴Newton (1642~1727)의 월구이론이 도입되었다. 조선 조정은 이 책이 편찬된 지 2년 뒤에 구입하고 안국빈은 1744년과 1745년 두 차례 연경에 가서 신법을 학습하고 왔다. 이러한 공로로 영조는 안국빈을 숭정대부로 가자함과 동시에 궤장을 하사하였다. 이같이 부연관은 17, 18세기 조선의 과학기술을 진흥시키는 데 중요한 역할을 하였다.

(4) 한양 북극고도 측정

한양의 북극고도 곧, 지리상의 위도는 조선 초기부터 『원사』에 기록된 대로 고려의 북극고도 38도 25분을 그대로 썼다. 그러던 것이 1713년(숙종 39년) 5월에 청나라 칙사 목극등穆克登(1664~1735)은 흠천감 오관사력五官司曆 육품통관 3원을 데리고 왔다.(숙종/53/39/5/16/임진) 이 가운데 하국주河國柱(?~?)가 한양의 운종가에서 상한대의象限大儀[四分儀 quadrant]를 사용하여 측정한 37도 39분 15초를 한양의 새로운 북극고도로 『역상고성』에 올렸다.(『增補文獻備考』 권2, 「北極高度」, 10ㄱ; 『國朝曆象考』 권1: 4, 「北極高度」) 이 값은 원주를 서양의 360°로 한 것으로서, 이전에 쓰던 365도度 25분分을 바꾼 것이다. 그 후에 제작된 조선조 천문의기와 시계는 물론 역법 계산, 동서편도 등은 모두 이 값을 기준으로 하였다. 따라서 한양의 밤낮 길이도 새로운 북극고도에 따라 계산하였으며, 이것에 따라 일출 · 일입시각을 계산하였다. 청조에서는 종래 사용해온 명대 관성대觀星臺를 혁신하여 남회인이 주도하여 1669년부터 4년에 걸쳐 황도경위의黃道經緯儀, 적도경위의赤道經緯儀, 지평경의地平經儀, 상한의象限儀(地平緯儀지평위의), 기한의紀限儀(6分儀육분의), 천체의天體儀(渾象) 등 6종의 서양식 천문의기를 제작하여 1674년(강희 13년)에 관상대에 설치하였다. 그림 5-7은 남회인이 1674년에 6개 의기를 관상대에 설치하고 지은 『의상도儀象

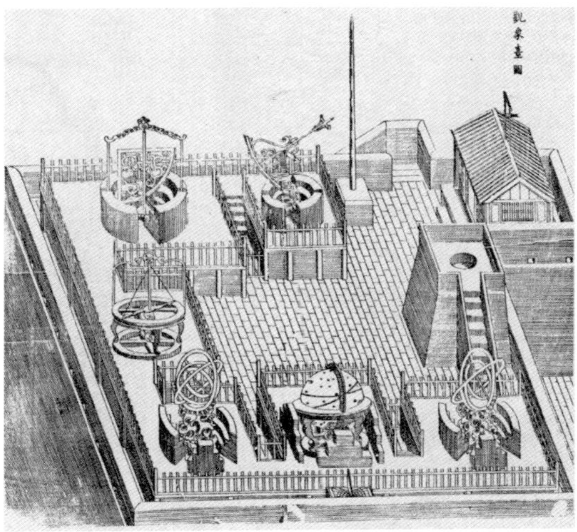

그림 5-7. 청대 「관상대도」(출처: 潘鼐, 2005: 183頁, 圖 7-1-31)

(남측 하단 오른쪽부터 시계방향) 적도경위의, 천체의, 황도경위의, 지평경의, 상한의, 기한의, 기둥은 상풍간(相風竿)

圖』에 실린 설계전도이다.[조선 사신들 가운데는 이 관상대에 올라가 보려고 무진 애썼으나 이곳은 연경에서 제일 높이 황궁을 내려다볼 수 있다 하여 외부인의 출입을 금하였으므로 뜻을 이룬 사람은 없었던 것으로 보인다.] 이 책은 조선에 수입되어 1714년(숙종 40년)에 모사되어 천문역법과 의기제작에 활용하였다. 그림 5-8A에 보인 상한의는 이때 제작한 것이다. 당시 흠천감에서는 그림 5-8A에 보인 것 이외에도 여러 가지 형태의 상한의를 제작하였다. 이 가운데 하나가 그림 5-8C에 보인 정사각형 상한의[방구상한의方矩象限儀]이며, 구조는 그림 5-8D에 보인『황조예기도식皇朝禮器圖式』에 실려 있다. 이 상한의는 정사각형 동판 위에 0도에서 90도와 0도에서 100도 각도를 새기고 양변에 조준기[규형窺衡]이 한 개씩 고정돼 있다. 모서리 하나에다 유표遊標를 설치하였으며, 부채꼴 반 안에는 정사각형 선을 그리고 각 변과 상한의 호변弧邊에는 10등분 각도를 새겼다. 상한의 가운데는 지름 14센티미터의 나침반이 있다. 상한의 상부에 연직추를 매달아 천체 고도를 측정할 때 천정을 확립하도록 하였다.(실물에는 이것이 유실되었다.) 상한의는 세 발 달린 거치대 위에 설치할 수 있어 휴대하기에 적합하도록 하였다. 하국주는 이와 같은 상한의를 가지고 와서 한양 한복판에서 북극출지를 측정한 것으로 추정된다.

A

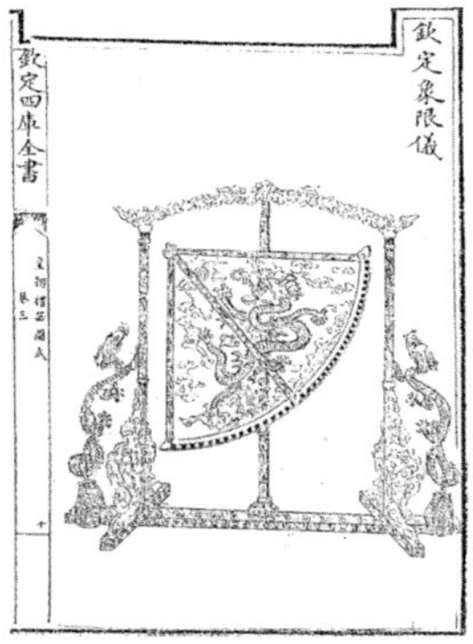

B

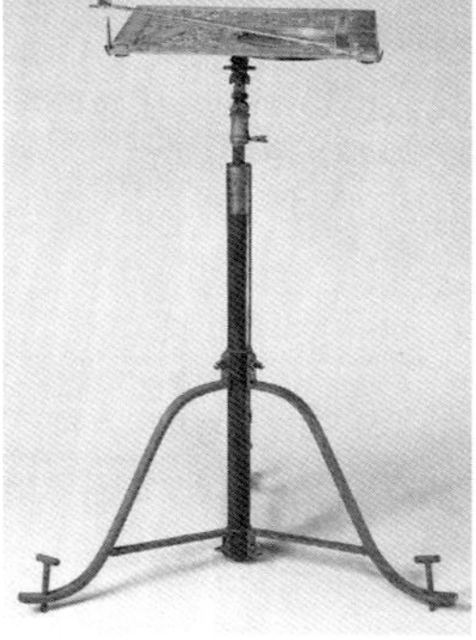

C

D

그림 5-8. 상한의

A. 象限儀 (출처: 北京古觀象臺 소장, 사진: 남문현, 1993) **B.** 欽定象限儀 (출처:『皇朝禮器圖式』卷3.「欽定象限儀」. **C.** 方矩象限儀 (출처: 北京 故宮博物院, 劉路『淸宮西洋儀器』, 上海科學技術出版社, 商務印書館(香港), 1999, 98頁) **D.** 御製方矩象限儀 (『皇朝禮器圖式』卷3)

(5) 12시 96각법

『시헌력』에서는 온 하루를 12시로 분할하고 다시 매시를 8각으로 분할한 96각법은 12시 100각법의 초와 정에서 스물네 개의 6분의 1 부분(곧 24×⅙각=4각)을 없애고 이 부분에 해당되는 시각을 초각, 1각, 2각, 3각에 고루 분배한 것이다. 그러므로 하루의 길이는 100각법 길이와 동일하다. 96각법은 그레고리 역법Gregorian calendar을 모태로 『수시력법』과 대비하여 제작한 『시헌력』에서 기본이 되는 시법이며, 한 각의 길이는 15분이다. 오늘날 우리가 쓰고 있는 한 시간을 15분씩 4등분하여 사용하는 것으로 보면 된다. 1시진의 초와 정은 각각 4각으로 초초각 · 초1각 · 초2각 · 초3각 · 정초각 · 정1각 · 정2각 · 정3각으로 분할한다. 요즘으로 치면 0분에서 14분까지는 초각, 15분에서 29분까지는 1각, 30분에서 44분까지는 2각, 45분에서 59분까지는 3각이다. 『신법누주통의』는 96각법을 사용하였다. 표 5-1은 12시 96각법에서 1시진 분할법이다.

시제가 변경되었으므로 이에 따라 금루의 잣대 사용 지침서인 12시 100각법 『누주통의』에서 12시 96각법 지침서인 『신법누주통의』로 변경되었다. 이에 따라 잣대의 눈금도 새로 매겨야 했다. 다음에는 『신법누주통의』를 편찬하기까지 경루법의 변천을 고찰한다.

표 5-1. 12시 96각법 분할

1시진 (8각)	초(初)				정(正)			
	초각	1각	2각	3각	초각	1각	2각	3각
길이(분)	15	15	15	15	15	15	15	15

5.4.2. 영 · 정조 대 경루법

1) 24전제

『시헌력』이 반포된 이후에 보루각도 이에 따라 변경된 경루법에 따라 운영해야 했다. 앞 절에서 살펴본 바와 같이 역법계산에 익숙하지 못하여 전면적으로 시헌법에 따르지 못하였다. 따라서 1718년까지는 종래의 『칠정산내편』으로 계산한 한양의 일출입시각표에 따라 작성한 『누주통의』에 따라 시간을 측정하였다.(숙종/61/44/6/13/庚寅) 이때의 문제점으로 지적된 것은 금루의 시각은 낮에는 일영으로써 준거하지만 야간은『대통력』에 따른 중성기에 의존하고 있으므로 중성의中星儀와 간평의簡平儀 등 관측의기를 만들 것을 강조하였다. 이로 미뤄보아 그때는 금루의 기준시각을 정시의대에 설치한 오정의 해그림자[오영午影[오경午景: '景'은 '影의 古字]을 관측하는 일영日影만으로 교정함으로써 경루법에 오차가 누적된 데 따른 조치이다. 이것은 후에 정시의대를 일영대日影臺로 부르게 된 단서의 하나가 된다.

1742년(영조 18년) 5월에는 진작부터 부각된 보루각을 보수하는 문제가 다시 떠올라 개건하기로 하였으며, 7월에는 이를 위해 이연덕李延德(1682~1750)으로 하여금 경신년(영조 16년)에 세종조 척도를 복원한 최천약崔天若(?~?)과 함께 강구하도록 하였다.(영조/행장/18년/7월) 그러나 이는 실행되지 않은 것으로 보인다. 그 후 1745년(영조 21년)에는『시헌력』을 활용하여 새로운 경루법을 정착시킨 것으로 보이나 확실한 자료는 아직까지 발견되지 않았다.(『承政院日記』 989冊, 영조/21/8/4/癸卯) 이것에 대한 당시의 상황을 살펴보면, 1744년(영조 20년)까지도 신법 해시계와 물시계의 제작과 용법에 대해 미진하던 차에 1743년(영조 19년)에 연경에 파견되었던 안국빈과 김태서金泰瑞(?~?)가 연경을 기준으로 작성한『신법중성기新法中星記』와『오야배시지법五夜排時之法』을 구입하여 이세연李世淵(?~?)과 함께 그해 입추일 밤부터 금루에서 측후하여 누주漏籌(잣대 눈금)를 바로잡도록 물시계의 시각과『신법중성기』와 비교하였다.(영조/59/20/6/25/辛未)

이것을 바탕으로 안국빈은 96각법에 따른「누주통의」를 편찬하였는데, 이것이 연경을 기준으로 작성한『신법중성기』에 따라 편찬한 소위 구본『누주통의』이다.(영조/81/30/윤4/17/丙寅; 『增補文獻備考』「象緯考」 卷2: 15, 〈東西偏度〉 참조) 잣대 24개에 새길 눈금의 시각을 계산한 구본『누주통의』는 1754년부터 1790년까지 사용하였다. 이러한 공로로 안국빈은 가자와 더불어 상을 받게 되었으며, 일흔 살이 넘게 되자 영조는 호피와 활을 하사하였다. 영조는 세종 대왕만큼이나 역상수시에 철두철미하였고 관상감 역관을 우대한 임금이었음을 알 수 있다.

표 5-2는『동국문헌비고東國文獻備考』에 실린 영조 대의 24전 경점시각표다.(한영호 · 남문현, 2008: 192)

표 5-2. 영조 대의 24전 경점시각표

누전	교체일		1更(경)			5更(경)		
			點(점)	時刻(시각)	分(분)	點(점)	時刻(시각)	分(분)
제1전	동지 초일	대설 후 1일	1점	유정 초각	12분	1점	인초 1각	2분
			3점	술초 초각	7분	5점	묘초 초각	6분
제2전	소한 초일	소설 후 4일	1점	유정 1각	0분	1점	인초 1각	0분
			3점	술초 초각	9분	5점	묘초 초각	3분
제3전	소한 후 12일	입동 후 10일	1점	유정 1각	7분	1점	인초 초각	11분
			3점	술초 1각	0분			
제4전	대한 후 6일	입동 후 4일	1점	유정 1각	14분	1점	인초 초각	7분
			3점	술초 1각	6분			
제5전	대한 후 12일	상강 후 13일	1점	유정 2각	5분	1점	인초 초각	3분
			2점	술초 초각	1분			
제6전	입춘 후 3일	상강 후 7일	1점	유정 2각	11분	2점	인초 1각	9분
			2점	술초 초각	6분			
제7전	입춘 후 9일	상강 후 1일	1점	유정 3각	2분	2점	인초 1각	5분
			2점	술초 초각	11분			
제8전	우수 초일	한로 후 10일	1점	유정 3각	9분	2점	인초 1각	1분
			2점	술초 1각	3분			
제9전	우수 후 6일	한로 후 4일	1점	술초 초각	1분	2점	인초 초각	11분
제10전	우수 후 12일	추분 후 13일	1점	술초 초각	8분	2점	인초 초각	6분
제11전	경칩 후 3일	추분 후 7일	1점	술초 1각	0분	2점	인초 초각	1분
제12전	경칩 후 9일	추분 전 1일	1점	술초 1각	8분	3점	인초 1각	2분
제13전	춘분 초일	백로 후 10일	1점	술초 2각	0분	3점	인초 초각	12분
제14전	춘분 후 6일	백로 후 4일	1점	술초 2각	7분	3점	인초 초각	7분
제15전	춘분 후 12일	처서 후 13일	1점	술초 3각	0분	3점	인초 초각	1분
			5점	해초 초각	4분			
제16전	청명 후 3일	처서 후 7일	1점	술초 3각	7분	4점	인초 1각	0분
			5점	해초 초각	9분			
제17전	청명 후 9일	처서 후 1일	1점	술초 3각	14분	4점	인초 초각	9분
			5점	해초 초각	14분			
제18전	곡우 초일	입추 후 10일	1점	술정 초각	6분	4점	인초 초각	3분
			4점	해초 초각	0분			
제19전	곡우 후 6일	입추 후 4일	1점	술정 초각	13분	5점	인초 초각	14분
			4점	해초 초각	6분			
제20전	곡우 후 12일	대서 후 13일	1점	술정 1각	4분	5점	인초 초각	9분
			4점	해초 초각	10분			
제21전	입하 후 3일	대서 후 7일	1점	술정 1각	10분	5점	인초 초각	3분
			4점	해초 1각	0분			
제22전	입하 후 9일	소서 후 13일	1점	술정 2각	1분	1점	축초 3각	8분
			3점	해초 초각	3분			
제23전	소만 후 3일	소서 후 1일	1점	술정 2각	8분	1점	축초 3각	4분
			3점	해초 초각	9분			
제24전	망종 초일	하지 초일	1점	술정 3각	0분	1점	축초 3각	0분
			2점	해초 초각	0분			

2) 37전법

(1) 『의상고성儀象考成』에 따른 『중성기』 수정

정조 대 관상감 활약은 어느 시기보다 활발하고 다방면에 걸쳐 괄목할 만한 업적이 이뤄져서 금루를 제대로 운영하게 되었다. 1777년 정조는 즉위하자 1689년에 중수한 이민철이 제작한 제정각齊政閣 혼천의를 수리하였고, 1782년(정조 6년)에는 100년간의 역을 미리 계산하여 『천세력千歲曆』을 편찬하였다.(그림 5-9 참조) 1783년 계묘년에는 1744년(갑자, 영조 20년)에 작성한 항성적도도가 이미 반도半度 이상 어긋나 있었기에 『의상고성』[25]에 담긴 항성좌표에다 세차를 반영하여 적도경위도를 수정하면서 중성기를 작성하여 놓았다.(『增補文獻備考』 卷1: 9, 「曆象沿革」) 1784년(정조 8년)에는 각 절후의 시각 중성을 추보하여 『누주통의』를 작성하여 두었다. 뒤이어 1786년(정조 10년)에는 혼개일구渾蓋日晷와 간평일구簡平日晷를 만들어 조선만의 독창적인 해시계를 천체관측과 시간측정에 활용하였다.(그림 5-10 참조)

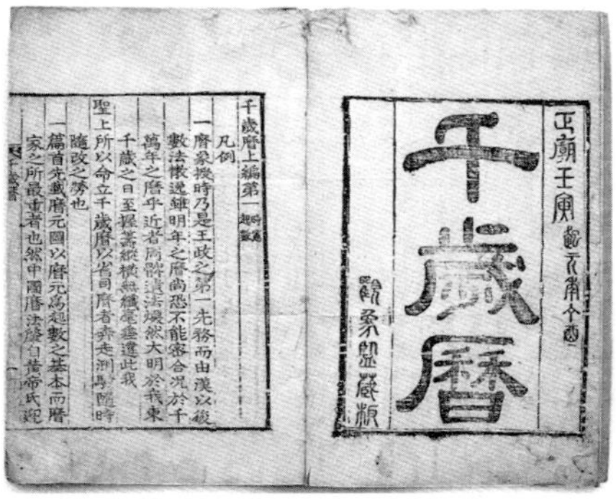

그림 5-9. 천세력 (출처: 서울역사박물관)

정조 임인년 제1책 시헌력법을 바탕으로 철종 년간(1849~1863)에 발행된 천세력

그림 5-10. 혼개일구와 간평일구

(상) 탁본, (하) 석재 원본 (출처: 국립고궁박물관 소장)

---

25 1752년(건륭 17년)에 대진현 등이 편찬하여 1757년(건륭 22년)에 발간하였으며, 관상감에서는 1768년(영조 44년)에야 채택하였다.

(2) 적도경위의 제작

1789년(정조 13년)에는 관상감 감관 김영金泳(1749~1817)이 역관 이덕성李德成(?~?) 등과 함께 적도경위의赤道經緯儀를 제작하여 1783년에 작성해 둔 중성기를 검증하여 추보하고, 또한 신법지평일구를 제작하여 한양의 일출입시각을 측정하였다. 이와 같은 의기창제와 중성기와 『누주통의』 편찬은 다음과 같은 배경 아래 추진되었다. 정조 13년 기유년 10월에 사도세자로 알려진 장헌세자의 영우원永祐園 묘소를 화성으로 옮기는 국가의 대례를 앞두고 길일을 택하는 문제에서 비롯되어 앞서 미리 작성해 둔 중성기와 『누주통의』를 검증하기 위해 적도경위의와 신법지평일구를 제작하는 의기창제 사업이 추진되었기 때문이다. 영우원 묘소를 옮길 날짜는 10월 7일을 길일로 확정했지만(정조/28/13/8/9/임술), 문제는 이 날의 길한 시각[길신吉辰]을 정확하게 알 수 있는 계시기가 마땅치 않다는 것이었다. 이에 대한 해결책으로 영의정으로서 관상감 영사인 김익金熤(1723~1790)은 다음과 같이 정조에게 건의하였다.

> 김익이 아뢰기를,
>
> "신이 운관雲觀(관상감) 감생監生의 말을 들으니, 중성과 경루(금루: 물시계)를 측후하여 바로잡은 지가 거의 50년이나 되어서 지금은 28수 별자리星次가 점점 이동하여 거의 1도나 어긋나고 경루 또한 이로 인해 빠르고 늦는 것이 차이가 없지 않다고 합니다. 이번 영우원을 천장(천원遷園)하는 대례를 당하여, 시각을 정하는 일이 실로 더없이 중대하니, 금루와 해시계를 불가불 이때에 바로잡아야 합니다. 그런데 그 근본을 미루어 보면 중성을 추산하여 그 별자리(전차躔次)와 도수를 정하는 데에 있습니다. 만약 의기가 없으면 측후[관측]할 수 없으니, 먼저 지평의地平儀와 상한의象限儀 그리고 신법지평일구(해시계)를 주조하여 측후를 바로잡을 수 있도록 해야 됩니다. 그러나 관상감 감생들이 추보법에 능한 자가 매우 드므니, 역상학에 제법 정통하다고 알려진 김영金泳이라는 자를 본 감에 소속시켜 이 일에 함께 참여하도록 한다면, 실효가 없지 않을 듯합니다." 하니, (임금이 이에) 따랐다. (정조/28/13/8/21/갑술)[26]

이어서 사관은 앞서 건의에 대해 다음과 같이 중성기와 『누주통의』 제작 사실을 덧붙였다.

26 『정조실록』 권28: 5ㄱ, 정조 13년 8월 21일 갑술; 『국조역상고』 권2: 2-4, 동서편도, 중성 참조.

구본 『누주통의』[영조 때 24전법 — 인용자]에 기재된 각 절기의 중성은 바로 갑자년(1744년) 곧, 영묘(영조) 20년 항성적도경위도였다. 이미 40여 년이나 지났기 때문에 항성의 본래 운행이 반도 차이가 났다. 이에 금상(정조) 8년 갑진년(1784년)에 항성적도경위도를 한양의 북극고도 37도 39분 15초에 의거하여 각 절후의 각 시각 중성을 추산하여, 이를 책으로 만들어 『누주통의』와 더불어 인행했던 것이다.

앞의 글에는 중성을 바로잡아야 경루를 교정할 수 있으며, 경루를 바로잡은 연후에 정확하게 길일을 확정할 수 있음을 강조한 것이다. 이를 위해서는 지평의와 상한의, 그리고 신법일구를 주조하여 중성을 관측하고, 신법일구로 일출입시각을 측정하여 1784년에 작성해둔 중성기와 『누주통의』를 검증하여 새로운 법에 따른 『중성기』와 『누주통의』를 편찬해야 한다고 하였다. 이것을 해낼 수 있는 적임자로 김영을 관상감에 소속시켜야 한다는 것도 강조하였다. 앞서 김익이 건의한 대로 김영은 이덕성 등과 함께 관측의기로 적도경위의와 신법지평일구를 제작하였다.

적도경위의는 혼천의에서 황도환을 생략하고 적도 좌표계를 써서 천체를 측정하는 의기로서 특히 절기와 중성분도를 측정하는데[측각절후중성분도測各節侯中星分度]에 유용하였다. 적도경위의는 보통 『신법역서新法曆書』 권96 『측량전의測量全儀』 권10에 실린 「적도경위전의도赤道經緯全儀圖」(그림 5-11A 참조)와 구제 『영대의상지靈臺儀象志』에 실린 새로운 방법을 절충하여 제작하였다.(成周悳 編, 이면우 등, 2003: 344) 그 구조는 뒷날 남병길南秉吉(개명 相吉, 1820~1869)이 편찬한 『성경·하편星鏡下篇』 가운데 「의기도식측량법례儀器圖式測量法例」에 묘사

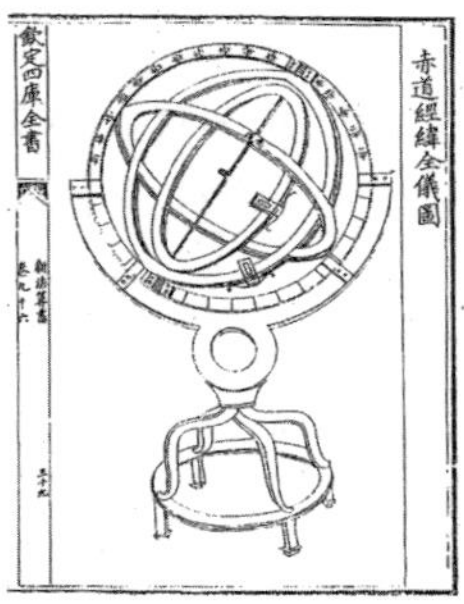

A

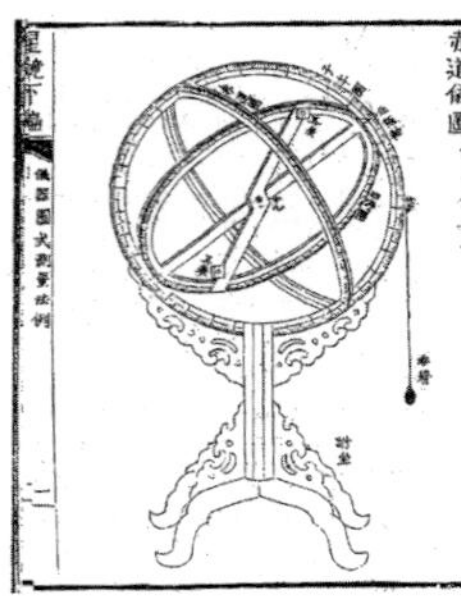

B

C

그림 5-11. 적도경위의

A. 『新法曆書』 권96의 「赤道經緯全儀圖」 (출처: 『測量全儀』 권10) **B.** 赤道儀圖 (출처: 南秉吉, 『星鏡下篇』 「儀器圖式測量法例」) **C.** 銅鍍乾隆甲子年款三辰公晷儀[1744년(乾隆 9)] (출처: 北京 故宮博物院 소장)

된 '적도의도赤道儀圖'와 완전 일치된다.(그림 5-11B 참조) 이 의기는 앞의 문헌과 그림 5-11C에 보인 삼진공구의三辰公晷儀를 원용하여 제작된 것으로 볼 수 있다. 이때 만든 신법지평일구도 『국조역상고』 권3 의상과 『서운관지』 권4 서기書器에서는 이것의 구조와 용법에 대하여 설명하고 있다.[27] 아무튼, 이것을 이용하여 각 절후의 중성도분을 측정하고 계산한 시각과 도분을 검증하였다.(이면우 등, 2003: 348)

(3) 신법지평일구 제작

또한 신법지평일구新法地平日晷를 제작하여 한양의 일출입 시각을 측정하였다. 『중성기』와 『누주통의』는 계산에 따라 작성한 것이므로 천체관측을 통해 검증을 해야 한다. 그림 5-12A에 보인 1789년제로 추정한 신법지평일구는 B에 보인 탕약망이 1644년(順治 1년)에 제작한 「신법지평일구」를 원용한 것으로 보인다. 시반과 받침대[부趺]가 일체로 되어 있어 야외에서 사용하기 편리하도록 한 것으로 보인다. 받침대에는 수평을 잡기 위해 사방에 물홈[거渠]를 판 것으로 보아 전통적인 방법으로 제작하였다. 삼각영표는 직각3각형이 아니다. B는 시반을 목재 탁자 위에 안치한 탕약망의 신법지평일구이다. 측정하기에

A B C

그림 5-12.

A. 신법지평일구(북동남측면도) 삼각영표는 접었다 펼 수 있게 만들었다. 재료: 놋쇠, 크기: 가로 15.8센티미터, 세로 12.4센티미터. 나침반 지름 2.3센티미터 (출처: 서울대학교박물관 소장, 유물번호 633, 사진: 남문현, 2000) **B.** 湯若望款新法地平日晷. 크기: 가로 23.1센티미터, 세로 14.7센티미터, 높이 17센티미터. 재료: 은도금 (출처: 北京 故宮博物院 소장) **C.** B의 평면도

27 서호수 · 성주덕 · 김영 편저 이은희 · 문중양 역주 『국조역상고』, 소명출판, 2004, 216-220쪽 정조 13년(1789)조 적도경위의의 구조와 용법, 해설 참조; 성주덕成周悳 편저 이면우 등, 2003: 344-350쪽, 원문은 같은 책 462-464쪽 참조.

앞서 지남침으로 남북을 맞춘 다음 삼각영표를 바로 세운다. 시반에는 C에 보인 것과 같이 동지에서 하지까지 13개 절기선을 긋고 하지선 위에는 21도에서 69도까지 반원주를 그렸다. 절기선 우측에는 동지에서 하지, 좌측에는 하지에서 동지까지 절기명을 새겼다. 삼각영표 빗면과 꼭짓점의 해그림자가 시각선(초와 정, 12시 96각)과 절기선(13개)에 떨어지는 것을 보아 각각 시각과 절기를 함께 알 수 있다. 시각선은 테두리 맨 바깥쪽에 시각명과 시각눈금을 빗금으로 나타냈다. 다음에는 금루를 운영하기 위해 『신법중성기』를 활용하여 37전법을 정착시키는 과정을 먼저 고찰한다.

3) 편찬 사업

(1) 『신법중성기』

김영 등은 적도경위의를 제작하여 1784년에 작성한 항성적도경위도에 따라 『신법중성기新法中星記』를 편찬하고 이것에 따라 『신법누주통의新法漏籌通義』를 편찬하였다.(그림 5-13A 참조) 한영호와 남문현(2008)은 1783년에 작성한 중성기가 얼마나 정확히 추보되었는지를 살펴보기 위해 절기마다 초후初候 또는 2후二候의 혼효중성을 검산해 보았다. 계산 결과는 반올림 오차 정도인 1분 이내에서 『신법중성기』의 혼효중성과 완벽하게 일치하였다. 이로 미루어 김영은 황적간 궁도 변환과 몽영한朦影限 계산에 필수적인 구면삼각술에 통달하고 있었음을 알 수 있었다. B는 『신법중성기』[1783년(계묘, 정조 7년) 경위도중성기]의 입춘

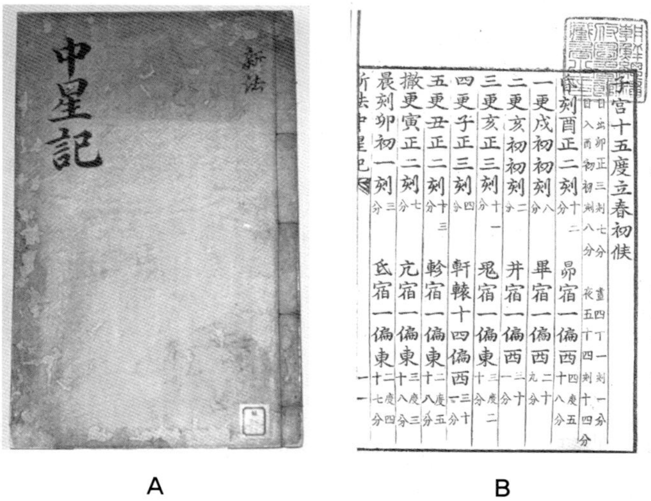

A　　B

그림 5-13.

A. 『신법중성기』(표지) (출처: 서울대학교 규장각한국학연구원, 소장번호 奎3817)
B. 입춘 초후 중성기

초후 중성기이다. 중성은 남중하는 별의 입수도가 아닌, 눈에 잘 띄는 밝은 별을 자오선에 대한 편도偏度(편서, 편동)로써 나타냈다. 보기로, B에서 보인 입춘 입기入氣 첫날인 입춘 초후의 일출시각 묘정 3각 7분, 일입시각 유초 초각 8분, 주각 41각 1분, 야각 54각 14분(주야각 96각). 혼각은 유정 2각 12분, 묘수1 편서 4도 58분, 1경 술초 초각 8분,[28] 필수 1 편서 29분, …… , 5경 축정 2각 13분, 철경 인정 2각 7분,[29] 신각 묘초 1각 3분, 저수 1 편동 2도 47분이다. 1경은 술초 초각 8분에 시작되며, 필수畢宿 제1성이 자오선에 남중하지 못한 채 서쪽으로 29분만큼 떨어져 있었다고 기술했다. 『신법중성기』는 1796년(정조 20년)에 간행된 『국조역상고』에 실렸다.(전체 목록은 이은희 · 문중양, 2004: 72-108쪽 참조)

(2) 『신법누주통의』

경루의 검증 척도인 중성기가 제대로 교정되자면 일출입 시각뿐만 아니라 천문현상의 하나인 몽영분(태양이 지평선 아래로 18도의 위치에 이르기까지 『시헌력』에서 정한 시간, 몽영한)이 정확히 계산되어 반영되어야 한다. 따라서 『신법중성기』에 실린 각 절기 초후의 몽영분에 한양의 북극고도를 대입하여 호삼각법으로 계산한 결과와 유효숫자에서 완전히 일치하고 있는 데 비해, 『동국문헌비고』의 몽영한은 최대 4분이나 차이를 보이고 있다. 영조 대의 관상감에서는 극복되지 못했으나 『역상고성』에 담긴 호삼각에 의한 몽영한 해법이 수학과 의기 제작에 탁월한 재능을 보인 김영에 의해 비로소 해득되었음을 증명하는 대목이다.

매 절기는 절기 입기 제1일(첫날)인 초후, 제6일인 2후, 제11일인 3후로 구분하였고, 몽영한을 대입하여 각 절후의 혼효각을 결정하였다.(한영호 · 남문현, 2008: 207-208쪽 〈표 10〉 참조) 또 매후의 일출입 시각에 8각과 9각을 가감하여 야루의 경계인 기경과 철경을 정한 다음에, 야루분을 등분하여 경점 시각을 구했다. 이런 연후에 매후마다 누전을 바꾸도록 한 것이 표 5-3에 보인 37전 누각제이다.(전체 목록은 이은희 · 문중양, 2004: 282-300 참조)

그림 5-14A는 『신법누주통의』의 표지와 첫 장이다. 「누주통의」 범례에 따르면 구본 『누주통의』는 24전을 사용했는데, 지금은 이것을 세분하여 72후로 하고 37전을 동하지 전후에 각 절후마다 주야 시각을 반대로 하는 것은 똑같다. 곧, 동지 입기 첫날에 제1전을

28 1경은 기경起更이며 일입분에 8각을 더한 시각이다. 24전법에서는 일입분이 6각을 더했다.

29 철경撤更은 일출분에서 9각을 뺀 시각이다. 24전법에서는 일출분에서 7각을 뺐다.

표 5-3. 정조 대의 37전제 야루 시각

누전	절후	야전 시각				
		혼각	1경 1점	5경 5점	철경	신각
제1전	동지 초후	유정 1각 6분	유정 2각 12분	인정 2각 8분	묘초 초각 3분	묘초 2각 9분
제2전	동지 2후, 대설 3후	유정 1각 6분	유정 2각 12분	인정 2각 8분	묘초 초각 3분	묘초 2각 9분
제3전	동지 3후, 대설 2후	유정 1각 7분	유정 2각 13분	인정 2각 7분	묘초 초각 2분	묘초 2각 8분
제4전	소한 초후, 대설 초후	유정 1각 8분	유정 3각	인정 2각 5분	묘초 초각	묘초 2각 7분
…	…	…	…	…	…	…
제18전	경칩 3후, 추분 2후	술초 1각 10분	술초 3각 9분	인초 2각 2분	인초 3각 6분	인정 2각 5분
제19전	춘분 초후, 추분 초후	술초 2각 2분	술정 초각	인초 1각 11분	인초 3각	인정 1각 13분
제20전	춘분 2후, 백로 3후	술초 2각 9분	술정 초각 6분	인초 1각 6분	인초 2각 9분	인정 1각 6분
…	…	…	…	…	…	…
제34전	망종 초후, 소서 초후	해초 초각 13분	해초 1각	축정 1각 2분	축정 2각	축정 3각 2분
제35전	망종 2후, 하지 3후	해초 1각 1분	해초 1각 2분	축정 1각 1분	축정 1각 13분	축정 2각 14분
제36전	망종 3후, 하지 2후	해초 1각 3분	해초 1각 3분	축정 1각	축정 1각 12분	축정 2각 12분
제37전	하지 초후	해초 1각 3분	해초 1각 3분	축정 1각	축정 1각 12분	축정 2각 12분

쓰고 그 이후 절후에 따라 하지까지 37을 쓰고, 다시 거꾸로 하지에서 동지 전날까지 쓴다는 뜻이다. 또한 매 경 분점은 중성기로써 매 경의 시간을 똑같이 나누어서 5점으로 하였다. 앞서 그림 5-13B에서 보았듯이 중성기에는 매 절후의 야각을 1경에서 5경까지만 계산하였다. 따라서 「누주통의」에서는 1경에서 2경 사이를 5등분하여 5점으로 한다는 뜻이다. 그림 5-14B는 입춘 초후 입기 1일부터 5일간, 그리고 거꾸로 입동 입기 초후 5일간 사용하는 제10전의 1경의 5점 시각이다. 1경 1점은 술초초각 8분부터 술초 2각 1분까지 23분이다. 마찬가지로 2점은 술초 2각 1분부터 술초 3각 9분까지 23분이다. 따라서 제10전의 1점 길이는 23분이며, 1경 길이는 115분이다.

37개의 잣대 중 제1전과 제2전 사이에는 주야각과 몽영한에 조금도 차이가 없으므로 야전의 눈금이 동일하다. 마찬가지로 제36전과 제37전도 동일한 만큼 실질적으로는 35전제로 시행되었다고 해도 무방하다. 한편, 주야각의 변화가 심한 춘추분[二分] 전후에는 잣대 간에 혼효 눈금의 차이가 반각에 가까워, 앞서 시행되었던 24전제보다 구분이 크게

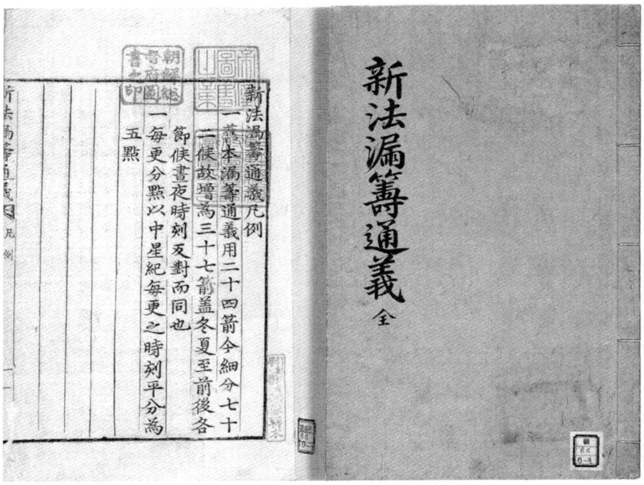

A

B

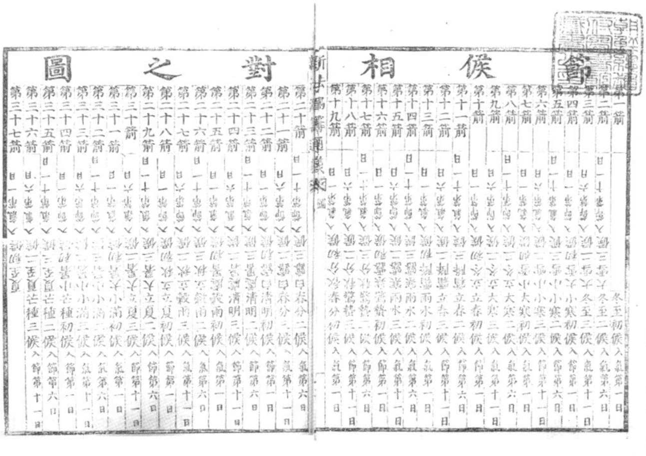

C

그림 5-14.
A.『신법누주통의』 표지와 범례 (출처: 서울대학교 규장각한국학연구원, 소장번호 奎3500) **B.**「누주통의」 제10전의 경점시각표 **C.**「절후상대지도(節候相對之圖)」와 누주(漏籌)

세밀해졌다고 보기도 어렵다. 그렇지만『국조역상고』의 제4권을 독점하고 있는「경루편」은 매후마다 정기적으로 잣대를 교체하는 데 더 큰 의미를 둔 듯이 제37전까지의 경점시각을 일일이 분별하여 싣고 있다.

구본『누주통의』와 마찬가지로『신법누주통의』 역시 야루를 점으로 25등분하여 담고 있다. 예를 들어, 우수 초후와 상강 초후에 쓰이는 제13전의 경우 4경 5점 눈금이 축정 초각 12분에 새겨지며, 이어서 다음 눈금인 5경 1점은 축정 2각 4분에 있음을 분단위까지 상세히 기술하였다. 그림 5-14C는 『신법누주통의』에 실린 「절후상대지도節候相對之圖」와 누주의 일부를 보인 것이다. 37전의 제1전은 동지 초후 입기 1일부터, 제2전은 동지 2후 입기 6일부터, 제3전은 동지 3후 입기 11일부터, 제4전은 소한 초후 입기 1일부터 사용한다. 이와 같이 하여 제37전은 하지 초후 입기 1일부터 사용한다. 반대로 제36전은 하지 2후 6일부터 사용한다. 이와 같이하여 제4전은 대설 초후 입기 1일부터, 제3전은 대설 2후 6일부터, 제2전은 대설 3후 11일부터, 제1전은 다시 동지 초후 입기 첫날부터 사용한다.

정조 기유년(1789년)에 시행된 『신법누주통의』의 37전 제도에 따라 경루 잣대에 새긴 눈금은 한양의 일출입 시각과 『시헌력』의 계산방식이 완벽하게 결합된 것이었다. 매 절후에 37전을 동반한 『신법중성기』는 각角오차 범위가 1분 미만인 매우 정밀한 값임을 볼 때 당시 서호수가 주관한 관상감 감원의 서양 수학에 대한 이해와 정밀 의기제작 능력이 탁월하였음을 알 수 있다. 특히, 중성기 작성과 의기제작을 통한 검증, 「누주통의」 작성에서 탁월한 능력을 발휘한 김영과 이덕성은 세종 때에 11전법을 창안한 이순지와 김담과 비견되는 인물이었음을 알 수 있다.

(3) 경루

『국조역상고』 권4 「경루」에는 창경궁 보루각에 설치하여 사용한 정조 대 금루의 구조와 용법이 담겨 있다. 이것을 인용하면 다음과 같다.

> 물시계를 운영하는 법.
> 물을 대주는 데 쓰는 파수호가 셋인데 크고 작은 차이가 있다. 가장 큰 것은 둘레가 12척인데 곧 옛날 야천지夜天池이고, 그다음 것은 곧 옛날 일천지日天池이고, 가장 작은 항아리는 곧 옛날 평수호平水壺이다. 물 받는 데 쓰는 통[수수통受水筒]이 두 개인데 지름은 1척2촌이고 길이는 6척 8촌이며, 주야로[계속하여 – 저자 추가] 번갈아 쓰며 옛날 만수호萬水壺이다. 야전은 24개인데 길이는 6척2촌이다. 시헌법에 따르면 전분은 96각이고, 각분刻分은 15분으로 모두 12시진으로 하고 시진마다 8각으로 나눈다. 얇은 구리판을 주조하여 물에 뜨는 거북[부귀浮龜: 거북 모양의 부표]를 만들었는데, 그 둘레는 수수통의 내부 둘레와 같다. 등에는 장방형 구멍이 있는데 야전을 구멍에 꽂아 통 안에 넣는다. [통에] 물이 차게 되면 부표가 뜨고 야전도 떠오른다. (이은희 · 문중양, 2004: 231)

앞의 글은 창경궁 보루각에 설치한 금루의 누각을 묘사한 것이다. 김돈이 「보루각기」에서 언급한 크고 작은 파수호의 명칭을 각각 일천지(대파수호), 야천지(중파수호), 평수호(소파수호)로 기술하였으며, 수수호는 수수통으로 기술하였다. 그리고 「보루각기」에서는 언급하지 않은 부표를 "부구"라는 명칭을 붙였다. 앞의 글에 이어 서호수는 경루의례更漏義例에서 「누주통의」 37전의 사용례를 열거하였다. 특이한 것은 동지 초후에는 낮 시간이 가장 짧고 밤 시간이 가장 길고, 하지에는 낮 시간이 가장 길고 밤 시간이 가장 짧다. 그러므로 동지와 하지에는 낮과 밤 시간이 같거나 짝이 되는 절후가 없어서 동지 초후에만 제1전을 쓰고, 제37전은 하지 초후에만 쓴다고 하였다. 이것은 앞서 소개한 그림 5-14C 「절후상대지도」와 누주의 용법을 설명한 것이다. 이때는 보루각 금루는 누각으로만 운영되었던지 이에 대한 언급은 없다. 그림 5-15A는 경루에 사용한 것으로 보이는 96각법을 새긴 국보 제229호 창경궁 자격루 잣대 유물이며, B는 양면 탁본이다. C는 두 개 수수통에 넣는 부구에 꽂은 야전과 부구 유물이다.

A

B

C

그림 5-15.

A. 12시 96각법을 새긴 국보 제229호 창경궁 자격루 잣대 유물(부분) **B.** A 양면 탁본 **C.** A를 꽂은 부구 (사진: 남문현, 1988)

앞서 고찰한 바와 같이 관상감에 있어 17, 18세기는 이 땅의 하늘을 바르게 읽어내고, 또 읽어낸 때와 시를 정확히 알리기 위해 힘겹게 노력하며 넘긴 고비의 연속이었다. 도성의 치안과 직결된 금루 운용뿐 아니라 매일의 관천 활동으로부터 매년 출간되는 역서에 이르기까지 내외의 격랑 속에서 조선 후기 관상감이 남긴 수많은 업적은 영 · 정조 문화진흥책의 성과로서 조선 후기 과학, 기술사를 대표하는 업적이라 할 수 있다. 다음에는 서양과학의 도입 이래 사상계의 변화에 대하여 살펴본다.

5.4.3. 영 · 정조 대 서양과학에 대한 인식

1) 실학의 태동

앞서 고찰한 경루법의 정비에 따른 천문관측용 의기 제작과 관측, 일출입시각 계산 등은 모두 신법역서에 따른 것이었다. 이런 사업의 성취의 바탕에는 그나마 17세기 중엽 이래 중국으로부터 도입한 한역漢譯 서양과학서가 활용되었기 때문이다. 서양 지리학에 대한 지식이 반영되었지만 18세기 말엽이 되도록 서양과학에 기초를 둔 과학기술에 대한 인식은 크게 개선되지 못하였다. 이것은 서양과학을 동방에 전한 선교사들과의 직접적인 접촉이 지속적이지 못했던 것도 중요한 이유의 하나였지만, 한편으로는 명나라가 멸망한 뒤 '소중화小中華'를 자처한 조선 선비들의 성리학에 대한 집착과 사상적 편협함도 서양과학기술의 수용과 토착화에 큰 장애가 되었다. 병자호란이 끝난 뒤 조선의 조야에는 아직도 명나라를 존숭하고 청나라를 배척하는 이른바 '존명배청尊明排清'을 대의명분으로 하는 북벌론이 대두하였다.

이런 가운데서도 서학을 이용해야 한다는 주장을 편 이례적인 부류들이 나타났다. 이들은 '실사구시' 학풍을 일으키면서 '경세치용經世致用'을 표방한 이익李瀷(1681~1763)을 필두로 한 실학자들이다. 그들이 한역 서양과학서를 통하여 얼마나 과학을 이해했는지는 알 수 없으나 서양과학을 수용하는 데 주저함이 없었고 이를 위한 사상적 토대를 제공하는 데 기여하였다. 성호학파의 일부는 서학을 연구하는 과정에서 서교西教에 접근하기도 하였다. 이런 풍조에 대응하여 '소중화'라는 자부심을 버리고 생산기술과 민생을 향상시키기 위한 것이면 청나라의 것이라도 배워야 한다는 '이용후생利用厚生'을 주장한 북학파가 등장하게 되었다. 연행燕行을 통하여 발달된 청나라의 문화를 접하고 서양선교사들과 교류한 홍대용洪大容(1731~1783), 박지원朴趾源(1737~1805), 박제가朴齊家(1750~1805) 등이 그들이다.(이태진, 2012: 465) 박지원은 『열하일기』를 통하여, 박제가는 『북학의北學議』를 통하여 북학의 필요성을 주장하였으며, 박제가는 서양 학자들을 초빙하여 과학기술의 진흥을 꾀하고 해외통상을 주창하는 등 당시로서는 파격적인 주장을 편 것으로 유명하다.

2) 홍대용의 농수각

홍대용은 연행을 통하여 서양과학의 선진성을 간파하였고 지전설을 주장하기도 하였다. 그는 이용후생에 앞서 상공흥사商工興事를 위한 기본 도구로서 측량학의 중요성과 서법의기의 우월성을 파악하고 향리에 농수각籠水閣이라는 천문관을 건설하고 나경적羅景積(1692~1772)과 그의 문인 안처인安處仁(?~?)과 함께 만든 통천의統天儀, 측관의測管儀, 혼상의渾象儀, 자명종 등을 설치하고 서양과학기술을 연구하였다.(한영호 등, 1999: 125) 또한 문인들과 교류하면서 여러 편의 농수각 시문을 「농수각기籠水閣記」에 남겼다.(남문현, 1995: 264) 홍대용은 율력律曆, 산수算數, 전곡錢穀, 갑병甲兵 등에 관심을 기울였고, 서학을 수용·연구하여 측량, 천문 등의 실용과학에서 18세기를 대표하는 실학자로 인정되었다.(한국실학회 등, 김문용, 2015: 83) 그는 자연학自然學(natural studies)에 대한 연구결과를 『담헌서湛軒書』 외집 3권에 걸쳐 『주해수용籌解需用』으로 남겨 놓았다. 이러한 일련의 작업은 서양과학을 수용하기 위한 사상적 지평을 개척하기 위한 선구적인 활동이며, 홍대용은 18세기 중엽까지 조선에서 서양과학의 핵심에 가장 접근한 학자로 평가되고 있다.(한영호, 2000: 26, 등)

3) 19세기 중엽의 동도서기론의 맹아

이와 같이 17, 18세기를 거치면서 조선에 도입된 중세 서양과학은 여러 분야에서 고루 활발하게 활용되지 못한 점은 인정되나 이것의 도입과 수용·발전에 앞장선 연행사들과 관상감 역관들의 노력은 헛되지 않아 18세기를 넘어서면서 조선을 세계사에 편입시키는 데 중요한 공로를 세웠다고 할 수 있다. 조선의 과학기술은 17세기를 고비로 중국의 전통을 기본으로 한 구법舊法에서 서학을 위주로 하는 신법新法으로 서구화西歐化되면서 종래 동양을 중심으로 한 우주관과 세계관에 새로운 변혁을 맞이하게 되었다.(이수웅·陳久金·남문현, 2001, 231; 이수웅·陳久金·이은희·남문현, 2001: 1) 이와 함께 조선의 학자들에게 새로운 서양과학기술을 전파해 준 서양 예수회 선교사 마테오 리치Matteo Ricci(利瑪竇이마두, 1552~1610), 아담 샬, 페르비스트, 쾨글러 등의 공로도 역사적으로 재평가되어야 할 것이다.(張柏

春, 1999: 247)

앞서 소개한 바와 같이 이익을 비롯한 실학자들에 의해 싹트기 시작한 '실사구시'의 학풍은 영 · 정조 대를 거치면서 조야 지식인들 사이에 새로운 사상의 활력소가 되었다. 이것은 정신적으로는 동양 전래의 '도道'를 굳건히 지키면서 실생활에서는 서양의 '기器'의 학문인 서학을 받아들여 배우자는 이른바 '오도서기吾道西器'의 학풍 곧 '동도서기론'을 잉태하였다.[30] 19세기에 들어 최한기崔漢綺(1803~1877), 박규수朴珪壽(1807~1877), 남병철南秉哲(1817~1863)과 남병길南秉吉(相吉로 개명, 1820~1869) 형제, 이상혁李尙爀(1831~?) 등 걸출한 학자들이 새로운 발견과 발명을 할 수 있는 토양을 제공하였다. 이러한 활동 가운데 세종 대에 이순지-김담 등에 의해 역상수시 규범으로 확립된 전통 천문학은 남병철 · 남상길 형제에 의해 쇄신되면서 19세기 중반에는 정점에 다다를 수 있었다.(유경로, 1999: 255; 전용훈, 2017: 272) 철종 · 고종 대에 관상감 제조를 역임한 남병철 · 남상길 형제는 조선조 천문 · 역산학의 말미를 장식한 인물로서, 한역 서양과학기술 서적을 참고하여 천문 · 역법 · 계시의기와 『시헌력』의 시행과 관계된 저술 20여 편의 저술을 남겼다.(이노국, 2006: 28) 조선조의 마지막을 장식한 이들의 활동에 대하여는 제9장에서 상세하게 소개한다. 다음에는 창경궁 보루각 정시의대와 경복궁 보루각 시대의 전개를 고찰한다.

5.5. 정시의대, 일영대로 개칭

5.5.1. 황윤석의 일영대 측영기 조사

1) 측영기

앞서 언급한 바와 같이 1536년 보루각 창설 시에는 정시의대 꼭대기에 세종 대 일성정시의를 본뜬 정시의定時儀를 설치하였다. 그러나 임진왜란 이후에는 이 정시의는 유실되어

30 이것은 19세기 중국의 중체서용中體西用, 일본의 화혼양재和魂洋才와 같은 조선에서의 동도서기東道西器의 사상적 풍조이다. 최한기, 이익, 박지원, 홍대용, 박제가, 남병철 등의 실학 활동에 대하여는 한국실학학회 등이 편찬한 『동아시아 실학사상가 99인』, 2015 참조.

그림 5-3A에 보인 정시의대 꼭대기에는 일성정시의가 아닌 의기가 놓여 있다. 이것의 정체에 대하여는 실록에 "日影일영" 또는 "午影오영"이라고 하여 정확히 무엇인지를 알 수 없다. 18세기 말에 천문 · 역상학 등에도 탁월한 저술을 남긴 황윤석黃胤錫(1729~1791)의 조사로 그것이 측영기라는 것이 밝혀졌다. 그는 1788년(정조 2년) 7월 20일에 창경궁 금루실[누실漏室]을 둘러본 다음, 정시의대(일영대라 부름)에 올라가 그가 측경기測景器[측영기測影器]라 이름 붙인 의기를 조사한 기록을 그의 저서 『이재난고頤齋亂藁』에 남겼다. 이것의 원문 일부와 국역문은 정연식(2010: 290)이 발표한 바 있으며, 저자는 이것의 미진한 부분을 채우면서 새로 역주하고, 측영기의 연원을 고찰하였다. 또한 그날 황윤석이 둘러보고 작성한 창경궁과 창덕궁의 건물배치도를 찾아내서 누국-일영대의 위치를 바로잡았다. 황윤석이 일영대에 올라 측경기를 관찰하면서 그것의 구조와 원리, 그리고 용법을 그가 나름대로 해석한 부분을 인용하면 다음과 같다.

> …… 마침 동궁이 비어 있어서 일영대에 올라가 살펴보기에 방해가 되지 않아서 관대를 걸치고 금루실의 군사와 상의하여 일영대에 올라가 측경기를 살펴보았다. 측경기의 받침대는 청석으로 만들었는데, 모가 지고 길쭉하였고, 남쪽에는 (작은) 못을 만들고 사방에 물홈을 만들었는데, 물의 높이로 수평을 잡는 것이었다. (작은) 못의 북쪽에는 작은 기둥을 세워 직각3각형[구고형句股形]을 이루었는데, (직각3각형은) 높이가 서너 치, 남북이 두 치쯤 되었다. 두께는 대여섯 푼쯤 되었다. 북쪽으로부터 남쪽으로는 비스듬히 나아가며 위를 잘라 빗변[사현斜弦]을 만들어 그 남쪽은 높은 변[고선股線]이었다. (북쪽의 작은) 기둥 위의 비스듬하고 뾰족한 곳은 두 갈래로 만들었고, 마치 화살대의 (머리를 시위에 끼도록 에어 낸) 오늬와 같았는데, 그 사이에 측경기의 자루를 끼웠다.[31] (측경기)의 자루는 측경기의 둥근 고리[원규圓規]와 고리의 중심과 함께 십자거十字距를 향하였는데, 십자거는 적도를 기준으로 비스듬히 기울어졌으나, 고리의 중심은 북극과 남극에 맞추어졌다. 측경기는 흑철로 만들었는데 고리 면에는 돌아가며 1일 12시의 24소시 초와 정 4각씩을 새겼다. 십자거의 위에는 또 속이 빈 장방형의 기둥을 세웠는데, 기둥 받침이 둥글어 고리의 중심에 넣어 구멍에 맞추어 돌릴 수 있게 하였다. 기둥 아래에는 긴 쇠자를 크게 꿰었는데, 구멍이나 모[방方]에 맞추어 기둥을 꿰어 십자거와 나란히 맞물리고, 양쪽 끝은 비워 두어 고리가 시각을 내보일 수 있게 하였다. (쇠자의) 양쪽 끝으로부터 가는 실을 꿰어 기둥 꼭대기를 통과시켜 묶어서 해그림자가 드리우게 하는데, 그렇지만 때로는 그림자가 쇠자 위의 중심을 지나쳐 시각을 새겨 놓은 긴 선에

31 열장장부촉. 이음이나 끼움을 할 때에, 구멍에 끼우려고 만든 장부의 끝으로 입구는 약간 넓고 안쪽은 약간 좁게 만든다. 이것을 영어로는 비둘기 꼬리를 뜻하는 dovetail이라 한다.

놓이기도 한다. 기둥과 쇠자는 애당초 바짝 붙어서 움직이지 않지만, 받침은 둥글어서 돌아가니 실의 그림자가 중심을 지나는 긴 선을 벗어나지 않게끔 힘써야 하며, 그리하여 쇠자 끝부분의 빈 곳에 나타난 시각을 살피면 관측한 것을 얻어낼 수 있다. …….[32]

앞의 내용으로 미루어 보면 황윤석이 일영대에 올라서 관찰한 측영기는 세종시대에 창제한 일성정시의와 구조가 비슷한 소정시의小定時儀의 일종으로 추정된다. 앞서 심언광은 새로 제작한 정시의가 세종 대의 것을 개선한 것이라고 하여, 100년 동안 천도의 변천을 고려하여 제작하였다고 하였다. 그렇다 하더라도 구조상으로는 큰 변동이 없어야 하는데 황윤석이 관찰한 것은 세종 대의 것을 간략하게 만든 것과 비슷한 형태이다. 이것을 검증하기 위해 세종 일성정시의와 황윤석의 관찰을 비교하여 측영기가 무엇인가를 밝혀본다.

2) 세종 대 일성정시의의 구조[33]

김돈이 지은 「간의대기」 첫머리는 "임금이 주야로 시각을 측정할 수 있는 의기를 만들 것을 분부하여 이름을 "일성정시의라고 붙였다"고 하였다. 그리고 "모두 네 개를 만들었는데, 하나는 운룡雲龍을 장식하여 (경복궁) 안뜰에 설치하였다. 나머지 세 개는 받침대 위에 기둥을 세워 바퀴 자루를 거기에 끼워 정극환定極環을 받들게 하였다. 하나는 서운관에 주어 점후占候에 쓰도록 하고, 둘은 함경 · 평안 두 도의 절제사 병영에 내려주어 군중의 경계와 파수에 대비하게 하였다."(세종/77/37/4/15/甲戌, 7ㄱ) 일성정시의라는 명칭은 『원사 · 천문지1』에 나오는 서역의상西域儀象(무슬림 천문학자 자말루딘이 제작한 7종의 이슬람식 의기 — 저자 주)

32 "入宣仁門, 踰建陽門峙, 至政院, 納牌, 以下隸誤告, 爲十九日, 書于牌簿而出. 行至欽敬閣前漏室, 路入見漏室, 忽憶己卯新恩時舊事. 又以目今東宮空虛不妨登視日影臺上, 身着帽帶, 乃與漏室軍士商議, 登臺, 觀測景器. 器趺用青石, 方而長, 南爲小圓池, 四周爲渠, 水準以爲平者也. 池北竪小柱, 作句股形, 高可三四寸, 南北可二寸也. 厚可五六分. 自北向南斜進, 而上剡作斜弦, 其南則股線也. 柱上斜銳處作兩岐, 如箭筈, 筈中受測景器之柄. 柄與器之圓規及規心向十字距, 距準赤道斜勢, 而規心準二極也. 器用黑鐵, 規面周鍥一日十二時之二十四小時初正各四刻. 距上又立空心長方柱, 柱趺圓, 入規心, 定竅, 使得轉. 柱下大貫長鐵尺, 比竅方而貫柱, 與距齊切, 而兩端空之, 使規而時刻得現. 乃自兩端貫細線, 過柱頂結之, 以取日影, 但時影當尺上之過心所鍥長線. 蓋柱與尺本自膠不動, 而趺圓而轉, 務令絲影不出於過心長線, 而因視尺端空處所現時刻, 則得所測者也. 既移時審視, 下臺思之, 則牌簿所錄日子誤矣. 若憚再入, 因仍不改, 則於同官受牌時大妨, 故不得不還入改以二十日. 院吏曰: "此只令部吏入改可矣." 頃者, 禁府趙都事進賜誤落名之一字, 亦已改書. 此皆忽忙之故耳."[黃胤錫 『頤齋亂藁』 卷二十六, 戊戌(1778) 七月 丁未].

33 이 절은 앞서 4.3.1항의 "일성정시의'의 내용과 그림 4-4를 재록한 것으로, 이 절에서 소개한 성종 측후지기와 비교하기 위한 것임을 밝혀둔다.

가운데 '주야시각지기晝夜時刻之器'(『元史 · 天文志1』 12ㄱ), 곽수경이 제작한 '간의簡儀'와 '성구정시의星晷定時儀'(『元史』 卷164: 郭守敬; 蘇天爵, 「太史郭公」)에서 영감을 얻은 것으로 보인다. 이것은 첫째, 『주례周禮』에 "별로써 시각을 정한다"에서 기본 아이디어를 얻고, 둘째, 낮에는 해그림자日影로, 밤에는 별을 관측하는 방식은 이슬람식 주야시각지기에서 취하였다. 셋째, 적도환赤道環에 눈금을 표시하는 방식은 "성구정시의"에서 원용하였다. 그리고 그것에다 간의에서 백각환百刻環 위에 해그림자가 드리워지는 위치를 보아 시각을 알아내는 방식을 융합한 것이다. 이것의 특징은 간의에서 백각환 계형界衡이다 두 개의 기둥 위에 정극환을 설치하고, 정극환 양단과 계형 양단을 실로 연결시켜 두 개 실의 해그림자가 일치되는 백각환의 눈금을 읽는 매우 간편한 방법에 있다. 이로써 별을 관찰하여 시각을 알아내는 기능을 부가하여 낮에는 태양시太陽時(solar hour)를, 야간에는 항성시恒星時(sidereal hour)를 결정할 수 있게 만든 것이다.

그림 5-16A는 니덤 등Needham, J. et al.(1986: 46)의 복원을 바탕으로 재구성한 세종 일성정시의의 시반時盤과 측정부의 복원도이다.[34] 청동으로 만든 바퀴와 십자거(C) 위에 주천도분환周天度分環(주천환) 1 · 일구백각환日晷百刻環(일구환) 2 · 성구백각환星晷百刻環(성구환) 3을 각각 설치한다. 주천환에는 주천도를 새기는데, 매 도를 4등분한다. 성구환과 일구환에는 12시 100각 눈금을 새기는데 매 각을 6등분한다. 세 개의 환 위에다 계형 4를 설치하는데, 이것의 양쪽 머리에는 네모지게 잘라내 비워 두어 환 세 개의 눈금이 보이도록 하였다. 곧, 환 세 개의 눈금을 읽기 위한 공간이다. 계형에는 허리 중앙 좌우에 각각 용을 새긴 장방형 막대(P)를 하나씩 세워 공간을 만들고 정극환 5를 받치도록 하였다. 십자거C의 중앙과 계형 4의 중앙을 관통하여 겨자씨만 한 구멍을 뚫어 정극환 5가 보이도록 한다. 정극환은 안팎으로 두 개인데, 바깥 환과 안쪽 환 사이로 구진대성句陳大星이 보이도록 하고, 안쪽 환 내부에는 천추성天樞星이 보이도록 하여 이것으로 북극 둘째 별[제성帝星(beta UMi)]을 찾는다. 계형 양단 빈 곳 안팎과 바깥 정극환 양면에는 각각 작은 구멍을 내어 가는 실 6으로 계형에 뚫은 4개 구멍을 관통하여 바깥 정극환 바깥 면에 뚫은 구멍 두 곳에 매고, 위로는 해와 별을 살피고 아래로는 시각을 알게 하였다. 바퀴 자루 7은 적도 기울기에 맞춰 용의 부리 8에 삽입한다.

34 반룡盤龍 형태의 용주龍柱와 이것을 세운 바탕, 연못, 수거 등은 생략하였다.(전체 구조는 남문현, 2002, 31, 그림 1-2. '일성정시의' 참조)

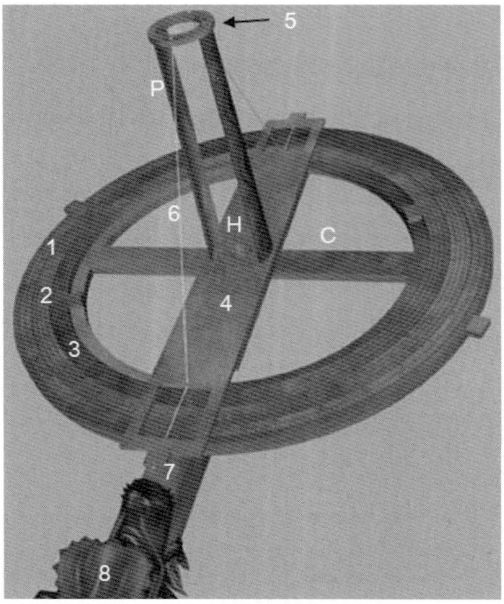

A

B

그림 5–16. 일성정시의와 일성의대

A. 정시의 시반과 측정부: 1. 주천환, 2. 일구환, 3. 성구환, 4. 계형, 5. 정극환, 6. 실, 7. 바퀴자루, 8. 바퀴자루 삽입 고정, C. 십자거, H. 별 관측 구멍, P. 장방형 기둥 (그림 제공: 한영호, 2013 개작) **B.** 경복궁 일영대 유물 [사진: 和田雄治氏화전웅치씨 所藏소장. "慶福宮迎秋門觀象監內天文臺경복궁영추문관상감내천문대" (출처: 渡邊天倪 · 二宮琶汀, 『朝鮮名勝記』, 1910: 91)]

주천환으로 항성시를 측정하려면 먼저, 금루水漏(물시계)로 동지 신전晨前 자정을 맞추고, 계형으로 북극 둘째 별[제성帝星]이 있는 곳을 살펴서 바퀴 가[의 긴 획]에 표시하고, 주천 첫 도 초에 맞춘다.[35] 또한 성구백각환의 자정 눈금을 이것에 일치시킨다. 이렇게 하면 항성시 자정도 측정하게 된다. 태양이 남중하는 시각을 관측하려면 먼저, 관측자 앞의 실을 백각환 오정 초각 눈금에 맞춰 놓는다. 한양의 자오선을 통과하는 시각을 알려면 오정이 가까워지면 관측자가 정시의대에 올라가 태양의 남중南中(자오선 통과) 순간을 알아낸다. 계형에 맨 태양을 향한 실의 그림자가 오정 초각에 맞춰 놓은 백각환 눈금 위의 관측자 앞의 실과 일치하는 순간을 알아내면 된다. 그림 5–16B는 임진왜란 이후 방치한 세종 간의대 일성정시의日星儀를 올려놓았던 일성정시의대(그림 2–2B 속의 ⑧번 참조)를

35 이때 계형으로 북극 제2성인 제성帝星(beta UMi)을 맞추고, 주천환의 초도를 이것에 일치시킨다. 이 일치된 곳의 아래에 있는 바퀴에 그 표시를 하며 성구환의 자정도 이것에 맞춘다. 항성은 북극을 중심으로 한 시간에 15도씩 움직이므로 제성의 움직임을 관찰하면 시간을 알 수 있다.

복구하여 1867년에 영추문 안에 복구한 누국 앞에 축조한 일영대이다. 일영대 꼭대기에 놓인 "工"자형 받침돌[부석趺石]은 복구하면서 화강석으로 새로 제작하였다. 일영대는 해체하여 남아 있지 않고, 받침돌은 경복궁 아미산에 남아 있다.(전상운 등, 1984: 88)

3) 측영기는 성종 대 측후지기

보루각을 창설한 당시부터 임진왜란이 일어나기 이전에는 그림 5-16A와 형태가 같은 정시의를 대에 올려놓고 태양의 남중시각을 보루각에 통보하면서 금루를 운영했을 것이다. 그러나 앞서 고찰한 바와 같이 전쟁 중에 금루를 궁궐 밖으로 이설하면서 정시의를 이설했는지는 알 수 없으나 혼란의 와중에서 유실됐을 가능성이 없지 않다. 따라서 이를 대신하여 세종 대와 성종 대에 만든 정시의 가운데 당시까지 남아 있던 것 가운데 그림 5-17A에 보인 1486년(성종 17년 丙午)에 제작한 측후지기測候之器를 사용한 것으로 추정된다.(남문현, 1995: 106) 이 측후지기의 받침대 상면에는 "御製어제(임금이 만든) 測候之器측후지기(시간측정기구로다) 初正均度초정균도(초각과 정각이 균일하고) 表端影直표단영직(시침은 곧고 그림자도 곧으니) 合乎君道합호군도(군왕의 도리에 합치하도다) 旹柔兆敦牂朝月日시(년) 유조(병) 돈장(오) 조월(6월) 일"이라는 명문이 새겨 있어 "병오년 6월"에 제작했음을 밝혀준다. 이것의 유물은 청동으로 제작한 받침대와 시반이 남아 있다. 12시 100각이 새겨진 백각환의 자루는 절단되고 정극환의 테두리를 본뜬 원환圓環을 받치는 두 개의 장방형 기둥도 절단된 상태이다. 그러나 이것의 원형은 1936년 연희전문학교(현 연세대학교) 교수 루휘스Carl W. Rufus의 논문 속에 달시계Moondial란 명칭으로 실려 있다.(Rufus, 1936: Plate 17) 이 사진에는 백각환과 두 개의 기둥 꼭대기에 부착한 원환 등이 온전한 상태이다. 다음에는 그림 5-17을 통해 앞서 황윤석이 관찰한 측영기 구조, 루휘스가 남긴 성종 측후지기의 사진과 유물을 비교하여 측영기가 측후지기라는 것을 고증한다.

그림 5-17에서 A는 루휘스가 찍은 사진의 측후지기(오른쪽 부분)36이며, B는 일영대[정시의대] 유물(북측면도), C는 측후지기 유물의 시반과 측정부이며, A에 보이는 백각환 자루와 원환圓環을 받쳐 주는 기둥 두 개가 유실된 상태다. D는 C를 받침대 기둥에다 적도 기울기로 삽입했을 때의 모습을 재현한 것이다. 그림에 표기한 번호와 명칭은 네 가지 부품에 공유하였다. 앞서 황윤석의 측영기 관찰기록과 루휘스의 사진, 그리고 유물에서

36 왼쪽 부분은 분리되었으며 백각환이다.

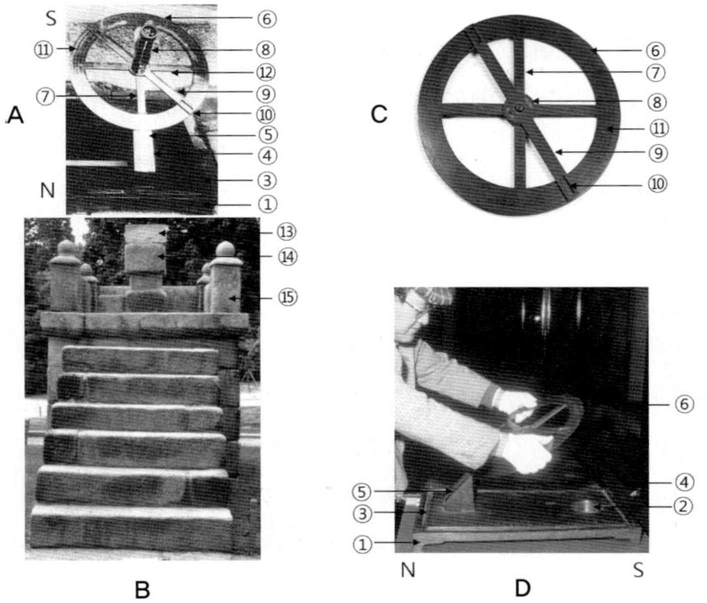

그림 5-17. 측영기와 측후지기

A. 측후지기 (출처: Rufus, C., PLATE 17, 개작) **B.** 일영대 **C.** 측후지기 시반과 측정부 (출처: 세종대왕기념관 소장, 개작) **D.** 시반을 받침대 기둥에 적도 기울기로 저자가 삽입하는 모습 재현(1994년) (부품 번호와 명칭은 본문 참조)

뽑은 주요 부품과 번호는 다음과 같다. 일련번호는 관찰기록에 따랐다. [ ]안에는 원문(각주 32 참조)의 한자 명칭을 넣었다. ① 측경기의 받침대[기부器趺], ② 동그란 못[지池], ③ 물홈[거渠], ④ 직각3각형의 작은 기둥[소주小柱], ⑤ 둥근 고리[원규圓規](일구백각환)⑥의 자루 꽂이(오늬)[전괄箭筈], ⑥ 십자거十字距⑦을 부착한 둥근 고리, ⑦ 십자거, ⑧ 속이 빈 장방형 기둥[공심장방주空心長方柱](C에는 절단된 기둥 자리 흔적이 보임), ⑨ 쇠자[철척鐵尺], ⑩ 쇠자⑨의 양단 빈 곳[兩端空之], ⑪ 1일 12시 100각 눈금 새김[주계일일십이시周鍥一日十二時], ⑫ 가는 실[세선細線], ⑬ 받침대 다리 안치 받침돌[부석趺石], ⑭ 工자형 받침돌[趺石], ⑮ 일영대[日影臺]. N 북, S 남. 쇠자⑨는 중앙부를 둥글게 하고 중심을 관통하여 굴대를 삽입하여 회전할 수 있게 하였으며, 둥근 부위에 세운 기둥들도 함께 회전한다. 둥근 고리⑥의 자루는 관측지의 적도 기울기로 두 개의 갈라진 오늬⑤에다 삽입한다. 가는 실⑫는 기둥⑧ 상단에 부착한 원환과 쇠자⑨의 양단 빈 곳을 관통시킨다. 태양을 향하게 하여 가는 실 두 개가 만드는 해그림자를 쇠자 빈 곳⑩에 받아 읽어 시각을 알아낸다. 두 개 실의 해그림자가 일치할 때가 오정 초각이다. 이 방법은 앞서 소개한 일성정시의를 이용한 태양의 남중시각을 결정하는 방법과 동일하다. 측영기란 명칭은 "해그림자[일영日影]을 관측하는 그릇[기器]"이란 뜻이다. 따라서 관측대도 "일영대"라 부른 것으로 보인다.

측후지기가 일성정시의나 소정시의와 다른 점은 두 개의 환으로 구성된 정극환의 안쪽 원환을 제거하여 항성시 관측기능이 없다는 것이다. 따라서 일성정시의를 간략하게 만든 소정시의小定時儀(『世宗實錄』「簡儀臺記」 9ㄱ)의 주천환과 성구환을 제거하고 일구백각환만을 남겨 태양시만을 관측하도록 하였다. 측후지기의 원환 양편에는 작은 구멍을 뚫어서 가는 실을 고정하도록 하였다. 황윤석은 측영기를 관찰하면서 일성정시의의 부품명칭 대신에 자신이 알고 있는 천문의기의 명칭을 사용하였다. 원규에는 1일 12시 24소시 초정의 눈금을 새겼다고 하면서 이것이 일구백각환이라는 용어는 미처 사용하지 않았다. 원환을 받쳐 주는 장방주를 부착하여 회전시켜 주는 계형 대신에 이것을 "쇠자"라고 하였지만, 이것에다 가는 실을 걸어서 태양의 그림자를 이용한 태양시를 관측하는 방법은 이미 알고 있었다. 또한 원규를 직각3각형의 빗변에 두 갈래로 판 오늬[비둘기 꼬리dove-tail]에다 적도 기울기에 맞춰 삽입하였다는 것으로 보아 그는 천문의기제작에 대해서도 해박하였음을 알 수 있다. 이로써 "측영기"가 "측후지기"라는 사실을 후세에 알려주었다.

앞서 살펴본 고찰을 통하여 임진왜란 이후에는 성종 대에 제작한 측후지기가 정시의로 정시의대에 설치되었음을 알 수 있다. 이 밖에도 황윤석은 그의 『이재전서頤齋全書』에서 경복궁의 간의대, 그림 5-18에 보인 동궐의 누국 시설 배치도를 실었다. 이 동궐 누국 배치도는 아마도 그가 일영대를 조사한 후에 작성한 것으로 보인다.(남문현, 2016: 191, 도6 참조) 또한 창덕궁 제정각 일영대명日影臺銘과 일영명日影銘 등 숙종 어제 의상儀象 시문 여러 편을 소개하였다.(黃胤錫, 下卷, 240; 국역문은 남문현, 1995: 252) 황윤석은 아마도 숙종이 지은 어제시의 '일영대'란 명칭을 따라서 정시의대를 일영대로 부른 것으로 추정된다. 그때까지 보루각에서는 정시의대를 무엇이라고 불렀는지는 알 수 없으나 이것을 일영대라고 기록한 것은 황윤석이 처음이다. 이후 일영대라는 명칭은 경희궁, 창경궁, 경복궁 정시의대의 일반 명칭으로도 사용되었다. 여기서 유의할 것은 일영대란 명칭은 해시계를 나타내는 용어로 세종 대에 앙부일구를 혜정교에 설치하면서 그 동네 이름을 "일영대계日影臺契"로 부르면서 쓰이기 시작하였다. 해그림자를 받도록 만든 앙부일구를 "앙부 일영日影"으로 부른 데서 연유하였음을 알 수 있다.

일영대는 그림 5-17B에 보인 것이 대표적이지만, 앙부일구를 비롯하여 창덕궁, 서운관 등에 남아 있는 석재 받침대는 구조와 규모 면에서 차이가 있다. 곧, 일영대라고 하여 모두 동일한 구조를 갖지는 않는다는 뜻이다. 이것의 구조에 따른 차이는 저자가 조사하여 발표하였다.(남문현, 2016: 192, 표1 참조) 측영기를 포함한 정시의를 받쳐놓는 받침돌[부석趺石]은 전용 석대의 상면에다 설치한다는 것이 특징이므로, 정시의대와 여타 일영대는 변별해야 한다. 숙종은 1687년 이민철李敏哲(1631~1715)이 중수한 수운 혼천의의 시각 보정을 위해 제정각 동쪽에 일영대를 세우고 그 꼭대기에 '일영日影'이라는 해그림자로 시각을 알아내는 의기를 올려놓았다. 숙종은 이를 기념하여 어제시御製詩를 지어 대[부趺]의 서면 모퉁이부터 돌아가며 네 모퉁이에 새기고, '일영대'와 새로 주조한 일영을 제정각 동쪽에 설치하였다는 것을 우선 기록하기 위해 '일영대명'과 소서小序를 지었다.(그림 8-1 참조) 『동궐도』에 나타난 일영대의 모습, 위치와 형태, 그리고 현재 일영대는 남아 있다.(남문현, 2016: 190, 〈도5〉 참조) 이에 더하여 숙종은 일영대 위에 올려놓은 일영의명日影儀銘도 짓게 하였다. 조선조에서 일영대라 부른 석대[부趺] 가운데 공식적으로 기문이 남아 있는 것은 제정각 일영대뿐이다. 일영대 위에 해시계류인 '일영'을 올려놓았음이 분명하므로 일영대를 "해시계를 설치한 받침대"라고 정의했다.(그림 5-3B 참조)

그림 5-18은 황윤석이 측영기를 조사하고 나서 그날의 여정이 담긴 창덕궁과 창경궁의 건물배치도이다. 이 지도에는 황윤석이 관찰한 누국漏局(일기에 나타난 누실漏室)과 일영대의 위치가 창경궁이 아닌 창덕궁으로 표시돼 있어 저자가 문정전文政殿 앞으로 옮겨 개작한 것이다.

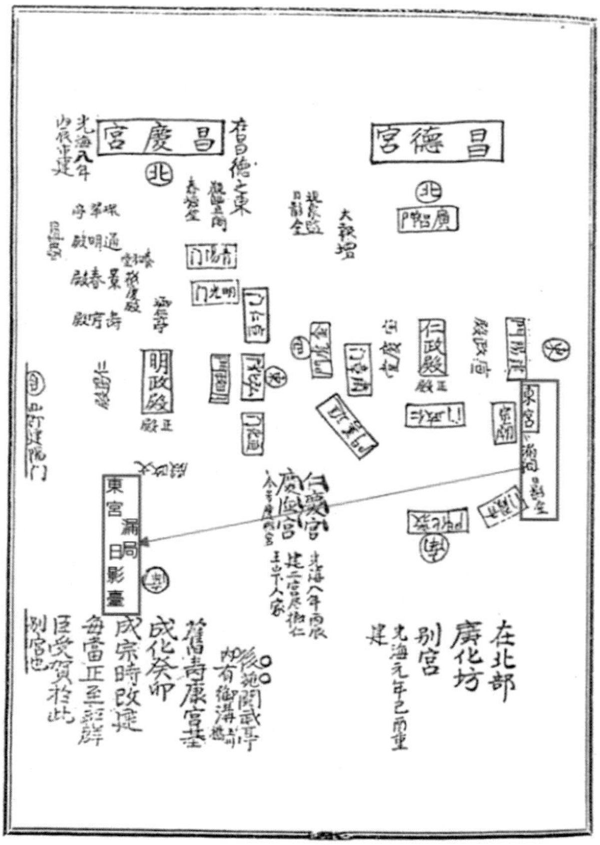

그림 5-18. 창덕궁과 창경궁 건물배치도
(출처: 남문현, 2016: 191, 도6 중)
창경궁 동궁 동쪽에 누국과 일영대가 보인다.

5.6. 경복궁 보루각과 보시체제의 변천

5.6.1. 창경궁 보루각 시대 폐막과 경복궁 보루각 복구

보루각은 18세기 말엽부터는 정교했던 자격장치는 마비된 채 국초의 금루 명칭인 경루更漏만으로 운영된 것으로 보인다. 자격장치를 갖춘 보루각루를 금루로 활용하다가 조선 초기의 누각으로 후퇴한 것이다. 보루각은 오랫동안 수리하지 않아 광해군 대에 개수한 지 200여 년 뒤인 1828년(순조 28년) 장마에 무너져 그 옆에 보루각 규모를 축소한 누국을 새로 지었다.(柳本藝, 「闕內各司條」; 『增補文獻備考』 卷38 輿地考 26: 宮室 2, 昌慶宮條 등) 1796년(정조 20년)에 편찬한 『국조역상고』 권4 경루조에 이것의 구조와 용법이 나타나 있는 점으로 미루어 광해군 대에 복구했던 자격장치는 기능을 상실하고 단순한 누각으로 계시와 보시를 수행하였던 것으로 보인다. 이러한 정황은 그림 5-3A에 보인 「동궐도」 7첩 6면에 잘 나타나 있다. "ㄱ" 자형 건물의 "누수간漏水間"이라 표시된 곳이 경루를 설치했던 곳이다. 1536년 이곳에 창설한 보루각은 일시적으로 궁 밖으로 이설하였다가 1618년부터 1867년까지 250년 동안 금루-일영대 구도를 유지하면서 표준시보를 종각으로 발신하였다.

경복궁 보루각루-일영대(일성정시의) 제도는 그 후 창경궁, 경희궁, 경복궁의 누국-일영대 제도로 계승되었다. 「서궐도안西闕圖案」, 「동궐도형東闕圖形」, 「북궐도형北闕圖形」과 『창경궁지昌慶宮志』 등에는 이를 잘 반영하여, 보루각은 "누국漏局"으로, "정시의대"는 "일영대日影臺"로 표기하였다. 보루각 창설과 더불어 정착한 금루-정시의 제도는 역대 왕조에서 규범으로 계승하였음을 알 수 있다. 누국-일영대 제도는 마치 바늘 가는 데 실 가듯이 짝을 이루어야 오정 초각에 물시계를 새로 가동할 수 있었음을 알 수 있다.

서광계徐光啟(1562~1633)가 "물시계를 바로잡을 때의 기준[정누지초正漏之初]는 반드시 오정 초각[정오초각正午初刻]에 맞추어야 하는데, 이 시각이 틀리면 모두 틀린다"고 한 말은 물시계를 이용한 정시법과 오정 초각을 결정하는 정시의의 불가분 관계를 강조한 것이다.(『增補文獻備考』 卷3, 儀象2, 10ㄱ) 오정 초각을 알려면 오정의 해그림자(일영) 곧, 정시의로 오영午影을 관측해야 한다. 보루각에서 오영을 관측하는 의기가 일영대 꼭대기에 설치한 황윤석이 조사한 정시의의 일종인 측영기(측후지기)이다.

그림 5-19는 1830년대부터 1900년대 초까지 「동궐도」, 「동궐도형」과 「북궐도형」을 바탕으로 도시한 창경궁 보루각의 변천을 보인 것이다. A는 창경궁 문정문 앞 보루각

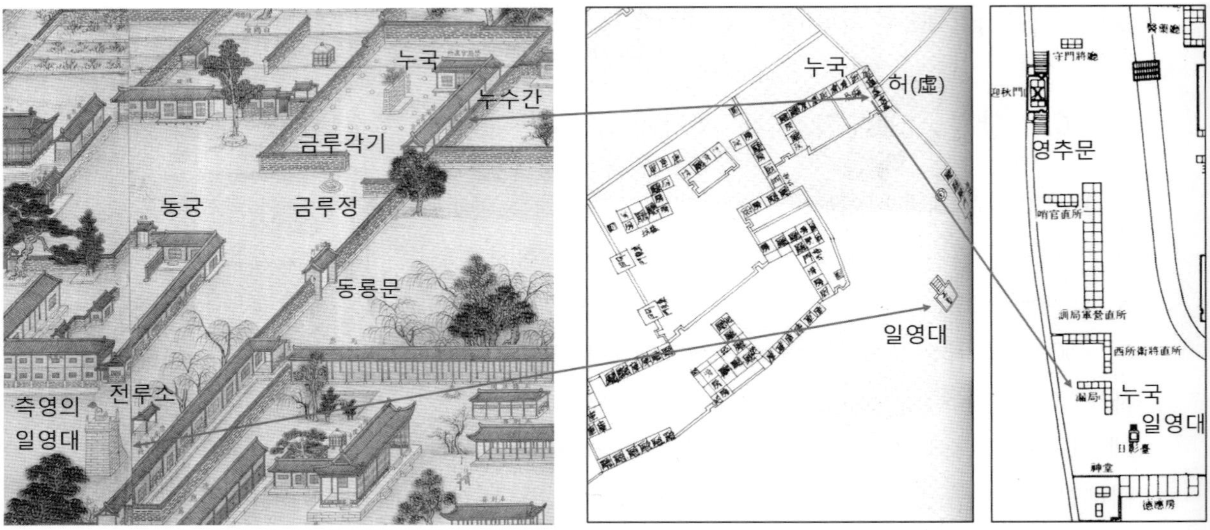

A　　　　　　　　　B　　　　　　　　　C

그림 5-19. 창경궁 보루각 누기의 경복궁 이설도

A. 1828년(순조 28년)경에 보루각터[禁漏閣基]에 신축한 누국과 기존의 정시의대 (출처: 「東闕圖」, 고려대학교박물관 소장, 개작). 1618년(광해군 10년)에 개수한 보루각[禁漏閣]은 1828년 장마에 무너져 둥글고 네모난 주춧돌만 남아 있다. 금루각터 오른쪽에 'ㄱ'자 형으로 신축한 누국(漏局). 禁漏官直所와 禁漏書員房 사이에 누각을 설치한 '누수간(漏水間)'이 자리 잡고 있다. **B.** 금루를 경복궁으로 이설한 후의 누국 배치도 (출처: 문화재관리국 문화재연구소 소장). A에 보이는 '누수간(漏水間)'이 허(虛)로 표시되어 비어 있다. 일영대는 그 자리에 남아 있다. **C.** 경복궁으로 누기를 이설한 이후의 누국과 일영대 (출처: 「北闕圖形」, 1907, 문화재관리국, 문화재연구소 소장, 개작)

터에 1618년에 개수한 보루각 터[금누각기禁漏閣基]에 신축한 금루각과 그 앞에 금루정, 동궁, 일영대가 자리 잡고 있다. 일영대는 1536년에 축조한 것이다. 그 꼭대기에 측영기가 놓여 있다.(「東闕圖」 7첩 6면) 금루각은 1828년 장마에 무너져 둥글고 네모난 주춧돌만 남아 있다. 금루각기 오른쪽에 'ㄱ'자 형으로 누국漏局을 신축하였다. 금루관이 머무는 금루관직소禁漏官直所와 금루서원이 머무는 금루서원방禁漏書員房 사이에 누각을 설치한 '누수간漏水間'이 자리 잡고 있다. B는 금루를 경복궁으로 이설한 후의 누국 배치도(「東闕圖形」, 1907)이다. A에 보이는 '누수간'이 "허虛"로 표시되어 비어 있음을 알 수 있다. 일영대는 그 자리에 남아 있다. B에 보인 일영대 정시의 측영기도 B-C에 보인 화살표 대로 경복궁 일영대로 이설하였음을 알 수 있다. 1867년(고종 4년)에 경복궁 영추문 안에 건축한 누국으로 이설하였기 때문이다. C는 경복궁으로 누기를 이설한 후의 누국과 일영대(「北闕圖形」, 1907) 구도이다. 그림 5-16B에 보인 경복궁 일영대는 「북궐도형北闕圖形」에 보이는 일영대

이다. 원래 이것은 세종 대에 간의대를 건설하면서 축조한 것으로서 건춘문 안에 보존돼 있던 것을 이설한 것으로 보인다. 측영기 받침 석대는 새로 만든 것으로 보인다.

이후 창경궁 일영대는 어찌되었을까?

고종 초기에 나온『신증동국여지승람』제2권 보루각조에 "동룡문 옆 시강원 동쪽에 있으며, 광해군 갑인년(1614년)에 지었으며 지금(1867년을 뜻함 — 저자 주)은 폐지되었다. 그 앞에 일영대가 있다"고 하여 1870년경에도 누국 앞에 일영대가 있음을 알 수 있다.(『備考篇東國輿地備考』卷1 京都, 昌慶宮, 報漏閣조) 일영대는 그대로 두었다가 1909년(순종 3년) 창경궁 안에 동물원을 개설하면서 근처로 이설하였다. 그림 5-20A는『경성부사京城府史』에 실린 1930년대 일영대의 모습이다.[37]

그림 5-20. 1930년대 일영대 모습 (출처:『京城府史』, 1934)

37 일제강점기에 일영대는 1688년(숙종 14년)에 제작한 관상대라는 "관상대설"이 풍미하였으며, 1980년대에는 1688년에 제작된 관천대라는 "관천대설"이 등장하여 소간의를 설치한 간의대라고 하였다. 그러나 1985년 과학문화재로 지정할 당시에 정부는 이것을 1536년에 제작된 "관천대"로 등록하였다.(관보 제10111호 1985. 8. 9.(금) 문화공보부고시 제645호) 1536년은 창경궁에 보루각을 창설한 해이며 이때 제작한 보루각루는 국보 제229호 보루각 자격루로 등록하였다. 현재 관천대 안내문에는 "1688년 축조된 창경궁 관천대(보물 851호)는 대 위에 소간의小簡儀를 설치하여 천체를 관측하던 시설이다"라고 되어 있다. 이에 대해 저자 등은 관천대설의 허구성을 밝히고, 용어(명칭)의 오루를 지적하였다.(정연식, 2010: 279; 남문현, 2016: 193)

5.6.2. 경복궁 누국-종각 보시체제의 복구

1) 경복궁 누국과 일영대

국초부터 금루를 관리하고 궐내의 보시 업무는 서운관 소관이었으며, 보루각은 금루를 안치한 건물인 동시에 계시정보를 관리하는 관청으로서 서운관(뒷날에는 관상감)의 부서이다. 그런데 임진왜란 이후 궁궐 밖으로 보루각을 이전하면서부터 그 명칭 또한 누국으로 바뀌었다가 창경궁에 복구하여 보루각, 금루각이라고 불렀다. 앞서 그림 5-19A에서 보았듯이 1828년부터는 누국漏局으로 바뀌고, 누기를 설치한 방은 누수간漏水間이라고 하였다. 경복궁에 이설하면서는 누국이라는 명칭을 그대로 썼다. 금루와 정시의 측영기는 예전의 것을 그대로 이전하여 사용하였던 것으로 보인다. 정시의를 설치할 일영대를 누국 앞에 축조하였다. 일영대 위에는 측영기를 안치할 수 있도록 받침돌[부석趺石]을 새로 제작하여 그 꼭대기에는 측영기를 안치하고 태양의 남중시각을 누국에 알렸을 것이다. 이로써 누국-일영대 구도가 복구되었다.

일영대는 그림 2-2B에 보인「경복궁도」의 ⑦번 일영대 또는 ⑧번 일성의대를 누국 앞으로 이설한 것으로 보인다.(그림 5-16B 참조) 일성의대는 석조라서 그대로 보존되었기 때문이다. 아마도 경회루와 전각들이 밀집한 곳에 축조한 일영대보다는 이보다 덜한 동쪽 구역에 축조한 일성의대가 보존상태가 좋았을 것으로 보인다. 흠경각 근처에 축조한 일영대는 경복궁을 중건하면서 축조하지 않았다.(『국역 경복궁영건일기 1』 2019: 181) 누국 앞에 축조한 일영대는 그림 5-16B에 보인 것으로서 그 위에는 "工"자형 받침돌[부석趺石]을 새로 제작하여 올려놓았다. 세종 대에 일성정시의대에는 그림 5-3B 상단에 보인 것과 같은 분리형 받침돌을 제작하였을 것이다. 이것은 430여 년을 지나는 동안 부서져서 화강석으로 새로 일체형으로 제작한 것으로 보인다. 이리하여 제2의 경복궁 보루각 시대가 개막되었다. 조선 후기에 제작한 일영대 받침돌은 모두 화강석으로 제작하였으며, 『조선고적도보朝鮮古蹟圖譜』에도 실렸다.(남문현, 2002: 150, 그림 2-13 참조) 그리고 1910년대 초에 일영대는 매동보통학교 운동장을 신설하면서 해체하였다.(和田雄治, 1917: 168) 현재 경복궁 아미산에 남아 있는 일영대 받침돌은 아마도 일영대에 안치했던 것을 이전한 것으로 추정된다.(남문현, 2016: 192, 표1, 경복궁 참조) 측영기(측후지기)는 수습하여 제실박물관에 전시하였다.

2) 광화문 대종고의 부활

앞서 고찰한 바와 같이 조선 초기에는 경복궁 보루각에서 발신한 보시 신호는 경복궁의 일화문과 월화문에서 듣고 문지기들이 궁 안에 알리고, 광화문을 거쳐 병조장문 → 월차소행랑 → 수진방 동구의 병문 → 의금부 → 종루의 순서로 전달되면 종루 종지기가 종을 울려 타보打報하면 성문에서는 이 신호에 따라 문지기가 성문을 여닫았다. 이러한 전달방식은 보루각을 창덕궁으로 잠시 이전한 동안에는 변경이 불가피하게 되었다. 앞서 고찰한 바와 같이 창경궁 보루각의 보시 신호는 궐내의 전루소 12개소를 거쳐 창덕궁 남문인 돈화문에 이르면 그곳의 종을 울려 종루에 이르기까지 6개소의 전루소를 거쳐 인정 · 파루 시보를 종각에 전달했다. 그러다 다시 경복궁이 복구된 이후에는 임진왜란 이전처럼 복구되었을 것이다. 이 가운데서 보시 신호를 중계하는 광화문 문루의 대종과 대고는 중요한 역할을 하였다. 대종은 앞서 창경궁 보루각을 창설할 때 동대문 밖에도 시보를 전달하기 위해 옮겨 놓았던 흥천사종을 옮겨다가 걸었다.

광화문 문루에 종을 걸게 된 과정은『경복궁 영건일기』에 자세하게 나와 있다. 1865년 9월 2일 일기에 따르면, 흥선대원군이 동대문 안에 있던 대종을 옮겨 광화문 문루에 달고자 하였다. 이에 백목전白木廛이 시민 600명을 내어 동대문 안에 있던 대종을 썰매로 옮겨 광화문 앞으로 가져다 놓고 보니 세조 대에 흥천사에서 주조한 것이었다고 한다.[38] 1536년에 동대문 안으로 이전한 지 330년 만이다. 불가佛家의 기구이므로 11월 8일 신흥사(흥천사를 옮긴 절)의 승려가 공양供養하기로 했다고 하였다. 11월 9일에 광화문에 부계浮階를 설치하고 녹로군轆轤軍 31명, 담군擔軍 215명, 목수와 석수 20명, 기계장機械匠 3명이 대종을 문루로 끌어 올렸다. 이에 다음 날에는 서협문루西挾門樓에 별도로 주량柱樑을 설치하고 대종을 매달았다. 이리하여 문루에 대종고가 설치되어 보시 신호를 종각에 전달할 수 있게 되었다. 이 종은 매일 조하朝賀 때와 임금이 거동할 때에는 3엄三嚴(1엄은 준비, 2엄은 완료, 3엄은 시행)이 끝난 뒤에 49회 울렸다.(『增補文獻備考』 3卷, 儀象2: 18ㄴ) 광화문 종은 공식적으로 조선 초기부터 한양 도성 보시체제의 주요 부품이었음을 알 수 있다. 다음에는 보시 신호를 타보하는 종각과 왕조 말까지 실시한 보시제도를 알아본다.

38 이것이 오늘날 보물 제1460호 '흥천사명興天寺銘 동종銅鐘'이며, 1938년 이왕직박물관 소장품으로 창경궁에서 덕수궁으로 이전한 것이다.

3) 종각이 '보신각'이란 이름을 얻다

고종 원년에는 종각을 새로 짓고 제도를 정비하면서 병조가 이것을 관리하였는데, 잦은 화재로 시간을 알리는 일이 때때로 중단되기도 하였다. 1895년(고종 32년)에 종각이 "보신각普信閣"이라는 이름을 얻게 되었다.(그림 5-21A) 인仁 · 의義 · 예禮 · 지智라는 4대문 이름에 더하여 '신信'이 종각에 붙여지게 되었다.(李重華, 123쪽; 『京城府史』 권1, 204쪽; 李弘稙 편, 『국사대사전』 「보신각조」 등) 이로써 인 · 의 · 예 · 지 · 신이라는 유교의 중요한 덕목이 종소리를 타고 그대로 서울 장안에 퍼져 나가게 되었다. 제왕의 역상수시 임무가 단순한 보시 차원을 넘어 면면히 국가통치이념의 확산으로 발현되었음을 역력하게 볼 수 있다.

1884년(고종 21년) 윤 5월 20일부터 창덕궁 안의 금천교禁川橋에서 정오와 인정 · 파루에 대포를 쏘기 시작하였다.(『日省錄』 고종 21년 윤 5월 20일조)(그림 5-21B) 그림 5-21C는 일본 대판성

A

그림 5-21.

A. 19세기말 보신각. 가로등이 걸린 것으로 보아 1900년대를 전후하여 찍은 사진으로 보인다. (출처: 김원모 · 정길성, 1986) **B.** 창덕궁 오포 유물 (출처: 국립고궁박물관 소장) **C.** 일본 대판성 호포 (사진: 남문현, 2005)

B

C

大阪城(오사카성) 오포午砲 유물이며, 이것을 본떠 대포를 쏜 것으로 보인다. 종각의 종소리와 대포소리가 함께 나게 되었으니 생각만 하여도 가관이었을 것이다. 그런데 이 대포소리가 들쭉날쭉하여 때 없이 울렸기 때문에 시간을 잘 지키지 않거나 신용이 없이 큰소리치는 사람을 '대포쟁이'라 부르게 되었다고 한다. 1895년(고종 32년) 10월 29일부터 인정 · 파루 제도가 폐지되었지만, 포달布達(한말 궁내부의 공지사항) 제4호로 오정례午正例에 따라 오정과 자정에는 보신각종을 울렸으며 보시와 경고更鼓(오경에 울리는 북)의 절차도 일체 폐지하였다. (국회도서관, 1970) 1908년 4월 1일부터 표준시를 일본 표즌시(동경 135도)에 맞추게 되면서 통감부가 오포를 쏘는 것을 관장하게 되었다. 이리하여 조선의 11시가 일본의 12시로 바뀌게 되었다. (국회도서관, 통감부령 제5호, 1908: 명치 41년 2월 14일; 鄭喬, 1908: 융희 2년 4월조) 이로써 그때까지 시행하던 오정과 자정의 종각 대종 보시제도는 종말을 고하게 되었다.

한말에 서울을 방문했던 외국 사람들이 간혹 보신각 종소리에 대한 소감을 남겼는데 그 가운데 영국인 여행가 버드 비숍Isabella Bird Bishop(1832~1904)은 인정 · 파루 종에 대한 인상기를 남기고 있다. (Bird Bishop, I., 1898) 그림 5-21A에 보인 보신각 풍경을 보면 시민들의 구경거리로서 또는 약속장소로서 행인의 왕래가 빈번하였음을 알 수 있다.

일제강점기에는 보신각의 종을 울렸다는 기록이 없지만, 대한민국 정부수립 이후에는 국경일에 이 종을 서른세 번 울렸고, 해마다 제야를 알리는 33회의 종소리도 이것으로 하였다. 1979년에는 보신각을 조선 초기의 규모인 정면 5칸, 측면 4칸으로 복원하고 종도 예전 규모대로 새로 만들어 달았다. (그림 5-22A) 보신각에 걸렸던 보물 제2호 옛 보신각 동종은 1980년대에 일부 파손되어 새 종으로 교체되어 지금은 국립중앙박물관 뒤뜰에 종각을 지어 그 안에 보존하고 있다. (그림 5-22B) 지금 이 보신각종은 광복절과 제야에 울리며,[39] 서울 장안의 명물로 좋은 볼거리를 제공하고 있다.

누국이 폐지된 후에는 어떤 시계를 기준으로 보신각의 종을 울렸을까? 여기에는 여러 가지 가능성을 상정할 수 있다. 1896년부터 태양력을 채용함에 따라 서양식 시계에 맞춰

39 저자도 2017년 광복절에 보신각종을 울리는 기회를 가졌다. 이 종을 울리면서 저자는 다음과 같은 생각을 해 보았다. 섣달그믐날 밤에는 국립고궁박물관 자격루의 자시 시보에 맞춰 광화문, 보신각의 종을 비롯하여 전국의 모든 종을 울려 새해를 맞이하면 어떨까. 옛날에는 금루의 시보가 고작 종루에 머물렀지만 방송통신기술이 발달한 지금에야 국내는 물론 해외동포가 많이 사는 세계 곳곳에 중계하는 데 어려움이 없을 것이다. 더구나 지방 도시에도 크고 작은 종각이 부지기수이니 새해를 맞이하기 위해 고향에 돌아온 이들도 함께 제야를 맞이하는 즐거움을 나눌 수 있을 것이다. 제야의 종은 일컬어 '새해맞이 국태민안 기원 종소리'라 해도 좋을 것이다.

A

B

그림 5-22. 보신각(복원)과 보신각종

A. 복원한 종루. 전면 5칸, 측면 4칸 2층 누각 (사진: 남문현, 2018) **B.** 1468년(성화成化 4년, 세조 14년)에 주조한 원각사종. 높이 3.18미터, 입지름 2.28미터, 무게 19톤 (보물 2호 보신각종: 국립중앙박물관 소장. 사진: 남문현, 1993)

오정과 자정 시각을 알렸을 것이다. 누국을 폐지하는 대안으로 일찍부터 서양식 시계에 관심을 가졌던 고종高宗(조선조 제26대 왕, 대한제국 제1대 황제, 재위 1863~1907)은(그림 5-23A 참조) 1891년경에 러시아 건축가 세레진 사바찐Афанасий Иванович Середин-Сабатúн(한국명: 살파정薩巴丁, 살파진 薩巴珍, 살파령 薩巴玲, Seredin-Sabatin, 1860~1921)(그림 5-23E 참조)을 초빙하여 건청궁乾清宮에 양식 건물 관문각觀文閣을 지으면서 집옥재集玉齋 앞에 종각鐘閣을 서양식 시계탑으로 지었다.(김정동, 2004: 89; 따찌아나 심비르쩨바 · 스베틀라나 레보쉬코, 2009. 10.27; Nam, M, 2015: IFToMM Workshop 등)(그림 5-23B 참조) 왕조의 마지막 궁중 시계는 이렇게 제작되었다. 사바찐은 유년을 상트페테르부르크에서 보냈으며, 서울의 독립문, 중명전, 정관헌, 러시아 공사관 등을 건축하였다. 그림 5-23은 1901년 체코 여행가, 작가이며 사진가인 브라즈Enrique Stanko Vraze(1860~1932)가 경복궁 북쪽 신무문에서 들어오면서 남쪽을 향하여 그 길을 찍은 것이다.(강홍빈, 2011) 왼쪽에 시계탑 사진에 보이는 시반은 검은 바탕에 로마숫자로 그렸다. 이 시계탑은 러시아 상트페테르부르크 에르미타주 국립미술관(전 제정 러시아 왕궁)의 전면 꼭대기 시계와 유사하며(그림 5-23C), 탑신 형식은 상트페테르부르크 네프스키 대로에 서 있는 시계탑과 같이 벽돌로 쌓은 2층 위에 시계장치실과 4면의 시반, 그리고 꼭대기에 세운 종탑으로 구성되었다(그림 5-23D 참조). 이 종각은 세종의 보루각루 창제정신을 이어 시대에 맞게 혁신한 근대식 역상수시 문물이며, 1887년에 향원정과 영훈당 사이에 미국

A

B

C

D

E

그림 5-23. 경복궁 종각(시계탑)과 건축가 사바찐

A. 고종 어진 (사진 출처: 국립고궁박물관 소장) **B.** 종각 사진 (사진 제공: Czech NARODNI MUZEUM 체코 국립박물관, 2016) **C.** 러시아 에르미타주 국립미술관 탑시계 (건물 상부 삼각형 안의 검은 원) **D.** 러시아 상트페테르부르크 네프스키 대로변에 1871년에 세운 시계탑 **E.** 경복궁 종각 건축가 사바찐 (사진 제공: 이민원)

의 토마스 에디슨 전등회사가 건립한 전등소電燈所(電機所)와 더불어 개화의 상징적 문화유산으로서 복원되기를 기대한다.(남문현, 2007: 1; Nam, M-H, 2007: 192; Nam, M. H., 2011: 41) 대한제국에서는 관상감이 폐지되고 학부學部 관상소觀象所에서 역서를 발행하고, 시간을 관리하였다. 이때부터 비로소 자 · 축 · 인 · 묘시 등 12지十二支의 명칭으로 십이시를 나타내는 방식에서 로마, 아라비아 숫자의 1에서 12까지 나타내는 방식으로 변경되었다.

또 하나의 서양식 시계는 보신각 건너편에 한성전기회사가 1901년에 건축한 본사 건물에 설치된 시계탑 시계이다. 이 시계를 보고 종각의 종지기가 종을 울렸다는 이야기도 전한다.(그림 5-24 참

그림 5-24. 한성전기회사 사옥의 시계탑
(사진 출처: 한국전력공사, 1987)

照) 창덕궁 금천교의 오포를 울렸던 시계는 아마도 서양이나 일본에서 수입한 자명종이나 벽시계의 시간을 기준으로 했을 가능성도 있다.

누국의 금루기禁漏器는 1907년 개관한 제실帝室박물관의 소장품으로 창경궁 양화당養和堂 옆 화단 계단에 진열하였다가(그림 3-2A 참조) 1938년 덕수궁에 이왕가미술관李王家美術館을 개관할 때 흥천사종과 함께 이전하여 오늘에 이르고 있다.(그림 3-2H 참조) 금루기 유물은 1985년 국보 제229호 보루각 자격루로 등록되었으며, 최근 "창경궁 자격루"로 명칭이 바뀌었다. 이로써 1434년에 창설된 보루각 제도는 많은 변천을 거치면서 460여 년 만에 막을 내렸다. 그동안 금루는 표준시계로, 보루각은 누국으로 체제를 정비하면서 국가 표준시간을 관리하는 관청으로서 소임을 다했다.

광화문 문루에 걸렸던 흥천사 동종이 1907년에 개관한 창경궁의 제실박물관으로 들어온 것은 1910년 9월이었다. 그 직전까지 경복궁 광화문 문루에 걸려 있던 것을 마키노 츠도무牧野務라는 일본인 골동상이 떼어다가 한일합병 후에 거금을 받고 박물관에 매도하였기 때문이다. 창경궁 명정전에 전시되었던 종은 1938년 이왕가미술관이 덕수궁으로 이사했을 때 현재의 위치인 덕수궁 광명문光明門 안으로 금루기(현재 국보 제229호 창경궁 자격루)와 함께 옮겨졌다.(그림 3-2H 참조) 하나의 짝을 이루었던 시보기구가 오누이처럼 한 자리에 나란히 전시되기에 이르렀다. 이 종은 2006년 1월 17일 보물 제1460호 "흥천사명 동종興天寺銘 銅鍾"으로 지정되어 덕수궁 광명문 안에 보관하고 덕수궁관리소가 관리하고 있다. 이 종은 청동 종으로 크기는 높이 2.82미터이다.[40]

5.7. 보루각 관련 용어의 변천

보루각 관련 용어의 변천을 간략하게 고찰한다. 역대 실록을 비롯하여 일부 저서에서 "보루"는 보루각의 계시 · 보시 업무,(세종/65/16/7/1/丙子; 중종/82/31/8/20/癸巳 등) "금루"(세종

40 이 종은 현재 국립문화재연구소의 보존처리가 끝나서 예전같이 광화문 문루에 매달 것이라고 한다.

/110/27/11/19/庚寅) 또는 "보루각"의 줄임 말,(광해[중초본]/115/9/5/25/戊子) 또는 "파루"를 뜻하는 말로 썼다.(영조/75/28/1/22/甲申) 또한 보루각의 금루 또는 경루41와 정시의를 "報漏 · 日影"으로,(명종/3/1/6/24/己酉; 정조/28/13/8/21/甲戌) 정시의를 설치한 석대를 황윤석이 "일영대日影臺"로 불렀듯이 이 명칭은 흔히 볼 수 있다. 보루각에는 시간측정을 위한 계시기 금루를 설치하고, 보루업무에 종사하는 금루관 또는 금루주사, 금루서원, 금루사령, 금루원, 자격장, 급수군汲水軍, 금루군禁漏軍, 주시동 등이 있어 이것을 운영 · 관리하였다. 이와 같이 금루는 계시기, 보루업무 종사를 뜻하기도 하였다. 또한 금루라는 명칭은 460여 년을 지나는 동안 국초의 금루방禁漏房에서 시작하여 보루각, 금루각禁漏閣, 금루청禁漏廳(고종/2/2/6/10/癸卯; 고종/32/31/7/22/丙申), 누국(현종/8/5/3/6/戊辰) 등의 관서 명칭으로도 쓰였다. 이와 같이 명칭이 바뀌었다고 하여 업무의 성격이 함께 바뀐 것은 아니며 다만 종사 인원의 변동은 있었다. 조선 초부터 해시계 "앙부일구"를 "앙부일영", 이것을 올려놓은 "일구대日晷臺"를 "일영대日影臺"로도 불렀으나(성종/18/3/5/11/丁未), 이것과 보루각 일영(정시의) 또는 일영대는 이것들과는 기기의 구조, 대의 규모, 설치장소, 관측 목적과 방법 등이 완전히 달랐다. 앞서 언급한 바와 같이 일성정시의의 용도는 무엇보다 금루의 시각 교정을 위해 해와 별로써 시간측정을 할 수 있도록 제작한 정밀한 천문의기라는 것이 앙부일구 등 해시계와 다르다.

우리나라 천문학을 비롯한 과학기술사 분야에서 사용되는 용어 가운데는 외국인에 의해 일본어, 영어 등으로 명명한 것이 적지 않다. 이 경우에는 자국 문화나 문화권에 맞춰 이름이 지어지기 때문에 원래 의미와 동떨어진 경우가 비일비재하다. 보기로 국보 230호 "혼천시계"는 실록에 "자명종自鳴鐘"으로 나오지만, 혼천의와 시계가 복합되었다고 해서 "혼천시계"(영어 armillary clock의 국역)로 이름 붙였다가 최근에 "혼천의 및 혼천시계"로 변경되었다. 이런 경우에 우리 문화의 정체성은 실종되는 것이 사실이다. 역사적 사실을 도외시한 채 제정된 궁중과학 분야의 일부 용어는 지속적으로 순화시키는 노력이 필요하다. 용어 편찬은 일시에 이루어지기보다 오랜 시간을 두고 다듬고, 수정하는 것이 보통이다. 이와 같이 앞서 보기를 들은 유물 가운데는 1985년 지정 당시 명칭과 제작연도가 변경된 것도 여러 개다. 앞서 국보 229호는 "보루각 자격루"에서 "창경궁 자격루"로

41 "경루"란 태조 7년에 한양에 처음 설치한 물시계이며, 후에는 "금루"란 용어를 주로 사용해 왔다.(태조/14/7/윤5/10/乙酉)

변경되었다. 이것의 조선시대 마지막 명칭은 금루기禁漏器이다. 자격장치가 없는 물시계 항아리라는 뜻이다. 그러나 1536년 제작사를 왕조실록에서 검색하려면 "보루각"을 키워드로 해야 한다. 앞서 고찰한 "관천대"를 실록에서 검색하면 태종 때에 딱 한 번 나온다. 가령 "관상감 관천대"를 실록에서 검색하면 안 나올 것이 분명하다. 대신, "첨성대"를 검색하면 "소간의대(관천대)"에 해당되는 기록이 3건 나온다. 반면, SNS에서 "관천대"를 검색하면 창경궁, "서울관상감 관천대"가 내용의 진위는 고사하고 부지기수이다. 이 경우 전문 연구를 위해서는 당연히 "첨성대"를, 교양이나 상식을 위해서는 문화재청 보물 목록을 찾아서 "관천대"를 찾아야 할 것이다. 고대 유물, 사건과 관련된 학술용어는 원문 검색을 통하여 실체가 파악되므로 열쇠가 되는 낱말keyword이어야 원문에 접근할 수 있다. 이와 같이 용어는 유물의 본질을 파악하는 기초가 된다.

5.8. 맺음말

1433년(세종 15년)에 장영실의 자격궁루 발명을 계기로 한국사에서 처음으로 수도 한양의 지방시로 일상을 영위할 수 있도록 세종은 보루각을 창설하였다. 보루각에 설치한 자격장치를 갖춘 금루는 일영대, 정시의로 결정한 오정시각에 맞춰 계시하는 것이 제도화되어 수시授時 규범으로서 정착되었다. 보루각-정시의대[일명 누국-일영대, 금루-일영대] 제도는 창경궁과 경희궁, 그리고 마지막에는 경복궁에도 실시되어 왕조 말까지 계지술사繼志述事(조종의 법)로서 계승되었다. 특히, 창경궁 정시의는 『중종실록』과 심언광沈彦光의 「보루각정시의명병서 봉 교찬報漏閣定時儀銘并序 奉 教撰」(1536)을 통하여 확인되었다. 임진왜란 이후에는 심언광이 언급한 일성정시의가 아닌 성종 대 측후지기라는 것이 황윤석黃胤錫의 일영대 측영기 조사(1778년) 기록을 통해서 확인되었다. 또한 창경궁 보루각 앞에 세운 일영대는 바로 정시의를 설치한 정시의대라는 것이 밝혀졌다. 세종 대에 정착된 『칠정산내편』에 따른 11전법 경루법은 『시헌력』의 도입으로 영조 대에 24전법이 사용되었으나 이것은 연경을 기준으로 한 중성기에 따른 것으로 확인되었다. 1789년 이르러 정조 대에는 적도경위의와 신법지평일구를 제작하여 중성기를 검증하여 『신법중성기』에 따른 『신법누주통의』 37전법을 편찬하게 되었다. 이리하여 풍토에 맞는 경루법이 창안되었다. 경복궁과 창경궁 보루각은 변천을 거치면서 460년 동안 종루(종각)에 인정 · 파루시각을 발신함으로써 한양의 보시체제의 핵심으로 복무하였다. 오늘날 금루-일영대를 운영했던 궁궐에 관련 시설이 온전히 남아 있는 곳은 한 군데도 없다. 오직 1536년(중종 31년)에 제작된 금루의 누기漏器(국보 제229호), 창경궁 정시의대(보물 제851호), 경복궁 누국의 일영대 위에 정시의를 올려놓는 받침돌(趺石) 1기, 1486년(성종 17년)에 제작된 측후지기測候之器 유물 1기 등이 남아 있을 뿐이다. 다행히 경복궁 누국과 일영대의 위치를 기록한 「북궐도형北闕圖形」, 창경궁 보루각(누국)과 정시의대(일영대)의 위치를 기록한 실록 기사, 『동궐도東闕圖』와 「동궐도형東闕圖形」, 경희궁의 누국과 일영대 모습이 담긴 「서궐도안西闕圖案」이 남아 있어 옛 모습의 일부나마 알 수 있다. 정시의대는 원래 명칭을 잃고 일영대로 불렀는데, 해그림자를 이용하여 시각을 알아내는 "일영"을 그 꼭대기에 안치하였기 때문이다. 이것은 당연히 정시의를 안치한 "정시의대"로 불러야 마땅하지만, 17세기 이후에 그런 명칭을 아는 사람은 아마 없었을 것이다. 왜냐하면 『중종실록』에 정시의라는 명칭이 나오지만 후세에 전해지지 않았고, 심언광의 문집에만 정시의명이 실려 있기 때문이다. 그러나 일영대라는 명칭도 관찬문서에 나오는 것으로 보아 개명한 명칭이라고 본다면 정시의대란 명칭은 구명舊名이 된다. 이런 점에서 보면 일영대란 이름은 과히 낯설지 않다고 본다. 서운관(관상감) 각루업무 관련 용어의 대부분은 시대를 지나면서 생성 · 성장 · 쇠퇴 · 소멸되면서 혼란을 초래한 경우가 비일비재였으나, 업무의 규범은 유지되었음을 알 수 있었다. 오늘날에도 사실史實을 도외시한 채 제정된 궁중과학 분야의 일부 용어는 지속적으로 순화시키는 노력이 필요하다. 현재까지 보루시설 가운데 세종 대 보루각루(보루각 자격루)만이 복원됨으로써 460여 년이라는 세계에서 보기 드문 지방시 보시체제를 복원하는 첫걸음은 떼어졌다. 이 장에서 시도한 고증을 통한 보루각-정시의대(일영대) 제도의 복원은 향후 창경궁을 비롯하여 경복궁과 경희궁 보루報漏 시설을 온전하게 복원하는 데 여러모로 도움이 되리라 사료된다. 이 가운데서 고종이 경복궁에 건립한 종각은 개화문물로서 현존하는 사진과 관련 자료를 바탕으로 온전하게 복원할 수 있을 것으로 기대된다.

제2편

흠경각

집 이름을 '흠경'이라 한 것은 『서경』 「요전」에 '공경함을 광대한 하늘과 같이 하여, 백성에게 절후를 알려 준다'는 데에서 취했다.

(김돈金墩, 『흠경각기欽敬閣記』에서)

제6장
「흠경각기」 역주 및 흠경각루 설계

6.1. 머리말

6.1.1. 간의대 흠경각 창설

1432년(세종 14년) 7월에 착수한 세종의 의표창제 사업은 1437년 4월에 마무리되어 천문의기 5종과 계시의기 10종을 갖춘 영대靈臺 간의대簡儀臺가 창설되었다. 김돈이 지은 「간의대기」에는 흠경각루欽敬閣漏의 구조와 기능을 요약한 흠경각조가 들어 있다.(세종/77/19/4/15/甲戌/10ㄱ) 흠경각은 다음 해인 1438년 정월에 낙성하게 되고 이에 따라 김돈은 흠경각조를 보완하여 「흠경각기欽敬閣記」를 지었으며, 이렇게 함으로써 5년 6개월에 걸친 의표창제 사업이 명실상부하게 마무리되었다. 1433년(세종 15년)에 혼천의가 완성되자 간의대 꼭대기에 설치하고 세자와 서운관 관리가 야간에 관측법을 익혔다. 제1장에서 소개한 바와 같이 장영실이 자격궁루를 발명하자 이것을 교정하여 보루각에 설치하고, 한양의 2지후二至後 일출입시각을 적용한 잣대 12개를 만들어 절기에 따라 교체하면서 1434년 7월 초하루부터 인정·파루와 오시를 보시하였다. 1435년(세종 17년)경에 혼상渾象(천구의)을 제작하여 앞서 제작한 혼의渾儀와 함께 혼의 · 혼상을 안치한 집[의상각儀象閣] 상층에 혼의와 혼상을 각각 동서로 배열하고 지상에 설치한 격수기激水機로 운전했다. 이것이 수운의상水運儀象이며, 관측용이 아닌 연시용演示用 의기였다.

의표창제 사업의 기획자로서 임금은 이미 제작한 보루각루와 수운의상을 보면서 이것들에다 순제가 만든 궁루의 부품을 일부 원용하면 의기 한 개로 요임금의 역상수시와 순임금의 이제칠정以齊七政을 구현할 수 있을 것이라고 구상한 것으로 보인다. 또한 조종祖宗의 금과옥조인 '경천근민'의 상징물을 덧붙인다면 더할 나위 없는 왕조의 표상으로서 만대에 길이 전할 기물이 창조되는 셈이라고 여겼을 것이다. 이런 구상이 실현되면 왕실은 물론 대소 신료에게 유교 · 신유학의 정치사상을 인식시킬 수 있는 도구가 될 것이라고 굳게 믿어 장영실에게 그의 구상을 소상하게 밝혔다. 의표창제 사업에 착수한 지 5년이 가까운 1437년(세종 19년) 4월에 흠경각을 빼고 천문의기와 시계의 창제가 마무리되자 임금은 김돈에게 의표제작 전말을 기문으로 짓도록 했다.(세종/77/19/4/15/甲戌)

6.1.2. 「간의대기」 흠경각조

흠경각은 세종 19년 4월 15일에 김돈이 지은 「간의대기」 흠경각조에 요점이 실려 있다. 이것은 미처 흠경각 마무리가 덜되었기 때문에 그 안에 설치한 흠경각루의 구조와 부대시설만을 간략하게 기문에 실었다. 흠경각이 다음 해 정월에 준공됨으로써 김돈은 앞서 흠경각조를 보완한 「흠경각기」를 새로 지었다.(세종/80/20/1/7/壬辰) 「흠경각기」 역주에 앞서 흠경각조에 나타난 흠경각루의 외관을 살펴본다.

> 천추전 서쪽에 작은 집을 짓고 이름을 '흠경각'이라 짓고, 풀 먹인 종이로 높이 일곱 자쯤 되는 산 모양을 만들어 집 가운데 설치하였다. 그 안에는 기계바퀴[기륜機輪]을 설치하고 옥루에서 나오는 물을 이용하여 돌아가게 하였다.[1] 5색 구름에 둘러싸인 해는 산을 나들고, 옥녀는 때를 따라 방울을 흔들며, 4신四神은 산을 마주 보다가 방울 소리에 맞춰 회전한다. 사신司辰과 무사武士는 때에 이르면 저절로 서로 돌아보고 보시하며, 4신[2] 12지신은 돌고 향하고 일어나고 엎드린다.

1 원문은 "……[가산] 속에는 옥루의 물로 운전하는 기륜을 설치한다(內設機輪用玉漏水擊之내설기륜용옥루수격지)." 이 구절에서 "격擊"은 「흠경각기」에 "격激"으로 되어 있다(內設玉漏機輪내설옥루기륜, 以水激之。이수격지). "擊"은 "激"의 오자이다.

산의 4면에는 「빈풍豳風 · 칠월편七月篇」에 나오는 사시四時의 풍경을 진열하여 신민의 생활이 고됨을 생각하게 하였다. 의기欹器를 놓고 옥루에서 넘치는 물을 받아서 천도의 차고 비는 이치를 살피게 하였다.

앞의 글의 내용을 간추리면 다음과 같다.

① 임금이 정무를 보는 천추전 가까운 곳에 흠경각을 지었다.(흠경각의 위치는 그림 2-2B ⑤번 천추전과 ⑥번 흠경각 참조)

② 집 안에 높이 7자(영조척으로 2.2미터 정도)의 가산假山을 만들어 산속에 옥루라는 물시계로 공급하는 물로 작동되는 톱니바퀴 장치를 회전시킨다.

③ 태양 진상은 5색 구름에 둘러싸여 산을 돌고,

④ 네 개의 옥녀(인형)는 시간에 맞춰 요령을 흔들고, 네 방위신(동방 청룡, 서방 백호, 남방 주작, 북방 현무)은 요령 소리에 맞춰 방향을 바꾼다.

⑤ 사신과 무사들은 시각을 알릴 때가 되면 서로 돌아보면서 시보한다.

⑥ 12지 동물은 시간에 맞춰 나온 (12개의) 옥녀 앞에 일어서 있다가 시간이 지나면 도로 엎드린다.

⑦ 산의 4면에는 「빈풍 · 칠월편」의 4계절 풍경을 진열하였다.

⑧ 의기를 설치하여 옥루에서 넘치는 물을 이용하여 천도의 차고 비는 이치를 터득하게 하였다.

앞서 내용으로 미뤄 흠경각루는: 1) 동력장치(②), 2) 천체운행 기구(③), 3) 시보기구(④,⑤,⑥)로 이루어지는 수력식 천문시계라는 것을 알 수 있다. 4) 산을 돌아가면서 평지에는 농촌생활을 형상화한 『시경詩經』「빈풍 · 칠월편」(⑦)의 내용을 조각하여 배열하고, 5) 옥루에서 넘치는 물로 작동시키는 의기(⑧)로 구성되었음을 알 수 있다. 의기는 그릇이 비면 기울어지고, 반쯤 차면 곧바로 서고, 가득해서 넘치면 엎어지는 병 모양의 고대 중국의 그릇이다.

이것이 흠경각루의 구조와 원리이며, 정치적 · 경제적 의의를 설명한 줄거리이다. 자세한 내용은 앞서 설명과 「흠경각기」의 내용을 바탕으로 뒤에서 소개한다. 앞의 보루각루가

2 원문의 "4신"은 군더더기이므로 삭제해야 뜻이 통한다.

1434년에 준공됨으로써 조선조의 표준시간을 시보할 수 있게 되었고, 이러한 경험을 토대로 4년 뒤인 1438년에 제2의 자격루인 흠경각루가 창제되어 왕조의 정치사상을 교화시킬 수 있는 또 하나의 도구가 실용화되기에 이르렀다. 흠경각루는 보루각루에 비해 작동기구가 더욱 정밀하고 복잡하여 개발에 많은 시간이 소요되었음을 짐작할 수 있다.

6.2. 역주

6.2.1. 역주 방식

「흠경각기」는 크게 나누어서 제작 동기 160자, 기구와 기계 등 제도 480자, 서와 명에 해당되는 후기 290여 자로서 모두 930여 자이다.(그림 6-1 참조) 이 기문은 조선 초기 왕명으로 편찬한 『동문선』(제82권, 1478)과 『동국여지승람』(제1권, 경도, 상, 1481) 등에도 실렸으며, 뒷날 황윤석黃胤錫의 『이재전서頤齋全書』(하권, 경도) 등 개인 문집에도 실렸다. 조선조 말기에는 『증보문헌비고』「자격루제도自擊漏制度」에서 보루각루와 흠경각루를

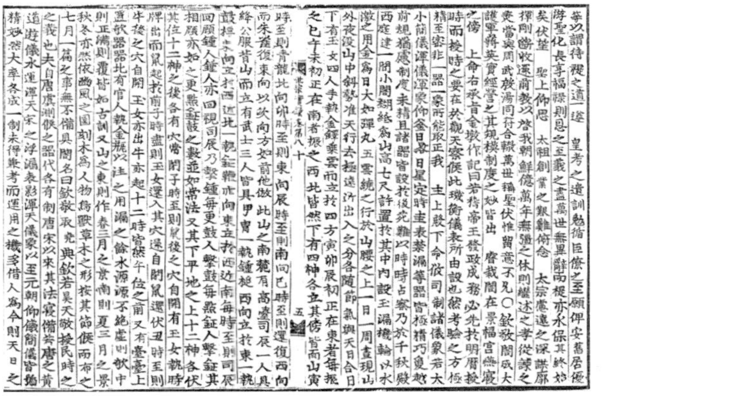

A

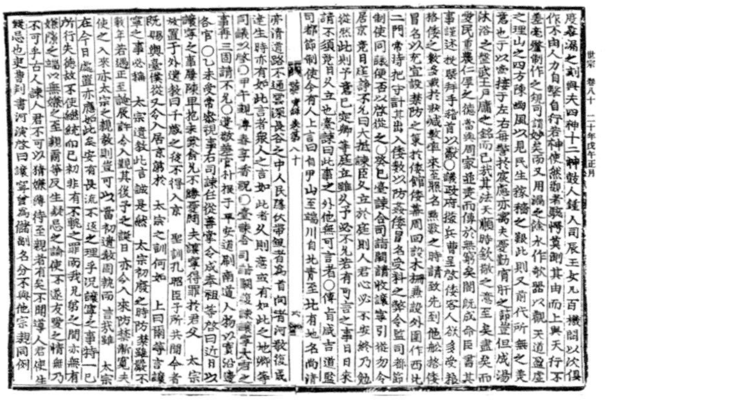

B

그림 6-1. 『세종실록 흠경각기』
(출처: 『조선왕조실록』, 국사편찬위원회)

함께 소개함으로써 사계斯界에서 널리 읽혔다.(『增補文獻備考』 象緯考, 권2 의상 1, 27ㄴ)

흠경각은「간의대기」에 실려 있으므로 조선시대와 현대에 들어와서 일찍부터 내용이 소개되었다. 홍이섭(1946)이 흠경각루를 "자격하는 옥루"[자격옥루自擊玉漏]라고 부르면서 과학사, 천문학사 분야에서 장영실과 더불어 국내외에 널리 알려졌다.(洪以燮, 1946: 176) 그러나「흠경각기」에 대한 연구는 대부분『세종실록』과『증보문헌비고』상위고象緯考 내용을 국역하여 소개하고 해설하는 데 머물렀으며,(全相運, 1966: 80; Needham, J. et al., 1986: 76 등) 2000년대 초에 와서야 본격적인 연구 성과가 제시되었다.(한영호 등, 2000: 99; Nam, M.H., 2015A: 2163; 이용삼, 2016: 223; 구만옥, 2019: 75 등) 기술적으로 흠경각루는 간의대 수운의상과 보루각루, 역대 중국의 기계시계 등을 원용하여 제작한 것이다. 또한, 이보다 230년 뒤에 출현한 홍처윤洪處尹(1606~1663)과 최유지崔攸之(603~1673)의 혼천의와 이를 토대로 개발한 이민철이 제작한 수운혼천의와 송이영이 제작한 자명종(국보 제230호 혼천의 및 혼천시계)과 연계되어 있다.(한영호 · 남문현, 1997: 3) 제작 당시에는『제가역상집』권3「의상」에서 소개한 문헌과 천문의기와 시계제작기술을 복합적으로 활용하여 제작한 것으로 보인다. 흠경각루의 연원과 흠경각 전승에 대하여는 이어지는 제 7장과 8장에서 소개한다.

국역은 정족산본『세종장헌대왕실록』을 대본으로 했으며, 오자 교정은『동문선』을 참고로 했다. 역주 방식은 앞서 제2장에서「보루각기」를 역주한 방식과 비슷하게 하였다. 먼저, 원문을 분해하여 국역하고 주를 붙였다. 이것을 바탕으로 제2장에서 시도한 것과 같이 주요 부품을 모듈로 구성하여「흠경각기」를 구현함으로써 흠경각루를 복원 · 설계하였다.

6.2.2. 역주

이 절에서는「흠경각기」기사를 문단으로 구분하여 국역하고 주를 원문에 덧붙였다.

[기-1-1] 제작자와 소재지

흠경각을 낙성하였다. 이는 대호군 장영실이 계획하고 지은 것이나 그 규모나 제도의 기교는 모두 임금의 재가를 받은 것이다. 각은 경복궁 강녕전 곁에 있다.

[원문]

欽敬閣成。大護軍蔣英實經營之, 其規模制度之妙, 皆出睿裁。閣在景福宮燕寢之傍。[3]

[기-1-2] 역상수시와 의기의 중요성

임금이 우승지 김돈에게 명하여 기문을 짓게 하니, 이르기를 "상고하건대, 제왕이 정사를 펼치고 일을 이루는 데는 반드시 먼저 역법을 밝혀 절기를 알려줘야 한다. 절기를 알려주는 일의 요점은 천문을 관찰하고 기후를 살피는 데 있으므로, 선기옥형, 관측의기와 계시기를 설치하게 됐다. 그러므로 이를 상고해 실험하는 방법이 지극히 정밀하여 한 가지 의기의 한 가지 현상만으로는 능히 바르게 할 수 없다. 우리 주상 전하께서 이 일을 맡은 이에게 명하셔서 모든 의기를 만들게 하셨으니, 크고 작은 간의, 혼의, 혼상, 앙부일구, 일성정시의, 규표, 금루 등 의기이며, 모두 지극히 정교하여 지난날의 법식보다 훨씬 뛰어났다. 다만, 제도가 정밀하지 못한 부분이 있을까 염려도 되고 또한 모든 의기를 후원에다 설치했으므로 시시때때로 관찰하기가 어려워 이에 천추전 서쪽 뜰에다 작은 집 한 칸을 세웠다.

[원문]

上命右承旨金墩, 作記 曰:

若稽帝王發政成務, 必先於明曆授時而。授時之要, 在於觀天察候, 此璣衡儀表所由設也。然考驗之方, 極精至密, 非一器一象所能取正[4]。我主上殿下命攸司制諸儀象, 若大小簡儀、渾儀、渾象、仰釜日晷、日星定時、圭表、禁漏等器, 皆極精巧, 敻越前規。猶慮制度未精, 且諸器皆設於後苑, 難以時時占察, 乃於千秋殿西庭, 建一間小閣。

[기-2-1] 옥루기륜으로 작동하는 흠경각루 외관

풀을 먹인 종이로 일곱 자 정도 높이의 산을 만들어 집 안 가운데에 설치하였다. 그 안에 옥루로 작동하는 기계바퀴를 설치하고 물로 돌렸다.

[원문]

糊紙爲山, 高七尺許, 置於其中。內設玉漏機輪[5], 以水激之。

---

3 연침은 강녕전을 말한다.

4 이 말의 뜻은 여러 가지 의기를 만들어 서로 측정 결과를 비교하여 검증하도록 했다는 것을 강조한 것이다.

5 김돈이 지은「간의대기」흠경각조에는 "높이가 7자 되는 산을 집 안에 설치하고, 산속에 기륜을 설치하여 옥루의 물로 돌렸다(高七尺許고칠척허, 置於閣中치어각중, 內設機輪내설기륜, 用玉漏水激(擊)之용옥루수격(격)지)"고 하였다. (세종/77/19/ 4/15/甲戌/10ㄱ) 크기, 관리의 편리성 등을 고려하여 옥루를 산 밖에 설치하였음을 알 수 있다.

[기-2-2] 산허리 위를 도는 태양

금으로 태양 진상을 만들었는데 그 크기는 탄환만 하다. 오색구름에 둘러싸여 산허리 위를 지나 하루에 한 바퀴 돌아 낮에는 산 바깥에 나타나고 밤에는 산속으로 들어간다. 기울어진 자세는 하늘의 운행에 기준했으며, 북극으로부터 멀고 가까움과 돋고 지는 방위가 각각 절기를 따라서 하늘의 해와 더불어 일치한다.

[원문]

用金爲日，大如彈丸。五雲續之，行於山腰之上，一日一周，晝現山外，夜沒山中。斜勢准天行，去極遠近出入之分，各隨節氣與天日合。

[기-2-3] 보시 옥녀 4인과 4신

태양 진상 밑에는 옥녀 넷이 손에 금으로 만든 방울을 잡고 구름을 탄 채 동서남북 사방에 서 있다. 인 · 묘 · 진시의 초와 정에는 동방에 서 있는 인형이 매번 금방울을 흔들며, 사 · 오 · 미시의 초와 정에는 남방의 인형이 금방울을 흔들고, 서방과 북방의 옥녀도 이와 같다. 옥녀 아래에다 각기 방위에 맞춰서 4신을 세웠는데 모두 산을 향한다. [서방을 향했던] 동방 청룡신은 인시가 되면 북방을 향하고, 묘시에는 동방을 향하며, 진시에는 남방을 향하고, 사시가 되면 다시 서방을 향하는데, 이때 [북방을 향했던] 남방 주작신이 동방을 향한다. 이어 차례로 [원래] 방위를 향하는 것은 전[청룡신]과 같으며, 다른 것도 이와 같다.

[원문]

日下有玉女四人，手執金鐸,[6] 乘雲而立於四方。寅卯辰初正，在東者每振之；巳午未初正，在南者振之，西北皆然。下有四神，各立其傍[方][7]，皆面山。寅時至則靑龍北向，卯時至則東向，辰時至則南向，巳時至則還復西向，而朱雀復東向，以次向方如前，他倣。

---

6 금탁은 몸통과 추를 모두 동으로 만든 큰 방울을 가리킨다. 옛날부터 목탁 역시 나무 추에 몸통은 동으로 만든, 종보다는 작으나 방울로서는 상당히 큰 것을 지칭한 만큼, 오늘날 불가에서 사용하는 목탁과는 형태나 용도가 전혀 다른 것이다.

7 『東文選』 권82, 「흠경각기」와 『東國輿地勝覽』 卷之1(京都上) 「欽敬閣」 등에는 "곁 방傍"이 모두 "모 방方"으로 되어 있는 것으로 보아, 옥녀와 사신은 처음에는 같은 방향 곧, 산을 향해 서 있어야 한다.

[기-2-4] 남쪽 기슭의 사신과 무사

이 산 남쪽 기슭에 높은 돈대가 있는데, 위에 사신 하나가 붉은 공복을 갖춰 입고 산을 등지고 서 있다. 무사 셋은 모두 갑옷 차림인데, 하나는 종과 방망이를 잡고 서쪽을 향해 동쪽에서 있고, 하나는 북채를 잡고 동쪽을 향해 서쪽에서 약간 북쪽으로 가까운 곳에 섰고, 하나는 징채를 잡고 동쪽을 향해 서쪽에서 약간 남쪽으로 가까운 곳에 서 있다. 매시에 이르면 사신이 종치는 무사를 돌아보고, 종치는 무사 역시 사신을 돌아보면서 종을 친다. 매 경마다 북을 치는 무사가 북을 치고, 매점마다 징을 치는 무사가 징을 치는데, 서로 돌아보는 것은 앞서 [종을 치는 경우]와 같다. 경점에 북과 징을 치는 횟수는 시행하고 있는 법과 같다.

[원문]

此之南麓有高臺。司辰一人具絳公服，背山而立。有武士三人，皆具甲冑，一執鍾鎚，西向立於東。一執鼓桴，東向立於西近北。一執鉦鞭，亦向東立於西近南。每時至則司辰回顧鍾人，鍾人亦回視司辰，乃擊鍾。每更，鼓人擊鼓；每點，鉦人擊鉦，其相顧亦如之。更點鉦鼓之數，並如常法。

[기-2-5] 산 밑 평지의 12지신과 옥녀

또 그 아래 평지에는 십이지신이 해당되는 방위마다 엎드려 있고, 12지신 뒤에는 각각 구멍이 있는데, 평시에는 닫혀 있다. 자시가 되면 쥐 지신 뒤에 있는 구멍이 저절로 열리면서 자시 시패를 잡은 옥녀가 출현하며, 쥐 지신은 그 앞에 일어선다. 자시가 다하면 옥녀가 도로 구멍으로 들어가고, 구멍이 저절로 닫히며 쥐 지신도 도로 엎드린다. 축시가 되면 소 지신 뒤의 구멍이 저절로 열리면서 [축시 시패를 잡은] 옥녀가 출현하며, 소 지신 역시 일어난다. 12시 모두가 이러하다.

[원문]

又其下平地之上，十二神各伏其位，十二神之後 各有穴常閉。子時至則鼠後之穴自開，有玉女執時牌出而鼠起於前，子時盡則玉女還入，鼠其穴還自閉鼠還伏；丑時至則牛後之穴自開，玉女亦出，牛亦起 十二時皆然。

[기-2-6] 의기

남쪽의 [12지신] 앞에 또 돈대가 있고 대 위에는 의기를 설치했다. 의기 북쪽에 관리 [복장을 한] 인형이 있는데 금병을 잡고 물을 따르고 있다. 옥루에서 넘치는 물을 이용하는데 끊임없이 흐르고 있다. 의기가 비면 기울고, 반쯤 차면 바로 서며, 가득 차면 엎어지는 것은 모두 옛사람의 교훈과 같다.

[원문]

午位之前又有臺, 臺上置欹器。器北有官人執金瓶以注之, 用漏之餘水, 源源不絕。虛則欹, 中則正, 滿則覆, 皆如古訓。

[기-2-7] 농촌풍경

또 산 동쪽에는 봄 3개월의 풍경을 꾸미고, 남쪽에는 여름 3개월의 풍경을 꾸미며, 가을과 겨울 또한 마찬가지다. 『시경 · 빈풍도』에 따라 인물 · 조수 · 초목의 형상을 나무를 깎아 만들고, 절후에 맞추어 벌려 놓았는데 「칠월」 일편의 일이 갖추어지지 않은 것이 없다.

[원문]

又山之東則作春三月之景, 南則夏三月之景, 秋冬亦然。依「豳風」之圖,[8] 刻木爲人物鳥獸草木之形, 按其節侯而布之, 「七月」一篇之事, 無不備具。

[기-2-8] 흠경각 명칭 유래

집 이름을 '흠경'이라 한 것은 『서경』「요전」에 '공경함을 광대한 하늘과 같이 하여, 백성에게 절후를 알려 준다'는 데에서 취했다.

[원문]

閣名曰欽敬, 取「堯典」欽若昊天敬授民時之(之)義也。

[서문]

대저 당 · 우로부터 측후하는 기구는 시대마다 각각의 제도가 있었으나, 당 · 송대 이래로 그 법이 제대로 갖추어졌다. 당대의 황도유의와 수운혼천, 송대의 잣대가 떠오르는 물시계와 막대 그림자를 재는 해시계, 혼천의와 혼상이 있었으며, 원대에 이르러 앙의와 간의 같은 것은 모두

8 「칠월편」을 그린 그림이 「빈풍도」이며, 계도적인 내용을 담고 있다.(박정혜 등, 2012: 208 등)

정묘하다고 일렀다. 그러나 대개는 한 가지씩으로 이루어졌을 뿐이고 [여러 제도를] 겸비하여 상고하지 못했으며, 기기를 운용하는 데 사람의 손을 빌리는 것이 많았다. 지금 이 흠경각에는 하늘과 해의 도수, 해시계와 물시계의 시각을 비롯해 4방위신, 12지신, 북 치는 목인, 종 치는 목인, 사신, 옥녀 등 여러 가지 기관을 차례대로 다 만들어서, 사람의 힘을 빌리지 않고도 저절로 울리고 운행하는 것이 마치 귀신이 시키는 듯하여 보는 사람마다 놀라고 그 연유를 헤아리지 못했다. 위로 하늘의 운행과 털끝만큼도 어긋남이 없으니 이를 만든 법식이 기묘하다 하겠다. 또한 옥루에서 넘치는 물을 이용해 의기를 만들어서 천도의 차고 비는 이치를 보였다. 산 지사방에 「빈풍도」의 풍경을 펼쳐 놓아 백성들이 겪는 농사의 어려움을 볼 수 있게 하였으니 이 또한 전대에 없었던 아름다운 뜻이다.

[원문]

夫自唐、虞, 測候之器, 代各有制, 唐、宋以來, 其法寖備。若唐之黃道遊儀、水運渾天, 宋之浮漏、表影, 渾天儀象, 以至元朝 仰儀、簡儀, 皆號精妙。[9] 然大率各成一制, 未得兼考, 而運用之機, 多借人爲。今則天日之度、晷漏之刻與夫, 四神、十二神、鼓人、鍾人、司辰、玉女凡百機關, 以次俱作, 不由人力, 自擊自行, 若神使然, 觀者駭愕, 莫測其由。而上與天行不差毫釐, 制作之規可謂妙矣。而又用漏之餘水作欹器, 以觀天道盈虛之理。山之四方, 陳「豳風」, 以見民生稼穡之艱。此則又前代所無之美意也。

[명]

임금께서 이것에 항상 가까이하시고 매번 생각을 깨우치시며, 밤낮으로 근심하는 정성을 곁들이시니, 어찌 다만 성탕의 목욕반과 무왕의 호유명과 같을 뿐이리오! 그 하늘을 본받고 때를 좇음에 흠모하고 존경하는 뜻이 지극하시니, 신민을 사랑하고 농사를 귀중하게 여기시니, 어질고 후한 덕이 주나라와 같이 아름답게 되어 무궁토록 전해지리라. 흠경각이 완성되니 신에게 명하시어 그 사실을 기록하게 하셨으니 삼가 줄거리를 적어서 절하고 조아리며 바치나이다.

[원문]

于以相接于左右, 每警於晨慮, 亦寓夫憂勤宵旰之節, 豈但成湯沐浴之盤[10], 武王戶牖之銘而已

9 중국 역대 천문의기 제도에 대한 기술이다. 여기에서 열거하고 있는 의기 가운데 당대唐代 수운혼천이나 송대 혼천의상은 앞서 제2장에서 소개한 대로 널리 알려진 천문시계이다.

哉[11]! 其法天順時欽敬之意, 至矣盡矣, 而愛民重農仁厚之德, 當與周家並美而傳於無窮矣。閣既成, 命臣書其事, 謹述梗槩, 拜手稽首以獻。

6.3. 흠경각루 복원 · 설계

앞서 역주를 통하여 흠경각루는 [기-2-1]에서 기술한 옥루기륜으로 작동하는 흠경각루 외관, [기-2-2]에서 기술한 산허리 위를 도는 태양 진상, [기-2-3]에서 기술한 보시옥녀 4인과 4신, [기-2-4]에서 기술한 남쪽 기슭에서 보시하는 사신과 무사, [기-2-5]에서 기술한 산 밑 평지에서 보시하는 12지신과 옥녀, [기-2-6]에서 기술한 의기, [기-2-7]에서 기술한「빈풍 · 칠월편」에 따른 농촌풍경으로 요약할 수 있다. 크게 분류하자면 ① 옥루를 이용한 동력 발생과 기계바퀴를 이용한 전동부傳動部, ② 태양운동 연시부演示部, ③ 옥녀4신, 사신무사, 12지신옥녀로 구성한 보시부報時部로 나눠진다. 그리고 의기와 농촌풍경은 유교 · 신유학의 교화와 정치사상의 홍보를 위한 전시부이다. 다음에는 기문의 역주를 따라「보루각기」복원 · 설계 방식과 같이 부품의 모듈화를 통해 모델을 구성한다. 주요 부품의 연원과 특징은 제7장에서 고찰한다.

6.3.1. 옥루로 작동시키는 전동장치 모듈 H-2

역주 [기-2-1]에 따라 옥루 모듈 H-1로 작동하는 가산 내부의 기륜과 외관 구성은 그림 6-2와 같다. 오른쪽(산의 후면, 북쪽)에는 옥루와 전동장치 모듈 H-2를, 왼쪽(산의 전면, 남쪽)에는 가산을 설치하고 내부에는 전동장치와 연동하는 기륜을 설치한다. 가산 외부에는 태양운행기구와 여러 가지 보시 기구를 설치하고 대응되는 기륜과 연동하도록 한다.

---

10 "苟日新구일신 日日新일일신 又日新우일신(진실로 새로워졌거든 나날이 새롭게 하고 또 나날이 새롭게 하라)"(『大學衍義』)

11 "隨天之時수천지시 以地之財이지지재 敬祀(事)皇天경사황천 敬以先時경이선시(하늘의 때에 따라 땅의 재물로 황천을 공경하여 섬기되 공경은 때가 중요하다)"(『大戴禮』「武王踐阼」; 『治平要覽』 卷1, 「周」 牖銘)

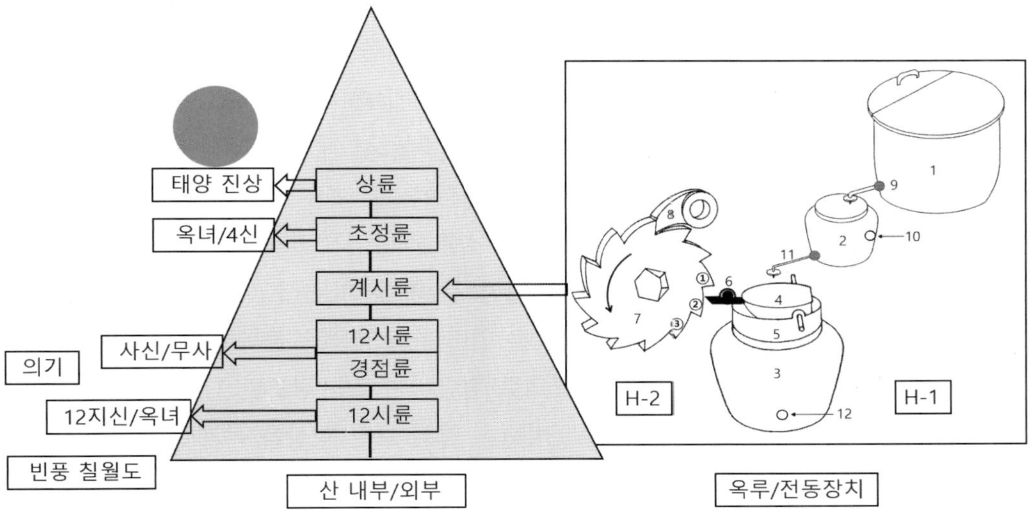

그림 6-2. 흠경각루 구성도

옥루 모듈 H-1 부품: 1. 저수조, 2. 조절호, 3. 수수호, 4. 칭기, 5. 수수호 상단 전두리, 6. 일방 경첩, 9. 마노 노즐, 10. 수위조절 구멍, 11. 출수관, 12. 출수구 **전동장치 모듈 H-2의 부품:** 7. 라칫 바퀴, 8. 멈춤쇠. 산 내부/외부 부품은 본문 참조

옥루는 이산적離散的(discrete)으로 발생시킨 동력을 전동장치를 거쳐 기륜에 전달하여 이것과 연동된 보시장치를 구동시킨다. 이리하여 옥루에서 발생한 계시정보는 기륜을 거쳐 보시장치에 그대로 전달된다. 보루각루에서는 계시과정에서 부전의 눈금을 읽어 시각과 보시 시점을 알 수 있지만, 부전을 설치하지 않은 옥루에서는 계시과정에서 시각을 알 수 없다. 그 대신 가산에 설치한 보시장치들이 보루각루 자격(보시)장치와 마찬가지로 시보를 한다.

그림 6-2의 오른쪽은 가산의 뒤(북쪽)에 설치한 옥루와 전동장치이며, 왼쪽은 가산 내부와 외부 부품의 배치이다. 먼저, 옥루 모듈 H-1과 전동장치 모듈 H-2의 제작 방법과 작동원리를 소개하고 이어서 가산 내부와 외부에 설치한 부품을 소개한다.

1) 적절한 크기의 저수조(1)를 [청동 주물로] 제작한 다음 하부에 출수구를 뚫고 출수관을 만들어 장착한다. 관 입구에는 마노로 오리피스를 만들어 삽입한다.

2) 적절한 크기의 조절호(2)를 [청동 주물로] 제작한 다음 하부에 구멍을 뚫고 지름이

비교적 큰 마노로 제작한 오리피스(9)를 삽입한 출수관을 만들어 부착한다. 항아리 상부 벽면에는 만류overflow용 구멍(10) 한 개를 뚫고 배수관을 삽입한다.

3) 조절호(2)에서 주입하는 유량을 받을 수 있는 칭기秤器(저울그릇)(4)를 설치할 수 있도록 전두리(5)가 높은 적절한 크기의 수수호(3)를 [청동 주물로] 제작하고 하부에다 출수공(12)을 뚫고 배수관을 삽입한다. 전두리 뒤쪽(그림에서 오른쪽) 상단 양편에는 칭기의 굴대를 삽입할 수 있도록 구멍을 뚫는다. 구멍에 베어링을 삽입하면 더욱 좋다.

4) 칭기(4)는 다음과 같이 제작한다. [동]판 두 개를 마련하고 하부를 접합하는데, 상단은 평평하고 가운데 폭은 넓고 하부는 솥 밑바닥 모양으로 불룩하게 만든다. 이것의 후단後端(그림에서 오른쪽)에서 1/3 정도를 수직으로 절단하여 2/3 정도만 남긴 다음에 절단한 곳에 동판을 붙이면 칭기가 된다.[또 다른 방법은 앞서 보인 형상을 목제 모형으로 만들어 주조하여 만들 수도 있다.] 칭기가 비어 있을 때는 뒤가 기울어지고, 물이 가득 차면 앞(그림에서 왼쪽)으로 숙여지도록 전두리(5) 상단 적절한 곳에다 양편을 관통하는 위치 바깥쪽 벽면에 굴대를 끼울 수 있도록 지지대를 만든다. 이를 위하여 칭기가 기울어지는 중심重心과 물을 채웠을 때 기울어지는 평형원리를 고려하여 칭기 상단을 관통하는 굴대를 전두리 상단 지지대에 뚫은 구멍에 삽입한다. 필요에 따라 저울그릇 뒤쪽 바닥에는 납덩이 등을 붙여 비웠을 때 평형점이 속히 뒤로 이동하도록 가중한다. 조절호(2)에서 칭기(4)로 물을 주입하면 점차로 수평으로 바로 눕는데 더 주입하면 평형점이 이동하면서 전단이 숙여져 물이 신속하게 수수호로 쏟아지도록 한다. 물이 다 쏟아지면 신속하게 본디 상태로 기울어지도록 한다. 이와 같이 칭기는 의기欹器의 원리에 따라 물이 가득 차면 저절로 기울어지는 그릇이다. 여기서 '칭'이란 접두어는 일정한 무게에 도달하면 기울어지는 저울[칭秤]의 원리를 의미한다. 저울의 원리를 이용하여 중국 북위시대에 이란李蘭이 만든 시계가 칭루秤漏이다.[12] 칭기는 칭루에서 물을 받는 그릇에 대비된다.

칭기가 의기와 다른 점은 일정한 시간에 일정한 무게에 도달하게 하여 저절로 기울어지도록 만들었기 때문에 계시計時(timekeeping) 기능이 있으며, 복귀하는 힘을 이용할 수 있도록 칭기 전단에 경첩hinge을 부착하여 이것이 전동장치를 회전시킬 수 있다는 데 있다. 말하자면, 의기를 동력발생장치로 활용한 것이다. 칭기는 보루각루 수수호 상단에 세운 방목에 설치한 소환 수납통에 대비할 수 있다.(제3장 3.2.5항 참조) 칭기는 또 다른 의기欹

12 이에 대하여는 제1장 1.3.1항에서 소개하였으며, 제7장 7.4절에서 상세하게 고찰한다.

器로서 전시 효과를 높여줄 것이다.

5) 칭기가 톱니바퀴를 회전시킬 수 있도록 이것의 손잡이(그림에서 왼쪽)는 두 개의 링크를 조립하여 일방적 경첩을 제작하는데, 칭기 전단에 끝에다 굴대를 삽입할 수 있는 구멍을 뚫은 긴 링크를 접합하고, 그 구멍에다 위쪽으로만 구부러지는 짧은 링크를 조립한다. 따라서 오른쪽에 보인 일방적 경첩을 부착한 칭기를 갖춘 옥루 모듈 H-1이 만들어졌다.

다음에는 전동장치 모듈 H-2의 제작법을 소개한다.

1) 적당한 지름을 갖는 단단한 목재[또는 철재]로 두꺼운 원판을 만들어 적절한 N개의 톱니를 낸 래칫 바퀴ratchet wheel(7)를 만든다. 중앙에는 굴대를 낄 수 있도록 각이 진 구멍을 뚫는다. 이 구멍 양단을 관통하는 굴대를 만들고 그 일단에는 M개의 톱니를 내서 피니언을 만든다. 래칫 바퀴의 역전을 방지하기 위해서 멈춤쇠pawl(8)를 제작하여 래칫 톱니와 접촉하도록 고정한다. 이리하여 칭기로 발생시킨 동력을 전달할 수 있는 장치가 만들어졌다.

2) 앞서 제작한 항아리 세 개를 설치할 수 있는 3단 받침대를 제작하여, 상층에 저수조, 중층에 조절호, 하층에 수수호를 배열한다. 받침대는 가산 북쪽에 남-북 방향으로 설치하는데, 칭기에 부착한 경첩 전단이 1)에서 제작한 래칫의 굴대 축 중간 아래 두 개 톱니 사이에 놓이도록 위치를 조절한다. 다음에는 칭기와 래칫 장치의 작동을 통하여 동력발생과 전동 원리를 소개한다. 중앙 톱니 ①번, 그 밑의 톱니 ②번, ……. 순으로 번호를 매긴다.

그림 6-2에 보인 옥루의 저수조(1)에 물을 가득 채운 다음, 출수구(9)를 열어 조절호(2)에 주입한다. 조절호에 유입된 물은 차오르다가 오버플로 구멍(10)을 넘으면 배출된다. 이로써 수위가 결정된다. 이와 같이 결정한 수위를 유지하는 유량이 계시의 기준이 되며, 칭기 용량도 이에 따른다.

그림 6-3은 칭기의 초기 상태와 내부 용량변화, 경첩 전단 변화와 래칫 바퀴의 회전-저지를 나타낸 기구도이다. 그림에서 A는 수수호 전두리에 설치한 칭기 설치대, B는 칭기, C는 일방경첩이다. D는 반시계방향으로 회전하는 톱니 12개가 달린 래칫 바퀴이

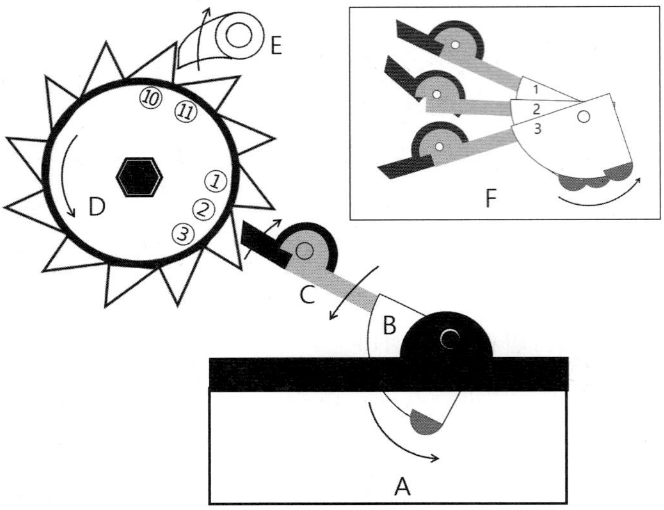

그림 6-3.

래칫 바퀴의 회전과 멈춤 기구

A. 칭기 설치대, B. 칭기, C. 경첩, D. 래칫 바퀴, E. 멈춤쇠, F. 칭기 내부의 세 가지 상태에 따른 경첩 전단의 이동 중첩도

며, ①, ②, ③, …… , ⑩, ⑪은 각각 1, 2, 3, …… , 10, 11번 톱니를 표시한 것이다. E는 D의 역전을 저지하는 멈춤쇠이다. 후부 밑바닥에 균형추를 부착한 칭기 B는 지지대에 설치한 굴대를 중심으로 상하로 회전하지만, 경첩 C는 일방적이다. 따라서 C의 전단은 고정 막대에 설치한 굴대를 중심으로 상부로만 오르내린다. F는 칭기의 내부 상태 세 가지 경우에 따른 경첩 전단의 위치 변화를 중첩한 것이다. 곧, 1은 초기 상태(비웠을 때), 2는 칭기에 물이 가득 차서 수평인 상태, 3은 칭기 속의 물이 쏟아져 비어 있는 상태를 보인 것이다. 칭기 내부가 비었을 때 경첩 전단은 래칫 톱니 ①과 ② 사이에 놓인다. 멈춤쇠 E는 래칫 톱니 10번을 저지하고 있다. 물을 주입하여 칭기는 수평이 되며, 조금 더 주입하면 평형이 깨져서 칭기 전단이 숙여지면서 물이 쏟아지기 시작한다. 동시에 칭기에 부착한 경첩 전단은 톱니 ②에 부딪치면서 사람이 팔뚝을 당기듯 위로 구부러진다. 그 상태에서 경첩은 잠시 2번 톱니를 이탈한다. 경첩의 물이 계속 쏟아지면 전단은 펴지면서 ②와 ③ 사이로 이동한다. 경첩 내부가 완전히 비워지면 이것은 초기 상태 1로 돌아가려는 반동이 걸린다. 동시에 경첩 전단은 톱니 ②를 들어 올려 래칫 바퀴는 회전하기 시작하면 ⑩번 톱니를 구속하고 있던 멈춤쇠 E는 구속을 풀고 ⑪번 톱니와 접촉하면서 회전한다. 칭기가 초기 상태로 돌아오면 톱니 ①은 래칫 1회전의 1/12만큼 회전하고, 멈춤쇠는 다시 하강하여 ⑪번 톱니를 저지한다.

래칫 바퀴가 회전함에 따라 이것의 굴대에 연결된 기륜이 작동하여 톱니를 장착한 회전기구(계시륜 등)가 회전하게 된다. 이것이 칭기–경첩–래칫 바퀴–래칫 굴대–멈춤쇠–회전기구가 회전하는 1사이클이다. 칭기의 평형점이 이동한 뒤에 발생하는 모든 동작은 매우 신속하게 진행되며, 초기 상태 1로 돌아온 칭기에는 다음 사이클을 준비하도록 물이 주입된다. 시스템의 신속성에 따라 시간측정 정밀도가 결정된다. 다음에는 가산 내부와 외부에 배치한 부품을 간략하게 소개한다. 상세한 구조는 뒤에 설명한다.

그림 6–2 왼쪽에 보인 가산 속에는 그림 6–1에 보인 오색구름을 타고 가산을 도는 태양 진상, 옥녀와 4신, 사신무사와 종, 북, 징 등의 보시기구, 12지신과 옥녀의 출입을 구동시켜 주는 기륜(보시륜)을 설치한다. 전동장치 굴대와 연동하는 계시륜計時輪(timekeeping wheel)을 중앙에 설치하여 동축同軸에다 아래위로 보시륜을 설치한다. 맨 위에는 태양 진상의 운동에 필요한 혼의 삼진환을 회전시켜 주는 상륜을 설치한다. 그 밑에 옥녀 · 4신과 연동하는 12시 초정륜初正輪을, 계시륜 아래에다 종 · 북 · 징을 울리는 사신 · 무사와 연동하는 12시륜과 경점륜을 설치한다. 맨 아래에는 12지신과 옥녀를 작동시키는 12시륜을 설치한다. 옥루와 기륜의 설계 배경은 411쪽 제7장 7.3절에서 상세하게 고찰한다.

가산 남쪽에는 의기를 설치하여 옥루의 조절호에서 넘치는 물을 받아서 작동시킨다. 평지와 산기슭에는 「빈풍 · 칠월도」를 본뜬 사계절 풍경을 조각하여 진열한다. 다음에는 태양운동 모듈 제작법을 소개한다.

6.3.2. 혼의를 이용한 태양운동 모듈 H–3

1) 태양운동 연시 방법

역주 [기–2–2]에 기술한 가산을 주야로 드나드는 태양 진상 운동 모듈 H–3의 모델은 다음과 같다. 흠경각루에서 천체운동은 태양 운행만을 보여주고 있다. 그러나 태양 운행 방식에 대한 구체적인 설명이 없는 것으로 봐서, 간의대 수운의상에서 혼상 황도환에다 태양을 부착하고 천운륜天運輪을 회전시켜 태양 운행을 연시한 방법을 참고했을 것이다.(한영호 · 남문현 · 이수웅 · 이문규, 2000: 125) 따라서 혼의 삼진환[2지환二至環]에 태양 진상을 매달고 운행을 보여주는 방법을 택했을 것이다. 산허리 위로 해가 지나가고 태양 고도와 출입 방위가 천체운행과 일치한다고 언급한 것으로 보아 산봉우리 바로 아래에다 혼의를 설치했을 것이다.

산의 구체적인 모습을 태양 운행과 관련해 추정해 보면, 그림 6-4C에 보인 바와 같이 산정까지 일곱 자(2.2미터 정도) 높이인 봉우리 하나가 중앙에 솟아 있고, 그 주위에 높이가 2/3 정도인 다른 산봉우리들이 중앙의 봉우리를 에워싸는 2중 배치였을 것으로 추정된다. 지평환이 산과 2중으로 겹치는 높이에다 혼의를 설치하고, 지평환 위로 해를 드러내어 고도, 주야장단과 출몰방위를 나타냈을 것이다.

그림 6-4A는 원대 유학자 오징吳澄(1249~1333)이 지은 『서찬언書纂言』을 바탕으로 수운의

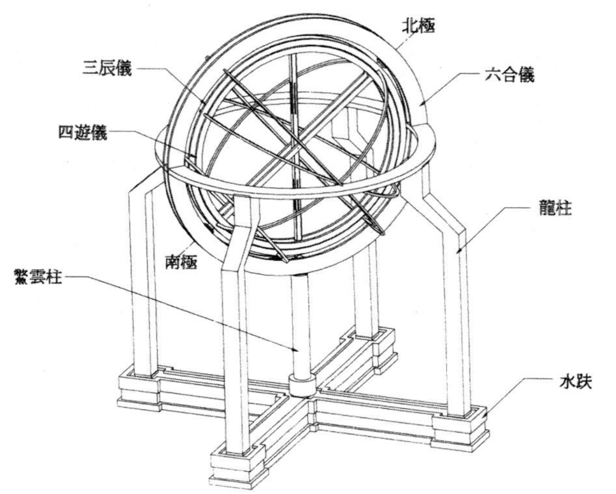

A

그림 6-4. 태양운동 모듈 H-3

A. 간의대 혼의. 명칭: 北極북극; 六合儀육합의; 三辰儀삼진의; 四遊儀사유의; 南極남극; 龍柱용주; 熬雲柱오운주; 水趺수부 (출처: 남문현, 1994: 23) **B.** 태양운동 모듈 H-3. 부품 명칭: 1. 6월 오전 8시경 태양 위치, 2. 10시경 태양 위치, 3. 삼진환(2지환), 4. 지평, 5. 산봉우리, 6. 지평환, 7. 철조(남극축), 8. 자오환 하부, 9. 삼진의, 10. 천운환, 11. 오운주, 12. 용주, 13. 수부 **C.** B를 산봉우리 내부에 설치한 모습. 태양 진상은 두 개의 작은 산봉우리를 지나고 있다.

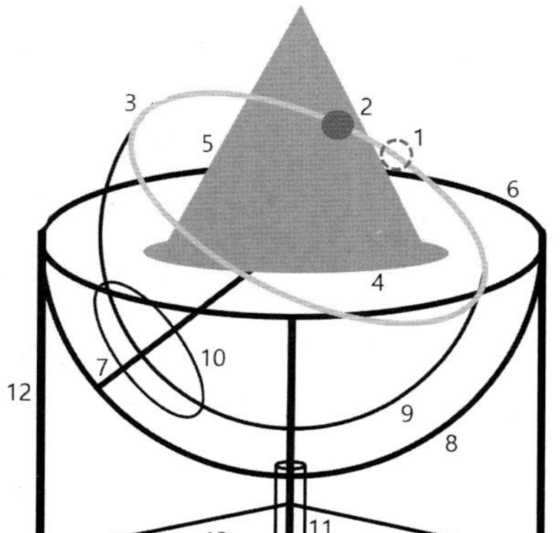

B

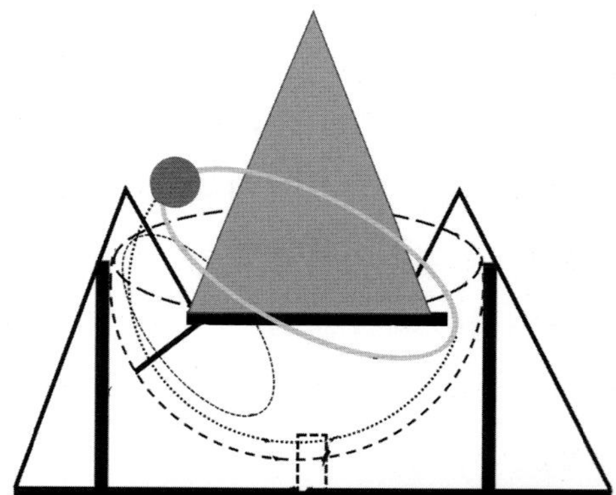

C

상을 복원하면서 설계한 혼의도이다.(남문현 · 한영호 · 이수웅, 1994: 9월) 장영실은 이와 같은 혼의를 제작하여 전체 환을 배치하지 않고 태양 운행에 필요한 부분만을 추려서 활용했을 것이다. 곧, 그림 6-4A에서 다음과 같은 부분만 남겨 두었을 것이다. 황도환과 이것을 돌려주는 천운환, 황도환을 지지하는 지평환, 지평환 하부의 자오환 하부 반환과 지평환을 지지하는 용주, 천운환을 회전시켜 주는 천주 막대를 상부로 관통시켜 주는 데 필요한 오운주이다.

따라서 지평환에다 자오환(천경환)의 하부 반을 연결한 육합의를 지지대로 삼고, 그 내부에다 황도환을 삼진환(곧, 동지와 하지환)의 절반으로 연결한 삼진의를 조립하여 여기에다 천운환을 부가한 것으로 보인다. 이것을 기륜축에다 접속하기 위해 『금사金史』에 보이는 「수운의상대」에서 활용한 천주天柱와 같은 수직 기둥을 오운주를 통하여 상륜上輪에 접속하고 그 꼭대기에다 톱니[소륜: 피니언]으로 천운환 톱니를 접속하여 회전시킨 것으로 보인다.(『諸家曆象集』 3: 『金史』, 23ㄱ-24ㄱ) 따라서 불필요한 부분은 모두 제거해 그림 6-4B에 보인 부분만 설치했을 것이다. 지평을 설치한 것은 종래 천원지방天圓地方 사상에 따라 사유환을 제거한 내부에다 지방을 구현한 것으로 보아도 좋을 것이다.

태양이 황도환 위를 상대적으로 1년에 한 바퀴 이동하기 위해서는 매일 1/365.25회전만큼 상대적인 움직임이 있어야 한다. 이것은 수운의상에서 "황도에 해를 달아매고 끈으로 당겨, 매일 1도씩 물러나게 하여 하늘의 운행과 부합하도록 한다"고 「간의대기」에서 서술한 것은 혼의 황도환에다 실행한다는 뜻이다.(세종/77/19/4/15/甲戌/9ㄴ) 이에 대한 구체적인 방법은 「흠경각기」에서는 설명하지 않은 것으로 보아 당연히 수운의상에서 개발한 방식을 활용했다는 것을 암시한다고 봐야 한다.

옥루라는 계시기로 기륜을 작동시켜 혼의에 매단 태양 진상을 운동시키는 방식은 이보다 230년 뒤에 이민철이 제작한 수운혼천의와 송이영이 제작한 자명종에도 계승됐을 것이 분명하므로 구체적인 기술을 알아내려면 역으로 이것들을 살펴봐야 한다.

다행히 현존하는 국보 제230호 혼천의 및 혼천시계에는 노끈으로 태양을 이동시켜 주는 방식이 남아 있다. 이것의 원조는 장영실도 당연히 제작에 참여했을 것으로 추정되는 수운의상이라 하겠다. 장영실은 흠경각루를 제작하면서 혼상 황도환에다 태양 모형을 노끈으로 매단 방식을 혼의 황도환에다 구현했을 것이 분명하다는 생각이다. 지평을 설치한 것도 후세에 최유지崔攸之(1603~1673)나 이민철 혼천의에 전승된 것으로 보인다.(제8장 8.3.2항과 8.3.3항 참조) 다음은 태양운동 모듈 H-3을 제작하는 방법을 소개한다.

2) 태양운동 모듈 H-3

그림 6-4A에서 제시한 혼의의 상반부를 잘라내고 그 자리에 풀을 먹인 종이를 발라 만든 산 모양을 덮어씌우되, 그림 6-4B에 보인 바와 같이 이것이 삼진의의 운행을 방해하지 않도록 남극축을 통해 삼진의 내부로 튀어나온 쇠막대기[철조鐵條]가 지평에 설치한 산 모양의 바닥을 지지하도록 한다. 「흠경각기」에서는 이러한 구조에 대해 언급하지 않았으나 최유지 혼천의에 설치한 지방과 이민철 혼천의에서 해결의 실마리를 찾아볼 수 있다.

1687년(숙종 13년)에 이민철은 자신의 손으로 제정각齊政閣에 설치하게 될 혼천의를 수리하면서 사유의와 형관직거衡管直距를 제거하고 대신에 그 자리(내부)에 지평을 만들어 「구주오악비해제국九州五嶽裨海諸國」을 그려 올려놓았다.(崔錫鼎, 卷9: 1ㄱ-3ㄴ) 이런 아이디어는 이민철이 송이영과 함께 수리한 최유지의 혼천의[죽원자竹圓子]에서 영감을 받은 것으로 봐야 할 것이다.

숙종 때에 여벌로 만들어 두었던 혼천의를 1732년(영조 8년)에 경희궁 규정각에 안치한 혼천의도 역시 내부에는 남극으로부터 올라온 쇠막대기가 지심地心을 향해 꺾여 손가락을 깍지 낀 모양으로 산하도山河圖를 받치는 형상이라고 했다.(『增補文獻備考』 卷3: 6ㄱ)

그림 6-4B는 이와 같은 자료를 바탕으로 혼의를 이용해 구성한 태양운동 모듈 H-3이다. 먼저, 지평환(6)을 용주(12) 위에 안치하고 삼진의(9)에 설치한 삼진환 회전축 내부를 관통하는 남극축 철조(7)를 자오환(8)에 고정하고 지평환 중심까지 연장한다. 막대기 끝에는 삼진의(9)의 회전을 방해하지 않도록 그 위에 산봉우리(5) 모양을 올려놓을 수 있도록 지평(4: 지지대)을 설치한다. 황도환(3: 2지환) 위에는 금으로 만든 태양 진상(1)을 부착하여 삼진의가 회전하면 이에 따라 태양 위치가 1번에서 2번으로 바뀐다. 삼진의는 천운환(10)으로 회전시킨다. 수부(물홈) 위에는 자오환(8)과 삼진의(9) 사이에다 속이 빈 오운주를 세운다. 태양은 낮에는 지평환 위를, 밤에는 산 뒤로 돌아가게 된다. 이상이 가산 꼭대기 내부에다 설치한 태양운동 기구이다.

3) 전동 및 구동 모듈 H-2

이 모듈은 수평으로 설치한 전동기륜의 회전운동을 가산 내부에 설치한 계시륜(12시100각륜) 축(수운의상의 천주에 해당함 — 저자 주)에 전달하여 그 아래 위에 설치한 보시 기륜을 함께 회전시킨다. 따라서 전동륜축의 수평 회전운동을 수직으로 변환시키려면 이 축의 한 끝에다 소륜pinion을 부착하고 계시륜 아거牙距와 물려 계시륜축을 회전시키면 된다.

그림 6-2에 보인 대로 축의 상부에는 산봉우리 내부에 설치한 태양운동 모듈 H-3을 회전시키는 데 필요한 상륜을, 그 밑에는 옥녀와 4신을 구동시켜 주는 초정륜을 설치한다. 계시륜 아래에는 사신과 무사를 구동시켜 주는 데 필요한 12시륜과 경점륜을, 또 그 밑에는 12지신과 옥녀를 구동시켜 주는 12시륜을 설치한다.

그림 6-5는 옥루로 발생시킨 동력으로 래칫 바퀴(7)를 회전시켜서 상부에 설치한 태양운동 모듈 H-3을 돌려주는 기구를 보여준다. 바퀴(7)의 중앙을 관통한 굴대(13) 끝에 소륜(14)을 부착하여 굴대의 운동을 천주(15)에 부착한 계시륜(16)에 전달함으로써 천주를 회전시킨다. 천주는 오운주(17)를 관통하여 그 상부에 설치한 상륜(18)을 회전시키고 이 운동은 소륜(19: 전곡과 후곡)에 물린 천운환(20)을 동서로 회전시켜 삼진의를 돌려 태양 진상을 회전시킨다.

그림 6-5의 래칫 바퀴(7)를 시계 방향으로 90도 회전시키면 전동장치 모듈 H-2가 된다. 옥루와 래칫 바퀴를 북쪽에 설치하면 된다. 바퀴(7)의 톱니 수는 계시륜의 시간분해

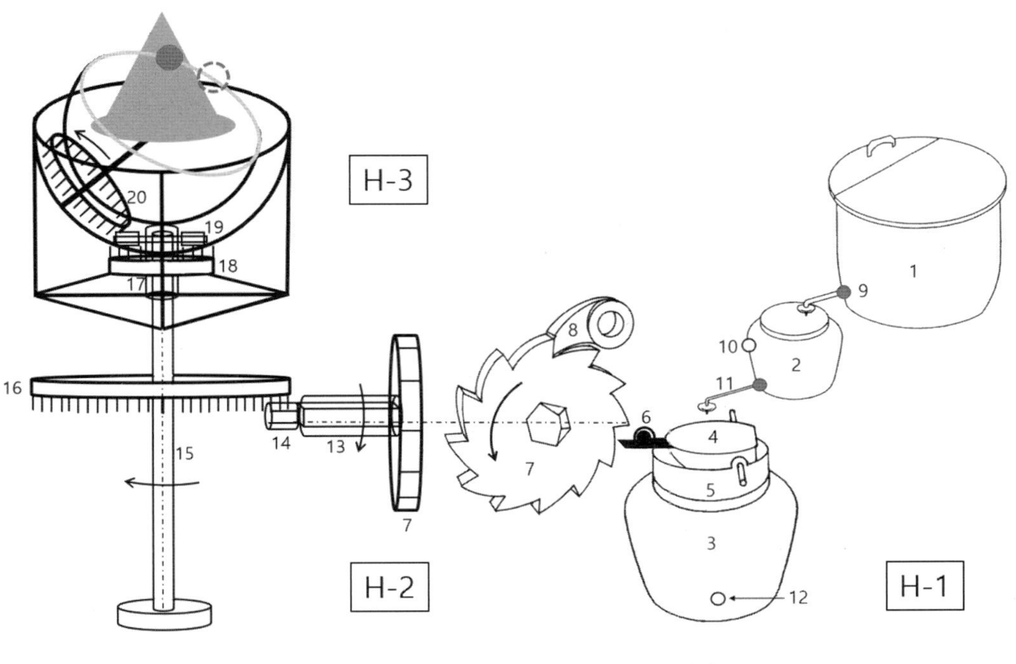

그림 6-5. 옥루 모듈 H-1, 전동장치 모듈 H-2와 태양운동 모듈 H-3 배치

H-1의 부품 명칭은 옥루와 기륜 참조. **H-2의 부품 명칭:** 7. 래칫 바퀴, 8. 멈춤쇠, 13. 굴대, 14. 굴대 소륜. **기륜 부품:** 15. 계시륜축, 16. 계시륜(12시100각륜). **H-3의 부품:** 17. 오운주, 18. 상륜, 19. 소륜, 20. 천운환

능과 부하와의 관계를 고려해 결정하면 된다. 대표적으로 12의 정수 배수 가운데 24, 36, 48 가운데서 선택하면 된다. 계시륜은 12시 100각을 실행하는 계시 매개체로서 보통 1각刻을 6분分으로 보면 톱니 수는 600개, 이때 1시진은 50개, 기륜축(15)에 부착한 소륜 14의 톱니 수는 6개면 된다.

이 경우에 천운환(20)의 톱니수를 600개로 할 경우 태양 진상은 매일 1도를 더 가게 되어 노끈으로 매단 진상을 매일 1도씩 수동으로 뒤로 물려주든가 아니면 자동으로 할 수 있어야 한다. 그런데 「흠경각기」에 태양이 천체운행과 부합된다고 한 점으로 미뤄볼 때 오히려 노끈 방식을 택하지 않은 것일 수도 있다. 이 경우에 장영실은 천운환의 톱니 수를 487개로 하여 태양이 1일 365.25도를 회전하면서 1년 365.25일 동안에 정확하게 회귀하도록 하는 방안도 강구하였을 것이다. 상륜(18), 소륜(19)의 톱니 수도 이에 따라 결정하면 된다.

여러 층으로 구성된 혼의 환 가운데서 불필요한 환을 과감히 생략함으로써 해를 끌어내고, 산을 중심으로 펼쳐진 대지 위를 하늘의 해가 운행하는 도수에 맞도록 한 것은 흠경각루 외형을 결정짓는 중요한 특징의 하나다. 수운의상대로 대표되는 중국 천문시계에서는 천체 연시부와 보시부가 분리되어 있다. 이에 비해 흠경각루는 두 부분을 산 위아래로 자연스럽게 배치함으로써 중국 고대 천문시계들과 형태가 뚜렷이 구별된다고 하겠다.(한영호 등, 2000: 125)

6.3.3. 옥녀와 4신 보시 모듈 H-4

역주 [기-2-3]에서 기술한 보시 옥녀와 4신이 각기 배정된 시각에 대응하여 순서대로 동작하자면 한공렴이 제작한 수운의상대에서 활용한 주야 초정륜과 십이시 종고륜이

표 6-1. 시진에 따른 4신의 위치 변화

	인	묘	진	사	오	미	신	유	술	해	자	축
청룡	북향	동향	남향	서향								
주작				동향	서향	남향	북향					
백호							남향	서향	북향	동향		
현무	남향									서향	북향	동향

나 곽수경 등루의 보시기구 작동륜과 유사한 평륜이 이들과 내접하고 있어 계시륜의 회전이 그대로 전달된 것으로 봐야 할 것이다. 이것은 주된 동작이 순차적인 연속 회전인 만큼 옥녀와 4신을 작동시키는 기구는 계시륜축에 부착하여 직접 구동시킨다.

그림 6-6A는 산기슭에 설치한 옥녀와 4신의 작동을 체크하는 12시 초정 시각표이다. 매시의 초각은 긴 눈금으로, 정각은 짧은 눈금으로 나타냈다. 앞서 본문에 따라 자정을 북방, 묘정을 동방(해가 뜨는 방위), 오정을 남방, 유정을 서방으로 삼아서 계시방향으로 배치했다. 그러나 초정륜은 서에서 동(반시계방향)으로 회전함으로써 통상 계시법과 반대가 된다.

따라서 4신은 차례대로 1번(동방 청룡), 2번(남방 주작), 3번(서방 백호), 4번(북방 현무) 순서로 방향을 바꿔, 4번이 되면 4신이 함께 방향을 바꾸게 된다.(표 6-1 참조) 이것을 6-6B와 같이 4번 기륜으로 구현한 것이다. 여기서, 옥녀(1)와 4신(2)을 산기슭에 위아래로 4방에다 설치하고, 옥녀와 4신의 발밑에 평륜을 부착하고 가로막대를 부착한다. 12시 초정륜(4)이 회전하면서 톱니가 이것을 촉발하도록 한다. 옥녀는 매시 초정마다 방울을 흔들고, 4신은 차례대로 매시 초마다 90도씩 시계방향으로 회전하도록 기구를 디자인하면 된다.

그림 6-6B에는 삼진환을 회전시켜 준 상륜 아래에다 초정륜을 설치하여 옥녀와

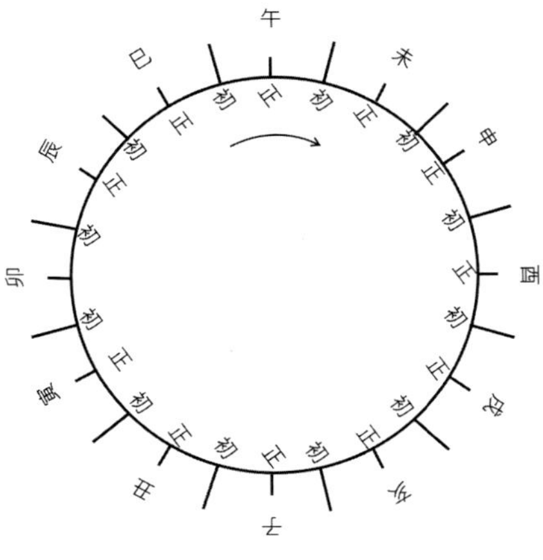

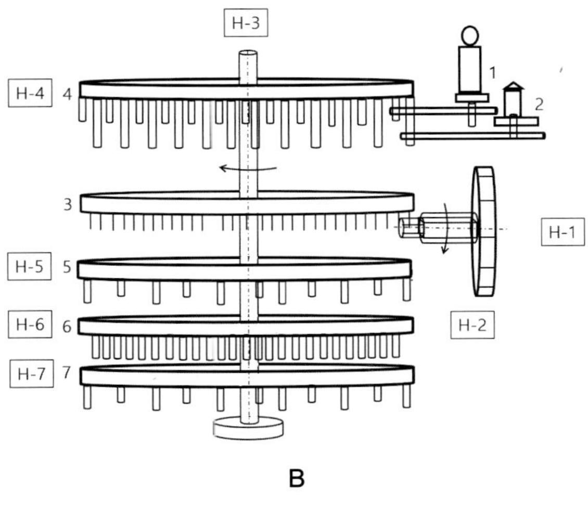

그림 6-6.

A. 12시 초정 시각 도식 **B.** H-1: 옥루. H-2: 전동장치. H-3: 태양 진상, 혼의, 상륜. 3: 계시륜. H-4: 초정륜과 옥녀4신 모듈. 1: 옥녀, 2: 4신, 4: 주야 초정 시각 기륜. 12시 초(기다란 톱니), 12시 정(짧은 톱니). H-5: 사신 종인과 12시륜(5) 모듈. H-6: 사신 고인, 정인과 경점륜(6) 모듈. H-7: 옥녀4신과 12시 초륜(7) 모듈

4신과 연동시키는데 이것이 모듈 H-4이다. 이 밖에 그림 6-2에 보인 가산 내부의 보시륜 3개를 미리 추가하여 한 개의 그림으로 나타내었다. 곧, 계시륜 하부에다 주야 시각 기륜 5와 6을 설치하였으며, 12시 정초각을 체크하여 산기슭에 설치한 높은 대 위에 배열한 사신과 종인을 작동시키는 모듈 H-5, 경점시각을 체크하여 사신, 고인, 정인을 작동시켜 주는 모듈 H-6을 설치하였다. 맨 아래에는 12시륜⑺을 계시륜 축에 부착하여 산 밑 평지에 설치한 12개 지신과 이에 대응하는 옥녀를 작동시키는 모듈 H-7을 설치하였다.

이리하여 가산 내부에 설치한 기륜⑷과 외부에 설치한 4방의 옥녀와 4신의 작동은 적절하게 설계된 모듈 H-4가 수행하게 된다. 따라서 옥녀는 길고 짧은 톱니와 접촉하여 매시 초와 정에 방울을 흔들며, 4신은 한 시진마다 차례대로 기다린 톱니와 접촉해 90도씩 방향을 바꾸며 세 개의 시진을 알린다. 세 시진이 지나 다음 시진이 되면 4신은 본디 위치로 돌아온다.

6.3.4. 12시와 경점 보시 모듈: m-5와 m-6

1) 개요

여기서 주목할 사안은 「흠경각기」 역주 [기-2-4]에서는 12시와 경점을 보시하기 위한 내부 기구에 대해서 한마디도 거론하지 않았다는 것이다. 오직 "경점에 북과 징을 치는 횟수는 시행하고 있는 법과 같다"고 함으로써 보루각루의 경점 보시 기구를 활용했음을 밝혔다. 흠경각루가 창제된 지 50여 년이 지난 1490년(성종 21년) 9월 조지서趙之瑞(1454~1504)가 흠경각의 전면적인 보수와 활용을 주청했다. 이 가운데 시청각 보시 기구는 보루각루의 자격제도 그대로가 아니라 훨씬 복잡하고 확대되었음을 시사하고 있다.(성종/245/21/9/6/乙酉) 여러 가지 상황을 미루어 보건대 앞서 제3장에서 구현한 낙하하는 공의 동력으로 작동되는 시기(M-5)와 경점기(M-6)에서 보인 방식은 흠경각에서 크기가 축소되었을 뿐 보루각 제도가 상당 부분이 그대로 활용되고, 덧붙여 몇 가지 기구가 추가된 것으로 보인다. 이것의 구조와 관련하여 몇 가지 고려해야 할 사항을 열거하면 다음과 같다.

(1) 보루각루 수수호 위에 세운 방목에 저장한 소환을 잣대가 떠오르면서 방출시키는 시점 표시 방식은 적용이 불가능하다.

(2) 보루각루 시보장치 상부에 설치한 3신(사시신, 사경신, 사점신)에 더하여 사신司辰이 추가됨으로써 사신-종인, 사신-고인, 사신-정인이 짝을 이뤄 서로 마주 보는 기구가 필요하다.

(3) 보루각루에서 종인을 작동시킨 구슬이 평륜에 배열한 12개 보시 목인을 차례로 하나씩 상승/하강시키는 기구는 그대로 활용하기가 쉽지 않다.

(4) 그림 6-6B에서 보인 바와 같이 모듈 H-5와 E-6을 구성하는 기륜 5와 6은 계시륜 축 3에 설치됨으로써 보루각루에서 절기에 따라 변화하는 경점 눈금이 새겨진 잣대 11개 눈금 간격을 실행하는 데 어려움이 따른다.

따라서 이와 같은 문제점에 따른 대안을 마련해야 한다. 곧,

(1) 방목기구를 대치하여 매 시보 시점마다 소환을 방출시켜 줄 수 있는 방안을 마련해야 한다.

(2) 팔뚝을 움직여 종, 북, 징을 울리는 종인, 고인, 정인과 사신이 짝을 이루어 고개를 돌릴 수 있도록 목인 내부에다 머리를 좌우로 돌려주는 기구를 설치해야 한다. 따라서 이것은 한층 진보된 오토마타automata가 될 것이다.

(3) 보루각루에서 대환으로 평륜에 배열한 보시신을 차례대로 상승/낙하시키는 방법을 활용하여 낙하하는 구슬이 발생하는 동력을 지상에 설치한 12지신의 기복起伏과 옥녀의 출현에 활용하는 방안의 창출이다. 이것은 계시륜의 회전으로 상부 모듈에서 소모되는 에너지를 보충하여 지상 부하(오토마타)를 원활하게 작동시켜 주기 위한 하나의 방안이 될 것으로 보인다.

(4) 보루각루의 11개 잣대[부전浮箭]을 대표하여 춘·추분 잣대(6번) 눈금에 대응하는 경점륜을 별도로 만들거나, 아니면 잣대 양편에 12시와 경점 눈금을 새겼듯이 12시륜에 12시 초 톱니 12개와 함께 경점 톱니 25개를 부착하는 것도 하나의 대안이다. 성종 때에 흠경각을 수리하고 춘추분과 하지에만 10일 정도 운영하도록 건의한 것을 보면 경점륜의 경점시각 구현은 잣대 한 개로 고정한 것으로 보인다.(성종/277/24/5/10/癸酉) 경점기는 크기를 축소하여 그대로 활용한 것으로 보이지만, 시기의 일부는 다음에 이어질 평지의 12지신 및 옥녀의 작동과 관련하여 구조가 변경된 것으로 보인다.

2) 12시와 경점 시각표와 소환-대환 중계기

그림 6-7A는 보루각루에서 적용한 춘추분의 12시와 경점 시보 시각표이다. 바깥 테두리 원에는 12시 명칭과 매시 초의 눈금을 표시했다. 이 눈금마다 방목에서 소환이 방출되어 시보장치 내부에 설치한 소환-대환 중계기(M-4)의 12시용 동통으로 전입된다. 1주야에 12개가 전입된다. 마찬가지로 안쪽 원둘레에는 경점이 시작되는 눈금을 표시했다. 바깥쪽 1, 2, 3, 4, 5는 매 경의 시점이고, 안쪽의 1, 2, 3, 4, 5는 매점의 시점 눈금이다. 1경은 유시酉時에 일몰 후 2.5각[혼각昏刻]이 지나 시작된다. 1경 1점은 동일한 눈금에서 시작되며, 소환은 방목에서 방출되어 소환-대환 중계기(M-4)의 경점용 동통으로 전입된다. 하룻밤에 25개 전입된다. 동통에 유입된 소환은 동통 하부에 설치한 구멍기구에 추락하여 그 밑에 배열한 기시 원단에 떨어진다.

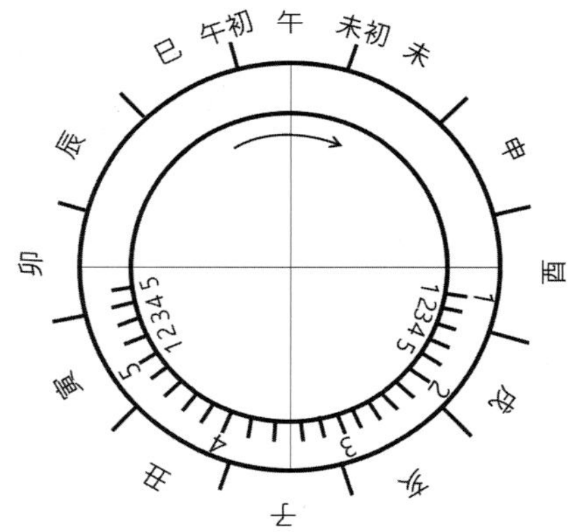

A

그림 6-7. 보시 시각표와 소환-대환 중계기

A. 12시와 경점 보시 시각표. (맨 바깥 원 눈금): 매시를 보시하는 매시 초 눈금. (안쪽 원 눈금): 춘추분일의 경점시각 눈금 **B.** 소환-대환 중계기 모듈 부품: 1. 목판, 2. 4격, 3. 12시용 동통, 4. 12시용 시환, 5. 12시 소환 진입구, 6. 시환 홈통, 7. 경점용 동통, 8. 경점 소환 진입구, 9. 기시 원단, 10. 경환, 11. 경환 홈통, 12. 점환, 13. 점환 홈통, 14. 기시 굴대 받이, 15. 기시 원단, 16. 기시 숟갈총, 17. 굴대

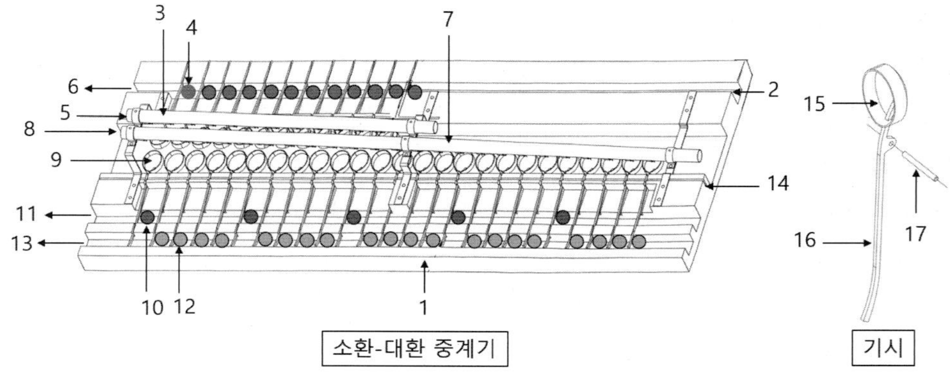

B

그림 6-7B는 보루각루의 소환-대환 중계기 모듈(M-4)의 구조다.(제3장 3.5.2항 그림 3-28 참조) 목판 상부에는 12시용 짧은 동통(3)과 경점용 기다란 동통(7)을 설치한다. 동통 하부에 뚫은 구멍은 그 아래 기시 원단(9)과 맞닿아 있어 구멍에 빠진 소환은 굴대(17)를 꽂아 굴대받이(14)에 놓은 기시 원단(15)에 떨어진다. 맨 윗줄에 보인 대환 12개는 12시용 시환이다. 둘째 줄에 보인 대환 5개는 1, 2, 3, 4, 5경용 경환 겸 매경의 초점용 점환이다. 맨 밑줄에 배열한 대환 20개는 매경의 2, 3, 4, 5점을 보시하는 점환이다. 기시 순갈총(16)이 들리면 시환(4), 경환(10), 점환(12번)이 왼쪽으로 굴러 나온다. 맨 윗줄에다 12시용 시환(4) 12개를 시진 순서대로 왼쪽에서 오른쪽으로 배열할 수 있도록 순갈총 12개 사이에다 안치한다. 기시 상부의 12시용 동통에서 소환이 유입되는 순서대로 기시 원단(15)에 떨어지면 순갈총(16)이 들리면서 소환은 오른쪽에서 왼쪽으로 순서대로 방출된다. 하룻밤 5경 25점 동안에는 25개의 대환이 오른쪽에서 왼쪽으로 방출된다. 따라서 그림에서 보인 바와 같이 경환과 점환은 각기 방출되는 통로가 달라서, 방출된 뒤에는 경점기(모듈 M-6)의 경환과 점환 통로에 떨어지게 되어 있다. 이 모듈은 방목에서 방출된 12시와 경점 시점 표시 소환을 받아들여 그 밑에 설치한 대환을 방출시켜 사시, 사경, 사점 목인의 팔을 작동시켜 각각 종, 북, 징을 울리는 기계이다.

앞서 제1장에서 소개한 바와 같이 『수시력』에서는 해가 진 뒤 2.5각과 다음 날 해가 뜨기 전 2.5각을 뺀 시간을 5등분하여 5개의 경으로 규정하고, 다시 매 경을 5등분해 5개의 점으로 규정하고 하룻밤을 오경 25점으로 규정했다.

3) 보루각루 방목의 대안으로서 구슬 방출기구 고안

그림 6-8A는 앞서 언급한 (1)번에 대한 방안으로 방목을 대신하여 구성한 구슬 방출기구의 구조와 원리를 나타낸 도식이다. 보루각루에서 방목은 잣대 길이와 같게 만들어서 수수호 꼭대기에다 수직으로 세우고, 양면에 동판기구를 부착하고 그 안에다 잣대 시보 시점 눈금에 맞춰 소환을 수납한다. 시간 경과에 따라서 잣대가 떠오르면서 소환이 담긴 수납통을 엎어서 소환을 방출시킨다. 그러나 흠경각루에서는 수수호와 방목을 세울 공간이 제약되어 이 방법을 그대로 적용할 수 없다. 따라서 소환을 방출시키는 방식도 새로 고안해야 한다. 이를 해결하기 위해 다음과 같은 방법을 검토했다.

(1) 수직으로 세운 방목 형식을 수평으로 배열하는 방식

(2) 잣대머리가 수납통을 밀어 올려 구슬이 방출되는 과정과 동일한 효과를 발휘하는 방식

따라서 매시와 매 경점마다 소환이 계시륜의 회전과 함께 방출되도록 기구를 구성하기로 했다. 이와 같은 점을 고려하여 저자는 알자자리의 범주 I 제3장 보트시계Boat Clock에서 성곽 안에 저장한 공을 홈통channel에 배열한 다음 새매falcon의 머리로 방출하는 방식(Wiedemann and Hauser, 1915: 114, Fig. 57)을 원용하였다. 그리고 그림 6-7B에 보인 보루각루의 소환-대환 중계기와 매 경점마다 점기에 저장된 점환을 방출시키기 위해 사용한 최하지기(되돌림 기구)의 빗장, 쇠사슬, 제3장 그림 3-35 최하지기에서 보인 추 등을 참고하여 그림 6-8A에 보인 구슬 방출기를 고안하였다.

(1) 구조와 원리

그림 6-8A를 통하여 구슬 방출기의 구조와 원리를 설명하면 다음과 같다. 이것은 먼저, 목재로 두 개의 벽과 바닥으로 된 양편이 터진 개방식 홈통(1)을 만든다. 그림 6-8A에 보인 바와 같이 기시의 짧은 굴대(2) 두 개를 만들고 하나는 숟갈총 가까이, 그리고

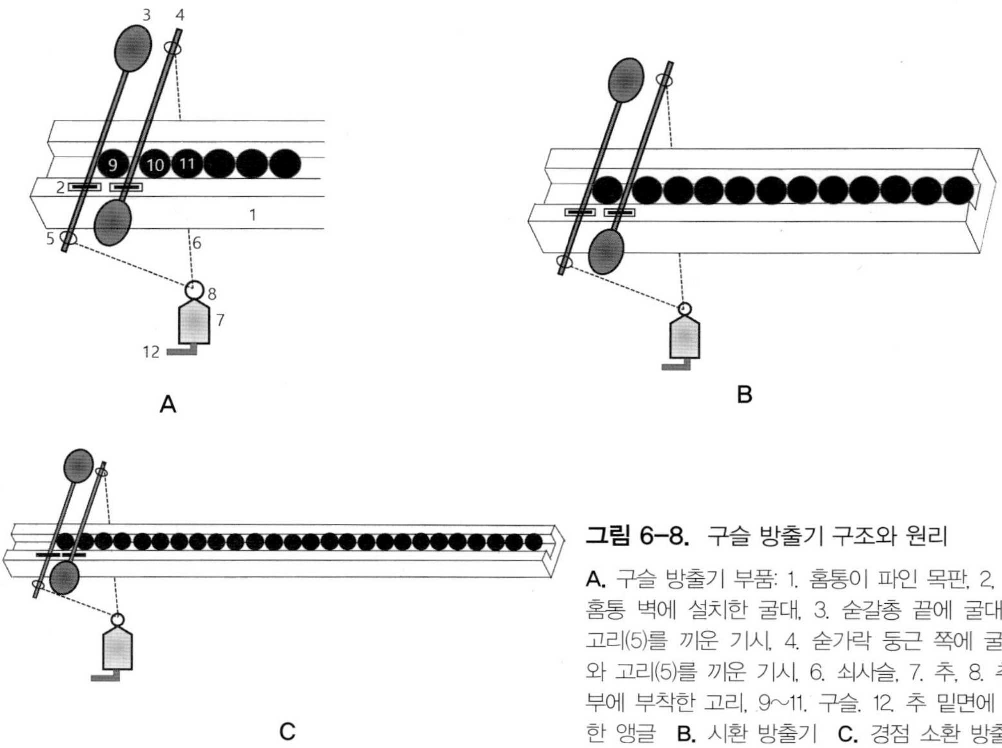

그림 6-8. 구슬 방출기 구조와 원리

A. 구슬 방출기 부품: 1. 홈통이 파인 목판, 2. 목판 홈통 벽에 설치한 굴대, 3. 숟갈총 끝에 굴대(2)와 고리(5)를 끼운 기시, 4. 숟가락 둥근 쪽에 굴대(2)와 고리(5)를 끼운 기시, 6. 쇠사슬, 7. 추, 8. 추 상부에 부착한 고리, 9~11. 구슬, 12. 추 밑면에 부착한 앵글 **B.** 시환 방출기 **C.** 경점 소환 방출기

다음 하나는 둥근 쪽(원단)에 구멍을 뚫고 굴대를 끼운 기시 두 개를 만든다. 그림에 보인 대로 홈통 상단 표면을 폭 5밀리미터, 길이는 굴대에 맞추고, 깊이 1센티미터 정도로 두 개의 홈(굴대받이: 그림 6-7B 14번 참조)을 판다. 구멍에 직각으로 두 개의 기시를 끼울 수 있도록 홈을 판 다음 그림에 보인 것과 같이 기시를 설치한다. 따라서 기시 굴대는 홈 안에서 홈통 벽과 직각으로 위아래로 오르내릴 수 있다. 숟갈총 둥근 쪽에 굴대를 꽂은 숟갈(4)의 숟갈총 끝에는 구멍을 뚫고 고리를 끼운다. 숟갈총 끝 쪽에다 굴대를 끼운 숟갈(3)에는 숟갈총 끝에 구멍을 뚫고 고리(5)를 끼운다. 고리 5번에다 쇠사슬(6)을 고정하고 추(7) 상단에 부착한 고리 8번을 거쳐 4번 기시 고리에다 그림과 같이 고정한다. 그리고 첫 번째와 두 번째 기시 사이와 그 뒤에 9, 10, 11번과 여러 개 구슬을 배열한다.

(2) 작동 방법

처음에는 그림 6-8A에 보인 3번 기시 숟가락총이 9번 구슬 앞을 막고 있고 4번 기시 숟가락총은 첫 번째 구슬(9)과 두 번째 구슬(10) 사이에 위로 들려 있다. 구슬을 방출시키려면 추(7)를 밑으로 당겨 3번 기시 숟갈총이 위로 들리도록 하면 9번 소환이 방출된다. 동시에 들려 있던 4번 기시 숟갈총은 내려져서 10번 구슬이 구르지 못하도록 막는다. 3번 기시 숟갈총이 둥근 쪽 무게로 인해 본디 자리로 내려지면 내려졌던 4번 기시 숟갈총은 들려지고 10번 구슬은 9번 구슬 자리로 굴러 내린다. 추가 당겨질 때마다 다른 구슬도 차례대로 방출된다. 기계적으로 추를 당기려면 추에다 12번과 같은 "ㄱ"자 쇠붙이를 부착한 다음, 동력원과 기구로 연동하여 트립trip시키면 된다. 트립 동력은 그림 6-6B에 보인 계시륜(12시륜이나 경점륜)의 아거(톱니)와 연계하면 이산적(간헐적) 운동을 얻을 수 있을 것이다.[13] 경우에 따라서는 기시 원단 부분에는 구슬을 놓아 추의 무게에 따라 숟가락의 상하 운동을 조절할 수 있다. 이것이 구슬 방출기의 작동법이다.

(3) 활용 방법

구슬 방출기를 흠경각루에 활용하려면 보루각루 방목에서 12시와 경점용 소환을 동판 기구에 수납했다가 잣대머리로 방출시키는 방식을 변용하면 된다. 먼저, 두 개의 목판을 마련하여 홈통을 파고 기시와 쇠사슬, 추를 준비하고 홈통에다 각각 12시용 소환 12개,

13 기계공학에서 트립trip은 동력을 정해진 작동을 개시 또는 종료할 때 활용한다.

경점용 소환 25개를 배열한 소환 방출기를 만든다. 그리고 보루각루 시보장치에 설치한 소환-대환 중계기 모듈 M-4를 축소하여 소환 크기에 맞도록 새로운 중계기를 만든다. 여기에다 앞서 만든 소환 방출기에서 소환을 M-4 동통에 전입시켜 각각 대환을 방출시키면 된다. 이것은 보루각루 방식을 그대로 본뜬 정석定石이라 하겠다.

그림 6-8B와 C는 12시와 경점용 소환 방출기이다. 그림에서 B의 소환을 크게 그린 것은 M-4를 두 부분으로 분해해서 12시와 경점 대환을 방출시킬 경우를 상정한 것이다. 당연히 정석을 따라야 하겠지만, 모듈 설치공간이 협소해 원활한 운영이 어려운 경우에는 이런 분리방식이 적합하다. 이 경우에는 12시용 동통을 생략하고 대환 방출기에서 곧바로 시기 축소 모듈 m-5로 대환을 낙하시켜 주면 된다. 이것은 12시 대환 방출이 경점과 달리 직렬로 이뤄지기 때문에 가능하다. 그러나 경점의 경우는 그림 6-7B에 보였듯이 경환과 점환이 병렬로 방출되기 때문에 경점용 동통을 생략하기 어렵다.

요약하면, 산기슭에 쌓은 높은 대의 내부 공간에 따라 다음과 같이 구슬 방출기를 활용하는 두 가지 방안을 제시한다.

① 보루각루의 방목과 마찬가지로 12시용과 경점용 소환 방출기를 각각 만든다. 그리고 보루각의 소환-대환 중계기 모듈 M-4를 축소하여 활용한다. 이 경우에 대환 통로가 복잡해질 가능성이 있다.(그림 6-9A 참조)

② 12시 소환 방출기는 생략하는 대신, 12시 대환 방출기를 만들어 곧바로 시기를 작동시킨다. 그러나 경점용은 소환 방출기를 만들고 M-4의 경점 소환-대환 방출기만 따로 떼어 소환 방출기에서 소환을 유입시켜 대환을 방출시킨다. 이 경우 12시륜-경점륜의 12시와 경점시각을 기술적으로 동기同期시켜야 한다. 첫 번째 방식이 정석이지만 실행과정에서 12시륜-경점륜과 접촉성, 공간배치 등을 고려해 결정하면 된다.(그림 6-9B 참조)

4) 시환 방출기

종인鍾人이 종을 울리고 고개를 돌리는 동작은 제3장에서 소개한 시기 모듈 M-5를 활용하면 된다. 보루각루 시보장치에서 상부 좌대에 배열한 사시 목인의 작동은 발밑 공간에 방목에서 전입한 소환을 받는 동통과 그 밑에 배열한 대환 방출기, 그리고 방출된 대환으로 목인 팔뚝을 촉발시켜 주는 숟갈기구(기시) 타격과 12개 보시 목인의 승강을 제어하는 기구로 구성되어 있다.(제3장 모듈 M-5 참조) 흠경각루에서는 종인(보루각루의 사시 목인에 대응)이 사신을 바라보면서 종을 울린다. 따라서 앞서 보루각루에서 종을 울리고 보시 목인을 교대시키는 두 가지 동작에서 우선은 첫 번째만 필요하다. 두 번째 동작은 흠경각루에서 지상 12지신과 옥녀 작동에 필요할 수 있다.(역주 [기-2-5] 산 밑의 12지신과 옥녀 참조) 12시용 구슬은 12개를 순차적으로 방출하면 되므로 보루각루에서 활용한 동통을 생략하고 구슬 방출기에서 곧바로 종인과 연결된 기시, 그림 6-9B의 모듈 m-5(보루각루에서 M-5의 축소형)의 4번에 낙하시켜도 된다. 이것은 가산 내부의 협소한 공간을 줄이는 한 가지 방안이다. 따라서 그림 6-9B에서와 같이 구슬 12개를 배열하고 순서대로 방출시키면 된다. 그림 6-9B의 2번은 12시용 대환 방출기이다.

5) 경점환 방출기

경점은 고인과 정인이 각각 북과 징을 울려서 보시한다. 제3장에서 소개한 바와 같이 경점보시는 12시와 달리 경과 점을 복합적으로 보시해야 하므로 흠경각루에서는 보루각루의 경점기 모듈 M-6을 그대로 적용해야 한다. 또한 동통과 대환 방출기로 구성된 모듈 M-4에서 경점용 동통, 경점용 대환 방출기를 그대로 활용해야 소기의 목적을 달성할 수 있다. 물론, 그림 6-8C와 같이 구슬 방출기에 25개의 소환을 배열하고 차례대로 동통으로 전입시키면 차례대로 그 밑에 놓인 경점 기시에 떨어져서 대환을 경점기 모듈 m-6(보루각루 M-6의 축소형)을 작동시킬 것이다. 구슬 방출기의 추는 경점륜 톱니와 연계하여 시점마다 한 번씩 트립시키면 된다. 경환과 점환이 m-6에 낙하하여 고인鼓人과 정인鉦人의 팔뚝을 촉발할 때 동시에 사신의 시선과 고인과 정인의 시선이 마주하도록 기구를 추가해야 한다.

6) 시기 모듈 m-5와 경점기 모듈 m-6의 작동

사신과 종인, 고인, 정인은 산의 남쪽 기슭 높은 대 위에 배열한다. 산 내부에는 12시륜-경점륜이 계시륜 축과 함께 회전하고 있는데 이것의 역할은 그림 6-9A의 2번에 보인 시환 방출기의 추와 경점환 방출기 12번의 추를 매 시점마다 트립시켜 각각 크고 작은 구슬을 m-5와 m-6에 공급하는 것이다. 따라서 사신과 세 개 무사 목인을 작동시켜 주는 그림 6-6B에 보인 H-5와 H-6은 산기슭과 가까운 가산 내부에 설치되어야 한다. 또한 이것을 설치한 받침대는 기륜의 방해를 받지 않도록 별도로 산기슭 내부를 따라 가설해야 할 것이다. 그림 6-9는 사신과 세 개 목인, 구슬 방출기 두 개와 그 밑에 설치한 m-5와 m-6 모듈의 두 가지 유형을 보인 것이다. 이것의 작동원리는 다음과 같다.

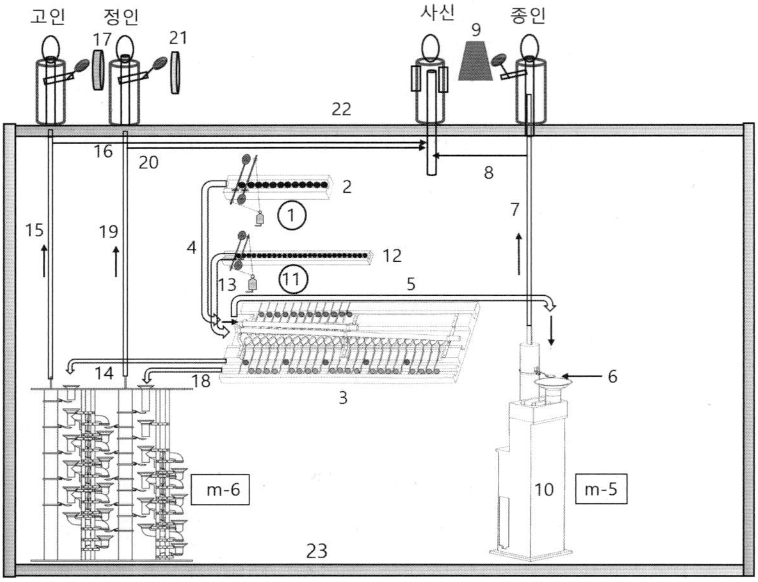

A

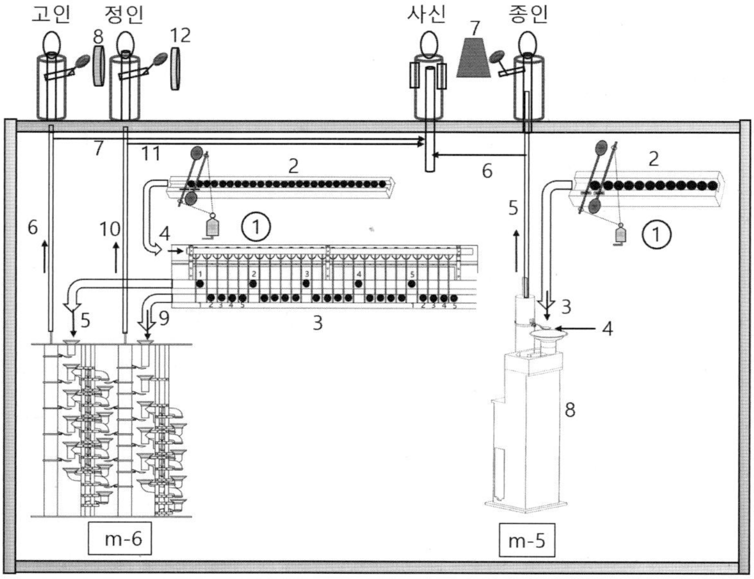

B

그림 6-9. 시기 모듈 m-5와 경점기 모듈 m-6 구조와 원리

A. 표준 모델. m-5의 부품: ① 12시륜 H-5, 2. 12시 소환 방출기, 3. 소환-대환 중계기, 4. 소환의 12시 동통 전입 통로, 5. 시환의 시기 전입 통로, 6. 기시, 7. 기시와 연접된 막대, 8. 사신 목과 연접된 막대, 9. 종, 10. 시환 이동 통로. **m-6의 부품:** ⑪ 경점륜 H-6, 12. 경점 소한 방출기, 13. 경점 소환의 12시 동통 전입 통로, 14. 경환의 경점기 경기로 낙하 통로, 15. 경기 기시와 연접된 막대, 16. 사신과 연접된 막대, 17. 북, 18. 점환의 경점기 점기로 낙하 통로, 19. 점기 기시와 연접된 막대, 20. 사신과 연접된 막대, 21. 징, 22. 좌대, 23. 받침대

B. 간소화 모델. m-5의 부품: ① 12시륜, 2. 시환(대환) 방출기, 3. 주시기로 시환 낙하, 4. 기시, 5. 기시와 연접된 막대, 6. 사신과 연접된 막대, 7. 종, 8. 시환 이동 통로, **m-6의 부품:** ① 경점륜 H-6, 2. 경점 소환 방출기, 3. 경점 소환-대환 중계기, 4. 경점 소환의 동통 전입, 5. 경환의 경점기 경기로 낙하 통로, 6. 경기 기시와 연접된 막대, 7. 사신과 연접된 막대, 8. 북, 9. 점환의 경점기 점기로 낙하 통로, 10. 점기 기시와 연접된 막대, 11. 사신과 연접된 막대, 12. 징

(1) 그림 6-9A에 보인 m-5의 구조와 작동원리는 다음과 같다. 12개 소환을 홈통에 배열한 구슬 방출기(2)는 좌대(22) 바로 밑에 설치한다. 방출기(2) 후면에 설치한 12시륜 H-5(①)가 새로운 시점을 표시하기 위해 소환 방출기 추를 트립시키면 방출기 기시에 구속된 첫 번째 소환이 굴러 나와 통로(4)를 따라 소환-대환 중계기(3)의 12시 동통으로 전입된다. 이 소환은 첫 번째 구멍에 추락하면서 동통 밑에 놓인 기시의 원단을 눌러주어 첫 번째 시환이 굴러 나와서 통로(5)를 따라 기시(6)에 추락하면, 기시와 연접한 막대(7)가 돌출하면서 먼저 사신과 연접된 막대(8)가 작동하여 사신의 목이 돌아간다. 이어서 막대 한 끝이 종인의 팔뚝을 촉발해 종(9)이 울린다. 기시를 작동시킨 시환은 이동 통로(10) 속을 통과하여 밑으로 빠져나온다. 따라서 사신은 마주 보면서 종인이 종을 울린다. 다음에는 고인과 정인이 북과 징을 울리는 과정을 설명한다.

(2) 1경이 되어 경점륜 H-6(⑪)이 경점 소환 방출기 12의 추를 트립시키면 방출기 맨 앞의 소환이 굴러 통로(13)를 따라 소환-대환 중계기(3) 상부에 설치한 경점용 동통으로 굴러 들어가다가 첫 번째 구멍에 추락하면서 그 밑에 놓인 기시 원단을 눌러주면 1번 경환이 굴러 나온다. 경환은 통로(14)를 따라 m-6의 경점기 속 원주에 설치한 1번(최상) 기시에 추락한다. 이에 따라 기시와 연접된 막대(15)가 돌출하면서 사신과 연접된 막대(16)를 작동시키고 이어서 고인의 팔뚝을 촉발하여 북이 한 번 울린다. 이어서 1경환은 경점기 안 두 번째 원주에 설치한 초점기를 작동시켜 정인의 팔뚝과 연접된 막대(19)를 돌출시켜 사신과 연접된 막대(20)를 작동시켜 사신의 목을 돌리게 한 다음 정인의 팔뚝을 촉발하여 징을 한 번 울린다. 이리하여 사신과 정인이 마주 보면서 1경 1점(초점)을 보시한다. 이어서 1경 2점이 되면 경점륜 H-6(⑪)이 방출기(12)의 추를 트립시켜 기시에 구속된 2번 소환을 구르게 한다. 이 소환은 13번 통로를 거쳐서 경점용 동통으로 전입되어 m-6의 2번 구멍에 추락하여 소환-대환 중계기(3)에 안치한 2점 대환을 구르게 한다. 이 공은 18번 통로를 거쳐 m-6 경점기의 점기(초점기와 같은 원주)에 설치한 기시 5개 가운데 위로부터 2개를 차례로 작동시켜 정인이 사신을 마주 보면서 징을 2회 울리게 한다. 따라서 1경 2점이 보시된다. 경점 보시는 매우 정교하게 설계된 경점기가 25개의 소환과 대환으로 5경 25점을 자동으로 보시한다. 이 경점기 작동원리는 앞서 제3장 경점기 모듈 M-6의 구조와 원리를 참고하기 바란다.

이것이 앞서 제3장에서 소개한 모듈 M-4, 5, 6을 이용한 모듈 m-5와 m-6의 구조와 원리를 나타낸 표준형이다. 다음에는 앞서 설명한 표준형을 간소화하는 방안을 설명하겠다. 그림 6-9B는 A에서 12시용 소환 방출기를 생략하고 소환 대신에 시환을 직접 방출시키는 방식이다. 따라서 앞서 소환-대환 중계기 M-4(3)에서 시용 동통과 시용 대환 방출기를 생략하고 경점 소환 방출기와 경점 교환기만을 사용하는 방식이다. 이것은 앞서 표준형의 운영이 어려운 경우에 대안으로 활용하면 된다. 여기서 시환 방출기는 앞서와 달리 구조와 배열을 층층이 설치하지 않고 단층으로 설치한다는 점이 다르다. 이 방식은 협소한 공간을 해소하는 데 유리하다. 사실상 m-6의 경우 바뀐 것이 없다. 이것은 간소화가 어렵기 때문에 어느 경우든지 고인과 정인이 청각적으로 시보하려면 소환-대환 교환기를 반드시 사용해야 한다. 이것은 앞서 소개한 바와 같이 경점시보가 직선적이 아니고 복합적이기 때문이다.

6.3.5. 12지신과 옥녀의 작동 모듈 H-7

앞서 고찰한 바와 같이 역주 [기-2-5]에서 명확히 언급하지 않아 베일에 감추어진 내부의 작동 기구에 대하여는 후대에 제작한 제정각 혼천의와 관련된 기록들이 상당히 구체적인 정보를 제공한다. 이에 대하여는 제8장 8.3.3항에서 소개한다. 다만, 평지 옥녀가 각자 정해진 방위에서 차례로 한 시진씩 출현하여 시패를 전시하려면 지신이 일어서는 동작은 옥녀의 상하 움직임과 간단히 연계될 수 있으므로 하나의 동작으로 취급할 수 있다. 산 밑 옥녀가 12시 초각륜과 직결된 평륜에 의해 움직이는 것과 마찬가지로 기륜에 의한 회전 장치에 구슬을 이용한 시소 기구가 부가되어야 할 것으로 보인다. 다음에는 앞서 종을 울린 대환과 그림 6-6B에 보인 12시륜 H-7에 따라 12지신과 옥녀가 작동되는 기구를 제작하는 과정을 소개한다.

시기 돈대 안에 설치한 모듈 m-5(그림 6-9)에서 종을 울린 대환은 미리 계시륜축에 설치한 대환통에 굴러떨어져서 배출구를 통하여 그 밑에 설치한 시륜(12시 초각륜)에 부착한 통로로 낙하하도록 통로를 설치한다. 다음에 배출구 밑에 설치한 통 안에 한 끝이 올라온 시소의 일단을 눌러 반대편의 Y-자형 막대가 옥녀의 발을 들어 올리도록 한다. 이 과정은 보루각루에서 사시신의 팔꿈치를 촉발하여 종을 울리도록 한 뒤 낙하하는 대환이 올라온 시소(횡기) 북단을 눌러 남단의 Y-자형 막대[원목圓木]이 보시신의 발을 떠받쳐 올려주는 과정과 같다. 동시에 계시륜은 회전을 계속한다. 옥녀가 상승하면 굴 문짝이 열리고 그 앞에 엎드린 지신 한 개가 일어선다. 한 시진 동안 옥녀와 지신은 그 상태를 유지하다가, 다음 시진이 되면 초각륜과 30도 떨어진 곳에 설치한 톱니가 공이 담긴 통 앞에 이르면서 공이 방출되지 못하도록 막고 있는 작은 문짝의 빗장을 빼준다. 대환이 방출되고 시소의 일단이 올라오면서 옥녀는 하강하고 문짝은 닫힌다. 동시에 지신은 그 자리에 다시 엎드린다. 시륜 위의 대환 통로로부터 다음 시진의 대환이 통 안에 떨어지면서 앞서의 과정이 되풀이된다. 12시진이 경과되면 대환을 수거하여 돈대 위 궤 안 12시 연동형 구슬 방출기에 재배치하여 다음 날의 시작을 준비한다. 이 과정에서 필요한 기구는 상세 설계에서 도출될 것이다. 이리하여 대환과 시륜을 이용한 지신의 기복과 옥녀 승강이 원만하게 이뤄질 수 있다.

그림 6-10은 앞서 구성한 여러 개의 모듈과 평지 12지신과 옥녀의 작동을 체크해 주는 시륜 H-7의 위치를 보여준다.

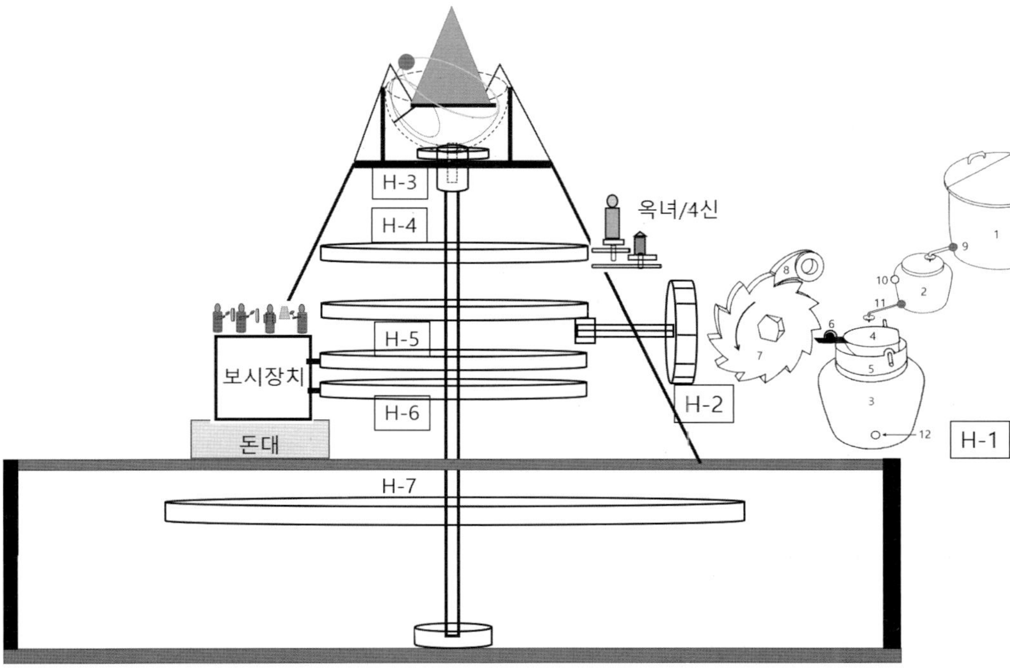

그림 6-10. 흠경각루 내부 기구를 작동시켜 주는 옥루기륜과 보시장치 배치도

H-1. 옥루, H-2. 전동장치, H-3. 태양운동기구, H-4. 옥녀와 4신 운동 기구, H-5. 보시장치 구동용 12시륜 기구, H-6. 경점 보시장치 구동용 경점륜 기구, H-7. 옥녀/지신 구동용 시륜 기구

6.3.6. 의기 작동 모듈 H-8

역주 [기-2-6]에는 가산 남쪽 12지신 앞에 돈대가 있고 그 위에 의기欹器를 배열하고 그 북쪽에 관인이 금병을 들고 옥루의 조절호에서 넘치는 물을 받아 그 물을 의기(저울그릇)에 붓는 장면이 나온다. 그림 6-10에 보인 옥루(H-1)의 저수조(1)에서 수위 조절호(2)에 물을 대주면 정해진 수위를 넘는 물은 조절호 상부에 뚫은 구멍(10)을 통해 밖으로 배출된다. 그림 6-11은 이와 같은 원리를 도시한 것이다. 이 구멍에다 도수관(3)을 연결하여 관인(4)이 들고 있는 금병(5)에다 주입시키면 물은 그 밑에 뚫린 구멍을 통하여 돈대(8) 위 수조(7)에 세운 의기(6)로 쏟아진다. 이 그릇은 비었을 때는 기울어져 있다가 물을 부으면 점점 곧바로 서고 알맞게 부으면 곧바로 선다. 계속해서 부으면 엎어져서 그 안의 물은 수조에 쏟아진다. 옥루와 의기가 모두 산 외부에 있으므로 도수관(3) 배관은 금병의 높이를 고려하여 결정한다. 이것이 의기 작동 모듈 H-8의 대강이다.

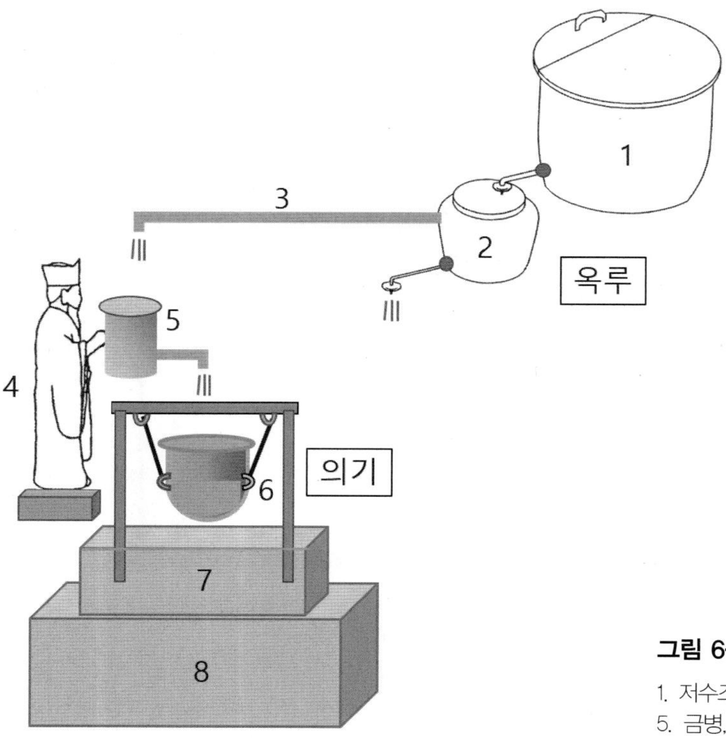

그림 6-11. 의기 모듈 H-8의 구조

1. 저수조, 2. 조절호, 3. 도수관, 4. 관인, 5. 금병, 6. 의기, 7. 수조, 8. 돈대

6.3.7. 흠경각루 모듈 H-9

흠경각루에서 옥루로 구동시켜 작동시켜 주는 모듈은 옥루를 포함하여 모두 7개지만 의기는 조절호의 넘치는 물로 작동되기 때문에 하나가 추가되었다. 그림 6-12A는 모듈 8개를 배치한 흠경각루 내 · 외부 배치도이다. B는 그림 2-3B에 보인 보루각루의 블록선도 모델을 본떠 구성한 A에 보인 흠경각루 모델의 시스템 블록선도이다. 이것의 기능은 다음과 같다. 옥루 H-1의 작동으로 발생한 동력은 전동장치 H-2의 래칫 바퀴를 회전시켜 계시륜에 전달되어 계시륜축 아래위에 설치한 태양운동 모듈 H-3, 보시 모듈 H-4, H-5, H-6, H-7을 회전시켜 각각 보시하도록 한다. 옥루는 시스템의 입력 블록이며, H-3에서 H-7은 각각 시스템의 출력 블록이다. 이것을 통하여 흠경각루의 기능을 쉽게 파악할 수 있다. 4계절의 풍경은 장식적 요소이므로 계통 구성에서는 제외하였다.

6.3.8. 농촌풍경과 외관

평지에는 옥루와 기륜을 설치하고, 옥루의 남는 물로 의기를 작동시킨다. 산 둘레를 돌아가며 12방위신을 배치하는데 처음에는 모두 엎드리게 한다. 자시子時가 되어 쥐[서鼠] 후면에 있는 굴 문이 열려 "子"가 적힌 시패를 잡은 옥녀가 출현하면 쥐는 그 앞에 일어선다. 자시가 다하면 자시 옥녀가 내려가고 문이 닫힌다. 이어서 축시丑時가 되면 앞서와 같이 굴 문이 열리고 엎드렸던 소[우牛]가 일어나고 한 시진 동안 머문다. 축시가 다하면 옥녀는 내려가고 굴 문이 닫힌다. 이와 같은 행동은 해시亥時까지 계속된다. 들판에는 「빈풍 · 칠월도」를 본떠서 동쪽[동측東則]에는 봄 석달의 풍경[춘삼월지경春三月之景]을, 남쪽[남측南則]에는 여름 석 달의 풍경[하삼월지경夏三月之景]을 벌려 놓았으며, 가을, 겨울도 같다.

앞서 기문에서 언급한 부품과 구성한 모듈의 부품의 연원과 특징에 대하여는 제7장에서 계속 추구한다.

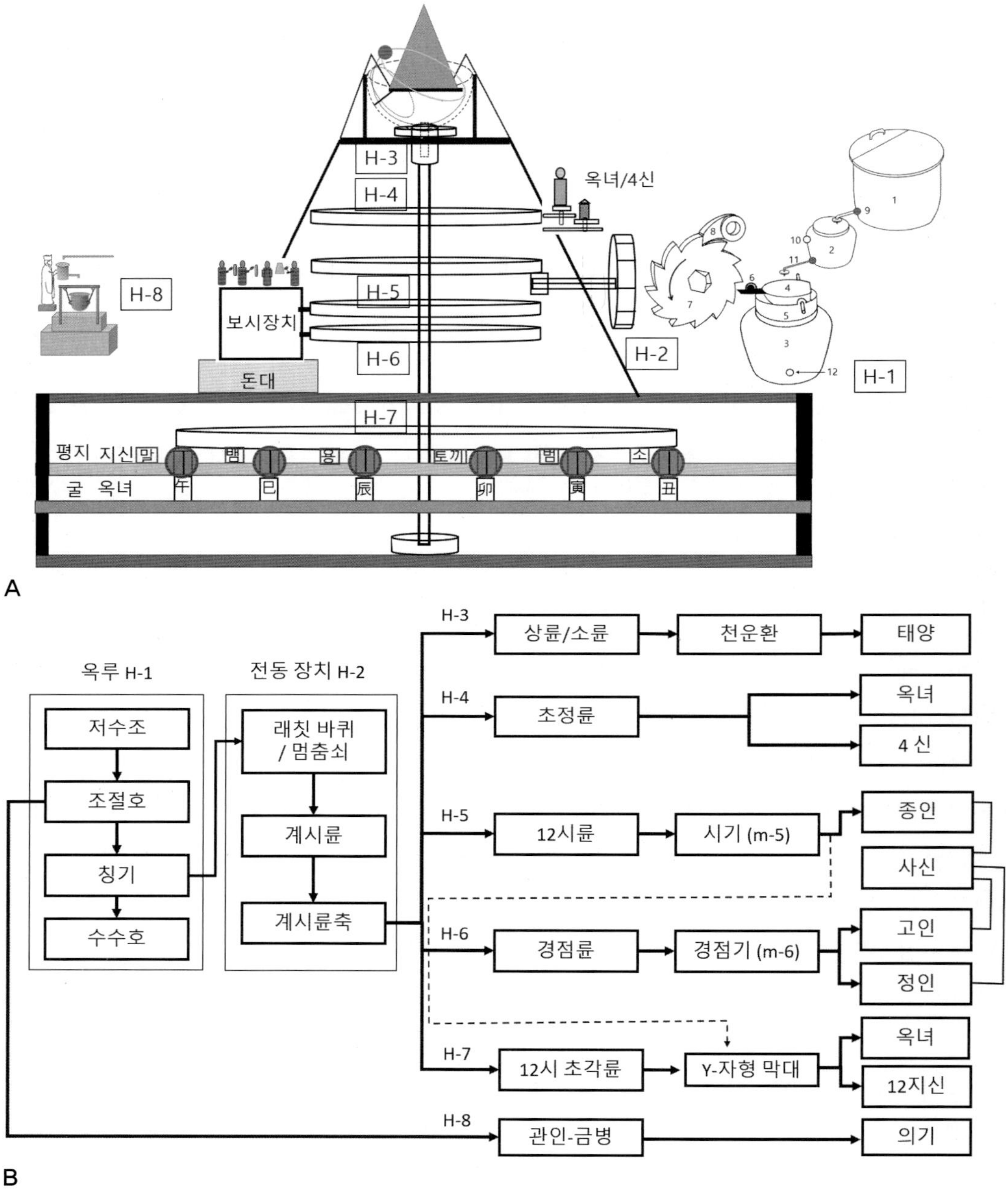

그림 6-12.

A. 흠경각루 내 · 외부 설계도(동측면도). 평지에 지신과 옥녀가 출현하는 굴이 보인다. (H-7) 남쪽 돈대에 의기 모듈 H-8을 설치한다. **B.** 흠경각루 모델 A의 시스템 블록선도 모델

6.4. 맺음말

「흠경각기」에 나타난 사상은 유교의 최고 덕목인 겸양의 도와 신유학의 자연관인 천도의 차고 비는 이치를 구현함으로써 흠경각루가 정치사상의 교화를 위한 도구라는 것을 암시한다. 집을 '흠경'이라 명명한 것은 이 시계를 왕조의 통치이념과 왕도정치를 구체화하기 위한 수단으로 삼았기 때문일 것이다. 「빈풍豳風 · 칠월편七月篇」의 조형물은 유교 이상 국가의 건설을 지향하는 중농애민 정책의 표출이다. 흠경각루는 태양 진상 연시장치, 옥녀와 4신, 사신과 무사, 12지신과 옥녀를 활용한 보시장치를 한꺼번에 옥루로 구동하는 기륜으로 작동시킨 천상天象시계이다. 기문에 간략하게 기술한 흠경각루 부품의 구조와 원리는 창제 당시에 원용한 자료와 후대에 이 시계를 본떠 만든 제정각 혼천의 등에 나타난 정보를 역으로 활용함으로써 9개의 모듈로 구성한 복원 모델을 구성할 수 있었다. 이 과정에서 칭기를 설치한 옥루를 제작하여 이산적인 계시를 수행하면서 발생한 동력을 래칫 바퀴를 거쳐서 기륜에 전달함으로써 앞서 언급한 연시와 보시장치를 구현할 수 있었다. 이리하여 원나라 순제가 만든 궁루에서 영감을 얻은 세종은 장영실로 하여금 먼저 자격궁루를 제작하게 한 뒤에 수운의상과 복합하여 흠경각루를 창제한 것으로 밝혀졌다. 흠경각루는 유교 · 신유학을 교학敎學으로 정한 왕조의 정체성 강화와 정치이념을 교화하기 위해 창제한 천지인의 사상이 담긴 실사모형[디오라마diorama]이며, 흠경각은 조선왕조 교학의 표상이다. 향후 이 복원 모델이 실시설계를 거쳐 제작되어 한국사의 대표적인 천문시계의 진면목을 볼 수 있기를 기대한다.

제7장
흠경각루의 연원

7.1. 머리말

7.1.1. 『제가역상집』 속의 의상창제 관련 문헌

흠경각루의 연원을 고찰하기에 앞서 의상 제작에 참고한 문헌을 모은 『제가역상집諸家曆象集』을 소개한다. 간의대가 낙성되자 세종은 이순지에게 사업에 참고한 역대 중국의 문헌자료를 따로 모아 자료집으로 편찬하라고 분부하였다. 이렇게 하여 편찬한 책이 『제가역상집』 4권이다.(그림 7-1A 참조)

책의 말미에 붙인 이순지의 발문跋文(후기)에 "(명) 正統정통 10년(1445년) 3월"이라는 기록이 있고, 또 발문이 1445년(세종 27년) 3월 30일 『세종실록』 기사에 전재된 것으로 보아 『제가역상집』이 간행된 때는 1445년 3월 무렵으로 추정된다. 이 책은 중국 역대 사서의 천문지天文志와 역지曆志를 비롯하여 각종 유서類書 등에서 천문 · 역법 · 의상儀象 · 구루晷漏에 관한 핵심 자료를 추려 부류별로 분류하여 담아낸 참고서적이다. 이순지는 이 책의 발문에서 의표창제와 역법교정사업의 상황을 다음과 같이 기술하였다.

제왕의 정치에 있어서 천체운행을 관측하여 정확한 절기를 알려주는 것보다 중요한 것은 없다. 그러나 우리 동국의 일관은 역술에 서투른지가 오래되었다. [명] 선덕 계축년(1433년, 세종 15년) 가을에 우리 전하께서는 신충宸衷(임금의 마음이나 고충)에서 출발하시어 의상과 구루에 관한 의기와 천문과 역법에 관한 문헌을 두루 살피고 연구하셨고 또 모두에 아주 정통하셨다. 의상으로는 대소 간의, 일성정시의, 혼의와 혼상 같은 것이요, 구루로는 천평일구, 현주일구, 정남일구, 앙부일구, 대소 규표와 흠경각루, 보루각루, 행루 같은 것이다. 천문으로는 칠정(일월과 5행성), 열사列舍, 중외관中外官의 입수도入宿度와 거극도去極度를 모두 관측하셨고, 또 고금 천문도의 차이점을 비교하고 살펴서 올바른 것을 취하셨고, 또 이십팔수의 도분度分과 십이차十二次 수도宿度를 모두 『수시력』에 의거하여 고치고 바로잡아 석본石本을 간행하셨다. 역법으로는 『대명력大明曆』, 『수시력』, 『회회력』, 『[대통력태음태양]통궤通軌』, 『[위도태양]통경通徑』 등 여러 서적을 두루 출판하시고, 또 『칠정산내편』과 『칠정산외편』을 편찬하셨다. 그래도 오히려 미진해서 또 신에게 명하시어, 천문 · 역법 · 의상 · 구루에 관한 글이 여러 전기傳記에 섞여 나온 것들을 찾아내어서, 중복된 것은 깎고 긴요한 것을 취하여 부문을 나누어 한데 모아서 한 질 되게 만들어서 열람하기에 편하게 하였으니, 진실로 이 책에 의하여 이치를 연구하여 보면 생각보다 얻음이 많을 것이며, 더욱이 전하께서 하늘을 공경하고 백성에게 힘쓰시는 정사가 극치에 이르지 않은 것이 없음을 볼 수 있을 것이다. (세종/107/27/3/30/癸卯)

앞서 발문을 통하여 세종 당시에 진행한 의표창제와 역법교정 사업의 동기를 비롯하여 당시에 천문관측과 계시의기를 제작한 일, 『수시력』을 바탕으로 하여 별자리를 측정하고 새로운 천문도를 만들어 돌에 새긴 일, 그리고 역대 중국의 역법을 살펴 바로잡아 『칠정산내편』과 『칠정산외편』을 편찬한 일을 대략 엿볼 수 있다. 앞의 글에서 볼 수 있듯이 흠경각루 제작과 관련된 자료도 이 책에 수록하였음을 알 수 있다.

조선 중기의 학자인 이구李榘(1613~1654)는 「제가역상집후론諸家曆象集後論」에서 『제가역상집』을 평하여 "천문 · 역법 · 의상 · 구루에 관한 학설을 두루 채용하여 기록한 것이 섭렵하지 않은 구석이 없고 모으고 나누어 살피기에 편리하다. 나라에서 하늘을 공경하고 백성의 일에 힘쓴 뜻을 여기에서 헤아릴 수 있으니 이순지의 공로가 크다고 하겠다"라고 인정하면서도, 또한 "하지만 그 가운데는 따져볼 만한 것도 없지 않으니, 그 중복되는 것을 제거하였다고 하였지만 더러 중복되어도 제거하지 않은 것이 있고, 그 요점을 취하였다고 하였지만 더러 그 요점을 취하지 않은 것도 있다"라고 아쉬움을 드러낸 바 있었다.(李榘, 『活齋集』 七卷, 雜著) 그러나 이런 결점에도 불구하고, 앞서 기술하였듯이 천문 · 역법 · 의상 · 구루에 대한 당시의 인식과 창제한 의기의 기술수준을 보여주는 것이어서 조선 초기 역상학曆象學

의 기초자료로서 의표창제 사업에 긴요하게 활용한 도구였음을 알 수 있다.[1]

7.1.2. 인용서목引用書目 해설

이 책은 모두 4권으로 구성되었는데, 중국 역대 천문 · 역법 · 의상 · 구루를 각각 별개의 권으로 분책하고, 각 영역마다 관련된 고금古今 문헌에서 핵심을 가려 뽑아 실었다. 주요하게 초록한 중국 문헌은 표 7-1에 보인 12종이며, 그 성격에 따라 경부經部, 사부史部, 집부集部로 나뉜다.

첫째, 경부에 속하는 1차 자료로서 『상서통고尙書通考』와 『성리대전性理大全』 등 2종의 문헌이다. 『상서통고』는 원대 황진성黃鎭成(1287~1362)이 『상서』에 기록한 4대代의 명물名物, 전고典故, 제도 등을 고증하여 해설을 붙여 만든 책으로 모두 10권이다. 『성리대전』은 명대 호광胡廣(1369~1418)을 비롯한 42명의 학자가 영락제永樂帝의 칙명에 따라 송나라 당시의 성리학설, 이기설을 두루 모아 총론, 태극, 천지, 천도天度, 천문, 음양, 보행, 시령時令, 지리 등 9개 항목으로 나누어 편찬한 책으로 모두 70권이다.

둘째, 사부에 속하는 문헌은 1차 자료로서 , 『수서隋書』, 『신당서新唐書』, 『금사金史』, 『원사元史』 등 기전체紀傳體로 기술된 정사 5종과 기타 인물지인 『원조명신사략元朝名臣事略』이다. 5종의 정사에서는 대개 「천문지」나 「역지」 혹은 「율력지律曆志」에 기술된 내용을 주로 전재하였고 『후한서後漢書』에서는 「율력지」에 기술된 내용을 전재하였는데, 『수서』와 『신당서』에서는 「천문지」에 기술된 내용을 위주로 전재하면서 「율력지」와 「경적지經籍志」에 기록된 내용도 일부 옮겨 실었다. 또 『금사』에서는 「역지」의 일부를 전재하였는데 북송대 소송蘇頌이 지은 『신의상법요新儀象法要』의 일부를 간추려 실었다. 『원사』에서는 「천문지」의 일부를 각각 전재하였다.

『원조명신사략』은 원대 소천작蘇天爵(1294~1352)이 원나라의 개국공신을 비롯하여 문신,

---

1 『제가역상집』은 현재 서울대학교 규장각한국학연구원에 소장되어 전하는데, 그 서지 사항을 살펴보면, 4권 3책으로 구성되어 있으며 목활자본으로 크기는 35.4센티미터×22.8센티미터, 11행 19자로 표지를 포함하여 총 390면 내외로 이루어져 있다. 이 책은 서운관 관원을 뽑는 과거 준비서로, 관원의 교재로 1860년 남병길이 지은 『시헌기요時憲紀要』로 대체될 때까지 사용되었다. 규장각에 소장된 『제가역상집』은 지난 1983년 12월에 한국과학사학회가 기획한 한국과학기술사자료대계의 하나로 성신여자대학교 출판부에서 영인하여 출간한 바 있다. 최근에 국역되어 출간되었다.

무장, 학자 등 몽골인과 색목인 12명과 한인 35명 등의 전기 자료를 모아 만든 책으로, 원래 제목은 『국조명신사략國朝名臣事略』이다. 『제가역상집』에서는 이 가운데 제9권-2에 수록된 원대 걸출한 천문학자이자 수학자이며 의기제작가인 곽수경의 전기를 전재하였는데, 곽수경이 원 지원 13년(1276년)에 역법개정에 참여한 이후로 각종 의기를 제작한 사실을 옮겨 실었다.

셋째, 집부에 속하는 1차 자료로서 문헌은 『몽계필담夢溪筆談』, 『산당고색山堂考索』, 『옥해玉海』, 『문수文粹』 등 4종이다. 이 가운데 앞의 세 책은 백과사전[유서類書]의 성격을 지녔으며, 『문수』는 문장선집이다. 『몽계필담』은 사천감을 지내며 천체 관측법과 역법 등을 만든 북송의 학자 심괄沈括이 평생토록 견문한 내용을 수필 형식으로 담아낸 것으로 일종의 유서 성격을 지닌 문헌이다. 심괄은 유능한 정치가였을 뿐만 아니라, 문학, 예술, 역사는 물론 산학, 물상, 동식물, 약학, 천문 등 자연과학 분야에도 일가견이 있었던 인물로, 그 자신 평생의 연구 성과를 만년에 집대성한 것이 바로 『몽계필담』이다. 따라서 이 책은 송나라 자연과학사 연구에 있어서 중요한 자료가 될 뿐 아니라 오늘날에도 그 가치를 인정받고 있다. 『제가역상집』에서는 『몽계필담』 가운데 「상수象數」편에 기록된 내용을 집중적으로 전재하였다.

『산당고색』은 송대 장여우章如愚(?~?)가 경사經史, 제자諸子, 문장, 서목, 예악, 율력, 천문, 지리, 재부財賦, 변방 등에 대하여 섭렵하고 상세하게 고증하여 편찬한 문헌으로 『군서고색群書考索』 또는 「산당선생군서고색山堂先生群書考索」이라고도 불린다. 『제가역상집』에서는 『산당고색』에서 기술한 천체론, 천경설天經說, 천지사유설天地四遊說 등을 4권 모두에서 고루 전재하며 비중 있게 인용하였다.

『옥해』는 남송 사람 왕응린王應麟(1223~1296)이 천문, 지리, 관제, 식화 등 모두 21개 부문으로 나누어 편찬한 204권에 달하는 방대한 분량의 유서이다. 『제가역상집』에서는 이 가운데 천문, 역상, 의기 등과 관련하여 『옥해』에 전재한 『주례』, 『예기정의禮記正義』, 『주비산경周髀算經』, 『역씨해易氏解』, 『후한서』, 『송서宋書』, 『신당서』 등의 기록을 재인용하여 실었다.

『문수』는 편찬자와 내용이 상세하지 않으나, 『제가역상집』에 전재한 「초객대楚客對」는 명대 학자 송렴宋濂(1310~1381)이 지은 작품이어서 명나라 이후에 나온 문장선집으로 보인다. 「초객대」는 작자와 나그네의 대화 형식을 통하여 지구가 둥글다는 작자의 인식과 달이 차고 기우는 문제 그리고 월식에 대한 정확한 이해를 담아낸 작품으로, 서양 학문이

전래되기 이전에 있어서 중국의 전통 천문학을 연구하는 중요한 자료 가운데 하나로 평가된다. 『제가역상집』에 인용된 12종 가운데 집부 3종 — 『몽계필담』, 『산당고색』, 『옥해』 — 을 제외한 9종은 같은 시기에 편찬한 『치평요람治平要覽』에서도 인용된다.[2]

표 7-1. 『諸家曆象集』에서 인용한 문헌과 내용

類別	卷次 / 文獻名	第1卷 천문(天文)	第2卷 역법(曆法)	第3卷 의상(儀象)	第4卷 구루(晷漏)
經部	『尙書通考』	卷1, 卷3		卷3	卷10
	『性理大全』	卷26 理氣 1 卷27 理氣 2	卷26 理氣 1		
史部	『後漢書』		卷13 曆律志 第3		
	『隋書』	卷19 志14 天文上		卷19 志 第14	卷19 志 第14
	『新唐書』				卷31 志 第21
	『金史』			卷22 志 第3	
	『元史』			卷48 天文志 第1	
	『元朝名臣事略』		卷9 太史郭公		
集部	『夢溪筆談』	卷7 象數 1 卷8 象數 2	卷7 象數 1 卷8 象數 2		卷7 象數1
	『山堂考索』	別集 卷16-17 前集 卷56-58	前集 卷54-55, 58 別集 卷16 續集 卷22-23	別集 卷17 曆門	別集 卷16, 卷56, 卷58
	『玉海』	卷3 天文 卷4 天文	卷10 律曆	卷4 天文 儀象	卷3 天文 卷5 圭表
	『文粹』	楚客對			

2 이상의 해설은 남문현 · 남종진, 「이순지李純之와 『제가역상집』」, 남종진 역주, 남문현 · 박종국 교열, 『국역제가역상집』, 상권, 서울: 세종대왕기념사업회, 2013, 19-32쪽의 내용을 수정 · 보완한 것임을 밝혀 둔다.

따라서 『제가역상집』은 조선시대에 간행된 천문서로서는 매우 소중한 저술로서 특기할 만한 것이다. 나아가 오늘날에도 중국의 고대에서부터 송 · 원대 무렵까지의 천문과 역상의 요강을 살피려 한다면 『제가역상집』을 먼저 보는 것이 하나의 첩경이 될 것이다. 요컨대 이 책은 15세기 동아시아의 천문학과 역산학에 있어서 독특한 학문적 업적으로 평가할 수 있을 뿐 아니라 동아시아 천문학의 고전으로 확고한 자리를 지닌 문헌이라고 평가할 수 있다.

아쉬운 점은, 앞서 제4장에서 언급한 바와 같이 의상과 계시기 창제와 관련하여 세종은 이슬람 천문학자와 기술자가 저술한 역법, 계시기 관련 자료를 활용한 것으로 추정되지만 『제가역상집』에는 수록되지 않았다. 김돈은 「간의대기」에서 『원사 · 천문지[원사지元史志]』에 수록된 내용을 일부 인용하고 곽수경의 의기가 정밀하다는 찬사를 하면서도, 서역의상西域儀象을 제작한 이슬람 천문학자 자말루딘[찰마노정札馬魯丁]은 언급하지 않았다. 이것은 아마도 언어상 표현의 어려움과 당시 유교사회에서 회회인回回人을 동화시키는 과정에서 그들의 의복과 종교의식을 문제 삼아 대조회에서 회회사문回回沙門(이슬람교 성직자)의 송축의식을 폐지한 조치와 관련된 것으로 보인다.(세종/36/9/4/4/己巳) 그럼에도 불구하고 세종은 위구르 출신 설손偰遜(?~?)의 후손들을 중용하기도 하였다.(정종/2/1/10/19/乙卯; 李弘稙, 1963: 偰遜 項; 세종/70/17/10/21/己未) 이들은 아랍어와 페르시아어로 쓴 서적을 번역하거나 원나라에서 귀화한 기술자들을 의표창제 사업에 활용하는 데 공헌하였을 것으로 보인다. 아무튼 고려시대 이래 한반도에 정착한 무슬림들은 이슬람 문화를 소개하여 여러 분야에서 기여하였다.(이희수, 2012: 218 등)

7.1.3. 흠경각루 창제에 활용한 「의상편」

제3권 「의상편」은 역대 의상 관련 문헌 자료를 시간순으로 전재하여 기술하였다. 특히 흠경각루 제작에 활용한 문헌은 앞서 사부의 내용에서 언급한 제2권 「역법편」 말미에 수록한 곽수경의 의기제작 내용과 더불어 구체적으로 참고자료가 되었던 부분이다. 기술한 내용은 다음과 같다.

① 역대 혼의와 혼상의 제작 및 사용

② 혼상과 혼천의의 구별

③ 역대 혼의의 상호 관계 및 역법과 의기의 관계
④ 역대 혼천의의 구동법
⑤ 이순풍李淳風, 일행一行, 왕중임王仲任이 제작한 의기
⑥ 혼천의 제작과 사용에 대한 통시적 개관
⑦ 역대 제가諸家의 혼천의에 대한 비교와 구조
⑧ 『원사』에 기술된 혼의에 관한 상세한 기록
⑨ 간의, 앙의, 등루, 정방안, 규표와 영부의 구조
⑩ 찰마노정札馬魯丁(자말루딘, Jamal al-Din)이 만든 서역의상의 구조

그 밖에 4권 구루에 실린 누각 제작에 관한 문헌자료가 일부 참고되었을 것으로 보지만 3권에 실린 혼천의, 수운의상대의 누각법으로도 충분하였을 것이다.

7.1.4. 이순지李純之(?~1465)

이순지는 1427년(세종 9년)에 친시 문과에 급제하였고, 이후 승문원에서 외교문서의 작성을 담당하는 관료로 4년을 복무하였다. 그 후 1431년(세종 13년) 무렵에 집현전으로 전직하였는데, 당시는 세종이 정초와 정인지를 역산 제조로 임명하여 집현전에서 '역법이정曆法釐正' 사업을 본격적으로 추진하던 때였다. 이순지는 역산을 배우는 한편으로 1432년(세종 14년)에 착수한 간의대 건설과 천문의기와 계시기 제작을 위한 천문 · 역법 · 의상 · 구루에 관한 기초 자료의 수집과 정리를 맡았다. 아울러 『수시력』을 한양의 위도에 맞게 교정하는 사업에 참여하여 간의를 제작하여 간의대에서 관측과 역법의 교정을 주관하였다. 1441년(세종 23년) 명나라에 파견되어 역산자료를 수집하여 마침내 1442년(세종 24년)에는 한양을 기준으로 하는 본국력 『칠정산내편』과 『칠정산외편』의 편찬을 완료하였다. 『칠정산외편』은 명나라 사람 패림貝琳(?~?)이 편찬한 『회회력법回回曆法』의 실용서인 『칠정추보七政推步』보다 30년이나 앞서 일식과 월식을 예측하는 데 활용되었기 때문에 중국의 사계로부터도 높은 평가를 받는 바 동아시아의 역법발전사에 있어서 빛나는 한 페이지를 장식한 위대한 업적이라고 하겠다. 같은 시기 동아시아의 대표적 역산가인 명나라 원통元統(?~?)과 패림에 견주어지는 위대한 역산학자였다. 이순지는

이와 같은 성과에 힘입어 1443년(세종 25년)에는 천문과 역산을 책임지는 서운관의 판사를 겸하게 되었다. 이듬해에는 정3품인 동부승지를 제수 받아 임금을 지척에서 보필하며 서운관에 관련된 정무를 주관하였다. 이순지는 테크노크라트로서 1443년에는 정3품 당상관으로 승진하여 공조工曹 업무를 담당하는 동부승지, 공조 지사와 선공감 판사로서 국가 토목사업과 공작물 제작, 양전量田을 담당한 최고 책임자로 임명된다. 이유원李裕元(1814~1888; 1871: 13권, 儀器)은 저서『임하필기林下筆記』에서 이순지가 측우기 제작을 주관하였다고 하였는데, 이것은 그의 이력으로 보아 충분히 가능하다고 생각된다. 흠경각루 제작에도 관여하였을 것으로 보인다.

문종 · 단종 · 세조 대를 거치며 잠시 외직을 지낸 것 말고는 예조 참판 · 한성부 판사(부윤) · 중추원 지사 등 내직을 지내면서 서운관 제거提擧[제조提調]로 역상수시의 정무를 관장하였다. 또 예조 참판에 제수되어 세종 대에 편찬한 일식과 월식의 추보법을 마무리 짓는 역할을 담당하였다. 1451년(문종 1년)과 1457년(세조 3년) 중국에 파견되었다가 귀국하여 1458년(세조 4년)에 군기 부정 김석제金石梯(?~?)와 함께『칠정산외편』의 실행서인『일월교식추보법가령日月交食推步法假令』을 편찬하였는데, 이는 세종 대에 편찬한『교식추보법交食推步法』에 가령假令과 주해註解를 더하여『회회력법』이 제대로 시행되게 만든 것으로 조선 초기의 역법체계를 완성하였다는 의미를 지닌 것이었다. 1459년(세조 5년)에는 풍수서인『기정도보속편寄正圖譜續篇』을 편찬하였고, 1463년(세조 9년)에는『지리서地理書』를 지어 서운관 제조로서 사명을 다하였다. 당시 세조는 이순지가 편찬한『지리서』를 보고 "음양과 지리에 관한 일은 내가 반드시 이 사람과 의논하겠다"라며 이순지에 대한 깊은 신임을 드러내기도 하였다. 1465년(세조 11년) 서거하니 정평靖平이라는 시호를 내렸다. 조선 초기 최고의 역법가로『칠정산내외편』의 교정 · 편찬, 천문측정과 역산에 문제가 생길 때에는 임금을 비롯한 여러 학자들이 그를 아쉬워했다고 한다. 조선조를 통틀어 산학 · 천문 · 지리 · 역법 · 측후 · 풍수 등에 정통한 테크노크라트였다. 이순지와 유사한 인물로는 서명응徐命膺(?~1754)과 서호수徐浩修(1736~1799) 부자, 남병철南秉哲(1817~1863)과 남병길(1820~1869) 형제를 들 수 있다.[3] 그림 7-1은『제가역상집』과 이순지 영정이다.

3 유경로俞景老(1917~1997)는 이들을 "조선시대 세 쌍의 천문학자"라고 일컬었다.(홍대용 기념 워크숍 논문집,『우주론 및 우주구조』, 한국표준과학원 천문대, 1995, 14-31쪽)

A

B

그림 7–1.

A.『제가역상집(諸家曆象集)』 4책 (출처: 서울대학교 규장각한국학연구원 소장) **B.** 이순지 영정 (사진 제공: 양성이씨대종회)

이 장에서는 주로『제가역상집』을 바탕으로 흠경각루의 연원을 추구하여 특징을 고찰하고, 앞서 제6장에서 구성한 흠경각루의 동력원인 옥루와 이것으로 가산 주변에 배치한 태양 진상 연시와 보시 기륜 설계에『신의상법요』, 알자자리의 공작시계 기구, 이민철의 제정각 혼천의를 원용하여 옥루와 기륜을 복원한 배경을 소개하였다.

7.2. 연원

7.2.1. 옥루

흠경각루에서 가장 두드러지게 눈에 띄는 것은 들판 가운데 우뚝 솟아 들에서 일하는 농부 머리 위로 태양이 뜨고 지는 가산의 형상이다. 그리고 태양 진상眞像을 운동시키고 여러 가지 보시장치와 자동인형장치[오토마타automata]를 작동시켜 주는 기륜은 옥루로 발생시킨 동력으로 구동시킨다. 조선조에서 옥루라는 용어는 제6장에서 소개한『세종실록』「간의대기」 흠경각조에서 처음 등장한다. 김돈은「흠경각기」에서 흠경각루 제도를 외관을 중심으로 기술하면서 "그 안에는 기계바퀴를 설치하고 '옥루'에서 나오는 물을 이용하여 돌아가게 하였다內設機輪내설기륜 用玉漏水激之용옥루수격지"고 하였다. 김돈은 장영실이 누기 출수구에 장착한 오리피스를 경옥硬玉의 일종인 마노瑪瑙로 만든 것으로 보고 누기의 명칭을 "옥루"라고 붙인 것으로 보인다.[4] 모든 명칭은 사물을 구성하는 대표적인 개념이 문자화되어 지어진다. 오히려 장영실이 이미 제작하여 가동 중인 중국 전통의 대중소 세 개 파수호에다 수수호 두 개로 구성된 대형 '보루각루'와 저수조 한 개, 큼직한 옥(마노)으로 만든 노즐을 장착한 수위 조절호 한 개와 칭기를 장착한 수수호 한 개로 구성된 '흠경각루'를 차별화하기 위한 의도도 있었던 것으로 보인다.

흠경각루는 보루각루와 달리 정적인 유입식 물시계가 아니고 기륜을 구동시켜야 하는 동적인 물시계이다. 보루각루에서는 파수호로부터 흐르는 유량이 하루에 수수호 한 통을 채우는 분량에 불과하므로 물줄기가 1~2밀리미터 굵기의 가는 선에 가까운 층류層流 유동이다. 반면, 흠경각루의 기륜은 전체의 작동에 필요한 회전력을 가지고 일정 시각마다 정지상태에서 기동하여 기륜의 톱니가 하나씩 돌아가야 하므로 구동에 필요한 유량이 보루각루에 비할 수 없이 많아야 한다.[5] 어림잡아 계산해 보면 흘러나오는 물줄기의 지름이 1센티미터 정도인 상당히 굵은 출수관을 사용했을 것으로 보인다. 이렇게 유량이 많고 길이가 그리 길지 않은 관이라면 끝부분, 즉 부리를 포함하여 관 주위를 어떤 형태로 든지 장식함이 보통이다. 따라서 누기의 관과 부리를 옥으로 장식하였다면 기륜에 동력을 공급하는 누기를 언급할 때 옥루라는 단어로 수식할 수 있었을 것이다. 이는「보루각기」에서 파수호에 달린 출수관의 부리가 용의 형상으로 장식되었으므로 이 항아리를 '파수용호播水龍壺'라고 지칭한 것과 동일한 표현이다. 그러므로 "옥루는 옥으로 장식된 흠경각루의 누기에 한정된 명칭"으로 구분되어야 할 것이다.

---

4 옥玉으로 통칭되는 마노는 모어Mohr 경도가 7이며, 내산耐酸, 내알칼리성이 높고, 내열, 내마모성이 크다. 따라서 이런 특성을 고려하여 중국에서는 고대부터 누기 출수구 오리피스 재료로 썼다. 13세기 이슬람 알자자리의 물시계에 사용한 "onyx"는 줄무늬가 있는 줄마노(agate)이다.

5 보루각루에서는 약 2㎤/s 정도의 유량이다. 물론 흠경각루에서 필요한 유량은 훨씬 적겠지만 보루각루에 비해서는 수십 배였을 것으로 추정된다. 참고로 이지초李志超(1997)가 계산한 한공렴이 제작한 수운의 상대의 추륜樞輪 구동에 필요한 유량은 200㎤/s 이상이다.(한영호 등, 2000: 주50 재인용)

역대 중국 누각법에서도 일정한 유량을 수수호에 공급하기 위해 용주龍噣(용의 부리)를 만들어 출수구에 꽂는 방식을 북송시대 심괄이 발명하여 부리 뒤에 옥으로 만든 옥권玉權[오리피스, 마개, 색자塞子]를 끼운 "부루浮漏"를 만든 사례는 있지만, 그 시계를 옥루라고 부르지는 않았다.[6] 그 후에 곽수경이 제작한 대명전 등루를 보고 가구사柯九思는 "대명전에는 등루가 있는데 진주를 사용하여 장식하였고, 안쪽에는 기계를 만들었다"고 하면서 등루를 읊은 시 가운데서 "옥루 속의 기계에는 물이 보이지 않게 흐르고玉漏藏機水暗流옥루장기수암류 진주는 햇빛을 받으며 등구를 돌아가게 한다珠射日動燈球진주사일동등구"라고 하여 등루를 옥루라고 하였다.(제4장 4.4.2항 참조) 최근에는 이와 같이 옥으로 장식한 '궁루'를 '옥루'라고 하였다.(『中文大辭典』, 1973) 흠경각루도 옥으로 누기를 장식하였으므로 옥루로 부를 수도 있지만, 어디까지나 기륜을 구동시키기 위하여 물을 공급하는 누기를 옥으로 장식하였을 뿐이다. 흠경각루를 '옥루'로 지칭하는 것은 무리이다. 앞서 제4장에서 고찰하였듯이 보루각에 설치한 자격궁루는 '자격루', 공식적으로 '보루각루', '금루'라고 불렀다. 이에 비해 흠경각루는 별명이 없으며, 이것도 '자격루'로 부르기도 하였다.(『增補文獻備考』 卷2, 27ㄴ) 명칭이 달라질 때 사물의 속성도 함께 달라진다는 사실을 명심해야 할 것이다.

다음에는 모듈의 순서에 따라 태양 진상 연시, 옥녀와 4신의 연원과 특징을 고찰한다.

7.2.2. 태양 운행 연시

흠경각루의 천체운동 연시부는 오직 해의 운행만을 나타내고 있다. 이것은 천구면 바깥에 일월륜日月輪을 설치하여 운행궤도로 삼은 중국 당대 개원開元 수운혼상에서 비롯된 것이며, 혼천의를 최상부에 설치하고 천운환天運環을 부가하여 일행日行에 맞추어 황도환을 구동한 수운의상대를 본받은 것이라 할 수 있다. 조선에서는 간의대 수운의상에서 혼상의 황도환에다 태양을 부착하고 천운륜을 회전시켜 태양 운행을 연시한 데서 유래한다.(한영호 등, 2000: 125)

---

6 심괄沈括의 「부루의浮漏議」 중에 "玉權下水之概寸옥권하수지개촌"이라는 기사가 있다. 여기서 옥권玉權은 옥물부리이며, 개概는 수면水面을 의미한다. 옥으로 조각한 부리의 모양에 따라 옥권玉權 또는 옥규玉虯라고 부른 것으로 보인다.

7.2.3. 옥녀와 4신

「흠경각기」 역주 [기-2-3]에는 해가 돋고 지는 높이보다 아래쪽으로 바깥을 둘러싼 산허리에 구름을 탄 옥녀 넷을 동서남북 사방에 세워 놓았다. 산 높이의 절반 정도에 위치한 옥녀 아래쪽에다 청룡, 백호, 주작, 현무의 4신을 해당 방위에 세웠는데 모두 산을 향해 서 있다. 옥녀와 4신의 이러한 동서남북 배치는 곽수경이 만든 것으로 알려진 대명전 등루에서 영감을 받은 것으로 보인다. 대명전 등루의 구조는 제4장 4.4.2항에서 소개하였으므로 여기서는 생략한다.

그림 6-9에 보인 흠경각루 옥녀-4신의 배치와 그림 4-14A에 보인 등루를 대비해 보면, 등루의 맨 위층 일 · 월 · 삼진 위치에는 옥녀를, 그리고 바로 아래 용龍 · 호虎 · 조鳥 · 구龜 위치에는 4신을 배치했다. 그러나 흠경각루의 보시인형 형상과 작동에서는 상당한 차이를 보이고 있다. 먼저, 형상을 비교해 보면 등루에서는 일 · 월 · 삼진과 용 · 호 · 조 · 구의 모습이 상하로 중복되고 있으나, 흠경각루에서는 이를 피하여 위에는 옥녀를, 아래에는 4신을 배치했다.

산중에서 옥녀와 4신이 짝을 이루어 매시 초정을 알리고 있는 것은 산 아래 평지에서 십이지신상과 옥녀가 짝을 이루어 해당 시진 동안 시패를 전시하는 것과 대비되는 배치이다. 흠경각루에 옥녀가 사신司辰으로 등장한 것은 앞서 제1장에서 소개한 "궁루"와 이를 통한 아랍 · 이슬람 지역 문물의 영향이라 할 수 있다. 중국 천문시계에서 여성상이 보시인형으로 사용된 것은 순제의 궁루가 유일하다.

흠경각루에서는 옥녀가 매시 초에 금방울을 흔들면, 그 아래에 서 있는 4신이 매시 초마다 바라보는 방향을 바꾸는데, 한 시진마다 90도씩 우회전하여 네 시진 만에 원래 방위로 돌아선다. 이것 역시 등루를 원용한 것이기는 하나 작동기구와 상하 배치를 변경한 것이다. 등루에서는 4방의 4신이 모두 하루에 한 바퀴씩 제자리에서 좌로 회전하는데 비해 흠경각루의 옥녀는 넷 중에서 하나만 해당 시간에 금방울을 흔들 뿐이다. 또 등루에서는 제2층의 사방에서 용 · 호 · 조 · 구가 시각에 따라 차례대로 튀어 오르며 작은 징을 울렸으나, 흠경각루는 4신 가운데서 매시 초에 방울을 흔드는 옥녀 밑에 위치한 것 하나만 네 시진에 한 바퀴 회전하게 했다.

대명전은 황제 즉위, 원단, 경수慶壽 등 공식 행사가 있을 때만 사용하였으므로, 등루는 이러한 의식에만 가동하였다. 그러므로 야루夜漏를 생략하고 보시에 초점을 맞추어 용 · 호 ·

조 · 구와 12지신 등 다양한 소리로 각수를 분별했다. 반면, 흠경각루는 야루의 경점도 소리로 알린 만큼 등루와 같은 다양한 소리에 의한 보각報刻 기능은 배제될 수밖에 없었다. 등루에서 여섯 가지 이상의 개별적인 이산離散 작동으로 각수를 알리던 것을 흠경각루는 4신의 회전 동작 하나로 연속적으로 알리되, 등루의 4신이 하루에 한 번 회전하는 데 비해 흠경각루 4신은 3배나 빨리 돌아가게 해서 회전 중인 4신이 바라보고 있는 방향에 의하여 시진을 쉽게 구분하도록 했다. 이와 같은 장영실의 설계는 옥녀의 금방울을 제외한 모든 소리를 남쪽 기슭의 돈대에서만 울리도록 한 것과 더불어 흠경각루 보시장치가 등루에 비해 시각적 배치뿐만 아니라 청각적으로 구분한 측면에서도 한층 발전된 모습을 갖추게 했다.

7.2.4. 사신과 무사

역주 [기-2-4]에서 기술한 사신司辰과 무사는 옥녀와 4신보다 아래로 내려와 산기슭 남쪽에 돈대를 쌓고 그 위에 하루 12시와 야간의 경과 점을 각각 종, 북, 징으로 구분하여 알리는 보시 기구를 설치하였다. 배치된 목인 숫자는 보루각루에 설치된 종인[사시신司時神], 고인[사경신司更神], 정인[사점신司點神]에 더하여 각 목인의 작동을 지시하는 역할을 맡은 사신을 보탠 것이 눈에 띈다. 중국 기계계시의기에서 소리를 이용한 청각 시보방식은 당나라 때 양영찬梁令燦이 제작한 수운혼상에서 비롯되었으며, 대체로 매 각에는 북을, 또 매시 초와 정에는 종을 울려 시각을 알렸다.

그러던 것이 북송에 이르러 소리의 구분이 복잡해져 원우元祐 수운의상대의 경우 매시 초에는 방울을, 매 각에는 북을, 매시 정에는 종을, 야루의 일입, 황혼, 5경五更 5주五籌[5점五點], 대단待旦, 새벽, 일출 순간에는 징을 울려 시각을 알렸다. 원대 곽수경의 등루는 1각에는 종, 2각에는 북, 3각에는 큰 징, 4각에는 작은 징, 그리고 매시 초와 정에는 넷 모두를 울려 12시 100각을 구분했다. 그러나 등루의 작동기구는 한공렴이 만든 원우 수운의상대를 본뜬 것이며, 평륜이 회전하며 발아發芽(톱니)가 목인의 팔을 건드리고 지나가는 단순한 방식이다. 이 방식은 흠경각루와 같이 남쪽 기슭에 설치한 돈대와 같이 별도 위치에 집중 배치하지 않았고 상하로 배치했다.

순제 궁루는 매 경 초에만 종과 징이 동시에 울려 야간시각을 알렸다. 이에 비하여 보루각루는 시각적으로 매 각을 지시하는 대신, 청각 보시기구로 종, 북, 징을 시보장치 좌대 위에 모아놓고 매시 초와 야간의 경점에만 각각 종, 북, 징을 울렸다. 그리고 종이 울리면 “무슨 시”인가를 시패로 알렸다. 이와 같은 방식을 흠경각루에도 적용하여 돈대 위에 종, 북, 징을 한데 설치했다.

보루각루의 시패 전시는 흠경각루에서는 산 아래 평지의 12옥녀로 연출하였다. 특히, 낮에 비하여 시각의 짐작이 쉽지 않은 야간의 오경과 5점에는 그 수에 맞춰 북과 징을 치게 한 것은 수운의상대나 등루 등 이전의 중국의 천문시계에서는 찾아볼 수 없다. 이것은 장영실이 흠경각루 제작에 앞서 제 2장과 3장에서 소개한 바와 같이 보루각루를 만들면서 구슬의 낙하를 이용한 경점기 — 일종의 기계식 5진법 계수기計數器(counter) — 를 창안했기에 가능했다.

7.2.5. 12지신과 옥녀

1) 곽수경의 등루와 순제 궁루

매시 초에 이르러 가산의 중턱에 위치한 옥녀와 4신, 그리고 산기슭 돈대 위의 사신과 종인이 작동할 때 동시에 산 아래 평지에서는 역주 [기-2-5]에서 기술한 12지신과 또 다른 옥녀가 하나씩 짝을 이루어 등장한다. 산 밑 평지에는 주위를 돌아가며 12지신이 해당되는 방위에 엎드려 있다가 해당 시진이 되면 해당 지신 바로 뒤에 있는 구멍이 열리면서 옥녀가 해당 시패를 잡고 출현하여 한 시진 동안 머물다가 도로 들어가면 지신도 도로 엎드린다. 옥녀의 출입과 지신의 기복起伏, 이것의 배치와 상하 작동은 대명전 등루에서 제2층의 용, 호랑이, 새, 거북이 매 각마다 튀어 오르고 그 아래층의 12신이 매시 초에 시패를 들고 사방으로 난 문에 등장하던 것을 본으로 삼은 것으로 보인다. 또한 제1장에서 소개한 순제 궁루에도 때맞춰 옥녀가 물에서 떠오르는 작동이 있지만 흠경각루와는 방식이 전혀 다르다. 그러나 장영실의 손을 거치면서 단순히 순간적인 도약이 아니라 교체와 회전이 동시에 가능하며, 솟아오른 후 한 시진 동안 멈춰 있게 한 점이 중국 기계시계나 천문시계에서는 찾아볼 수 없는 특이한 방식이다.

2) 장영실의 보루각루

12지신상의 기복과 옥녀의 출현[승강昇降]이 기구적으로 간단하게 하나의 동작으로 연결될 수 있음을 고려하면, 평지의 이러한 작동 역시 보루각루 보시장치에서 매시 초에 종이 울리면 평륜이 돌아가고 지신상이 교체되어 상승하는 것과 깊은 상관관계를 가지는 움직임이라 할 수 있다. 그러나 보루각루는 (현대의) 30도 간격으로 평륜 원주에 늘어선 12개 지신이 회전하여 일정한 위치에 다다른 뒤에 교체/전시된다. 이에 비하여 흠경각루는 각기 다른 방위에 위치한 옥녀들이 제자리에서 해당 시에 오르내리는 것이 보루각루와 다른 점이다. 그러나 12지신을 평륜 위 12방위에 배치하고, 옥녀가 시패를 잡고 출현한 것은 보루각루 평륜에 배열한 시패를 잡은 12보시신을 12개 옥녀로 대치한 것에 대비된다. 이것의 출현도 승강 작용을 기본으로 출현하기 때문에 보루각루 12보시신과 크게 다르지 않다고 하겠다. 장영실은 12지신에 12옥녀를 추가함으로써 한층 발전시킨 오토마타를 고안했다고 할 수 있다. 이것은 흠경각루가 갖는 또 하나의 특징이라 하겠다.

3) 구슬을 이용한 전동장치 계승

앞서 언급한 작동이 가능한 내부 구조에 대하여 「흠경각기」에는 언급이 없어, 이것을 구현하려면 후대의 흠경각 관련 기록 몇 곳에서 그 면모의 일부를 짐작해 볼 수밖에 없다. 먼저 『명종실록』에 따르면, 관상감 제조 이기李芑(1476~1552) 등이 보고하기를,

> 신이 흠경각루 제작한 것을 보니 아주 정교해서 후세 사람들이 미칠 수가 없습니다. 다만 구슬 통로[행령行鈴]을 미리 자세히 살펴서 그 제도를 익히게 해서 만약 파손이 있을 경우 개수하게 해야 합니다. (명종/10/5/8/3/甲子)

하였다. 여기서 흠경각루 내부적 특징이 구슬 통로 제도에 있다고 한 것은 1차적으로 돈대 위에 배열한 사신과 종인 · 고인 · 정인의 작동이 구슬에 의한 것을 의미한다고 볼 수 있다. 이 가운데 종인을 작동시킨 구슬이 2차적으로 지신과 옥녀를 작동시키는 데 기여한다는 것을 의미한다고도 해석될 여지가 있다. 아무튼 구슬을 활용하여 지신과 옥녀를 작동시키는 기구가 매우 정교하게 구성되었음을 의미하는 것은 분명해 보인다. 그러나 돈대의 시, 경 · 점 보시는 12시륜과 경점륜에 의해 사신과 세 목인이 배열된 궤 안에서 구슬이 낙하하여 이것을 작동시키지만 이것은 보루각루 제도와 거의 동일하다고 볼 수 있다. 그러나 앞서 언급했듯이 지신과 옥녀는 12개의 고정된 위치에서 기복과 승강을 차례대로 수행하므로 구슬 통로 제도는 보루각루와는 달리 매우 복잡하게 될

것이므로 흠경각루만이 갖는 독특한 보시기구라 하겠다.

또한 광해군 대 복원한 흠경각루 제도에 대하여,

> 흠경각 안에서 일월의 출입과 주야 시각의 느리고 빠름이 모두 기계로 작동합니다. 누기에 물을 채우고, 물로써 구슬을 움직이며, 구슬이 기구에 부딪쳐 기계를 움직이게 했습니다. 쇠구슬로 기계를 작동시키기 때문에 이것과 물이 운행하는 길을 모두 단련한 구리와 쇠로 만들었습니다. (광해군/80/6/7/9/己未)

라고 한 것으로부터 구슬의 역할이 매우 크며, 이것이 운행하는 길이 복잡하여 나무로 만들지 않고 단조한 동철로 만든 것을 알 수 있다. 아울러 일정 시간마다 12시륜이 회전하면서 먼저 종인을 작동시킨 구슬을 그림 6-8에 보인 축소한 시기 모듈 m-5에서 밖으로 굴러 내려 구슬이 복잡한 통로를 따라 낙하하면서 역시 산 밑 평지의 지신과 옥녀를 작동시킨 것으로 보인다. 이와 같이 구슬을 이용한 동력전달 방식은 알자자리에서 장영실의 자격궁루를 거쳐 흠경각루로 계승되었다.

7.2.6. 의기

1) 액체 중심의 원리를 이용한 의기

역주 [기-2-6]에서 기술하였듯이 산 밑에 세운 옥녀와 12지신 바깥쪽에 작은 돈대를 쌓고 대 위에 의기를 설치하고 그 북쪽에 관리 복장을 한 인형을 세우고 금병을 잡고 물을 따르게 하였다. 이 물은 옥루의 수위 조절용 항아리에서 넘친 것이다. 금병에 이르기 전에는 산기슭에서 폭포를 이루기도 하며 끊임없이 흐르도록 한다. 의기는 그림 7-2A에 보인 바와 같이 물을 채워 가득 차면 뒤집어지도록 항아리 양쪽에 귀가 달린 물동이다. 뒤집어지려면 가득 채울 때 항아리 무게 중심이 상부에 있도록 양쪽 귀를 달아야 한다. 이것은 중국 서안 반파제西安半坡堤에서 발굴한 고대 중국의 의기를 복원한 것이다. 그림에서와 같이 주둥이는 작으나 몸통이 크고, 바닥이 뾰쪽하며 몸통 양쪽에 귀가 대칭으로 달린 물을 긷는 항아리 모양의 기명器皿이다. 이런 형태의 그릇은 속을 비우고 자유롭게 물위에 띄우면 중심重心(CG: center of gravity)이 상부에 있기 때문에 자세가 기울어진 채로 뜨게 된다. 그릇 속에 물을 채우기 시작하면 물의 양이 증가함에 따라 그릇이 기울어지는

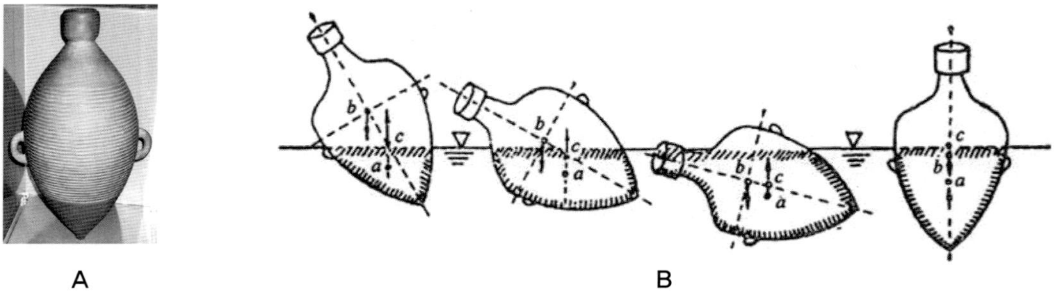

그림 7-2. 고대 중국의 의기와 원리

A. 복원품 (臺灣 臺中科學工藝博物館 소장. 사진: 남문현, 1999) **B.** 무게 중심이 위(왼쪽 그림)에서 밑으로 이동하면서 똑바로 서는 원리 (출처: 張柏春, 2009: 221)

정도가 줄어들게 되며, 적당량에 이르면 곧바로 서게 된다. 그러나 속을 가득 채우고자 하면 그릇이 뒤집어져 그릇 속에 들어 있는 물이 쏟아지게 된다. 이것은 중심, 경심傾心[부력중심metacenter]과 부력 안정성의 관계를 교묘하게 이용한 것이다.(張柏春, 2009: 220) 물이 아닌 다른 물체를 넣어도 같은 현상이 발생하는 의기는 말하자면 일종의 자동으로 작동하는 "저울그릇"이라고 불러도 좋을 것이다.

2) 겸양의 도를 닦는 도구

의기의 기울어지는 현상을 이용하여 "겸손하면 이익을 받고[겸수익謙受益], 가득 차면 손실을 가져온다[만초손滿招損]"는 유교에서 최고 덕목으로 가르치는 '겸양의 도'를 깨닫게 하는 데 사용하던 일종의 기기攲器가 곧 의기欹器다.(荀況, 卷20:,「宥坐篇」28; 王應麟, 卷95, 24ㄴ) '겸양의 도'란 공자가 노나라 환공桓公(?~기원전 643)의 사당[묘廟]에서 의기를 본 다음, 그것에다 물을 부어 가득 찰 때 쉽게 엎어지는 것을 보고, 제자에게

> 그 속이 비었을 때는 기울고[허즉의虛則欹] 알맞게 차면 반듯이 놓이고[중즉정中則正] 가득 차면 엎어진다[만즉복滿則覆]고 한다. 총명하고 예지가 있더라도 어리석음으로 지키고, 천하를 덮는 공훈이라도 사양으로 지키고, 용력勇力이 세상에 떨치더라도 겁怯으로 지키고, 부유가 천하를 가졌더라도 겸손으로 지키는 것이 이른바 덜고 또 더는 도리이다. (『尙書 · 大禹謨』; 중종/101/38/11/2/壬寅)

라고 말한 고사에서 유래한다. 의기에 대한 세종의 집착은 장영실로 하여금 이것을 옥루에다 설치함으로써 동력 발생 도구로 활용하는 단계로 업그레이드시킨 것으로 추정된다.

3) 치도를 위한 궁중화

여말선초에는 궁중이나 민간에서는 「경직도耕織圖」, 「빈풍 · 칠월도豳風七月圖」, 「무일도無逸圖」 등을 중국에서 수입하여 정치와 교화에 활용했다.(정종/1/1/1/壬申 등; 박정혜 등, 2011: 2012: 208) 조선 초기에는 「의기도」를 임금에게 바치든가 또는 이것을 벽에 걸고 경연을 연 것을 보면 세종 대에 이미 「의기도」가 널리 알려졌음을 알 수 있으며, 이에 세종은 흠경각루에 의기를 설치하는 발상을 하게 된 것으로 보인다.(세종/61/15/8/13/癸巳 등) 흔히 제왕의 보좌 가까이 설치하여 그 움직임을 보고 깨우쳐 겸양의 법도를 유지하도록 감계하는 목적으로 사용되었다. 또한 신유학의 자연관인 '천도의 차고 비는 이치'를 깨달아 치도로 삼고 이상적인 유자儒者를 양성하는 데도 활용되었다.

7.2.7. 「빈풍 · 칠월편」

역주 [기-2-7]에서 기술한 내용은 산 주변을 돌아가며 평지에는 4계절에 따른 농촌 풍경 변화를 『시경』「빈풍 · 칠월편」에서 노래하고 있는 내용에 맞추어 인물, 조수, 초목의 형상을 조각하여 벌려 놓았다. 산 동쪽에는 봄 3개월의 풍경을, 남쪽에는 여름 3개월의 풍경을, 가을과 겨울 또한 마찬가지로 꾸며 농촌풍경을 연출했다. 세종은 일찍부터 궁중에서 「빈풍 · 칠월도」를 보았을 것이며, 성균관에 선성을 배알하고 내린 과거 시험문제로 이것을 출제할 만큼 이에 대한 이해가 깊었다.(세종/44/11/5/26/辛未) 앞서 소개한 바와 같이 경연에서 『성리대전』을 강론하면서 「빈풍」을 본떠서 우리나라 풍속을 채집하여 누에치고 농사짓는 풍경을 그림으로 그리고 찬미하는 노래를 지어서 칠월시七月詩를 만들어 보급하라고 집현전에 분부하기도 했다.(세종/61/8/13/癸巳) 이리하여 『시경』「빈풍」 칠월 일편의 일을 모두 갖추었다는 「흠경각기」 기사와 연못과 폭포도 조성하고 해자海子에 저수하여 끊임없이 물을 흘렸다고 한 성종 대 기록을 보면 흠경각루의 밖으로 드러난 모습은 「빈풍도」와 밀접한 관련이 있다.(성종/277/24/5/10/癸酉) 산속에 배설된 다양한 보시장치와 비교하여 주변부 역시 전혀 손색이 없을 정도로 장식이 다채로웠음을 짐작할 수 있다.

「빈풍 · 칠월편」은 "七月流火칠월유화 九月授衣구월수의…"로 시작되므로 '七月'이라는 제목이 붙어 있지만, 전편에 걸쳐 계절에 따른 농촌생활의 변화와 백성의 어려움을 노래하고 있다. 예를 들어, 아기를 받쳐 업고 밭으로 점심을 내가는 아낙, 봄이 되어 하늘을 날며

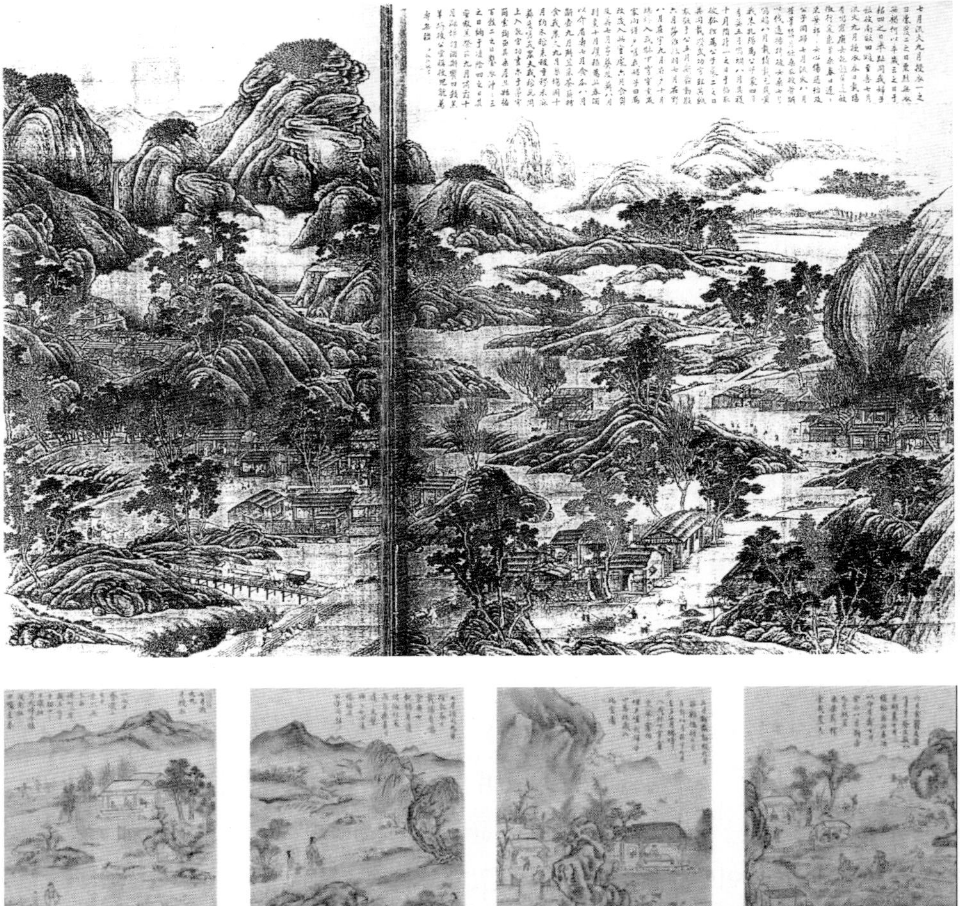

A

B

그림 7-3. 「빈풍도」

A. 唐岱와 沈源이 합필한 「豳風圖」. 우측 상부에 7월편이 적혀 있다. (출처: 臺灣 國立故宮博物院 소장) **B.** 李芳運이 그린 「빈풍도」 8폭. 상부 왼쪽부터 차례대로 상부에 적힌 7월편에 따라 그렸다. (출처: 국립중앙박물관 소장)

지저귀는 꾀꼬리, 누에를 치기 위해 뽕잎을 따는 손길, 겨울옷을 짓기 위한 담비 사냥 등이 매우 사실적으로 묘사되어 있는데, 이것을 계절별르 나누어 그림을 그린 것이 「빈풍도」이다.[7] 이를 바탕으로 조선에서는 이와 유사한 풍의 농가월령가를 지었지만 조선 후기에 지어졌으므로, 세종 대는 빈풍도로 농촌의 1년 생활과 풍경을 나타냈던 것으로 보인다.[8]

그림 7-3A는 중국 청조 건륭 대에 당대唐岱(1736~1795)와 심원沈源(?~?)이 합필한 「빈풍도」이다.[9] B는 조선 후기에 이방운李芳運(1761~?)이 그린 「빈풍도」 8폭이다. 두 개의 그림을 보면 마을이 산자락 깊숙한 곳에 위치하여 계절에 따른 해의 출입 방향과 운행 고도의 변화가 뚜렷하게 드러나고, 마치 해가 동편 산 중턱 위로 떠올라 남쪽 봉우리를 돌아서 서편 산허리 속으로 지는 듯하다. 「흠경각기」에서 "해가 산허리 위를 지나 하루에 한 바퀴 회전하여 낮에는 산 바깥에 나타나고 밤에는 산속으로 들어간다"고 한 기사와 일치하고 있다. 들녘에서 땀을 흘리며 농사짓는 백성들 머리 위로 태양이 뜨고 지며, 옥녀와 사신과 12지신상이 하늘과 땅 사이에 알맞게 자리하여 각기 시각을 알리고 있는 등 흡사 천지인의 조화와 흠경, 경천근민 사상을 가장 아름답게 펼쳐낸 한 폭의 그림을 연상케 한다. 아울러 태양 진상과 모든 보시기구 구동장치는 전부 산속에 감추어 밖에서는 볼 수 없도록 처리한 것 역시 최선의 조화를 유지하기 위한 의도로 보인다.

7.3. 흠경각루 복원에 대한 역사적 고찰

7.3.1. 수운의상과 흠경각루

앞서 제6장 그림 6-12에서 보인 흠경각루를 구성하는 태양운동 모듈 H-3을 비롯하여 산속에 설치한 기륜 모듈은 북송대 소송이 지은 『신의상법요』의 내용을 일부 원용하여 구성한 것이다. 이에 앞서 제작한 간의대 수운의상은 이 책의 내용을 일부 원용하여

7 『詩經』「豳風 · 七月篇」은 빈豳나라의 농가월령가이며, 모두 8장章으로, 11구로 되어 있다.(이수웅 역주, 2015: 277; 李山 撰, 2015: 215)

8 정학유丁學游(1786~1855)가 지었다.

9 관람을 허락한 대만臺灣 국립고궁박물원國立故宮博物院 문헌처장 오철부吳哲夫 박사님께 감사드린다.

제작한 것으로서 장영실이 이것을 본떠 제작한 흠경각루는 직간접적으로 『신의상법요』와 관련이 있다.(남문현 · 한영호 · 이수웅, 1994: 12) 따라서 의상각에 설치한 수운의상[10]은 흠경각루 복원의 길잡이라 할 수 있다. 「간의대기」에는 혼의와 혼상은 별도로 제작하여 작은 전각을 짓고 그 안을 두 개 층으로 나누어 2층 동쪽에 혼의를, 서쪽에 혼상을 설치하고 격수기륜으로 작동시킨다고 하였다.[11] 그러면서 김돈은 "물을 흘려서 돌리는 기계의 공교함은 숨겨져서 보이지 아니한다"고 하여 이것을 구동시켜 주는 "격수기륜"의 구조와 운전 방법은 기술하지 않았다. 김돈은 「흠경각기」에서 이 시계의 동력장치에 대하여 "옥루의 물로 작동시키는 기륜을 가산 속에 설치하고 물로써 회전시킨다"고 기술하고 이것의 구조와 원리를 구체적으로 밝히지는 않았다. 이러한 기술방식은 앞서 소개한 수운의상을 비롯하여 중국 기계계시의기에서도 볼 수 있다. 남송 시대 채침蔡沈(1167~1230)은 『서경집주書經集注』「순전舜典」「선기옥형도璇璣玉衡圖」를 설명하면서 "물로써 기륜을 돌린다水以激機輪수이격기륜"고 기술하였다. 이와 똑같은 말을 오징吳澄(1249~1333)도 반복하고 있다.(『서찬언書纂言』 卷1, 25ㄴ) 이것은 아마도 복잡하기 짝이 없는 기계를 문인 · 관료로서 여간해서는 이해와 표현이 쉽지 않았기 때문이 아닌가 생각한다.

이와 같이 세종의 의표창제 사업에서 보여준 시간에 따른 사업추진의 연계성은 수운의상과 보루각루 제작기술의 성과가 흠경각루 제도에 채택되었다는 연구에 바탕을 둔 것이다.(한영호 등, 2000: 145; 한영호 · 남문현 · 이수웅, 2001: 61) 곧, 흠경각루 제작기술을 알게 되면 수운의상에 사용한 "격수기륜"에 대하여 알 수 있을 것이라는 생각이 들지만 이것 또한 여의치 않다. 임진왜란으로 소실된 흠경각루를 1614년(광해군 6년)에 복구한 뒤에는 『흠경각영건의궤欽敬閣營建儀軌』를 제작하여 보관하였는데, 1866년 병인양요 때에 소실되었다. 의궤에는 「흠경각루」의 중요한 부분인 동력발생과 전동장치, 보시장치와 혼천의 제작 매뉴얼이 생생하게 기록되었을 것이다. 1657년(효종 8년)에 흠경각이 철폐된 지 불과 14,5년만인 1669년(현종 10년)에 이민철은 수운혼천의를 제작하였다.(현종/17/10/10/14/갑술) 이것은 흠경각 옛날 제도[고제古制]를 복구해야 한다는 송준길宋浚吉(1606~1672)의 주청에 따른 것이다. 이것은 장영실에서 이민철에 이르는 230여 년 동안에도 흠경각루 제작기술이 그대로

10 이것의 명칭이 없어 "혼천의와 혼상을 수력으로 운전했다"는 뜻에서 "수운의상水運儀象"이라 부르기로 했다. 또한 의상을 설치한 집이 의상각이다.

11 의상각(혼천각) 복원은 남문현 · 한영호 · 이수웅, 1994: 48 참조.

계승되었음을 말해 주는 증거 가운데 하나다. 이민철이 만든 혼천의 구조와 원리는 문헌으로 남아 있어서 20년 뒤에 수리를 할 수 있었다. 그렇다면 1669년제 혼천의에는 사실상 흠경각루, 그리고 더 올라가서 수운의상에 사용한 원천기술이 남아 있다고 봐야 할 것이다. 세종 대 창제한 간의대 의기와 계시기, 그리고 그것의 제작기술은 역대 왕조가 "선대의 뜻을 계승하여 발전시킨다"는 '계지술사繼志述事'로 받들어 후대에 물려주는 것이 전통으로 굳어졌기 때문에 후대의 기술에서 선대의 기술을 역으로 추정할 수 있는 길은 열려 있다.(Needham, J. et al. 1986: 75)

간의대 수력식 혼상 · 혼의 곧, "수운의상"은 8세기 중기 당나라 개원開元(713~741) 연간인 723~725년에 승려 일행一行(683~727)과 양영찬梁令瓚(?~?)이 만든 「수운혼천부시도水運渾天俯視圖」(『舊唐書』, 『新唐書』「天文志一」; 『諸家曆象集 · 3』, 22ㄱ), 그리고 송대 태평흥국 연간에 장사훈張思訓(?~?)이 제작한 태평혼의太平渾儀를 발전시킨 한공렴의 수운의상대에서 아이디어를 얻어 창제한 일종의 기계식 천문시계이다.(한영호 · 남문현 · 이수웅, 2001: 69) 앞서 언급한 바와 같이 세종 대 의표창제에 활용한 학술정보는 거의 『제가역상집』 네 권에 들어 있다. 당시까지 알려진 중국의 수운혼천의 가운데 널리 알려진 문헌은 북송대 한공렴이 제작한 수운의상대의 제작 경위, 구조와 원리를 소송이 기술한 『신의상법요』가 대표적이다. 그러나 『제가역상집』에는 『신의상법요』가 인용되지 않았다. 다만, 『신의상법요』「하권」에 실린 「수운의상대」 요약본이 실린 『산당고색』과 『금사』만을 실었다.[『山堂考索』(『諸家曆象集』 3: 18ㄱ-19ㄴ); 『金史』(『諸家曆象集』 3: 19ㄴ-25ㄱ)] 결국, 제작진은 『신의상법요』의 원전이 아닌 재인용한 2차 자료만을 확보하여 제작에 착수한 것으로 보인다.

따라서 수운의상(과 흠경각루) 제작진에게 필요한 정보는 '물을 이용하여 혼의와 혼상을 운전하는 방법'이다. 혼의를 구성하는 환의 형태를 어떻게 할 것인지를 결정하는 일은 앞서 혼의를 제작하여 올린 대제학 정초를 비롯한 집현전 학자 등의 일이다. 이들은 『상서尙書』「기형장璣衡章」에 대하여는 상당한 지식을 갖춘 인물이지만, 이것을 제작하는 일은 중추원사 이천李蕆(1371~1451)과 궁중 기사장 장영실을 비롯한 공인과 장인[공장工匠]의 일이다. 이들에게 주어진 과제는 수력기계를 제작하여 이것으로 혼의와 혼상을 연동시켜 회전시킬 수 있는 방법을 찾아내는 '기술'과 이것에 따라 제작하는 '엔지니어링'에 있다고 하겠다. 간의대 제조의 한 사람으로서 이천은 장영실과 함께 공사를 관장했을 것이며, 이것을 회전시키는 물시계와 구동장치인 격수기륜 제작은 장영실이 담당했을 것이다.

7.3.2. 수운의상대와 『신의상법요』

이 절에서는 그림 6-12에 보인 태양운동 기구, 보시 모듈의 배경이 되는 수운의상대와 『신의상법요』에 대하여 고찰한다. 먼저 『신의상법요』와 수운의상대의 구조와 원리를 알아보기로 하겠다.

1) 수운의상대의 출현

북송의 형부상서 소송蘇頌(1020~1101)은 1086년(元祐 1년) 12월 9일에서 다음 해 1월 5일 사이에 새로운 수운의상을 제작할 것을 건의하였다. 그는 한공렴韓公廉(?~?)과 더불어 장형張衡, 일행一行과 양영찬梁令瓚, 장사훈張思訓이 제작한 수운의기의 법식을 추려서 혼의, 혼상, 계시기구가 조합된 하나의 수운의상대 설계에 착수하였다. 한공렴은 목재로 수력 구동장치 모형을 제작한 다음, 1087년(元祐 2년) 9월 15일에 황제에게 올려 비준을 받고 다음 해 5, 6월에 소형 목제모형과 이어서 대형 목재 모형 제작에 착수하였다.

1088년(元祐 3년) 12월 5일에서 1089년(元祐 4년) 1월 14일 사이에 대형 모형이 완성되어 검증을 거쳐 조정에서는 동제 혼의와 혼상을 제작하도록 허락하였다. 1092년(元祐 7년) 7월에 높이 40척(양천척量天尺 1척=24.5cm로 환산하면 10미터)의 수운의상대 건축이 완성되었다.

이것은 4개 부분으로 구성되었다. (1) 동력장치; 천지天池와 평수호平水壺, 추륜樞輪, 하거河車. (2) 전동장치; 추축樞軸, 발아기륜撥牙機輪, 천주天柱. (3) 보시, 연시 및 관측장치. (4) 제어장치; 천지와 평수호, 천형天衡 등이다. 이 수운의상대의 혼의가 개봉開封 황궁 안 집영전集英殿 원우혼의元祐渾儀다. 한공렴은 주로 장사훈이 제작한 가동식 혼의를 모범으로 하고, 그것에다 주야시각기륜晝夜時刻機輪과 천운환天運環 등 몇 가지를 고안하여 추가하였다.(『金史』 22卷, 志 第3; 『諸家曆象集』 3: 20ㄴ-21ㄴ)

2) 『신의상법요』의 유전

1092년에 수운의상대 제작이 끝나서 가동되기 시작하자 1094년(紹聖 1년)에 소송은 『신의상법요』 3권을 지어 비각秘閣에 보관하였다. 「상권」의 내용은 의상의 제작 시말을 황제에게 올린 「진의상장進儀象狀」과 혼의 제작법이며, 17개의 부품 도식이 들어 있다. 「중권」은 혼상 제작법이며, 혼상 도식 3개, 혼상 성도 5개, 사시혼단중성도 9개로 구성되어 있다. 「하권」은 수운의상대 제작법이며, 23개 부품 도식이 들어 있다.[말미에는 별본에

따라 시원지施元之(?~?)가 추가한 혼상 천운륜天運輪을 비롯한 4개 도식이 들어 있다.]

이 수운의상대는 역대 서로 다른 기구와 기계를 집성하여 하나의 대형 장치로 융합함으로써 중국식 금종기擒縱器의 창신創新, 수륜水輪으로 구동하는 혼의와 혼상, 보시기구가 결합되어 하나의 천문대로서 기능을 갖췄다는 데서 중요한 의의를 갖는다. 아쉬운 점은 1126년 금나라 군사가 개봉을 함락해서 약탈해 간 이후 수운의상대 기계설계기술이 계승되지 못한 데 있다.(張柏春, 2009: 199; 張柏春, 2011: 10) 지금까지 전해오는 3권 본은 모두 1172년(南宋 乾道 8년) 시원지 각본에 뿌리를 두고 있다.

조선 초기에는 소송이 지은『신의상법요』원전은 확보되지 않은 것으로 보인다. 이 같은 상황에서, 간의대 수운의상과 흠경각루 제작진이 격수기륜(옥루기륜) 제작에 활용한 정보는『제가역상집』권1『천문』에 추록한『산당고색』에 실린「사시혼단중성도四時昏旦中星圖」와 권4『구루』에 실린 부전루浮箭漏, 칭루稱漏, 침전루沉箭漏와 불식루不息漏 제작을 요약한 문헌자료가 기본자료로 활용되었을 것이다.(『諸家曆象集』1: 38ㄴ-39ㄱ;『諸家曆象集』4: 24ㄱㄴ) 아울러『금사』에 실린『신의상법요』「상권」진의상장과「하권」수운의상대 요약본이 사실상 전부였을 것이다.(『山堂考索』別集, 卷17, 曆門;『諸家曆象集』3: 18ㄱ-19ㄴ;『金史』(『諸家曆象集』3: 19ㄴ-25ㄱ에 인용)

『송사 · 천문지1』에는 금나라 군대가 변경汴京[현재 하남성河南省 개봉開封]을 침입한 1126년, 이른바 '정강 원년靖康 元年의 변變'으로, 금나라 군대는 수운의상대를 약탈하여 수도 연경으로 이송하였다. 그 후 중요 부품은 멸실되고 오직 동혼의銅渾儀만 태사원 후대候臺에 남았다고 한다. 이리하여 수운의상대는 35년 남짓 수명을 다하였다.

소송은 수운의상대 제작법을 자손과 북송 사천대司天臺 동관정 원유궤袁惟几(?~?)에게 전수하였다. 1133년(紹興 3년) 남송 조정은 소송의 아들 소휴蘇攜(?~?)와 원유궤에게 수운의상대의 재건을 의뢰했으나 끝내 만들지 못했다고 한다. 결국, 수운의상대의 기계설계는 전승되지 못하고 말았다. 훗날 주희朱熹(1130~1200)는『신의상법요』를 구해 제작을 시도했으나 동력을 발생하는 추륜의 회전을 제어하는 천형을 장착한 혼천의는 종래 만들지 못했다고 한다. 그러나 주희의 집에 혼의가 있었으며,(『宋史 · 天文志1』) 그가『상서』「순전」에 나오는 선기옥형의 주석을 붙인 것으로 보아 혼의의 구조와 원리는 파악하고 있었다고 볼 수 있다.(朱熹『文集』卷六十五, 尙書, 舜典)

실제로『신의상법요』는 1172년의 시원지 각본刻本이 보급되었다. 이것을 명말 청초에 장서가 전증錢曾(1629~1701)이 소장하던 시원지 각본이『사고전서四庫全書』편찬에 편입되어『사고전서제요四庫全書提要』에 소개되었다. 이것을 저본으로 전희조錢熙祚(1801~1844)가 1820

년대인 도광道光 초년에 『수산각총서守山閣叢書』 편집에 편입하여 보급한 데 이어, 1844년에 재차 간행하였다고 한다. 이 판본 『흠정사고전서제요欽定四庫全書提要』에는 앞서 언급한 판본 유전에 대한 내용이 들어 있다.(Needham, J. and Wang & Price, 1960: 10) 1929~1934년 판 『수산각총서』, 왕운오王云五 주편 영인본(1937), 최근에 육경려陸敬麗 · 전학영錢學英 역주본(2007) 등이 나왔다. 조선에는 정조正祖(재위 1776~1800)가 『고금도서집성古今圖書集成』을 수입한 것을 계기로 알려졌다.(정조/3/1/2/24/庚申/17ㄴ)

이로 미뤄보아 세종시대에는 『신의상법요』 원전은 국내에 유입되지 않은 것으로 보아야 한다. 따라서 『금사』 등에 요약된 내용만으로는 혼의와 혼상을 구동시켜 주는 아이디어만 얻었을 뿐 실제로 지름이 1장 1척(2.69미터)인 추륜과 천형 등 정밀부품은 제작하기 쉽지 않았을 것으로 보인다. 높이가 40척에 달하는 수운의상대와 달리 규모가 작은 전각[소각小閣]에 설치한 수운의상은 천체 관측용이 아닌 실내에서 천체현상을 실시간으로 보여주는 연시용 천문시계이다. 따라서 회전체인 혼의와 혼상을 청동으로 제작하지 않고 최대한 가볍게 만들기 위해 목재와 베로 만들어 옻칠하였다.

『서찬언』에는 혼의를 설명하면서 "삼진의 밑에 기륜을 설치하고 물로써 운전하여 인력을 덜 수 있다고 하여 해와 달, 그리고 별의 운행을 여기서 살펴볼 수 있기 때문에 삼진의라 했다"고 하였다. 앞서 「간의대기」에는 환을 설치하는 것은 언급하지 않았지만, 삼진의 남극축 가까이에 삼진환축과 수직으로 회전동력을 전달하는 환을 설치했을 것이 분명하다. 이 환이 한공렴이 창안한 수운의상대 혼상 천운륜天運輪과 혼의 천운환天運環을 뜻하는 것으로 봐야 할 것이다. 이리하여 수운의상은 혼상의 황도환, 더 나가서 혼의의 황도환을 따라 해를 자동으로 이동시키는 수단으로 사용되는 등 천문시계로서 형태와 기능을 갖추었던 것으로 추정된다. 이것은 종래의 중국 수운혼천에서 성취하지 못한 것이다.(한영호 · 남문현 · 이수웅, 2001: 72) 그렇다면 장영실은 무엇을 참고로 하여 "물로써 운전하는 '옥루와 기륜'"을 만들었을까? 다음에는 수운의상대 구조에 대하여 고찰한다.

3) 『금사』에 실린 『신의상법요 · 하권』

앞서 소개한 바와 같이 금나라는 수운의상대를 약탈한 후 훼철한 사실과 『신의상법요 · 하권』에 실린 내용을 『금사』에 수록함으로써 이것의 구조와 원리를 다소나마 전해 주었다. 『금사』에는 제작 도면과 규모를 밝히지 않았지만, 독자의 이해를 돕기 위해 『신의상법요 · 상권』에 실린 천운환天運環과 「하권」에 실린 도면 25개 설명 가운데서 일부를 그림 7-4에 소개한다. 이 도면과 설명은 앞서 소개한 판본원류에서 알 수 있듯이 조선조 후기 국내에 유입된 『수산각총서 · 58권』(출처: 『新儀象法要』, 1844: 규장각 도서번호 2638, 子部)에서 뽑았음을 밝혀둔다.

『신의상법요』에서 뽑은 도식은 그림 7-4와 같다. A는 『신의상법요新儀象法要』의 표지이다. B는 수운의상대의 외형이며 연시장치와 보시장치는 다음과 같이 배치하였다. 상층 지붕 밑에는 혼의, 중층에는 반이 궤짝에 들어간 혼상을 설치하고, 하층 중앙에는 목각 5층에 여러 가지 보시 기구를 설치하여 매 층마다 사신이 알린다. 사신들은 1층 좌측에서는 요령, 우측에서는 종, 중앙에서는 북을 울린다. 2층에서는 매시 초와 정을 알리며, 3층에서는 매 각을 알린다. 4층에서는 야간에 징을 울리며, 5층에서는 야간에 사신이 경점을 알린다. 목각 우측 받침대 위에는 물시계 항아리 천지天池(저수조)와 평수호平水壺(수위조절호)를 설치한다. C는 주야시각기륜이며, 위로부터 천륜天輪, 발아륜撥牙輪(위치를 바꿔야 함 — 저자 주), 종고륜鍾鼓輪, 초정륜初正輪, 백각륜百刻輪, 금정륜金鉦輪, 야전륜夜箭輪, 경주륜更籌輪이다. D는 목각 뒤에 설치한 혼의, 지궤地櫃에 반이 들어간 혼상, 주야시각기륜 구동용 물레바퀴[추륜樞輪]과 퇴수호. 혼의와 혼상 우측에는 호가壺架 위에 물시계의 저수조와 조절호를 올려놓아 시간을 측정한다.

기륜축은 목가[지극地極] 위에 판 철로 만든 추구樞臼(end bearing)에 꽂는다. E는 추륜과 퇴수호이며, 추륜에 수수호 36개를 매단다. 수수호는 평수호 하부에 부착한 출수구 노즐 밑에 놓인다. 수수호의 물은 퇴수호로 쏟아진다. F는 추륜에서 발생한 동력은 추축樞軸[관축關軸]에 부착한 지곡地轂(소륜, 피니언)에 물린 하륜下輪에 전달되어 기륜축인 천주天柱(수직 기둥)를 회전시킨다. 천곡天轂은 양단에 각각 전곡前轂과 후곡後轂이라는 소륜이 있어 상륜과 천운환을 접속하여 준다. 후곡은 상륜과, 전곡은 천운환과 물려 천주의 운동을 천운환에 전달한다.

천주에 부착한 중륜은 C의 발아기륜을 회전시켜 주야시각륜을 회전시킨다. G는 E의 퇴수호에 모인 물은 승수 하호에 모이고 다시 승수 하륜을 써서 승수 상호로 퍼 올린다는 것을 보여준다. H는 관리자가 하거河車를 돌리면 승수 상호의 물은 승수 상륜이 천하天河로 퍼 올려서 D의 천지로 보낸다. I는 추륜의 진행-정지를 제어하는 탈진기 천형天衡이다.[12] J는 천운단환天運單環이며, K는 혼상 천운륜, L은 혼상 적도 아거이다.

12 천형 작동 모형은 Needham, Wang and Price, 1960, 1986, *Heavenly Clockwork(HC)* 2판(1986), Plate XXII(Fig. 72)와 Plate XXIII(Fig. 73) 참조.

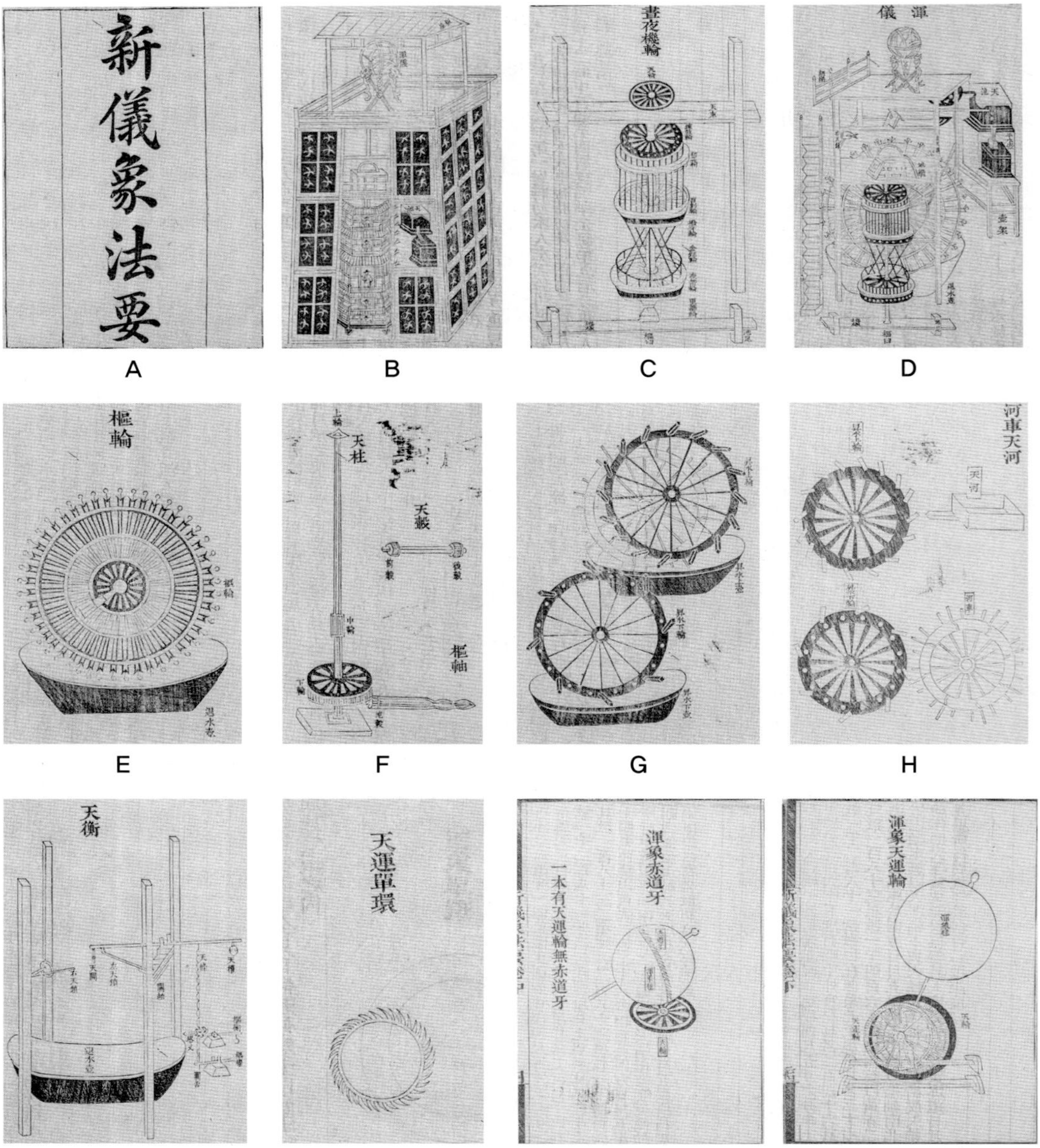

그림 7-4.

A.『新儀象法要』 표지 **B.** 수운의상대 **C.** 주야시각기륜 **D.** 목각 뒤에 설치한 혼의, 지궤(地櫃)에 반이 들어간 혼상, 추륜, 퇴수호, 혼의와 혼상 우측에 호가(壺架) 위에 설치한 저수조와 조절호를 올려놓았다. 기륜축은 地極 위에 판 추구(樞臼: end bearing)에 꽂는다. **E.** 추륜과 퇴수호 **F.** 추륜에서 발생한 동력을 전달하는 전동장치 **G.** 승수 하호, 승수 하륜, 승수 상호로 구성된 하거천하 **H.** 수동식 양수장치 **I.** 천형(天衡) **J.** 천운단환 **K.** 혼상천운륜 **L.** 혼상 적도 아거 (그림 출처:『守山閣叢書』 58권, 서울대학교 규장각한국학연구원 소장)

다음에는『금사』에 실린 수운의상대의 동력발생 장치인 추륜의 구조와 작동원리, 천주중륜天柱中輪 등을 그림 7-4를 참조하면서 소개한다. 혼의의 구조는 앞서 소개하였으므로 생략하고(그림 6-4A 참조), 한공렴이 고안한 천운환은『서찬언』에 빠졌으므로 소개한다.

> 지금 한공렴이 만든 것은 모두 하나의 받침대[대臺]에 설치하는데, 대 안에는 칸막이 두 개가 있다. 혼의는 대의 위 칸에 설치하고 혼상은 그 중간에 설치하여 수력으로 돌린다. 동력발생기와 그것의 바퀴 굴대는 아래쪽에 보이지 않게 설치한다(그림 7-4D). 대 안에는 주야시각기륜晝夜時刻機輪 다섯 층을 설치한다(그림 7-4C). 첫째 층은 천륜天輪이라고 하는데 혼상의 적도 아거[渾象赤道牙距]를 돌려준다. 둘째 층은 발아륜撥牙輪(100각륜, 계시륜)이라고 하는데 바퀴 둘레에는 톱니를 내고 천주 중륜天柱中輪을 따라 돌면서 위아래 네 개의 바퀴를 돌려준다. 셋째 층은 시각종고륜時刻鐘鼓輪이라고 하는데, 위로는 매시 초와 정의 100각 톱니를 돌려서 종과 북을 울리고 방울을 흔든다. 넷째 층은 일시초정사신륜日時初正司辰輪이라고 하는데 위로 시초십이사신時初十二司辰과 시정십이사신時正十二司辰을 안치한다. 다섯째 층은 보각사신륜報刻司辰輪이라고 하는데 위로 100각의 사신을 안치한다. 이상 다섯 개 바퀴를 함께 하나의 축에 꿰어서 위로는 천속天束으로 결속하고, 아래로는 쇠로 만든 저구杵臼를 연결하고 앞은 5층 목각木閣으로 가리는데(그림 7-4B), 옛날 구조를 약간 변형한 것이다. 다섯 개 바퀴 북쪽에는 또 비스듬히 물레바퀴[추륜樞輪]을 설치한다(그림 7-4D). 물레바퀴는 72개의 바큇살[폭輻]으로 36개의 바퀴 통[홍洪]을 만들고, 세 개의 바퀴 테[망輞]으로 결속하여, 수수호 36개를 좌우에서 지탱하게 한다. 바퀴 통 중간에는 쇠로 만든 추축 하나를 가로 방향으로 관통시켰는데, 남북 방향으로 삐쳐 나온 축이 지곡地轂으로, 지륜地輪을 운행하고 통제한다. 천주 중륜이 움직이면 기륜이 혼상을 움직이고(그림 7-4F), 위에서 혼의가 돈다(그림 7-4B). 또 물레바퀴 왼쪽에 천지와 평수호를 설치한다(그림 7-4D). 평수호가 천지의 물을 받아 (물레바퀴) 수수호에 주입하여 물레바퀴를 돌리면 수수호의 물은 아래로 내려와 퇴수호退水壺로 흘러들어간다(그림 7-4E). 퇴수호 아래 북쪽으로 난 구멍으로 물을 끌어 승수하호昇水下壺로 들여보내면, 승수하륜昇水下輪이 물을 회전시켜 승수상호昇水上壺로 올려 보낸다(그림 7-4G). 승수상호 안의 승수상륜昇水上輪과 하거가 한꺼번에 위아래 바퀴를 회전시켜 물을 운반하여 천하天河로 올려보내고, 천하는 다시 천지로 유입시킨다(그림 7-4H). 하루 밤낮에 한 바퀴를 돌고 다시 원래의 자리로 돌아온다. 이것은 한공렴이 혼의와 혼상 의기 두 개를 운용하여 세 가지 용도에 통용하게 만든 것으로, 총괄하여 혼천의渾天儀라고 불렀다. [『金史』(『諸家曆象集』 3: 23ㄱ-24ㄱ)]

앞서 인용문에는『신의상법요』「하권」에 들어 있는 수운의상대의 핵심기구인 물레바퀴의 바큇살에 하나씩 설치한 수수호 안에 물이 가득 차면 저절로 배출되어 바퀴가 1회전의

1/36회전하도록 제어해 주는 천형天衡(그림 7-4I)이라는 회전제어장치가 빠졌다. 이 장치는 금종기라 불리는 것으로 중국 고유의 탈진기脫進機(escapement)이다.

『신의상법요』「하권」에는 혼의와 혼상, 주야시각기륜을 가동시키기 위한 추륜과 천형의 작동원리가 들어 있다. 천형은 추륜 상부에 설치하는데, 수수호가 물로 가득 차면 두 개 저울대[칭稱(steelyard)]으로 구성된 평형장치가 이를 감지하고, 이 무게로 평형기구가 작동되면 저지당할 때까지 자유롭게 주어진 거리까지 쏟아지며 이동한 뒤 정지한다. 이것은 잠금장치인 우천쇄右天鎖와 천관天關, 좌천쇄左天鎖가 있어 반동을 저지하기 때문이다.(그림 7-4I 참조) 따라서 물레바퀴는 1회전의 1/36만큼 움직인다. 다음 수수호는 평수호 하부에 부착한 출수구 노즐 밑에 위치하게 되고 주기가 반복된다.

또한 앞서 인용문에는 한공렴이 주야시각기륜 상층에 부착한 천륜天輪을 돌려 혼상(그림 7-4K)에 부착한 적도 아거를 돌려준다고 했다. 이 방법은 본디 장사훈이 사용한 것을 개선한 것이다. 그러나 후일 시원지 각본刻本(일명 별본)에는 이 밖에도 남극축에 혼상 천운륜(그림 7-4L)을 이용하여 회전시킨다고 했다. 『금사』에는 적도 아거와 천운륜 아거가 모두 478개라고 했다. 혼의 삼진의 황도환 남측에 부착한 천운환(그림 7-4J)은 한공렴이 새롭게 발명한 것으로서 톱니가 478개다.[『金史』『諸家曆象集』 3: 22ㄴ)] 이것이 없으면 주야시각기륜과 연동시켜 시간경과에 맞춰 혼의와 혼상을 정확하게 회전시킬 수 없다. 따라서 수직 회전축 두 개의 상부에는 태양시-항성시 변환 전동장치(conversion gearing)가 필요하다.

수수호가 한번 채워졌다 쏟아지면 추륜은 1회전의 1/36회 회전한다. 『신의상법요』나 『금사』에는 수수호를 하루 동안에 몇 번 채워서 추륜을 하루 동안에 몇 번 회전시키는지를 언급하지 않았다. 추륜축이 1회전의 1/36 움직이면 천주 톱니 1개도 움직이며, 이에 따라 오운주를 통해 톱니 478(487의 오류)인 천운환의 톱니를 1개 움직인다. 천문상수 365.25는 487×3/4이어야 하는데, 이러한 상수는 이미 당나라 때에 일행과 양영찬이 제작한 동혼상銅渾象에서도 적용하기 시작해서 한공렴에 이르게 됐다.(Needham, Wang and Price, 1960, 1986: 36-37)

한공렴은 600개 톱니를 가진 시각기륜[발아기륜撥牙機輪]을 만들어 톱니 6개의 천주 중륜으로 회전시켰다. 중륜은 1각마다 기륜 톱니 6개를 움직여주고, 1시진에는 50개, 12시진에는 600개를 움직여 하루 주야 시각, 100각(1,440분)을 전달한다. 가령, 현대시각으로 14.4분(1각)마다 추륜을 1회전시키려면 24초마다 수수호(길이, 폭, 깊이가 각각 30.7×15.4×12.3센티미터, 1차 수량 6리터)를 채워야 하며, 1주야 100각이 경과되려면 모두 100회전시켜야 한다는 뜻이다.(Needham J., Wang and Price, 1960, 1986: 37; Combridge, J. H., 1962: 82; 李志超, 2014: 217)

앞서 살펴본 바와 같이 수운의상대는 추륜에 부착한 수수호에 주입되는 수량[13]이 일정한 한도를 넘어 수수호가 엎어질 때마다 추륜이 발생하는 이산적離散的(간헐적) 동력으로 작동한다.(Needham, Wang and Price, 1960, 1986: 206) 이와 같이 물의 무게를 측정하여 시간을 재는 칭루稱漏(steel-yard clepsydra)는 중국 북위시대 450년경 활동한 이란이 발명하였다. 추륜은 평수호에서 수수호로 흘러드는 유량을 받아 이산적으로 방출하여 시간을 토막내는 계시기이다. 그림 6-2에서 보인 산속에 설치한 기륜의 명칭은 수운의상대에서 원용하였으며, 장영실도 마찬가지로 생각했을 것이다.

7.3.3. 계시기구로 작동하는 의기

장영실은 수운의상과 흠경각루의 옥루기륜을 제작하면서 수운의상대의 거대하고 천형으로 회전을 제어하는 추륜과 기륜 방식을 이용한 구동방식은 직접 활용하지는 않았을 것으로 보인다. 이런 견해는 수운의상대를 깊이 연구한 니덤 등(1986)도 같은 견해를 보였다.(Needham, J. et al., 1986: 75) 그러나 장영실은 수력구동장치 곧, 천지호에서 주입되는 평수호의 유량을 조절하여 수수호(칭기)를 작동시켜 주는 3단 배치방식은 참고한 것으로 보인다.

앞서 소개한 바와 같이 천지-평수호-수수호(칭기)로 구성한 물시계는 칭루가 되어 "수수호에 주입되는 물이 일정 유량을 초과하면 엎어지는 의기"가 된다. 보루각루에서 수수호는 그 안에 잣대를 띄워 부력을 발생시키는 정적靜的인 기기인 데 비해, 추륜에 부착한 수수호는 엎어짐으로써 동력을 발생시키는 동적動的 기기로서 기륜을 작동시키는 새로운 방식도 인식하게 됐을 것이다.

수운의상대가 나오기 이전 중국 천문시계의 구동방식은 확실하게 전해진 것이 없지만, 이 가운데 계시기구로 의기欹器[기기攲器]를 작동시킨 사례가 있어 소개한다. 수수호를 추륜에 부착한 장사훈, 한공렴의 방식이 나오기 이전인 수隋나라 대업大業(605~612년간) 초기

13 리 즈챠오李志超는 1차 수량의 무게는 6킬로그램이라고 추정하였다.(李志超, 2014: 218)

에 계시기 제조가인 경순耿詢(?~?)은 수운혼상을 제작하였다.

이것과 관련하여 『수서隋書』「천문지 · 상」에는 다음과 같은 기사가 실려 있다.

> 대업 初(606년)에 경순이 옛날 의기[고의기古欹器]를 제작해서 누각의 물을 대주고 양제煬帝(569~618, 재위 604~618)에게 바치니 매우 기뻐하였다고 한다. 양제는 그에게 우문개宇文愷(555~612)와 함께 북위의 이란이 개발한 칭수누기[칭루秤漏]법을 따르도록 하라고 지시하여, 소형 칭루로써 휴대용을 만들었다. (『隋書』 卷19, 27)

경순이 제작한 계시 기능을 갖춘 의기가 수운혼상과 관련이 있어 보이기 때문이다.(陳美東 · 華同旭, 2011: 462)

앞서 소개한 의기는 중심重心과 평형원리에 따라 물을 가득 채우면 엎어지면서 그 안에 들어 있던 물이 쏟아지면 본디 기울어졌던 상태로 복귀하는 성질이 있다.(제6장 역주 [기-2-6] 의기 참조) 이러한 동작은 매우 짧은 시간 안에 이뤄지므로 물시계로 일정하게 1각마다 유량을 의기에 공급하여 온 하루 동안 100각 동안에 100회를 채우면 의기는 100각 계시기가 된다. 의기에다 적절한 기구를 장착하면 본디 상태로 복원되는 동력을 전달하여 혼상이나 혼의의 천운륜이나 천운환을 이산(간헐)적으로 작동시킬 수 있다. 그러나 계시의기에 따라 회전체가 일정하게 회전하려면 필수적인 것이 진행-정지-진행을 반복하여 이산운동을 유발시키는 제어기구가 필요하다.

이순지는 『제가역상집』 권3에다 『수서 · 천문지』 기사를 인용하면서 앞서 인용한 '계시기로 작동되는 의기'에 대한 기사는 인용하지 않았다. 그러나 세종을 비롯한 집현전 학사는 공자孔子(B.C. 551~B.C. 479)가 노魯나라 환공桓公(B.C. ?~B.C. 643)의 사당에서 유좌지기宥坐之器(어좌 오른쪽에 놓는 의기. "宥"의 발음이 "右"와 같은 데서 유래)를 보고 나서, "비우면 기울어지고[虛則欹허즉의], 알맞게 차면 반듯이 놓이고[中則正중즉정], 가득 차면 엎어진다[滿則覆만즉복]"는 아홉 글자로 특징을 요약한 고사(荀況, 『荀子』, 宥坐, 28)는 이미 알고 있을 터였다.(『玉海』 卷95: 24ㄴ-29ㄴ; 세종/ 61/15/8/13/계사/24ㄱ)

이 아홉 글자는 유교의 중요한 덕목으로서 어좌 오른쪽에 의기를 둘 만큼 고대부터 동아시아 유교 사회에서는 중요한 기물이다. 물론, 세종은 『수서 · 경순전』에 경순이 천문산술에 능하여 창의적으로 혼천의를 제작하여 사람의 힘을 빌리지 않고[不假人力불가인력] 물로써 돌렸다는 기사를 읽고 영감을 얻어 요순의 법과 공자의 가르침을 백관이 익히도록 혼상과 혼의를 갖춘 새로운 계시기 제작에 의기를 활용하는 방안을 모색했을 법하다.

장영실은 자격궁루를 제작하면서 일정하게 유량을 공급하는 3단 파수호와 수수호 두 개로 물시계를 구성했다. 이런 경험을 공유한 수운의상 제작진과 "수수호로서 의기를 대체"하는 일, 일정한 주기로 의기가 발생한 에너지를 동력화하기 위하여 필요한 전동장치를 어떻게 제작하느냐로 과제를 돌렸을 것이다.

장영실은 자격궁루 수수호 꼭대기에 방목을 세우고 그 안에다 일정한 간격으로 소환을 기울어지는 통에 수납했다가 떠오른 잣대머리가 통을 기울게 하여 이것이 방출되는 원리를 떠올리고 '소환 수납통'을 '의기'로 대체하는 발상을 했을 것으로 보인다. 엔지니어로서 장영실은 의기가 기울어졌을 때 쏟아지는 물로 수차바퀴나 기륜을 돌린다든가, 반대로 물이 쏟아진 빈 의기가 다시 본디 상태로 복귀할 때 발생하는 복원력을 이용하여 바퀴를 회전시켜 동력을 얻는 일종의 역발상을 실제로 시도했을 가능성도 없지 않다. 이리하여 수수호-부전 방식을 개선하여 보다 큰 동력을 발생하도록 의기 형태를 갖춘 수수호를 고안하게 되었을 것으로 보인다. 이런 아이디어를 먼저 수운의상에 활용하고 이어서 흠경각루를 제작하는 데 활용하는 방안을 강구한 것으로 추정된다.

앞서 제1장에서 소개한 바와 같이 장영실은 2회에 걸쳐 중국에 파견되어 천문의기와 계시기 관련 자료를 수집하고 돌아와서 경점지기와 자격궁루를 제작하였다. 이때 장영실은 순제의 궁루宮漏, 대명전에 설치한 등루燈漏와 이슬람 시계제작 기술 자료도 수집했을 것으로 추정된다.

아무튼, 『수서』, 『옥해』, 『상서통고』, 『산당고색』, 『금사』와 『원사』 등에 수록된 역대 수운혼상과 이것을 집대성한 『신의상법요』 내용은 비록 짧기는 하지만 수운의상과 자격궁루, 흠경각루 제작에 영감을 준 것으로 보인다. 그렇다고 수운의상대 기술을 재현할 수 있는 것도 아니지만, 그렇다고 복제한 것은 더더욱 아닌 것으로 보인다. 자격궁루의 경우에는 1차로 수력을 이용하여 소환을 낙하시키고, 이것이 2차로 별도로 저장한 대환을 낙하시킨다. 이것이 낙하하면서 발생하는 동력을 전달하여 목인 3개와 12보시신을 작동시키는 방식은 추륜 방식과 전혀 다르다.

『신의상법요』는 『금사』와 『산당고색』에 내용의 일부가 소개됨으로써 북송시대 중국 정밀공학의 골자를 조선에 전수했다고 할 수 있다. 『신의상법요』 판본이 조선에 유입되었다면 궁색하게 『제가역상집』에 간접적으로 수록할 이유가 없다는 것은 저자만의 생각은 아닐 것이다.

다음에는 옥루기륜 설계에 원용한 수운의상대의 추륜-천형장치에 대비되는 이민철의 수운혼천의와 알자자리의 공작시계에 보이는 칭기와 전동장치를 고찰하기로 하겠다.

7.3.4. 이민철과 알자자리의 전동장치

앞서 살펴본 바와 같이『금사』에 실린 일부 내용은 수운의상 제작진도 잘 알았을 것이다.『금사』에는 수운의상대를 재현할 수 있는 충분한 정보 곧, 설계 도식은 없다. 김돈은 「간의대기」에서 "구동장치의 교묘함은 보이지 않는다"고 하였다. 구동장치는 네모난 궤 안에 몸체 반이 묻힌 혼상 하부에 설치됐기 때문에 외부에서 보이지 않는다. 그렇다면 김돈은 구동장치 구조에 대하여 왜 함구하였을까?

앞서 언급한 바와 같이 역대 중국 천문시계에서 물로써 기계를 작동시켜 주는 기구에 대한 구조와 원리를 상세히 기술하지 않는 것이 일종의 관례였던 것으로 보인다.『원사·천문지1』에서도 곽수경의 혼상과 대명전 등루를 기술하면서 "그 기계는 궤에 숨겨져 있으며, 물로 운전한다"고 만 했다. 아마도 신비스러운 기계의 구조를 밝히지 않음으로써 통치자의 권위를 높여 주기 위해서 일 수도 있겠다. 앞서 제4장에서 소개한 오도릭이 공작을 작동시키는 엔진은 지하에 있다고 했듯이 겉으로 드러내지 않았음을 알 수 있다. 그럼에도 불구하고 훼손이나 노후를 대비하여 제작자나 관리자에게만 노하우를 전수하게 하는 등 특별한 조치를 취하였을 것이다. 먼저, 이민철 수운혼천의의 계시기구를 소개하기로 하겠다.

1) 이민철의 수운혼천의

1669년(현종 10년)에 이민철과 송이영이 각각 제작한 수격식水激式 혼천의와 추동식錘動式 자명종 창제를 주관한 김석주金錫胄(1634~1684)는 「신조혼천의양가정진게新造渾天儀兩架呈進揭」를 지어 올렸다.(金錫胄,『息庵集』 권17, 35ㄱㄴ) 1687년(숙종 13년)에는 중도에 폐한 혼천의와 자명종을 수리하여 창덕궁 제정각齊政閣에 안치하는 일을 주관한 최석정崔錫鼎(1646~1715)과 오도일吳道一(1645~1703)은 각각 「제정각기齊政刻記」와 「제정각명齊政閣銘」을 지어 올렸다.(『明谷集』 卷九;『昌德宮志·全』) 그리고 1732년(영조 8년)에는 경희궁 혼천의를 중수하여 규정각揆政閣에 안치하면서 영조는「규정각기揆政閣記」를 손수 지었다.『증보문헌비고』에는 김석주의 게문偈文이 그대로 실려 있다.(『增補文獻備考』 3, 象緯考 3, 儀象) 이 기문들은 거의 동일한 내용이라서, 비교적 상세하게 기술한 「제정각기」에 따라 수격식 동력장치의 구조를 추정하여 보면 다음과 같다.

기륜 등이 설치될 높이 9척의 틀[기機]를 만들어 그 위에는 청동으로 만든 통[동준銅樽]을 올려놓아 물을 저장하고, 틀 안 동남쪽 모서리에는 청동 항아리[동호銅壺]를 세우고 그 위쪽에는 물을 흘리는 솥[누부漏釜]를 배열하였다. 항아리 속에는 청동으로 만든 뜨는 수레[부거浮車]를 설치하고 솥에서 유입되는 물을 받아 일정한 시각마다 작동시켜 기륜을 돌리도록 했다. 수레 작동과 기륜의 회전은 기록마다 대동소이한데, 김석주는 "번갈아 가득 채워 넘치면 바퀴가 돌아간다(遞遞盈滿以爲激輪체체영만이위격륜)"고 했다.

「제정각기」와 「규정각기」에는 "물이 가득 차면 수레가 떠올라 기륜이 차례로 돌아간다[水盛以(車)浮則機輪以次旋수성이(거)부칙기륜이차선]"고 되어 있다. 두 가지 표현을 합치면, "차례대로 물이 가득 차서 넘치면 수레가 바퀴를 돌린다"는 뜻이 된다. 그렇지 않으면 바퀴를 돌리지 못한다는 뜻이다. 말하자면, 수레는 "움직이는 그릇"(한쪽에 굴대를 장치한 손잡이가 달린 여물박을 연상하면 된다.)으로서 솥에서 물이 흘러들어 가득 차서 넘쳐야 비로소 작동하여 바퀴를 돌려준다는 뜻이다.

여기서 '작동한다'는 것은 수레(굴대가 달린 여물박)가 엎어져 물이 쏟아져야 한다는 뜻이다. 항아리에 설치한 수레는 이와 반대로 그 안이 비면 뒤로(정면에서 오른쪽) 젖혀졌다가 물이 가득 차면 앞으로(정면에서 왼쪽) 엎어지도록 한 것으로 보인다. 따라서 수레 안의 물이 쏟아질 때마다 차례대로 기륜을 치면 수레의 상하운동을 기륜의 회전운동으로 변환할 수 있다. 굴대 양단을 고정하고 수레에 물을 부으면 가득 차면 손잡이 쪽으로 엎어지면서 물이 쏟아진다. 따라서 그림 6-2에서 보인 옥루의 칭기와 같은 운동을 나타낸다.

결국, 이민철 혼천의 구동방식의 실체인 '뜨는 수레'는 앞서 소개한 비우면 "기울어지고 적당히 채우면 바로 서고 가득 차면 엎어지는 의기"와 원리가 같다는 것을 알 수 있다.(한영호 · 남문현, 1997: 14) 따라서 이민철은 뜨는 수레를 멀리는 공자가 관찰한 의기나 수나라 경순이 제작하였다는 단순한 의기를 넘어서 동력발생장치로 발전시켰다고 할 수 있다.

여기서 아쉬운 점은 김석주를 비롯한 기문을 작성한 이들이 수레가 어떻게 기륜을 돌게 하는지 곧, 작동 방법을 구체적으로 기술하지 않았다는 것이다. 엔지니어인 이민철은 알고 있었겠지만, 유교경전을 익힌 학자 · 관료로서는 정교한 작동장치의 구조와 작동원리를 글로 표현하기가 그리 쉽지 않았을 것이다. 여기서 유의할 것은 저수하는 청동제 통은 보루각루 물시계의 대파수호, 솥은 평수호에 해당되고 항아리는 수수호에 대비되지만, 수레를 항아리 속에 설치했기 때문에 부전을 설치한 보루각루의 수수호와 동일하지 않다.

저자 등(1997)은 중국식 의기欹器(攲器)와 이슬람식 티핑 버킷tipping-bucket이 활용되었을 가능성에 착안하여 두어 이것의 구현을 모색하여 왔다.(한영호 · 남문현, 1997: 17)

다음에는 앞서 항아리 배열과 같은 구조를 가지면서 수차와 기륜을 동시에 작동시켜 주면서, 때로는 어느 한쪽만 기능을 부여할 수 있는 알자자리의 공작시계를 소개한다.

2) 알자자리의 공작시계

앞서 제4장 그림 4-15A에 보인 알자자리가 발명한 공작시계를 구동시키는 물시계는 앞서 고찰한 혼천의 동력장치를 구성하는 저수조, 평수호, 수수호와 그 꼭대기에 설치한 수레(티핑 버킷과 유사) 구성과 사실상 동일하다. 그림 4-15B의 오른쪽에 보인 일정한 시각마다 티핑 버킷이 쏟아내는 물로 작동하는 그림 왼쪽에 보인 주걱 수차scoop wheel는 공작 오토마타를 작동시킨다. 비워진 버킷은 본디 상태로 복구하면서 복원력을 발생하는데, 이 복원력으로 그림 7-5B와 C에 보인 래칫 바퀴를 작동시켜 이것과 줄로 연결된 보시장치를 작동시킨다. 그림 7-5A에 보인 버킷에 띄운 부자float는 시간의 경과를 보여주는 공작 오토마타를 작동시킨다. 부자는 이민철 혼천의에는 언급되지 않은 기구이다. 알자자리는 매 30분마다 18리터들이 버킷에 일정하게 물을 공급하기 위해서 경도硬度가 철강이나 공구강보다 높은 onyx줄마노를 가공한 노즐을 사용하였다. 여기서는 그림 7-5A와 C를 통하여 물시계로 작동하는 티핑 버킷과 래칫 바퀴장치의 내용만 발췌하여 소개한다.

그림 4-15A에 보인 공작시계 상부에는 반원 띠 위에 15개의 유리 원창圓窓, roundel을 설치해서 30분마다 한 개 원창의 반이 흑색에서 적색으로 바뀐다. 야간에는 같은 방식으로 등불 빛을 밝힌다. 하부는 세 개의 감실에 공작 오토마타를 설치하고 30분마다 작동시켜 시청각으로 보시한다. 그림 7-5A는 공작의 운동과 원창의 색을 바꿔주는 데 필요한 기구와 이 기구를 작동시키는 데 필요한 동력을 제공하는 그림 4-15B에 보인 물시계의 구성과 부품의 도해이다. 그림 7-5A를 참조하면서 작동원리를 설명하면 다음과 같다.

오른쪽 상부에 보이는 원통형 항아리 i는 물시계의 평수호이며, 이 항아리 위에 놓인 저수조(나타내지 않았음)에서 공급되어 오른쪽에 뚫린 구멍 o를 넘는 물은 밖으로 배출되어 항아리 안의 수위를 일정하게 유지시켜 준다. 항아리의 물은 하부에 삽입한 출수구 onyx 줄마노 오리피스 σ를 거쳐 반원의 일부를 절단한 모양의 버킷 a로 배출된다. 속이 비어 있는 버킷은 뒤로(그림에서 오른쪽) 기울어져 있다가 물이 채워지면서 버킷은 굴대 c를 축으로 회전하면서 수평으로 된다. 따라서 버킷 안에 띄운 부표 f도 뜬다. 버킷에 물이 계속

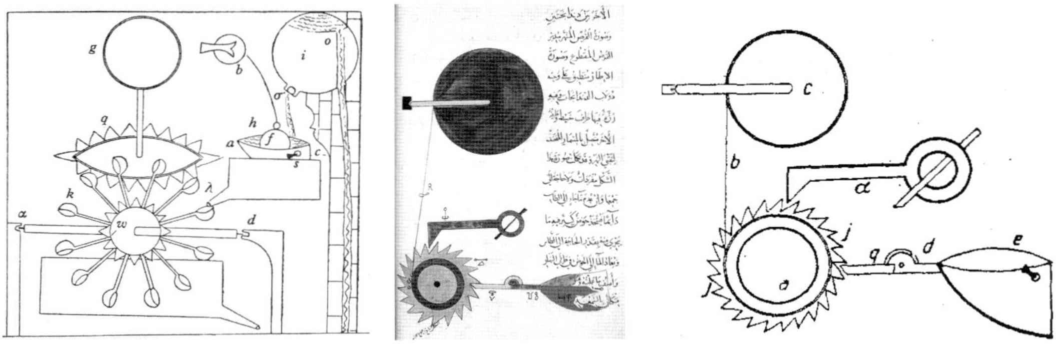

A　　　B　　　C

그림 7–5. 알자자리 공작시계 동력장치

A. 물시계와 수차 구동장치 도해: i – 평수호, o – 오버플 구멍, σ – 줄마노(onyx), a – tipping 버킷, f – 부자, c – 버킷 굴대, s – 물받이, h – 줄, b – 도르레, λ – 출수구, w – 수차축, k – 국자, q – 원반, g – 원구, α와 d – 베어링 **B.** 동력전달장치 원도 **C.** B의 도해: a – 래칫 바퀴, b – 줄, c – 원반, d – 고정 힌지, q – 가동 힌지, j와 j – 깔쭉톱니, α – 폴, e – 굴대 (출처: 원도 – Fuat Sezgin, 2002; 도해 – Wiedemann and Hauser, 1915: 143, 147)

증가하면 버킷의 중심重心과 평형점이 이동하면서 버킷은 (그림에서)왼쪽으로 엎어지면서 그 안의 물은 물받이 통 s로 쏟아지면서 파이프 λ를 통해 주걱 k를 차례대로 채우면 수차 w가 회전한다. 버킷이 비워지면 떠 있던 부자 f는 가라앉는다. 수차가 돌면서 축에 물린 수직 톱니바퀴와 90도를 이루는 원반 q에 배열된 수평 톱니바퀴를 회전시켜 원반 g에 꽂은 원구가 회전한다. 원구가 돌면서 그 위에 세운 그림 4–15A에 보인 상단 감실 공작 오토마타가 작동한다. 중간 감실 공작은 수차 주걱에 막대를 접촉시켜 서로 바라보면서 머리를 움직이며, 이때 수차 퇴수호의 물로 호각을 불어 소리를 내는 것처럼 보인다.

그림 7–5B는 수차 옆에 설치한(그림에는 나타나지 않음) 톱니 29개를 가진 래칫 휠과 이것의 상부에 부착한 같은 지름의 도르래와 연결된 보시 원창을 회전시키는 전동장치를 보여준다. 이것을 도해한 그림 7–5C는 버킷 왼쪽 끝에 두 개의 링크link로 된 힌지hinge(경첩)의 긴 링크片, 또는 葉 d를 직각으로 땜질하여 고정시키고, 그것의 굴대에다 위로만 구부러지는 짧은 링크 q를 조립한 일방적 힌지one-way hinge를 보여준다. 이것은 마치 문틀에다 돌쩌귀 한 편을 고정하고 그 위 굴대에다가 가동편을 삽입하여 반만 여닫을 수 있거나, 팔이나 다리를 안쪽으로 구부렸다가 곧게(일직선) 펴는 것과 같이 작동한다. 버킷 전단에 부착한 가동편 q는 래칫 톱니 j 두 개 사이에 놓였다가 버킷이 엎어질 때 q의 끝은 아래 톱니에

걸려 위쪽으로 들리면서 잠시 래칫 바퀴를 벗어났다가 아래 톱니를 지나 그다음 톱니 사이에 놓이면 위로 들렸던 가동편이 펴지게 된다.

물이 다 쏟아진 빈 버킷은 본디 상태로 복구하려는 복원력이 발생하며, 이때 톱니 사이에 놓였던 가동편은 펴지면서 방금 지나온 톱니를 위로 들어 올린다. 따라서 래칫 바퀴는 전체(360도)의 1/N(톱니 수)만큼 회전하게 된다. 이와 같은 운동은 버킷이 기울어졌다가 들리면서 매번 발생한다. 래칫 바퀴의 회전과 동시에 상부 톱니를 구속하고 있던 폴pawl(멈춤쇠) a는 구속을 풀어 위로 들리면서 톱니 하나를 시계방향으로 통과passing하고, 다시 다음 톱니를 구속하여 바퀴의 역전을 저지한다. 래칫 바퀴 굴대에는 그림 4-15A 상부 원창에 부착한 원판 지름의 1/2되는 도르래를 부착하여 그것의 홈에 고정한 줄 b를 상부에 원판 홈과 연결한다. 따라서 래칫 바퀴가 1회전하면 원판은 ½회전하므로 원창도 ½회전한다.[Web. https://muslimheritage. com/peacock-water-clock-by-al-jazari/(publised 2020. 12. 29. 참조)

이와 같이 티핑 버킷의 이산적 운동discrete motion을 이용하여 기륜을 회전시켜 보시기구와 연결하여 만든 것이 공작시계이다. 이와 같이 일방적 힌지를 부착한 티핑 버킷과 래칫 바퀴 장치로 이산적 운동을 유발하여 보시장치를 작동시키는 공작시계의 전동장치는 앞서 이민철의 혼천의 구동 방법에서 미진했던 뜨는 수레와 전동장치를 보완할 수 있으리라 예상된다. 이민철이 기륜을 작동시키는 수레에다 일방적 돌쩌귀를 부착했다든가 또는 기륜으로 래칫 바퀴를 채용했는지는 분명하지 않다. 그렇지만, 보루각루 평륜 구동장치에 중국-이슬람 방식 기술이 채용된 것을 감안한다면 수운의상에도 이런 방식을 생각해봄 직하다.(Needham, J. et al., 1986: 75) 이런 추론의 근거로서 12보시 목인을 배열한 평륜은 이산 보시 신호에 따라 30도씩 회전시켜 가며 차례대로 교대시키기 위해 톱니[치齒]가 없이 래칫 휠 작동ratchet wheel action을 이용하여 탈진기능을 갖도록 했기 때문이다.

7.3.5. 이산적 계시법을 활용한 동력전달 방식의 유사성

앞서 고찰한 수운의상의 물시계 또는 흠경각루의 옥루 등 격수용 물시계의 수수호 상단에 설치한 칭기는 보루각루 수수호 상단에 설치한 방목 좌우면에 부착한 동판기구의 소환 수납통에 대비된다. 또한 일정한 수위에 도달할 때마다 잣대 상단이 소환 수납통을 밀어 올려 그 안에 수납한 소환이 방출되는 원리와 대비시킬 수 있다. 이것은 알자자리 공작시계에서 줄마노 노즐을 갖춘 수위조절 항아리에서 일정하게 공급되는 물로 티핑 버킷을 채웠다가 비우는 것과 대비된다. 또한 래칫과 멈춤쇠(알자자리와 저자가 개발한 모델 포함)는 수운의상대 추륜에서 수수호를 장착하지 않은 물레바퀴와 천형기구에 대비된다.

가령, 12개(또는 임의의 N개) 톱니를 가진 래칫 장치와 분리된 티핑 버킷의 조합은 36개의 수수호를 장착한 수운의상대 추륜 장치와 12개와 25개의 소환 수납통을 수직으로 배열한 방목의 동판기구에 대비된다. 이 네 가지, 보루각루 소환 수납통, 알자자리의 티핑 버킷, 저자의 칭기, 수운의상대 추륜의 수수호는 모두 이산적 계시법을 활용한 동력전달 방식으로서 유사성이 많다.

7.4. 맺음말

이순지가 편찬한『제가역상집』은 간의대 의표창제는 물론 흠경각루 창제에도 긴요한 정보를 제공함으로써 이것의 연원을 밝히는 데 중요한 도구가 되었다. 특히, 제3권 의상편 가운데『금사』에 인용한『신의상법요』「하권」의 수운의상대 관련 정보는 흠경각루에 앞서 제작한 간의대 수운의상의 태양 진상을 부착한 혼상을 회전시켜 주는 격수기륜激水機輪 제작에도 활용되었음을 알 수 있었다.

장영실은 이를 바탕으로 태양 진상 운동기구 이외에도 옥녀와 4신, 사신과 무사, 12지신과 12옥녀를 구동시켜 주는 보시 기륜을 제작한 것으로 드러났다. 옥루라는 명칭은 평수호(조절호)의 출수구를 옥의 일종인 마노로 장식한 데서 유래한 것으로서, 보시장치를 구동시켜 주는 기륜에 동력을 제공하는 계시장치이다. 장영실은 태양과 보시장치를 구동하는 기륜을 제작하면서 수운의상대의 추륜으로 구동시키는 의상과 보시장치를 원용하였지만, 그대로 답습하지 않은 것으로 밝혀졌다. 이런 사실은 동력원으로 수운의상대의 추륜 방식을 선택하는 대신, 고대 중국의 의기欹器와 알자자리의 티핑 버킷tipping-bucket을 원용하여 칭기를 장착한 옥루를 고안한 데서 발견된다. 이런 사실은 흠경각루 창제 230년 뒤에 이민철이 제작한 수운혼천의에서도 확인되었다. 칭기는 부거浮車라는 이름으로 수운혼천의에 전승되었음을 알 수 있다. 이것들은 수운의상대를 제작한 한공렴韓公廉이 고안한 천형이 아닌 좀 더 단순한 탈진장치를 갖춘 소형 칭기-전동기구로도 충분히 계시 정밀도를 유지할 수 있었기 때문으로 추정된다.

또한 태양 운행을 연시하는 혼의는 오징의 『서찬언』에서, 옥녀와 4신, 12지신과 옥녀는 곽수경의 등루와 순제의 궁루를 원용하였지만 그대로 답습하지 않았다. 이런 사실은 옥녀-4신 배치에서도 드러났다. 또한 12지신과 12옥녀의 출입, 지신의 배치와 상하 작동은 대명전 등루에서, 그리고 순제 궁루에 보이는 옥녀가 때맞춰 물에서 떠오르는 작동을 참고하였지만 답습하지 않았다. 단순히 순간적인 도약이 아니라 교체와 회전이 동시에 가능하며, 솟아오른 후 한 시진 동안 멈춰 있게 한 점이 중국 천문시계에서는 찾아볼 수 없는 독특한 방식이다. 12지신을 평륜 위 12방위에 배치하고, 옥녀가 시패를 잡고 출현한 것은 보루각루 평륜에 배열한 시패를 잡은 12보시 목인을 12개 옥녀로 대치한 것에 대비된다. 장영실은 12방위에 맞춰 12지신과 12옥녀를 배치함으로써 한층 발전시킨 오토마타를 고안했으며, 이것은 흠경각루가 갖는 또 하나의 특징이다.

돈대 위에 설치한 사신-무사와 종, 북, 징을 한데 설치하여 주야로 보시하는 방식은 보루각루 자격장치 좌대에 배치한 3신에다 이것들의 보시 행위를 지시하기 위해 사신을 추가한 것이다. 이를 위해 장영실은 고개를 돌려서 마주 보는 정교한 오토마타를 제작하였다. 특히, 낮에 비하여 시각의 짐작이 쉽지 않은 야간의 오경과 5점에는 그 수에 맞춰 북과 징을 치게 한 것은 수운의상대나 등루와 궁루 등 이전의 중국의 천문시계에서는 찾아볼 수 없다. 저자는 보루각루 방목을 대신하여 소환 방출기를 고안하였으며, 이것은 수평으로 배치할 수 있어서 협소한 공간에 적합할 것으로 보인다. 이것은 장영실이 흠경각루 제작에 앞서 자격궁루를 제작하면서 구슬의 낙하를 이용한 경점기를 창안했기에 가능했다. 흠경각루에 나타난 내부적 특징이 구슬 통로[영도鈴道] 제도에 있다는 사실은 1차적으로 돈대 위에 배열한 사신과 종인 · 고인 · 정인을 작동시켜 준 구슬 가운데 종인을 작동시킨 12개 구슬은 2차적으로 12옥녀의 승강 작동에 활용된데 있다. 이런 특징은 구슬을 활용하여 옥녀와 4신, 12지신과 옥녀를 작동시키는 구슬을 이용한 전동기구가 보루각루와 달리 매우 정교하다는 것을 뜻한다.

평지에 배치한 의기는 유교의 덕목인 겸양의 도를 닦는 도구로, 신유학의 자연관에서 비롯된 천도사상을 교화시키기 위한 도구였다. 세종의 고대 중국의 의기欹器에 대한 집념은 장영실로 하여금 이것을 옥루에다 의기의 원리를 본뜬 칭기를 설치함으로써 동력발생

도구로 업그레이드시킨 것이다. 「빈풍 · 칠월도」를 사방에 배치한 것은 농사의 어려움을 되새김으로써 중농애민사상을 강조하기 위한 세종의 배려였다. 여기에다 태양이 뜨고 지며, 옥녀와 4신과 12지신상이 하늘과 땅 사이에 알맞게 자리하여 각기 시각을 알리고 있는 것은 흡사 천지인의 조화와 '흠경', '경천근민' 사상을 가장 아름답게 펼쳐낸 한 폭의 그림을 연상케 한다.

김돈이 「흠경각기」 서문에서 "여러 기구를 차례대로 다 만들어 사람의 힘을 빌리지 않고도 저절로 울리고 돌아가게 했다"고 기록하였듯이 제반 작동이 자동적으로 기능하도록 하는 것이 설계의 기본 방침이었음을 말해 준다. 이에 더해 관천의기로서 갖춰야 할 기능과 보시기구로서 작동이 조화를 이루도록 고려하였음을 살펴볼 수 있다. 아울러 태양 진상과 모든 보시기구 구동장치는 전부 산속에 감추어 밖에서는 볼 수 없도록 처리한 것 역시 최선의 조화를 유지하기 위한 의도로 보인다. 이런 관점에서 본다면 흠경각루는 중국 천문시계의 모든 선례를 검토하여 이것들로부터 장단점을 구별하여 성취한 만큼 제도의 조화와 균형의 측면에서 보면 분명 동아시아 천문시계의 으뜸이라 할 만하다.

제8장

흠경각 연혁과 전승

8.1. 머리말

김돈이 「흠경각기」에서 밝혔듯이 흠경각의 '흠경'은 『서경』 「요전」에 "공경함을 광대한 하늘과 같이 하여, 백성에게 절후를 알려 준다"에서 비롯되었다.[1] 명나라의 "흠천감欽天監", 조선조의 "관상감觀象監", "흠경각欽敬閣", "흠경각루欽敬閣漏"라는 명칭은 여기서 비롯되었다. 고대에는 천체현상을 관찰하여 절기[농시農時]를 알려주는 행위를 "관상수시觀象授時"라 일컬었다. 따라서 역대 왕조에서 관상수시는 정치의 핵심으로 받아들여졌다. 조선조에서는 국가의 중대임무로서 "역상수시" 또는 줄여서 "역상"이라고 불렀다.(세종/12/3/6/10/辛丑; 『諸家曆象集』 跋文 등)

1 선진先秦시대 문헌에서 "시時"는 현대적 의미의 세밀한 "시간"이 아니라 "농시[節氣]"를 뜻한다.(李志超, 2014. 『中國水鍾史』, 安徽教育出版社) 오늘날의 세밀한 "시간" 개념은 『묵경墨經』에 나오는 "구久"라고 한다.(李志超, 『中國計時儀器通史』 評價, 2011)

집 안에다 풀을 먹인 산을 만들어 그 위로 태양 진상을 운행시켜 천지간에 시간을 만들고, 아래로 상하 사방에 보시 기구를 배치하였으며, 옥루의 넘치는 물로 의기를 만들었다. 산 주위에 4계절의 농촌 실경을 배열하여 천지인의 조화와 천도사상을 구현한 역상수시의 책무를 형상화한 것이 흠경각루이다. 이것은 1437년(세종 19년) 4월 이전에 이미 완성된 모습을 갖춘 것으로 보이며, 다음 해 정월에 정식으로 흠경각이 낙성되기까지 시운전과 조정 작업을 마쳤을 것으로 보인다. 앞서 제6장에서 언급한 바와 같이 순제가 만든 궁루에 자극받아 자격궁루를 제작하게 되었지만, 이것에다 의기欹器를 설치하여 유교의 최고 덕목인 겸양의 도와 신유학의 자연관인 천도의 차고 비는 이치를 상기시킨 점은 흠경각이 정치사상의 교화를 위한 도구로서 역할을 암시한다. '흠경'이라 명명한 것에서 알 수 있듯이 이 시계를 왕조의 통치이념과 왕도정치를 구체화하는 수단의 하나로 삼았기 때문이다. 흠경각루는 왕조의 정치이념을 교화·홍보하기 위한 실사모형[디오라마diorama]라고 할 수 있다. 김돈이 「흠경각기」 명문에서 밝힌 대로 세종은 간의대를 창건하고 역상수시를 위한 제도를 완비하고, 또 흠경각루를 통하여 늘 가까이서 절후를 관찰하며 백성들을 살피고자 하였다. 이런 임금의 어진 덕을 "진실로 어느 날 새로워지면 나날이 새롭게 하고 또 날로 새롭게 한다"는 은殷 나라의 탕왕湯王이 목욕반에 새긴 명에 비유하였다. 여기서 "날로 새롭게 할" 대상은 물론 신민이다. 또 "하늘의 때에 따라 땅의 재물로 황천皇天을 공경하여 섬기되 때가 중요하다"는 주周 나라 무왕武王이 바라지창에 새긴 호유명의 고사를 들어 칭송했다. 농사에도 때가 가장 중요하듯이 하늘에 올리는 제사에도 우선해야 한다는 것을 항상 마음에 새겼다는 뜻이다. 경천근민의 실천을 위한 정책의 하나로 흠경각을 창설했음을 알게 해 준다.

흠경각은 요임금의 "역상수시曆象授時"와 순임금의 "이제칠정以齊七政"을 구현할 수 있는 집으로서 후대 임금들은 '흠경'을 금과옥조로 삼아 계지술사繼志述事의 도리를 다함으로써 왕조 말까지 계승되었다. 1656년(효종 7년)에 훼철되기까지 소실되면 다시 중창하기를 반복하여 218년 동안 이 제도는 유지되었다. 훼철된 지 10여 년이 지나 복구할 기미를 보여 새로운 의기를 제작하여 흠경각루를 대체하는 등 흠경각 고제古制를 복구하려는 노력으로 숙종 대에는 창덕궁에 제정각을, 경희궁에는 규정각을 창설하였다. 이를 본받아 영조 대에는 관상감 안에다 건물을 짓고 역상수시 관련 유물을 모아 흠경각이라 불렀다. 1867년(고종 4년)에 경복궁을 영건하면서 흠경각을 복구하였다. 이와 같이 흠경각은 앞서 제4장에서 소개한 보루각과 더불어 변천을 거듭하면서 계지술사로 계승되었다.

이 장 전반부에서는 앞서 언급하였듯이 창제에서 훼철될 때까지 흠경각의 연혁을 고찰한다. 이 과정에는 제6장 흠경각루 역주와 설계에서 일부 활용한 정보를 제시하였다. 중반부에서는 훼철된 후 흠경각 고제를 전승하려는 차원에서 효종 대에 시도된 홍처윤洪處尹(1607~1663)이 만든 선기옥형璿璣玉衡과 최유지崔攸之(1603~1673)가 만들었다는 죽원자竹圓子 제작에 대하여 고찰하였다. 이어서 현종 대에 이민철의 혼천의와 송이영의 자명종 제작과 숙종 대에 이민철의 혼천의를 중수하여 제정각을 창설하고 일영대를 제작하여 혼천의를 운영하는 과정을 소개하였다. 후반부에서는 영조의 규정각기揆政閣記와 흠경각 복원, 고종 대의 경복궁 흠경각 복원을 소개하였다.

8.2. 연혁

8.2.1. 성종 대 흠경각루 보수

세종 의표창제 사업의 맨 마지막을 장식한 흠경각은 임금이 정사를 의논하는 천추전 서쪽 가까운 곳에 자리 잡았는데, 이는 후원에 설치한 어느 의기보다도 정치적 중요성이 각별했기 때문이다. 또한 흠경각루는 만듦새가 정교한 기계이었던 만큼 특별한 관심 속에서 작동되고 관리하였다. 뒤에서 고찰하겠지만 이것은 보루각과 달리 상시 운영하지 않고 필요에 따라 보루각 금루관이 와서 작동시켰던 것으로 보인다. 별도로 흠경각에 상시 인력과 금루관을 두지 않았기 때문이다. 창제의 시대가 지나고 제작과 운영에 참여한 사람들이 사라지거나 교체됨에 따라 후대로 넘어가면서 이것을 유지하고 보수하는 데 상당한 어려움을 겪게 된다. 그 이후 상당 기간 작동이 정지된 채 방치했다가 1490년(성종 21년) 9월에야 이르러 시강관 조지서趙之瑞(1454~1504)가 전면적인 보수와 교정을 건의하였다.(성종/245/21/윤9/6/乙酉) 이리하여 3년 뒤인 1493년(성종 24년) 5월에 보수가 완료되었지만, 저수조[해자海子]가 부식되어 누수가 생기고, 동절기의 결빙 등에 의해 지속적으로 가동하는 데는 상당한 어려움이 많아 일 년에 춘추분, 하지 등에만 저수하고 작동시켜 기술을 전수하기로 하였다.(성종/277/24/5/10/癸酉) 여기서 해자는 물시계에서 사용할 또는 사용한 물을 받아 두는 저수조이다. 규모가 작지 않았을 것으로 보인다.

8.2.2. 명종 대 소실과 복구

중종과 명종 대에는 관상감이 주도하여 흠경각루 가운데서 의기欹器만을 따로 만들어 (또는 분리하여) 어좌 가까운 곳, 곧 유좌宥坐(어좌 오른쪽)에 두고 매사에 '중용의 도'를 지켜 지나침이 없도록 경계하는 데 활용하기도 하였다. 중종과 명종 대에 나타난 사례를 실록에서 인용하면 다음과 같다.

(1)

(승)정원이 관상감제조 윤은보尹殷輔(1468~1544) 등의 의논으로 아뢰기를,

"흠경각 안에는 사철[사절四節]의 여러 가지 형상 및 농사의 어려움과 백성의 괴로움이 갖추어져 있습니다. 다만 기기攲器는 비면 기울고 알맞게 차면 반듯이 놓이고 가득 차면 엎어지니, 그 형상이 장난에 가깝습니다. 공자가 기기를 논한 것은 70여 자에 지나지 않지만 지극히 상세하니, 아울러 써서 들이게 하는 것이 어떠하겠습니까?" 하니, 답했다.

"기기는 경계하는 데에 가장 절실하니, 아뢴 대로 하라." (중종/101/38/11/2/壬寅)

[참고로 공자가 기기를 논한 글은 앞서 제7장 7.2.5항에서 소개했으므로 여기서는 생략한다.]

(2)

관상감영사 이기李芑(1476~1552)가 아뢰기를,

"전에 흠경각의 기기가 비었는데도 기울지 않기 때문에 지금 다시 만들어 올립니다. 그런데 이 기구는 비단 흠경각에만 설치해 둘 것이 아니라, 바로 옛날 성인들이 권장하고 경계[근계勸戒]하던 기구이니 언제나 좌우座右에 설치해 두고 물을 부으며 살피고 반성하는 것이 좋습니다. 순자荀子(기원전 298?~기원전 238?)가 이 기구를 그렸는데 받침대가 있었습니다. 이에 받침대를 갖추어 올립니다." 하니, 전교하기를,

"알았다. 이것은 성인이 권계하던 기구이니 자리 곁에 비치해 두고 보며 반성하겠다. 물을 담아 둘 그릇과 물을 붓는 그릇도 아울러 만들어 들이라." 했다. (명종/10/5/11/6/乙未)

제7장에서 소개하였듯이 여말선초 궁중이나 민간에서는「경직도耕織圖」,「빈풍 · 칠월도」,「무일도無逸圖」 등을 중국에서 수입하여 정치와 교육에 활용했다.(정종/1/1/1/壬申; 박정혜 등, 2011 등) 조선 초기에는「의기도」를 임금에게 바치든가 또는 이것을 벽에 걸고 경연을

연 것을 보면 세종 대에 이미 「의기도」가 널리 알려졌음을 알 수 있다. 이에 세종은 흠경각루에 의기를 설치하는 발상을 하게 된 것으로 보인다.(세종/61/15/8/13/癸巳 등) 앞서 언급하였듯이 흔히 제왕의 보좌 가까이 설치하여 그 움직임을 보고 깨우쳐 겸양의 법도를 유지하도록 감계鑑戒하는 목적으로 사용하였다. 또한 신유학의 자연관인 '천도의 차고 비는 이치'를 깨달아 치도로 삼고 이상적인 유자를 양성하는 데도 활용하였다.

한편, 만일의 재난에 대비하기 위해 1550년(명종 5년)에 관상감 제조 이기 등이 관상감의 자격장自擊匠(관상감 소속 기술자)에게 흠경각의 정교한 부분까지 살펴 익히게 하여 파손이 있을 경우를 대비케 하였다.(명종/10/5/8/3/甲子) 흠경각 제도에 관하여는 「흠경각기」에 대강의 구조가 남아 있을 뿐 세부적인 기구가 일일이 드러나 있지 않아 이것만을 보고는 가산 속에 감추어져 드러나지 않은 기륜을 위시한 기계장치 부분에 대해서는 알 길이 전혀 없었을 것이다. 이러한 상황에서 만일 불의의 재난이라도 당할 경우 그 제도의 전승에 큰 어려움이 있을 것은 자명한 일이었다. 이러한 조치가 있은 지 3년이 지난 1553년(명종 8년) 9월에 이르러, 이때까지 100여 년에 걸쳐 여러 어려움 속에서도 주기적으로나마 작동이 지속돼온 흠경각이 경복궁의 큰 화재로 강녕전, 사정전과 함께 완전히 소실되었다.(명종/15/8/9/14/丁巳) 다행히 앞서 흠경각 제도를 파악해 놓은 것이 있어 이를 근거로 동년 12월에 복원의 초양草樣(기본 모형)이 이뤄졌으며,(명종/15/8/12/26/戊戌) 이듬해에 가까스로 중창하였다.(명종/17/9/8/19/丁亥) 새로 흠경각루를 제작하는 과정에 대하여 영의정 심연원沈連源(1491~1558)은 다음과 같이 보고하였다.

> …… 흠경각은 바로 세종의 성지聖智로 창건한 것인데 모조리 불타 버렸으니, (……) 이보다 가슴 아픈 일이 없습니다. 그러나 근자에 교정하는 관원과 장인이 모두 있으므로, 신은 좌의정 상진尙震(1493~1564)과 함께 의논하여 그 양식을 따라 다시 창건하고자 합니다. 다만 신묘한 곳에 참모습을 많이 잃을까 두려워서 매우 근심거리입니다. (명종/15/8/9/15/戊午)

앞서 인용문으로 미뤄보건대 복구한 흠경각루는 세종 대 제도가 최대한 충실히 재현된 것이라고 할 수 있다. 이때 박민헌朴民獻(1516~1586)과 박영朴詠(?~?) 등은 흠경각루 중창을 담당해서 장영실의 솜씨를 이어 후세에 전한 인물이다. 이리하여 박민헌은 절충장군 의흥위 호군에, 박영은 절충장군 의흥위 부호군을 제수한다.(명종/17/9/8/2/庚午) 특히, 관상감 부제조 박민헌은 흠경각, 간의대, 보루각 및 천문, 지리 등을 전담하여 관리했으므로 전말을 자세히 알고 있었다.(명종/19/10/11/11/壬寅)

앞서 흠경각 중창 과정에서 보았듯이 흠경각은 항시 작동을 시키지 못할망정 이것이 갖는 중요성과 정치적 비중은 짐작하고도 남음이 있다. 이것은 앞서 성종 때에 기술전수로 재난에 대비한 사례라 하겠다.

8.2.3. 광해군 대 중창

명종 대에는 한 차례 재난을 겪었으나 곧바로 중창된 흠경각루는 이후 1592년(선조 25년)에 왜란을 맞으면서 다시 소실되었다. 그 후 한동안 중건하지 못했을 뿐만 아니라 경복궁의 제자리에 복구되지 못하였다. 전란이 끝나자 선조는 천문 · 계시의기의 복원을 서둘러, 1601년(선조 34년)에 관상감영사 이항복李恒福(1556~1618)으로 하여금 누국漏局, 간의, 혼상 등 몇 가지 의기를 갖추게 했다.(『增補文獻備考』 권3: 1나, 象緯考3, 儀象2) 그러나 모든 것이 폐허가 된 상태에서 새로 만들어야 하는 어려움이 있으므로, 정밀하여 만들기 어려운 누국의 금루, 간의, 혼상 등을 먼저 갖추었으나, 복구한 것조차 세종 대에 비하여 구조가 엉성했으며, 제대로 관리하지도 못한 상태였다.(광해군/69/5/8/26/辛亥)

광해군은 옛 제도를 따라 흠경각과 보루각을 본격적으로 복구하였다. 갖가지 전후 복구사업 와중에도 창덕궁 인정전 서쪽 서린문 안에 터를 잡고 흠경각도감을 설치하고 선수도감 이충李沖(1568~1619)을 제조로 영건을 시작하였다. 1년여의 공사 끝에 1614년(광해군 6년)에 거의 완성되어서 물시계 대파수호 천지호天池壺에 명문을 새기게 되었다.(광해군/82/6/9/14/癸亥) 그러나 2년 뒤에도 흠경각루의 재차 교정을 언급한 것을 보면 복원이 쉽지 않았음을 알 수 있다.(광해군/106/8/8/12/庚戌 등) 광해군 대 흠경각루가 세종 대 제도를 얼마나 충실하게 따랐는지에 대해서는 현재로서는 명확히 알아내기 어렵다. 그러나 김돈의 「흠경각기」 외에도 명종 대에 복구하면서 남긴 자료와 관상감에서 근무하던 관원과 기술자 등이 복원작업에 참여했을 가능성이 있으므로 거의 세종 흠경각루 원형에 가깝게 복원했을 것으로 추정된다. 실제로 흠경각 건축이 거의 준공단계에 이르렀을 때 호조에서 올린 보고서에는 흠경각 안의 상황이 다음과 같이 묘사되어 있다.

> 호조가 아뢰기를,
> "흠경각의 목공과 단청 등은 끝난 지 이미 오래됐습니다. 각내에서는 일월日月의 출입과 주야

시간의 늦고 빠름을 모두 기계로 측정하는데, 곧 항아리에 물을 담고 물로 방울(쇠구슬)을 움직입니다. 쇠구슬로 기계를 작동시키기 때문에 이것과 물이 운행하는 길을 모두 단련한 구리와 쇠로 만들었습니다. 이미 대중소의 청동항아리[銅器]를 주조하는 데 들어간 구리가 5, 6천 근 정도만이 아닙니다. 이는 모두 본조에서 백방으로 준비했고, 일체의 채색采色과 동철 값은 감히 별도로 외방에 배정하여 민폐를 끼치지 않았습니다. 가산假山의 모형, 초목의 형상, 사신司辰 등의 인물상人物像 중 나무로 만든 것에 있어서는 반드시 베로 싸고 칠을 입혀야만 비바람을 맞고도 썩지 않아 오래갈 수 있을 것입니다. 당연히 들어가야 할 흰모시 30필, 전칠全漆(純漆순칠) 20말, 매칠每漆 서 말을 도감이 이미 마련하기로 하여서 지금 준비하고 있는 중입니다. 이 또한 별도로 공물로 배정하여 민폐를 가중시킬 수 없으므로 방금 호조에서 대가를 주고 칠을 사들이도록 했습니다." (광해/80/6/7/9/己未)

앞서 인용문에 나타난 가산의 모양과 그 안에 설치한 기구와 기계장치를 비롯하여 초목형상, 사신 등 인물상 등 외관은 최소한「흠경각기」와 전혀 다름이 없다. 따라서 광해군의 흠경각루를 통하여 세종과 장영실이 이룬 흠경각의 제도가 왜란 이후까지 전승되었다고 봐야 하겠다. 언급한 내용 가운데 가산을 회전하는 태양 진상, 대중소 청동항아리, 사신 목인 4개를 작동시키는 데 필요한 쇠구슬(12시용 13개, 경점용 25개 — 저자 주), 농촌의 사철 풍경 조각 등은 앞서「간의대기」흠경각조에 들어 있는 내용을 거의 망라하고 있다. 흠경각 교정청은 재차 교정을 위한 공역을 선수도감 제조였던 이충의 감독 아래 장인 석대남石大男(?~?), 별감조관 학관 양만세楊萬世(?~?) 등이 작업을 맡아 진행하였다.(광해/106/8/8/5/癸卯; 광해/106/8/8/29/丁卯 등) 장인 석대남은 흠경각 공사의 노고로 7품 군직을 제수하였다.(광해/139/11/4/10/癸亥)

8.3. 전승

8.3.1. 효종 대 훼철

세종 대 전통을 잇기 위해 광해군은 역경 속에서도 힘들여 흠경각을 중창하였지만 40년이 지나 흠경각은 혼조昏朝 광해군의 영건이라 홀대받다가 드디어 효종孝宗(재위

1649~1659) 대 이르러 최후를 맞게 된다. 1656년(효종 7년)에 임금은 자당의 거처를 짓기 위하여 흠경각을 헐어내고 그 자리에 만수전을 지었다.(『增補文獻備考』 卷3: 1ㄴ-2ㄱ) 이에 대해 김수항金壽恒(1629~1689), 김육金堉(1580~1658) 등이 흠경각 폐지의 부당함을 강경하게 지적하였다.(효종/15/6/12/2/壬子; 효종/15/6/12/4/甲寅) 그러나 뜻은 올바르지만 다른 터가 없다는 이유로 철거가 강행됐으며, 42년에 걸친 창덕궁 시대도 폐막돼, 이후 다시는 복구하지 못하였다. 훼철된 후 숙종 대에 보루각과 흠경각, 자명종 등에 관심이 많았던 이이명李頤命(1658~1722)은 흠경각과 보루각에 대한 글을 남겼다. 내용은 『간의대기』 흠경각조, 보루각조와 대동소이하다.(李頤命, 「漫錄」, 23ㄱ) 흠경각은 1438년 세종 갑인년에 창설하여 1554년 명종 갑인년에 화재로 복구하고, 1614년 광해 갑인년에 중창하는 등 이른바 "3갑인"에 중창을 거듭한 끝에 어렵게 환생했던 위대한 발명품이며, 왕조 정치사상의 표상이었다. 그럼에도 이와 같이 속절없이 사라지게 되었다. 애석하게도, 광해군 대 중창을 하고 나서 흠경각 도감이 작성한 『흠경각영건의궤欽敬閣營建儀軌』 마저 강화도 외규장각에 보관 중에 1866년(고종 3년) 병인양요(프랑스군 침입) 때 방화로 소실됐다. 이로써 한국기술사의 한 페이지가 영원히 사라지게 되었다.[2]

8.3.2. 전통의 계승과 진화

1) 개요

자격궁루가 출현된 지 230여 년이 지나서 1669년(현종 10년) 호군 이민철李敏哲(1631~1715)과 천문교수 송이영宋以穎(?~?)은 각각 전통적인 수력식[수격식水激式] 혼천의와 추동식錘動式 혼천의 자명종自鳴鐘을 제작했다. 이 혼천의 두 개는 태양과 달의 운동을 모의하는 혼의와 12시 보시장치를 복합한 것이다. 이것의 특징은 무엇보다 자격궁루에서 채용한 구슬을 이용한 전동방식을 보시장치 구동용으로 채용하고, 혼의에다 태양의 운동을 모의하는 등 종래 간의대 수운의상, 보루각루와 흠경각루를 계승·발전시켰다는 데 있다. 이민철 혼천의는 유물이 남아 있지 않아 여러 가지 문헌으로부터 혼천의, 보시장치와

2 1781년(정조 5년)에 강화부에 외규장각을 짓고 그다음 해에 책고를 지어 규장각의 비서를 옮겨 놓으면서 목록을 적은 형지안形止案에 『흠경각영건의궤欽敬閣營建儀軌』와 『보루각개수의궤報漏閣改修儀軌』가 들어 있다.

동력장치의 특징을 유추해야 한다. 송이영이 제작한 자명종 유물이라 알려진 혼천시계는 국보(제230호) 혼천의 및 혼천시계로 지정되어 고려대학교박물관이 보존하고 있다. 니덤 등(1986)은 이것이 천체현상을 모의하는 시계라 해서 "천문시계astronomical clock", 혼의와 보시장치를 복합했다 해서 "혼천시계armillary clock"라고 부르고(Needham, J. et al., 1986: 105), 그의 저서에 한 장(제4장)을 할애했다.(Needham, J. et al., 1986: 115) 특히, 그는 자명종 유물에 나타난 혼의와 보시장치를 복원함으로써 이것의 구조와 기능을 이해하는 데 기여했다.(남문현, 1995, 250; 이용삼 등, 2016: 268 등) 다음에는 이민철 · 송이영 혼천의가 출현하기까지 매개체가 된 것으로 알려진 최유지가 제작한 혼천의[죽원자竹圓子]를 소개한다.

2) 최유지의 죽원자

흠경각이 훼철된 이후에 단속적인 서양문물의 유입으로 인한 정치사상의 혼란과 명나라가 멸망한 뒤 '소중화小中華'를 자처한 조선 선비들의 성리학에 대한 집착, 왕도정치와 경천근민 사상의 강화를 위한 방편으로 선기옥형을 다시 만들려는 움직임이 등장했다.(Rufus, 1936: 38) 흠경각을 철거한 다음 해에 효종은 선기옥형을 만들라고 홍문관에 지시한다.(『國朝曆象考』 권3, 1657년조) 이에 홍문관은 강관講官 홍처윤으로 하여금 만들도록 하였다. 그러나 그것이 어떤 구조와 원리는 알려지지 않았으며, 같은 시기에 집의執義 최유지도 또 하나의 수격식 선기옥형[기형璣衡]을 만들었다.

1657(효종 8년)에 홍문관이 올린 계사啓辭에 따르면 최유지가 만든 선기옥형은 "해와 달의 운행도수와 시각의 늦고 빠름이 조금도 오차가 없다"고 했다. 최유지가 김제 군수로 부임하기 전에 이것의 구조와 활용법을 전승하기 위하여 상방尙方(尙衣院상의원)의 목공을 선발하여 그 제도를 본받아 홍문관에 보관할 것을 건의했다.(효종/18/8/5/26/戊辰; 『증보문헌비고』 권3: 2ㄱ) 7년 뒤인 1664년(현종 5년)에는 대내大內(대전)에 두었던 기형을 누국으로 내려보낸다. 그리고 고쳐야 할 곳이 있어 성균관으로 보내 학생으로 하여금 수리하도록 건의했다.(현종/8/5/3/6/戊辰 ; 『國朝曆象考』 卷3, 1664년조) 그 뒤 임금이 이민철과 송이영으로 하여금 각각 자신의 뜻에 따라各以其意각이기의 측후기[측후지기測候之器(시간측정기)]를 '개조'하도록 명해서 완성되자 그것을 궁중에 두었다"고 한다.(현종개수/10/5/3/9/辛未; 『增補文獻備考』 卷3: 의상2, 2ㄱ)

최유지가 제작한 것은 대나무로 고리를 엮어 만든 회전시킬 수 있는 혼천의 죽원자竹圓子였다. 구만옥(2005)은 최유지의 문집 『대방세고帶方世稿』를 바탕으로 이것의 구조와 원리를 밝혀냈다. 그리고 이것이 이민철과 송이영이 혼천의를 제작하는 데 여러모로 영향을 끼쳤다는 것을 주장했다.(구만옥, 2019: 173) 죽원자는 혼천의에다 황도黃道와 백도白道(달 궤도)에 해와 달의 진상을 만들어 끈[일승日繩과 월승月繩]으로 얽어맸다. 그리고 삼진의에다 톱니를 부착하여 물시계로 수차水車를 돌려 발생하는 힘을 톱니바퀴[기륜機輪]에 전달해서 회전시켰다. 보시를 위하여 죽원자 위에 별도로 12시차時次를 설치하고, 매시마다 경쇠를 울리고 12관패官牌 인형을 배열하여 차례대로 출몰하도록 했다. 관패는 두 손을 마주 잡고 읍揖하면서 홀의 끈을 잡고 해당 시각을 가리킨다. 12시차의 특징은 김돈이 「간의대기」에서 인용한 요임금이 희화羲和씨에게 명해 "흠약호천欽若昊天하고 경수인시敬授人時하라"는 이른바 "명관수시命官授時"를 기계적으로 구현했다고 할 수 있다.[3]

혼천의에 대해 관심이 남달랐던 최유지는 『서경』의 「선기옥형」과 「기삼백朞三百」장을 구현하기 위하여 시험적으로 죽원자를 만들었다고 한다. 문신인 그는 이런 궁금증을 풀기 위해 김돈의 「간의대기」를 비롯해 「보루각기」, 「흠경각기」와 『제가역상집』 등 역상수시 관련 문헌도 섭렵했을 것으로 보인다. 이로 미뤄볼 때 죽원자는 일단 세종 간의대 수운의상에서 영감을 받은 것으로 보아야 한다.

아무튼, 죽원자를 수리하면서 얻은 지식을 갖고 이민철과 송이영은 '각자의 뜻대로' 혼천의를 만들었던 것으로 보인다.(『增補文獻備考』 卷3: 1ㄴ, 등) 앞서도 언급했듯이 최유지도 '조종의 법'에 따라 간의대 수운의상, 보루각루와 흠경각루의 특징을 나름대로 계승했음을 그의 죽원자를 통하여 알 수 있다. 이것의 특징은 죽원자의 복원을 통해 밝혀지리라 기대한다.

8.3.3. 제정각 창설

1) 이민철의 혼천의와 송이영 자명종의 중수

혼천의는 역사적으로 "선기옥형" 또는 "혼천의"라고 불렀다.(현종/17/10/10/14/甲戌 등) 1664년 이민철이 송이영과 더불어 최유지의 기형을 수리하면서 제작한 혼천의에 대해서는 자세한 내용을 알 수 없다. 다만, 황도와 백도에다 각각 해와 달의 진상을 얽어매고

3 『서경』「요전」의 구절을 묘사한 도식 가운데 하나가 1905년(淸 光緖 31년)에 간행된 『흠경서경도설欽敬書經圖說』「명관수시도命官授時圖」이다.(남문현, 1995: 81, 그림 3-2 참조)

12시 보시장치를 설치하여 물시계와 수차로 작동시키는 단순한 혼천의로 추정된다. 1669년(현종 10년)에 이민철과 송이영이 혼천의와 자명종를 제작했다.(현종개수/21/10/10/14/甲戌) 이것들의 제도는 김석주金錫胄(1634~1684)가 지은 「신조혼천의양가정진계新造渾天儀兩架呈進啓」 등에 남아 있다.(金錫胄, 『息庵集』 17, 4ㄱ 등) 이에 따르면, 혼의 환제도, 일월 자동운행, 구동장치, 자동보시장치와 배열이 종래와 다른 독창적인 혼천의다.(全相運, 1963: 7; 南文鉉, 1995: 248 등) 이후 중간에 고장으로 사용하지 않다가 1687년(숙종 13년) 최석정崔錫鼎(1646~1715)이 감독하여 수리했다. 이때 이민철은 혼천의를 손수 수리하여 창덕궁 제정각에 설치했다.(숙종/19/14/5/2/癸酉) 혼천의는 대기형大璣衡이라고 불렀으며, 송이영이 제작한 소기형小璣衡도 수리하여 옥당(홍문관)에 두었다.[4] 최석정은 이것의 제도를 「제정각기齊政閣記」(『明谷集』 卷9, 記)와 「자명종명병서自鳴鍾銘并序」(『明谷集』 卷11, 銘)로 남겼으며, 오도일吳道一(1645~1703)이 명銘을 지었다.(『昌德宮志 · 全』) 서운관에서는 제정각 옆에 일영대日影臺를 설치하고 그 꼭대기에 일영日影을 올려놓고 혼천의의 시각을 교정했다. '제정'이라는 이름은 『서경』 「순전」 기형장璣衡章에 나오는 "선기옥형으로 관찰하여 칠정七政[칠요七曜]의 운행을 가지런하게 한다"는 "재선기옥형이제칠정在璿璣玉衡以齊七政"에서 따온 것이다. 『서경』 「요전」에 나오는 '흠경'에 이은 이름이다. 이를 기념하여 숙종은 선기옥형, 자명종이라는 시를 짓고, 일영을 새로 제작하여 사신詞臣으로 하여금 일영대명을 짓게 하고 제정각의 동쪽에 설치하도록 했다는 「일영대명병소서日影臺銘并小序」를 지었다. 일영대는 지금까지 남아 있다.(그림 8-1우 참조) 다음은 혼천의(선기옥형)와 자명종(그림 8-4 참조)을 중수하고 숙종이 지은 시문, 일영대명과 일영명이다.[5]

(1) 선기옥형

기기로 천상을 관찰함은	器以觀天象기이관천상
요순이 처음 만들었다.	重華肇創之중화조창지
열자도 정도밖에 되지 않아도	不盈尋丈小불영심장소
일월성진의 운행을 보아서 알 수 있네.	能得運行知능득운행지
옛일을 상고하여 더욱 유익하리니	攷註多增益고주다증익

4 자명종을 수리할 때 일부는 새로운 부품으로 교체했을 것으로 보이지만, 수리 전후의 명칭은 송이영의 자명종으로 두었다.

5 의상시문은 黃胤錫, 『頤齋全書』 下卷: 240-241에 수록되어 있다.(남문현, 1995: 252-256 참조)

천도는 쉬지 않는다는 것을	基安日無息기안일무식
이에서 필히 체험할지어다.	體驗必於斯체험필어사

(2) 자명종

가만히 바라보노라니 작고 교묘하게 만들었지만	靜觀倭製巧정관왜제교
너무 정밀해서 흠잡을 데가 없구나.	纖悉更無遺섬실갱무유
일월은 저마다 운행하고	兩曜容行運양요용행운
두 개의 추는 시간이 지나면 자리바꿈을 돕네.	雙錘助轉移쌍추조전이
시각에 이르면 쇠종이 울리고	金鍾隨刻擊금종수각격
옥전은 보시를 맡는다.	玉殿報時司옥전보시사
이제 금루의 시각을 기다리지 않아도	不待銅壺箭부대동호전
주야로 12시를 알 수 있도다.	晝宵十二知주소십이지

(3) 자명종명

기구로 천문현상의 광대함을 나타내었도다	以器之徵 象天之大이기지징 상천지대
주야로 쉬지 않고 안팎으로 알리도다.	晝夜不息 于內于外주야불식 우내우외
정확하기는 부절같이 꼭 맞아 어긋남과 지체됨이 없구나	若合符契 無違無滯약합부계 무위무체
돌아가는 이치를 묵묵히 터득할 수 있도다.	斡旋之理 可以黙會알선지리 가이묵회

(4) 일영대명[6]

장인으로 하여금 일영대 새로운 기기를 만들어	召匠作臺爲新器也소장작대위신기야
제정각 동쪽에다 설치했도다.	齊政之東于以寘也제정지동우이치야
선기옥형으로 시간을 알리는 데 차이가 있어도	玉衡報時差謬亟也옥형보시차류극야
이 기구로 증빙하지 않으면 어찌 바로잡겠는가	不有憑斯曷正彼也불유빙사갈정피야
가히 정묘함은 이에 견줄 만한 것이 없도다.	旣精且妙莫此比也기정차묘막차비야

6 『昌德宮志』에 "肅廟御製日影臺銘并小序 新鑄日影詞臣記銘備矣 今玆臺銘 只記置齊政閣之東 意焉銘曰 召匠作臺爲新器也 齊政之東于以寘也 玉衡報時差謬亟也 不有憑斯曷正彼也 旣精且妙莫此比也".

일영대명에 더하여 숙종은 앞서 인용한 일영대 위에 올려놓은 일영의 명[일영명日影銘]도 짓게 하였다.[7]

(5) 일영명

쇠로 형체를 만들고 막대로 얼을 삼았도다 金以成形 樹之以臬금이성형 수지이얼
그것을 무엇에 쓰는가 이로 해를 관찰한다네. 其制維何 是謂揆日기제유하 시위규일
모두 옛것을 본받았는데 지금 것은 그렇지 않네 蓋倣於古 匪創于今개방어고 비창우금
해그림자를 재는 기구를 어찌 존귀하게 여지지 않으리. 測陽之器 烏可不欽측양지기 오가불흠

조선조에서 일영대라 부른 의기 받침대 가운데 공식적으로 기문이 남아 있는 것은 제정각 일영대뿐이다. 그림 8-1은 창덕궁 제정각과 일영대, 그리고 일영대에 새긴 숙종 어제시를 보인 것이다. 그림에서 (우)는 국립고궁박물관이 소장한 제정각 일영대인데, 일성정시의대로 알려졌지만,[8] 맨 우측에 풀이한 어제시와 앞서 인용한 일영대명과 일영명을 통하여 제정각 일영대임을 알 수 있다. 어제시를 풀이하면 다음과 같다. "모양은 비록 작아도(形象雖至微형상수지미) 하늘과 땅을 포괄하네(包括兩儀大포괄양의대) 시각을 재면 털끝만큼도 틀림없으니(候刻合毫釐후각합호리) 내외에 시간을 증험하도다(驗時辨內外험시변내외)".

(좌) **(중)** **(우)** **어제시「日影臺」**

그림 8-1. 제정각 일영대

(좌) 제정각 동쪽에 일영대의 위치(『동궐도』) **(중)** 일영대 구조(확대) **(우)** 일영대 유물 (사진: 남문현, 국립고궁박물관 소장). 상단 네 면에는 오른편에 보인 어제시 「日影臺」를 시계방향으로 새겼다. (출처: 남문현, 2016: 190, 도5를 옮김)

7 日影銘은 黃胤錫, 『頤齋全書』 下卷에 수록되어 있다.(남문현, 1995: 256)
8 한국과학사학회, 1984: 91.

앞서 인용한 시문에서는 숙종의 역상수시에 대한 사상의 일면을 엿볼 수 있다. 그의 부왕인 현종 대에 창제한 선기옥형과 자명종이 폐지된 것을 보고 숭모하는 마음으로 최석정으로 하여금 중수하게 하였다. 이런 조치는 조부 효종이 훼철한 흠경각을 복구하기 위해 제정각을 짓고 흠경각루의 전통을 계승하여 만든 선기옥형을 안치하여 경천근민의 제1조인 역상수시에 힘쓰는 제왕의 모습을 표출하기 위함이었음을 알 수 있다. 자명종시는 이것을 앞에 놓고 그것의 정교하고 섬세함에 넋을 빼앗기고 감탄한 심정을 읊은 것이다. 크기는 선기옥형보다 작은 기형이지만 일월의 운행과 추 두 개로 선기옥형과 보시장치를 돌려서 일월이 운행하고 매시마다 쇠종이 울리면 시패를 바꾸니 금루를 기다리지 않아도 주야로 12시를 알 수 있음을 사실적으로 묘사하였다. 또한 선기옥형을 운영하기 위하여 오정시각을 정확하게 결정할 수 있는 정시의 일영을 안치하는 일영대에다 일영의 형상과 정확성을 읊은 어제시를 새긴 일은 앞서 언급하였듯이 역상수시의 중요성을 표출하기 위함이었다. 이런 일은 아마도 역대 제왕 가운데 처음일 것이다. 세종이 일성정시의를 창제하면서 이것의 제도를 손수 지은 이래 처음이다.

여기서 독특한 것이 일영이다. 앞서 제5장에서 고찰한 바와 같이 일영대는 간의대에 보루각과 흠경각, 혼천각에 설치한 의상의 시각을 태양시로 교정하기 위하여 만든 일영을 안치하는 석대이다. 이것으로는 오정 초각을 결정하여 시계를 교정하는데, 막대로 표를 세우고 해그림자를 받아 이것의 길이를 계산하여 절기시각을 알아내는 규표圭表를 사용하였다. 앙부일구와 같은 해시계도 일영이라 하였으나 여기서 말하는 일영은 의상을 교정하는 정시의를 뜻한다.

일영명에는 금속으로 형체를 만들고 목질로 만든 막대[얼臬]을 세웠다고 한 것을 보면 일영은 초소형 규표를 뜻한 것으로 보인다. 그리고 이것은 여태까지 써오던 것이 아닌 새로운 제도라고 하였다. 중국 청대에는 서양 전교사들이 여러 가지 서양식 천문의기와 계시의기를 만들었는데, 이 가운데 일영표日影表라는 해시계가 있다. 이것은 목질로 높이 8촌(약 30센티미터) 되는 표를 세우고 평면에 새긴 눈금 좌우와 끝에다 동척銅尺 세 개를 삼각으로 꽂고, 중앙에는 나침반을 놓는다. 그리고 절기에 따라 변화하는 표의 그림자로 절기시각을 계량한다고 하였다.(『皇朝禮器圖式』 卷三, 75) 중국의 사례를 원용하여 종래 의기에 물홈을 파서 수평을 잡고 수라반水羅盤으로 남북을 결정하는 방식이 아닌 나침반을 써서 새로 제작한 것으로 추정된다.

기왕에 숙종의 의상시문을 소개한 김에 숙종 41년 4월에 허원許遠(?~?)이 중국에서 가져온 서양국 자명종을 보고 지은 시 두 편을 더 소개한다.(숙종/56/41/4/18/癸未) 앞서 제5장에서 소개한 바와 같이 허원은 1713년(숙종 39년)에 흠천감원 하국주河國柱가 오관사력五官司曆을 대동하고 한양에서 북극고도를 측정할 때 참가한 숙련된 관상감원으로 역법과 의기를 익히기 위해 연경을 수차 다녀왔다. 이 자명종은 복제하여 관상감에 두었다.

(6) 서양국 자명종

쇠로 만든 것이 어찌 이다지도 교묘한가	金形何至妙금형하지묘
그 돌아가는 법이 또한 기이하도다.	其制亦云奇기제역운기
정확하여 조금도 틀림이 없고	所以無差忒소이무차특
또한 쉬지도 않는구나.	曰唯不息之왈유불식지
신병이 오래여 자주 잠을 이루지 못하여	病久頻無寐병구빈무매
자명종을 옮기어 머리맡에 놓았도다.	移鍾置枕邊이종치침변
경을 알리는 북소리가 어찌 이리 빈번한가	更鼓何頻數경고하빈수
또렷이 책상 앞에 누웠도다.	瞭然臥榻前요연와탑전

앞의 시는 새로운 문물에 대한 놀라움과 재깍거리면서 쉬지 않고 돌아가는 큼직한 자명종이 신기하여 병고로 잠을 못 이루는 밤을 눈뜬 채로 상 앞에서 지새는 임금의 모습이 담겨 있다. 그러면서 '금루의 북소리가 왜 이리 빈번한가'라며 날이 샘을 한탄하는 모습도 보인다. 자명종은 오직 12시만을 알리고 경점은 알리지 못한다. 이런 연유로 자명종은 왕조의 공식시계로 채용되지 못하고 완상玩賞하는 데 그친 것으로 보인다. 앞서 송이영의 자명종을 읊은 시에서는 금루의 종소리가 너무 드문드문함을 탓하는 모습도 보인다. 그림 8-2는 허원이 가져온 것과 비슷한 자명종 유물이다. 아쉽게도 이 자명종의 내부 부품은 유실되었다. 시반에는 시의 명칭은 로마숫자로, 분의 명칭은 아라비아숫자로 쓰여 있다. 이보다 훨씬 뒤의 이야기지만 19세기 중엽에는 숙종이 머리맡에 놓았던 것과 같은 종류의 좌의坐儀라는 탁상시계가 수입되어 왕실이나 고관들이 사용한 것으로 추정된다. 이런 시계는 추동식이 아닌 태엽식이었을 것이다. 이런 것 가운데 유물도 몇 개 남아 있지만, 그림으로 남아 있는 것도 있다. 국립중앙박물관이 소장한 「책가도冊架圖」에 보이는 탁상시계가 바로 좌의이다. 그림 8-2B는 흥선대원군 초상화에 보이는 책상

A B

그림 8-2.
A. 서양 자명종 유물 (사진 제공: 숭실대학교 한국기독교 박물관 소장)
B. 흥선대원군 초상화 속 오른손 앞에 놓인 좌의 (출처: 서울역사박물관 소장)

위에 놓인 좌의이다. 이것은 손잡이가 달려 있어 여기저기로 이동하여 놓고 쓸 수 있다.

2) 이민철 혼천의의 특징

이민철 혼천의와 보시장치 그리고 이것을 구동시켜 주는 동력장치는 높이 9척, 너비 5척, 길이가 너비의 배가 되는 틀 안팎에 설치하였다. 혼천의가 틀의 남쪽 상부가 비어 있는 공간에 놓이므로 틀의 전체 길이는 15척 가량이다. 1주척을 20.7 센티미터로 환산하면 길이 310센티미터, 너비 103센티미터, 높이 186센티미터가 된다. 이 규모는 송이영 자명종이 길이 120센티미터, 너비 52센티미터, 높이 98센티미터에 비해 길이는 자명종의 2.6배, 너비와 높이는 두 배에 가깝다.

(1) 혼의

1669년에 흠경각 옛 제도를 복구하자는 성균 좨주祭酒 송준길宋浚吉(1602~1672)의 주청에 따라 임금은 채침蔡沈(1167~1230)이 주석한 『서전書傳』 「순전舜典」에 따라 이민철에게 구리로 혼천의를 주조하도록 명했다. 이것의 특징은 「순전」 주석에 따랐다고 했지만 큰 차이가 있다.

첫째, 수운의상에서 이뤄진 대로, 일륜日輪(태양 모형)이 혼의의 황도를 따라 자동으로 운동하도록 한 것이다. 절기에 따른 태양 고도와 출입방위, 그리고 주야장단 변화를 분별하게 함은『서전』「순전」 기형장의 중요한 특징이며, 이것은 오직 황도상의 일륜에 부여된 주기능이다. 이 방식은 광해군 대 복원한 흠경각루에서도 활용되었을 것이며, 이민철을 비롯한 관계자들도 익히 알고 있었을 것이다. 니덤 등(1986)도 송이영 자명종 유물을 연구하면서 일륜의 태양일 운동과 삼진의의 항성일 운동을 동시에 나타내기 위하여 노끈과 함께 일운환日運環이 사용됐다고 결론지었다.(Needham, J. et al., 1986: 128) 그러나 저자 등은 별도의 일운환은 필요치 않음을 밝힌 바 있다.(한영호 · 남문현, 1997: 12)

둘째, 삼진의에 백도환이 추가되고 또한 내부의 사유의가 완전히 생략되는 대신 사유환[흑단환黑單環]만을 남겨 백도와 십+자로 만나게 해서 월륜月輪(달 모형)을 운반하는 월운환月運環으로 역할을 바꿔 버렸다. 백도와 비스듬히 엇갈리는 월운환은 삼진의가 29.5회 회전하는 동안 달을 끌고 28.5회전만을 따라가면서 그 위치를 옮기게 했다. 일륜이 노끈에 이끌려 하루 1도씩 뒤로 물러날 동안 월륜은 월운환에 구속된 채 매일 13도가량 삼진의와 상대적으로 운동하도록 했다. 이런 운동은 남극 축에 부착한 태양시 기륜과 월 운동 기륜에 의해 수행되도록 했다. 노끈은 이미 중국 천문시계에서 사용됐지만, 월운환 역시 관측용 혼의의 기본요소이던 사유환의 용도를 변경한 것이다. 이민철은 혼의의 황도와 백도에 일월을 각각 노끈으로 얽어매고 별도의 기구로 자동운행하게 함으로써 오직 혼의에 의한 천문시계를 완성했던 것이다. 이민철은 중국의 천문시계를 포함하여 달의 자동운행을 최초로 이뤄냈으며, 제도의 전통을 최대한 지키면서 이를 변개하여 일월의 자동운행이라는 위대한 업적을 일궈냈다. 또한 사유환 중앙 빈자리에 산하도山河圖를 설치하는 등 대규모 변통을 시도했다.(한영호 · 남문현 · 이수웅, 2001: 75 등) 이런 이민철의 시도는 혼천의를 이용한 혼천설[9]의 완전한 구현이라는 목표가 있었기 때문이라고 평가할 수 있다.

그림 8-3은「제정각기」등의 기록을 바탕으로 이민철 혼천의가 갖췄을 환의 제도를 추정한 후에 일륜과 월륜을 포함한 혼의의 부품을 재구성한 것이다. 혼의의 사유의 자리에 배설했던 산하도는 제외했다. 이것은 태양이 황도를 따라 도는 가산 봉우리를 만들기 위해 사유환을 제거하고 지평을 설치한 흠경각루나, 천원지방 사상을 따라 역시 지방을 설치한 최유지 혼천의를 전승한 것으로 봐야 할 것이다. 앞서 흠경각루 연혁에서 이것들

9 혼천설은 달걀 껍데기가 노른자를 싸고 있는 것같이 하늘이 땅을 둘러싸고 돌아서 끝이 없고 형체가 둥글어 혼천渾天이라 주장한 중국의 대표적 우주관. 후한後漢의 장형張衡(78~139)이 지은『혼천의주渾天儀註』에서 비롯되었다.

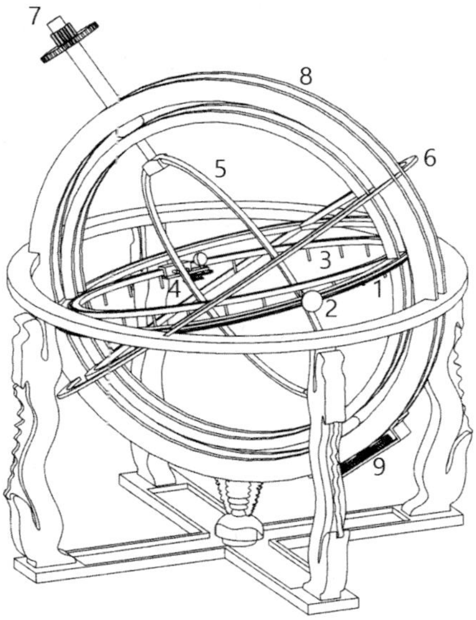

그림 8-3. 이민철 혼의에 나타난 환의 제도

1. 황도환, 2. 일륜, 3. 백도환, 4. 월륜(세로 줄을 친 작은 원), 5. 월운환(사유환 용도 변경), 6. 적도환, 7. 북극 축, 8. 천경환, 9. 남극 축 (출처: 한영호 · 남문현, 1997: 13쪽 그림 1 개작)

사이의 밀접한 상관관계를 살펴본 것처럼, 최유지와 이민철 혼천의 간의 전승관계를 나타낸 것으로 봐야 할 것이다. 나아가서 그 주위를 황도환 위에 매단 금으로 만든 일륜이 돌고 있는 것은 흠경각루 제도와 흡사하다. 산봉우리 대신 당대에 알려진 여러 나라의 지도를 그려서 올려놓은 산하도는 선대의 전통을 발전적으로 창발한 사례라 볼 수 있다. 다음에는 흠경각루와 대비되는 부품으로 동력장치에 대해 고찰하기로 하겠다.

(2) 동력장치

"격수지법激水之法"이라 소개한 수력식 동력장치는 「제정각기」와 「규정각기」에 비교적 상세하게 구조와 원리가 나온다. 앞서 언급한 높이 9척 틀 상판에 청동으로 주조한 통[동준銅樽]을 얹어 놓고 물을 저장하며, 그 바로 아래 틀 내부에 설치한 항아리[누부漏釜]를 통한 물을 동남쪽 모서리에 세운 청동 항아리[동호銅壺] 속으로 주입시킨다. 동호에는 "뜨는 수레"라는 부거浮車를 설치하여 누부의 물을 받아 일정한 간격으로 배수함으로써 발생하는 동력으로 별도로 설치한 기륜을 회전시킨다. 이런 누기 배치는 「보루각기」에 기록된 보루각루의 누기 배치와 항아리(대중소 파수호) 숫자는 달라도 물시계로 기능을 수행할 수 있다. 곧, 저수조 동준은 보루각루의 대파수호, 누부는 수위 조절용 소파수호, 동호는 수수호에 대응되는 배치다. 보루각루는 수수호 안에 부전을 띄우는 부표가 부력을 받아 떠오르면서 이산적으로 방목에 수납한 소환을 방출시키는 동력을 발생한다. 이에 비하여, 이민철의 것은 수수호 안에 넣은 '부거'라는 칭기에 채운 물이 일정한 간격으로 배출되면서 이산적으로 동력을 발생시킨다는 점이다. 이와 같은 구동방식은 "물로 쳐서[격수激水 또는 수격水激]" 기륜을 운전[격수기운激水機運]하는 간의대 수운의상의 "격수기륜激水機輪"을 연상시킨다. 또한 흠경각루의 "물로써 옥루기륜을 돌린다(玉漏機輪옥루기륜 以水激之이수격지)"는 서술과도 같은 뜻이다. 따라서 수운의상과 흠경각루의 동력발생과 전달방식은 앞서 제7장에서 고찰한 바와 같이 이민철의 "격수지법"에 따른 구동방식과 같다고 보아야 한다. 파수호의 물을 주입하여 수수호의 수위를 증가시켜 일정한 간격마다 소환을 방출하는 보루각루와 부거에 채운 물을 이산적으로 배출하는 이민철의 방식은 이산계시법離散計時法(discrete timekeeping)에서 보면 동일한 개념이다. 이민철은 송이영의 조력을 얻어 자명종에 보이는 혼의 구동용 기륜을 채용하고 격수기륜으로 작동시킨 것으로 보아야 한다. 격수기륜은 동력발생과 전달기구를 합한 것이다. 이것은 자명종 혼의의 환 제도가 이민철의 것과 같기 때문이다. 이민철의 혼의 구동용 기륜을 복원하는 과정에서 밝혀질 것으로 기대한다.

(3) 보시장치

보시장치는 「제정각기」와 「규정각기」 등 관련 내용을 조합하면 다음과 같은 배치가 된다. 틀 서면에 높이 7척(145센티미터) 되는 곳에 설치한 감실에는 목재로 만든 종인이 관복을 입고 북향하여 서 있다. 왼손에는 홀笏을, 오른손에는 종 치는 방망이를 잡고 있다. 그 앞에는 작은 종을 걸어 놓았다. 감실 바깥에 난간을 설치하고 그 오른쪽에 8격八格(여덟 개 눈금)을 그려 매시 초와 정을 나타냈다. 이것은 한 시진의 8각 눈금이다.[10] 틀 안에는 공복公服을 입은 12개 주시관奏時官이 진패辰牌(시패)를 잡고 배열해 있다. 이와 같은 구조의 보시장치는 비둘기 알 크기의 24개 쇠구슬이 낙하하면서 발생하는 동력으로 작동된다. 틀 위 동쪽에 구멍 하나를 내어 쇠구슬을 굴려 내리는데, 구슬 길[영로鈴路]를 통해 비스듬히 내려온 구슬은 하나씩 초와 정에 동일한 구슬 길을 통해 꺾이며 비스듬히

10 1669년에는 종래 『대통력大統曆』에서 『시헌력時憲曆』으로 시각법이 바뀌었다. 『시헌력』에서 매시는 8각이며 초와 정은 각각 4각씩이다. 초와 정의 4각은 각각 초초각, 초1각, 초2각, 초3각, 정초각, 정1각, 정2각, 정3각이다. 12시는 모두 96각이, 1각은 15분으로 현재 24시법과 같다. 『대통력』에서 초와 정은 각각 4⅙각이며, 1각은 14.4분이며 12시는 100각이다.

굴러 내린다. 차례차례 구멍을 통해 굴러 내려온 구슬은 아래에 이르러 기아機牙(톱니)를 작동시키며, 매시에 이르면 종인이 종을 울리고 주시관이 시에 맞춰 출현하여 시각을 알리다가 시각이 다하면 즉시 되돌아감으로써 새 주시관으로 교대된다. 이것이 보시장치의 대강이다. 보루각루와 흠경각루에서는 12개의 대환의 낙하 동력으로 인해 사시신이나 종인이 매시 초에 종을 울리면 이어서 이 소리에 해당하는 보시신이 시패를 한 시진 동안 전시한다. 그러나 24개의 구슬로 매시 초와 정을 보시하는 이민철의 보시장치는 여러모로 장영실의 시기 모듈 M-5보다는 발전한 것으로 봐야 한다. 주시관의 교체는 M-5의 보시신 교대와 마찬가지 방법, 곧 시소[횡목]과 경사진 동판이 그대로 사용된 것으로 보인다.(한영호 · 남문현, 1997: 15) 이와 같은 주시관의 교대 방법 등은 보시장치를 복원하는 과정에서 밝혀질 것으로 기대한다.

8.3.4. 송이영 자명종의 중수

1) 외관

그림 8-4는 자명종 유물의 외관이다. 왼쪽(남쪽) 궤 위에 혼천의가 놓이고, 중앙에 기다란 창 안에는 쇠사슬에 걸린 추 두 개가 위치한다. 하나는 혼의와 보시장치를, 다른 하나는 종을 울리는 시보장치 구동용이다. 전면에 보이는 쇠사슬에 매단 추는 낙하면서 기륜을 통해 혼의와 보시장치에 동력을 전달한다. 중앙에서 오른쪽은 보시장치를 설치한 공간이며, 상부 작은 창에 시패와 이것을 자동으로 교체하는 기구가 들어 있다. "자시"를 나타내는 시패[子자]가 보인다. 그 하부에 "H"자 모양의 가로 공간에는 보시장치를 작동시켜 주는 기구를 설치하였다. 그것의 오른쪽 벽면에는 이

그림 8-4. 송이영 자명종 유물(국보 제230호 혼천의 자명종) (동측면도) (출처: 고려대학교 박물관 소장)

보시장치를 작동시키기 위해 아홉 개의 패들paddle(넉가래 모양의 기구)을 박은 목재 허브hub를 설치하고, 24쌍의 톱니를 가진 계시륜計時輪의 회전을 이용하여 반 시진(현대의 한 시간)마다 쇠공 네 개 가운데 한 개씩 자동으로 공급하는 기구가 설치되어 있다.(그림 8-7 참조) 타종장치는 궤 안 후면에 설치하고 앞서 보시장치와 연계하여 반시진마다 종을 울리도록 하였다.

이런 구조로 미뤄볼 때 이민철 혼천의 구조도 송이영 자명종과 외관은 비슷했을 것으로 보인다. 흠경각루에서는 혼의를 응용한 태양 운동기구와 보시장치를 상하로 배열했으며, 작은 전각에 들어갈 만큼 규모가 컸다. 이에 비해 이민철과 송이영의 기계는 혼천의와 보시장치를 좌우로 배열했다. 규모도 훨씬 소형화시켰다. 물시계로 작동시킨 혼천의는 어쩔 수 없이 규모가 클 수밖에 없지만, 자명종은 서양과 일본 자명종의 시계장치(clockwork)를 채용함으로써 규모를 훨씬 축소시킬 수 있었기 때문이다.

2) 특징

(1) 혼의

자명종에 부착한 혼의는 환의 제도가 크기와 눈금 등 일부 사항이 조금 차이가 날 뿐 「제정각기」와 「규정각기」의 묘사와 거의 일치하고 있다. 따라서 자명종에도 이민철 혼의가 가지는 환의 제도를 거의 그대로 반영하고 있다고 보아 무방하다.(한영호 · 남문현, 1997: 10) 니덤 등(1986)도 자명종 혼의의 환은 이민철이 직접 만든 것일 수도 있다고 보았다.(Needham, J. et al., 1986: 113) 이것의 구조도 그림 8-3과 거의 같았을 것으로 추정된다. 이민철 혼의의 사유의에 보이는 산하도 대신에 지구의를 배설하였다.

(2) 굴대 탈진기와 치차열

송이영 자명종의 동력장치는 유럽이나 일본 자명종의 추가 낙하하면서 발생하는 동력을 활용하는 추동식錘動式(weight-driven)이다. 앞서 소개하였듯이 추 두 개 가운데 한 개는 보시와 혼의 회전에 활용하고, 한 개는 타종 시보에 활용한다. 이민철의 전통 수격식과는 관련성이 없어 보이는 독창적인 방식이다. 그림 8-5A는 오른쪽에는 그림 8-4에서 잠시 소개한 추를 매단 기륜축과 연결된 탈진기脫進機(escapement)와 주시륜열走時輪列(going train)을 보여준다. 톱니 15개의 관형 바퀴crown wheel(escape wheel) 상부에는 두 개의 톱니 제동기기pallets를 서로 직각으로 부착한 굴대 탈진기verge escapement가 가로로 놓이며, 이것은 제동기기 막대 한 끝에 수직으로 접합한 분당 168회 비트beat 진자pendulum-추bob 조속기調速機

와 연결된다. 관형 바퀴 바로 밑에는 피니언pinion과 물린 톱니 36개의 가로 톱니바퀴contrate wheel, 그 밑에 피니언과 물린 톱니 42개의 3번 톱니바퀴third wheel와 피니언과 물린 톱니 48개의 2번 톱니바퀴second wheel, 그리고 피니언과 물린 톱니 64개의 본本 톱니바퀴main wheel가 위치한다. 본 톱니바퀴는 추를 매단 바퀴와 같은 축에 접합되어 낙하하는 추가 발생하는 동력을 피니언을 통해 상부로 전달하여 관형 바퀴를 구동시킨다.

그리고 시간은 진자의 길이를 조절하여 계량한다. 본 톱니바퀴와 같은 축에 톱니 120개의 톱니 링ring을 물려서 그 하부에 직각으로 설치한 톱니 평면에 설치한 톱니 360개의 보시륜을 회전시킨다. 보시륜 밑에는 12시진의 명칭 자 · 축 · 인 · 묘 등의 이름을 새긴 12개의 시패를 같은 굴대에 설치하였으며, "유酉" 시패가 보인다. 이것이 보시부이다.

맨 아래에 "y"자 형태로 보이는 가로막대 두 개는 각각 시패를 들어 올리는 가로(디딤)막대(짧은 것)와 자격(타종)-해제용strike-release 가로(디딤)막대(긴 것)이다. 이것은 그림 8-7에서 다시 설명할 것이다. 그림 8-5B는 A에 보인 탈진기와 주시륜열의 우측면을 보여준다.

A B C

그림 8-5. 자명종의 굴대 탈진기와 주시륜열

관형 톱니바퀴의 상부에 굴대 탈진기가 보이며, 하부의 본 톱니바퀴는 수평 보시륜에 물려 있다. **A.** 남-동측면도 **B.** 북측면도 (고려대학교 박물관 소장 국보 제230호, 사진: 남문현, 2015) **C.** *Horologium Oscillatorium*의 삽도, 시침은 FIG. I.에 보인 본 톱니바퀴의 왼쪽 끝에 부착한다. (출처: 남문현, 2012)

3) 연원

굴대 탈진기, 주시륜과 타종륜과 같은 치차열을 이용하여 보시와 타종을 하는 방식은 네덜란드의 천문학자 하위헌스Christiaan Huygens(1629~1695)가 1673년에 출판한 *Horologium Oscillatorium*[진자시계振子時計]에서 유래하며, 이 방식은 최석정이 중수하면서 자명종에 활용한 것으로 보인다.(남문현, 1998: 226) 그림 8-5C는 이 책의 진자시계 원리를 나타낸 도면이며, FIG. I.과 그림 8-5A의 주시륜열을 비교해 보면 A의 것이 2번 치차가 하나 더 추가되었다. 하위헌스의 진자시계는 1675년경에 제작되었으며, 이 가운데 일부가 일본 나가사키의 화란상관和蘭商館에 들어왔으며, 조선통신사가 일본에서 구입하거나 대마도 상인들이 부산 왜관으로 수출한 것을 조선 조정이 구입하여 전래된 것으로 추정된다. 고장이 나서 쓸 수 없는 송이영 자명종을 1687년에 최석정崔錫鼎이 주관하고, 송이영이 사망한 뒤여서 서운관書雲官 이진李縝(?~?), 장인 박성건朴成建(?~?) 등의 손을 빌려 1689년에 정밀하게 중수하였다. 수리가 끝난 뒤에 최석정은 「자명종명병서自鳴鐘銘并序」를 지어 수리에 대한 시말을 남겼는데, 이때 하위헌스의 초창기 굴대 탈진기와 신형 진자시계의 주시륜열에다 치차 한 개를 추가하여 교체함으로써 보시장치를 개조한 것으로 추정된다.

자명종 유물에는 FIG.I.에 보이는 T 곧, FIG.II.에 보인 사이클로이드 곡선cycloidal arc을 본뜬 두 개의 판금板金(cheeks)과 그 사이에 매단 두 개의 실과 그 끝에 매달아 진자막대 끝 구멍을 통과시킨 막대와 둥근 추는 남아 있지 않다. 사이클로이드 부품은 흔들이의 등시성等時性(isochronism)을 확보하여 시계의 정밀도를 향상시키기 위해 부착한 것이다. 오랜 세월을 지나는 동안 실이 삭아 없어지면서 부품도 없어지고 흔들이 막대만 남은 것으로 보인다. 이런 사이클로이드 부품의 존재는 최석정이 지은 「자명종명병서」에 "懸針以絲현침이사(명주실로써 침을 매달았는데) 象直繩也상직승야(형상은 먹줄을 곧게 한 것과 같고), 衡平錘懸형평추현(추를 매달아 저울대를 수평으로 하니), 應權衡也응권형야(권형이 응하도다.)"라는 구절은 이것의 존재를 암시한다.

앞선 논의는 송이영이 제작한 지 20년이 지난 1689년의 실물을 바탕으로 개진한 것이다. 그렇다면 송이영은 어떤 서양 자명종을 바탕으로 보시장치를 제작했을까? 하는 의문에 봉착하게 된다. 앞서 김석주의 계문에는 "서양 자명종의 톱니가 서로 물리는 제도로써(以西洋自鳴鐘牙輪 互激之制이서양자명종아륜 호격지제)"라고 되어 있어 전혀 감이 잡히지 않는다. 그러나 다시 하위헌스가 최초로 고안하여 헤이그The Hague의 코스터Salomon Coster(?~?)에게 특허권을 양도하여 1657년에서 1659년 사이에 제작한 초기 하위헌스의 첫 번째

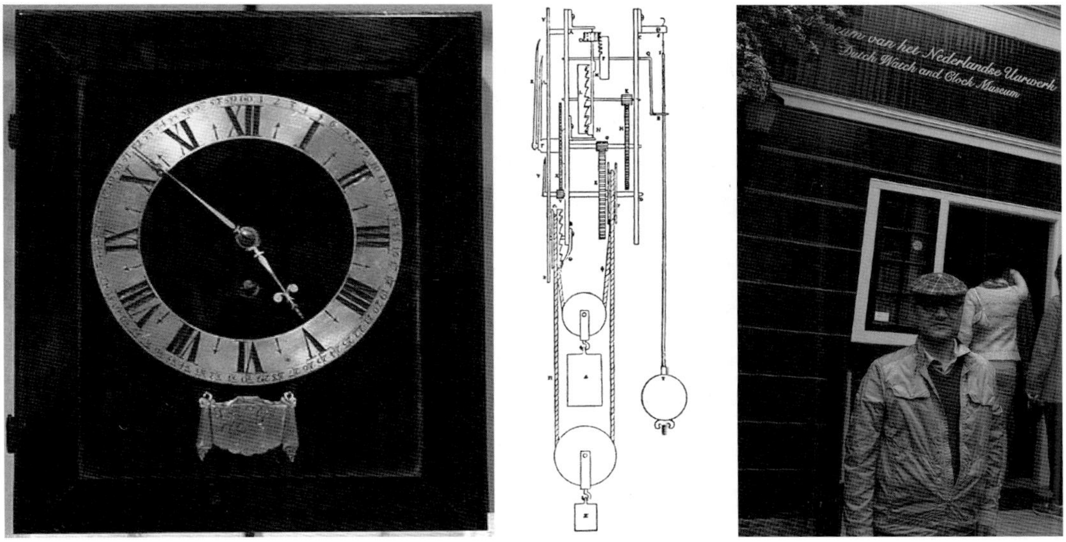

A B C

그림 8-6. 코스터의 1657년제 시계와 도면

A. 시계 (네덜란드 시계박물관 소장. 사진: 남문현, 2012) **B.** 코스터 시계도면. 진자 T는 탈진기 L과 동일 평면이다. 톱니 F가 굴대(verge)의 피니언을 구동시킨다. (출처: Dale, R., 1992: 36) **C.** 네덜란드 시계박물관 앞에서 저자 (2012. 5. 10.)

진자시계를 떠올릴 수 있다. 그림 8-6A는 1657에 코스터가 제작한 시계의 사진이다. 이것은 추동식이 아닌 스프링 구동식spring-driven이다. 그림 8-6B는 1658년경에 그린 코스터의 시계 도면이다. 코스터의 시계는 앞서와 같이 나가사키 화란 상관을 거쳐 조선에 유입된 것을 관상감이 수집하여 송이영으로 하여금 제작에 활용하도록 한 것으로 추정된다. 그 밖에 당시에는 중국을 통해 몇 개가 유입되었으며, 김육金堉 같은 이는 연경에서 자명종을 관찰하기도 하여 조정과 개인이 소장된 것이 적지 않았다.

저자는 자명종 굴대 탈진기의 원류를 확인하기 위해 2012년에 암스테르담 교외의 "네덜란드 시계박물관Museum van het Nederlandse Uurwerk"을 방문하여 자료를 확보하였다. 이리하여 자명종의 굴대 탈진기와 주시륜열의 원류를 추구할 수 있었음을 밝혀 둔다. 또한 이 시계는 보루각루의 쇠구슬을 이용하여 매시마다 종을 울리고, 아울러 시패를 전시하는데, 구슬을 자동으로 공급하는 방식은 중세 이슬람의 패들paddle식 수차에서 유래한 것임을 밝혀내어 2015년 러시아 상트페테르부르크에서 열린 "국제기구기계학사 워크숍 2015"에 보고하였다.(Nam Moon-hyon, 2015B: IFToMM Workshop)

4) 동력장치로 쇠구슬을 활용한 시보장치

자명종은 매시마다 종이 울리는데, 매시 초에 종을 한번 울리는 흠경각루와 다르게 일본 자명종의 타종 양식에 따랐다. 자 · 축 · 인 · 묘 · 진 · 사시의 초와 정에 각각 9, 1, 8, 1, 7, 1, 6, 1, 5, 1, 4, 1회를 타종하고 나머지 오 · 미 · 신 · 유 · 술 · 해시에도 이를 반복한다. 그러나 시패는 12개가 매시 반시진마다 8격이 그려진 눈금을 따라 연속적으로 우에서 좌로 이동하면서 진각을 표시한다. 흠경각루에서 지신과 옥녀가 매시 초에 출현하여 한 시진 동안 제자리에 머물다가 물러가는 방식인 데 비해, 자명종에서는 매 시진 동안 시간경과를 8격 눈금을 통해 연속적으로 보여주는 방식이다. 이것이 자명종의 특징이라 하겠다. 이 8격 눈금 방식은 이민철의 보시장치에서도 보인다. 이것은 구슬(쇠공)을 저장기에 저장하였다가 하루 동안에 사용하고 수거하여 재배열하여 사용하는 수동식인 데 비해, 송이영 자명종에서는 순환식 쇠공 통로와 9개 날개를 갖는 패들 바퀴와 9개 방을 갖는 드럼형 허브를 이용하여 단지 쇠구슬 4개를 자동으로 순환시켜 매 반시진마다 12시 보시기구와 타종기구를 작동시키도록 하였다.(김상혁, 2007: 203)

그림 8-7은 보시장치의 구조와 원리를 보인 것이다. A는 목재 허브 오른쪽에 9개의 넉가래 모양의 막대를 박은 것을 보여준다. 부품 명칭은 그림 8-7C의 번호로 나타내었다. 허부 왼쪽에는 금속판으로 막은 9개의 방compartment(C의 2번)을 설치하여 쇠공을 받아 방출시킬 수 있도록 꾸몄다. 방은 금속판 위를 지나는 쌍톱니(C의 6번)에 의해 회전한다. 허브 하부를 받치고 있는 관chute(C의 9번)은 쇠공을 공급하는 통로이며, 그 밑의 관(C의 7번)은 작동을 마친 쇠공을 회송시켜 주는 통로이다.(남측면도) B는 보시장치를 후면에서 본 것이다. 상부 중앙에 종을, 그 오른쪽에 타종장치의 타종수 기어를 설치하였다. 기어는 9,1,8,1,7,1,6,1,5,1,4,1회를 반복하여 타종할 수 있도록 되어 있다. 그 뒤에 타종을 제어하는 치치열을 설치하였다. 톱니 64개의 본 톱니바퀴 17이 톱니 360개의 보시륜 4를 회전시켜 주면 24개 쌍톱니 6을 이동시켜 주는 링 5가 회전하면서 허브 1에 설치한 드럼형 바퀴 2의 칸막이를 회전시켜 그 안에 들어 있는 구슬을 하우징 3으로 떨어뜨린다. 쇠공은 타종-해제 가로(디딤)막대 12의 왼쪽을 눌러 오른쪽이 올라가서 종추와 연접된 막대 13을 상승시켜 종을 울리는 타종륜열打鐘輪列(striking train)을 작동시킨다. 그림 8-7B의 오른쪽 상단에 보인 타종 치차열은 맨 밑에 톱니 72개의 본 톱니바퀴(main-wheel)와 피니언으로 물린 톱니 56개의 구동 핀 바퀴(pin-wheel), 그리고 그 상부에 피니언으로 물린 잠금 바퀴(locking-wheel), 그리고 그 상부에 피니언으로 물린 제4바퀴와 그 상부에

피니언으로 물린 풍륜風輪이 놓인다. 본 바퀴의 동력은 피니언을 거쳐 풍륜을 작동시킨다. 잠금 바퀴의 축은 그림 8-7B의 오른쪽 상단에 보인 타종 회수를 지시하는 기수륜記數輪(설륜雪輪, count wheel)과 접합된다.

그림 8-7. 송이영 자명종의 자격(타종)-보시 기구의 구조와 원리

A. 목재 허브 오른쪽에 박은 9개의 넉가래 모양의 막대와 허브 왼쪽에 금속판으로 막은 9개의 방(compartment)(동-북측면도) **B.** 자격-해제 장치(서-북측면도) 상부 중앙에 종을, 그 오른쪽에 타종장치의 타종수 기어와 타종륜열을 배치하였다. **C.** 보시장치(서-북측면도) 부품 명칭: 1. 목재 허브, 2. 9개 방을 가진 드럼형 바퀴, 3. 쇠공을 공급할 수 있도록 드럼형 바퀴 보호 틀(하우징), 4. 보시륜, 5. 쌍톱니 24개를 이동시켜 주는 링, 6. 쌍톱니, 7. 쇠공 회송 관, 8. 쇠공을 들어 올리는 관, 9. 쇠공 공급 관, 10. 쇠공을 들어 올리는 넉가래(패들) 날개, 11. 넉가래 자루, 12. 타종-해제 가로(디딤)막대, 13. 종추 연접막대, 14. 시패 전시용 가로(디딤)막대, 15. 시패, 16. 흔들이(진자), 17. 톱니 120개의 본 톱니바퀴. 화살표는 쇠공의 이동과 수반되는 타종-보시기구의 작동을 나타낸다. (출처: 고려대학교 박물관 소장 국보 제230호 부품 개작. 사진: 남문현, 2015)

그림 8-7C는 자명종의 보시장치를 작동시켜 주는 쇠공을 자동으로 공급하는 장치의 구조와 원리를 나타낸 것이다. 그 위에 동시에 타종 가로(디딤)막대 12 밑에 위치한 시패전시 가로막대 14의 오른쪽 끝이 눌려서 왼쪽 끝이 올라가서 시패를 이동시킨다. 타종 가로막대를 누른 쇠공은 회송관 7을 통해 쇠공을 들어 올리는 관 8로 굴러 들어가면 패들 바퀴에 부착한 넉가래 날개가 올라오면서 쇠공을 들어 올려 쇠공 공급관 9로 보내준다. 이 공은 하우징 3에 떨어져 대기한다. 따라서 하우징에서 공급된 쇠공은 타종 가로(디딤)막대 12를 누른 후에 회송관을 거쳐 다시 제자리에 돌아온다. 여기서 눈여겨볼 것은 타종 가로(디딤)막대12와 시패전시 가로(디딤)막대 14이다. 이것은 보루각루에서 구슬 한 개가 기시를 눌러 이것과 연접된 막대가 목인의 팔꿈치를 촉발하여 종을 울리도록 한 다음 그림 3-31에 보인 가로(디딤)막대(횡목)를 눌러 줌으로써 시패를 잡은 보시 목인을 상승/하강시키는 원리와 같다.

결국, 송이영은 보루각루의 명종-보시 기구에서 아이디어를 얻어 쇠공의 공급을 자동화하는 방안을 고안하였다.(남문현, 1995: 250) 또 하나는 24개 쌍톱니를 가진 링이 직각으로 패들 바퀴 허브에 만든 9개 방의 칸막이를 이동시켜 패들 바퀴에 부착한 넉가래 날개가 쇠공을 들어 올리는 방식은 알자자리의 공작시계에 나타난 국자 수차scoop-wheel의 회전 원리를 역으로 응용한 것으로 보인다. 그림 7-5A에 보인 국자 수차는 출수관의 물을 국자가 받아서 쏟아내는 힘으로 회전하면서 수차에 부착한 톱니바퀴가 원반 하부에 직각으로 설치한 톱니와 물려 있어 수차의 회전을 원반에 전달하여 회전시킨다. 알자자리는 왕복 펌프 내부에다 패들 수차를 설치하여 양수기를 발명하기도 하였다. 이러한 24개 쌍톱니 링-패들 바퀴 허브 9개 방compartment을 설치하는 방식은 송이영이 이슬람의 기술을 원용한 것으로 보인다. 하위헌스 시계에서는 본 톱니바퀴 축에 시침을 설치하도록 하였다. 또한 톱니바퀴 두 개를 직각이 되도록 하여 동력을 전달하는 방식의 고안은 보루각루에서 횡목의 상하운동을 경사진 동판을 이용하여 평륜을 이동시키는 방식에서 영감을 받은 것으로 보인다.

쇠공이 종추를 작동시키는 장치는 서양이나 일본의 자명종에는 없는 송이영의 독창적인 고안인데, 이것은 물론 이민철의 보시장치를 개량한 것으로서 보루각루의 쇠구슬을 이용한 자격장치에서 연유한 것이다. 자명종을 연구한 니덤 등(1960)은 세계적으로 저명한 과학과 기술사 박물관은 이것과 소송의 수운의상대의 복제품을 적절한 역사적 설명을 곁들여 소장하는 것이 좋을 것이라는 견해를 밝혔다.(Needham, J. et al., 1960, 1986: 163)

8.4. 영조 대 규정각과 흠경각

8.4.1. 규정각 창설

즉위 초에 영조는 『서전』 「순전」 강론에서 "세종 대왕이 간의대를 설치하고 흠경각과 보루각을 세우고, 숙묘조肅廟朝(숙종 대왕)에 제정각을 설치하고 선기옥형을 안치하여 하늘을 공경하는 도리를 다하였다"는 김동필金東弼(1678~1737)과, "세종 대왕의 덕화德化가 있은 후에 간의대와 흠경각을 사용할 수 있다"는 이종성李宗城(1692~1759)의 주장에 따라 비로소 선대의 역상수시 전통을 인식하게 된 것으로 보인다.(영조/15/4/2/18/己亥) 이런 정신으로 역대 임금 가운데 세종을 역할 모델로 하고 그의 성지를 받들어 역상수시 규범을 정비하는 등 세종 대 문화를 부흥하는 계지술사에 진력하였다.

1704년(숙종 30년) 숙종은 안중태安重泰(?~?), 이시화李時華(?~?) 등으로 하여금 이민철 혼천의(선기옥형) 여벌[부건副件]을 주조하게 하여 경희궁에 설치하였다.(『增補文獻備考』 3, 象緯考 3, 儀象 2, 3ㄴ) 1732년(영조 8년)에 영조는 안중태 등에게 이것을 중수하도록 하여 흥정당興政堂 동쪽 숭양당崇陽堂 북쪽에 선기옥형을 안치하고 규정각揆政閣이라 하고 손수 「규정각기揆政閣記」를 지었다.(『增補文獻備考』 3, 象緯考 3, 儀象 2, 6ㄱ) 1732년(영조 8년)에 임금이 지은 「규정각기」가 전해온다. 규정각 혼천의의 구조를 앞서 기록과 비교해 보면, 혼의 환의 제도, 구동장치, 보시장치 등 거의 모든 부분에서 기록이 일치하고 있어 이민철이 수리하면서 여벌로 만든 것이 확실하다.(『增補文獻備考』 3, 象緯考 3, 儀象 2, 6ㄴ; 한영호 · 남문현, 1997; 5)

영조도 부왕 숙종처럼 선기옥형, 금루, 인정 · 파루 보시, 자명종 등과 관련하여 여러 편의 시문을 남겼다. 이 가운데 자명종을 쓰면서 읊은 시 한 편을 골라 소개한다.

어제 보신종御製 報辰鐘

報辰鐘 晝夜左보신종 주야좌	시각을 알리는 자명종 밤과 낮이고
常在側 誠寓懷상재측 성우회	언제고 곁에 있도다 진실로 생각을 붙이노니
何時來 憶昔人하시래 억석인	어느 때에 도래하였는가? 옛 분들을 생각하면
聞此聲 予懷倍문차성 여회배	이 땡땡 하는 소리를 들으면 나는 갑절로 생각이 엉키는구나
自午九 丑未八자오구 축미팔	자시와 오시에는 9 축시와 미시에는 8
寅申七 卯酉六인신칠 묘유육	인시와 신시에는 7 묘시와 유시에는 6

辰戌五 巳亥四진술오 사해사　　진시와 술시에는 5 사시와 해에는 4
每於初 只聞一매어초 지문일　　언제고 처음에는 1회만 울리네
其豈忒 誠妙製기개특 성묘제　　어찌 어긋남이 있으랴 진실로 묘하게 만들어졌도다
在會祥 初春來재회상 초춘래　　경회루에 있을 때 첫봄이 오면서
初則南 今在北초즉남 금재북　　처음엔 남쪽에 있더니 지금엔 북쪽에 있도다
十二時 次第報십이시 차제보　　12시를 모두 차례차례 알려주노라.
- 甲午年갑오년 仲夏중하 乙卯日을묘일[11]

앞 시문에 보인 보신종은 종을 울리는 숫자로 보아 그림 8-8A와 같은 18세기에 일본에서 제작한 화시계和時計이다.

8.4.2. 흠경각 창설

1770년(영조 46년)에 영조는 국초의 석각천문도(1395년에 석각한 「천상열차분야지도」. 일명 건상석乾象石 — 저자 주)가 마모된 채 경복궁에 쓰러져 있는 것을 수습하여 관상감으로 옮겨 놓은 다음 이것을 보관할 집을 관상감 안에 지었다. 그리고 친히 흠경각이라는 편액을 써서 걸게 하고 「흠경각기」를 손수 지어 이러한 전말을 기록했다.(『增補文獻備考』 卷3: 象緯考3, 儀象 2, 7ㄴ; 『國朝曆象考』 卷3, 1770년조) 또한 석판이 마멸되어 숙종 때에 이민철을 시켜 새로 각석한 신판新板(보물 제837호 「복각천상열차분야지도」 — 저자 주)도 함께 보관하도록 하고 친히 편명扁名을 쓰고 전후의 사실을 적었다. 그 밖에 홍문관에 있던 지평일구[1636년(숭정 9년) 이천경이 제작한 보물 839호 「신법지평일구」(현재 국립고궁박물관 소장) — 저자 주] 등 의기를 관상감에 모아서 사용할 수 있도록 했다. 흠경각은 천문 · 계시 관련 유물을 보관한 조선조 최초의 '천문계시의기박물관'이었다. 이와 같이 영조의 흠경각은 조선 최초의 천문의기 유물전시관으로서 제왕의 역상수시와 관상감의 임무에 활용하였다.

또한 규장각에서 『흠경각영건의궤』와 창경궁 금루를 본 영조는 흠경각과 보루각 개수에 대해 관심을 갖게 되었다. 조선 전기의 11전법 『누주통의』에 따른 시간측정이 서양 역법의 등장으로 뿌리를 잃고 흔들릴 수밖에 없었던 한양의 경루법은 앞서 제5장에서

11 1774년(영조 50년) 음력 5월 을묘일. 이 시가 들어 있는 시첩은 한국학중앙연구원 장서각 소장.

소개한 바와 같이 1743년(영조 19년)에 연경에 파견되었던 안국빈과 김태서金泰瑞(?~?)가『신법중성기新法中星記』와『오야배시지법五夜排時之法』을 구해 오-서 이세연李世淵(?~?)과 함께 2년 뒤에 비로소 96각법에 따른 24전법으로 바뀌게 되었다.(한영호 · 남문현, 2008: 192) 또한 천문의기를 복구하는 데 당대의 기술자인 최천약崔天若(?~?) 등에게 일을 맡겼다.(『承政院日記』 946책, 영조 18년 8월 20일丙午 등) 그 밖에 1740년(영조 16년)에는 세종 대의 척도(세종/77/19/4/15/甲戌/11ㄱ)를 복원해 교정하고, 1770년(영조 46년)에는 세종 측우기를 복원 · 제작하여 창덕궁과 경희궁에 설치하고, 1773년(영조 49년)에는 양수표量水標를 새로 제작하여 청계천에 설치하는 등 치수사업에 활용하기도 했다. 바람의 방향을 관측하기 위해 상풍간相風竿 꼭대기에 깃발을 매단 상풍간대相風竿臺(일명 풍기대)를 만들어 양 궁궐에 설치했는데 풍기대는 지금도 경복궁과 창경궁에 남아 있다.(『增補文獻備考』 象緯考 3: 儀象 2, 11ㄱ) 세종 큰 임금을 멘토로 삼은 영조대에 이르러 세종 대 과학문화가 부흥을 맞이하게 됐다. 그림 8-8은『동궐도』에 보이는 창덕궁 통제문 안에 설치한 혼천의, 해시계, 풍기죽과 측우기를 보여준다. 왼쪽 면 하단에 상풍간相風竿이라 쓴 받침대 위에 깃발이 휘날리는 것이 풍기죽이다. 뜰 오른쪽에 하단에 보이는 받침대 위에 놓인 것은 측우기, 중앙의 것은 혼천의, 왼쪽 것은 해시계로 보인다.

A

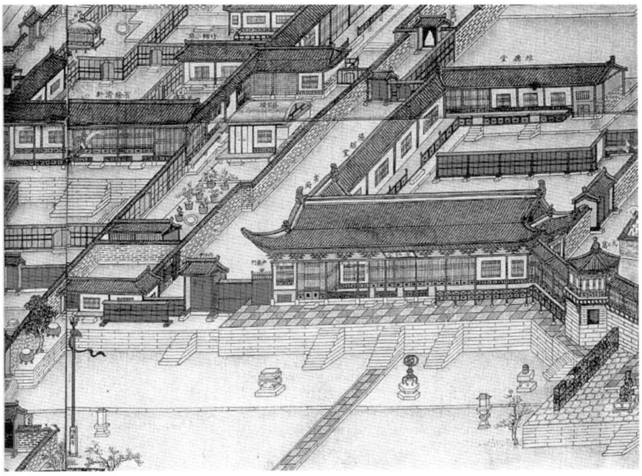

B

그림 8-8.

A. 일본 화시계(和時計) (일본국립과학관 소장. 사진: 남문현, 2005) **B.** 창덕궁 천문계시의기. 마당 오른쪽부터 측우기, 혼천의, 해시계, 왼쪽 하단은 상풍간 (출처: 고려대학교박물관 소장 『東闕圖』 9첩 5면)

8.5. 고종 대 경복궁 흠경각

앞서 살펴본 바와 같이 흠경각이라는 이름은 효종 때에 이미 사라졌다가 숙종 대 이것을 대치한 창덕궁 제정각과 영조 대에 경희궁 규정각, 관상감에 흠경각이 들어서게 됨으로써 세종의 흠경각 창제정신은 부활하게 되었다. 1865년(고종 2년) 4월부터 시작된 경복궁 영건에서 1866년(고종 3년) 2월 29일에는 흠경각 옛터[舊址구지]의 터를 닦고, 서궐西闕(경희궁) 어조당魚藻堂의 재목을 옮겨와 건립하였다.(『국역 경복궁영건일기 4』, 2019: 401) 일기에는 "흠경각의 새 형태는 측후기測候器(흠경각루를 뜻함 — 저자 주)와 일영대를 설치하지 않고 단지 옛 이름만 그대로 쓴다"고 하였다.(『국역 경복궁영건일기 1』, 2019: 181) 흠경각루는 복원하지 않았음을 알 수 있다. 이리하여 세종 창제 후 430년 만에 옛터에 건물만 복원하였다. 1876년(고종 13년) 11월 경복궁 화재로 강녕전과 그 일곽이 소실될 때 흠경각도 소실됐다가 1888년(고종 25년)에 복구하였다. 「강녕전도」에 보면 흠경각은 강녕전 구내에 있고(그림 8-9A 참조)

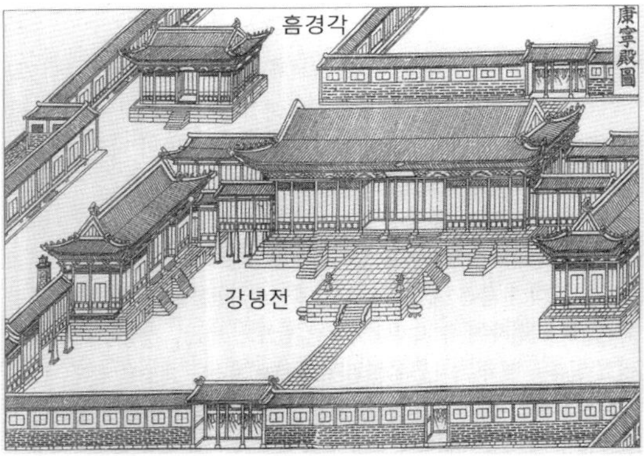

A

B

C

그림 8-9. 경복궁 흠경각 변천

A. 「강녕전도」(1867, 개작) (출처: 『進饌儀軌』, 1897, 서울대학교 규장각한국학연구원 소장) **B.** 흠경각 (출처: 『朝鮮古蹟圖譜』 1권, 조선총독부 발행) **C.** 복원한 欽敬閣(흠경각). 전각 앞에 우물(禁漏井)이 보인다. (사진: 남문현, 2019)

지극히 내밀한 위치에 있음을 알 수 있다.(『康寧殿進饌圖』, 1867과 『進饌儀軌』 1897, 가운데 「康寧殿圖」) 그림 8-9B는 1888년에 복원한 흠경각을 보여준다. 명독상으로나마 흠경각이 복구돼서 세종 대 명맥은 잇게 되었다. 다만, 「흠경각기」에는 천추전 서쪽에 세웠다고 했는데, 오히려 천추전 보다 훨씬 북쪽에 있는 교태전 서쪽에 복원한 것으로 보인다. 그러던 것이 1917년 총독부가 강녕전 등을 헐어 창덕궁의 침전을 중건할 때 흠경각도 함께 헐린 것으로 추정된다. 이리하여 흠경각은 또 한 번 사라지게 되었다. 1990년대 경복궁 중창 계획에 따라 침전지역이 복원되고 흠경각도 복원하였다. 흠경각 담 밖에는 8각형으로 된 우물 — 이 우물도 최근에 복원했다. — 이 보인다. 이 우물은 금루정禁漏井으로서 조선 초기부터 흠경각루, 보루각루와 혼천각 등에 용수 공급용으로, 한때는 어정으로 사용한 우물이다.(그림 8-9C) 기왕에 복원한 흠경각에는 세종 대 흠경각루를 복원 · 제작하여 설치할 날을 고대한다.

8.6. 맺음말

흠경각은 보루각과 함께 경천근민에 복무하는 흠경 · 보루의 임무를 수행한 왕조의 표상으로서 왕조와 운명을 함께하였다. 세종 대에 창건한 이래 명종 대에 소실되었다가 복구되어 임진왜란 중에 소실된 것을 광해군 대에 복원할 때까지 줄곧 흠경각루를 제작함으로써 계지술사를 지켰다. 효종 대에 훼철된 후 흠경각이 복구된 것은 고종 초기이지만, 그간에 현종 대에 흠경각 고제를 복원하려는 정책으로 홍문관이 관장하여 제작한 혼천의를 중수하여 제정각에 안치함으로써 흠경사상을 계승한 것은 숙종이다. 영조는 숙종이 여벌로 제작한 혼천의를 중수하여 경희궁에 규정각을 차리고 안치하여 부왕의 법을 계승하였다. 특히, 세종의 역상수시 규범을 부활하여 국초의 의상 유물을 모아 관상감 안에 흠경각을 짓고 활용하도록 함으로써 흠경각이라는 명칭이 복구되었다.

경복궁 옛터에 흠경각을 복원한 것은 고종이었으며, 이때 흠경각루는 복원하지 않았다. 이 건물도 화재로 소실되었다가 복구함으로써 사실상 흠경각 체제로 왕조를 통틀어 유지하게 되었다. 일제강점기에 훼철한 흠경각은 1990년대에 복원하였다. 이와 같이 흠경각은 왕조의 예기로서 존중되어 소실과 복구, 변천을 거치면서 왕조와 운명을 함께하였다.

이 과정에서 흠경각루는 수운혼천의로, 추동식 자명종으로 변개되어 종래 혼상과 혼의를 복합한 동아시아 혼천의 역사에서 혼상을 제외하고 오직 혼의와 보시장치로 운행하는 천문시계의 길을 걸음으로써 동아시아 천문시계의 신기원을 창조하였다. 이것은 순임금이 만든 선기옥형 곧, 혼천의와 함께 제왕의 역상수시 도구로서 고대부터 유교문화권이 견지한 혼천설을 구현한 것이다.

1433년 자격궁루 발명에서 비롯된 '구슬을 이용한 동력전달 방식'은 흠경각루에 이전되고 236년 뒤에는 이민철의 혼천의와 송이영의 자명종에 계승되었다. 1206년에 이슬람 지역에서 발원한 "구슬 활용 방식"은 조선에 전입됨으로써 460여 년이라는 장구한 세월 동안 발전을 거듭하면서 진화하였다. 역사적으로 보아도 매우 찾기 힘든 사례라 하지 않을 수 없다. 이것은 시대의 변천을 수용하여 전통 고수와 신문명 도입이라는 두 명제 아래에서 혁신가들이 이룬 위대한 정신의 승리이다. 이 시계들은 세계 천문시계 제작사에서도 찾아보기 힘든 인류의 과학기술 문화유산이다. 흠경각 창제로서 장영실을 비롯하여 이민철과 송이영은 한국과학사와 세계기술사에 빛나는 발자취를 남겼다.

제3편

관상감

“중국이든 서양이든 따지지 말고 오직 정밀하게 측량하고 교묘하게 계산하는 것이 합당하다. 저 일日·월月·오성五星이 어찌 인간 세상에 존화양이尊華攘夷의 뜻이 있는 것을 알겠는가? 그러므로 서양 역법으로 하면 검증되는 것이 많고, 중국 역법으로 하면 검증되지 않는 것이 많으니 이것은 원망할 수 없는 것이 아니겠는가? 따라서 다만 하늘을 검증할 수 있는가의 여부만 논할 뿐 사람의 화이華夷는 논하지 않는 것이 좋다.”

(남병철南秉哲, 서추보속해후書推步續解後 중에서)

제9장
전통 천문 · 역산 · 계시학의 서구화

9.1. 머리말

앞서 5.4.3항에서 소개한 영 · 정조 대에 일어난 실사구시 학풍의 수혜자로서 중국에서 번역된 서양과학서와 청말 고증학자의 저술을 바탕으로 20여 권의 저작물을 남긴 이들이 남병길 · 남병철 형제이다. 19세기 말 주한 프랑스 공사관 통역관으로 복무한 모리스 쿠랑 Maurice Courant(1865~1935)은 그의 『조선서지*Bibliographie Corene*』(1894~1896) 서론 조선의 학예에서 남병길 · 남병철 형제의 수학 · 천문학 저술을 다음과 같이 소개하였다.

> 수학과 천문학은 다소 성황을 이루어 중국서적들이 17세기와 18세기에 복제되었으며, 조선에서 저작된 서적으로는 15세기에 세종의 명으로 이루어진 것과 1850년대 이래 고관 남병길南秉吉, 남병철南秉哲 두 사람(그들은 정밀과학에 대하여 독특한 소질을 타고났던 모양이다)에 의하여 만들어졌던 것이 있다. (김수경, 1995, 2006: 144)

앞의 글은 두 사람의 저작이 나온 지 불과 50년이 못 돼서 쿠랑이 열람한 소감으로서 이 저작을 세종 대 이래의 괄목할 만한 저작으로 평가한 것이다. 이에 더해 루훠스Rufus, W. C.(1936)는 「한국의 천문학」에서 "19세기 중반에는 형제 천문학자 남병길Nam Pyeng-kil과 남병철Nam Pyeng-chul의 출현과 아울러 다수의 탁월한 천문학서 저작을 보았다. …… 이 형제에 더하여 이준양李俊養(1817~?, 『신법보천가新法步天歌』 지음)과 이상혁李尙爀은 그 시기에 몇 권의 저작을 남겼으며, 이상혁은 훌륭한 수학자이면서 천문학자였다"고 하면서 "남병길은 『성경星鏡』(1861)을 지으면서 페르비스트(南懷仁)가 지은 『영대의상지靈臺儀象志』(1674)의 남반구 별자리를 수정하여 추가하였다.[1] 남병길은 플램스티드와 카시니[2]의 측정을 바탕으로 외국학자들에 의해 도입된 현대적인 결과와 비교하여 포함시켰다. 또한 관측에는 적도의를 제작하여 사용했다"고 하였다.(Rufus, 1936: 44) 영국의 니덤(Needham, J., 1900~1995)은 "19세기 초, 한국이 다수의 천문학 저서를 쓴 두 명의 학자를 낳았다"고 남병철 · 남병길 형제를 소개하였다.(Needham, 1959: 683) 이리하여 이 형제는 일찍이 서양에도 알려지게 되었다.

국내에서는 홍이섭洪以燮(1914~1974)이 『육일재총서六一齋叢書』에 들어 있는 남병철의 『의기집설儀器輯說』, 『추보속해推步續解』, 남병길의 『양도의도설量度儀圖說』, 『시헌기요時憲紀要』에 대하여 내용을 소개하면서 두 사람의 업적을 평가하였다.(洪以燮, 1946, 1994: 191) 최남선崔南善(1890~1957)도 "철종조哲宗朝에 남병철南秉哲 · 병길秉吉 형제兄弟가 또한 사학斯學에 정精하여 병철秉哲은 『의기집설儀器輯說』, 『추보속해推步續解』, 병길秉吉은 『시헌기요時憲紀要』, 『성경星鏡』, 『추보첩례推步捷例』의 저서를 한두 가지[一二事] 여기에 소개紹介하여 둔다"고 하여 형제의 대표적인 저서를 소개하였다.(崔南善, 1947: 26)

현대에 들어와 천문학사, 과학사 분야 연구자들도 이 형제의 저작을 소개하고 있다.

이 장에서는 남병길이 형과 자신, 그리고 이상혁의 저술을 묶은 『육일재총서』의 내용을 간략하게 소개하고, 이 가운데 남병철이 저술한 『의기집설』 상 · 하권의 내용을 소개한다. 먼저 『육일재총서』를 간략하게 소개한다.

1 이 별자리는 근남극성近南極星이라는 23좌 130성을 말한다.(나일성, 2016: 415)

2 John Flamsteed(1646~1719)는 초대 영국왕립천문대장이며, Cassini, Giovanni Domenico(1625~1712)는 이탈리아 태생의 프랑스 천문학자이며, 목성과 화성의 자전주기 등을 관측하였다.

9.2. 『육일재총서』

9.2.1. 개요

남병길南秉吉(개명 상길相吉, 1820~1869)은 형제의 천문 · 역산학 관련 저술 20여 종 가운데 6종 10책과 관상감 산학자 이상혁李尙爀(1810~?)의 저술 1종 등 7종 11책을 묶어 자신의 당호 육일재六一齋의 이름을 넣어 『육일재총서』로 선집하였다.[3] 이 총서는 남병철의 『의기집설儀器輯說』 · 『추보속해推步續解』, 남병길의 『양도의도설量度儀圖說』 · 『시헌기요時憲紀要』 · 『중수중성표重修中星表』 · 『항성출중입표恒星出中入表』, 그리고 이상혁의 『규일고揆日考』 등으로 구성되어 있다. 그림 9-1A는 『육일재총서』의 표지이며, 그 가운데 B는 『의기집설』, C는 『양도의도설』, D는 『규일고』 등 의기 관련 저술의 표지이다. 이 저술들은 19세기 당시 천문의기 제작의 수준을 가늠할 수 있는 귀중한 문헌자료들이다. 또한 이들이 제작한 혼천의渾天儀, 지구의地球儀, 험시의驗時儀, 양도의量度儀, 적도의赤道儀와 『시헌력』 실용서인 『추보속해』, 『시헌기요』 등은 홍문관과 관상감에서 실용하였다.

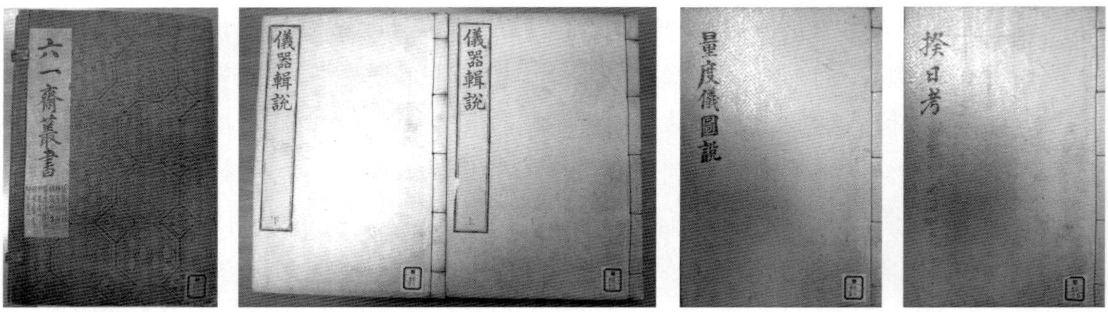

A B C D

그림 9-1. 『육일재총서』 표지 (출처: 국립중앙도서관 고문헌실 소장)

A. 『육일재총서』 **B.** 『의기집설』 상 · 하권 표지 **C.** 『양도의도설』 **D.** 『규일고』

[3] 『六一齋叢書』(국립중앙도서관 소장번호 古 第4001號 11冊; 朝-66-28). 남씨 형제 관련 저술은, 유경로, 1999. 「조선시대 3쌍의 천문학자」, 소남 유경로 선생 유고 논문집 『한국 천문학사 연구』, 한국천문학사편찬위원회 편, 녹두, 242-255쪽; 옥영정, 2010. 「남병철, 남병길 형제의 저술과 간행」, 『문헌과 해석』 51; 남문현, 2013; "남병길南秉吉의 『육일재총서六一齋叢書』에 대하여", 천문학과 천문의기 속의 과학원리, 겨레과학연구회 제2회 학술세미나, 국립중앙과학관, 대전, 2013. 7. 11. 33-40쪽 등에서 소개함.

『육일재총서』는 저자(남문현)가 주관하여 사계의 전문가를 초빙하여 2013~2015년도에 사단법인 세종대왕기념사업회에서 국역하였다.[4] 다음에는 총서에 실린 도서 가운데 대표적인 저술을 간략하게 소개한다.

9.2.2. 내용

1) 『의기집설』

『의기집설』은 남병철의 천문학 저술 가운데 대표적인 저작으로 관상감 제조가 된 해인 1859년(철종 10년)에 출간한 것으로 추정된다. 이 책은 상하 2책, 10행 20자판, 전사자판全史字版이다. 상권은 53장(106면), 하권은 63장(125면)이다. 상권은 혼천의에 관한 것으로 혼천의설渾天儀說, 혼천의제법渾天儀製法 및 혼천의용법渾天儀用法으로 되어 있다. 하권은 혼개통헌의渾蓋通憲儀, 간평의簡平儀, 험시의驗時儀, 혼평의渾平儀, 적도고일귀의赤道高日晷儀, 지구의地球儀, 구진천추합의勾陳天樞合儀, 양경규일의兩景揆日儀, 양도의量度儀의 개설, 제작법 및 사용법에 관한 것이다.

2) 『추보속해』

1862년(철종 13년)에 저술하였으며, 4권 3책, 10행 20자판, 전사자판이다. 상책 25장(50면), 중책 33장(65면), 하책 28장(56면)이다. 이 책은 『역상고성후편曆象考成後篇』 즉, 시헌력법時憲曆法에서 채용한 케플러의 타원궤도설을 적용하여 태양과 달의 운동, 일월식을 계산하

4 국역에 활용한 저본은 『六一齋叢書』(국립중앙도서관 소장번호 朝-66-28). 각 권별 국역서의 서지사항은 다음과 같다. 南秉哲, 『儀器輯說』, 남문현 · 陳久金(CHEN Jiujin) 국역, 2013A. 『국역육일재총서 1』, 서울: 세종대왕기념사업회, 1-411쪽; 南秉吉, 『量度儀圖說』, 남문현 · 陳久金(CHEN Jiujin) 국역, 1-131쪽; 『重修中星表』, 나일성 국역, 133-227쪽; 『恒星出中入表』, 나일성 국역, 229-319; 李尙爀, 『揆日考』, 이은희 국역, 2013B. 321-388쪽; 『국역육일재총서 2』, 서울: 세종대왕기념사업회; 南秉哲, 『推步續解』, 남문현 · 남종진 국역, 石云里(SHI) 교주, 2014A. 『국역육일재총서 3』, 서울: 세종대왕기념사업회, 1-393쪽; 南相吉, 『時憲紀要』 上編, 남문현 · 남종진 국역, 石云里(SHI) 교주, 2014B. 『국역육일재총서 4』, 서울: 세종대왕기념사업회, 1-197쪽; 南相吉, 『時憲紀要』 下編, 남문현 · 남종진 국역, 石云里(SHI) 교주, 1-151쪽; 李尙爀, 『晷影地經偏』, 『黃赤距緯』, 남문현 · 남종진 국역, 155-202쪽; 南相吉, 『太陽出入表』, 남문현 · 남종진 국역, 2014C. 『국역육일재총서 5』, 서울: 세종대왕기념사업회, 205-232쪽, 찾아보기(통합편) 235-419쪽. 모든 국역본에 원문 사본 첨부.

는 방법을 해설한 역산서이다.(전용훈, 2011: 38) 남병철은 그가 가장 존경했던 청나라의 역산가 강영(姜永, 1681~1762)이 편찬한『추보법해推步法解』를 대법戴法에 따라 개정하였다.[5] 그는 이 책이 조선에서도 필요하다고 여겨 새로운 대법으로 개편하여 이 책을 저술하였다고 한다.(남문현 · 남종진 국역, 2014A: 65)

오성운동에 대해서는 강영의『추보법해』권5의 '추목화토삼성법推木火土三星法'과 '추금수이성법推金水二星法'을 그대로 따를 것을 권고하고 있다. 특히, 남병철은 세차운동과 시간 측정의 혼효중성昏曉中星 간의 관계를 이해하여 관측값으로부터 구면삼각법을 적용하여 목표 연도의 항성위치를 구하는 과정을 명료하게 서술한 점 등을 볼 때 당시의 천문학적 이론과 수학적 응용의 두 분야에서 매우 높은 이해력과 활용력을 이 책에서 보여주었다.(전용훈, 2011: 13) 이 책은 종래 서호수徐浩修(1736~1799) 등이 엮은『칠정보법七政步法』을 좀 더 상세하게 해설해 놓은 것이라 할 수 있으며 여기에 이 책의 가치가 있다.[6]

3)『시헌기요』

남병길은 19세기 조선의 천문학자, 수학자, 의기 발명가이다. 초명은 병길秉吉이고, 자는 자상子裳, 원상元裳, 호는 육일재六一齋, 혜천惠泉이며, 의령宜寧 남씨南氏 24세이다. 사대부 관료였던 남병길이 천문학 분야에 심취했던 이유는 남병철을 통해 간접적으로 짐작할 수 있다.[7] 특히, 1853년부터 3년 동안 부친의 병구완과 상중에 형과 더불어 천문학과 수학 연구에 몰입할 수 있었다. 벼슬은 예조, 이조판서까지 올랐으며, 관상감 제조를 겸하였다. 그는 수학과 천문학에 정통하였는데, 특히 천문학 분야에서는 당대 1인자로 평가받았다. 저술로는 천문역법관련서인『시헌기요』(1860) ·『추보첩례推步捷例』(1861) ·『성경』(1861) ·『춘추일식고春秋日食攷』(1861) ·『태양경루표太陽更漏表』(1867) ·『중성신표中星新表』(1853) ·『양도의도설』(1855) 등이 있다. 수학 저술로는『구장술해九章術解』(1855) ·『측량도해測量圖解』(1858) ·『무이해無異解』(1855) ·『산학정의算學正義』(1867) ·『집고연단緝古演段』(1869) ·『식별

---

5 『推步法解』는 태양과 달 운동의 계산, 일월식의 계산, 오행성 운동의 계산에 관한 것이다. 대법이란 흠천감정 대진현(Ignatius Koegler)이 저술한『역상고성후편曆象考成後編』을 말한다.

6 俞景老, 앞의 주 3), 1-8쪽.

7 盧奎來, 1984. "남병길의 생애와 천문학",『한국과학사학회지』6-1, 131-133쪽; 정성희, 2011. "南秉吉의 천문과학관",『추사연구』9호; 함선영, 2013.『남병길南秉吉의 성경星鏡 성표를 활용한 혼상渾象 제작 연구』, 충북대학교 대학원 천문우주학과 석사학위논문.

이기주초識別離記注草』(?)·『유씨구고술요도해劉氏句股術要圖解』(1858)·『옥감세초상해玉鑑細草詳解』(?)·『수학절요數學節要』(?) 등과 『선택기요選擇紀要』(1867)·『연길귀감涓吉龜鑑』(1867) 등 선택서를 남겼다. 『육전조례六典條例』·『춘관통고春官通考』 편찬 시에는 고위 관료로서 참여하였다. 그 밖에 문집인 『만향재시초晩香齋詩鈔』를 비롯하여 추사 김정희金正喜(1786~ 1856)의 시집 『담연재시고覃揅齋詩稿』, 『완당척독阮堂尺牘』, 『완당집阮堂集』 등을 간행하였다. 천문의기 적도의와 양도의를 발명하였다.

『시헌기요』는 1860년(철종 11년) 관상감 제조로 있을 때 저술하였으며, 상하 2책, 10행 21자판, 희현당철자판希顯堂鐵字版이다. 상권은 74장(147면), 하권은 67장(133면)이다. 『시헌기요』는 『역상고성후편』까지 반영된 시헌력법 체계의 전반을 다룬 책이다. 종래 세종시대에 이순지 등이 편찬한 구식 교과서를 『역상고성후편』법으로 완전하게 바꾼 것으로 시헌법의 중요 내용을 정리하여 천문학 종사 관리의 교육과 고시에 적합하도록 만든 역산 매뉴얼이다. 이 책도 다른 그의 형제의 저술과 같이 조선조의 도미掉尾를 장식한 천문학 저서의 하나로서 남병길의 대표적 저술이다.(정성희, 2011: 95 등)

4) 『양도의도설』

이 책은 1855년(철종 6년)에 저술하였으며, 1책, 10행 20자판, 전사자판이며, 51장(102면)이다. 책 앞부분에 이상혁이 쓴 한 편의 서문이 있고, 동시에 '저술 남원상著述 南元裳, 교정 이상혁校訂 李尙赫'으로 서명되어 있다. 원상은 남병길의 자字이다. 『양도의도설』의 연구와 집필 과정에 대하여는 알려진 바가 많지 않다. 그러나 이상혁이 쓴 서문에 의하면 남병길의 의기와 도설은 일찍이 을묘년(1855년) 이전에 완성된 것으로 보인다.(남문현·陳久金 국역, 2013B: 26)

전통적으로 중국을 비롯한 동방의 나라에서는 모두 대수代數에 대한 연구와 응용을 중요하게 여긴 반면 기하幾何에 대한 지식은 빈약한 편이었다. 명나라 말기에 유럽의 예수회 선교사들이 동방에 서구의 과학지식을 전하였다. 『기하원본幾何原本』이 번역 출간된 일은 동방의 학자들이 기하학을 배우고 연구하는 신기원을 여는 것이었다. 매문정梅文鼎(1633~1721)은 그들 가운데 뛰어난 인물이었다. 매문정의 저술 가운데 대표적인 『환중서척環中黍尺』은 대개 투영의 원리를 이용하여 여러 가지 구면삼각의 공식을 설명하였는데, 도해법을 두루 사용하여 창의적인 내용을 많이 담고 있다. 『양도의도설』의 이론과 응용은 『환중서척』으로부터 나온 것으로 투영원리의 도움을 받아 기하학적 방법으로 구면삼각을 연구한 저작이다. 남병길이 『환중서척』을 공부하고 연구하기 시작한 것은 1850년대 초부터이다. 그는 매문정이 작업한 기초 위에서 "의기[기器]로 그림[도圖]를 대신하기 위하여" 의기를 설계하고 매문정의 구면삼각, 투영기하학 방면의 성과를 활용하여 양도의量度儀를 제작하였다. 천문학적 방면의 문제를 측산하기 위해서는 천문학적 수치를 얻은 후에 환산 과정을 거쳐야만 필요한 결과를 얻을 수 있다. 그러나 매문정이 만든 방법은 더 이상 계산할 필요가 없고 그림으로 계산을 대신하는 것이다. 반면, 남병길은 더 이상 그림을 그리지 않고 다만 양도의의 양도판量度板(현대의 분도기分度器와 같다.)을 움직이기만 하면 되게 하였다.

양도의를 설계하여 제작하고 또 『양도의도설』을 저술한 직접적 동기는 물론 조선 관상감의 천문관측과 천문현상에 대한 계산에 도움을 주려는 것이었다. 따라서 양도의는 세상에 나오자 관상감에서 실질적이고 가치 있게 활용하는 산술의 도구로 활용되었고, 이 책은 반드시 익혀야 하는 필수서적이 되었다. 양도의 제작과 용법에 대하여는 다음 절에서 소개한 『의기집설』 마지막에 내용의 일부를 소개한다.

5) 『중수중성표』

1864년(고종 1년)에 저술하였으며, 1책, 10행 20자판, 전사자판, 41장(82면)이다. 중성中星의 남중시각을 추구하는 방법에 대한 설명과 시각표를 수록한 것이다. 1854년(철종 5년)에 작성한 『신법중성표新法中星表』가 10년(고종 원년, 1864년)이 지나 세차歲次가 있어 다시 수정하여 표를 만든 것이다.

6) 『항성출중입표』

1854년(철종 5년)에 저술하였으며, 1책 10행 20자판, 전사자판, 38장(76면)이다. 남병길의 자서自序에 이어 곧바로 성도를 표시하고 항성의 출입시각에 관한 추보법과 그 시각표를 제시하였다. 중성법에 관해서는 역대 사서에 기재돼 있으나 별이 지평선에 출입하는 것에 대하여는 전하지 않으므로 우리나라 북극고北極高에 의거하여 계산하여 출중입표를 작성한 것이다.

7) 『규일고』

이 책을 지은 이상혁은 초명이 상혁尙爀이며, 대대로 산학에 종사하던 집안에서 1810년

(순조 10년)에 출생하였다. 이상혁은 1831년(순조 31년)에 음양과에 합격한 후 관상감 별제, 운과정 등을 역임하였다. 산학에 관한 식견을 키우기 위해 학자들을 두루 찾았지만 함께 이야기할 만한 사람이 없었는데 남병길이 조예가 깊은 것을 보고 감복하여 여러 해 동안 그를 좇아다녔다고 한다.(이노국, 2006: 131) 이러한 인연으로 이상혁은 남병길 형제와 함께 천문 · 역산을 활발히 연구하게 되었다. 저서로는 『규일고』를 비롯하여 남병길이 서문을 쓰고 이상혁이 새로 연구한 결과를 정리한 『산술관견算術管見』(1855년), 대수방정식의 해설서인 『차근몽구借根蒙求』(1854년), 방정식과 급수이론에 관한 저술로 남병길이 서문을 쓴 『익산翼算』(1854년) 등이 있다. 종래의 산학이 현실적인 문제를 중시했던 데 비해 이상혁은 이론적인 면을 더 중시하였다. 그는 기존의 중국 산서를 비롯하여 남병길이 지은 『산학정의算學正義』 등의 문제들을 해석하여 동양수학의 체계적 정리를 시도한 조선 최고의 산학자로 꼽힌다.(김용운 · 김용국, 2009: 440; 장혜원, 2006: 31)

『규일고』는 1850년(철종 원년)에 저술하였으며, 1책, 10행 20자판, 목판본, 10장(20면)이다. 규일고는 2편의 서문과 3편의 본문으로 구성되어 있다. 첫 번째 서문은 남상길이 1850년 11월에 쓴 것이다. 이 서문에서 해시계의 유래와 이상혁이 고안한 구표晷表 — 양영규일의兩景揆日儀를 말한다 — 의 정확성과 편리성에 대해 언급하였다. 곧, 구표는 우리나라의 북극고도와 새로 관측한 황적대거黃赤大距 값을 적용함으로써 시각의 추보가 정확함과 동시에 기존의 해시계들과 달리 나침반을 사용하지 않고도 정확하게 방향을 잡아 관측할 수 있다고 설명하였다. 또한 『규일고』에 대해, 우리나라에서 시각 추보법 분야의 황무지를 개척한 저술로 평가하였다.

두 번째 서문은 김득언金得焉(?~?)이 1850년 8월에 관상감 삼역관三曆官의 수임首任으로서, 구표晷表 고안의 동기와 과정에 중점을 두고 서술한 것이다. 이에 따르면 당시 통용되던 중국식 시반時盤의 문제점은 연경의 북극고도가 우리나라와 다르고 또 반침盤針의 방향을 정확히 잡기가 어렵다는 점이었다. 이상혁은 이를 개선하기 위해 횡표橫表와 입표立表의 방법을 사용한 구표를 발명하여 정확성을 기하였다. 그런데 이 방법은 구표를 거꾸로 세워서 횡표에 거꾸로 비친 그림자 도영倒影을 취하는 불편함이 있어, 이상혁은 이를 개선하여 입표立表에 마주 비친 그림자 대영對影을 취하는 것으로 바꾸고 횡판과 입판 위에 절후선과 시각선을 보다 자세하게 표시하여 정밀성을 기하였다. 이렇게 하여 이상혁이 고안하고 보완한 구표와 『규일고』가 관상감에 함께 비치되었다고 하니, 당시 우리나라의 공식 해시계로 인정받았음을 알 수 있다.(남문현 · 陳久金 등 국역, 2013B: 323)

『규일고』에는 부록으로 「구영지경편晷影地經偏」과 「황적거위黃赤距緯」라는 수표가 별도로 들어 있는데, 『육일재총서』에서는 함께 싣지 않았다. 따라서 서울대학교 규장각한국학연구원에 소장(도서번호 730-2, 32980)된 앞서 부록을 『육일재총서』 국역을 마치면서 추가로 국역하여 실었다.(남문현 · 남종진 국역, 2014B. 『국역육일재총서 5』, 155-202쪽)

결국, 『육일재총서』의 저자들은 1850년대 이후 관상감의 천문 · 역산 · 계시학의 서구화를 통해 혁신을 이끈 선구자로서 크게 기여하였으며, 이후 왕조 말까지 관상감은 역대 최고의 천문 · 역산 · 계시학 전문가들에 의해 전통을 탈피함으로써 절정에 도달하게 되었다.

9.3. 『의기집설』 상권

9.3.1. 개요

앞서 제8장에서 고찰한 바와 같이 흠경각 훼철 후에 흠경각 고제를 복구하려는 시도로 최유지가 죽원자를 제작하고 이것을 참고로 홍문관은 1669년에 이민철과 송이영이 각각 전통적인 수격식 혼천의와 추동식 자명종을 제작하여 대내大內에 두었다. 그리고 20년이 지나서 숙종 대에 홍문관 부제학 최석정이 주관하여 이민철이 만든 혼천의를 중수하여 제정각에, 영조 대에는 규정각에 안치하고, 자명종은 옥당에 안치함으로써 사실상 흠경각 제도를 계승하였다. 이것은 왕조의 정치 이데올로기를 관장하는 주무 관청으로서 홍문관의 주요 임무이기 때문에 가능하였다. 이것들은 관측용이 아닌 연시용 의기로서 조종의 법을 계승한 것들로서 혼천의와 시계가 복합된 것이었다.

앞서 제5장 보루각 연혁에서 소개하였듯이 관상감은 정조 대에는 영우원 천원遷園을 계기로 경루를 바로잡기 위한 대대적인 의상개수와 관측, 편찬사업을 전개하였다. 이후에는 헌종 말기까지 이렇다 할 만한 창제는 없었다. 흠경각 훼철 이후 200년이 지난 철종 초기에는 서양과학에 바탕을 둔 한역 천문 · 역법 · 계시 관련 자료가 상당수 도입되면서 조정의 고위 관료들과 관상감원의 의기제작 활동이 현저하였다. 이 가운데 대표적인 인물로 천문관측과 지도제작에 열성을 보인 박규수, 천문학과 수학에 통달한 남병철 · 남병길 형제, 관상감 역산가 이상혁 등을 들 수 있다. 앞서 3명은 훗날 예조판서를 거처

관상감 제조가, 남병철에 이어 박규수는 홍문관과 예문관 대제학이 되었다. 1850년대 초에 박규수는 평혼의, 간평의, 지세의를, 남병철은 종래 연시의기가 아닌 관측용 혼천의, 험시의, 지구의 등을, 남병길은 적도의와 양도의를, 이상혁은 양영규일의를 제작하였다. 앞서 지적한 바와 같이 남병철은 전통을 혁신하는 과단성을 표출하여 밀려오는 서학西學에 대항하여 왕조의 이데올로기를 수호하고, 아울러 오랜 전통을 답습하는 관상감을 혁신하기 위하여 직접 서양과학에 바탕을 둔 천문 · 역법 · 계시 관련 저술과 의기제작을 하게 된 것으로 보인다. 이런 활동은 실학자로서 남병철은 천문학자 · 수학자 · 의기학자이기에 가능하였다고 볼 수 있다. 그가 천문 · 역산학과 의기학의 전문가라는 것은 그의 졸기에, "전 대제학 남병철이 졸하였다. …… 성력星曆에도 널리 통달하여 천문의 미묘한 이치를 세밀히 분석해 내었다"고 한 것으로 보아 천문 · 역산학에 조예가 깊었음은 당시에도 널리 알려졌던 것으로 보인다.(철종/15/14/13/丁巳) 그는 천문 · 역산학, 수학 관련 저술과 관상감 제조를 역임함으로써 천문학자로서 두각을 나타냈으며, 이것은 탄탄한 수학 실력이 바탕에 깔려 있었기에 가능하였다. 19세기 중반에서 20세기 초에 이르는 왕조 말기에는 그의 뒤를 이어 관상감 제조가 된 동생 남병길, 그리고 그 뒤를 이은 박규수도 모두 관상감 제조를 거쳤으니 이 시기의 관상감은 조선조를 통틀어 가장 뛰어난 천문역산가에 의해 운영되었다고 할 수 있다.[8]

『의기집설』에는 서문이나 발문이 없으며 간행된 시기도 기록되어 있지 않다. 그러나 책 가운데는 건륭乾隆(재위 1736~1785)의 연호가 실려 있고 『흠정의상고성欽定儀象考成』(1752년 간행)의 원문이 다수 인용되어 있다. 이 책에 근거하여 제작된 기형무진의璣衡撫辰儀는 1754년에 완성되었다. 또한 『의기집설』에는 1848년 간행된 『영환지략瀛環志略』과 1842년부터 1852년 사이에 발간된 『해국도지海國圖志』가 언급되어 있다. 따라서 『의기집설』은 19세기 중후기인 1859년경 남병철이 관상감 제조가 되기 전에 간행되었음을 알 수 있다.

『의기집설』은 청나라 때 예수회 선교사인 흠천감정欽天監正 쾨글러(대진현) 등이 저술한 『의상고성儀象考成』을 비롯하여 서양과학서, 역대 사서를 참고로 하여 지은 것이다. 남병철은 천문관련 문헌을 단순히 선집하는 데에 그치지 않고 필요에 따라 선택적으로 집록輯錄

8 문중양, 2000. 「조선후기의 사대부 과학자 남병철」, 『과학사상』 33집, 109-113쪽; 전용훈, 2011. 「南秉哲의 『推步續解』와 조선후기 서양천문학」, 『규장각』, 38호, 177-201쪽; 노대환, 2010. "19세기 중반 남병철(1818~1863)의 학문과 현실 인식", 『이화사학연구』 40, 151-171쪽; 김문식, 2001, "남병철이 파악한 서양의 과학기술", 『문헌과 해석』 16, 214-217쪽 등.

하여 해설을 붙였으며, 몇 가지 의기는 독창적으로 발명하였다. 『의기집설』은 조선 후기에 대두된 의기 개수론과 제작된 천문·계시 의기에 대하여 가장 상세하게 그 구조와 기능을 설명하고 있는 점에서 매우 귀중한 자료이며,[9] 19세기 동아시아 천문학사·과학기술사를 대표하는 저작의 하나로 평가되고 있다.(남문현·陳久金 국역, 2013A: 17) 이로 미루어 볼 때 남씨 형제가 19세기 중후기 조선의 학술계에 상당한 영향을 미쳤음을 알 수 있다.

「상권」 혼천의 초반부에는 중국 혼천의의 역사, 구조와 함께 남병철 자신이 발명한 혼천의의 구조, 제작법 그리고 사용법이 상세하게 기술되어 있다. 이 새로운 남병철의 혼천의는 중국의 전통적인 육합의·삼진의·사유의에다 '재극권載極圈'을 추가한 것이다. 이것은 그 명칭이 뜻하는 대로 '극축極軸을 싣고서 운행하는 권圈'으로, '재극권'의 아래 윗면에는 적극공赤極孔, 황극공黃極孔과 천정공天頂孔이 뚫려 있어서 사유권의 극축을 적극공·황극공·천정공에 각각 삽입하기만 하면 적도·황도·지평 좌표를 직접 측량할 수 있다. 이는 적도식 혼의에서 천체의 황도경도黃道經度·황도위도黃道緯度와 지평경도·지평위도를 측량하는 것보다 훨씬 편리하다. 이는 중국식 혼천의에 대한 중요한 개진改進으로 중국식 혼천의를 최고 수준으로 발전시킨 것이다. 중국에서는 이처럼 개선된 것을 찾아볼 수 없다. 이는 조선의 학자가 창조해 낸 것으로 남병철의 공헌이다. 이것을 사용하여 모든 천체의 위치와 기타 천문 수치를 대부분 측정할 수 있으며, 거기에는 구면삼각법을 이용하여 각종 천문 수치를 추산하는 방법도 들어 있다.

현재 「상권」에 대하여는 이용삼, 김상혁, 천 조우진陳久金, 한영호와 남문현 등은 복원 모델을 발표하였다.[10]

---

9 俞景老, 1996.『한국과학기술사 자료대계』, 천문학편 10, 여강출판사, 1-6쪽.

10 남병철의 혼천의에 대한 연구는 다음과 같다. Nam, Moon-Hyon, Hahn, Young Ho and Chen Jiujin, 1996. "An Innovation on the Structure of Armillary Sphere by Nam Pyeng-Chul: Pole-axis pivot circle Jaikeuk Kwon", 8th International Conference on the History of Science in East Asia, August 26-31, 1996, Seoul, Korea; 김명호·남문현·김지인, 2000. "南秉哲과 朴珪壽의 天文儀器 製作-『儀器輯說』을 중심으로-",『조선시대사학보』12집; 이용삼·김상혁·남문현, 2000. "남병철의 혼천의 연구 I", *Journal of the Korean Astronomical Society*, 34권; 南文鉉·韓永浩·陳久金, 2001. "南秉哲的 渾天儀 主要技術革新-載極圈",『李迪教授 科技史研究 40周記念論文集』內蒙古師範大, 中國; Lee Yong-Sam, Kim Sang-Hyuk and Nam Moon-Hyon, 2002. "On The Armillary Sphere of *Uigijipsol*", International Conference on Astronomical Instruments and Archives from the Asia-Pacific Region, Cheongju, Korea, 2-5, July, 2002; 김상혁·이용삼·남문현, 2006. "남병철의 혼천의 연구 II", *Journal of the Korean Astronomy and space Science*, 23(1). 71-90쪽.

9.3.2. 혼천의

1) 혼천의설

혼천의는 혼천의설, 제법, 용법으로 구성되어 있다. 개설에서는『제가역상집』에서 소개한 중국의 혼천의 역사를 종래 송 · 원대 자료를 주축으로 한 혼의에 국한한 반면, 남병철은 명대 후반 숭정 연간(1628~1644년)에 출간한『서양역법西洋曆法』「혼천의설」에 나타난 이천경李天經과 탕약망湯若望이 제작한 '숭정 혼의崇禎渾儀'와 청대 건륭 연간(1736~1795년)에 출간한『흠정의상고성欽定儀象考成』에 나타난 기형무진의璣衡撫辰儀를 참고로 하였다. 새로 제작한 혼천의의 구조와 원리는 다음에 인용한「혼천의설」속에 함축되어 있다.

> 이제 역대 각종 혼의의 제작 방법을 보편적으로 살펴 복잡한 부속품은 제거하고, 간단한 부속품은 보강하여 새로운 혼의를 제작하였다. 제작된 의기는 다섯 겹[오중五重]으로 여덟 개의 환[팔환八環]을 지니고 있다. 이것의 외환外環은 지평환과 마찬가지로 저좌底坐 즉, 받침대에 연결되어 있다. 이것은 의기의 북극을 조정하여 북천극北天極을 정확하게 맞출 수 있으며, 의기를 수평 위치에 자리 잡도록 하는 동시에 지평경도를 측량하는 용도로도 사용된다. 제2중은 자오환子午環에 세워 천정天頂을 지난 적경赤經을 상징하며, 동시에 적도환을 세워 천구天球의 위도를 나타낸다. 자오환과 적도환은 중요中腰에서 서로 연결되어 하나로 고정되며 지평환에 얹힌다.
>
> 제3중은 삼진환에 세우는데, 그 양쪽 끝의 작은 구멍을 자오환의 극축에 연결하여 마치 천체가 움직이는 것을 나타내듯 왼쪽으로 회전시키기에 편리하며, 중요中腰에서 유선적도환游旋赤道環 ·황도환과 서로 연결되어 칠정七政이 궤도를 따라 운행하는 것을 나타낼 수 있다. 제4중은 재극환載極環으로 사유의 양쪽 끝의 삽입 구멍이 적극축赤極軸 · 황극축黃極軸 그리고 천정축天頂軸을 선택토록 하는 기능을 지닌다.[11] 제5중은 사유환으로 직접적으로 관측하는 기능을 한다. 이 혼천의를 설계 · 제작하면서 숭정 연간(1628~1644년)에 제작한 혼의의 성구星球와 지구地球를 사용하지 않고 단지 건륭 연간(1736~1795년)에 제작된 기형무진의의 유선적도환만을 사용하고, 또, 수권竪圈의 경우, 쌍환을 사용하지 않았으며, 관측에 사용된 규표窺表는 항상 평행을 사용하였는데, 이는 제작상의 편리함과 관측상의 편의를 고려한 것이다. (『儀器輯說 · 上』 장3앞뒤; 남문현 · 陳久金, 2013A: 53-54)

---

11 중국의 전통적 견해로는 혼의를 육합 · 삼진 · 사유의 3중으로 나누지만, 남병철은 지평환을 부좌跗坐에 고정시키고, 육합의와 나누어 계산하고, 또 삼진의와 사유의 사이에 재극권 하나를 더하기 때문에 의儀는 5중으로 나뉜다고 하였다. 8권은 육합의의 지평환, 자오환, 천상적도환을 포함하고, 삼진의의 삼진환, 유선적도환, 황도환을 포함하며, 바깥에 재극환과 사유환이 더해진다.

표 9-1. 혼천의의 주요 부품, 구조와 특징

명 칭	부 품	구조와 특징	비 고
외 환(外環)	지평권(地平圈)	자오권의 바깥 면에 위치. 받침대에 고정됨	1. 지평경도 360도, 12지(十二支)에 따라 방향을 새김
육합의(六合儀)	자오권(子午圈)	자오권 양극에서 90도 되는 지점에서 천상적도권과 수직으로 일치. 자오권은 지평권에 의해 고정됨	1. 단환 2. 환 등쪽에 중선(中線)을 새김 3. 주천도수(양측면 360도, 양극에서부터 초도(初度) 0도를 새김
	천상적도권(天常赤道圈)	자오권 크기와 같음. 자오권과 십자로 직각을 이룸	1. 환 등쪽에 중선을 새김 2. 묘유정선 좌우에 주천도수를 새김 3. 양측면에 십이시진(진행 방향은 각각 다름) 96각을 새김
삼진의(三辰儀)	삼진권(三辰圈)	삼진권은 자오권 안에 위치하며 회전. 환의 남·북극에는 자오권 축이 삽입되는 구멍이 있음	1. 환 등쪽에 중선을 새김 2. 주천도수(양측면 360도, 양극에서부터 초도 0도)를 새김
	유선적도권(遊旋赤道圈)	삼진권의 크기와 같음. 삼진권 양극에서 90도 되는 지점에서 수직으로 함께 회전	1. 환 등쪽에 중선을 새김 2. 양측면에 주천도수를 새김 3. 상면에 12궁(축궁초도) 우방향
	황도권(黃道圈)	삼진권의 크기와 같다. 황도권의 동지점과 하지점을 삼진권의 남북 23.5도 되는 지점에서 연결	1. 환 등쪽에 중선을 새김 2. 양측면에 주천도수를 새김 3. 상면에 72후(候)의 명칭(동지는 축궁초도 우방향)
재극권(載極圈)	재극권	삼진권 안에 위치. 재극권 남북극점에 각각 구멍을 내어 자오권 축에 삽입. 적극, 황극과 천정공이 있음	1. 환 등쪽에 중선을 새김 2. 양측면에 주천도수를 새김 3. 양극의 남북으로 23.5도(황극공), 52도24분45초(천정공)
사유의(四遊儀)	사유권(四遊圈)	재극권 안에 위치. 직거와 규형을 포함	1. 단환 2. 환 등쪽에 중선을 새김 3. 양측면에 주천도수를 새김(극→중요(中腰), 중요→극)
	직거(直距)	사유권 원의 중심을 지나고 양 끝에는 구멍이 있어 극축 삽입	1. 직거 중심에 구멍이 있어 左右에 규형축 삽입
	규형(窺衡)	직거의 크기와 같다. 규형 중심에 구멍을 뚫어 직거와 연결	1. 규형 2개[각각 통광표(通光表)와 측성표(測星表)를 부착]
관측표(觀測表)	통광표(通光表)	통광표 높이와 너비는 규형의 너비와 같으며, 너비에 중선을 새김	1. 상표(상: 구멍, 십자경선, 하: 장방형구멍, 가운데 직선) 2. 하표[상: 小구멍, 下: 아래 부분에 직봉(直縫)]
	측성표(測星表)	상표는 높이와 너비가 일정한 네모꼴로 규형의 상단 중심에 놓는다. 하표는 상표의 두 배 크기	1. 상표(上表) 2. 하표(下表)(구멍 직경 1푼 이하)
	지시도표(指時圖表)	지시도표 한쪽 끝으로부터 가로로 산구(山口)를 만듦. 입구의 안에 사유권을 끼울 수 있게 함	1. 산구의 바깥을 따라 너비를 반으로 나누어 한쪽을 제거한 후 지선(指線) 제작(사유권 중선과 일치시킴)
받침대	용주(龍柱)	지평권을 4개의 용주로 받침	「혼천의 제법」에서는 따로 항목을 두어 언급하지 않았으나, 전통적인 혼천의와 비슷할 것임
	오운주(鰲雲柱)	자오권 아래를 받침	
	수부(水趺)	十자 모양의 밑받침으로 용주와 운주지지. 수평 맞춤	

2) 제법

표 9-1은 혼천의의 주요 부품, 구조와 특징을 요약한 것이다.(『儀器輯說 · 上』 장3뒤-장6뒤; 남문현 · 陳久金, 2013A: 55-73)

그림 9-2는 앞의 글과 표 9-1에 보인 혼천의 제법에 따라 구성한 혼천의 모델이다.(이용삼 · 남문현 · 김상혁, 2000: 51) A는 혼천의 모델이며, B는 통광표, C는 측성표의 개념도이다.

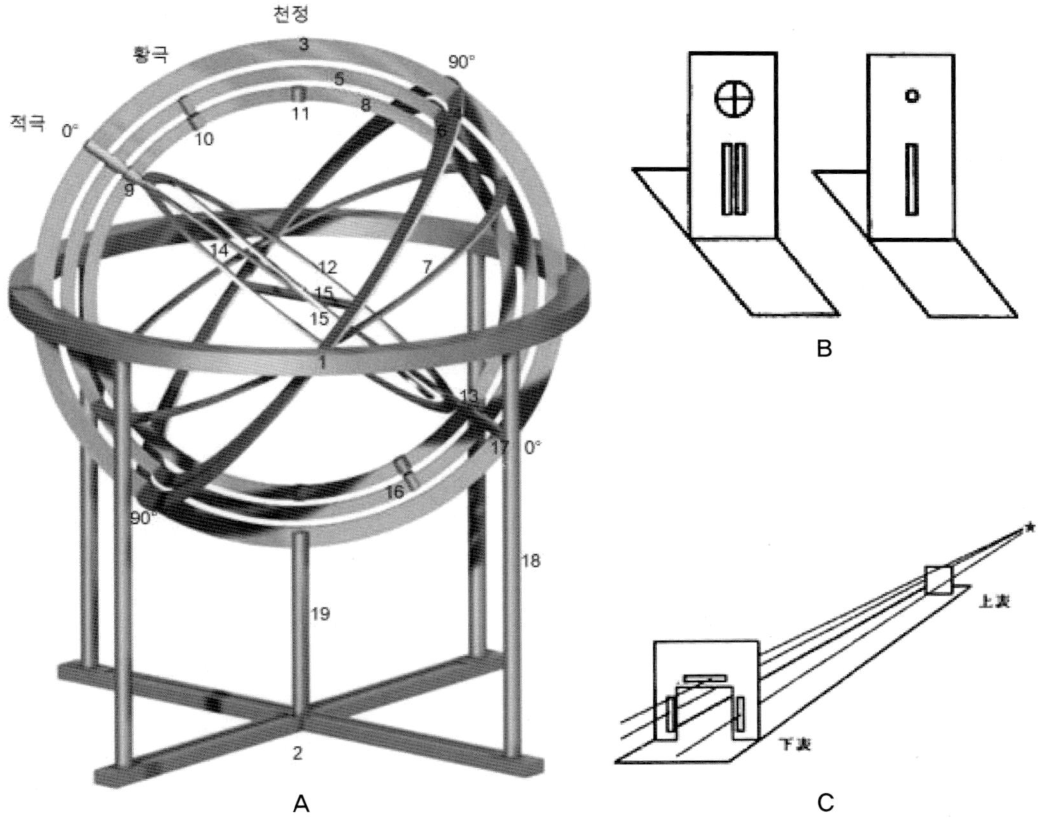

그림 9-2. 혼천의 복원도

A. 구조와 명칭: 1. 지평권(地平圈), 2. 저좌(底坐, 水趺), 3. 자오권(子午圈), 4. 천상적도권(天常赤道圈), 5. 삼진권(三辰圈), 6. 유선적도권(游旋赤道圈), 7. 황도권(黃道圈), 8. 재극권(載極圈), 9. 적극공(赤極孔), 10. 황극공(黃極孔), 11. 천정공(天頂孔), 12. 사유권(四游圈), 13. 사유권축(四游圈軸), 14. 직거(直距), 15. 규형(窺衡) 2개, 16. 황극삼진권축(黃極三辰圈軸), 17. 남북극천경축(南北極天經軸), 18. 용주(龍柱), 19. 오운(鰲雲) (출처: 이용삼 · 김상혁 · 남문현, 2001: 52쪽 그림 7 개작; 남문현 · 陳久金, 2013A: 167쪽 그림 46 부도 9를 옮김) **B.** 통광표, (좌) 상표와 (우) 하표 (출처: 이용삼 · 김상혁 · 남문현, 2001: 52쪽 그림 5) **C.** 측성표 (출처: 이용삼 · 김상혁 · 남문현, 2001: 52쪽 그림 6)

3) 구조의 특징

앞서 인용문에 나타난 바와 같이 남병철이 혼천의를 제작하면서 주로 참고한 대상은 명대 숭정 혼의와 청대 기형무진의이다. 그림 9-3 A는 숭정 혼의, B는 기형무진의 도해이다.

남병철은 혼천의를 설계할 때 숭정 혼의의 제작법을 연구하여 성구와 지구를 제거하고 불필요한 부품을 없앴으며, 또한 기형무진의의 특징을 참조하여 유선적도권을 그대로 남겨 두는 동시에 종래 조선 초기부터 사용한 주천周天도수 365.25도제를 버리고 360도제를 사용하였다. 따라서 관측치의 표기에 있어서도 큰 변화를 가져오게 되었다. 또한 백각환에서 사용하는 12시 100각의 하루 단위를 천상적도권에서는 12시 96각으로 나타내게 되었다. 황도권, 백도권白道圈을 통하여 극황경, 극황위, 극백경 등을 직접 측정할 수도 있었지만 결국 구조가 복잡해지고 관측위치가 관측에 영향을 미쳤으며, 황백黃白경위도마저 부정확하였기 때문에 나중에는 황도권과 백도권을 제거하였다. 사실상 적경, 적위가 나오면 간단한 삼각함수표나 입성立成(수표)을 이용하여 황경, 황위와 백도경도를 환산할 수 있으며, 반대의 경우도 마찬가지다.

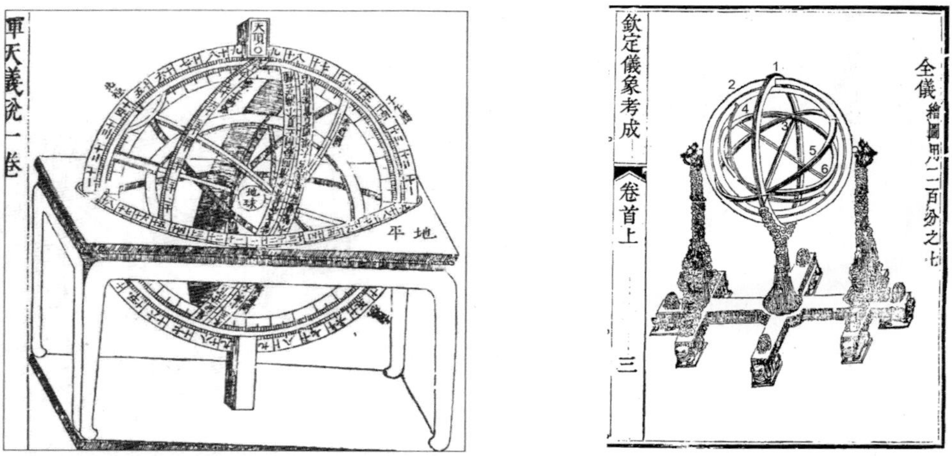

A B

그림 9-3.

A. 명대 숭정 혼의 도해 (출처: 『西洋曆法』「渾天儀說」1卷에서 인용) **B.** 청대 건륭 기형무진의 도해: 1. 자오권(子午圈), 2. 천상적도(天常赤道), 3. 북극(北極), 4. 유선적도(游旋赤道), 5. 적도경권(赤道經圈), 6. 사유환(四遊環), 7. 남극(南極) (출처: 『欽定儀象考成』首卷 上에서 인용)

또한 "제작상의 편리와 관측상의 편의를 고려하여" 관측처가 되는 쌍환을 일률적으로 단환으로 바꿨고, 이와 상응하여 사유권에 직거를 설치하였으며, 직거의 중심 좌우에 규형 하나씩을 각각 부설하여 관측에 사용하도록 하였다. 역대 혼의의 구조는 조준을 위한 규형이 한 개인 경우가 대부분이었는데, 혼천의 규형 하나에는 상하 통광표通光表를, 또 다른 규형에는 상하 측성표測星表를 부착하여 관측 정밀도를 높였다. 또한 기형무진의에서 사용한 지시도표指時度表도 설치하여 지상의 물체나 별, 일월 5행성을 관측하였다.

그림 9-2에 나타낸 것과 같이 이 혼천의는 5중 8권으로 재극권을 새롭게 창안하여 사유환의 축을 지평, 적도, 황도 좌표로 자유롭게 변환시켜 주는 방식이다. 따라서 구식 혼의로는 위황도 도수僞黃道度數만을 측정할 수 있었던 결점이 단번에 해소되었다. 이런 극축 변환방식과 비슷한 것이 기형무진의에 앞서 제작한 그림 5-11C에 보인 삼진공구의 三辰公晷儀이다.(北京天文館 編, 1987: 193) 그러나 이것으로는 적도경위도와 지평경위도를 측정할 수 있으나 황도경위도를 측정할 수 없다.

4) 용법

혼천의 사용법에서 가장 먼저 다루고 있는 것은 기기의 설치 방법[안의安儀]이며 다음과 같다. 그림 9-2에 보인 의기의 받침대와 지평환을 수평의 위치에 놓은 다음, 자오환을 자오선 방향으로 조정하고, 한양漢陽 지방의 북극출지고도北極出地高度에 따라 혼의의 북극고도를 정하여 천구天球의 운행 규율에 부합되도록 한다.【수평을 조정하는 방법은 연수선鉛垂線을 사용하거나, 받침대의 십자가 수조十字架水槽에 물을 대는 방법을 사용할 수 있다. 자오선과 북극출지고도는 의기를 이용하여 구할 수 있다.】

(1) 사유권의 세 가지 용도[사유권삼용四遊圈三用]

사유권의 극축을 적극赤極의 극공極孔에 삽입하면 적도경위의赤道經緯儀가 된다. 적도의 경도를 구하려면 천상적도권天常赤道圈의 오정午正 지점에서부터 천상적도권을 따라 천상적도권이 사유권과 서로 맞물리는 지점까지 세어 나간다. 적도의 위도를 구하려면 사유권이 천상적도권과 서로 맞물리는 지점으로부터 사유권을 따라 규형窺衡의 지시선指時線이 사유권과 서로 맞물리는 지점까지 세어 나간다.

사유권의 극축을 황극黃極의 극공에 삽입하면 황도경위의黃道經緯儀가 된다. 황도의 경도를 구하려면 황도권의 춘분 · 추분 또는 동지 · 하지의 초도점에서부터 황도권을 따라 오른쪽으로 회전하여 사유권의 중선과 서로 맞물리는 지점까지 세어 나간다. 황도의 위도를 구하는 경우에는 사유권이 황도권과 교접하는 지점에서부터 사유권을 따라 규형의 지시선이 사유권과 교접하는 지점까지 세어 나간다.

사유권의 극축을 천정天頂의 극공에 삽입하면 지평경위의地平經緯儀가 된다. 지평의 경도를 구할 때는 지평권의 정오 지점에서부터 지평권을 따라 지평권이 사유권의 중선과 교접하는 지점까지 세어 나간다. 지평의 위도를 구할 때는 사유권이 지평권과 서로 교접하는 곳으로부터 사유권을 따라 규형의 지시선이 사유권과 교접하는 지점까지 세어 나간다.

(2) 남북의 진선을 측정하는 방법[측남북진선測南北眞線]

방향을 판별하고 위치를 구별하는 것은 역법曆法과 성상星象을 연구함에 있어서 매우 중요하다. 따라서 남북의 방향이 먼저 확정되어야만 비로소 중천中天까지 운행하는 성좌를 관측하고 태양의 행도行度를 추산할 수 있다. 남북 방향의 대략적인 위치는 쉽게 알 수 있지만 선線을 세워 방향을 정하는 데에는 미세한 오차도 없어야만 비로소 확고부동한 진선을 얻어낼 수 있다. 가령 지남침을 이용하는 경우, 어느 한쪽으로 치우칠 수 있으며, 그 치우친 각도 역시 지역에 따라 달라질 수 있다.

따라서 남북 진선을 구하려면 반드시 측량을 표준으로 삼아야만 한다. 이는 우선 앞에 소개한 방법에 따라 의기를 잘 설치하고, 태양이 지평선에서 막 떠오를 때, 그날 태양이 지평에서 떠오를 때 오정에서 동쪽으로 떨어진 적도 도수를 측정하고, 다시 태양이 막 지평선으로 질 때 그날 태양이 지평으로 들어간 때 오정에서 서쪽으로 떨어진 적도 도수를 측정한다.【태양이 지평선에서 나오고 들어간 시각이 오정시각과 몇 시간 몇 분이나 떨어졌는가를 가지고서 적도도赤道度를 삼는데, 이것이 바로 태양이 지평을 드나드는 것이 오정에서 떨어진 적도도이다. 가령 춘분일과 추분일의 경우, 태양은 묘정卯正에서 떠오르는데, 묘정에서 오정까지가 오동 적도도午東赤道度이다. 또, 태양은 유정酉正에서 지는데, 오정에서 유정까지가 오서 적도도午西赤道度이다. 이것을 측량하는 방법은 다음의 "태양의 시각을 구하는 방법"에서 자세히 설명한다.】만약 동서 두 개의 거오도距午度를 측정하여 서로 같을 경우에는 의기가 지시하는 자오권의 방향이 바로 구하려는 남북의 진선이다. 측량 결과, 오동도午東度가 크고 오서도午西度가 작은 경우에는 자오권이 서쪽으로 치우쳤음을 의미하고, 오동도가 작고 오서도가 큰 경우에는 자오권이 동쪽으로 치우쳤음을 의미한다. 이처럼 동서 두 개의 거오도수距午度數를 상쇄하여 줄어든 수를 반으로 나누면 의기의 자오권이 자오선에서 벗어난 적도경도赤度經度이다. 벗어난 도수에 의거하여 자오권과 마주한 방향으로 선을 그으면 이것이 바로 구하려는 남북의 진선이다.

다른 한 가지 방법은 사유권의 극축을 천정의 극공에 삽입하고, 규형을 사용하여 임의의 밝은 항성恒星 하나[대자大者]를 조준하여 동쪽에 있을 때, 그것의 지평위도 즉, 고도와 지평경도를 측량한다. 그리고 이 항성이 서쪽으로 움직여 동일한 지평고도에 위치하기를 기다려 다시 그것의 지평경도를 측정하여 이 두 경도의 차수差數를 반으로 나누면, 이것이 바로 의기가 남북으로 벗어난 지평경도이며 이를 자오권의 방향과 마주하여 선을 그으면 남북의 직선이 나온다.

(3) 북극출지평고도北極出地平高度의 측정[측북극출지도測北極出地度]

북극은 일정한 방위에 위치한다. 그러나 북극과 지평과의 거리는 고저에 따른 차이를 지니는데, 이는 사람들의 거주지가 남북으로 차이가 있기 때문이다. 북극의 고도 차이 역시 지역에 따른 주야晝夜의 장단, 추위와 더위의 진퇴, 그리고 태양과 달을 비롯한 각종 천체와 천정과의 거리 차이와 관계가 있다. 북극의 출지가 높은 경우는 거주지가 북극에 가깝고 겨울과 여름, 밤과 낮의 길이가 큰 차이를 보이며, 추위와 더위의 변화 또한 극심하고, 태양과 달을 비롯한 운행되는 모든 천체가 황도의 위치를 따라 하강하여 천정에서 아주 멀어지게 된다. 사실, 북극출지평의 고도는 적도가 천정에서 떨어진 도수와 정확하게 일치한다. 만약 측량이 정밀하지 못하여 측량된 북극고도가 1푼分의 차이만 있게 되더라도 춘분과 추분의 추산시각이 실제와 1시간의 차이가 나게 되고, 동지와 하지의 경우는 하루 내지 이틀의 차이가 나게 된다. 추산해 낸 태양의 행도가 정확하지 못하다면 추산된 달과 5성의 경도 및 위도가 실제 위치와는 상당한 차이를 보이게 된다. 따라서 반드시 세밀하게 북극출지고도를 측정하여야만 한다.

앞서 소개한 의기의 설치 방법에 따라 의기를 설치한 다음, 해당일의 태양의 황도상에서의 경도를 계산하여 삼진의의 황도권에서 상응하는 위치를 찾아 이를 자오권의 중선에 맞춘다. 그런 다음 오정의 시각이 되기를 기다려서 일광日光이 황도권의 내벽內壁을 전혀 비추지 못하게 되었을 때에 조정하여야만 한다.【만약 황도권의 내부에 아직 일광이 비출 수 있다면, 태양 광선이 자오권의 내벽을 비추지 않을 때까지 육합의의 자오권을 지평권과 마주하여 위아래로 이동시킨다.】 지평권이 자오권과 교접하는 자선子線의 지점으로부터 자오권을 따라 위쪽으로 극축이 있는 지점까지 세어 나가면 이 도수가 바로 해당 지역의 북극출지고도이다.

다른 한 가지 방법은 사유권의 극축을 천정의 극공에 삽입하고, 규형을 이용하여 임의로 북극에 가까우면서 하중천下中天에 위치한 항성 하나를 선택한다. 그리고 그것이 가장 낮은 지평위도에 이르렀을 때의 도수를 측정한 다음, 다시 그것이 상중천上中天에 이르기를 기다려 그것이 가장 높은 지평위도에 위치하였을 때의 도수를 측정하여 두 도수를 반으로 나누면 이것이 바로 그 해당 지역의 북극출지고도이다.

(4) 북극출지고도의 계산법[산법算法]

하나의 항성을 관측하여 그것이 지평에서 나와 오정에 이르기까지 소요되는 시간, 그리고 오정 때의 지평고도를 측정한다. 그리고 여기에 소요된 시간을 적도 도수[12]로 환산하여 —1시간은 15도임. 대시大矢 〈무–정〉을 1율率로, 정시正矢 〈정–기〉를 2율로, 고도 〈갑–을〉호弧의 정현 〈갑–축〉을 3율로 하여, 비례법으로 정현 〈경–자〉를 구하면 4율이 된다.

이에 앞서 혼천의 사용법과 관련된 천문학, 수학 용어, 표기법을 요약하면 다음과 같다.

① 대시大矢와 정시正矢: 그림 9–4A에서 적도대원赤道大圓의 반원에서 90도보다 큰 호장弧長(호의 길이)을 끼고 있는 현弦을 대시라 하고, 90도보다 작으면서 그와 마주한 현을 정시라 한다.

② 삼각함수 정리. 그림 9–4B에서 x=cosθ: 여현餘弦. y=sinθ: 정현正弦. sin〈P–a〉=정현〈P–a〉. cos〈P–a〉=여현〈P–a〉, tan〈P–y〉=정절〈a–b〉. cotangent=여절餘切. secant=정할正割. cosecant=여할餘割

③ 호弧와 각角의 표현. 호=호〈甲–乙〉; 원문=甲乙弧. 각=각〈甲–辛–丁〉; 원문=甲辛丁角

그림 9–4C는 북극출지고도 측량법을 구하는 도식과 비례식을 나타낸 것이다.

12 태양과 항성은 천구天球에 부속되어 적도극축赤道極軸 방향을 따라 동쪽에서 서쪽으로 좌선左旋하여 하루 밤낮에 한 바퀴씩을 회전한다. 즉, 매 24시간마다 동쪽에서 서쪽으로 360도를 운행하여, 1시간당 15도를 운행한다. 이처럼 태양이나 항성이 어떤 방위로부터 다른 하나의 방위로 운행한 시간수를 측정하여 15도로 곱하면 양자 간에 서로 떨어진 적경도수赤經度數를 환산해 낼 수 있다. 이와 반대로 적경도수를 구하여 15도로 나누면 서로 떨어진 시간 수를 구할 수 있다.

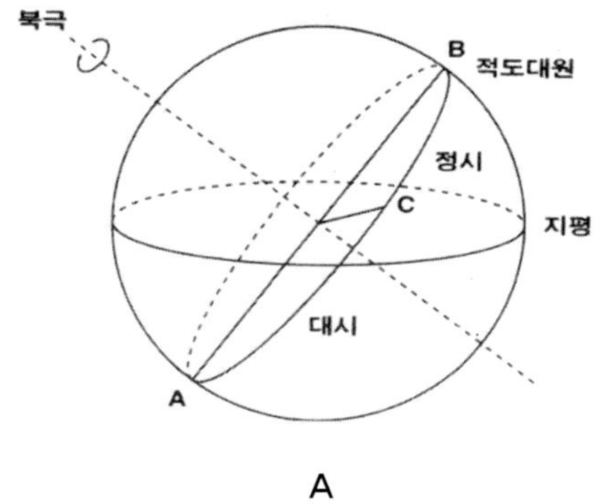

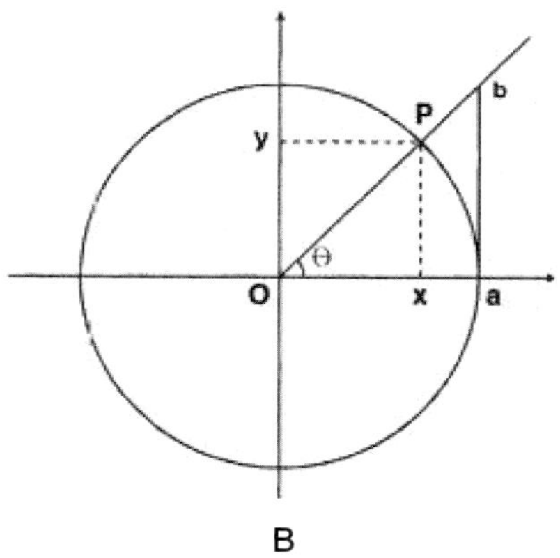

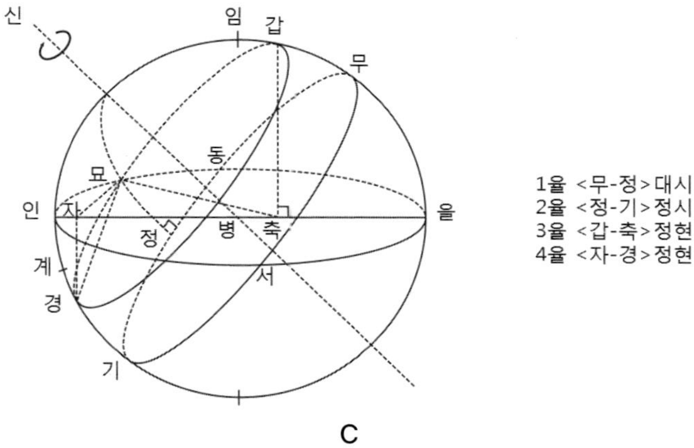

그림 9–4.

A. 대시와 정시 **B.** 삼각함수 정리 **C.** 북극출지고도 측량법과 비례식(출처: 김상혁 · 이용삼 · 남문현, 2006: 77; 남문현 · 陳久金, 2013A: 79쪽 그림 17을 옮김)[13]

〈무–정〉 : 〈정–기〉 = 〈갑–을〉 정현 : 〈경–인〉 정현
즉, 〈무–정〉 : 〈정–기〉 = 〈갑–축〉 : 〈경–자〉

삼각함수표에서 〈경–인〉호를 찾아 이 수치에서 이 항성이 천정에서 떨어진 도수를 빼고 남은 수치를 다시 1사분면에 가산하고 반으로 나눈다. 여기에서 얻어지는 도수를 다시 1사분면에서 빼고 남는 수치가 바로 북극출지평 적도도北極出地平赤道度이다.【이는 서양의 전도사인 안가락顔家樂이 소개한 방법으로 『적수유진赤水遺珍』[14]에 수록되어 있다.】

13 원서의 그림은 좌우가 바뀌게 그렸다.(『儀器輯說 · 上』 장9뒤 참조)
14 1758년(건륭 23년) 청나라 매각성梅瑴成(1681~1763)이 저술한 천문산학서.

그림 9-4C에 나타낸 것처럼, 〈임〉은 천구의 천정이고, 〈인-병-을〉은 지평이며, 〈신〉은 북극이다. 〈신-임-을-기-인〉은 자오권이고, 〈무-기〉는 적도이다. 별은 동쪽의 묘에서 지평선을 올라 중천까지 운행하여 자오권과 〈갑〉에서 서로 엇갈린다. 이 별이 〈묘〉에서 〈갑〉까지 운행하는 데 소요된 시간을 도수로 변환하면 각(∠)〈갑-신-정〉에 해당된다. 〈정〉은 〈묘〉 지점을 통과하여 만들어진 적도경선으로, 〈정〉에서 적도와 서로 교접한다. 대시 〈무-정〉은 각(∠)〈갑-신-정〉과 마주하는 적도의 호장으로, 정시는 〈정-기〉이다.【이는 바로 〈정-신-기〉 외각外角의 정시이다.】〈갑-을〉은 해당 별자리가 상중천에 위치하였을 때의 지평고도로, 그것의 정현은 바로 〈갑-축〉이다. 〈갑〉점을 거쳐 적위거등권赤緯距等圈 〈갑-경〉을 형성하고, 〈경〉에서 자오선의 하중천과 서로 엇갈린다. 〈경〉이 지평선을 향하여 수선垂線〈경-자〉를 만들면서 호〈경-인〉의 정현이 된다. 〈갑-묘-축〉과 〈자-묘-경〉은 두 개의 닮은꼴 직각삼각형으로[15], 〈갑-묘〉와 〈묘-경〉의 비율은 〈갑-축〉과 〈자-경〉의 비와 서로 같다. 또, 〈갑-묘〉와 〈묘-경〉의 비는 〈무-정〉과 〈정-기〉의 비와 같다. 따라서 〈무-정〉과 〈정-기〉의 비 또한 〈갑-축〉과 〈자-경〉의 비와 서로 같다.

〈갑-묘) : 〈묘-경〉 = 〈갑-축〉 : 〈자-경〉이고,
또, 〈갑-묘) : 〈묘-경〉 = 〈무-정〉 : 〈정-기〉이므로,
〈무-정〉 : 〈정-기〉 = 〈갑-축〉 : 〈자-경〉임.
∴ 〈자-경〉 = 〈경-인〉 정현 = 〈갑-축〉 〈정-기〉 / 〈무-정〉 = 〈갑-을〉 정현 = 〈정-기〉 / 〈무-정〉임.

〈경-자〉의 수치를 구하면 삼각함수표에서 〈인-경〉의 호장을 구할 수 있다. 〈인-경〉호에서 해당 별이 천정에서 떨어진 호장 〈계-경〉(〈임-갑〉과 같다.)을 빼면 〈인-계〉호의 호장이 나온다. 이를 사분면 〈인-임〉과 더하면 호〈임-신-계〉가 된다. 〈신〉은 그 중점中點으로 반을 나누면 〈신-임〉호의 길이가 나오는데, 이것이 바로 북극이 천정에서 떨어진 거리이다. 이를 사분면 〈임-인〉에서 빼면 〈신-인〉호가 나오는데, 이것이 북극출지평고도이다.

15 고대에 중국에서는 직각삼각형의 짧은 변을 구勾라 하고, 긴 변을 고股라고 불렀으며, 빗변[斜邊]을 현弦이라고 불렀다. 따라서 구고형勾股形은 직각삼각형을 가리킨다. 동식同式의 두 구고형이란 두 개의 닮은꼴 직각삼각형이다. 동식이란 형식이 서로 같다는 의미이다. 그림 9-6은 이것을 나타낸 것이다.

다음은 의기를 사용하여 구할 수 있는 측정 항목 17개와 이에 따른 산법이다. 앞서 북극출지도 측정법과 계산법에서 보인 바와 같이 항목마다 이론을 소개하고 사유의의 극축을 선택하여 측정하는 방법과 비례식을 이용한 계산법을 거쳐 측정 결과를 검토하였다. 그리고 몇 가지에 대하여는 결과를 부록으로 제시하였다. 측정 항목에는 참고로 사유의의 극축을 재극권의 천정(지평), 적극, 황극공 가운데 어디에 삽입하는가를 표시하였다.

① 적도의 고도 측정測赤道高度: 천정. 적도의 고도 계산법. ② 태양의 전도 측정測太陽躔度: 적극. 태양의 행도 계산법[태양 적위로 황도 경위 구하기]算法[有太陽赤緯求黃道經道]. ③ 태양의 시각 측정測太陽時刻: 적극. 태양의 시각 계산법. 부록: 도수度數를 시분時分으로 변환하거나, 시분을 도수로 변환하는 표附: 以度數變爲時, 以時變爲度數表. ④ 태양의 출입 시각 및 주야의 장단 측정測太陽出入時刻及晝夜永短: 적극. 태양의 출입시각 및 주야의 장단을 측정하는 계산법. ⑤ 태양의 적도 경도와 위도의 측정測太陽赤道經緯度: 적극. 태양의 적위 적경 계산법[태양의 적도 위도로 적경을 구한다.]算法[有太陽赤緯求赤經]. ⑥ 태양의 각 절기 오정 및 각 시각 고도의 측정測太陽各節候午正及各時刻高度: 적극. 각 시각 태양 고도 계산법. 부록: 태양의 각 절기와 각 시각의 고도표附 太陽各節候及各時刻高度表. ⑦ 태양의 지평경위도 및 편도 측정법測太陽地平經緯度及偏度: 천정. 태양의 지평경위도 및 출입 편도 계산법. ⑧ 몽영시각 측정법測曚影時刻: 천정. 몽영시각의 계산법. ⑨ 황적대거의 측정법測黃赤大距: 적극. 황적대거의 계산법. 부록: 각 절후의 거도수附 各節候距度數. ⑩ 태양 교절기의 시각 측정법測太陽交節氣時刻: 천정. 태양 교절기의 시각 계산법. ⑪ 달과 별의 적도경위도 측정법測月星赤道經緯度: 적극. 계산법은 태양법과 같다算法與太陽法同. ⑫ 달과 별의 황경위도 측정법測月星黃道經緯度: 황극. 달과 별의 황도경위도 계산법. ⑬ 달과 별의 지평경우도 및 편도의 측정測月星地平經緯度及偏度: 적극. 달과 별의 적경 적위로부터 지평경위를 구하는 계산법算法[有月星赤道經緯求地平經緯]. ⑭ 달과 별의 지평 출입 시각과 당중 및 편도의 측정測月星出入地平時刻與當中及偏度: 적극. 달과 별의 지평 출입 시각의 계산법. ⑮ 두 별 사이의 사거도 측정測兩星斜距度: 적극. 두 별 사이의 사거도 계산법. ⑯ 황백대거의 한계 측정測黃白距限: 천정. ⑰ 황적동승도차의 측정測黃赤同升度差: 황극 등이다.(『儀器輯說 · 上』 장7앞–장53앞; 남문현 · 陳久金, 2013A: 74–157)

여기서는 열거한 측정법과 계산 과정을 모두 소개하지 못했으나 앞서 보인 사례에서 나타나듯이 의기 발명자로서 남병철은 측정에 임하여 관상감 감생들에게 의기 사용법과 측정 이론을 먼저 간단 · 명료하게 설명한 다음, 천체를 측정하는 과정을 기술하였다.

측정이 끝난 뒤에는 측정값을 이론적으로 검증하기 위해 비례식을 만들고 이것의 해를 구하는 과정을 통해 데이터를 처리하는 방법을 논의하였다. 『의기집설』은 관상감에서 천체관측과 시각측정 교재로 활용하였음을 알 수 있다.

앞서 열거한 측정법에서 다루고 있는 북극 출지 고도, 적도 고도, 태양의 궤도, 태양의 시각, 태양의 지평면 출입시각 및 낮과 밤의 길이, 태양의 적도와 적경의 측정 등은 역대 조선의 역법에 나오는 중요한 천문학적 항목이다. 하지만 그 계산법이나 측정이론 등은 종합적으로 소개되지 않았다. 그런 측면에서 앞서 열거한 용법에서 소개한 이론과 산법은 과거의 이론적 토대와 서양과학적인 산법이 함께 표현되어 있어 당시 천문학 계산에서 구면 삼각법을 도입했음을 알 수 있다. 이리하여 천문수표[입성立成]을 활용하던 조선의 천문 계산 체계에서도 일대 혁신을 가져오게 되었다.(김상혁 · 이용삼 · 남문현, 2006: 89)

9.3.3. 맺음말

남병철의 혼천의는 옛날부터 내려오는 중국 역대 혼천의의 구조와 기능을 두루 이해한 뒤에 부품을 가감하는 등 제작기술을 고안하여 만든 하나의 창제품으로서 이른바 "법고창신法古創新"의 산물이다.[16] 중국 역대 혼천의의 결함을 보완할 수 있도록 "재극권"을 설치하여 적극, 황극, 천정을 축으로 삼고, 세 가지 좌표를 하나로 합쳐 필요에 따라 극축을 선택할 수 있는 자유자재의 혼의를 발명하였는데, 이는 동아시아 역대 혼천의 제작사에서 일대 혁신으로 평가할 수 있다. 이는 하나의 의기가 여러 가지 기능을 갖도록 정교하게 설계한 것으로서 적도경위의, 황도경위의, 지평경위의라는 세 가지 기능을 동시에 갖춘 것이다. 따라서 구식 혼의로는 위황도도수僞黃道度數만을 측정할 수 있었던 결점이 단번에 해소되었다. 따라서 재극권 장착은 혼의 성능개선에 있어 중요한 역사적 의미를 지닌다. 이와 유사한 기능을 갖는 것으로 청대에 제작된 기형무진의의 모델인 삼진공구의가 있으나, 이 의기로는 천체의 적도경위도와 지평경위도를 측정할 수 있으나 황도경위도를 측정할 수 없다. 남병철은 삼진공구의에서 어떤 계시나 힌트를 얻을 수도 있었겠

16 "法古創新(옛것을 본받아 새로운 것을 창조한다.)"이라는 말은 연암 박지원이 『열하일기熱河日記』를 통하여 문체의 파격을 주장한, "法古而知變법고이지변 創新而能典창신이능전(법은 옛것을 본받아야 하지만 변통시킬 줄 알아야 하며, 새로운 것을 창조하더라도 능히 법도에 맞고 아담함을 잃지 않아야 한다.)"에서 유래한다.

으나, 황도좌표 문제는 이것으로 끝내 해결되지 못한 상황에서 그의 독자적인 창의와 노력에 의해 결국 해결을 보게 된 것이다. 그가 용법에 보인 측정 항목들은 조선 초기부터 천체관측과 역법교정에 활용한 천문학적 내용이며, 과거에는 측정이론이나 계산법을 밝히는 대신 수표를 인용하는 데 그쳤으나 남병철은 구면삼각법을 활용하여 이런 문제를 해결하였다. 이는 한국 혼천의 역사의 크나큰 공헌이라 할 수 있다. 앞으로 이 혼천의의 복원 · 제작을 통하여 제법과 용법의 내용을 검증 · 발전시키고, 용법 항목에 따라 점검을 통하여 당시의 과학기술 수준을 가늠할 수 있기를 기대한다.

다음에는 『의기집설』 하권의 내용을 소개한다.

9.4. 『의기집설』 하권

『의기집설』 하권에서는 9종의 의기 제작법과 사용법을 소개하고 있는데, 이것들은 대부분 명 · 청대에 중국에서 번역된 서양의 과학기술 서적 가운데 천문학과 수학의 영향으로 만들어진 것들이다. 이 가운데 혼개통헌의 · 간평의 · 혼평의는 바로 서양의 성반星盤(Astrolabe)을 동아시아의 전통에 맞춰 만든 것들이다. 성반은 복잡한 것과 간단한 것이 있는데, 간평의와 혼평의는 서로 원리가 비슷하고 구조가 간단하며, 주로 태양과 항성에 관련된 측량에 사용된다. 가령, 시간이나 태양의 행도 및 고도, 북극고도 따위를 구하는 것이 그 예이다. 박규수가 제작한 평혼의에는 특별히 제작된 남북총성도원반南北總星圖圓盤이 부가되어 있는데, 이는 시각을 구하는 것 이외에도 각 절기의 야간시각, 항성의 남중 및 출입 방위를 구하는 데 사용할 수 있으며, 아울러 중성을 이용하여 시각을 구하는 데도 사용할 수 있다.

하권에 실려 있는 나머지 6개 의기 가운데, 적도고일구의의 원리와 기능은 혼평의와 대략 비슷하다. 의기의 받침틀을 혼평의의 환형環形이 아닌 구고형勾股形으로 만들고 항성 관측을 위해 혼평의와 같이 성도星圖를 부착하였다. 이것을 이용하면 주간과 야간의 시각을 함께 구할 수 있다. 구진천추합의 역시 구면 직각삼각형의 원리에 입각하여 구진성勾陳星 또는 천추성天樞星의 특수한 위치를 이용하여 절기권節氣圈과 시각권時刻圈을 상한호象限弧

내에 두었다. 별을 의기상의 해당 위치에 조준하고 절기선을 이용하여 시각을 결정할 수 있다. 이것과 적도고일구의는 중국에서도 유례를 찾을 수 없는 남병철의 독창성이 돋보이는 것들이다. 험시의는 초침 · 각침(분침) · 시침을 갖춘 서양식 자명종으로서 12소시小時(1시간) 시반을 시침이 하루에 2회전한다. 지구의는 지세의를 만드는 방법을 소개한 것으로 천문학과도 일정한 관계를 갖는 연유로 이 책 속에 수록하여 소개하였다. 후반부에는 이상혁이 제작한 양영규일의와 남병길이 제작한 양도의를 제법만 간략하게 소개하였다.

「하권」에서 소개한 의기에 대하여는 김명호, 김지인과 남문현(2000) 등의 연구로 일부 의기의 구조와 내용이 밝혀졌다. 다음에는 연구와 국역 과정에서 밝혀진 내용을 소개한다. 이번 저서에서는 국역 과정에서 다루지 못했던 험시의, 적도고일구의의 복원을 시도하였으며, 양도의를 모델링하여 적용하는 방법과 양영규일의의 입판과 횡판 구조와 유물을 등을 소개하였다. 자세한 내용은 앞서 소개한 저술과 국역본을 참조하기 바란다.

9.4.1. 혼개통헌의

1) 혼개통헌의설

혼개통헌의渾蓋通憲儀는 중국 명대 말기 이지조李之藻의 『혼개통헌도설渾蓋通憲圖說』에 뿌리를 둔 것이다. 이 책은 1607년(萬曆 35년)에 출판되었다. 이것은 한문으로 서양의 성반을 소개한 최초의 책이다.[17] 이지조의 자서自序에 따르면 그는 일찍이 예수회의 이탈리아인 마테오 리치Matteo Ricci에게서 성반에 대하여 배우고, 후일 이를 도설의 형태로 출판하였

17 『渾蓋通憲圖說』이 조선에 전래된 것은 1630년(인조 8년) 정두원鄭斗源(1581~?)이 명나라에 진주사陳奏使로 갔을 때 역관 이영준李榮俊이 예수회의 로드리게즈Jeronimo Rodriguez(중국명 陸若漢, 1561~1634)를 알게 되어 그를 통하여 조선 국왕에게 보내는 선물로 예수회 선교사들이 한역한 서양 과학기술 서적을 비롯하여 망원경, 자명종, 화포 등을 받아 온 데서 비롯된 것으로 보인다. 과학서적 가운데 들어 있는 『이마두천문서利瑪竇天文書』는 1629년 이지조가 그간의 업적을 모아 간행한 『천학초함天學初函』으로 추정된다. 이 책은 천주교 교리서인 이편理編 10종과 서양과학기술서인 기편器編 10종을 합한 것이다. 기편은 마테오 리치와 이지조가 지은 『기하원본幾何原本』, 『동문산지同文算指』, 『혼개통헌도설渾蓋通憲圖說』, 『측량법의測量法義』와 『구고의勾股儀』, 웅삼발熊三拔과 서광계徐光啟가 지은 『태서수법泰西水法』, 웅삼발의 『간평의설簡平儀說』, 『표도설表度說』, 양마락陽瑪諾(Emmanuel Diaz)이 지은 『천문략天問略』 등이다.(이수웅 · 陳久金 · 남문현, 2001: 253)

다고 한다. 이지조는 서문에서 '혼개통헌'이라는 책이름에 담긴 의미를 풀이하여 "전체 그림은 '혼渾'이 되고, 원을 나눈 것은 '개蓋'가 된다"고 하고, '혼천渾天'과 '개천蓋天'이 천상을 관측하는 방법에 있어서 서로 통하며 단지 관측의 각도가 다를 뿐이라고 하였다. 남병철은 『사고전서제요四庫全書提要』를 인용하여 『혼개통헌도설』을 다음과 같이 소개하였다.

> 『혼개통헌도설』 2권은 명나라 사람 이지조李之藻가 지은 것이다. 이 책은 서양의 간평의법에서 나온 것이다.[18] "'혼천渾天'과 '개천蓋天'은 모두 입체 원, 즉 구球이지만, '간평'은 '혼천'을 그린 평면 원이다. '혼천'은 사람이 밖에서 둘러 살핀 천구天球의 전체 형상이고, '개천'은 반구형으로 안에서 바깥으로 살피지만, 그러나 '간평'이 평면에 불과한 것은 사람이 한곳에 머무르면서 천구를 직시할 때 바라보는 그곳에 면이 생기기 때문이다"라고 하였다. 원리는 다음과 같다. 사람이 천구의 남극이나 북극에서 황도·적도·주장晝長·주단晝短의 여러 원을 바라보면 시선視線이 지나는 점들이 하나의 평면 원 위에 모인다. 뒤이어 각 지점의 북극출지 도수 곧, 위도에 맞춰 시법視法을 따라 천정과 지평의 둘레를 취하면 역시 앞의 평면 원 속에 나타난다. 그다음으로 적도경위도를 따라 눈으로 보는 방법으로 칠요七曜와 항성恒星을 취하면 역시 앞의 평면 원 속에 나타난다. 시법에서는 적도를 중권中圈으로 하는데, 적도 안은 눈에 가까울수록 원이 점점 커지고 반경은 더욱 길어진다. 또, 적도 밖은 눈에서 멀어질수록 원이 점점 작아지고 반경은 더욱 짧아진다. 이지조는 주단규晝短規를 가장 큰 원으로 삼았는데 곧, 남극에서부터 바라보면 주단규는 눈에 가까우므로 원이 큰 것이다. 중화中華의 땅에서 살펴보면 북극이 높아 북극에서 113.5도 이내의 것은 모두 이 대원 안에 있다는 의미이다.
>
> 매문정은 일찍이 『정보訂補』 1권을 짓고 그 설에서 말하기를, "혼개통헌의는 개천의 방법을 이용하여 혼의의 쓰임새를 대체하였는데, 그 형태 및 구조는 『원사元史』에서 찰마로정札瑪魯鼎이 사용한 의기 가운데서 찾아볼 수 있다.[19] 중국 상고시대의 주비유술周髀遺術[20]이 일찍이 서양에

18 '간평의'라는 명칭은 마테오 리치Matteo Ricci가 최초로 만든 번역명으로 '간단한 평면의 의기'라는 의미가 담겨져 있다. 이는 혼의가 구형球形인 것에 상대한 것으로 이후 명·청대를 거치면서 그대로 사용되었다. 현대에는 '성반星盤'이라고 옮기는데, '별을 관측하는 쟁반'이라는 의미가 담겨져 있다.

19 찰마로정札瑪魯鼎(?~?)은 札馬魯丁, Jamal al-Din 등으로도 쓴다. 서역 사람으로 페르시아 마라가 Margaha 천문대를 거쳐 많은 서적과 의기를 갖고 원대 초기에 쿠빌라이의 초청으로 중국으로 이주하였다. 이후 상도上都에 회회사천대回回司天臺를 설립하고 제점提點(대장)으로 복무하였다. 『元史·天文志1』에는 그가 제작한 서역의상西域儀象 7종이 수록되어 있는데, 가장 나중의 것이 올속도아자불兀速都兒剌不(Ursturlab)로, '주야시각측정기[주야시각지기晝夜時刻之器]'라는 의미로 풀이되며 성반이다. 이것은 일찍이 세종이 일성정시의를 창제하는 데 원용하였다. 찰마로정에 대하여는 제4장 4.4.1항 참조.

20 주비周髀는 『주비산경周髀算經』의 약칭으로 이 책에서 소개한 천상 관측의 방법을 "주비유술周髀遺術"이라고 한 것이다.

전해진 것에서부터 나온 곳이 아닌지 의문이다. 그러나 이 책에서는 황도분성黃道分星의 방법은 반은 빠져버리고 완전하지 못하다. 이런 종류의 의기는 중국에서 극히 드물게 보이기 때문에 자세한 형태 및 구조를 알 도리가 없었다. 이제 거기에서 빠진 것을 보충하고 잘못된 구석을 바로잡아 그 원리대로 제작할 수 있겠다"라고 하였다. (『儀器輯說 · 下』 장1앞-장2앞; 남문현 · 陳久金, 2013: 185-187)

다음에는 혼개통헌의 제작법이 이어진다.

2) 제법

'혼천'의 법칙 · '개천'의 모형 두 가지는 서로 일맥상통하는 것이다. 앞면은 내려다본 원의 모습이고, 뒷면은 선기옥형[21]으로 천체의 고도 측량에 사용할 수 있는 설비이다. 원의 중심에는 두 개의 극점이 위치한다. 위의 고리에 끈을 매어 사용할 때에 그것을 매달아서 본다. 의기의 앞면에 있는 중원中圓은 주야평원晝夜平圓이자 적도이며, 의기의 외원外圓은 주단원晝短圓이고 내원內圓은 주장원晝長圓이다. 가장 아래 곡선은 새벽과 저녁의 몽영[22]의 계선界線이고, 그 위의 곡선은 지평의 계선이며, 그 위로 천정까지의 90도는 점승도漸升度 곡선이다. 그 나머지 방향은 두 개씩 서로 마주하게 만들었는데, 이들 곡선은 반드시 천정을 지난다. 내원과 외원의 사이를 잇고 있는 원은 황도권이다. 추축樞軸의 중심을 지나는 직선은 자오선이고, 천정을 지나는 곡선은 묘유권卯酉圈이다. 그 나머지 방향은 두 개씩 서로 마주하게 만들었는데, 이들 곡선은 반드시 천정을 지난다. 몽영 계한 이하의 5개 부분은 야루夜漏(누각의 경점)를 나눈 것이다. 내원과 외원의 사이를 잇고 있는 원은 황도권이다. 태양을 새기고 경성經星을 달아 천체의 운행을 나타낸다. 황도권 위를 가로지르는 것은 시간을 정하는 의기 정시척定時尺이다.

의기의 뒷면[배면背面]에서 외권外圈은 주천도수周天度數이고, 외권에 바짝 붙어 있는 내권內圈은 편권偏圈으로 세주歲周의 도수이다. 가장 안쪽 권의 평선平線 윗면의 6단의 호선弧線은 6시구時晷의 각선刻線이다. 평선 아랫면의 두 개의 장방괴長方塊는 구고의勾股儀이다. 규관窺管은 성반 중심에 매달린다. (『儀器輯說 · 下』 장2앞-장2뒤; 남문현 · 陳久金, 2013: 188)

---

21 『書經 · 舜典』에 나오는 '璇璣玉衡'의 의미에 대하여 두 가지 해석이 있었다. 하나는 천체의 좌표를 측량하는 의기를 가리키는 것이고, 다른 하나는 북두칠성을 가리키는 것이다. 여기에서는 물론 각도角度를 측정하는 의기인 혼의를 가리키는데, 이것은 차용한 말이다.

22 "몽경曚景"은 '몽영曚影'이다. 고대 중국에서는 '경景'자를 '영影'자로 풀이하기도 하였는데, 일출 전과 일몰 후에 막 서광曙光이 나타나는 시각이다.

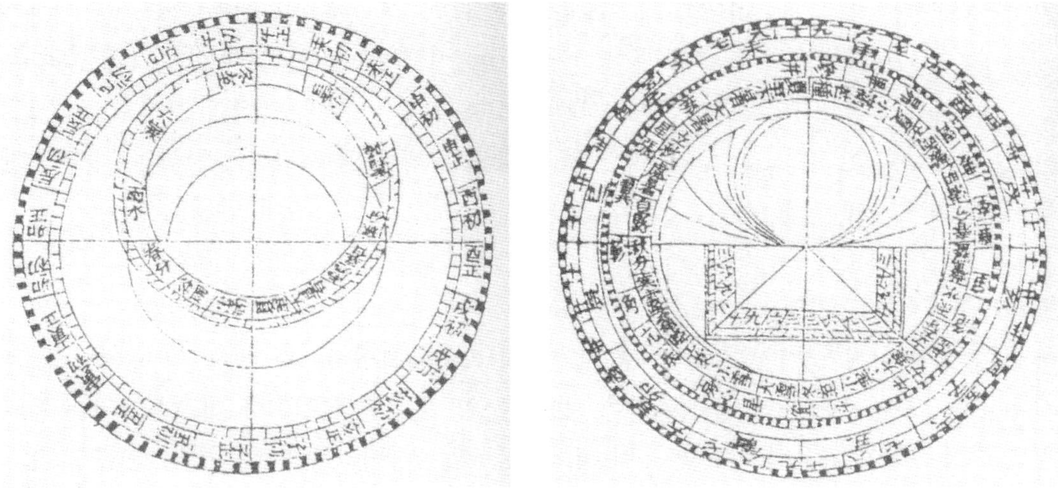

그림 9-5. 의기의 앞면(좌)과 뒷면(우) (출처: 『渾蓋通憲圖說』에서 인용)

참고로 그림 9-5는 『혼개통헌도설』에 나타난 혼개통헌의 도면이다. 왼쪽은 앞면이고, 오른쪽은 뒷면이다.

이어서 남병철은 주천을 360도로 나누고, 이것을 6등분하고 네 차례 절반씩 나누면 96각을 만들어 1각이 3도 45분이 되어 도度를 시時로 나누어 그리는 방법을 비롯하여 주단규, 주야평규, 주장규 등 3규를 그리고 그 위에다 천정 · 지평선을 그린다. 그 위에는 다시 점승도권을 그리는 방법을 설명하였다. 다음에 방위선, 몽영선, 주야전루선晝夜箭漏線, 십이궁선十二宮線, 황도규와 십이궁선, 경위도에 따라 별을 안치하는 선, 세주규歲周規, 육시구영규六時晷影規, 구고현勾股弦을 그려 의기의 전후면을 제작할 수 있도록 하였다. 그리고 시각을 결정하는 정시척을 만드는 방법을 설명하였다.(『儀器輯說 · 下』 장2뒤-장8앞; 남문현 · 陳久金, 2013: 189-230)

3) 용법

혼개통헌의를 사용하기 위하여 의기를 설치하는 방법[안의安儀]는 다음과 같다. 의기를 틀에 매달고 의기 배면에 수직으로 내린 추선墜線을 관찰하여, 천정의 종선縱線과 하나로 합쳐지도록 하여 의기가 지평의 위치에 자리 잡도록 하였다. 이렇게 하여 다음과 같이 13개 항목을 구하였다. ① 태양과 달 · 별의 고호高弧 도수, ② 황도반黃道盤의 태양 행도, ③ 주야의 시각, ④ 태양의 오전 · 오후 · 오정 및 달 · 별의 편동偏東 · 편서偏西 · 당중當中, ⑤ 태양 각 절기의 오정 및 각 시각의 고호 도수, ⑥ 열수列宿의 고저도高低度, ⑦ 각 절기의 주야의 길이, ⑧ 몽영 시분, ⑨ 태양의 지평 출입 시각, ⑩ 항성의 지평 출입 및 당중 시각, ⑪ 오경 시각, ⑫ 십이분주일十二分晝日, ⑬ 지평의 방위 등이다.

4) 부록

사용법에 이어 남병철은 부록으로 두 가지를 제시하였다. 한 가지는 구고의勾股儀를 사용하여 고도, 심도深度와 원근 측량에 사용하는 방법에 관한 것이다. 또 한 가지는 앞의 방법을 응용하여 거울과 표表를 세워 고도, 심도와 원근을 측정하는 방법이다. 그리고 구척矩尺을 이용하여 강이나 하천의 원근을 측량하는 방법에 관한 것이다. 이 방법들은 모두 비례식을 이용하여 계산하는 방식을 활용하였다.

(1) 구고의 용법

구고의를 사용하여 고도의 측량를 측량하려면 그림 9-6에 보인 바와 같이 측량하고자 하는 고도를 대고大股로 삼고, 나 곧, 관측자의 발아래로부터 관측하고자 하는 것의 아래까지를 대구大勾로 삼으며, 【알고 있는 변邊이기도 한다.】 구의의 한 변을 소고小股로 삼고, 다른 한 변을 소구小勾로 삼는다. 【깊이와 원근을 측량하는 경우, 복구 나, 대소 구고는 형편에 따라 달라진다.】 규형의 위치를 살펴 소구고와 소구와 소고의 수를 얻고, 대구고는 비례를 통해 알 수 있다.

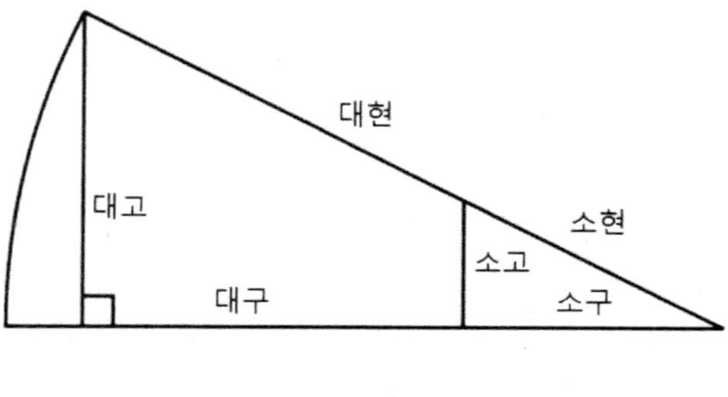

그림 9-6. 구고의를 이용하여 고도를 측정하는 방법

(2) 거울을 이용하여 고도를 측정하는 방법[이경측고법以鏡測高法]

거울을 평지에 내려놓고 높이를 측량하려면 그림 9-7과 같이 대구와 소구 사이에 물체 — 가령 산봉우리 · 나무 · 불탑 등 — 의 도영倒影이 거울 중앙에 있도록 하면서 관측자가 거울 뒤쪽으로 물러나서 선다. 눈에서 다리까지를 소고로, 다리에서 거울의 중심까지를 소구로, 거울의 중심에서 측량하는 대상 물체의 최고 도영까지의 거리를 대구로 삼는다. 이렇게 하여 소구를 1율로, 소고를 2율로, 대구를 3율로 하여 구해낸 4율이 측량하고자 하는 대고의 고도이다.

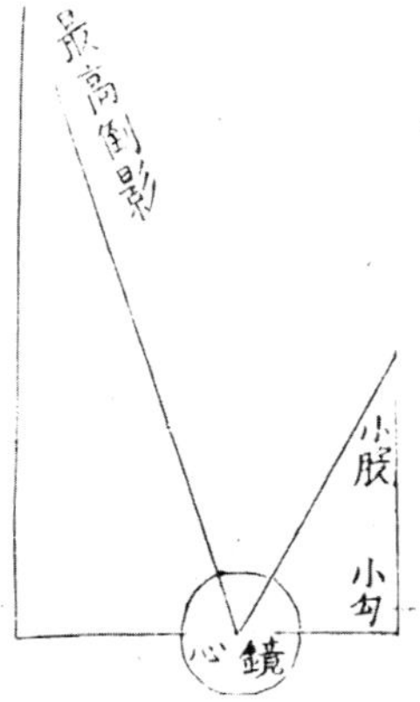

그림 9-7.
거울을 이용하여 고도를 측정하는 방법
(출처: 『儀器輯說 · 下』 장16 앞)

남병철은 혼개통헌의를 이용하여 천체의 위치와 시각을 측정하고, 또 혼개통헌의 뒷면에 구고현을 그리는 방법을 확장하여 구고의를 제작하여 지상의 물체를 측량하는 방법을 고안하였다. 특히, 『혼개통헌도설』에는 이지조가 투영법의 원리에 대해 상세히 기술하고 있는 부분은 모두 생략하고, 실제 혼개통헌의를 제작하고 사용하는 데 꼭 필요한 내용만이 아주 간략하고 이해하기 쉽게 정리하였다. 이에 대하여 Nam(2012)은 19세기 중반 정도에는 천체투영법에 대한 이해가 보편화되어 있어 더 이상 자세한 설명이 필요 없게 되었다든가 또는 『의기집설』의 집필 의도가 이론보다는 실용성에 더 강조점을 두었기 때문이라고 생각할 수 있다.(Nam, K.U., 2012: 111)

9.4.2. 간평의

1) 간평의설

『의기집설』에 실린 『간평의설』은 간평의에 대한 총론적 성격의 글로 『사고전서제요四庫全書提要』에서 『간평의설』을 해제한 내용을 앞머리에 옮겨 실은 것이고, 본론에 해당하는 간평의 제작법과 사용법은 대개 우르시스Sabbathino de Ursis(熊三拔, 1575~1620)의 『간평의설』을 축약하여 담아낸 것이다. 먼저, 『사고전서제요』에서 『간평의설』을 해제한 내용을 소개한다.

『간평의설』 1권은 명나라 때에 서양사람 웅삼발熊三撥이 지었다. 책머리에 있는 서광계徐光啓의 서문에 따르면, 이 책은 일찍이 이마두利瑪竇(Matteo Ricci)의 검토와 교열을 거친 적이 있다. 이 책의 요지는 시법視法을 따라 '혼원渾圓'을 취하여 '평원平圓'을 만들고, '평원'에서 '혼원'의 수치를 측정한다는 점이다. 책 전체에서 12개의 명수名數와 13가지의 사용 방법을 세워놓고 있다.

그 원리는 다음과 같다. 상반上盤과 하반下盤 두 개를 사용한다. 천반天盤은 아래에 위치하며, 적도경위赤道經緯의 도수를 측정할 수 있기 때문에 양극선兩極線 · 적도선赤道線 · 절기선節氣線과 시각선時刻線이 설치되어 있다. 지반地盤은 위에 위치하며, 지평경위地平經緯의 도수를 측정할 수 있기 때문에 천정天頂 · 지평地平 · 고도선高度線 · 지평분도선地平分度線이 설치되어 있다. 모두가 사람의 육안이 천구天球 바깥의 먼 지점으로부터 관찰하는 것을 설정한 것이다. 정면으로 마주한 대원大圓은 평원平圓이 되고, 비스듬하게 안쪽에 기대어 있는 것은 타원橢圓이며, 원심圓心을 지나는 것은 직선이 되고 대권大圈과 나란히 같은 거리에 있는 작은 원들 역시 모두가 직선이 된다. 지반은 반이 텅 비어 있으며 똑같은 반원을 합쳐서 만들 수 있다. 두 개의 반의 중간에는 추뉴樞紐가 끼어 있어서 돌릴 수 있다. 사용할 때에 관측 지점의 북극고도에 맞춰 두 개의 반을 안정시키면 적도와 지평 두 경위선의 엇갈림이 분명하여, 무릇 절기와 시각과 태양의 고도와 편도偏度를 모두의 수치를 상호간에 취할 수 있다. 천반에는 네모난 판자를 사용하여 그 양쪽 변에 이표耳表 두 개를 설치하고, 이것으로 일영日影을 측량한다. 지반의 중심에는 아래로 수선垂線 하나가 매어져 있는데, 이것으로 도분度分을 살필 수 있다. 이 의기를 사용하면 태양의 고호도高弧度를 구할 수 있다. 태양의 고호를 구하면 그 시각의 태양의 각종 수치 역시 이에 따라 구할 수 있다. 이런 의기는 천구를 평면에 그려놓은 것으로 촛불의 그림자를 평면 위에 투영한 것과 같아서 비록 모습을 본뜬 것이기는 하지만 이를 통하여 그것의 실제적 수치를 구할 수 있다. 호삼각弧三角의 도수를 재어 계산을 대신하는 법은 사실상 여기에서 나온 것이다.

이제 그것의 측량 방법을 탐구해 보면 원리가 간단하고, 계산이 빠르며, 수학적으로 정교한 의기라고 할 수 있다. (『儀器輯說 · 下』 장19앞뒤; 남문현 · 陳久金, 2013A: 231-233)

2) 제법

"천반은 아랫면에 위치하고, 지반은 윗면에 위치한다. 하반의 중심은 지심地心으로 하반의 중심을 지나는 횡선의 양 끝은 남극과 북극이 되고, 하반의 중심을 지나는 수직선은 적도선이 된다. 적도선의 좌 · 우 두 개의 변은 각각 6개의 직선을 지니는데, 안쪽에서 바깥쪽으로 나가면서 차츰 넓은 것으로부터 조밀해지며 절기선이 된다. 극선極線의 상 · 하에는 각각 12개의 곡선이 있는데,

안쪽에서 바깥쪽으로 나가면서 차츰 넓은 것으로부터 조밀해지며 시각선이 된다.

상반의 원심을 지나는 수직선은 천정선이고, 원심을 지나는 횡선은 지평선이다. 횡선 양쪽 끝의 작은 막대기는 규표窺表이다. 반의 중심에서 아래로 반의 주변으로 매어져 있는 것은 추선墜線이다. 상반과 하반의 변 가장자리는 각각 360도로 나눈다. 종래의 제작 방법은 상반의 윗면을 비워 두고 아랫면은 꽉 채웠는데, 비어 있는 곳에는 일구선日晷線을 그리고 꽉 차 있는 곳에는 직응도분直應度分을 그렸다. 두 개의 이표耳表는 하반의 위쪽 귀퉁이에 위치한다."

이것에다 절기선과 시각선을 그리고 상반을 제작한다. 먼저 주천의 대원을 그려 360도로 나눈 다음, '十' 자로 세로선과 가로선을 그려 반盤을 4등분한다. 가로선은 남극선과 북극선이 되고, 세로선은 춘분선과 추분선, 다시 23.5도 떨어진 도수를 취하여 춘분선과 추분선 좌·우의 가로선에 점으로 표시를 한다. 이 두 점을 통과하여 춘분선과 추분선의 평행선을 그으면 하지선과 동지선이 된다. 다시 비례척정현선 90도의 두 점을 이용하여 앞서 23.5도의 정현선도正弦線度에 따라 그린다. 15도·30도·45도·60도·75도 상의 각 점에서 두 점이 떨어진 도수를 구하여 춘분선과 추분선 좌·우의 횡선 위에 점으로 표시를 한다. 춘추분선과 평행을 이루는 선을 하나씩 그으면 24절기선이 된다.

비례척정현선比例尺正弦線 90도의 두 점을 이용하여 본원의 반경도에 따라 그린다. 절기선을 그린다.[23] 또한 시각선을 그린다. 비례척정현선 90도의 두 점을 이용하여 반원의 반경도半徑度에 따라 그린다. 다시 15도·30도·45도·60도·75도를 구하고【더러는 순서에 따라 3도 45분의 정현을 취하기도 한다.】두 점 간에 떨어진 도수를 구하여 원심에서부터 춘분선과 추분선 위·아래에 점으로 표시를 하고, 다시 비례척정현선 90도의 두 점을 이용하여 동지선과 하지선의 반도半度에 따라 그리고 15도·30도·45도·60도·75도의 각 점이 각각 두 점에서 떨어진 도수를 구하여 횡선과 동하지선이 서로 교차하는 지점으로부터 동지선과 하지선의 위·아래에 점으로 표시를 한다. 삼점동원법을 이용하여 그려서 서로 연결하면 각 절기의 각 시각선이 된다. 그리고 상반의 전경全徑을 이용하여 원을 그려 하반의 분도권分度圈 내에 두어 하반의 분도를 항상 보이게 한다. 이 원을 360도로 나누고 원 안에 세로로 반경을 그리고 가로로 직경을 그려 '정丁'자 모양으로

23 정현비례척이나 비례규정현선은 간평의나 양도의와 같은 천문의기를 제작하는 데 필요한 척도로서, 절기선을 그리거나 시각선을 그리는 데에 사용되었다. 정현선의 눈금은 팔선표八線表 즉, 삼각함수표에서 1도에서부터 90도까지의 값을 읽어서 표시한다.『御製數理精蘊·下篇』卷40「末部」10〈比例規解〉에는 분원선分圓線·정현선正弦線·정절선正切線·정할선正割線 등 모두 아홉 가지 척도의 제작법이 실려 있고, 비례척을 제작하는 방법과 사용하는 방법에 대해서는『어제수리정온·하편』이외에도『역산전서曆算全書』등에 자세하게 실려 있다. 간평의를 비롯한 각종 천문의기를 제작할 때에 비례척 정현선을 사용한 사실로 미루어 남병철을 비롯하여 박규수·남병길·이상혁 등은 모두 의기를 제작함에 있어서 위에서 언급한 문헌들을 참고하여 비례척을 만들어 사용하였던 것으로 짐작된다.(남문현·陳久金, 2013A: 232-233쪽 권말 부록 간평의 참조)

만들면 종경縱徑은 천정선天頂線이 되고, 횡경橫徑은 지평선이 된다. 지평선의 양 끝에 규표窺表를 세우고 반심盤心에 공축孔軸을 만들어 이를 하반의 반심에 삽입하여 잘 맞으면서도 뻑뻑하지 않게 하여 '축심軸心을 따라' 돌아가게 한다. 축의 머리에 추선墜線을 매달아 상반을 제작한다.

(『儀器輯說 · 下』 장19뒤-장21앞뒤; 남문현 · 陳久金, 2013A: 234-237)

그림 9-8A와 B는 「간평의도설簡平儀圖說」에서 인용한 천반과 상반 제작법에 따라 그린 것이다. 남병철의 설명에 따르면, 간평의는 상반에는 천정선과 지평선만 표시하고 일구선과 직응도분은 표시하지 않으며, 또 본래는 하반의 일영선日景線의 양쪽 끝에 세우던 규표를 상반의 지평선 양쪽 끝으로 옮기는 등, 우르시스의 간평의를 보다 간편하게 일부를 개량한 의기인 것으로 추정된다.

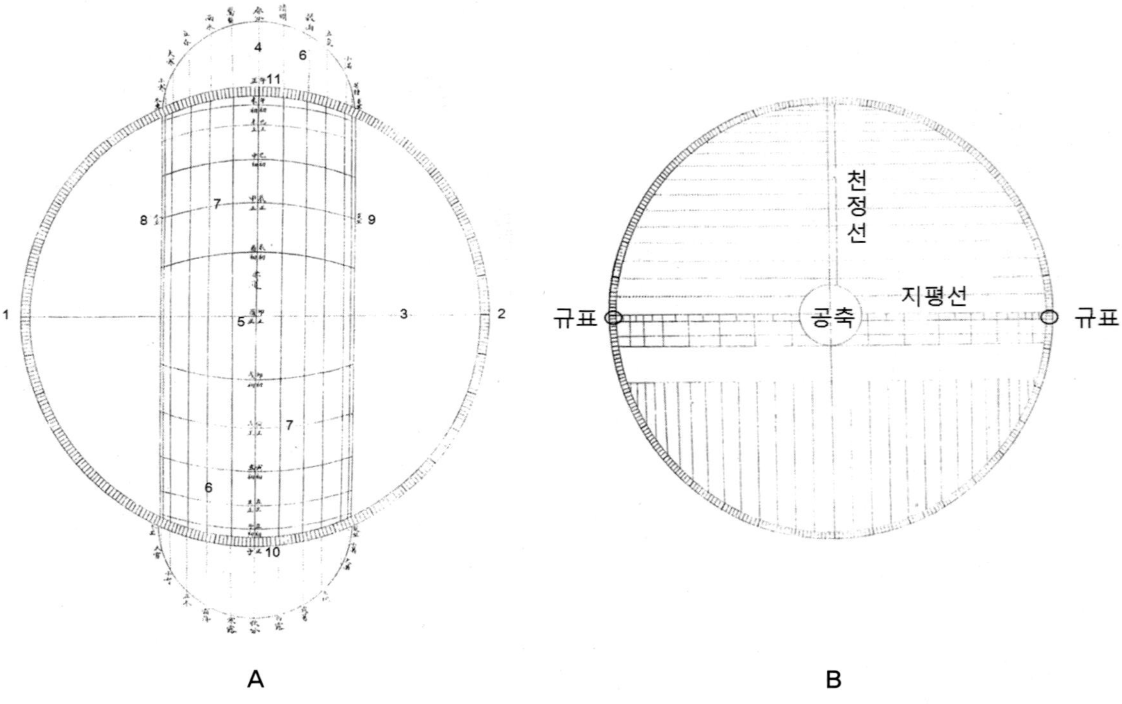

그림 9-8. 간평의 천반과 상반 제작법 (출처: 남문현 · 陳久金, 2013A: 238쪽, 그림 70, 71을 옮김)

A. 천반 부품 명칭: 1. 북극(北極), 2. 남극(南極), 3. 극선(極線), 4. 적도선(赤道線)[춘추분선(春秋分線)], 5. 지심(地心)[묘정 초각(卯正初刻) 유정 초각(酉正初刻)], 6. 24절기선(節氣線), 7. 주천권(周天圈)[12시각선(十二時刻線)], 8. 동지(冬至), 9. 하지(夏至), 10. 자정(子正), 11. 오정(午正) **B.** 상반

3) 용법

남병철은 간평의를 이용하여 태양의 고호도 구하기를 비롯하여 다음과 같은 12가지 항목을 측정하는 방법을 제시하였다. ① 태양의 고호도 구하기, ② 태양의 각 절기 거적도위도距赤道緯度 구하기, ③ 태양의 '오정午正' 고호도 구하기, ④ 북극출지고도 구하기, ⑤ 각 절후의 주야의 길이 구하기, ⑥ 태양의 지평 출입 시각 구하기, ⑦ 삼수역三殊域 · 주야 · 한서寒暑의 변화 구하기(제7법)(삼수역은 북극 · 남극 · 적도), ⑧ 태양의 지평 출입 관도寬度 구하기, ⑨ 극출도極出度를 이용하여 각 절후 '오정' 고호도 구하기, ⑩ 주간의 시각 구하기, ⑪ 각 절후 태양이 천정선을 지나는 시각 구하기, ⑫ 지원地圓의 원리 구하기, ⑬ 각 지역 표영表影의 차이 구하기 등이다.

앞서 방법에서 ⑫번 지구가 둥글다는 지원地圓의 원리를 알 수 있는 방법을 소개한다.

> 지평선을 하반의 양극선에 더하고 주천원周天圓의 도수에 따라 차근차근 옮기면 천정선 역시 이동하는 것을 발견할 수 있는데, 이를 통하여 지원의 원리를 증명할 수 있다.【지체地體는 본래 둥글며 하늘 한가운데에 매달린 작은 점에 지나지 않는다. 의기에서 논하자면, 반심의 축으로 비유하여 설명할 수 있다. 적도 아래에서 적도는 천정은 적도에 대응하고 양극은 지평과 나란하다. 이제 상반의 지평선을 하반의 양극선에 더하면 이것이 '적도 지역에서 본' 천상天象이 된다. 적도 아래에서 북쪽으로 250리를 가면 북극은 지평에서 1도 나오고, 남극은 지평으로 1도 들어가며, 적도는 천정에서 1도 떨어진다. 이제 지평선을 양극선에 1도 더하면 '적도에서' 북쪽으로 250리 떨어진 천상이 된다. 만약 '북으로' 2천 5백 리를 가면 10도를 돌고, 2만 5천 리를 가면 90도를 돌게 된다. 거주지역에 따라서 사람은 언제나 정수리로 천정天頂을 이고 발로 땅을 밟는데, 마치 의기의 천정선이 의기가 회전하는 것을 따라 돌면서 윗면은 외륜外輪에 맞닿고 아랫면은 축심軸心에 맞닿는 것과 같다. 만약 땅이 평평하다면 적도 아래의 사람은 설사 북극 지역으로 이동하더라도 당연히 남극이 지평과 똑같다는 것을 볼 수 있어야 하고, 남극지역으로 이동하더라도 당연히 북극이 지평과 똑같다는 사실을 볼 수 있어야 하는데, 지금은 그렇지 않으니 땅이 둥글다는 사실을 알 수 있다.】(『儀器輯說 · 下』 장24뒤-장25 앞; 남문현 · 陳久金, 2013A: 246-247)

4) 박규수 간평의

그림 9-9 A, B는 박규수가 판지를 사용하여 만든 간평의 모형이며, 지름 34.3센티미터의 원반이다. 이것의 한쪽 면이 디아스Manuel Diaz the younger(陽瑪諾, 1574~1659)가 『천문략天文略』에서 제시한 도해와 비슷하다는 점으로 미루어, 박규수는 우르시스의 『간평의설』

등을 참조하여 간평의를 만든 것으로 추정된다. 하지만 전체적으로 볼 때 박규수가 제작한 간평의는 우르시스나 남병철이 설명한 제작법과는 매우 다르게 만들어졌다.

박규수가 만든 간평의에는 이와 같은 상반이 애당초 존재하지 않는다. 하반에는 그 해당 면에 한양의 북극고도 38도를 맞추어 지평선과 천정선을 나타내고, 주천권상周天圈上에는 '한양천정漢陽天頂'이라고 적어 두었을 뿐이다. 때문에 매달아 늘어뜨린 수선은 없고 단지 그것과 비슷한 끈이 하반의 해당 면 한가운데에 달려 있을 뿐이다.(그림 9-9A 참조)

상반은 우르시스가 만든 간평의에서 하반에 해당한다.(그림 9-9B 참조) 여기에는 북극과 남극을 잇는 극선과 적도선이 교차하며 그어져 있고, 한양의 지평선과 천정선이 또한 교차하며 그어져 있다. 주천권에는 360도가 표시되어 있고, 황도권(적도에서 남북으로 각각 23.5도의 범위)에는 동지에서부터 하지까지의 24절기선이 적도에서 멀어질수록 조밀하게 좌우에 수직으로 표시되어 있으며, 또 그와 교차하여 왼쪽에는 일출 시각이, 오른쪽에는 일입 시각이 각각 표시된 12시각선이 또한 지심(하반의 중심)에서 멀어질수록 조밀하게 상하에 수평으로 그어져 있다. 따라서 박규수가 제작한 간평의의 상면은 우르시스나 남병철이 설명한 간평의의 하반과 대략적으로 합치된다. 다만, 우르시스의 경우처럼 하반이 '방면方面' 즉 사각형이 아니고 원형이며, 규표도 설치되어 있지 않다는 점이 다르다.

한편, 박규수가 제작한 간평의 하면은 우르시스나 남병철의 설명과는 무관하게 만들어진 것으로 추정된다.(그림 9-9B 참조) 곧, 24절기, 십이시진, 주천도수를 표시한 하반에 위도와 경도를 선으로 긋고 돌아가게 만든 하반보다 약간 작은 상반을 얹어 놓은 구조이다. 상반에는 경도에 있어서 서쪽으로 약 40도부터 70도까지에 위치한 삼성三姓 · 유구琉球 · 조선朝鮮 · 길림吉林 · 백도눌伯都訥 · 성경盛京에서부터 월남越南 · 귀양貴陽 · 사천四川 · 감숙甘肅 · 운남雲南 등 모두 27개 지역 또는 나라의 이름이 차례대로 적혀 있다. 아울러 그 반대편에도 조선 · 성경 · 복건福建 · 절강浙江 등 모두 15개의 지역 이름이 차례대로 적혀 있다. 아울러 상반에 지름 2.4센티미터의 작은 원반이 부착되어 있다는 점은 특이하다. 이 소형 원반은 회전할 수 있으며, 아울러 흑백으로 2등분되어 있는 점으로 보아 아마도 지구의 낮과 밤을 나타내기 위한 것으로 보인다. 이와 같이 남병철과 박규수가 천문의기의 혁신과 발명에 기여한 사실은 19세기 동아시아 과학기술사에서 크게 주목받아야 할 업적이라고 본다.(김명호 · 남문현 · 김지인, 2000: 124)

19세기에 활동한 실학자 이규경李圭景(1788~?)은 그의 저서『오주연문장전산고五洲衍文長箋散稿』에서 간평의에 대해 "…… 우르시스가『간평의설』1편을 저술했으나 해설만 있고 그림이 없으므로, 만들 줄 아는 사람이 없으며 의기도 전하는 것이 드물다"고 하였다.(『五洲衍文長箋散稿』 卷17, 「簡平儀辨證說」) 그와 같은 당시 실정에 비추어 볼 때 남병철과 박규수의 간평의 제작은 이 의기의 보급과 개량에 있어서 특기할 만한 시도로 평가된다.

다음에는 『의기집설』에는 소개되지 않은 간평의 두 건을 참고로 소개한다.

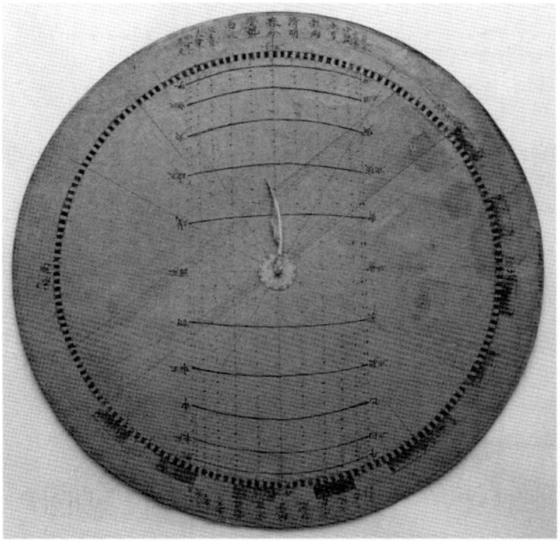

A

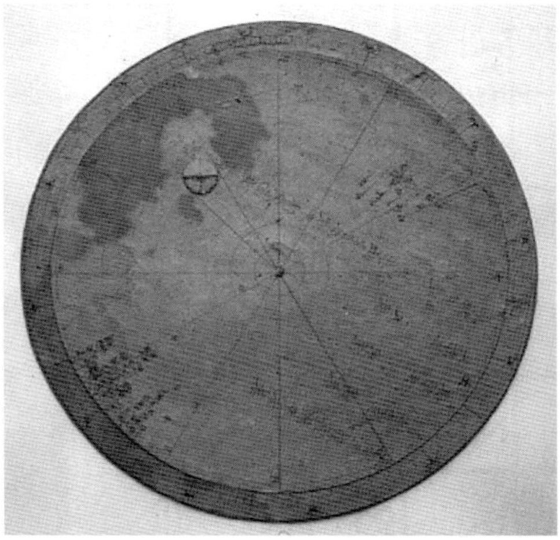

B

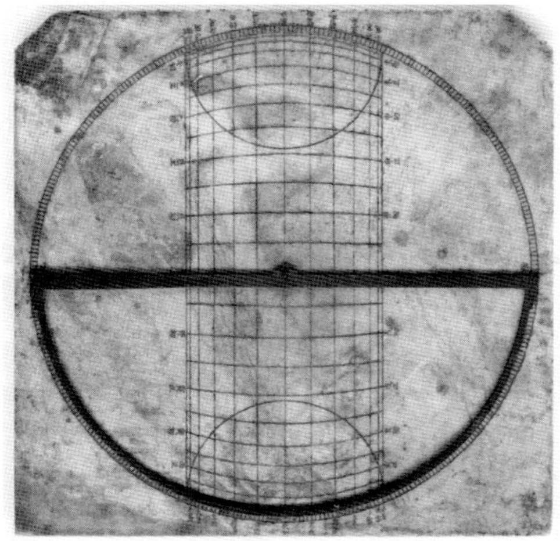

C

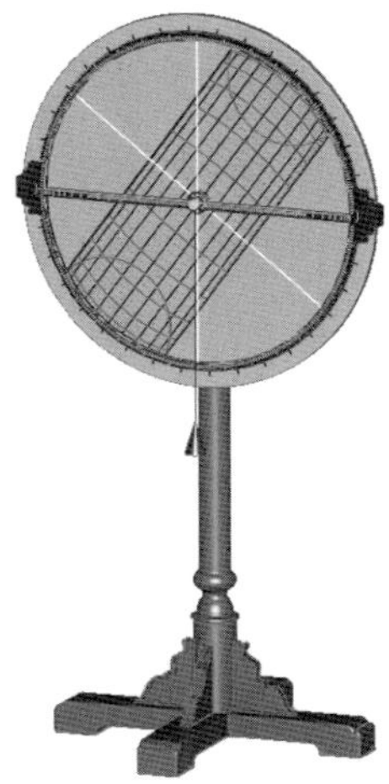

D

그림 9-9. 간평의 유물

A. 박규수 간평의 하반(전면) **B.** 박규수 간평의 상반 (사진: 박규수 후손 박찬우 님 제공) **C.** 국립민속박물관 소장 간평의 (사진: 남문현, 1999) **D.** 홍대용의 측관의 복원 모델 (출처: 한영호 등, 1999: 138쪽 그림 3을 옮김)

5) 국립민속박물관 소장 간평의

박규수의 간평의와 비교하여, 서울 소재 국립민속박물관에 소장된 그림 9-9C에 보인 '석제절기표판石製節氣表版'은 우르시스의 간평의에 보다 가까운 의기라고 볼 수 있다. 이것은 전체가 방면(가로 26.5센티미터, 세로 26.5센티미터, 두께 1.2센티미터, 유회청색乳灰青色 대리석제)으로 되어 있을 뿐 아니라, 주천권, 절기선, 시각선 등이 표시된 방판인 하반, 구리로 만든 '회전하는 반원'인 상반, '영침影針'인 규표까지 갖추고 있다. 그 모습은 『수산각총서守山閣叢書』 『간평의설』에 실려 있는 「간평의설도」와 매우 비슷하며, 우르시스의 간평의와는 규표가 하나뿐이고 그것이 의기의 중심에 있다는 점이 다를 뿐이다. 따라서 국립민속박물관에 소장된 석제절기표판이 곧, 간평의인데, 이것은 아마도 남병철이나 천문의기에 밝은 조정의 고위 관료가 주도하여 관상감 등에서 제작하였을 가능성이 크다.

6) 홍대용 측관의

앞서 소개한 간평의 제작에 첨언할 것이 홍대용의 측관의測管儀이다. 박규수가 1850년에 간평의를 제작하고 남병철이 『의기집설』에서 이에 대하여 논하기 전에 이미 홍대용이 간평의의 조선판이라 할 수 있는 측관의를 거론한 바 있다. 이것은 홍대용이 서학의 영향 아래 입체로 된 종래의 혼천의를 평면 의기로 변개한 것이다.(한영호 등, 1999: 131) 그럼에도 불구하고 박규수나 남병철의 저술에서는 전혀 언급되지 않았는데, 이것은 홍대용이 우르시스의 『간평의설』 등을 상당 부분 참조하여 이 의기를 제작했음에도 측관의라는 독자적인 명칭을 붙인 탓에 후인의 관심을 끌지 못했던 때문이 아닌가 한다.(김명호 · 남문현 · 김지인, 2000: 113) 그림 9-9D는 홍대용의 측관의 복원 모델이다.

9.4.3. 험시의

1) 험시의설

험시의驗時儀는 『의기집설』 하권에서 가장 많은 분량인 12.5장(25쪽)을 차지하는 장문이다. 내용은 험시의설과 험시의 제법으로 되어 있다. 험시의설을 요약하면 다음과 같다. 전반부에서는 의기의 외부에 보이는 시반時盤과 보시 방법을 기술하고, 내부에는 주시륜열going train을 배열한 시변과 타종륜열striking train을 배열한 종변鐘邊으로 나누고 보시기구, 치륜, 종과 망치를 설치하는 방법을 기술하였다. 의기는 전후 공간을 3분하여 맨 앞에 시반과 시변 사이 공간에는 동판을 세우고 시반에 설치한 초침 · 각침刻針 · 시침을 작동시켜 주는 치륜과 기수륜記數輪 등 타종수를 제어하는 기구를 판 앞면에 설치하였다. 뒤에는 또 하나의 동판을 설치하고 그 사이를 2분하여 앞부분에는 시변을, 뒷부분에는 종변을 설치하였다. 이어서 설치한 계시와 보시기구들의 작동원리를 상세하게 소개하였다.

후반부에는 좌의坐儀라 부르는 태엽철胎葉鐵로 작동하는 탁상시계의 원리, 조선에서는 태엽철을 만들지 못해 좌의를 만들 수 없다는 이야기를 소개하였다. 그리고 서양 자명종의 명나라 전래와 이에 대한 지식인들의 반응, 100가지가 넘는 자명종의 조선 유입, 프랑스의 자명종 산업에 대하여 소개하고 있다.(『儀器輯說 · 下』 장27앞–장32 앞; 남문현 · 陳久金, 2013A: 250–261)

2) 제법

제법에서는 다음과 같은 부품 제작법을 기술하였다. 낙하하면서 동력을 발생하는 현추懸錘, 시변에 설치한 대륜大輪, 대륜축大輪軸, 차륜次輪, 차륜축, 중륜中輪, 중륜축, 소륜小輪과 곡척曲尺 모양의 기구, 소륜축, 유추遊錐, 초침 · 각침 · 시침 등이다. 종변에 설치한 대륜, 대륜축, 차륜, 차륜축, 중륜, 중륜축, 풍륜風輪, 풍륜축, 종, 종퇴鐘槌 등의 제법을 설명하였다. 마지막으로 시반과 시변 후면에 세운 동판 전면에 설치하는 보시기구 초정륜初正輪, 각침륜刻針輪, 시침륜時針輪, 인자철人字鐵, 지륜철止輪鐵, 저고철杵股鐵, 거두철鉅頭鐵, 을자동조乙字銅條 등의 제법을 설명하였다.(『儀器輯說 · 下』 장32앞–장39앞; 남문현 · 陳久金, 2013A: 262–276)

3) 구조

앞서 제법을 요약하여 구조를 복원하면 다음과 같다.

(1) 시반과 보시기구

○ 시반

백자로 만든 시반에는 12시 96각법에 따라 원형으로 시침, 각침(분침), 초침이 지시하는 시각 눈금을 새겼다. 매시는 초初 정正으로 나누고, 초는 초초각, 초1각, 초2각, 초3각으로 모두 4각이며, 1각은 15분(현대의 15분)이며 4각은 60분이다. 마찬가지로 정은 정초각. 정1각, 정2각, 정3각으로 모두 4각이며, 1각은 15분(현대의 15분)이며 4각은 60분이다.(시각 분활법은 제5장 표 1 참조) 맨 바깥 원안과 그 안쪽 원 사이에다 60초와 60분을 동시에 나타내기 위해 작은 점 60개를 찍는다. 1분은 60초다. 다음 안쪽 원안에 초와 정의 8각 눈금 48개를 새긴다. 그 안쪽 원 안에 매시 초와 정의 구간 12개로 나누고, 매시 초와 정의 경계선에다 자시子時에서 사시巳時까지 6개 시진 명칭을 새긴다. 이것이 오전의 12시간 눈금이다. 마찬가지로 맨 안쪽 원 안에는 오시午時부터 해시까지 6개 시진 명칭을 새긴다.[24] 이것이 오후의 12시간 눈금이다. 시침이 한 바퀴를 돌면 12시간이다.

따라서 당시 시법대로 "무슨 시 초(또는 정)", "몇 각", "몇 분", "몇 초"라고 읽도록 하였다. 안 중심축에 초침 · 각침 · 시침을 설치하였는데, 모두 시변 중륜축에 고정시킨다. 그 가운데 가늘고 가장 긴 것이 초침으로 각침륜축刻軸의 대롱 위에 고정시키고, 약간 크고 긴 것이 각침으로 시침륜의 대롱 위에 고정시킨다. 또한 각침과 크기가 비슷하면서도 약간 짧은 것이 시침이다.

시반 상부에는 종을 안치하고, 그 곁에는 밑으로부터 종치는 망치(종퇴)가 올라와 있다. 종소리는 다음과 같이 울린다. 주야 각각 6시진의 초와 정마다 1회에서 12회씩 종을 울려 보시한다. 시침은 주야(오전 · 오후) 각각 1회전씩 2회전한다. 각침이 1회전하면 시침은 4각을 경과하며 종을 울리는데, 축초丑初(현대의 01:00)와 미초未初(현대의 13:00)에는 1회, 축정丑正(현대의 02:00)과 미정未正(현대의 14:00)에 2회씩 울려 자정(현대의 00:00시)과 오정(현대의 12:00)에 12회씩 울린다.[25]

○ 앞 동판 보시기구

시반과 시변 사이 앞 동판[전동판前銅版]에는 톱니 48개의 시침륜時針輪, 20개의 각침륜刻針輪을 설치하고 이것의 축은 시변의 중륜에 관통시킨다. 각침륜 하부는 40개의 초정륜의 톱니와 물린다. 초정륜 앞에는 톱니 8개의 아륜을 관통시켜 시침륜과 물린다. 아륜,

24 당시 서양 자명종에는 1~12시 표시를 로마숫자나 아라비아숫자를 사용하였지만, 이것이 보편화되지 않아서 전통 명칭인 12지신 명칭을 사용한 것으로 보인다. 일본 자명종에도 12시진 명칭을 썼으며, 남병철이 참고한 것으로 보이는 서조준徐朝俊(?~?)이 지은 『自鳴鐘表圖法』「自鳴鐘表圖說」, 6頁에는 시반[시진면時辰面]에는 시의 명칭은 로마숫자, 분의 명칭은 아라비아숫자를 썼다.

25 이런 타종방식은 앞서 소개한 서조준의 「自鳴鐘表圖說」, 6頁에 보인 타종방식을 원용한 것으로 보인다.

초정륜 축은 시변 대륜축을 연장하여 대륜의 회전력을 전달한다. 그리고 종을 울리는 회수를 지시하는 톱니 12개를 소라 머리모양[나두형螺頭形]의 판에다 새긴 기수륜記數輪을 시침륜 앞면에 고정한다. 초정륜에는 톱니 20개마다 막대(소익小杙)를 하나씩 두 개를 가로로 꽂는다. 초정륜이 반 바퀴 돌면 각침륜은 한 바퀴를 회전하여 초와 정을 지시하도록 하였다. 각침륜 중심에는 원관圓管이 있어 중륜에 고정돼 있다. 또 하나의 관은 시침륜과 각침륜의 관과 연결돼 있다. 대륜에는 추를 매달아 낙하할 때 발생하는 동력을 소륜과 초정륜에 전달한다. 중륜 · 각침륜 · 시침륜은 하나의 축으로 관통하여 연결한다.

남병철은 타종수를 지시하는 기수륜을 작동시켜 주기 위해 저고철, 지륜철, 거두철, 을자동조, 인자철이라는 기구를 만들다. 이 타종기구는 1676년 영국의 신부이며 발명가인 에드워드 발로우Edward Barlow(1636~1716)가 1676년경에 발명한 랙-달팽이 기구rack-and-snail mechanism이다. 그림 9-10은 17, 8세기에 영국에서 제작한 "8일 시계eight-day clock"에 설치한 랙-달팽이 타종기구의 모습이다.(Dale, 1992: 32) 앞서 언급한 험시의의 타종기구 부품을 그림과 대비하면 다음과 같다. [ ] 안은 영문 명칭이다. ①은 시침륜이며, ②는 시침륜축에 고정한 소라 머리 모양의 기수륜[count wheel]이다. 소라 머리부터 나선형으로 1에서 12까지 12개의 톱니를 냈다. ③은 초정륜에 대응하는 치륜이며, ④는 초정륜축에 고정한 아륜[pinion]으로 시침륜①과 물려 있다. ⑤는 인자철이며, 종변 중륜의 소익[핀pin]과 맞물린다. 한쪽 끝은 저고철[rack hook]⑥과 연접한다.(Anon., 2011: 115) ⑦은 지륜철[gathering pallet]이며, 도끼날 모양으로 거두철⑧의 작은 막대에 맞물려 종변 차륜축 끝을 관통한다. 차륜의 진동을 저지하여 거두철의 톱니를 밀어 회전시켜 거두철이 본래 위치에 돌아오도록 거둬 드는 기능을 한다. ⑧은 거두철[rack]이며 원호에 톱니를 팠다. 각 톱니는 종의 스트로크[stroke]에 관계된다. 타종륜열이 작동하면 톱니는 한 번에 하나씩 걸리며 매번 타종한다. 걸리는 거두철의 톱니는 기수륜의 의해 제어된다. ⑨는 거두철의 꼬리[rack tail]이며 기수륜②의 톱니와 연접하여 타종수를 제어한다.(Anon., 2011: 116) 이것은 저고철의 칼날이 인자철에 의해 거두철의 톱니에서 떨어지게 된다. 따라서 시침을 시반에서 회전시키면 기수륜은 그것과 같이 회전하므로 지시한 시에 숫자가 맞춰진다. ⑩은 을자동조이며, 거두철이 떨어지면서 이것의 구부러진 부분이 펴지면서 힘이 가해져 거두철 꼬리 ⑨에 연결된 막대를 밀어내 기수륜의 회전을 멈추게 한다. 기수륜의 톱니의 경사도는 1에서 제일 완만하였다가 점차 급해져서 12에서 가장 급하며, 1에서 종을 1회, 12회 울리게 한다. ⑪은 시침륜축이며 여기에다 기수륜을

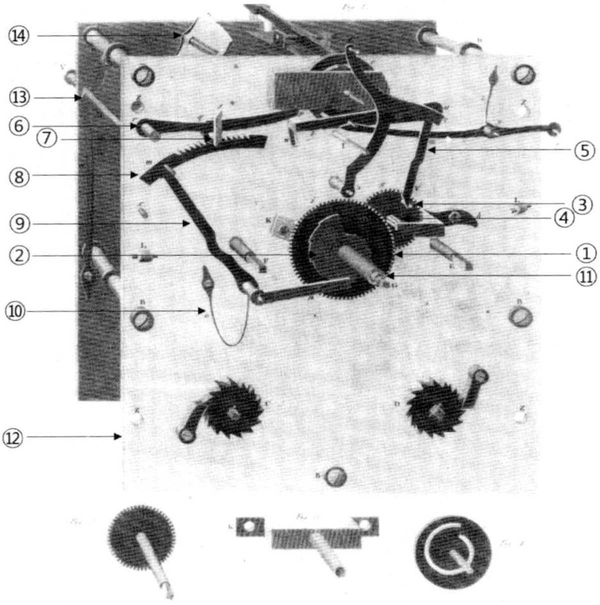

그림 9-10. 랙 타종기구

부품 명칭: ① 시침륜. ② 기수륜[snail]. ③ 초정륜에 대응하는 치륜. ④ 초정륜축에 고정한 아륜[pinion]. ⑤ 인자철. ⑥ 저고철[rack hook]. ⑦ 지륜철[gathering pallet]. ⑧ 거두철[rack]. ⑨ 거두철 꼬리[rack tail]. ⑩ 을자동조. ⑪ 시침륜축. ⑫ 앞 동판. ⑬ 뒤 동판. ⑭ 풍륜 (출처: Dale, 1992: 32 개작)

고정한다. ⑫는 앞 동판의 전면이며, ⑬은 뒤 동판이다. ⑭는 종변 상부에 배열한 풍륜[fly]이다. 풍륜은 타종의 빠르기를 제어하는 거버너[governor]이다.

남병철은 그림 9-10과 같은 랙 타종기구를 장착한 자명종을 원용하여 타종기구를 제작한 것으로 보인다.[26] 최근 혐시의 타종기구 연구에서도 랙 타종장치가 활용되었음을 확인하였다.(남경욱, 2011: 545, 그림 6 등; 남문현 · 陳久金, 2013: 250 참조)

(2) 의기 내부

○ 시변

시변에는 4개의 톱니바퀴[더러는 5개]가 있는데, 맨 아래 설치한 톱니 60개의 제1 대륜을 세운다. 이것을 회전시키기 위하여 그보다 작은 동륜銅輪을 만들어 허리를 오목하게 파서 '공[工]'자형으로 하고 작은 유두乳頭를 만들어 대륜축에 접합한다. 여기에다 현추를 매단 구리로 만든 사슬[錘繩추승]을 걸어 놓아 추가 낙하는 동력으로 대륜을 회전시킨

26 서조준은 수륜을 문시기수륜問時記數輪, 거두철을 치갑齒閘, 풍륜은 풍륜風輪이라고 불렀으며, 기타 명칭은 대부분 남병철의 것과 달랐다.(徐朝俊, 1809: 4)

다. 이것의 구조는 그림 8-5A에 보인 추를 매다는 기륜과 비슷하다. 대륜에 물린 톱니 6개의 아륜牙輪(피니언)을 거쳐 그 상부에 톱니 54개의 제2 차륜, 아륜을 거쳐 그 상부에 가로 톱니[횡치橫齒] 48개의 제3 중륜, 아륜을 거쳐 맨 꼭대기에 톱날을 위로 세운 것 같은 앙치仰齒 13~15개를 가진 제4 소륜을 설치한다. 곡척曲尺 모양을 본떠서 그것의 고股 하나는 소륜 톱니[소치륜小齒輪] 사이에 가로놓이고, 다른 고 하나는 뒤쪽에 90도가 되게 수직으로 놓인다. 정면에서 보면 곡척 모양이다. 두 개의 고를 연결한 막대에 직각으로 접합한 막대 끝에 좌우로 흔들리는 유추를 매달았다.

여기서 소륜은 그림 8-5C에 보인 하위헌스의 진자시계의 관형 탈진 바퀴escape wheel 이며, 곡척과 고는 이것의 탈진을 제어하는 두 개의 톱니 제동기기pallets이며, 유추는 이것과 직각으로 접합한 진자막대pendulum 끝에 달린 흔들이 추bob를 뜻한다. 소륜과 소륜 축, 두 개의 고는 굴대 탈진기verge escapement, 그리고 진자막대와 유추는 조속기로서 계시timekeeping를 담당한다. 주시륜열을 구성하는 대륜, 차륜, 중륜, 아륜의 배열은 앞서 하위헌스의 진자시계의 본 톱니바퀴main wheel, 2번 톱니바퀴second wheel, 가로 톱니바퀴 contrate wheel, 피니언pinion, 관형 바퀴crown wheel와 동일한 배열이다. 주시륜열을 5개로 설치하는 경우에는 그림 8-5A에 보인 1689년에 중수한 송이영 자명종의 주시륜열과 같은 배열이다.[27] 따라서 시변 치륜이 "더러 5개가 있다"는 말은 송이영 자명종을 지칭한 것으로 보인다.

○ 종변

4개의 톱니바퀴를 배열하였다. 더러는 5개이며, 이것이 타종륜열이다. 가장 아래 면에 배열한 톱니 60개의 제1 대륜에는 앞서 시변 대륜에서 소개한 세우면 '工'자형으로 허리 부분에는 작은 젖 모양의 돌기가 달려 있는 동륜을 부착하여 시변 대륜에 얹어 놓은 구리사슬의 한 끝을 걸어 놓는다. 또한 이 동륜과 같은 크기의 동륜에 톱니를 만든 불역환不逆環(래칫 바퀴, ratchet wheel)에다 역전을 방지하는 동조銅爪(폴, pawl)를 물려 먼저 만든 동륜과 같은 축에 부착한다. 대륜 한쪽 면에는 12개의 막대로 만든 핀을 꽂았다. 이를 이용하여 종 망치를 작동시킨다. 대륜 위에는 톱니 6개의 아륜을 물린 톱니 60개의 제2 차륜이 설치되어 있다. 제2 차륜 위쪽에는 톱니 6개의 아륜을 물린 톱니 60개가 설치되어

27 송이영의 계시 치열 도면은 니덤 등(Needham, J. et al., 1986: 121)을 참조하면 도움이 된다.

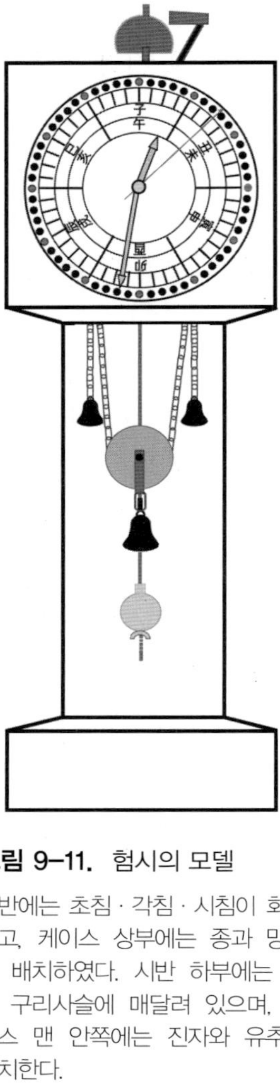

그림 9–11. 험시의 모델

시반에는 초침 · 각침 · 시침이 회전하고, 케이스 상부에는 종과 망치를 배치하였다. 시반 하부에는 추가 구리사슬에 매달려 있으며, 케이스 맨 안쪽에는 진자와 유추가 위치한다.

있고, 그것의 한쪽 면에는 핀 한 개를 가로로 꽂은 제3 중륜이 있다. 그 위에 톱니 6개의 아륜을 물린 모난 동편銅片으로 만든 제4 풍륜이 있다. 앞서 언급한 바와 같이 풍륜은 바람을 일으켜 타종의 빠르기를 제어한다. 의기 위에는 작은 사발 모양의 종을 안치하였는데, 그 곁에 망치가 올라와 있다.

톱니바퀴 5개를 이용한 타종 치열은 그림 8–7B 오른쪽 상단에 보인 송이영 자명종의 타종치열과 종과 망치와 비슷하다.[28] 험시의 전체 치열 배열법은 남경욱(2011: 544)의 연구를 참조하면 도움이 된다.

(3) 험시의 복원 모델

그림 9–11은 험시의의 정면 외관 모델이다. 상부에 초침(가장 긴 침) · 각침(중간 침) · 시침(가장 짧은 침)이 시반 위를 회전하며, 시계 케이스 위에는 종이 안치돼 있으며, 망치가 오르내리면서 종을 울린다. 시반 맨 바깥 원 안에는 60초와 4각 60분(15분×4각)을 함께 표시한 점 60개를 찍었다. 그 안쪽 원 안은 매시 초와 정의 구간 8각을 나타내도록 8등분하였으며, 그 안쪽 원 안에는 자시부터 사시까지 48각, 맨 안쪽 원 안에는 오시부터 해시까지 48각을 나타낸다. — 실제로 子자–巳사 원과 午오–亥해 원은 하나이지만, 이해를 위하여 두 개로 나누었다. — 그림에 보인 3개 침의 위치에 따라 전통방식대로 읽으면 자정(또는 오정) 2각 2분 8초이며, 현대 시각으로 오전(또는 오후) 12시 32분 8초이다. 이와 같이 각분은 5 · 10 · 15분을 네 번 반복해야 반시진半時辰(小時, 현대의 한 시간)이 된다. 초침이 한 바퀴 돌면 60초를 나타내지만, 각침은 한 바퀴 돌면 15분씩 4각을 지시한다. 이것은 시반 뒤에 위치한 시륜과 각륜 그리고 초정륜에 의해 이뤄진다.

28 송이영의 타종 치열 도면은 니덤 등(Needham, J. et al., 1986: 131)을 참조하면 도움이 된다.

하부 케이스 안에는 시변과 종변의 대륜에 부착한 동륜 허리에 걸어놓은 구리사슬 중간에 매단 목륜과 호로박 모양의 현추 한 개와 구리사슬 양단에 매단 현추 두 개가 늘어져 있다. 목륜에 매단 밑의 추가 내려오면 위의 추는 올라간다. 추가 다 내려오면 위의 추를 당기면 밑의 추가 올라간다.

하부 케이스 맨 안쪽에는 탈진기 톱니 제동기 막대와 직각으로 연접한 진자와 유추가 내려와 있으며, 유추가 좌우로 왕복하면서 밑의 현추가 천천히 내려오기 시작한다. 유추 하부에 보이는 손잡이 나사를 돌려 진자의 운동을 빠르게 또는 느리게 해 준다. 이렇게 시간을 수정할 수 있다. 이런 구조로 보아 이 시계의 높이는 대략 1.5미터 정도로 바닥에 세우는 롱 케이스 괘종시계로 보인다.

그림 9-11에 보인 시각 눈금을 새긴 시반과 그 위를 돌아가는 각침이 4각을 지시할 때 시침은 시의 초初를 가리켜 한 시간[1소시小時]가 지났음을 알려주고, 각침이 돌아 다시 4각을 지시할 때 시침은 시의 정正을 가리켜 다시 한 시간이 지났음을 알려 준다. 험시의 설에는 이런 원리를 초정륜 · 각침륜 · 아륜 · 시침륜의 회전으로 다음과 같이 알기 쉽게 설명하였다.

> 이 의기의 여러 가지 부품을 사용함에 있어서, 초정륜은 시변의 제1 대륜축을 따라서 회전하는데, 40개의 톱니가 각침륜의 20개의 톱니와 서로 맞물리기 때문이다. 이렇게 하여 초정륜이 반 바퀴[반주半周]를 회전하면 각침륜은 한 바퀴[일주一周]를 회전한다. 4각을 1소시(한 시간)로 삼아 20개의 톱니를 분배하면 매 5개 톱니가 1각에 해당하며, 한 바퀴는 4각에 해당된다. 초정륜의 아륜은 톱니 8개가 시침륜의 48톱니와 서로 맞물리는데, 아륜이 여섯 바퀴 회전한 것은 시침륜이 한 바퀴 회전한 것에 해당한다. 4각 1소시를 톱니 48개에 나누면 톱니 4개가 1소시에 해당되고, 【초정륜의 반 바퀴가 각침륜의 한 바퀴에 해당되므로 아륜의 틉니 4개 역시 각침륜의 한 바퀴에 해당된다.】 한 바퀴는 12소시가 된다. 초정륜이 톱니 20개를 회전하면 각침륜은 다시 4각을 가리키고 아륜도 나머지 톱니 4개를 돌아가 시침륜에 부착한 시침은 시의 초를 가리키게 한다. 초정륜이 다시 나머지 톱니 20개를 회전하면 각침 다시 4각을 가리키고, 아륜도 나머지 톱니 4개를 돌아가 시침륜의 시침이 시의 정을 가리키게 한다. (『儀器輯說 · 下』 장29뒤-장30앞; 남문현 · 陳久金, 2013A: 256-257)

남병철이 험시의를 제작할 당시에 기시법은 자 · 축 · 인 · …… 등이었으며, 더 쪼개 "무슨 시 초 또는 정", 각은 몇 각 몇 분, 초는 60진법에 따라 실수 몇 초로 불렀으며, 자정에 종이 12회 울렸지만 이것이 0시(24시)를 의미하지는 않았다. 마찬가지로 오정에 종이 12회 울렸지만 이것이 오후 12시라고는 부르지 않았다. 이런 경우는 당시 중국도 마찬가지여서 12시를 나타낸 시반에 십이시十二時는 죄다 로마숫자로 다음과 같이 종 울리는 횟수로 인식하였다. 곧, Ⅰ=丑未初 鐘一축미초 종일, Ⅱ=丑未正 鐘二축미정 종이, ……, Ⅺ은 子午初 鐘十一자오초 종십일, Ⅻ는 子午正 鐘十二자오정 종십이로 음석音釋하였으며, Ⅰ이 01시나 13시, Ⅻ가 0시나 12시라고 인식하지 않았다. 이것은 전통적으로 "시時"를 "초"와 "정"으로 구분하고 자정에서 다음 자정까지를 온 하루(1주야)로 삼은 계시제도와 여기에다 야간을 경점으로 나누는 경루법에 익숙하였기 때문으로 보인다.

온 하루 동안 12시간 시반을 2회전하는 서양 자명종이 17세기 초에 중국에 도래하고 뒤이어 12시 96각법에 따른 서양 역법이 채택되었지만 200년 뒤에도 여전히 누각법에 따름으로써 자명종은 여전히 수입하고 제작하였지만 표준시계로서 자명종이 채택되지는 않았다. 또한 분수는 60분제로 하면서, 5는 오분五分=5, 10은 십분十分= 10, 15는 십오분十五分=105, 20은 이십분二十分=20, 25는 이십오분二十五分=205, …… , 등으로 음석音釋하였다.(徐朝俊, 1809: 6) 이런 사실은 중국이나 조선이 아직 로마와 아랍 기수법이 정착되지 않았음을 의미한다. 이런 것들이 영향을 미침으로써 조선에서도 자명종은 도입되어 관상감에서 복제되고 왕실에서 사용했지만 어디까지나 금루의 보조시계에 머물렀다. 공식적으로 의례에 사용한 것은 아마도 왕실 장례에 누각(행루)과 함께 휴대했던 것이 고작이었다.(5.3.3항 참조)

4) 남병철이 전한 자명종 정보

험시의설 후반에는 앞서 잠시 소개한 좌의坐儀라는 탁상시계의 구조와 자명종의 중국 유래를 소개하고, 이어서 청나라 사람 위원魏源(1794~1857)이 지은 『해국도지海國圖志』[29]와 서계여徐繼畬(1795~1873)가 지은 지리 교과서인 『영환지략瀛環志略』[30](1848년 간행)을 통하여 파악한 "불랑서측도성佛郎西則都城[프랑스 파리]의 자명종 제작 상황을 소개하였다. 말미에는 『주인전疇人傳』을 지은 청나라 사람 완원阮元(1764~1849)의 『자명종설自鳴鐘說』을 소개하였다. 다음에는 여기서 소개한 자명종에 관계된 몇 가지 용어를 살펴본다.

---

29 1842~1852년 사이 100권으로 간행한 세계지리책으로, 세계 각국의 지세地勢 · 산업 · 인구 · 종교 등을 개수하였는데, 아편전쟁 이후 서구의 입장에서 서구를 이해하려는 달라진 사고를 반영하였다.

30 1848년에 10권으로 간행한 세계지리책으로 『영해지략瀛海志略』이라고도 하는데, 우리나라에서는 조선 말기에 역관이며 서화가인 오경석吳慶錫(1831~1879)이 청나라에서 구입하여 들여와 당시 해외에 대한 지식을 얻고 개화사상을 고양하는 데 기여하였다.

(1) 좌의

다음은 좌의 구조에 대한 혼천의설의 설명이다.

> 이 밖에도 좌의라는 것이 있다. 철편을 원통 속에 감아 넣은 다음,【속칭 태엽철胎葉鐵이라고 한다.】 통 밖을 철사로 감는다.【속칭 양장철羊腸鐵이라고 한다.】 다시 철사의 한쪽 끝을 말아 넣은 철편의 끝에 맨 다음, 원통의 축을 앞뒤의 동판에 설치한다. 또, 누급륜累級輪을 만들어【탑륜塔輪이라고도 한다.】 위에 불역환不逆環을 설치한 다음, 철사의 한쪽 끝은 누급륜에 묶고, 그 축을 철편 위에 고정시킨다. 누급은 총 일곱 바퀴 감기는데 위쪽에 철사를 매어 놓으면 원통 속에 넣은 철편은 구부정하던 것이 곧게 펴지면서 통을 따라 회전하게 된다. 철편이 철사를 따라 돌림에 따라 회전의 동력이 발생한다. 이처럼 권철卷鐵로 현추懸錘를 대신하는 방법의 경우, 우리 조선에서는 태엽철을 만들지 못하고 좌의를 제작하지도 못한다. 여기에서 의기 중의 각종 부품의 증감, 제작상의 융통성, 그리고 겉모양의 차이 등은 이루 다 기록할 수 없을 정도로 많다. (『儀器輯說·下』 장31 앞뒤; 남문현·陳久金, 2013A: 259)

앞의 글에서는 좌의 곧, 상 위에 올려놓고 사용하는 시계에서 여러 가지 톱니바퀴를 회전시켜 주는 동력을 얻는 방법에 대하여 상세하게 설명하고, 조선에서는 태엽철을 만들 수 없어 좌의를 만들 수 없다고 하였다. 또한 사용되는 부품이 앞서 소개한 추동식 험시의와 다르고 만드는 법도 다양하다고 하였다. 부품을 나타내는 용어를 서양 자명종의 부품과 대비하면, 태엽철은 스프링, 이것을 조여 넣는 원통은 spring barrel, 누급륜[塔輪]은 원뿔형 탑 모양의 도르래이며 영어로 균력거均力車(fusee)이며, 여기에는 나선형으로 홈이 파여 있다.

양장철은 스프링과 도르래를 연결하는 철사cord, 불역환은 험시의 종변 대륜에 부착한 것과 같은 래칫 바퀴ratchet wheel와 폴pawl, 권철은 스프링이다.[31] 도르래 홈에는 철사를 직경이 작은 쪽부터 더 큰 쪽으로 일곱 바퀴 감는다. 이때 태엽은 꽉 감긴다. 나선형 도르래의 직경은 태엽이 일정하게 풀리도록 조정한다. 태엽이 다 풀리면 도르래를 감아 직경이 큰 쪽에서 작은 쪽으로 감는다. 좌의는 이와 같이 스프링이 풀리는 힘으로 동력을

31 레오나르도 다빈치가 퓨지fusee를 스케치하였으나(1485~1490) 그것의 의미는 불확실하다. Fusee를 계시기 장치로 사용한 것은 1525년 프라하의 야곱 체크Jacob Zech(또는 Jacob Czech)가 처음이다.(Dale, 1992: 48)

얻으므로 현추를 늘어뜨려 힘을 얻는 것보다 공간을 덜 차지하므로 상 위에 놓고 사용할 수 있다. 조선에서는 강철 스프링을 만들지 못하므로 좌의를 만들 수 없다고 하였다. 태엽 철은 좌의 말고 회중시계[시진표時辰表], 손목시계[종표鍾表] 등에 다양하게 사용되었다.

(2) 자명종의 유래와 프랑스의 자명종 산업

남병철은 험시의설을 다음과 같이 마무리하였다.

> 자명종은 본래 서양에서 시간을 재던 의기로, 명나라 만력萬曆 연간에 처음으로 중국에 전해졌는데, 사람들은 무척 신기하게 여겼다. 명말 청초의 문인이자 화가인 오매촌吳梅村(이름은 偉業, 1609~1672)은 시詩에서 "기이한 물건이 전해져 날을 맞이하네(至有異物每邀天지유이물매요천)"라고 노래하여 한바탕 웃었다. 자명종과 자명금自鳴琴(樂鐘악종)에 관련된 시구詩句로 지금 아주 많다. 우리 조선에서만도 수백 가지가 넘는다. 『영환지략』과 『해국도지』 등의 책에 따르면, 서구 여러 나라에서는 모두 이런 의기를 제작하였는데, 프랑스의 경우는 도성都城에 종표 장인匠人이 2천 명이나 있어 해마다 시진표時辰表(회중시계) 4만 점과 자명종 1만 8천 점을 만든다. 그 제작 방법은 수시로 달라지고 교묘한 재주는 상상을 넘는다. 그런 사실로 보면 종표鐘表(손목시계)가 세상을 덮는 것도 당연하다. 완운태阮芸台[32]의 『자명종설自鳴鐘說』에는 말하기를, "서양에서는 의기 제작에 있어서 정밀한 것으로 '중학重學'이라는 것이 있다. 중학이라는 것은 경중輕重을 법으로 하는데, 모든 기이한 의기는 모두 여기에서 나온 것이다. 그리고 중학을 활용하여 실제로 사용하도록 만든 것은 '윤輪'과 나사이다"라고 하고, 또 "자명종의 제도는 고대 각루刻漏에서 비롯되었다. 각루에는 4가지가 있는데 동호銅壺·향전香篆·규표圭表·곤탄輥彈이 그것이다. 곤탄은 자명종의 형태와 구조를 지닌 것으로 송宋나라 이전에 있었다. 지금은 전해지지 않지만 이것이 결코 서양에서 창조된 것은 아니다"라고 하였다.[33]
>
> (『儀器輯說·下』 장31뒤-장32앞; 남문현·陳久金, 2013A: 259-261)

---

32 운태는 청나라의 『주인전疇人傳』을 지은 학자이자 정치가인 완원阮元(1764~1849)의 호이다.

33 여기서 완원이 『자명종설』에서 주장한 곤탄이 자명종의 형태와 구조를 가졌지만 서양에서 제작한 것이 아니라고 한 것을 왜 소개하였는지 알 수 없다. 남병철은 서학 중원설을 근거가 없다고 주장하였다. 완원이 주장한 곤탄은 당나라 때 승려 문고文誥(?~?)가 만든 것으로 남송南宋 설계선薛季宣(?~?)의 『낭어집浪語集』에는 '곤탄누각'이라 하였다. 이것은 길이 7척 5촌의 대나무를 마디가 서로 통하도록 파내고 죽관竹管을 만든 다음, 4단락으로 하여 병풍 위에 '之'자 모양으로 배열하고 구리 탄알[동탄銅彈] 열 개를 계시자가 죽관에다 차례대로 한 개씩 투입하여 그것이 죽관 속에서 움직이는 시간을 이용하여 12시 100각을 기록한다는 것으로 보아 곤탄은 자명종과는 무관하다. 최근 중국에서 이런 원리를 구현한 비루碑漏를 복원하였다.(陳美東·華同旭, 2011: 543)

5) 험시의는 송이영의 자명종 혁신

앞서 고찰한 바와 같이 험시의 시변과 종변의 치륜 배치는 주시 · 타종윤열이 각각 5개 치륜으로 배치된 최석정이 주관하여 중수한 송이영 자명종 방식에서 각각 한 개씩 줄여서 4개씩으로 윤열을 배치하였다. 또한 시변 소륜과 유추는 송이영의 방식을 답습하여 하위헌스의 진자시계방식을 새로 구현하였다. 그리고 일본의 설륜雪輪이라는 타종수 치륜 기구를 수륜count wheel이라는 랙 타종기구로 완전히 교체하였다. 이리하여 시반과 초침 · 각침 · 시침을 갖춘 근대식 자명종을 발명함으로써 홍문관 자명종을 혁신하였다. 이것은 장영실이 경점지기를 혁신하여 자격궁루를 발명한 혁신과 궤를 같이한다고 할 수 있다. 이런 혁신의 바탕에는 험시의설에서 다음과 같이 주장한 물리학과 측시학에 대한 사상이 깔려 있음을 알 수 있다.

> 의기의 작용은 회전에 있지만 윤을 설치하여 회전이 되고 나면 다시 회전의 속도가 관건이 된다. 때문에 각종 치륜을 설치한다. 시변의 각종 윤의 톱니수는 수에 따라 차례대로 줄어들지만, 종변에는 정해진 숫자가 없으니 더디고 빠른 원리는 또한 경중에 달려 있다. 윤을 많이 설치하면 속도가 더디고, 적으면 빠르다. 윤이 크고 톱니가 많으면 속도가 더디고, 작고 톱니가 적으면 빠르다. 현추가 가벼우면 속도가 더디고, 무거우면 빠르다. 적은 수의 톱니로 많은 수의 톱니를 회전시키는 경우에는 속도가 더디고, 많은 수의 톱니로 적은 수의 톱니를 회전시킬 경우에는 빠르다. 유추가 무거우면 속도가 더디고, 가벼우면 빠르다. 유추의 막대는 톱니가 바르면 더디고, 톱니가 비스듬하면 빠르다. 이것이 대략적인 모습이다. (『儀器輯說 · 下』 장30뒤-장31앞; 남문현 · 陳久金, 2013A: 258-259)

앞의 글에서 현추와 유추의 무게와 진자 길이에 따른 변수가 회전속도의 빠름과 늦음을 확실하게 파악하여 이것을 고려하여 제작함으로써 정밀도를 향상시킬 수 있었음을 알 수 있다. 하위헌스의 진자시계가 나온 후에 관형 탈진기를 개선한 퇴각식 탈진기anker escapement가 출현되고, 로버트 후크Robert Hooke(1635~1703)가 1초 진자one-second pendulum의 길이가 994.14밀리미터(39.14인치)라는 것을 발견 후에 종래의 짧은 진자가 길어짐으로써 이른바 "할아버지 시계grandfather clock"라는 높이가 긴 시계long-case clock의 시대가 열렸다. 남병철이 이런 시계의 과학적 원리를 파악하여 "시간 검증용 의기"로 험시의를 발명한 것은 이 시계를 "시간을 검증"하기 위한 표준시계로 활용할 것을 염두에 둔 것으로 보인다.

험시의라는 용어는 앞서 인용한 "자명종은 본래 서양에서 시간을 검증하는 의기"라는 말에 잘 나타난다. 곧, 일반 자명종이 아닌 "시간을 검증"하기 위한 천문의기로서 자명종을 뜻한다. 이런 명칭을 쓴 것은 아마도 1744년(건륭 9년)에 제작한 1초 동안에 소리가 이동하는 속력을 검증하는 "육합험시의六合驗時儀"(일명 驗時儀)를 원용한 것으로 보인다.[34] (『皇朝禮器圖式』, 3: 57)

천도사상을 중시한 성리학 사회에서 정확한 시간에 의례를 행하는 것이 가장 중요한 일로서, 관상감은 정확한 시간을 알려주는 시계를 제작하려고 피나는 노력을 기울였다. 왕조의 역상수시와 흠경사상을 관장하는 관상감 제조와 홍문관 대제학으로서 남병철은 종래 연시용 혼천의와 자명종에서 과감하게 벗어나 관측용 혼천의와 천문의기로서 자명종을 제작함으로써 실용에 바탕을 둔 실사구시를 실천한 것으로 보인다. 이것은 "전통 속의 창신"이라는 당대 정치와 사회상의 표출로 보아야 할 것이다.

험시의의 구조와 원리, 제법을 기록한 이 절은 계시기 개설서로서 한국 최초이며 최대의 저술이다. 17세기 중반의 자명종 도입기부터 200여 년 동안 수많은 사대부와 장인들이 자명종 도입과 제작에 매달렸지만 거개가 관찰과 간단한 제작기록에 머물렀고 구성부품의 원리에 따른 명칭, 나아가서 제작법을 교과서나 매뉴얼로 남긴 사람은 거의 없었다. 아마도 그런 노력은 시도조차 하지 못했을 수도 있다.

남병철은 자명종 제도를 과학적으로 파악하여 험시의를 제작하고, 이 시계의 기준시각을 결정하는 정시의定時儀로서 다음 절에서 소개할 적도고일구의를 발명하였다. 이것은 세종이 자격궁루를 보루각에 설치하고 일영日影으로 기준시각을 결정하다가 미진하여 한양의 지방시(자오선 시각)를 물시계 운전에 활용하기 위해 일성정시의를 발명한 것에 대비된다. 남병철의 험시의 발명은 장영실의 자격궁루 발명에 이은 조선조 계시기 제작사의 대미를 장식한 쾌거이며, 천문학자 · 수학자 · 의기연구가로서 또 다른 면모를 보여주었다고 본다.

34 이것은 동으로 만든 크고 작은 두 개의 구球를 막대에 끼워 아래위에 설치하고 중간에 축을 박아 왕복시켜 1초 동안에 소리가 이동하는 속력[성속聲速]을 측정하여 매초 41미터, 7초 동안에 5리里를 이동한다는 것을 알아낸 과학의기이다. 크기는 길이 5.8센티미터, 깊이 15센티미터, 높이 22센티미터.(中國 北京 故宮博物院 소장)

9.4.4. 적도고일구의

1) 제법

적도고일구의는 주간에는 자오선에 태양이 남중하는 시각을 구하고, 야간에는 규표窺表를 사용하여 항성을 관측하여 태양이 위치한 시각을 구하는 의기이다. 이에 대하여 남병철은 다음과 같이 소개하고 부품 제작법을 상세하게 설명하였다.

> 가장 아래 면에 있는 것은 구고판勾股板이다. 고股는 지평이 되고, 구勾는 적도고赤道高이다. 비스듬히 구고판의 현弦 위에 놓인 것이 적도권赤道圈이고, 적도권 내에서 적도권과 동일한 평면으로 회전하는 것이 성신원판星辰圓板이다. 성신원판의 중심을 꿰뚫고 【적도권과 동심同心임.】 좌우로 각각 그 절반을 제거한 것이 지선형指線衡이고, 그 위에 세운 가운데가 빈 구리 기둥[동주銅柱]에 연결한 동으로 만든 실[동사銅絲]를 전후로 갖춘 것이 규표이다. 지선형의 중심에서 뻗어 나오는 동침銅針은 지삭침指朔針(매월 초하루 날을 지시하는 침)이다. (『儀器輯說 · 下』 장40앞; 남문현 · 陳久金, 2013A: 277)

(1) 구고판

> 동이나 목재를 사용하여 3개의 장방형 판을 만든다. 판 두 개는 경첩을 대어 연결하는데 하나는 고股가 되고, 다른 하나는 현弦이 되어 비례척比例尺의 모습과 같다. 고판股板은 너비를 똑같이 나누어 중선中線(平分線)을 긋는다. 중선의 양 끝은 '자子'와 '오午'의 두 방향이 된다. 또, 세 번째 판은 경첩을 현판弦板의 끝에 연결하여 구勾를 만든다. 그 높이는 52도 20분 45초의 정현正弦(sine)이 된다. 구판의 오선午線에서 약간 오목하게 들어간 곳에 구멍을 만드는데 구판을 끼워 세우는 곳이다. 세 판은 서로 지탱하여 고판은 아래에서 지평이 되고, 구판은 적도고가 되는데, 현판은 비스듬히 위쪽에 놓고 적도권을 설치한다. 중심에 구멍을 만들고 지선형의 축을 설치한다. (『儀器輯說 · 下』 장40앞뒤; 남문현 · 陳久金, 2013A: 278)

(2) 적도권

> 동을 사용하여 권圈 하나를 만든다. 그 둘레에는 주천도수周天度數(360도)를 그리고 그 안에는 96각刻을 새기고 12시진時辰으로 나누어 이것을 구고판의 현에 놓고 고정시킨다. (『儀器輯說 · 下』 장40뒤; 남문현 · 陳久金, 2013A: 278)

(3) 성신판

동을 사용하여 둥근 판을 만든다. 판면은 매우 편평하며 그 외경은 적도권의 내경과 같다. 중심에 구멍을 내어 지선형의 축을 삽입한다. 판면 앞에는 경위선經緯線을 세밀하게 그리고, 바깥 둘레에는 칠십이후七十二候(1년을 24절기로 나누고, 매절기를 초후, 1후, 2후의 3후로 나눈다.)를 나눈다. 위치를 정하여 성신星辰을 그리고, 적도권 안에 설치하면 적도권과 평면을 이루며 회전한다. (『儀器輯說 · 下』 장40뒤-장41앞; 남문현 · 陳久金, 2013A: 279)

(4) 지형 규표

동을 사용하여 자[尺척] 모양을 만든다. 그 길이는 적도권의 직경보다 약간 짧은데 그 양 끝을 주천규周天規와 맞물린다. 중심에 모난 구멍을 뚫고, 모난 구멍 옆에는 또 섬세한 나선螺線 구멍을 뚫는다.【달을 관측할 때는 핀으로 지삭표指朔表에 고정시킨다.】 모난 구멍의 밖으로부터 그 폭을 절반으로 나누고 좌우로 각각 절반을 없애 지선指線을 삼는다. 지선의 양 끝에는 작은 구리 핀[동소익銅小杙]을 세운다. 또, 방주方柱를 만들어 이를 지시 막대 구멍[형공衡孔]에 세워 '정丁'자 모양으로 직각을 이루게 하는데, 그 길이는 적도권의 반경보다 약간 크다. 지형 아래 구리 핀의 끝은 둥글게 깎아서 회전축으로 삼는다. 지형의 위쪽은 방형方形으로 앞뒤 면에 중선中線을 그리고 앞뒤 중선의 상단에서 몇 푼分 떨어진 지점에 가는 구멍을 만들어 서로 통하게 한다. 또, 앞뒤 양면에서 3등분 내지 5등분한다. 다시 상단의 작은 구멍으로부터 아래로 지형指衡에서 몇 푼 떨어진 지점까지는 앞뒤로 통하는 틈을 만들고, 그 작은 구멍으로 동선銅線을 꿰어 지형에 세운 핀에 붙들어 맨다. 또, 양쪽 동선을 틈새 가운데에 놓고 앞뒤가 일직선이 되게 한다. 다시 축軸을 성신판과 현판 구멍에 넣어 연결시켜 설치하여 회전하게 한다. (『儀器輯說 · 下』 장41앞뒤; 남문현 · 陳久金, 2013A: 279-280)

(5) 지삭표

동을 사용하여 제작하며 자[尺] 모양을 만든다. 이것의 길이는 적도권의 반경보다 약간 작으며, 한쪽 끝은 주천규周天規와 맞물리게 하고 다른 한쪽 끝은 둥근 모양으로 만들어 구멍을 뚫는다. 구멍의 중심에서 폭을 절반으로 나누고 다시 원형의 외부부터 절반을 제거하여 지선을 삼는다. 그리고 규표의 축에 꿰어 앞뒤로 180도 사이에서 회전시킨다. (『儀器輯說 · 下』 장41뒤; 남문현 · 陳久金, 2013A: 280-281)

2) 복원 모델

그림 9-12는 앞서 소개한 부품을 그려서 적도고일구의를 복원한 모델이다. 부품을 소개하면 다음과 같다. 구고판 ① 위에다 자오선 ②를 긋고, 적도권 ③을 안치한다. 맨 바깥 원 ④에는 주천도수 360도를 그리고, 그 안쪽 원 ⑤에는 12시 96각을 그린다. 맨 안쪽 원 ⑥에는 24절기 72후를 새기며, 그 안쪽에 성신판 ⑦을 안치한다. 성신판은 적도권 ③, 지형 ⑧과 같은 중심축에 끼워 적도권과 평면을 이루며 회전하도록 한다. 성도는 남병길이 지은 『항성출중입표』(앞의 2.2.6항 참조)를 인용하였다.(『六一齋叢書』『恒星出中入表』圖板, 星圖) 지형 ⑧은 그림과 같이 중앙이 비어 있어 지선으로 삼아 눈금과 성신의 위치를 알 수 있도록 한다. 지형 중앙은 사각형으로 구멍을 뚫고 그 위에다 방주 ⑨를 좌우로 세운다. 사각형 밖에는 나사 구멍을 뚫어 놓는다. 방주 사이는 비워 둔다. 지형 ⑧의 양단에는 구리 핀 ⑬을 세운다. 방주 ⑨ 위에는 방형 ⑩을 지형과 나란히 설치하고, 중선을 그리고 양단에는 작은 구멍을 뚫는다. 구멍 두 개에다 각각 동선 ⑫를 걸고 한 끝은 각각 지형 양단에 세운 구리 핀 ⑬에 걸어둔다. 앞뒤 동선⑫는 방주 사이로 보아 일직선이 되도록 한다. 이것이 지형 규표이다. 성신판 ⑦의 축에다 지삭표 ⑪을 끼워 좌우로 180도 회전하도록 만든다. 표의 가운데는 절개하여 눈금과 별자리를 볼 수 있게 한다. 이것이 적도고일구의의 대략적인 구조이다.

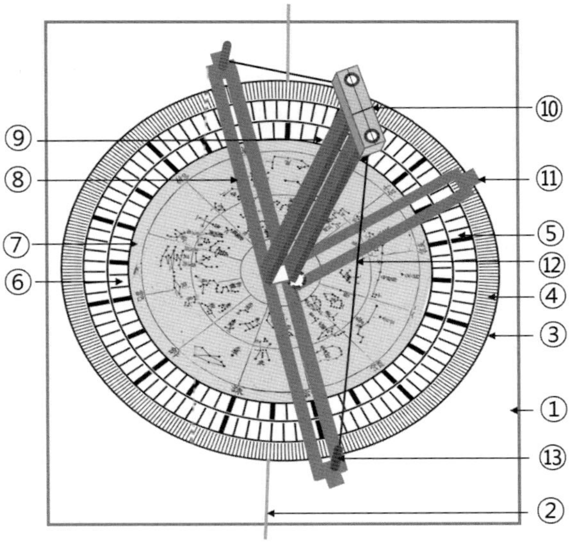

그림 9-12. 적도고일구의 복원 모델

부품 명칭: ① 구고판, ② 자오선, ③ 적도권, ④ 주천규, ⑤ 12시 96각, ⑥ 72후, ⑦ 성신판, ⑧ 지형, ⑨ 방주, ⑩ 방형, ⑪ 지삭표, ⑫ 동선, ⑬ 동핀

3) 용법

(1) 주간에 시각 구하기

‘주간의 시각을 구하는’ 방법에 따라 자오선의 방향을 정하고 의기를 잘 설치한다. (지형) 규표를 동서방향으로 회전시켜 태양의 위치를 관측하고, 앞뒤에 있는 동선의 그림자가 일직선을 이루는 것을 표준으로 삼는다. 다시 지선형이 적도권의 시반時盤에서 서로 맞물리는 것을 살피면 바로 해당 지역과 해당 시각에 태양이 마주한 적도 시각이다.(『儀器輯說 · 下』 장42앞; 남문현 · 陳久金, 2013A: 282)

(2) 야간에 시각 구하기

방법에 따라 의기를 잘 설치하고, 규표를 사용하여 이미 알고 있는 항성恒星을 관측한다.【관측자의 육안으로 뒤쪽 동선에서 앞쪽 동선을 거쳐 별의 중심을 살펴 별이 앞뒤의 동선과 일직선을 이루는 것을 표준으로 삼는다.】 지선형이 적도권의 주천도수 또는 시반에서 【이것이 해당 별의 시각이다.】 맞물리는 것을 관찰하고 지선형이 움직이지 않게 한다. 그런 다음 성신판에서 해당 별을 돌려 지선형에 맞춘다. 그런 다음에 성신판의 외규外規에서 해당 절기의 해당일이 적도규의 시반과 맞물리는 것을 관측하면 바로 태양이 위치한 시각이다. 또, 다른 방법은 이러하다. 시헌서時憲書의 하나인 『칠정헌서七政憲書』를 살펴 해당 일에 달이 태양에서 떨어진 도분度分을 구하여 지삭표와 지선형으로 거도距度로 삼고 【만약 삭일朔日이라면 지삭표와 지선형은 일직선이 되고, 상현일上弦日(7~8일경)이라면 거도는 90도가 되며, 망일望日(보름날)의 경우에는 거도가 180도가 됨. 나머지는 모두 이 방법에 따른다.】 다시 규표를 이용하여 달을 관측하여 지삭표가 적도권의 시반과 맞물린 위치를 관찰하면, 바로 해당일 밤에 태양이 위치한 시각이다. (『儀器輯說 · 下』 장42앞뒤; 남문현 · 陳久金, 2013A: 282-283)

4) 용도

적도고일구의 사용법에서 알 수 있는 바와 같이 이것은 적도식 해시계로서 주간시각은 태양의 자오선 통과를 관측하여 오정 초각을 결정하였다. 야간에는 지형 규표를 이용하여 항성을 관측하는 데 목적이 있다. 이것의 구조와 기능을 보면 세종 대에 제작한 그림 5-16A에 보인 일성정시의(정시의)를 연상시킨다.(제5장 5.5.1항 세종 대 일성정시의 참조) 두 가지 의기는 모두 적도식이며, 주야 시각을 측정하는 데 목적을 두었다.

구조 면에서 보면 주천도수와 시각을 새기는 방법은 유사하다. 정시의의 경우 구법으로 주천도수 365.25도, 일구 백각환과 성구 백각환에 12시 100각을 새겼지만, 적도고일구의는 신법으로 적도권 안에 주천도수 360도와 12시 96각을 함께 새겼다. 그리고 야간 시각을 구하기 위해 정시의의 성구백각환을 대신하여 성신판에다 24절기를 매절기 15,6일마다 초후初候, 1후, 2후로 나누어 72후를 새기고 항성도를 그렸다. 규표는 각각 지형과 계형에다 방주를 세워 그 꼭대기에 각각 정극환과 방형을 설치하였다. 태양과 별을 조준하기 위해 정극환과 계형, 방형과 지형에다 각각 실 두 개와 동선 두 개를 부착하여 서로 일치하도록 하였다. 두 개의 실과 동선을 일치시켜 태양의 자오선 통과 시각을 결정하여 주간시각을 관측하는 방법은 두 개 의기가 동일하다.

야간에는 정시의의 정극환을 이용하여 구진 · 천추성을 조준하여 적도축을 맞추고 북극 둘째별[제성帝星]을 살펴 성구 백각환 자정에 맞춰 실을 한 개만 사용하여 항성시를 측정하였다. 그러나 적도고일구의에서는 규표의 동사 두 개를 사용하여 관측하려는 항성을 찾고 성신판의 해당별을 찾아 지선형에 맞춘 다음 성신판 외규에 새긴 72후 눈금에서 해당 절기 해당일의 시각을 맞춰 태양이 위치한 시각을 결정하였다. 이것이 일성정시의와 다른 점이다. 또 하나의 방법은 지삭표와 지선형으로 각각 달과 태양의 거도로 삼아 규표를 이용하여 달을 관측하여 적도권에서 시각을 관찰하여 야간시각을 구한다. 이런 기능은 일성정시의에는 없다.

세종 대 일성정시의나 일영의 한 가지 용도는—현대와 같이 정오를 알려주는 수단이 없었을 때—오정 초각에 보루각루의 물시계 교체시각을 결정하는 데 두었다. 따라서 금루-정시의는 보루각을 구성하는 기본요소가 되었다. 숙종 대에 이민철이 중수한 혼천의를 제정각에 설치하고 근처에 일영대를 설치하고 그 꼭대기에 일영을 설치하여 혼천의 시각을 교정하였다. 홍문관에 설치한 송이영 자명종을 운영하기 위해 뜰 앞에 일영대를 설치한 흔적이 있는 것으로 보아 일영으로 자명종 시각을 교정한 것으로 보인다.

이와 마찬가지로 남병철은 적도고일구의를 혐시의의 시각을 교정하는 데 1차적인 목적을 두고, 야간에는 항성 출 · 중 · 입 등의 시각을 관측하기 위해 활용한 것으로 보인다. 중국에서도 이런 주야겸용 시각결정의기를 제작한 흔적을 찾을 수 없는 것을 보면 이것은 남병철의 독창적인 발명이라 할 수 있다.

9.4.5. 혼평의

혼평의도 앞서 소개한 혼개통헌의와 간평의처럼 성반星盤과 유사하여 주간에는 태양을 관측하여 시각을 정하고, 야간에는 별을 관측하여 시각을 정하는 것이 주요한 기능이다. 또 서로 다른 절기에 지평 위로 나타나는 각종 성상星象을 정하는 데에도 사용되었는데, 시각을 통하여 중성中星을 구하고 또한 중성을 통하여 시각을 구할 수 있다. 박규수는 일찍이 평혼의를 만들었는데, 이것의 유물이 남아 있다. 남병철은 혼평의의 구조와 원리를 소개하기 위해 다음에 인용한 혼평의설을 쓴 것으로 보인다.

1) 혼평의설

의기의 남쪽과 북쪽 면의 외변外邊은 적도규赤道規이다. 양쪽 면에서 아래쪽에 있는 곡선은 몽영호曚影弧가 되고, 그 위쪽에 위치한 또 하나의 곡선은 지평호地平弧가 된다. 이 두 호弧와 지평의 위는 모두 비워 둔다. 안에서 회전하는 것은 혼평판渾平板이다. 규형窺衡은 적도규 남쪽의 중심에 있다. 이 의기는 우인友人 박환경朴桓卿(환경은 박규수의 호)이 만들었다. 이 의기는 입체인 혼상을 평면에 그린 것이므로 양극兩極이 중심이고, 적도가 원주圓周이며, 지평은 지역에 따라 다르게 한다. 이 의기 또한 간평의 · 혼개통헌의의 시법視法에서 나온 것이다. 이것을 만들어 사용해 보면 간편하여 무척 좋다. (『儀器輯說 · 下』 장43앞; 남문현 · 陳久金, 2013A, 284-285)

2) 제법

동을 사용하여 편평한 원면圓面을 만든다.【크기는 적당하게 한다.】 한쪽 면을 둥글게 만들고 주천도수를 새긴다. 또, 그것의 안쪽에 원을 그려서 12시진과 96각을 그린다. 중심을 축으로 하여 경위經緯의 허선虛線을 꼼꼼히 그리고,【지평호와 몽영호를 그린 다음에는 허선을 제거한다.】〈묘〉점과 〈유〉점을 계한界限으로 삼고, 중심으로부터 해당 지역의 북극출지고도를 세어 〈자-오〉의 허선에서 〈자〉선에 표시를 하고, 3점동원법三點同圓法으로 호를 그으면 지평이 된다. 또, 〈묘〉점과 〈유〉점으로부터 아래로 18도를 세어 두 지점의 계한을 삼고 지평호와 〈자-오〉의 허선이 서로 엇갈리는 지점으로부터 아래로 18도를 세어 〈자〉선에 표지를 하고 방법(3점동원법)대로 호를 그리면 몽영호가 된다.[35] 이것이 원반의 북쪽 면이다. 또 한쪽 면은 앞의 면과 그 방법이 같다. 그러나 지평호와

35 옛날 사람들은 관측을 통하여 일몰 이후 지평 아래 18도와 일출 이전 지평 아래 18도가 신혼晨昏 · 몽영 시각의 한계라고 규정하였다. 따라서 여기에서는 이 도수를 기준으로 삼았다.

몽영호의 표지점은 〈오午〉선에 위치하여 원반의 남쪽 면이 된다.

원반 양쪽 면의 지평호를 96등분하여 소밀선을 새기는데, 계척界尺(직선 자)의 한쪽 끝을 추樞, 곧 중심으로 하고 다른 한쪽 끝을 지평호를 거쳐 시각규時刻規의 각 선을 계한으로 삼아 호에서 척과 교차하는 지점을 살펴 연필로 그린다. 이렇게 도선度線을 만들어 차츰 12시까지 돌린다. 남쪽 면의 호선弧線은 묘卯·진辰·사巳·오午·미未·신申·유酉의 일곱 시진으로 그 선은 비교적 빽빽하고, 북쪽 면의 호선은 유酉·술戌·해亥·자子·축丑·인寅·묘卯의 7개의 시진으로 그 선은 비교적 듬성하다. 또 양쪽 면의 시각규의 안·지평호 이상과 지평호선과 몽영호선 사이는 모두 깎아내어 비운다. 그러면 적도규의 남쪽과 북쪽의 양쪽 면이 완성된다.

또, 평원반면平圓盤面을 만들어 양쪽 면을 남과 북으로 나누고 각각 원을 만드는데, 외경은 적도의 시각규에서 맞물린다. 이 원반의 중심을 양극으로 삼아 양쪽 면에 각각 경선經線 360도를 그리고, 다시 〈자-오〉와 〈묘-유〉를 정하며 위선緯線 180을 그려서 도수에 따라 위치를 나눈다. 원반의 남쪽 면에는 6등 이상의 남극의 모든 별[총성總星]을 새기고, 북쪽 면에는 6등 이상의 북극의 모든 별을 새긴다. 또, 북쪽 면에는 〈묘〉와 〈유〉 두 지점을 계한으로 하여 오정午正의 경선으로부터 황적대거黃赤大距의 도수를 세어 〈오〉선에 표지를 하고 삼점동원법을 이용하여 호를 그린다. 남쪽 면 대거도는 〈자〉선에 표지를 하고 마찬가지로 삼점동원법을 이용하여 호를 그린다. 이것이 양면[남반南盤과 북반北盤]의 황도이다. 또, 황도를 따라 도수대로 24절기를 배열하는데, 북쪽 면은 〈유〉의 춘분에서부터 〈묘〉의 추분까지이고, 남쪽 면은 〈묘〉의 추분에서부터 〈유〉의 춘분까지이다. 이렇게 하여 혼평판渾平板이 완성된다.

적도규의 남쪽 면은 혼평판의 남쪽 면에, 적도반의 북쪽 면은 혼평반의 북쪽 면에 맞추고【〈자-오〉선과 〈묘-유〉선이 서로 합쳐지게 한다.】 두 원환圓環의 둘레를 맞추어 혼평판이 '적도반 안에서' 회전하게 하고, 남쪽 규規의 중심을 규형에 끼운다. 이 밖에 또 해당 지역의 적도고에 맞춘 구고목좌勾股木座를 만들고, 사용할 때에는 의기를 좌가座架의 현판弦板 위에 내려놓고 의기가 천상의 적도면과 서로 평행이 되게 한다. (『儀器輯說·下』 장 43앞-44뒤; 남문현·陳久金, 2013: 284-288)

3) 박규수 혼평의

박규수는 1850년에 평안도 용강龍崗 지역 북극 고도를 측정하고 노인성을 관찰하는 등 천문관측에 몰두하였는데, 당시 그는 그러한 관측을 위하여 손수 천문의기를 제작하였을 것으로 추측된다. 그가 직접 제작한 평혼의 지본과 청동제는 지금까지 전해온다. (김명호, 2008: 751 등) 그림 9-13은 평혼의 지본이다. A는 남반구 모형이며, B는 북반구 모형이다. 북반구의 하늘을 표시한 북면과 남반구의 하늘을 표시한 남면의 양면으로 구성되어 있다. 각 면의 원심은 양극이 되고, 원주는 적도가 된다. 또한 남북의 양면은

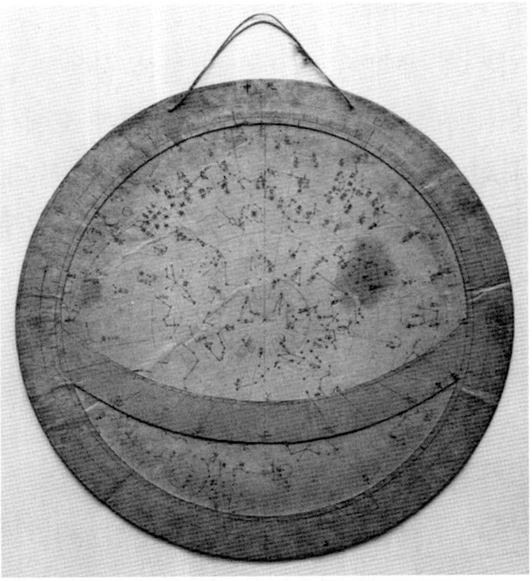

A

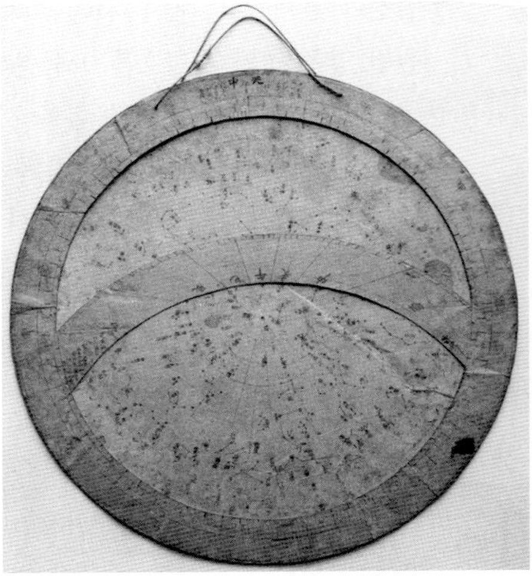

B

그림 9-13. 평혼의 모형 (사진: 박규수 후손 박찬우 님 제공)
A. 남반구 평혼의 모형 **B.** 북반구 평혼의 모형. 크기: 지름 34.4센티미터의 원반

각각 상하 2개의 원반으로 이루어져 있다. 그 중 하반은 회전하게 되어 있으며, 반면에는 경도, 위도, 황도가 선으로 표시되어 있고, 북면의 하반에는 북반구의 6등급 이상 총성總星이, 남면의 하반에는 남반구의 6등급 이상 총성이 표시되어 있다.

남북 양면의 상반은 적도규赤道規, 지평호地平弧, 몽영호朦影弧로 이루어져 있으며, 그 나머지 부분은 제거되어 하반이 잘 드러나 보이도록 되어 있다. 상반의 내원에 해당하는 적도규에는 시간(12시)이 각刻(15분) 단위로, 주천도수(360도)가 10도 단위로 눈금이 표시되어 있다. 북면 상반의 적도규에는 천중天中(午時오시)의 좌우에 “天行每一刻差三度四分度之三천행매일각차삼도사분도지삼, 一時八刻爲三十度일시팔각위삼십도, 四刻爲十五度사각위십오도”라고 적혀 있는데, 하늘은 1각刻 3.75도, 1시時, 즉 8각(현대의 2시간)에 30도, 4각(현대의 1시간)에 15도 회전한다는 뜻이다.

이와 같은 평혼의의 구조는 『의기집설』에서 자세히 설명한 그 제작법과 거의 일치한다. 다만 여기서 원반을 청동으로 만든다고 한 것이 판지로 대체된 점, 하반에 24절기가 표시되어 있지 않은 점, 적도규가 있는 남면의 중심에 관측용 망통望筒인 규형窺衡이 부착되어 있지 않고, 평혼의를 안치하는 구고가勾股架가 없다는 점 등이 다를 뿐이다. 또한, 규형·규표窺表도 없다.

그림 9-14. 혼평의

A. 북반부 원반을 세워 둔 모습. 오른쪽 적도 중간에 "桓堂創製환당창제"라고 새겨 있다. **B.** 규표의 구멍을 통해 별을 관측한다. (출처: 국립고궁박물관 소장)

A B

앞서 보았듯이 남병철은 혼평의설에서 박규수가 이 의기를 제작했다고 밝히면서 "청동으로 평원면平圓面을 만든다"고 설명한 바 있다. 그림 9-14A에 보인 궁중유물전시관(현재 국립고궁박물관) 소장의 평혼의의 적도환 중간 오른쪽에는 '환당창제桓堂創製'라는 박규수의 당호가 새겨져 있어 그림 9-13을 바탕으로 그가 만든 것임을 증명하고 있다. 이것은 지름 34센티미터의 놋쇠 원반에 별자리 등을 정교하게 새겼으며, 목재 받침대인 구고가를 포함한 전체 높이는 77.5센티미터에 달한다. 이 의기를 제작하는 데 들었을 경비 등을 감안할 때, 이 혼평의는 아마도 남병철보다 후에 관상감 제조가 된 박규수가 제작하여 관상감에서 사용한 것으로 보아야 한다. 그림 9-14B는 혼평의를 이용하여 관측할 때 원반을 눕혀 놓은 모습으로 규형에 세운 규표의 구멍이 보인다.

4) 용법

(1) 주간의 시각 구하기

> 자오선을 확정하고 관측 지역의 적도 고도를 이용하여 의기를 구고가 위에 잘 설치한다. 규표를 사용하여 태양의 위치를 관측하고, 규형의 지선指線(조준선)이 적도권 상의 시반에서 맞물린 위치를 살피면 바로 관측 지역의 관측시각 태양이 위치한 적도 시각이다. (『儀器輯說 · 下』 장 44뒤; 남문현 · 陳久金, 2013: 289)

(2) 야간의 시각 구하기

방법에 따라 의기를 잘 설치한다. 규표를 이용하여 임의의 항성의 위치를 관측하고, 규형이 움직이지 않게 한다. 그런 다음에 의기의 해당 별을 돌려 규형의 지선에 맞물린다. 다시 황도호에서 해당 절기를 적도규의 시반에 맞물리면 바로 야간의 시각이다. (『儀器輯說 · 下』 장 45앞; 남문현 · 陳久金, 2013: 289)

(3) 각 절기 지평 위에 나타나는 총성 구하기

황도호에서 임의의 절기 하나를 선택하여 [성반을 돌려] 서쪽 지평의('유'선의 교차점) 몽영호에 맞물리고, 그 시각 지평 위의 각 항성을 자세히 살피면 바로 해당 절기 해당 시각에 나타나는 항성이다. 다시 해당 절기를 조금씩 동쪽 지평의('묘'선의 교차점) 몽영호에 돌려 맞물리고, 다시 그 시각을 자세히 살피면 서쪽으로부터 동쪽으로 이르는 사이의 지평선상에 나타나는 각 항성으로 바로 해당 절기 종야終夜에 나타나는 모든 항성이다.(『儀器輯說 · 下』 장 45앞; 남문현 · 陳久金, 2013: 290)

(4) 중성 구하기

황도호에서 임의의 절기 하나를 선택하여 일몰 시각에서부터 일출 시각까지 조금씩 성반을 돌려서 그것이 적도규에서 맞물리고, 맞물리는 하나하나의 시각에 천중선天中線[오정선午正線]이 맞물린 각각의 항성을 살피면 바로 해당 절기 각 시각의 중성이다. (『儀器輯說 · 下』 장 45뒤; 남문현 · 陳久金, 2013: 290)

(5) 중성을 이용한 시각 구하기와 시각을 이용한 중성 구하기

의기에서 임의의 별 하나를 선택하여 이를 천중선과 맞물리고, 황도호에서 해당 절기의 위치를 찾아 그것을 돌려서 적도규의 시반에 맞물리면 바로 야중夜中의 시각이다. 동서의 편도偏度 역시 이러한 방법에 따른다. 해당 절기를 임의로 적도반赤道盤의 임의의 시각에 맞물리고, 중선이 맞물린 것을 살피면 바로 해당 시각에 중천中天에 위치한 항성이다. (『儀器輯說 · 下』 장 45뒤; 남문현 · 陳久金, 2013: 290-291)

앞서 소개한 방법 (1)과 (2)의 시각 구하기는 앞 절에서 소개한 적도고일구의를 이용한 주야 시각 측정법과 비슷하다. 여기서는 규표를 규형 양단에 세워 일체로 하여 규표 두 개의 구멍을 통해 태양을 조준하고, 이때 적도권의 시각을 읽으면 태양시를 알 수

있다. 동선을 사용하는 대신 규표에 뚫린 구멍 두 개가 일치하는 것으로 대신하였다. 야간의 방법도 유사하여, 규표로 항성을 조준하여 규형을 고정시키고 성도판을 돌려 규형의 지선에 맞춘 다음 황도호에서 해당 절기를 적도규 시반에 맞물려 시각을 읽어 알 수 있게 하였다. 구고좌를 썼기 때문에 의기가 경량이며 휴대가 가능하다.

앞서 소개한 바와 같이 혼개통헌의 · 간평의 · 혼평의는 바로 서양의 성반이다. 간평의와 혼평의는 서로 원리가 비슷하고 구조가 간단하며, 주로 태양과 항성에 관련된 측량에 사용된다. 혼평의에는 특별히 제작된 남북총성도원반이 부가되어 시각, 각 절기의 야간 시각, 항성의 중천中天 및 출입 방위, 중성을 이용하여 시각을 구하는 데도 사용할 수 있다. 혼개통헌의는 이것들보다 좀 더 복잡하여 여기에다 태양 · 달 · 별의 고도, 각 절기의 주야장단, 몽영선 및 오경 시각과 지평 방위 등을 구할 수 있다.

9.4.6. 지구의

1) 지구의설

남병철은 박규수의 지세의의 구조와 원리를 소개한 뒤 이것의 장단점을 평가하고 자신의 의견을 덧보태서 지구의를 제작하는 방법을 설명하였다. 다음은 지구의설을 소개한다.

> 경선經線과 위선緯線을 그리고 곤여坤輿(땅)를 모두 원구에 펼쳐 놓은 것이 지구의이다. 구심球心을 관통하는 것이 양극의 축이고, 양극을 받치는 것은 반주호판半周弧板이며, 또 반주호판을 지탱하는 것이 구고가勾股架이다. 2개의 원권圓圈을 '십十'자 모양으로 교차하면서 원구를 하나로 끌어안는 동시에 양극으로 추축樞軸을 삼는데 세로 방향으로는 자오권이고, 가로 방향으로는 적도이다. 적도 밖에서 묘유선을 축으로 하여 남북 방향으로 오르내릴 수 있는 것은 이용권利用圈이다. 적도 안에서 양극을 축으로 삼아 동서 방향으로 회전하는 것은 이차권里差圈이다. 이용권의 허리 부분에 세로로 서서 자오권의 교차점에 해당하는 것은 측일표測日表이다.
>
> 이 의기 역시 박환경朴桓卿(박규수)이 만든 것이다. 그는 자서自序[36]에서 대략적으로 말하기를,

36 남병철은 박규수의 『瓛齋集』 卷四, 雜著, 「地勢儀銘并序」의 내용을 인용하면서 자신의 의견을 덧보태거나 빼서 지구의를 만들었다. 개인 의견은 지구의설의 【 】 안에 기술하였다. 이런 사실은 복원도 그림 9-15

"광동廣東땅에 오랑캐가 침범한 이후, 호남湖南소양邵陽의 위원魏源이 『해국도지海國圖志』라는 책을 편찬하였는데, 이는 해양의 상황을 따지고 적국을 살피고 연구하기 위하여 만든 것이다. 이 책의 기록에 따르면 지세의地勢儀라는 것이 만들어진 적이 있다. 지세의는 원구의 구면에 경위經緯를 나누고 각 지점에 강 바다 구릉을 분포시켰는데, 이것이 바로 지상에 존재하는 모든 것이다. 구면에서 축으로 관통된 곳은 바로 양극이다. 호판弧板으로 받치고 구고판勾股板에 의지하여 아래위로 기울이는 것은 극출지極出地의 고저高低이다. 땅을 끌어안아 시방을 합쳐 양극으로 모여드는 것은 자오권과 묘유권卯酉圈이다.【묘유권은 지금 없앴다.】 허리 부분을 에워싼 권은 적도이다. 적도에서 동쪽으로 표시한 것은 십이시진이다. 그 남쪽과 북쪽으로 23.5도씩을 차지하고 오권午圈의 배면背面에 표시된 것은 동지와 하지의 계한이다. 빽빽하거나 듬성하게 11가지로 나눈 것은 기후대氣候帶의 계한이다. 적도에 세워져 오권과 교차하는 것은 측일표이다.【지금은 이용권으로 옮겼다.】 안쪽에 위치하여 양극을 축으로 삼아서 세계 각지가 그것에서 측정되지 않음이 없는 것은 이차척里差尺이라고 한다. 이차척의 바깥·적도의 안쪽에 있으면서 〈묘〉점과 〈유〉점을 축으로 삼아 적도가 교차하는 것은 이용척利用尺이다.【현재는 이용척은 적도 밖으로 옮겨 설치하고, 묘유권은 없애 적도권의 〈묘〉점과 〈유〉점을 축으로 삼는다.】 '이용척'을 당겨 동지와 하지의 계한에 있는 것은 황도권黃道圈이고, '이용척'을 늦추어 북극의 출지에 있는 것은 지평권地平圈이다. 환環양극의 23.5도 안에서 움직이는 것은 사시의 빈전賓餞(송별연)의 표表이고, 양극과 적도 사이에서 움직이는 것은 각 지역의 사거斜距 척이기 때문에 이용척利用尺이라고 불린다.【이것이 의기의 제도이다.】

이것을 태양광선 아래에 내려두어 햇볕을 받으면 명암이 생기는데, 한번 보기만 하면, 각국의 주야를 알 수 있다. 표영表影이 바로 서면 【그림자가 지지 않는 것을 표준으로 한다.】 그 나라는 중오中午이다. 동쪽이나 서쪽에서는 오호午弧로 이어받아 이척里尺으로 잘라서 적도의 표지에서 자세히 살피면 세계 각국이 아침인지 저녁인지 알 수 있다. 표영이 가리키는 것이 【지금의 표는 이용척을 따라 오르내린다.】 남쪽이나 북쪽에서는 '경위도'의 소밀한 정도를 살피면 각국이 겨울인지 여름인지 알 수 있다. 남북의 거리를 알려면 이용척으로 위도를 살핀다. 동서의 거리를 알려면 먼저 이용척으로 자른 다음에 적도에서 경도를 살핀다. 짧은 동안에 사시의 주야 길이를 두루 알려면 출지 고도를 오르내려 그 향배를 옮긴다. 실내여서 햇빛이 보이지 않더라도 꼼꼼하게 관측할 수 있다면 이차척과 이용척을 번갈아 사용하므로 무궁하다. 이것이 의기의 용법이다. 이전 사람들이 만든 것으로는 건륭지구의乾隆地球儀 같은 형식의 것이 있지만 이런저런 방법을 두루 갖춘 것은 대동소이한데, 일일이 자세하게 말할 수는 없을 따름이다"고 하였다. (『儀器輯說·下』 장 46앞-47뒤; 남문현·陳久金, 2013: 292-295)

의 A(지세의), B(지구의)를 참조하기 바란다.

앞의 글에 이어 남병철은 중국에서 지구의 제작의 사례를 소개하면서 다음과 같이 자신이 제작한 지구의와 비교하였다.

> 생각건대, 예로부터 땅을 본떠 제작한 의기로 문헌에 기록되어 있는 것은 장형張衡의 지동의地動儀가 최초의 것이다. 그러나 제작법이 기록되어 전해지지 않았다. 그 이후로는 건륭연간에 제작한 구의기舊儀器와 이 의기가 있을 뿐이다.[37] 구의기는 자오권 하나를 설치하여 북극에서 시반에 더하고 황도와 적도를 구면에 그려놓은 데에 지나지 않는다. 만약 이 두 가지 의기의 용도를 비교하여 논한다면 이것들은 시각을 구하는 원리는 같지만 구하는 데는 방법이 다르고, 거리의 원근을 구하는 데는 구의기는 경도와 위도에만 의지할 뿐이지만 이 의기는 경선과 위선이 있고 또 권척圈尺을 사용하는데, 그 원리는 같지만 상세하고 소략함은 다르다. 만약 각 절기가 이동하는 것을 따라서 측정한다면 각지의 원근을 비스듬히 살피는데, 구의에는 없는 방법이다. 이 지구의는 우리 조선에서 창조된 것일 뿐만 아니라 지학地學에 있어서 실로 훌륭한 의기라고 할 수 있다.
> (『儀器輯說 · 下』 장47뒤-장48앞; 남문현 · 陳久金, 2013A: 295-297)

앞의 글에서 알 수 있는 바와 같이 남병철은 천문학적 기능을 갖는 지구의가 조선에서 창조되었을 뿐만 아니라 지학地學을 연구하는 데 실용적임을 강조하고 있다.

2) 지세의와 지구의 복원

지세의는 세계 지도를 그린 구의球儀에 천문관측용 장치를 부착하여 '대지를 측량하는 도구[탁지지구度地之具]'이면서 아울러 '천상을 관측하는 용도[측천지용測天之用]'을 겸하게 만든 것이다. 박규수가 지세의를 만들고 나서 그것의 구조와 용도를 해설한 글인 지세의명地勢儀銘은 『환재집』을 비롯하여 윤종의尹宗儀(1805~1886)의 『벽위신편闢衛新編』과 남병철의 『의기집설』에도 수록되어 있다.(김명호 · 남문현 · 김지인, 2000: 115) 남병철은 지구의설에서 지세의명을 축약하여 소개하고 그 제작법을 설명하면서, 세계 지리에 관해서는 "각종 곤여도坤輿圖를 비롯하여 『해국도지』, 『영환지략』, 『지리전지地理全志』 등 문헌을 상세히 살펴서

37 앞서 박규수의 자서自序에 언급된 건륭지구의乾隆地球儀와 남병철이 언급한 "건륭소제구의乾隆所製舊儀"는 모두 『황조예기도식皇朝禮器圖式』 권3에 나오는 어제지구의御製地球儀를 언급한 것으로 보인다.(그림 9-15C 참조) 그러나 북경 고궁박물원故宮博物院에 소장된 지구의는 어제지구의의 실물로 여겨지며 이것은 강희제康熙帝 때 제작된 것이다.(故宮博物院編, 朱誠如 主編, 『清史圖 -淸朝通史圖錄』, 第4册, 康熙朝, 下, 紫禁城出版社, 北京, 2002, 486頁. 『황조예기도식』은 건륭 연간에 간행되었다.)

오류가 생기지 않게 한다"고 하면서 지세의를 개량하여 새로운 지구의를 제작하였다.

지세의는 오늘날 전해지지 않는다. 따라서 이것에 대해서는 제작자 자신이 해설한 지세의명을 위주로 하고, 남병철의 지구의설을 참조하여 그 구조와 기능을 추정해 보면 다음과 같다.

박규수의 지세의명과 남병철의 지구의설을 비교하면, 의기의 명칭이 서로 다를 뿐 아니라 구조에 대한 설명에 있어서도 차이가 적지 않다는 사실을 발견할 수 있다. 박규수의 지세의에는 자오호 · 묘유호 · 적도권 · 이차척 · 이용척 등 다섯 개의 원환이 부설되어 있었다.(그림 9-15A 복원 모형 참조)

남병철은 지세의에서 이용권의 위치를 적도권의 안쪽에서 그 바깥쪽으로 옮기는 한편, 묘유호를 없앴기 때문에 적도권에서 〈묘卯〉와 〈유酉〉 두 지점을 이용권의 축으로 삼게 하였다. 측일표도 적도권이 아니라 이용권이 자오권과 교차하는 지점에 세우고 이용권을 따라 위아래로 움직이게 하였다. 또 동서 방향의 거리를 측정할 때에는 이차권으로 이용권을 대신하게 하였다.(그림 9-15B 복원 모형 참조) 이처럼 남병철은 지세의를 개량하여 보다 간편하게 만들고 아울러 그 천문관측의 기능은 한층 강화하였다.(김명호 · 남문현 · 김지인, 2000: 119)

박규수가 그 자신이 만든 의기를 지세의라고 이름을 붙인 것은 아마도 그것이 세계의 지리에 관한 정보를 제공하는 점을 중요하게 여겼기 때문일 것이다. 지세의는 무엇보다도 서세동점에 맞선 해방책海防策의 일환으로 해외 각국의 사정을 파악하기 위하여 제작된 것임에 분명하다. 반면, 남병철은 이런 측면보다는 천문관측 기능을 중시하고, 이에 맞추어 이 의기를 개량하려고 하였기 때문에 그 이름마저도 지구의로 바꾼 것이 아닌가 추정된다.(김명호 · 남문현 · 김지인, 2000: 119)

앞서 기술한 박규수의 지세의와 남병철의 지구의 모형을 쉽게 이해할 수 있도록 컴퓨터를 그래픽을 이용하여 3차원 모형을 만들어 시각화하였는데, 이것이 그림 9-15 A와 B이다. 이 그림들은 지세의와 지구의의 전체적인 구조를 살필 수 있는 조감도의 형태로 만들었는데, 반주호 · 극축 · 적도권 · 자오권 · 이용권 · 이차권 등의 상대적 위치와 모양을 자세히 살필 수 있게, 옆에서 본 측면도와 부품명칭을 각각 작성하였다. C는 『황조예기도식』에 들어 있는 어제지구의이다.

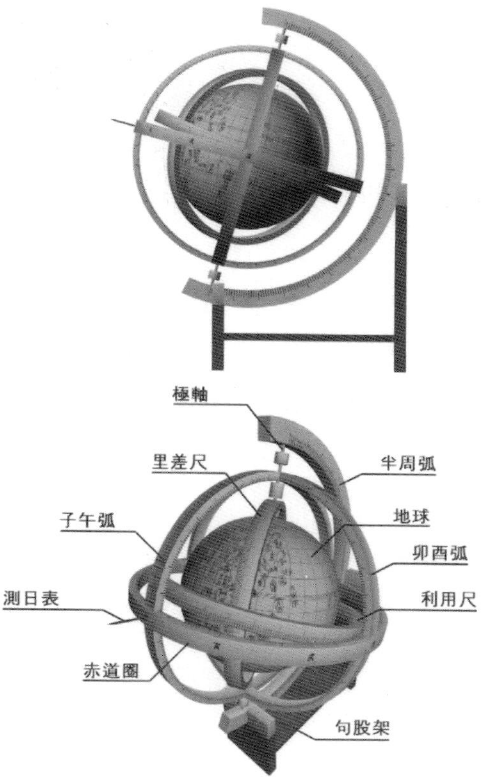

A

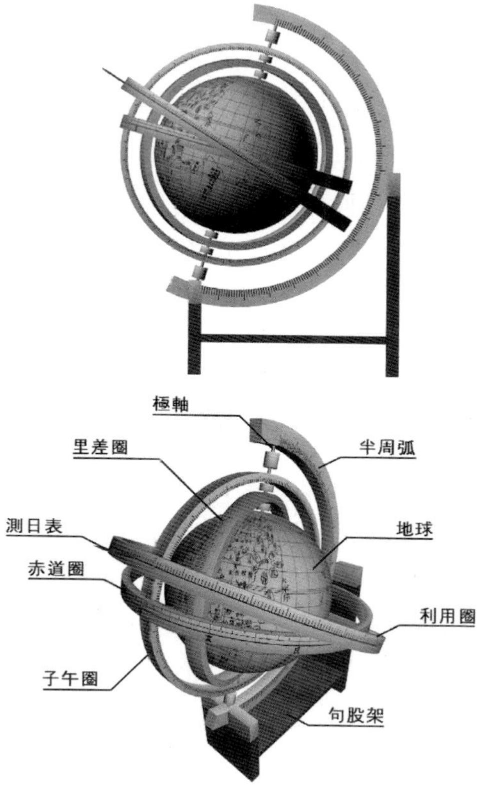

B

C

그림 9-15.

박규수의 지세의와 남병철의 지구의 모델

A. 지세의 **B.** 지구의 (출처: 김명호 · 남문현 · 김지인, 2000: 122, 123쪽에서 옮김) **C.** 어제지구의(御製地球儀) (출처: 『皇朝禮器圖式』 卷三, 三十)

3) 지구의 용법

먼저 자오선을 정하고 구고가를 잘 내려놓는다. 그 지역의 극출지 고도에 따라 해당 호弧에 상응하는 고도에 노출시키고, 지구의가 북쪽으로는 올라가고 남쪽으로는 내려가도록 한다. 그런 다음, 그 지역에서의 구의 위도를 자오권 아래에 고정한다. 이것을 이용하여 다음과 같이 거리, 시각, 주야분, 절기를 구할 수 있다. ① 각 지방의 직선거리 구하기, ② 각 지방의 사거斜距 구하기, ③ 각 지방의 대충對衝(지구의 반대편 지방) 구하기, ④ 본방本方 및 각 지방의 시각 구하기, ⑤ 곤여의 주야분 구하기, ⑥ 본방의 각 절기 구하기 등이다.(『儀器輯說 · 下』 장50앞-장52앞; 남문현 · 陳久金, 2013A: 302-305)

9.4.7. 구진천추합의

1) 구진천추합의설

구진천추합의설勾陳天樞合儀說은 구진천추합의설, 구진의 제작법(句陳儀製法), 천추의 제작법(天樞儀製法)으로 되어 있다. 구진천추합의설에서 남병철은 구진의와 천추의를 합하여 주야 시각을 구하는 방법을 다음과 같이 소개하였다.

> 의기는 상한형象限形(원의 사분면四分面 모양)으로, 한쪽 면에 구진의를 안장한다. 한쪽 직변直邊의 양쪽 끝에 있는 것은 하나는 제성帝星이고, 하나는 구진성勾陳星이다. 상한형의 내부에는 2개의 환권環圈이 있는데, 바깥쪽 환은 절후권節候圈이고 안쪽 환은 시각권時刻圈이다. 시각권의 중심에 매달려 아래로 늘어진 것은 현표懸表이다. 다른 한쪽 면에는 천추의를 안장한다. 상한형의 호에는 2개의 환권이 있는데, 바깥쪽 환권은 절후권이고, 안쪽 환권은 시각권이다. 호와 마주한 직각에 놓인 것은 규형으로, 한쪽 끝은 시각호時刻弧와 서로 맞물린다.
>
> 야간에 시각 구하기는 주간에 시각 구하기보다 어렵다. 달과 별을 이용하여 관측하는 각종 의기 가운데 구진의는 유일하게 그 구조와 관측 방법이 간편하다. 여기에서는 한 벌로 만들었지만 별자리를 알지 못하는 경우에는 여전히 판별하고 이해하기 어렵다. 그러므로 천추의를 새로 만들고 그것을 천추에 부가하면, 곧 북두칠성의 첫 번째 별인데, 북두칠성은 한양의 지평에서 항상 모습을 보일 뿐 아니라 성체星體가 크고 쉽게 보여서 모르는 사람이 없다. (『儀器輯說 · 下』 장53앞; 남문현 · 陳久金, 2013A: 306-308)

그림 9-16은 북극 근처에서 구진 · 제성帝星 · 천추성의 위치를 보여주는 성도이다. '구진'은 '구진鉤陳'이라고도 하는데, 자미원紫微垣(천자가 거주하는 별자리)에 속한 6개의 별로, 여기에서는 사실상 '구진1勾陳一로 작은곰자리 α별(α UMi)을 가리킨다. 북극 부근에 위치하며 작은곰자리 α와 β만이 양성亮星(밝은 별)이기 때문에 구진천추합의에서는 이 별을 변으로 삼아 명확한 표지를 삼았다. '제성'은 '천제성天帝星'이라고도 하는데, 자미원에 속한 별로, 곧 작은곰자리 β별(β UMi)이다. 천추성은 북두칠성의 첫 번째 별인 큰곰자리 α별(Big Dipper, Ursa Major)이다. 북두칠성은 중국 고대에는 계절을 정하고 방향을 지시함에 있어서 항상 사용된 별자리로 제1성부터 제4성까지는 '선기璇璣'라고 부르고, 제5성부터 제7성까지는 '두표斗杓'라고 불렀다. 고대에는 선기와 옥형은 천문의기로 혼의渾儀의 전신이라고 여기는 사람이 많았는데, 『상서 · 순전』에 "선기옥형으로 관찰하여 칠정을 가지런히 한다(在璇璣玉衡재선기옥형, 以齊七政이제칠정)"에서 유래한 것이다.

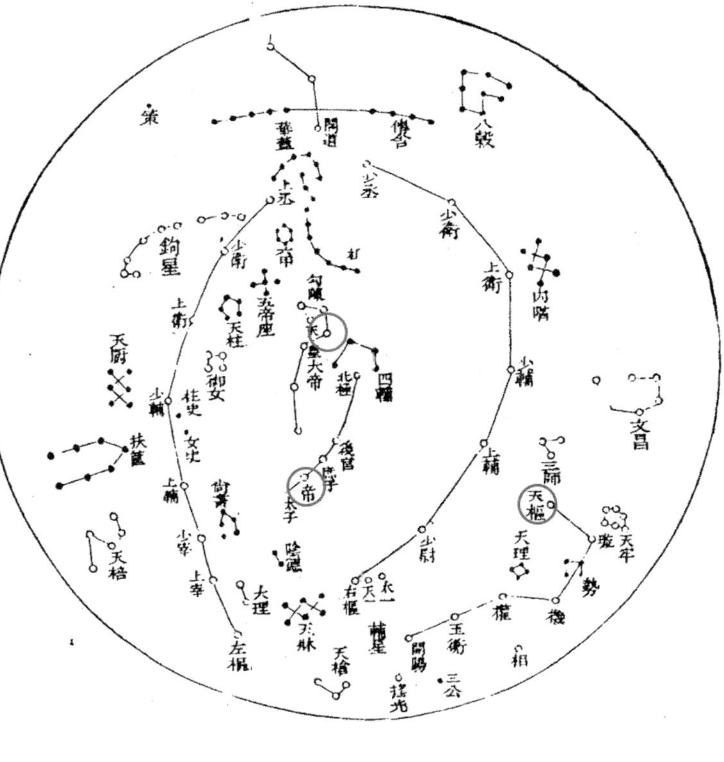

그림 9-16.

북극 근처에서 구진(맨 위 동그라미) 그리고 그 밑에 제성(帝星), 오른쪽에 천추성의 위치를 보여주는 성도 (출처: 남문현 · 陳久金, 2013A: 307 개작)

2) 구진의 제법과 용법

(1) 제법

동을 사용하여【크기는 적당하게 한다.】 2개의 직각변과 1개의 호선弧線의 변을 만들고 이 세 변을 합쳐 상한형을 이루게 한다. 직각변 하나의 양 끝은 자미원 제성과 구진대성으로 표지를 한다【제2성을 서양 사람들은 제3성으로 여긴다. 제성은 두 직각변의 옆에 두고, 구진대성은 호변의 옆에 둔다.】 또, 권圈을 하나 만들어【둘레의 지름은 상한형의 내면에서 맞닿는다.】 360도를 그리고 24절기를 72후候로 나눈다. 그런 다음, 계척界尺의 한쪽 끝은 유궁酉宮의 8.5도 되는 지점에, 다른 한쪽 끝은 묘궁卯宮의 9.5도 되는 지점에 각각 맞닿게 하고 연필로 그어 두 궁도가 서로 떨어진 직선을 만든다.【그린 허선虛線은 원권을 만든 뒤에는 지운다.】 이 권을 상한형 안에 설치하고 유궁은 구진성과, 묘궁은 제성과 각각 마주하게 하고, 두 별의 직각변이 유궁과 묘궁의 직선과 나란하게 한다.

또, 권 하나를 만들어【그 직경은 절후권보다 약간 작고 두께도 약간 얇다.】 가운데에 직거直距를 설치한다. 반주半周에는 48각을 그려 야간의 시각으로 삼는다. 유정酉正에서부터 묘정卯正까지는 오른쪽으로 돌아가며 반주만 늘어놓고 나머지 곧, 시각권은 비워 둔다. 별도로 동표銅表를 하나 만들어【길이는 야시권夜時圈 곧, 시각권의 반경과 같다.】 위는 뾰족하고 아래는 넓게 하여 중간에 지선指線을 그리고 활축活軸을 직거의 중심에 꿰어 항상 아래로 늘어지게 한다. 이 때문에 현표라고 부른다. 그런 다음에 야시권을 절후권 안에 내려놓아 회전하면서 두 권이 평면을 이루게 한다.【두 권 가운데 하나는 음환陰環이고, 하나는 양환陽環으로 서로 맞물린다. 또, 절후권의 뒷면에는 가는 동조銅條를 붙들어 매어 야시권이 떨어지지 않게 한다.】 (『儀器輯說 · 下』 장53뒤-54뒤; 남문현 · 陳久金, 2013: 309-311)

그림 9-17A는 앞서 문장에 따라 그린 복원도이다.

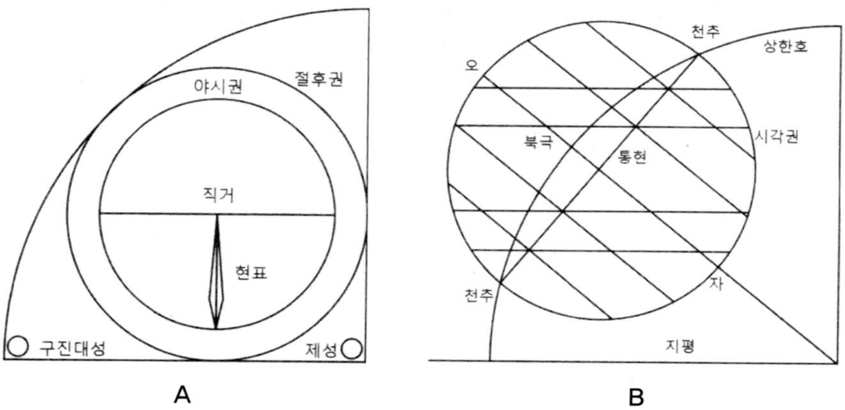

그림 9-17. 구진의와 천추의 복원 모델 (출처: 남문현 · 陳久金, 2013: 311, 313쪽에서 옮김)

A. 구진의
B. 천추의

(2) 용법

사용할 때에는 먼저 야시권의 자정선을 돌려 절후권의 해당 절기의 해당 일에 서로 맞춘다. 그런 다음에 의기 전체를 들어 두 별의 직각변을 천상의 두 별에 조준하고 그 높이를 맞추어 평행이 되게 하고, 수직으로 늘어진 현표의 위치를 살피면 현재 시각을 알 수 있다. 이때 주의할 것은 평행이 되게 한다는 것은 일직선이 된다는 의미가 아니라는 점에 주의하여야 한다. 그것은 앞서 그림 9-16에서 보였듯이 제성이 구진대성과 동일한 자오선 위에 놓여 있지 않기 때문이다. 의기가 별을 마주하게 밀어 올릴 때, 이 직각변은 실제로 북극을 통과하는데, 북극은 무상無象이어서 경험에 의존하여 파악할 수밖에 없다. 이와 같은 방법은 제성은 묘궁의 12도 51분 28초에 위치하고, 구진성은 유궁의 16도 35분 37초에 위치하여 두 별이 서로 떨어진 것은 본래 동일한 자오선 위에 놓여 있지 않기 때문에 만약 직선으로 서로 떨어진 거리를 긋는다면 그 선은 북극을 통과하지 않고, 양 끝은 묘궁의 9.5도와 유궁의 8.5도에 이를 것이다. 의기에서는 두 별을 일직선상에 놓기 때문에 그것이 별과 평행선을 이루는 것을 구하여 절후권을 안치하고 대상大象을 조준한다.
(『儀器輯說 · 下』 장54앞-장54뒤; 남문현 · 陳久金, 2013A: 310-311)

3) 천추의 제법과 용법

(1) 제법

상한의 호에서 먼저 1상한 곧, 90도로 나눈다.【북극출지 도수와 천추성의 거극도수距極度數를 확정하고 나서 이 분도分度를 제거한다.】 임의의 한 변을 골라 지평으로 삼고, 지평으로부터 한양의 북극 출지 고도 37도 39분 15초를 세어 점으로 '호도弧度 위에' 표지를 한다. 또, 극의 출도점出度點에서부터 위아래로 각각 천추성의 거극도 27도 28분 36초를 세어 점으로 '호 위에' 표지를 하고, 천추성의 거극도수를 두 배로 하면 54도 57분 12초가 된다.

빳빳하고 두꺼운 종이를 상한호의 안팎에 붙이고, 호와 평면이 되게 한다.【시각선을 그리고 나서 종이를 뜯어낸다.】 먼저 '앞서의' 54도 57분 12초의 통현선通弦線을 그리고, 호와 마주한 직각으로부터 통현을 지나 북극출지도에 해당하는 점까지 직선을 긋는다. 통현과 직선의 교차점을 원심으로 삼고, 천추성의 거극도를 나타내는 점까지를 반경으로 하여 원을 그린다. 원주는 96각과 십이시진의 초와 정을 균등하게 나누고, 반드시 자정과 오정의 3각 10분을 천추도 위아래의 두 점에 맞춘다. 이것은 한양과 북경 두 지역의 차이는 3각 10분으로, 북경의 오정을 두 지역의 시차時差에 더하면 오정 3각 10분이기 때문이다.【자정은 아래 점에 위치하고, 오정은 윗점에 위치한다.】 원주에서 나눈 96분은 호의 안팎에서 하나하나 직선을 그어 통현에 이르러 표지를 하고, 다시 표지한 지점에서부터 지평선과 나란히 직선을 그어 호의 안팎에 이르면 이것이 시각선이다.【호의 안이 45이고, 호의 밖이 45이다. 안과 밖의 두 선은 서로 만나지 않으며 각각 멀고 촘촘한 정도가 다르다.】

다시 해당 권의 도수를 구하여【54도 57분 12초의 통현이 그 직경이 된다.】 동을 사용하여 권을 만들고, 십이시진과 96각을 그리면 이것이 시각권이다. 호 위에 설치하고 앞서의 방법대로 자정과 오정의 3각 10분의 두 선을 천추도天樞度 위와 아래의 두 점에 맞춘다. 권을 호와 단단히 연결하여 움직이지 않게 한다.【시각권은 본래 호 위에서 움직이게 설치하여 돌아가게 하지만 지금은 임시로 단단하게 고정시킨다.】

또, 동권銅圈을 만들어【속에 시각권을 받아들이게 한다.】 360도를 그리고 72후를 나열하면 이것이 절후권이다. 이것을 호의 위 · 시각권의 밖에 고정시키고, 처서處暑의 초도선初度線은 시각권의 오정선에 맞추고, 우수의 초도선은 오정선에 맞추고, 동지의 초도선은 진정辰正의 초각에 맞춘다. 절후권을 잘 설치하고 시각권을 풀어 안쪽에서 회전하게 한다.【두 권환은 모음환과 양환을 삼아 떨어지지 않게 한다. 방법은 앞서의 의기 구진의를 보라.】(『儀器輯說 · 下』 장55뒤; 남문현 · 陳久金, 2013A: 314)

그림 9-17B는 복원한 천추의 모델이며, 4개의 표지점을 그리는 방법만을 보기로 들었다.

(2) 용법

규형을 만들어 호와 마주한 직각 위에 설치한다. 사용할 때에는 먼저 시각권의 자정선을 절후권에서 해당 절기의 며칠 째 되는 날에 맞추고 다시 규형으로 해당 별을 관측하여 규형이 호에서 서로 맞닿은 분수分數를 살펴, 거기에서부터 직선을 그어 시각권에 교차시키면 해당 시각을 알 수 있다. 별이 북극의 동쪽에 있으면 호의 외선外線을 관찰하고, 별이 북극의 서쪽에 있으면 호의 내선內線을 관찰한다.

시각을 반영하는 것은 적도이고, 절기를 반영하는 것은 황도이다. 동승도同升度를 이용하여 꼼꼼하게 추산한다면, 의기에서 얻어지는 시각을 실제 시각과 비교하여 입춘과 입추는 10분이 늦고, 입하와 입동은 10분이 빠르며, 대한 · 대서 · 우수 · 처서는 8분이 늦고, 곡우 · 상강 · 소설 · 소한은 8분이 빠르며, 소한 · 소서 · 경칩 · 백로는 5분이 늦고, 청명 · 한로 · 망종 · 대설은 5분이 빠르다. 단지 동지와 하지, 춘분과 추분에만 차이가 없다. 관측할 때에는 융통성 있게 보아야 한다.

그 방법은 해당 별의 적도 경도가 사궁巳宮의 13도 45분 26초에 있는 것을 이용한 것으로, 동지에 태양이 축궁丑宮의 초도에 있다면, 태양과의 거도는 253도 45분 26초가 되며【이 별의 적경에서 태양의 적경을 뺀다.】 시간으로 환산하면 16시간 3각 10분이 된다. 따라서 의기에서는 별이 극에서 떨어진 위아래의 두 점을 자정과 오정의 3각 10분에 맞춘다. 만약 동지에 태양이 자정의 위치에 있다면 16시간 3각 10분으로 계산하여【자정 이후부터 계산한다.】 별은 신정申正

3각 10분의 위치에 있어야 한다. 지금 시각권에서 자정이 동지의 초도에서 교차한다면 별은 반드시 자정의 위치에 있고, 시각은 신정 3각 10분이 된다. 각각의 절기는 이런 방법에 따른다.
(『儀器輯說 · 下』 장55뒤-56뒤; 남문현 · 陳久金, 2013A: 312-316)

구진천추합의는 구면 직각삼각형의 원리에 입각하여 구진성 또는 천추성의 특수한 위치를 이용하여 절기권과 시각권을 상한호 내에 두었다. 별을 의기상의 해당 위치에 조준하고 절기선을 이용하여 시각을 결정할 수 있다. 적도일구의와 함께 이 두 가지 의기는 중국에서도 유례를 찾을 수 없는 남병철의 독창성이 돋보이는 것들이다.

9.4.8. 양영규일의

남병철은 이상혁이 지은 『규일고』에서 다음과 같이 양영규일의를 소개하였다.

1) 양영규일의설

세 개의 판은 산구山口 모양이다. 뒷면에 수직으로 세운 입판立板과 아랫면에 수평으로 가로 누인 횡판橫板의 수직선은 절후선이고, 가로의 사선은 시각선이다. 앞쪽의 입판은 (두 개의 해그림자를 만드는) 양영표兩景表이다. 북극의 고저가 다르기 때문에 해그림자[구영晷影]의 길이 역시 지역에 따라 다르다. 우리 조선은 역상曆象에 대하여 밝지 못하여 구표晷表와 의기는 언제나 중국에서 제작한 것을 사용하여 일영日影을 측정하고 역법을 정하였는데, 그 원리를 알지 못하였다.

이상혁 선생은 이 분야에 정통하여 우리 조선의 북극출지고도(지리상의 위도)와 새로 측정한 황적대거黃赤大距(황도와 적도가 가장 멀리 떨어질 때의 각거리)를 이용하여 태양의 실제 그림자[실영實影]을 추산하여 양영규일의를 만들었다. 양영규일의로 태양의 궤도를 측정해 보면 미세한 오차도 없는데, 실로 우리 조선에서 창조한 것이다. 태양 고도의 시고도視高度와 실제 고도[관고도寬高度]는 차이가 나는데, 지반경地半徑 · 시반경視半徑 · 몽기蒙氣[38]의 세 가지 차이 때문이다. 지반경차는 지심과 지면 때문이고, 몽기차는 해당 지역의 지세가 일단 정해지면 그 수치가 일정하고 바뀌지 않기 때문이며, 시차視差는 태양의 높낮이가 바뀜에 따라 다르다. 그러나 태양은 가장 낮게 운행하여 60년마다

38 천체天體에서 오는 빛이 지구 대기층을 지나며 굴절하는 현상을 말하며, 이 때문에 생기는 천체의 겉보기 방향과 실제 방향과의 차이가 몽기차이다.

1도 남짓[유기有奇] 이동하고, 시반경의 고저는 최대 차이가 32초 남짓하므로 가장 낮게 운행하는 것과는 그다지 관계가 없다. 그러므로 양영규일의는 일단 제작하면 수백 년을 변함없이 사용할 수 있으니 실로 오래 사용할 수 있는 의기이다. (『儀器輯說 · 下』 장57앞-57뒤; 남문현 · 陳久金, 2013A: 317-318)

2) 제법

동을 사용하여 서로 같은 3개의 판을 만드는데, 【이 의기는 직영直景과 대영對景(마주 비친 그림자) 두 가지를 사용하는데 만약 대영을 사용하지 않고 도영倒影(거꾸로 맺힌 그림자)을 쓰는 경우는 판을 두 개만 만든다.】 하나는 공판空板(아무 표시도 없는 판)이고 하나는 횡판이며 하나는 입판이다. 횡판과 입판에는 각각 나란히 37개의 수직선을 그리고【반드시 두 선의 끝이 서로 연결된 곳이 작은 차이도 없어야 한다.】 횡판의 종선縱線(세로 선) 끝점에는 각 절후선을 나열하는데, 이것이 절후종선節候縱線이다.【왼쪽 끝 선은 동지의 초후初候(동짓날부터 5일간)선이 되고, 오른쪽 끝 선은 하지 초후선이 된다. 중간의 35개 선은 하나하나의 선이 두 개의 절후와 대응하는데, 예컨대 춘분의 초후선은 추분의 초후선과 대응한다.】

각 절후 각 시각 표【공판을 표의 길이로 삼음】의 영분景分을 산출하여【직영을 구하는 경우에는 반경 1천만을 1율로 하고, 태양 그림자와 지평의 거리에서 지반경차를 빼고 여기에 기차氣差(몽기차)와 시반경차를 더한 것의 여절餘切(코탄젠트)을 2율로 하고, 표장表長을 3율로 하여 4율을 구한다. 도영을 구하는 경우에는 반경 1천만을 1율로 하고, 태양 그림자와 지평의 거리에서 지반경차와 시반경 차를 빼고 여기에 기차를 더한 것의 정절正切(싸인)을 2율로 하고, 표장을 3율로 하여 4율을 구한다. 대영을 구하는 경우에는 반경 1천만을 1율로 하고, 태양 그림자와 지평의 거리에서 지반경차를 빼고 여기에 기차와 시반경차를 더한 것의 정절을 2율로 하고, 표장을 3율로 하여 4율을 구하여 표장과 빼면 대영이 된다. 태양의 그림자가 지평에서 떨어진 도수와 시차視差 · 기차 · 지반경차를 비롯한 그 밖의 여러 가지를 구하는 방법은 이상혁이 지은 『규일고揆日考』에 상세히 실려 있으므로 여기에서는 언급하지 않는다.】 도수에 따라 각 절후선에 표시를 하고【직영은 횡판이 입판과 이어지는 곳부터 헤아린 거리를 횡판에 표시하여 구한다. 대영은 입판이 횡판과 이어지는 곳부터 헤아린 거리를 입판에 표시하여 아래로부터 위로 헤아려서 구한다. 도영은 입판이 횡판과 서로 엇갈리며 이어지는 곳부터 헤아린 거리를 입판에 표시하여 위로부터 아래로 헤아려서 구한다.】 이것을 연결하여 사선을 긋고 각 선의 양 끝에 시각을 나타내면 이것이 시각횡선時刻橫線이다.【오정 초각은 하나의 선에 대응할 뿐이고 나머지 각각의 선은 각각 오전과 오후의 두 시각에 대응한다. 예컨대 진정辰正의 초각선은 또한 신정申正의 초각선과 같다.】 다시 공판과 입판을 횡판의 양 끝에 마주 세워 두 판이 횡판과 직각을 이루게 하고, 세 개의 판은 산구 모양이 되게 한다.【도영을 사용한다면 횡판과 입판만을 이어 곡척 모양을 만든다.】 사용할 때에는 수선으로 지평을 정하고 공판으로 일광을 마주하게 하여 해당 절기선에서 (태양의) 그림자가 시각선에 도달하여 교차하는 지점을 관찰하면 시각을 알 수 있다.【도영을 사용할 때는 횡판과 입판을 번갈아 표로 삼는다. 직경을 사용할 때는 입판을 들어 올려 일광과 마주하게 한다. 도영을 사용할 때는 의기를 뒤집어 횡판이 일광과 마주하게 한다.】(『儀器輯說 · 下』 장57뒤-58뒤; 남문현 · 陳久金, 2013A: 319-321)

그림 9-18A는 『규일고』에서 보인 입판에 그은 시각선과 횡판에 그은 절후선이다. B는 양영규일의 유물이다.

남병길은 그의 벗인 이상혁이 쓴 『규일고』 서문에서 다음과 같이 이 해시계의 가치를 평가하였다.

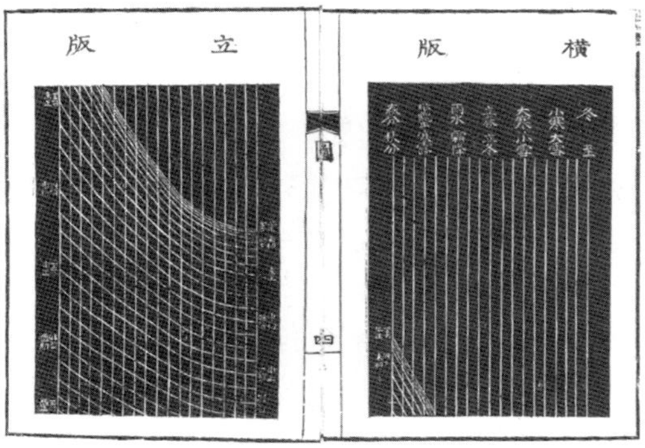

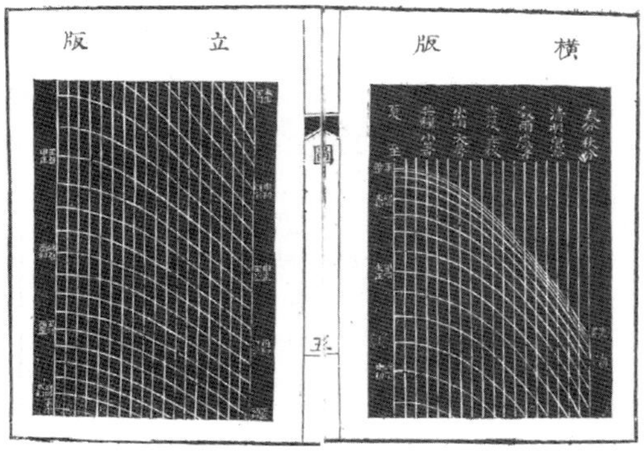

A

B

그림 9-18. 양영일구의 제작법과 유물

A. 『규일고』 제 4, 5장에서 보인 입판과 횡판에 그은 절후선과 시각선 (출처: 『揆日考』, 국립중앙도서관 고문헌실 소장) **B.** 1849년(헌종 15년)에 이상혁이 제작한 양영규일의 유물. 크기는 목판 두 장이 각각 11.5, 15.8센티미터 (출처: 고려대학교 박물관 소장, 사진: 남문현, 1990)

…… 우리 조선의 북극고도와 새로 관측한 황적대거를 적용하여 새로 창제하였다. 이 해시계는 태양의 운행 궤도에 따라 해그림자를 취하여 절기와 시각이 조금도 틀리지 않으며, 나침반을 사용하지 않고도 일목요연하게 측정할 수 있다. 이에 시각 관측법을 편집하여 『규일고』라는 제목을 달았는데, 이는 관측과 검증에 상당히 중요한 방법으로 우리 조선에서는 이 분야에 황무지를 처음 개척했다고 일컬을 수 있다. (李尙爀, 1850: 장2뒤)

9.4.9. 양도의

1) 양도의설

양도의[39]는 방판方板 1개, 자오대권子午大圈 1개, 황도유권黃道遊圈 1개, 반주양도판半周量度板 1개, 분위거등선分緯距等線 1개, 양각직선量角直線 1개, 양호곡선量弧曲線 2개 등 모두 8개로 구성된다. 양도의는 아우인 남자상南子裳(남병길)이 매물암梅勿庵(매문정)의 「평의론」의 호삼각에서 양법量法으로 산법算法을 대신하여 만들었다. 양법으로 산법을 대신하는 방법은 본래 웅삼발熊三拔의 『간평의설』에서 나왔다. 그 원리는 비스듬히 살핀 천구의 모양을 평면에 그려 정형正形으로 삼고, 일정하지 않은 각도를 외주에 대응시켜 실도實度로 삼는데, 그 활용은 오로지 등거等距의 한도에서만 사용된다.

따라서 그 방법은 이러하다. 먼저 평원平圓에 대권大圈을 하나 그리고, 다시 거등距等의 소권小圈을 그린다. 거권距圈이 서로 떨어진 정도를 살펴서 외주를 만들고, 이를 이용하여 호도弧度를 구한다. 거권이 서로 교차된 지점을 살펴 역시 외주를 만들고 이를 이용하여 각도를 구한다.

이와 같은 방법은 계산법보다 무척 편리하고 빠르지만 호각弧角 하나마다 반드시 도형 하나가 나오고, 도형 하나가 나오면 반드시 몇 차례씩 도면을 그려야 한다. 계산식의 번거로움은 없앴지만 그림을 그리는 번거로움은 여전하다. 이제 이 의기를 만들어 그림을 대체하여 여러 가지를 모두 갖추어 한층 빠르게 사용한다. 이것이 비록 계산하는 수고로움은 없다고 하나 연필을 놀려야 하는 번거로움을 피할 수는 없다. 이제 도면을 그리던 것 대신 의기를 사용하고 각종 부속품을 구비한다면 훨씬 빠르게 사용할 수 있다. 매물암[매문정梅文鼎]이 사용한 방법은 그 원리가 『간평의설』에서 나왔고, 남자상[남병길南秉吉]이 만든 의기는 그 원리가 매물암의 방법에서 유래하였는데,

39 '양도의量度儀'라는 글자 자체는 '호장弧長과 각도를 계산하는 의기'라는 의미이다. 이는 호삼각형弧三角形을 계산함에 있어서 대단히 빠르고 효율적인 의기로, 양도量度로 계산을 대체하는 목적을 지닌다. 호삼각형에서 각도와 호장을 구할 수 있다.

비슷한 것에서 나왔지만 오래 전승되면서 나중에 나온 것이 한층 정교해졌다고 하겠다. (『儀器輯說·下』 장59앞뒤; 남문현·陳久金, 2013A: 322-324)

2) 제법

(1) 방판

단단하고 두꺼운 목판으로 정방형의 판을 하나 만들고【크기는 의기에 따른다.】, 한쪽 면에 종횡으로 '십十'자선을 그어 두 선이 교차하는 지점을 의기의 중심으로 삼는다.(그림 9-19E 참조)

(2) 자오권

동을 사용하여 완전한 권을 하나 만드는데【크기는 적당하게 만들지만 클수록 정확해진다.】 이것이 자오권이다. 윗면의 둘레를 네 개의 상한을 나누고 주천도수를 그린다.【5도마다 표시를 하고 또 10도마다 표시를 하는데, 반드시 두 반주半周의 도수는 쌍쌍으로 마주하고, 상한 2개는 1도에서 서로 만나고 또 상한 2개는 90도에서 서로 만나게 한다.】 아래 면에는 권의 두께를 절반을 깎아내고【만약 권의 두께가 1촌이면 5분을 제거한다.】 하반주下半周를 절반으로 나누어 남겨 두어 전주全周의 4분의 3은 얇고 4분의 1은 두껍게 만든다. 두꺼운 곳에는 나선공螺旋孔 세 개를 뚫어 나사못을 방판에 박는다. 방판의 횡선과 종선을 네 상한의 초도점에 맞추면 종선은 양극선이 되고, 횡선은 적도선이 된다. 권의 두께를 절반으로 깎아낸 곳을 판면에서 떨어져 허공이어서 양도판의 위아래를 받아들일 수 있게 하였다.(그림 9-19A 참조)

(3) 황도유권

동을 사용하여 완전한 권을 만드는데 【원의 반경은 자오선의 내경과 꼭 맞게 한다. 원의 두께는 자오권의 절반으로 자오권의 두께가 1촌이라면 황도유권의 두께는 5분이다. 권면圈面의 너비는 얇을수록 정확하다.】 이것이 황도유권이다. 그 안쪽에는 종횡의 직거直距를 두는데 【무척 얇아서 종잇장 같고 유난히 곧다.】, 세로로 놓인 직거는 황극선黃極線으로 천정天頂의 수선이기도 하며, 가로로 놓인 직거는 황도경선黃道經線으로 지평경선地平經線이기도 하다. 자오권의 안에 놓고 회전시키면 횡선과 종선의 양 끝이 자오권의 도분을 가리킨다.(그림 9-19B 참조)

(4) 양도판

동을 사용하여 반주권을 만들면 【직경은 자오권과 같고, 두께는 황도권과 같아진다.】 이것이 양도유판量度游板의 한쪽 면이다. 둘레에 먼저 180도를 그리고 【앞서의 방법대로 5도와 10도마다 표시를 한다.】 반원의 중심으로부터 직선을 그려 매 도度 이으면 이것이 매 도마다의 직응선直應線이 된다. 또, 정현비례척正弦比例尺을 사용하여 매 도마다의 도분을 반원 중심의 좌우 반경에 표지를 하고 반원의 중심을 축으로 하여 좌우에 표지한 마주한 두 지점 사이의 거리를 계한으로 하여, 원을 하나씩 그리면 좌우의 첫 번째 점의 호弧는 1도의 반주권이 되고 90번째 점의 호는 90도의 반주권이 된다. 권은 중심 가까이에서는 멀찍멀찍하며 작고, 바깥 둘레 가까이에서는 촘촘하면서 크다. 양도판을 자오권 아래 면의 비어 있는 곳에 넣는다.【이 양도판의 전경선全徑線은 방판의 횡선이나 유권의 횡선과 하나하나 부합되며 양도판의 주도분은 자오권의 반주도분과 하나하나 부합된다.】 사용할 때에는 양도판을 위아래로 움직여 그 전경선을 거등선距等線으로 삼는다.(그림 9-19C, D 참조)

(5) 분위선

동을 사용하여 가느다란 막대기를 만드는데 마치 종잇장과도 같다. 길이는 자오권의 전체 지름과 같으며, 절반 되는 지점에 산구 모양을 만든다. 사용할 때에는 천정선에 더하고 상하로 움직이는데, 이것이 거등선이자 또한 분위선이다.(그림 9-19E 참조)

(6) 양각직선

동을 사용하여 만든다. 크기는 분위선과 같으나 산구 모양은 없다. 사용할 때에는 구하려는 호각의 자리에 물려 양도판의 천정 수선과 나란하게 하고, 한쪽 끝을 외주의 도분에 물리면 구하려는 각도가 나온다. 호도선이라고도 부른다.(그림 9-19F 참조)

(7) 양호곡선

동을 사용하여 두 개의 가느다란 막대기를 만든다. 길이는 자오권의 직경보다 2배이고, 구부정한 모양이며, 정해진 호도는 없다. 사용할 때에는 구하려는 호도의 굽은 모양대로 구부려 의기의 윗면에서 엇갈리게 하면 호도가 나온다.(그림 9-19G 참조) (『儀器輯說 · 下』 장 59뒤-61뒤; 남문현 · 陳久金, 2013A: 325-328)

앞서 소개한 부품과 사용법은 그림 9-19와 같다.

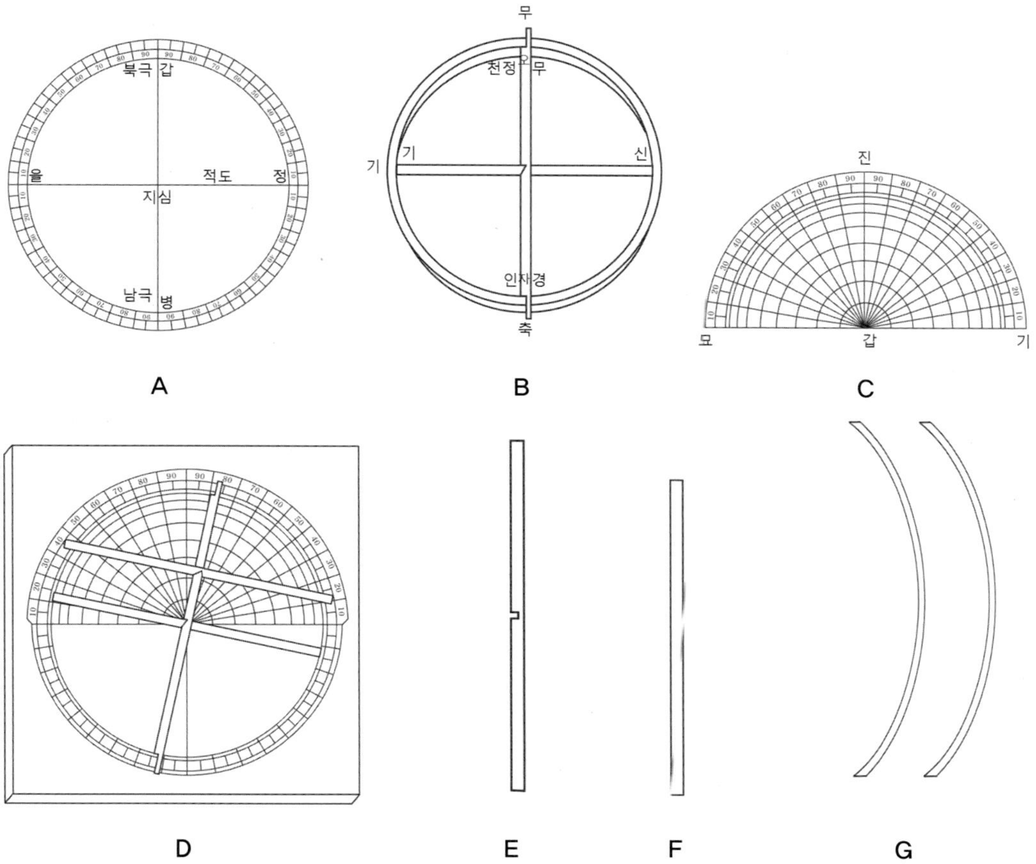

그림 9-19. 양도의 부품

A. 자오권 **B.** 황도유권 **C.** 양도판 **D.** 양도의 사용법. 방판 · 자오권 · 황도유권 · 양각직선 조립 **E.** 분위선 **F.** 양각직선 **G.** 양호곡선 (출처: 『量度儀圖說』 장3앞–장6앞 도식 복원 개작)

3) 용법

(1) 각도 구하기

① 예제: 호삼각형 〈을-정-병〉에서 〈정-병〉변은 50도이고, 〈을-병〉변은 55도이고, 〈을-정〉변은 60도라고 하고, 〈병〉각을 구하여 보자.

【그림 9-20A는 매문정이 『환중서척』에서 예제와 같은 호삼각형의 변을 통하여 도식을 그려서 각도와 호도를 구하는 이른바 "도해법"을 양도의로 풀어가는 과정을 보인 남병길의 "의기법"이다.(『量度儀圖說』 장6뒤-장7앞뒤 용법; 남문현 · 陳久金, 2013B, 37-40쪽 참조)

② 해법: 자오권 수선의 한쪽 끝을 〈병丙〉으로 하고, 〈병丙〉으로부터 왼쪽으로 〈정丁–병丙〉변의 도수를 세어 나가, 황도유권으로 측량하여 수선의 한쪽 끝이 물리게 하고 〈정〉으로 표지를 한다. 또, 〈병〉에서 좌우로 각각 〈을–병〉변까지 세어 나가, 양도판으로 측량하여 전경선이 좌우에 물리고, 그것이 양도판의 제 몇 도의 반주권에 물려 있는지 살펴서 반주권에 표지를 한다. 또, 〈정〉에서 좌우로 각각 〈을–정〉변까지 세어 나가, 분위선으로 측량하여 그것이 황도유권의 횡선과 평행이 되게 하여 좌우와 서로 물리고, 분위선이 양도판의 전경선과 교차하는 지점을 살펴 〈을〉로 표시한 다음, 양각직선을 양도판의 수선과 나란하게 하여 한쪽 끝은 〈을〉에 물리고, 한쪽 끝은 양도판의 원주의 도분에 물린다. 다시 맞물린 도분으로부터 원주를 따라 좌우로 전경선까지 세어 나가면 〈병〉의 내각과 외각의 도분이 나온다.

〈정〉각의 도분을 구하려면 황도유권의 분위선을 양도판의 전경선과 바꾸어 사용하여, 양각선을 이용하여 앞서의 방법대로 서로 맞물리고 좌우로 도수를 세어 나가면 〈정〉의 내각과 외각의 도분이 나온다.【〈병〉각은 78도 초약稍弱으로 계산법으로 따져보면 77도 55분이 나오고, 〈정〉각은 67과 3분의 2도로 계산법으로 따져보면 67도 39분이 나온다. 의기에서는 분分과 초秒는 나타낼 수 없기 때문에 만약 영분零分이 나오는 경우에는 계산법을 이용하여 구한다.】

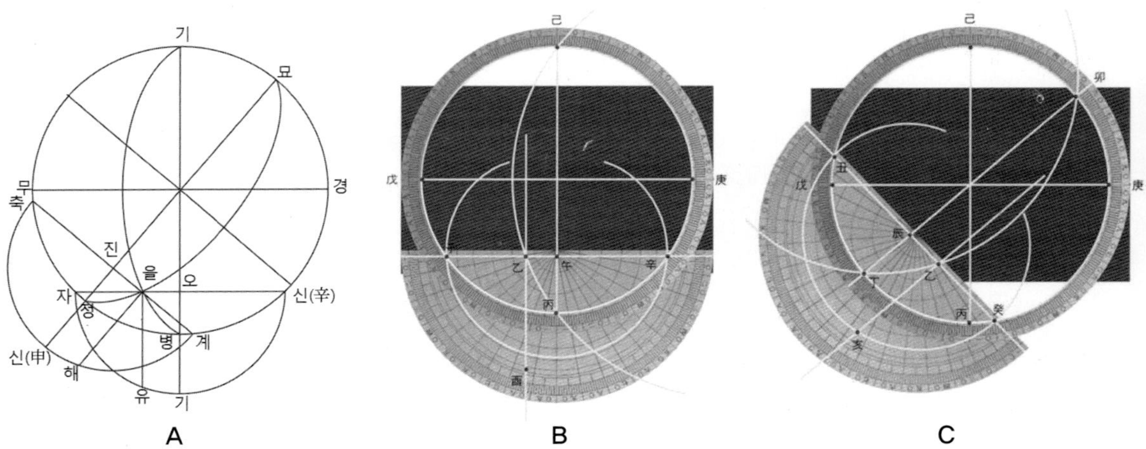

그림 9–20.

A. 매문정의 호삼각형의 도해법을 의기법으로 구하는 방법 **B.** 양도의를 사용하여 병(丙)을 극축으로 을(乙)의 각도 측정 **C.** 정(丁)을 극축으로 을(乙)의 각도 측정법

③ 해법 분석: 그림 9-20B와 C는 저자(남문현)가 그림 9-19에 보인 부품을 컴퓨터로 모델링한 다음 A에 보인 양도의 두 개의 용법을 분석해 본 것이다. 그림과 같이 방판 위에 양도의와 자오권(〈무戊〉-기己-경庚-병丙〉)을 얹어 놓는다. 그리고 양각직선과 앙호곡선을 사용하여 교점들을 연결한다. B는 병丙을 극축으로 한 을乙의 각도를 구하는 방법이며, C는 정丁을 극축으로 한 을乙의 각도를 구하는 방법을 보인 것이다.

반원주 〈자子-유酉-신辛〉과 〈계癸-해亥-축丑〉에서 직접 〈병丙〉각과 〈정丁〉각과 상응하는 도수를 측정할 수 있다. 양도판과 자오권을 대원으로 하고, 대원의 위아래를 천정직선으로 한다. 55도의 직선거등권을 60도의 횡선거등권과 함께 직접 양도판의 저변 전경선으로 삼는다. B에 나타난 반원 곧, 양도의의 부품인 양도판의 밑변을 〈자子-신辛〉현에 맞추어 측정하는 것이다. B에서 볼 수 있는 것처럼, 양도판 위의 각각의 반주권을 그 반원으로 삼고, 다시 반원주의 두 저변의 교점에서 각각의 저변을 향하여 양각직선으로 수선을 만든다. B에서처럼 〈자子-신辛〉현에 양도판의 저변을 맞추면, 〈을乙〉점을 지나서 천정수선과 평행한 직선이 양도판과 만나는 점을 얻는다. 양도판을 이루는 반주원의 위에서 교차점 〈유酉〉를 얻는다. 그 점에서 상응하는 저변의 종점과 교차하는 호의 길이가 곧 구하려는 각각의 각도이다. 〈병丙〉이 극점이고 측정하려는 천체의 위치가 〈을乙〉에 있는 경우에는, 〈유酉〉가 양도판에서 만나는 점의 각도가 구하려는 각도가 된다.

그리고 C에 예시된 것은 〈정丁〉을 극점으로 할 때 〈을乙〉〉의 각도와 호도를 재는 것이다. 양도판을 〈축丑-계癸〉현에 맞추면 〈을乙〉점을 지나는 천정수선은 〈해亥〉에서 만나므로 양도판과 자오권의 눈금을 읽어서 각도와 호도를 각각 실측할 수 있다.

(2) 호도 구하기

① 예제: 호삼각형 〈을-병-정〉에서 〈병〉각은 60도이고, 〈을-병〉변은 100도이고, 〈정-병〉변은 120도라고 하고, 〈정-을〉변을 구하여 보자.(그림 9-21 참조)

② 해법: 자오권 수선의 한쪽 끝을 〈병〉으로 하고, 〈병〉으로부터 좌우로 각각 〈정-병〉의 도수를 세어 나가, 양도판의 전경선이 좌우로 서로 물리게 하고, 그것이 양도판의 제 몇 도의 반주권에서 물리는지 살펴 표지를 한다. 표지점의 오른쪽으로부터 양도판의 둘레를 따라 위쪽으로 〈병〉각까지 세어 나가 양각직선이 양도판의 수선과 평행이 되게 한 다음에 한쪽 끝은 〈병〉각의 도분에 물리고 한쪽 끝은 전경선에 물린다. 전경선에서 맞물린 지점에 〈정〉으로 표지를 하고, 〈병〉에서 〈정〉까지 〈정-병〉호를 만든다. 또,

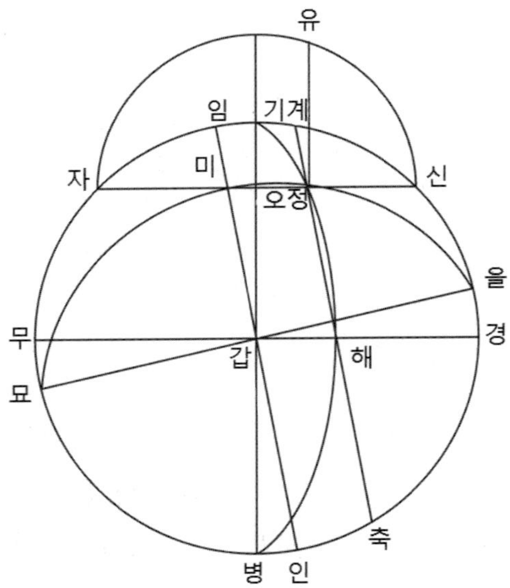

그림 9-21. 각도와 호도 구하기
(출처: 남문현 · 陳久金, 2013B: 40-44쪽 인용)

〈병〉에서 오른쪽으로 〈을-병〉변까지 세어 나가 유권의 횡선을 이용하여 측량하고, 한쪽 끝을 물리고 〈병〉으로 표지를 한다. 〈병〉에서 〈을〉까지 〈을-병〉호를 만든다. 분위선을 유권의 수선과 나란하게 하여 〈정〉에 맞물린다. 분위선의 양쪽 끝은 자오권의 주도분과 맞물린다. 다시 〈을〉에서부터 자오권을 따라 세어 분위선 상단의 맞물린 곳까지 이르면 【하단의 맞물린 곳까지 세어 나가도 나오는 도수는 같다.】 바로 〈정-을〉호의 호도가 나온다.【〈정-을〉호는 59도로, 계산법으로 따져보면 59도 07분이 나온다.】(『儀器輯說 · 下』 장61뒤-장63앞; 남문현 · 陳久金, 2013A: 329-331)

그림 9-21은 『양도의도설量度儀圖說』 장8앞-장9앞뒤의 용법(남문현 · 陳久金, 2013B: 40-44쪽)을 인용한 것이다.

따라서 앞서 보았듯이 양도의가 매문정의 작도법보다 뛰어난 점은 바로 그림을 그릴 필요 없이 직접 양도판에서 도수를 살필 수 있을 뿐 아니라 그 값 또한 완전하게 일치한다는 점이다. 구체적인 사례를 통해 볼 때, 계산법을 대신하여 양도판을 사용하는 것은 대수롭지 않아 보일 수도 있겠지만 실제로는 이처럼 많은 계산을 하는 경우가 많기 때문에 양도의가 지닌 편리성은 무척 돋보인다. 이처럼 남병길이 고안한 방법을 이용하면 그림을 그릴 필요조차 없이 각도와 호도를 직접 구할 수 있다.

9.5. 남병철 · 남병길의 과학사상

남병철은 의령남씨宜寧南氏 24세이며, 부친 남구순南久淳(1794~1853)과 모친 김조순金祖淳(1765~ 1732)의 딸 안동 김씨 사이의 장남으로 출생하였다. 그의 8대조 남용익南龍翼(壺谷, 1628~1692)은 홍문관 · 예문관 대제학을 역임하였으며, 5대조 남유용南有容(雷淵, 1698~1773), 그리고 그의 아들 남공철南公轍(金陵, 1760~1840)은 홍문관 · 예문관 양관의 대제학을 지냈다. 남병철 · 남병길 형제는 어려서 외숙 김유근金逌根(1785~1840)에게 학문을 배웠다. 남병철은 1836년(헌종 3년) 문과에 급제하였고, 남병길은 1850년(헌종 17년) 증광문과에 급제하여 홍문관 수찬을 거친 뒤 외직으로 부임하여 선정을 폈다. 형제는 교육, 관작, 교우관계, 학술활동과 문인으로서 성향이 아주 똑같아서 마치 한 몸처럼 움직였고, 오늘날의 많은 연구자들도 구태여 두 사람을 나누려 하지 않는다. 남병철은 예조판서, 관상감 제조, 이조판서, 홍문관 · 예문관 대제학을, 남병길은 사역원 제조, 예조판서, 관상감 제조, 좌참찬, 3회에 걸친 한성부 판윤에 이어 이조판서를 역임하였다. 형제는 고위관료로서 천문 · 역법 · 수학 등에서 조선조 말미를 장식한 과학자이자 실학자였다. 사학자 노대환은 형제의 학문성향이 문장과 경제에도 밝아 "남산南算"으로 불릴 정도로 산술에 능했던 19대조 남재南在(1351~1419)를 닮았다고 하였다. 천문학자 유경로俞景老(1917~1997)는 형제를 "이순지와 김담, 서명응徐命膺(?~1787)과 서호수徐浩修(1736~1799) 부자와 더불어 3쌍의 사대부 천문학자"로 규정하였다. 그리고 남씨 형제에 대하여는 "…… 거대한 저술을 남기었다. 그러나 그들의 업적은 청말淸末의 동양적인 학문을 벗어날 수는 없었다. …… 귀족의 고상한 취미생활적인 학문 업적이긴 하나 우리는 세종世宗 대의 이순지-김담으로 이룩된 조선 천문학이 남병철-남병길 형제에 의해서 도미掉尾를 장식한 것을 감사하지 않을 수 없다"고 하였다.

남병철은 경학經學을 목표로 삼았지만, 중년 이후에는 성력산수학星曆算數學에 몰두하였다.(『圭齋遺藁』, 664) 경학에 대한 논설은 시비를 분명히 정하기 힘든 데 반해 천문학은 경학의 일부이면서도 옳고 그름을 확실히 판별할 수 있기 때문에 우선 천문학 연구에 집중하였다고 밝혔다.(南秉哲, 『圭齋遺藁』 尹定鉉序, 544) 그는 생전에 천문학과 관련하여 『의기집설』(1859), 역상학과 관련하여 『추보속해』(1862), 수학과 관련하여 원대 천문수학자 이야李冶(?~?)가 지은 『측원해경測圓海鏡』의 계산사례를 천원술天元術의 원리로 풀이한 『해경세초해海鏡細草解』(1861)를 지었다.[40] 이 세 가지 저서는 천문 · 역법 · 수학 분야의 3부작이라 할 수 있다.

사후에 동생이 출판한 『규재유고圭齋遺藁』(1864)는 생전의 저서에 못지않게 널리 읽혔다. 이 저서들은 친우 박규수에 의해 사후에 청나라 학자 왕헌王軒(1823~1877)에게 전해져 학계에 널리 알려졌다.(김명호, 2008: 673)

남병철의 학문 성향에 대해 김상현金尙鉉(1811~1890)은 시고문지학詩古文之學 · 전주지학箋註之學 · 경제지학經濟之學 · 성력산수지학의 네 가지를 겸비한 통유通儒로 평가하였다.(『圭齋遺藁』, 金尙鉉序, 548) 사실 시고문지학 · 전주지학 · 경제지학은 다른 이들도 많은 관심을 가졌던 분야이다. 그러나 '성력산수지학'은 과학과 수학 등 상당히 전문적인 지식이 필요하기 때문에 사대부라고 해도 접근하기 쉽지 않은 분야이다. 특히, 남병철은 실학이 북학론北學論에서 동도서기론東道西器論으로 전개되는 과정에서 중간 매개 역할을 했다.(노대환, 2015: 151).

남병길 역시 형과 마찬가지로 통유적인 면모를 띠고 있었던 것으로 생각된다. 그는 천문역산 분야의 저술 외에도 시집을 내었고, 『대전회통大典會通』, 『양전편고兩銓便攷』의 편찬, 『육전조례六典條例』와 『춘관통고春官通考』의 교정을 담당하는 등 각종 관찬 서적 편찬에도 관여하였다. 남병길의 시장諡狀을 쓴 홍문록弘文錄 동문 박규수는 남상길이 전문 명가에 뒤지지 않을 정도로 시를 잘 지었다고 그의 시를 평가하였으며, 외직을 통해 터득한 경제지학에도 관심이 깊었다고 하였다.

남병철은 대외 문제에 있어서는 서양과학기술의 원류가 중국에 있다는 '중국 원류설源流說'을 집중적으로 비판하였으며, 천문 · 역산 분야에서 서양인들이 거둔 독자적 성과를 인정해야 한다고 하였다. 이러한 주장의 이면에는 화이론華夷論적 인식, 즉 성인의 교화를 받지 못한 서양인들은 동양의 도를 통해 통제해야 한다는 것이다. 하지만 남병철은 서양의 천문 · 역법에 과학적 근거가 있는가의 여부가 중요한 것이지 거기에서 화이를 구분해서는 안 된다고 주장하였다. 이런 태도는 19세기 중반 대서양 방어책의 한 흐름을 형성하였던 동도東道 중심적 대응론의 전형적인 모습을 보여준다. 전용훈(2011)은 『추보속해』를 구체적으로 살펴 남병철이 청조 고증학의 영향을 받은 고증학자로서 형성한 실증적 과학사상을 심층적으로 이해할 수 있었다고 하였다. 과학을 공부한다는 것은 '까닭'을 검증하여 '사물의 이치를 탐구'하는 일이다. 남병철 · 남병길 형제를 과학자라 부르는 이유가 바로 여기에 있다. 남병철은 『추보속해』를 저술한 경위를 밝힌 서추보속해후書推步續解後에

40 이 책은 『疇人傳』을 편집하면서 청대 천문수학자 이예李銳(1769~1817)가 강남에서 수집하여 정리 · 교감하여 출간하였다.

서 "하늘이 무슨 말을 하겠는가? 우주는 고요하고 뭇별들은 벌려 있다. 중국이든 서양이든 따지지 말고 오직 정밀하게 측량하고 교묘하게 계산하는 것이 합당하다. 저 일日·월月·오성五星이 어찌 인간 세상에 존화양이尊華攘夷의 뜻이 있다는 것을 알겠는가? 그러므로 서양 역법으로 하면 검증되는 것이 많고, 중국 역법으로 하면 검증되지 않는 것이 많으니 이것은 원망할 수 없는 것이 아니겠는가? 따라서 다만 하늘을 검증할 수 있는가의 여부만 논할 뿐 사람의 화이華夷는 논하지 않는 것이 좋다"고 설파하였다.

남병철은 관상감 제조로서 조선의 성력星曆을 관장할 때 '검증'을 최우선으로 삼았다. 당시 물밀 듯이 들어오는 서양문물을 대하면서 '우리의 도道를 굳건하게 지키면서 서양문물을 받아들이자'는 이른바 '동도서기론'의 싹을 틔워 개화사상의 씨를 뿌렸다. 이로 미루어 볼 때 남병철은 한 시대의 문종文宗이었음을 알 수 있다.

노대환(2015)은 "남병철이 경학의 바탕 위에서 학문을 통괄하고 이를 현실 세계에서 실천하고자 했던 전형적인 지식인이며 실학자였다"고 평하였다. 문중양(2000)은 "19세기를 통틀어 조선의 사대부 가운데, 남병철과 같은 정도의 전문적 지식을 갖춘 사대부 천문학자는 사실상 그뿐이었다. 조선에 유입된 청조와 서양의 지식 및 학술 정보를 쉽게 접할 수 있었으며 결국 조선의 독보적인 천문학자로 우뚝 서게 되었다"고 하였다. 서지학자 이노국(2006)은 형제의 저술을 서지학적으로 분석하여 그들의 천문·역법·수학 분야의 연구업적을 이해하는 데 도움을 주었다. 장혜원(2006)은 "남병길은 동아시아의 대수학적 방식에 기하학적 접근으로 승부를 건 열린 생각의 소유자"라고 평하였다. 천문·역법·수학 분야에서 조선조의 말미를 장식했던 남병철·남병길 형제의 업적은 국내는 물론 해외 학계에서 재조명 작업이 활발하게 이루어지고 있다. 최근 들어 남병철 형제의 저작 전반을 꼼꼼히 검토하거나 문학적 성과를 조명하는 등 천문학 이외 부분에도 관심이 기울어지고 있는 것은 다행스러운 일이다.

앞서 살펴본 『의기집설』 전체를 통하여 동서양의 천문학과 수학의 기초 및 제작기술에 대한 남병철의 깊이 있는 이해와 역량을 엿볼 수 있다. 이러한 역량을 구비해야만 비로소 여러 가지 천문의기의 제작 및 사용 원리를 정확하고 상세하게 기술할 수 있다. 특히, 설·제법·용법이라는 정형定型은 이 책이 교과서로도 충분히 진가를 갖추었다고 할 수 있다. 남병철은 이런 점을 염두에 두고 당대 국내외 의기를 개괄하고 이것을 바탕으로 새로운 것을 연구하여 제작함으로써 조선조는 물론 동아시아 과학의기 발달사에 공헌한 바 크다.(남문현·한영호·이수웅·양필승, 1995: 536)

9.6. 맺음말

『육일재총서』는 조선조 후기인 19세기 중반의 천문 · 역법 · 계시 관련 연구와 실제에 있어서 그 정점을 보여주며, 이를 일궈낸 남병철 · 남병길 형제, 박규수와 이상혁은 전통 천문 · 역산 · 계시학의 서구화를 이끈 동도서기론東道西器論의 실천가들이다. 이들의 업적은 조선 초기에 세종이 추진한 간의대 의기 창제와 역법이정 사업 이래 이 분야를 통틀어 최대의 업적이라 평가할 수 있으며, 또한 이 저작들은 세종시대의 성과에 견줄 수 있다.(Nam and Nha, 2015: 321) 이런 성과는 세종 대에 역상수시 규범의 계승과 17세기 이래 중국을 통한 한역 서양과학서의 도입과 실용화를 위한 연구가 누적되어 성취한 것이다. 이들의 업적은 조정에서 입수하는 서적을 열람할 수 있는 직위에 있어 신문물의 접촉이 용이했고, 경화사족으로 주변에 사상을 같이하는 학자나 관리 등과 교류가 있었기에 가능하였다. 남병철 형제, 박규수는 훗날 관상감 제조로서, 이상혁은 관상감원으로서 복무하면서 자신들의 저작을 실현할 수 있었다. 이상혁은 양영규일의라는 서양식 해시계 제작서로서 한양을 기준으로 관측한 자료를 부록으로 남김으로써 조선시대에 발명한 해시계의 최고봉으로 평가받고 있다. 이와 같이 『육일재총서』의 저자들은 17, 8세기를 거치면서 제대로 기능을 발휘하지 못했던 왕조의 역상수시 규범을 자발적으로 혁신하는 데 공헌하였으며, 조선은 물론 동아시아 천문과학 발전에도 크게 기여하였다.

『의기집설』은 정확한 용어 사용, 풍부한 어휘 그리고 중국 고대문화에 대한 깊은 이해는 당대에 나온 여타 천문의기 저작에 비해 탁월한 학술적 가치를 지니고 있다. 이 책에서 소개한 10종의 의기 가운데 저자인 남병철은 혼천의, 험시의, 적도고일구의, 구진천추합의를 단독으로 발명하고, 지구의는 박규수의 지세의를 개선하여 천문관측에도 활용할 수 있도록 개작한 독창적인 것이다.

혼개통헌의는 『사고전서총목』에서 이론을 소개하고 여기에서 빠진 부분을 보충하여 원리에 따라 제작하였다. 간평의와 혼평의와 같이 간편한 성반이 주로 태양과 항성의 측량에 사용하는 데 비해, 혼개통헌의는 태양 · 달 · 별의 고도, 각 절기 주야의 장단, 몽영선 및 오경시각과 지평방위 등에 활용하였다. 간평의와 혼평의는 박규수가 고안한 것으로, 남병철은 이것을 소개하면서 박규수가 언급하지 않았던 제법과 용법을 상세하게 설명하였다. 또한, 상반에 천정선과 지평선만 표시하고 하반에 세우던 규표를 상반으로 옮기는 등으로 '구제'인 우르시스의 간평의를 간편화하였다. 혼평의에 총성도판을 추가함으로써 야간에는 이것을 돌려서 시각, 각 절기 지평 위에 나타나는 총성, 중성 구하는 데 활용하기 편리하다고 높이 평가하였다.

험시의-적도고일구의 관계는 마치 세종 · 중종 대 보루각루-일성정시의, 숙종 대 제정각 혼천의-일영의 관계와 같다고 할 수 있다. 한 쌍의 의기를 활용하여 해시계로 한양의 지방시를 결정하고 누각과 혼천의를 운영했듯이 적도고일구의는 1차로 험시의를 운영하는 데 활용하고, 2차로 항성을 관측하여 이것들의 출 · 중 · 입 시각, 오경시각 등을 관측하는 데 활용한 것으로 보인다. 적도고일구의에 항성도를 추가한 것은 박규수가 혼평의에다 총성도를 추가한 데서 아이디어를 얻은 것으로 보인다. 험시의는 자격루의 누각법을 지양한 초 · 각 · 시를 알려주는 조선 최초의 자명종으로서 1차로 천문시계로 활용한 것으로 보인다.

구진천추합의는 구면 직각삼각형의 원리에 입각하여 구진성 또는 천추성의 특수한 위치를 이용하여 절기권과 시각권을 이용하여 시각을 결정하는 의기로서, 적도일구의와 함께 중국에서도 유례를 찾을 수 없는 남병철의 독창성이 돋보이는 발명이다.

양도의와 양영규일의는 각각 남병길과 이상혁이 고안한 천문의기와 계시기로서 남병철은 그들의 저서에서 이것들의 제법과 사용법을 소개하면서 이들 의기가 매우 과학적이고 창의적이라고 높이 평가하였다.

10종 의기들은 세종이 간의대 창설을 위해 제작한 5종의 관천의기와 10종의 계시의기에 대비되는 것으로서 신법에 따라 주천도수 360도, 12시 96각법 시제, 18세기 후반에 관측한 성도를 장착함으로써 관상감의 천문 · 계시 업무에 활용할 수 있도록 제작한 것이다. 특히, 남병철 형제와 박규수는 종전과 달리 서학서를 전적으로 활용하여 단순히 모방하는 데 그치지 않고, 창의성을 발휘해서 전통 의기를 보다 정확하게, 보다 이용이 편리하게 실용적으로 쇄신하였다. 이들은 전근대 서양 과학기술에 바탕을 두어 전통 과학기술 특히, 천문 · 역산 · 계시 · 수학 분야의 혁신을 도모함으로써 동도서기론의 맹아를 싹틔우는 데 크게 기여하였다고 본다.

에필로그

최근 인터넷과 소셜미디어(SNS)가 확산함에 따라 우리 고유문화를 존중하고 보존하는 일은 어느 때보다 중요하게 되었다.[1] 또 전통 과학기술과 선진 과학기술의 조화로운 융합 내지 발전은 21세기 정보지식 사회에서 하나의 아젠다로 떠오른 지 이미 오래되었다. 제어 · 바이오 공학자였던 저자는 이런 추세에 부응하여 1980년대 초부터 조선조 세종시대에 궁중기사장 장영실이 발명하여 150여 년간 조선조의 표준시계로 사용된 경복궁 보루각 자격루를 대상으로 하여 우리나라 제어공학의 기원을 찾아 나섰다. 그간의 복원연구를 바탕으로 2004년부터는 문화재청이 국립고궁박물관 개관을 기념으로 추진한 자격루 복원 · 제작을 내용으로 하는 정부용역사업을 주도하면서 이것이 발명된 지 570여 년 만에 옛 모습을 되찾는 데 일조하였다. 이 과정에서 과학기술사가 또 하나의 전공 분야로 추가되었다. 애초에 "자격궁루를 제작하는 데 적용된 지식은 과학기술에서 연유하였겠지만 모두는 아니었을 것"이라는 생각이 또 하나의 전공을 갖게 된 이유라면 이유였다. 앞서 제3장에서 살펴본 바와 같이 실제로 복원과정에서는 인문학자 · 공학자 · 무형문화재 기능보유자 · 예술가 · 민속학자 등이 참여하여 조선 초기의 과학기술과 문화양식에 관한 전문지식을 제공해 줌으로써 그나마 옛 모습을 재현할 수 있게 되었다. 과학기술 만능시대에 살고 있는 우리는 '기술의 산물은 모두 과학지식에서 비롯되었다'고 흔히 생각한다. 물론 과학의

1 문화재 소재 파악과 소개를 위한 '앙부일구'와 같은 모바일 앱이 나와 있으며, 문화재청은 최근 한국문화유산(Korean Heritage)의 스마트폰 앱을 개발하여 서비스하고 있다.

기여가 큰 것은 분명하지만, 한편으로 보면 기술자의 몫인 기계의 구조설계와 운영이나, 그 밖의 형태나 크기, 겉모습 등은 인문·사회학자, 예술가, 기능인, 발명가들에 의한 비과학적인 사고양식을 통해 영향을 받는다. 더구나 기술자들이 고려하는 대상들의 여러 가지 특성과 특질들은 분명한 언어로만 설명될 수 없으며, 시각적이고 비언어적인 방식을 통하여 정신적으로 다뤄져야 하는 일종의 심안心眼이나 암묵지暗黙知도 필요하다고 본다. 이러한 믿음은 자격루에 대한 연구를 거듭할수록 더욱 절실하였다.

요즘 저자는 세종 보루각루 복원에서 얻은 경험을 바탕으로 전통 과학기술과 현대 과학기술의 조화를 통한 융합의 가능성을 시도하고 있다. 2010년에 우연한 기회에 자격루의 역사적 가치를 높이 평가해 온 역사학자로부터 디지털 시대에 걸맞은 자격루를 한번 만들어 보라는 제안을 받은 적이 있다. 그 제안은 디지털 자격루를 만들어 보라는 것이었다. 이 시계는 디자인을 마치고 먼저 "태극시계"라고 이름 지어 놓았다. 보루각루는 시간을 재는 물 항아리에 물이 흘러들면 그 안에 띄운 잣대가 떠오르면서 시보 시점에 맞추어 저장된 작은 구슬을 방출하고, 이것이 다시 자격장치를 작동시키기 위해 저장된 큰 구슬을 방출시켜 줌으로써 종과 북과 징이 울리고 종소리가 '무슨 시'인가를 알리는 12지신 인형이 시패를 들어 보여 시각을 알리는 수력식 기계시계이다. 물론 디지털 기술을 적용하여 이러한 기능을 대체한다는 것이 가능할 수는 있겠지만, 자격루가 가지고 있는 원래의 의미를 상실하지 않을까 하는 우려에서 감히 시도조차 해 보지 않았던 터였다.

세종 보루각루를 성공적으로 복원·제작·재현하여 그 가치를 알리고 있는 시점에서 또 다시 디지털 기술과 접목시켜 새로운 계시기를 창작해 보는 것이 앞으로 우리 전통 과학기술을 새롭게 해석하고 발굴하는 데 중요한 기초자료가 될 수 있을 것이라고 믿고 있다. 이런 믿음에서 동료의 제안을 받고 곧바로 자료조사와 아울러 디자인에 착수했다. 오래전에 본 런던 웨스트민스터 사원의 탑시계인 빅벤[2]과 햄튼궁의 천문시계[3]를 떠올리며 둥근 시반을 갖는 벽시계나 탑시계를 개발하기로 작정하고, 이런 종류의 시계를 실제로 제작하는 것이 가능한지 대형 벽시계를 만드는 업체를 찾아 제작 가능성을 타진해 보았다. 실무진들과 상의해 보니 설계사양이 결정되면 시계기술과 디스플레이 기술을

2 Big Ben of Westminster, London. 1859년 5월 31일 시종하였으며, 시반의 지름은 7미터이다. 2009년에 150주년을 맞았다.

3 Henry VIII Hampton Court Astronomical Clock. 이 천문시계는 2007년 해체하여 복구하였으며, 사우스 켄싱턴의 과학박물관에서 레플리카를 제작하였다.

활용한 하드웨어 설계는 가능하리라고 판단하였다. 이렇게 시작된 자격루의 현대화 작업은 구체적인 시안이 마련되었고, 이를 발명특허로 등록하였다.(남문현, 2013A: "시간측정 시보장치", 특허 제10-1245806; 2013B: "시간측정 시보 시스템", 특허 제10-1245806)

다음에는 조선시대 대표적인 해시계인 앙부일구仰釜日晷와 물시계인 자격루 등을 활용하여 태극시계를 디자인한 배경 및 설계과정과 아울러 시안의 개요를 소개한다.(남문현, 2012: 137) 이와 동시에 전통기술과 현대기술의 융합을 모색하는 방안에 대한 저자의 견해를 개진하고자 한다.

앙부일구는 임금이 신민에게 절기의 중요성을 일깨워 주기 위하여 1434년 10월에 제작하여 한양의 번화가인 혜정교와 종묘 남쪽 거리에 설치한 공용 해시계이다. 그 자세한 내용은 김돈이 지은 「앙부일구명仰釜日晷銘」에 수록되어 있다.(세종/66/10/2/乙巳) 앙부일구는 "하늘을 우러러보는 솥처럼 생긴 해시계"라 해서 붙인 이름이며, "앙부仰釜"란 용어는 원나라 때 곽수경郭守敬이 만든 "앙의仰儀"에서 원용하였다.(『元史 · 天文志1』「仰儀」) 앙부일구는 그림 A에 보인 반구 안에다 북극고도에 맞춰 적도면 아래위 구면을 돌아가며 세로로 시각선 12줄을, 동지에서 하지까지 가로로 절기선 13줄을 그어 시반을 만들었다. 해그림자를 받기 위해 북극을 향하여 남극 축에 타오르는 횃불 끝처럼 생긴 영침影針(gnomon)을 꽂았다. 지평환 동쪽 면에는 동지에서 하지까지 절기의 이름을, 서쪽 면에는 하지에서 동지까지 거꾸로 절기 명칭을 새겼다. 해가 떠서 높아지면서 그림자는 왼쪽(서방)부터 오른쪽(동방)으로 이동하며, 가장 높아진 오정에는 중앙에 오게 된다.[시계방향(clockwise, CW)이라는 용어는 앙부일구와 같은 해시계에서 유래하였다.]

그림 A. 조선조 중후반기 제작 앙부일구

(출처: 성신여자대학교박물관 소장)

「앙부일구명」에, "무릇 가설하여 베푸는 것 가운데 시간만큼 중요한 것은 없다. 밤에는 물시계(更漏)가 있어서 시간을 알 수 있지만 낮에는 알기 어렵다"고 한 구절과 김빈이 지은 「보루각명」에 "이루시고 보필하여, 해시계와 물시계를 만드셨다"고 말한 구절은 해시계와 물시계의 상보성相補性을 함축한다. 오늘날과 같이 일반인에게 정오시각을 보시하는 수단이 없었던 시절에 물시계를 가동하려면 오정을 알 수 있는 일영日影이라는 해시계가 있어야 했다. 따라서 자격루는 앙부일구 또는 일성정시의日星定時儀와 같은 해시계의 기능을 십분 활용하여 운영했다는 것을 바탕으로 앙부일구의 구성요소를 선택하여 디지털식 자격루 디자인에 활용한다는 것은 아주 자연스러운 일이다. 어찌 보면 자격루와 앙부일구는 조선시대 물시계와 해시계를 대표하는 발명품으로서 궁합이 잘 맞는 커플이라 할 수 있다. 이제 이것에서 디자인 요소를 뽑아 보기로 한다.

디자인을 위하여 디지털 자격루의 구성요소를 먼저 「보루각기」에서 뽑아 보면 다음과 같다.

① "음양이 번갈아 돌아 낮과 밤이 바뀌고……"에서 음양을 뽑았다. 선사시대부터 우리는 해와 달과 별을 보고 시간을 알아냈으며, 일월은 음양의 상징으로, 뒷날 태극문양으로 발전되었다. 음양의 변화는 시간측정의 기본요소이다.

② "용무늬가 조각된 수수호가 두 개인데, 물을 바꿀 때에 번갈아 쓴다"에서 두 개의 수수용호受水龍壺를 뽑았다. 시간의 경과로 1주야가 경과되었음을 알 수 있게 해 주는 것을 두 개의 물 항아리를 채우고 비우는 데서 찾을 수 있다.

③ "잣대의 앞면에는 12시 100각 눈금을 새겼고, 매시는 8각과 더불어 초初와 정正의 여분餘分을 아울러 100각刻이 되며, 1각(현대의 14.4분)을 12등분하였다"에서 12시 100각, 초와 정, 8각과 더불어, 1각을 12등분한 백각환百刻環의 눈금을 뽑았다.(그림 B 참조) 이 눈금에서 초와 정의 "여분"을 삭제하고, 삭제한 부분을 초 · 1 · 2 · 3각에 고루 분배하면 1각이 100각제 14.4분에서 15분이 되어 조선 후기는 물론 현대에도 적용되는 조선 후기에 사용한 『시헌력時憲曆』의 12시 96각이 된다. 따라서 초와 정, 12시 96각을 뽑기로 하였다. 경점 눈금은 선택사항으로 남겨 두었다.

④ "3개의 목인 신상神像을 세우되, 그중 하나는 시를 맡아 종을 울리고, 하나는 경을 맡아 북을 울리고, 하나는 점을 맡아 징을 울린다. …… 바퀴둘레에 차례로 십이지신상十二支神像을 벌려 세웠는데 …… 각각 [12]시 이름이 적힌 팻말을 잡고, 차례로 시를 알린다"에서 매시에 종을 울리고 보시신의 디스플레이와 교체되는 과정을 뽑았다. 경점에 북과 징을 울리는 과정은 선택사항으로 남겨 두었다.

그림 B. 조선 초기 제작 백각환 (출처: 개인 소장)

⑤ "귀신이 하는 것 같아, 보는 이마다 탄식하였다"고 하는 부문에서 현대의 첨단기술을 활용한다.

또한 「앙부일구명」에서 "지름에 둥근 며느리발톱을 꽂아 북에서 남으로 마주 대하게 하였으며……"라고 말한 둥근 며느리발톱 모양의 바늘 곧, 영침影針을 뽑았다. 결국, 시계의 기본 디자인에 필요한 시반 구성요소는 조선 후기 12시 96각 눈금, 보루각루, 앙부일구에서 뽑아서 디자인에 반영하기로 하였다. 시반을 중앙에 배치하고, 이것의 양편에는 수수용호 두 개를 형상화하여 설치하는 시안을 만들었다. 음양을 상징하는 태극문양과 더불어 흠경각루에 보이는 4신四神문양을 사방에 배치하는 방안도 고려하여 보았으나 선택사항으로 남겨 두었다. 설계 품목(사양)은 다음과 같다.

앞서 뽑은 자료를 바탕으로 작성한 시계의 설계 사양은 다음과 같다.

① 시반의 눈금은 조선 초기의 『칠정산내편七政算內篇』의 시제인 12시 100각법을 지양하고, 『시헌력』에서 채용한 12시 96각법에 따른다.

② 한 개의 시침이 시반을 하루에 1회전 하도록 시반과 가동부(movement)를 만든다.

③ 가동부의 축은 태극문양 판에 접속시키고, 앙부일구의 영침을 활용하여 시침을 제작하고 영침에 부착하여 함께 회전시킨다.

④ 매 시진(현대의 두 시간)이 시작되는 시점에 해당되는 12지신상이 차례대로 교체되어 해당되는 시가 경과할 때까지 보시창에 디스플레이 되도록 한다. 자정(현대 시간 00:00)부터 오초(11:59)까지 6개 시신은 오른쪽 보시창에, 오정(12:00)부터 자초(23:59)까지 6개 시신은 왼쪽 창에 디스플레이 되도록 한다.

⑤ 시반 양쪽에 보루각루 물시계의 수수용호를 형상화하여 설치하고, 하나의 항아리에 하루 동안에 물이 차는 형상을 시각화한다. 사용된 항아리는 다음 날 교체하도록 한다.

⑥ 매시의 시작마다 보시 종을 울리도록 한다.

⑦ 현재 시각은 해당되는 눈금 간격에 색깔로 표시하여 시간의 경과를 누적하여 시각화해야 하며, 동시에 디지털로 시반에 표시한다.

⑧ 야간의 경점시각은 디스플레이를 이용하여 표시하고, 경점의 숫자대로 북과 징소리를 울리도록 한다(선택사항).

⑨ 기타 야간에도 시계로서 구비해야 할 요건을 갖추도록 해야 한다.

⑩ 시계, 디자인, 색채, 기계, 전자 분야의 전문가의 의견을 반영한다.
이리하여 태극시계를 디자인할 수 있는 준비가 끝났다.

앞서와 같은 설계 사양에 따라 작성된 태극시계 시안은 그림 C, D와 같다. 이 시안의 중요한 항목은 위에서 고찰한 대로 품목에 반영하였으며, 중요 항목은 다음과 같다.

① 시반 디자인 방법은 다음과 같다. 가장 안쪽의 원 안에는 자시에서 해시까지 12시를 분배하고, 시의 이름은 자子, 축丑, 인寅, 묘卯 등으로 나타내었다. 그 안쪽 원 안에는 매시의 초와 정을 분배하였다. 매시의 경과를 보여주는 색깔은 황색, 초와 정의 경과는 청색으로 나타냈다. 그 바깥쪽 원 안에는 매시 12시×8각=96각 눈금을 새겼다. 매 각의 경과는 적색으로 나타내었다. 그리고 그 바깥쪽 원 안에는 매 각 15분을 3등분한 눈금을 새겼다. 맨 바깥 원에는 0시에서 23시까지 24개의 시점을 표시하고, 그 바깥 원 안에는 현대의 시각을 0, 3, 6, …… 등으로 아라비아 숫자로 표시하였다. 이렇게 함으로써 고대와 현대의 시각을 동시에 읽을 수 있도록 배려하였다.

② 시반 좌·우측에는 두 개의 수수용호를 설치하였다. 물을 사용할 수 없으므로 디스플레이 기법을 활용하여 항아리에 물이 차오르거나 물이 빠지는 형상을 시각화하였다. 시반 좌측의 항아리에는 물시계 가동이 시작되는 첫날 오정부터 물이 주입되기 시작하여 다음 날 오정까지, 우측의 것은 다음 날 오정부터 물이 주입되는 것이 디스플레이 되도록 하여 자격루의 특징을 구현하였다.

③ 시반 안쪽은 좌우로 나누어 우측 보시창에는 자시에서 사시 보시 인형이, 우측에는 오시에서 해시 보시 인형이 차례대로 나타나도록 하였다. 시안에서 제시한 12지신상은 경주 소재 김유신묘 둘레돌[護石호석]에 조각된 것의 탁본이다.

④ 시반의 좌우에 설치될 국보 제229호 창경궁 자격루의 수수용호 용무늬가 매우 정교하고 복잡하여 조선 후기에 제작된 앙부일구 가운데 그림 A에 보인 성신여자대학교 박물관 소장 앙부일구의 받침대 기둥에 조각한 용문양을 모사하여 수수용호의 디자인으로 삼았다. 시계의 색깔은 우리의 고유색인 5방색(동쪽은 청색, 서쪽은 흰색, 남쪽은 적색, 북쪽은 흑색, 가운데는 황색)을 나타낼 수 있도록 부품을 선정하였다.

그림 C와 D는 시안을 캡처한 것으로, C는 자시에서 사시까지, D는 오시에서 해시까지의 시간 경과를 앞서 기술한 대로 나타내었다. C에서 시침은 오전 6시 40분을, 시각은

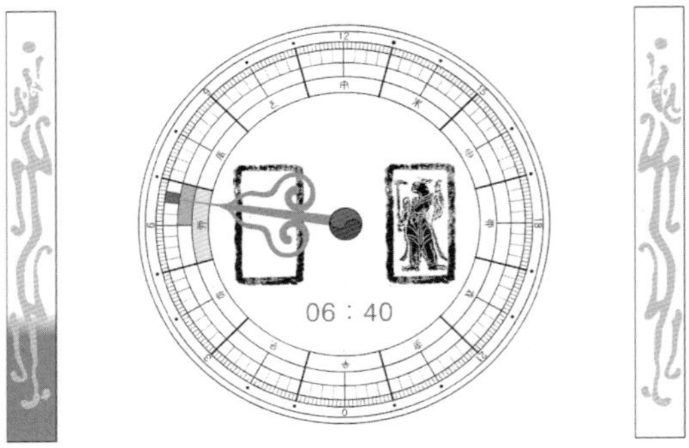

그림 C. 태극시계 디자인 시연(화면 캡처)

묘정 2각 10분(현대 시각 06:40). 묘시 지신(토끼)은 오른쪽 보시창에 나타난다. 좌측 수수용호에 수위가 항아리의 1/3쯤 올라와 있다.(수위는 실제 스케일이 아니며 변화량을 보여주기 위한 것이다.) (설계: 남문현과 오라시스템)

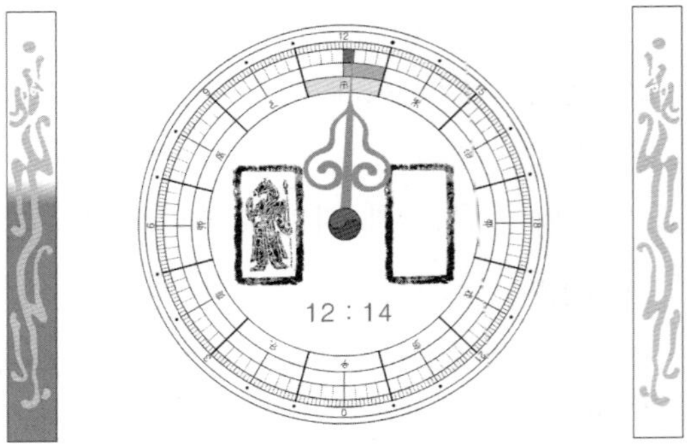

그림 D. 태극시계 디자인 시연(화면 캡처)

오정 초각 14분(현대 시각 12:14). 오시 지신(말)은 왼쪽 보시창에 나타난다. 좌측 수수용호에 수위가 항아리의 2/3쯤 올라와 있다.(수위는 실제 스케일이 아니며 변화량을 보여주기 위한 것이다.)

묘정 2각 10분을 지시하고, 보시창에는 묘시 지신인 토끼 인형이 나타난다. 수수용호는 1/3쯤 올라와 있다. D에서 시침은 오후 12시 14분을, 시각은 오정 초각 14분이 경과하는 것을 나타낸다. 왼쪽 보시창에 오시 지신인 말 인형이 나타난다. 수수용호는 2/3쯤 올라와 있다. 이리하여 태극시계의 시안을 디자인할 수 있게 되었다.

자격루와 앙부일구는 모두 세종 대왕이 백성과 더불어 유교적 이상 국가를 건설하겠다는 정치철학의 소산이다. 이 두 가지 발명품은 오늘날 우리 과학문화 역사에서 대표적인 브랜드이다. 전통 속의 첨단기술 아이콘 자격루는 문명의 보편성과 역사성을 지니면서 한국성韓國性을 갖춘 우리 역사의 자랑스러운 유산이다. 또한 한국형 해시계의 영원한 모델인 앙부일구는 과학성 · 실용성 · 예술성을 동시에 갖추면서도 적도식 시계에서 유래를 찾기 어려운 만능역법시계로서 예술품의 경지까지 올랐다. 조선시대에도 명품으로 제작되어 국내외에서 사용된 점을 미루어 보면 현재 이 시점에서도 여러 가지 모델의 출현이 가능하리라고 예상할 수 있다. 운영하는 데 별도의 동력이 불필요한 무탄소의 환경친화형 해시계를 슬로우 라이프가 화두인 현대에 재현해 볼 만하다. 정보통신기술(ICT), 로보틱스와 인공지능(AI)을 기반으로 하는 4차 산업혁명 시대에 접어든 지금, 우리의 훌륭한 전통과학문화가 오늘의 과학기술 창조에 이바지할 수 있는 기반을 다지기 위해서는 옛것을 온전하게 보존하면서 잊고 지나치던 문화재를 복원하는 것이 무엇보다 중요하다. 이를 위해 보다 많은 국민적인 관심과 정부의 정책적 배려가 필요하다. 복원된 과학문화재가 완벽하고 많이 있을수록 우리의 역사만큼이나 미래도 풍부해지리라고 저자는 확신한다.

21세기는 문화의 세기라고 말한다. 찬란한 문화유산을 발굴하고 복원하여 21세기 문화한국을 위한 인프라로 구축하는 일은 오늘을 사는 우리들의 몫이다. 과학문화야말로 21세기 한국 과학기술의 정신적 토대로, 우리의 미래를 풍요롭게 해 줄 수 있는 자양제이며 지식정보사회로 가는 나침반이 될 것이다. 21세기에도 우리는 19세기 말에 서세동점에 대비하기 위해 내세운 '동도서기'의 강령을 되살려 과학문화의 정체성을 정립하고, 한국문화의 역동성을 구현하며, 선도적인 4차 산업혁명으로 글로벌 리더십을 발휘해야 할 것이다. 태극시계의 디자인에서 보았듯이 그것은 인문 · 자연과학 · 첨단기술 · 디자인 · 시계 분야의 전문가들이 한 팀이 되어 이룩해 낸 성과이다. 저자의 시도가 대중들에게 얼마나 어필하느냐에 따라 성패가 갈릴 것이고, 이것이 따뜻한 기술이 될지 아니면 차가운 기술이 될지도 아울러 판가름 날 것이다. 결국, 따뜻한 기술은 대중성에 바탕을 두고 개발되어야 할 것이다. 아직은 시작 단계에 머물러 있어 이것에 대한 평가를 내릴 단계는 아니지만 이런 전통과학의 창조적 계승이라는 시대적 과업을 수행하는 데 있어 하나의 시금석이 될 수 있을 것이다. 이 시계를 디자인하면서 이른바 "법고창신法古創新" 정신을 되새겨 본다.

저자는 지역성, 창의성, 탁월성과 역사성에 바탕을 둔 한국인이 창조한 과학기술문화의 고유한 특성을 한국성이라 부른다. 이것은 문명교류에 바탕을 둔 기술다문화주의, 불교의 영향 아래 형성된 융통성, 유교 · 신유학 사회에서 학자나 관료들이 보인 창발성創發性과 일맥상통한다. 어느 문화권이든 거의 유사한 특성을 띠게 마련이지만, 모두가 앞서 열거한 특성을 갖고 문명발달에 기여하는 것은 아니다. 한국성은 우리 과학기술문화가 세계성과 서로 결부되었음을 뜻한다. 우리의 대다수 과학기술 문화유산이 독창성을 인정받아 유네스코 세계문화유산으로 등재된 것과 무관하지 않다.

이 책의 발간을 한창 진행하고 있는 도중인 2021년 4월 21일 과학기술정보통신부 우정사업본부는 제54회 과학의 날을 기념하기 위해 "조선의 천문과학"을 주제로 우표 4종을 발행하였다.(그림 E 참조) 여기에는 세종시대에 창제한 자격루(자격궁루)와 일성정시의를 비롯하여 세종조에 창제한 앙부일구와 측우기를 바탕으로 조선조 후기에 제작한 앙부일구와 측우기 유물이 포함되어 있다.(우표번호 3502~3505) 과학기술정보통신부는 "이것들을 통해 각각의 의기가 어떤 기능을 발휘했는지 관심을 가지고 실제로 찾아보는 계기가 되기를 바란다"고 발행 동기를 밝혔다. 이 가운데 자격루와 일성정시의 모델은 저자가 1995~1996년도에 당시 과학기술처(현재 과학기술정보통신부)의 전통과학기술 복원 특별연구사업에 참여하여 세종 앙부일구(1백각법) 등과 함께 복원 개발한 것이다. 앞서 이 책의 제3장에서 언급하였듯이 2007년에 복원한 자격루는 국립고궁박물관에 전시하여 매일 조선 초기의 시각제도에 따라 매일 시보를 재현하고 있다. 이번 기념우표 발행에 앞서 1988년에는 서울 올림픽을 기념하기 위해 자격루와 앙부일구를, 2016년 4월 21일에는 한국의 과학 기계기술 장영실이 발행된 바 있다.(그림 4-1A 참조) 이런 우표 발행은 우리 전통 과학기술에 대한 이해를 넓히고 현대화를 위해 매우 고무적인 일이다.

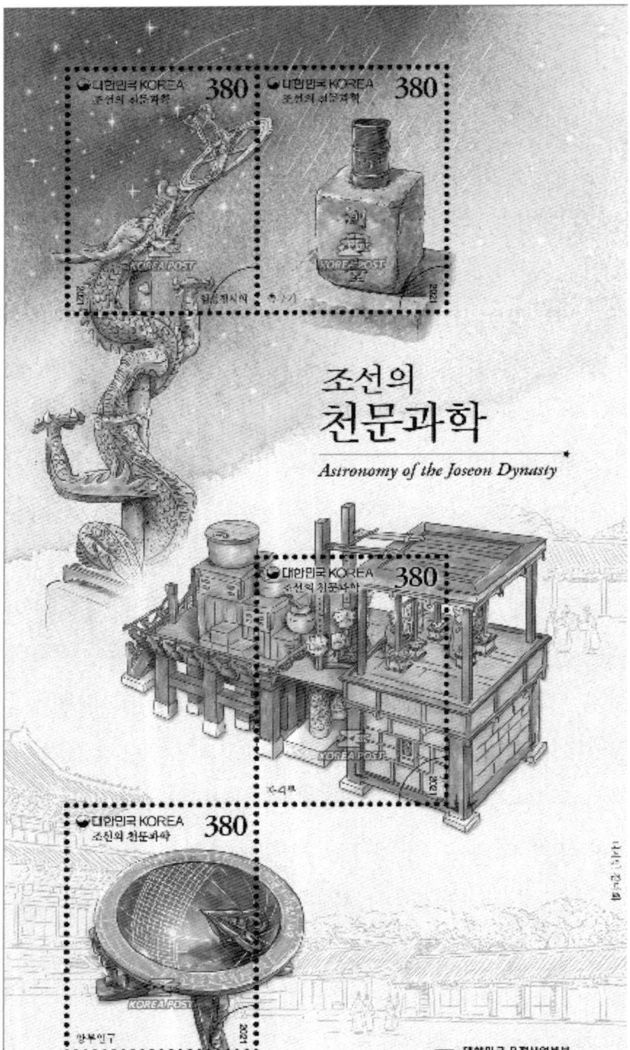

그림 E. 조선의 천문과학: (왼쪽 위로부터) 일성정시의, 측우기, 자격루, 앙부일구 (2021. 4. 21. 과학기술정보통신부 우정사업본부 발행, 우편번호 3502~3504)

부록

한국의 천문·계시의기 연표

연대 (서기)	주요 사건 (중국, 일본, 아랍·이슬람, 서양 등 참조) *역대 실록 표기; 왕대(王代)/권(卷)/왕력(王曆)/월(月)/일(日)/간지(干支)
(기원전)	
전설시대	(중국) 황제黃帝가 누각 발명(『隋書·天文志』 上)(그림 1-3B)
15세기	(이집트) 고대 바빌로니아와 이집트: 카르낙 신전의 물시계
7세기 이전	(중국) 하·상시대 유출식 누각
7세기	(중국) 주나라. 『주례周禮』에 누각 관리 관직. 계인雞人 등
221년 이전	(중국) 선진시대 군사, 생산, 생활에서 누각 사용
3세기	(이집트) 알렉산드리아 크테시비우스Ctesibius(285~222 BC) 물시계 (비잔틴) 필론Philon(3세기 후반) 기름 램프oil lamp 발명
(기원후) 1세기	(중국) 한나라. 단호형 누각. 유입식 부전루. 12시진 100각제 창안 (이집트) 알렉산드리아: 헤론Heron(A.D. 62) 부자 밸브 이용 무진장 고블릿goblet 발명
125년	(한국) 삼국시대: 중국으로부터 역법, 천문도, 누각법, 해시계 도입 활용
130년경	(중국) 동한 張衡 2급二級 보상형補償型 부전루. 수력식 혼천의 발명
330년경	(서양) 모래시계 출현 (중국) 위진남북조: 3급 보상형 누각 사용
450년	(중국) 이란李蘭 칭루稱漏 발명
624년	(한국) 당나라에서 『인덕력麟德曆』 도입 (중국) 당대: 천문, 역법, 누각법 전파. 여재呂才 다단 보상식 누각법.(그림 1-3B)
633년	(한국) 첨성대瞻星臺 축조
671년	(일본) 도래인渡來人(한반도에서 건너간 사람들)이 천지천황天智天皇의 누각 제작. 백제에서 역법 전수
674년	(한국) 당의 역술曆術 도입
692년	(한국) 승 도증道證: 당에서 천문도 수입
718년	(한국) 황룡사皇龍寺에 누각 설치. 누각전漏刻典 설치. 『선명력宣明曆』 12시진100각제와 오경제 사용?(성덕왕 17년) (중국) 725년. 일행一行과 양영찬梁令瓚 수운혼천부시도水運渾天俯視圖 제작
749년	(한국) 천문天文 및 누각박사漏刻博士를 둠
774년	(한국) 성덕대왕신종聖德大王神鍾 봉덕사奉德寺에 매달음
9세기	(아랍) 바그다드 바누 무사Banū Mūsa(800~86C) *Kitab al-Hiyal*(The Book of Ingenious Devices) 저술
918년	(한국) 고려: 태복감太卜監과 태사국太史局을 두고 천문·역수曆數·측후測候·각루刻漏 업무
1030년	(중국) 북송 연숙燕肅 연화루蓮花漏 제작
1073년	(중국) 북송 심괄沈括 「부루의浮漏議」, 「혼의의渾儀議」 등 저술

1092년	(중국) 북송 한공렴韓公廉이 소송蘇頌의 지시로 수운의상대水運儀象臺 완성
1094년	(중국) 북송 소송蘇頌『신의상법요新儀象法要』3권 저술
1124년경	(중국) 남송 왕보王普 만류보상혼합형부전루漫流補償混合型浮箭漏 제작
1206년	(이슬람) 무슬림 알자자리al-Jazari『기발한 기계장치에 대한 지식서*The Book of Knowledge of Ingenious Mechanical Devices*』저술
1267년	(중국) 페르시아 Maragha 천문대 무슬림 천문학자 자말루딘Jamal al-Din(札馬魯丁) 만년력萬年曆, 서역의상西域儀象을 쿠빌라이(元 世祖)에게 진상
1275년	(중국) 한·회회사전대回回司天臺 통합. 자말루딘 비서감秘書監 제점提點 취임
1279년	(중국) 郭守敬 간의簡儀 등 천문·계시 의기 제작, 사천대司天臺 건설 착수
1280년	(중국) 원나라 세조世祖『수시력授時曆』반포
1281~1384년	(중국)『수시력』공식사용, 하남성河南省 등봉현 고성진에 4장丈 고표 건설
1281년	(한국) 충렬왕忠烈王 원나라로부터『수시력』을 받음
1289년	(중국) 곽수경 간의簡儀, 후극의候極儀, 입운의立運儀를 복합하여 간의 완성
1294년	(중국) 곽수경 대명전大明殿 등루 일명 칠보등루七寶燈漏, 행루行漏 등 제작
1308년	(한국) 충선왕忠宣王. 사천감司天監을 태사국太史局과 합쳐서 서운관書雲觀 발족. 설호정挈壺正을 장루掌漏로 고침
1316년	(중국) 원대 광주廣州 연우延祐누각 제작.(그림 1-4A 참조)
1325년	(영국) Norwich Cathedral Clock에 탈진기 부착
1348년	(서양) 이탈리아. Giovanni Di Dondi 천문시계장치 발명
1368년	(중국) 명나라 건국. 동호적루銅壺滴漏를 표준 누각으로 반포.(그림 1-4B와 C)
1384~1644년	(한국) 조선은『수시력』과『대통력』을 교정한『칠정산내편』을 1444년부터 1653년『시헌력時憲曆』으로 교체하기까지 사용 (중국) 명나라 원통元統『대통력법통궤大統曆法通軌』편찬
1392년	(한국) 서운관 정비. 각루刻漏 업무에 장루掌漏와 사신司辰을 둠
1395년	(한국)「천상열차분야지도天象列次分野之圖」각석. 을해중성기乙亥中星記 작성
1396년	(한국) 종루에 대종을 매닮. 금루방禁漏房 설치(太祖/10/12/7/辛卯)
1398년	(한국) 종루에 경루更漏 설치(太祖/12/7/閏5/10/乙酉)
1401년	(한국) 인정(人定)·파루(罷漏)제 실시(太宗/1/5/20/戊申)
1415년	(한국) 금루방을 서운관에 합침(太宗/30/12/15/壬午)
1421년	(한국) 세종 3년 윤사웅尹士雄, 최천구崔天衢, 장영실蔣英實 등 명나라 파견(『燃藜室記述』天文典故)
1424년	(한국) 궐내에 경점지기更點之器 제작. 장영실 보루사報漏事를 관장(世宗/24/6/5/3/庚辰)
1430년	(한국) 장영실을 종사관으로 사신단에 합류 연경燕京에 파견(世宗/48/12/4/28/丙申)
1431년	(한국) 이천李蕆 중국 연경燕京에 파견(世宗/54/13/10/9/庚子)
1432년	(한국) 영대靈臺 창설과 천문·계시의기 창제 착수. 역산曆算 제조提調 정인지를 제조로 임명. 한양 북극출지北極出地 측정(世宗/77/14/4/15/甲戌)
1433년	(한국) 서운관의 천문과 금루禁漏를 합침(世宗/59/15/2/2/丙戌)

1433년	(한국) 정초鄭招 · 이천 · 정인지鄭麟趾 · 김빈金鑌 혼천의 제작(世宗/61/8/11/辛卯)
1433년	(한국) 장영실蔣英實이 자격궁루自擊宮漏 발명. 호군護軍으로 승진(世宗/61/15/9/16/乙未)
1434년	(한국) 자격궁루를 금루로 인증하여 보루각에 설치 완료. 김돈金墩과 김빈金鑌 「보루각기報漏閣記 명銘」 지음(세종/64/16/6/24/辛未)
1434년	(한국) 보루각報漏閣 창설. 한양 지방시를 표준시로 보시報時 개시(世宗/65/16/7/1/丙子)
1434년	(한국) 혜정교惠政橋와 종묘宗廟 앞에 앙부일구仰釜日晷 설치. 김돈 「앙부일구명仰釜日晷銘」 지음(世宗/66/16/10/2/乙巳)
1437년	(한국) 간의대簡儀臺 창설. 간의簡儀, 동표銅表 등 천문의기, 일성정시의日星定時儀, 흠경각루欽敬閣漏 등 천문계시의기 15종 창제(世宗/77/19/4/15/甲戌)
1437년	(한국) 일성정시의, 현주일구懸珠日晷, 행루行漏 『누주통의漏籌通義』 등을 절제사영節制使營에 배포(世宗/77/19/6/18/丙子) (중국) 명나라 남경南京으로 이설한 원대元代 간의簡儀, 규표圭表 복제複製 착수
1437년	(한국) 광화문-종루 간 전루소傳漏所 정비(世宗/77/19/6/28/丙戌)
1438년	(한국) 흠경각欽敬閣 창설. 김돈 「흠경각기欽敬閣記」 지음. 의표창제儀表創製 사업 종료(世宗/80/20/1/7/壬辰)
1442년	(한국) 측우기測雨器 조례條例 하달(世宗/96/5/8/丁卯)
1443년	(한국) 『칠정산내외편七政算內外篇』 편찬(世宗/101/25/7/6/己未)
1445년	(한국) 이순지李純之 『제가역상집諸家曆象集』 편찬(世宗/107/27/3/30/癸卯)
1467년	(한국) 측량의기 규형窺衡과 인지의印地儀 제작(世祖/41/13/2/15/辛亥; 世祖/41/13/3/13/庚辰)
1486년	(한국) 측후지기測候之器 제작(그림 5-17A, D)(成宗 17년)
1487년	(한국) 창덕궁에 신보루각新報漏閣 창설 착수 및 중단(成宗/203/18/5/5/甲辰)
1493년	(한국) 흠경각欽敬閣 보수補修(成宗/277/24/5/10/癸酉)
1525년	(한국) 이순李純 목륜目輪 제작 건의(中宗/55/20/10/19/甲辰)
1536년	(한국) 1534년에 착수한 창경궁昌慶宮 신보루각新報漏閣과 정시의대定時儀臺 준공. 심언광沈彦光 「보루각정시의명報漏閣定時儀銘」 지음(中宗/82/31/8/24/丁未)
1550년	(일본) 포르투갈 신부 프란시스코 자비에르 자명종을 일본에 도입(天文 19년)
1553~1554년	(한국) 흠경각 소실 및 복구(明宗/15/8/9/14/정사; 明宗/17/9/8/19/丁亥)
1582년	(서양) 그레고리 역법(Gregorian Calendar) 창시
1592~1598년	(한국) 임진왜란으로 간의대簡儀臺 의기와 시설 유실. 보루報漏 · 흠경각欽敬閣 소실(宣祖 25~31년; 宣祖/26/25/4/29/戊午)
1594년	(한국) 원각사종圓覺寺鍾 종현鍾峴에 이설. 인정 · 파루 보시(宣祖 27년)
1601년	(한국) 이항복李恒福이 관상감觀象監 의기儀器 일부 복구(宣祖 34년)
1602년	(한국) 창경궁昌慶宮 금루禁漏를 황화방皇華坊으르 이설. 인정人定 · 파루罷漏 보시宣祖/154/35/9/15/甲戌)
1600년대 초	(일본) 1개, 2개 폴리오 굴대 탈진기 부착 화시계和時計 제작
1614~1616년	(한국) 창덕궁昌德宮 서린문瑞麟門 안에 흠경각欽敬閣 복구. 『흠경각영건의궤欽敬閣營建儀軌』 편찬(光海君/82/6/9/14/癸亥; 光海君/106/8/8/29/丁卯)

1616년	(한국) 창경궁昌慶宮 문정전文政殿 밖에 신보루각[禁漏閣금루각] 복구. 『보루각개수의궤報漏閣改修儀軌』 편찬(光海君/103/8/5/4/癸酉)
1620년경	(한국) 경덕궁慶德宮[경희궁慶熙宮]에 누국漏局과 일영대日影臺 창설(光海君 12년)
1631년	(한국) 정두원鄭斗源이 중국으로부터 자명종自鳴鐘, 망원경望遠鏡, 서학서西學書, 화포火砲 등 도입(仁祖/25/9/7/12/甲申)
1644~1742년	(중국) 청나라 『시헌력時憲曆』 공식 반포
1653년	(한국) 『시헌력時憲曆』 공식 사용. 時制 12時 百刻法에서 12時 96刻法으로 변경
1655~1656년	(한국) 흠경각欽敬閣 철거 논의 및 훼철(孝宗/15/6/11/17/丁酉; 15/6/12/4/甲寅)
1656년	(서양) 네덜란드 하위헌스Christiaan Huygens 첫 번째 진자振子시계 발명
1657년	(한국) 홍처윤洪處尹에게 선기옥형璇璣玉衡 제작을 명함. 최유지崔攸之 혼천의渾天儀 제작(孝宗/18/8/5/26/戊辰)
1664년	(한국) 성균관成均館 최유지 혼천의 교정(顯宗/8/5/3/6/戊辰)
1669년	(한국) 이민철李敏哲 혼천의渾天儀, 송이영宋以潁 자명종自鳴鐘 제작(顯宗改修/21/10/10/14/甲戌)
1669~1674년	(중국) 청나라 흠천감欽天監 남회인南懷仁(F. Verbiest) 천체의天體儀) 등 6개 의기儀器 관상대觀象臺에 설치. 『의상지儀象志』 편찬. 1714년 조선 수입 활용
1673년	(서양) 네덜란드 천문학자 하위헌스가 저서 *Horologium Oscillatorium*[진자시계振子時計] 출판. 1675년 굴대 탈진기 진자시계 제작 (일본) 네덜란드[화란和蘭] 상관商館을 통해 하위헌스의 진자시계(1675년) 도입?
1676년	(서양) 영국 E. Barlow 랙 타종 수륜 기구rack striking count wheel 발명
1688년	(한국) 이민철 혼천의渾天儀 중수 제정각齊政閣 안치[최석정崔錫鼎 「제정각기齊政閣記」]. 일영대日影臺 설치. 송이영宋以潁 자명종自鳴鐘 홍문관弘文館 안치. 최석정 「자명종명병서自鳴鐘銘并序」(肅宗/19/14/5/2/癸酉) 최석정은 중수과정에서 진자시계의 주시륜열going train, 굴대 탈진기verge escapement 원용, 타종륜striking train은 화시계和時計의 수륜 방식 원용
1704년	(한국) 이민철李敏哲 혼천의渾天儀 여벌[부건副件] 주조 경희궁에 설치(肅宗 30년)
1713년	(한국) 한양 북극고도北極高度 측정 37도 39분 15초(肅宗/53/39/5/16/壬辰)
1723년	(한국) 청나라에서 문신종問辰鐘을 보내와서 복제, 관상감에 둠(景宗 3년)
1732년	(한국) 경희궁慶熙宮 선기옥형璇璣玉衡을 규정각揆政閣에 안치. 영조 「규정각기揆政閣記」 지음(英祖 8년)
1742~1911년	(중국) 청나라 『역상고성후편曆象考成後編』 사용
1746년	(중국) 청나라 황극전皇極殿에 동호적루銅壺滴漏 설치(乾隆 11년)
1754~1789년	(한국) 연경燕京 기준 『신법중성기新法中星記』, 구본舊本 『누주통의漏籌通義』 24전법箭法 사용(英祖/81/30/閏4/17/丙寅~正祖 13년)
1759~1761년	(한국) 홍대용洪大容 농수각籠水閣에 측관의測管儀, 혼상의渾象儀, 자명종自鳴鐘 제작 · 설치(英祖 35~37년)
1770년	(한국) 관상감 안에 흠경각欽敬閣 건축. 영조 「흠경각기欽敬閣記」 지음. 세종 측우기測雨器, 양수표量水標 등 복원 보급. 양 궐에 상풍간相風竿 설치(그림 8-8).(英祖 46년) 홍봉한洪鳳漢 등 『동국문헌비고東國文獻備考』 상위고象緯考 편찬

1786년	(한국) 혼개일구渾蓋日晷와 간평일구簡平日晷 제작(正祖 10년)
1788년	(한국) 황윤석黃胤錫 창경궁昌慶宮 누국漏局, 일영대日影臺 측영기測影器 조사(正祖 12년, 7월 20일)
1789~1895년	(한국) 김영金泳 적도경위의赤道經緯儀, 신법지평일구新法地平日晷 제작. 『신법중성기新法中星記』, 『신법누주통의新法漏籌通義』 편찬. 37전법箭法 사용(正祖 13년)
1795년	(일본) 기계 해설서 『기교도휘機巧圖彙』 발행(寬政 8년)
1796년	(한국) 서호수徐浩修 등 『국조역상고國朝曆象考』 편찬(正祖 20년)
1818년	(한국) 성주덕成周悳 『서운관지書雲觀志』 편찬(純祖 18년)
1828년	(한국) 창경궁 금루각禁漏閣이 무너져 누국漏局을 신축(순조 28년)
1830~1843년	(일본) 시계공업 진흥. 천보天保연간
1850~1860년대	(한국) 남병철南秉哲, 남상길南相吉(초명 秉吉), 이상혁李尙爀의 천문 · 역산학, 계시학 저술 『육일재총서六一齋叢書』로 선집. 남병철 『의기집설儀器輯說』 간행. 관측용 다용도 혼천의渾天儀, 혼평의渾平儀, 험시의驗時儀, 적도고일구의赤道高日晷儀, 양영일구의兩景日晷儀, 양도의量度儀 등 천문 · 계시의기 10종 제작과 소개. 박규수朴珪壽) 지세의地勢儀, 혼평의渾平儀, 간평의簡平儀 제작
1867년	(한국) 창경궁 누국 폐지, 경복궁景福宮 누국漏局 개설. 일성정시의대를 일영대日影臺로 복구. 조선 초기 광화문-종각 시보체제 복구. 흠경각 건축(高宗 4년)
1884년	(한국) 창덕궁 안 금천교禁川橋에서 정오와 인정 · 파루에 대포 발포(高宗 21년, 윤5월 20일)
1891년	(한국) 러시아 건축가 사빠찐Sredin-Sabatin이 고종의 명으로 경복궁 종각鍾閣(시계탑) 건축(高宗 28년)
1895년	(한국) 오정례午正例에 따라 오정과 자정에는 보신각종 타보打報(10월 29일)
1895년	(한국) 태양력太陽曆 채용. 인정人定 · 파루罷漏 제도 폐지. 고종 종각鍾閣을 보신각普信閣으로 이름 짓고 편액 하사(高宗 32년 11월)
1907년	(한국) 제실박물관帝室博物館 개관. 누국 금루기禁漏器, 일영대 측후지기(측영기), 박규수朴珪壽 평혼의平渾儀, 흥천사興天寺 동종銅鐘 등 전시(純宗 1년)
1908년	(한국) 표준시를 일본 표준시(東經 135度)에 맞추고, 통감부統監府가 오포午砲 쏘는 것을 관장(4월 1일). 『증보문헌비고增補文獻備考』 상위고象緯考 등 간행
1917년	(한국) 이왕직李王職에서 전각 중건에 흠경각 등 재목 활용(순종/부록/8/10/11/27(양력)
1936년	(한국) 루휘스W. C. Rufus 『한국의 천문학*Astronomy in Korea*』 간행
1938년	(한국) 이왕가미술관李王家美術館 개관. 금루기와 흥천사 동종 덕수궁 광명문光明門에 전시
1979년	(한국) 덕수궁 금루기 그림 만원권 지폐 전면에 "물시계" 그림으로 실림
1985년	(한국) 금루기를 국보 제229호 보루각報漏閣 자격루自擊漏로 지정, 창경궁 신보루각 정시의대定時儀臺를 보물 제851호 관천대觀天臺로 등록. 자격루 복원 모델 발표
1990년대	(한국) 경복궁에 흠경각欽敬閣 복원. 건국대학교 한국기술사연구소 보루각 자격루 복원 설계
2007년	(한국) 세종 보루각루 복원 국립고궁박물관에 상설전시(11월 20일부터)
2013년	(한국) 조선조 천문 · 계시의기 복원 도록 『천문을 담은 그릇』 간행(한국천문연구원); 디지털 자격루 태극시계太極時計 발명(南文鉉)

참고문헌

1. 고문헌 자료

1) 한국

『康寧殿進饌圖』.
『經國大典』.
『經國大典註解』.
『景福宮營建日記』 1865-1868(『국역 경복궁영건일기』, 2019).
『高麗史 · 志』.
『국립중앙박물관소장 유리건판 - 궁궐』.
국립민속박물관, 2005. 『한국세시풍속사전』.
국회도서관, 1970. 『한말근대법령자료집 I』.
국회도서관, 1973. 『통감부법령자료집 중권』.
金錫胄, 『息庵集』.
『漏籌通義』.
南秉哲, 『儀器輯說』.
南秉哲, 『圭齋遺藁』.
南秉哲, 『推步續解』.
南秉吉, 『星鏡下編』.
南秉吉, 『時憲紀要』.
南秉吉, 『量度儀圖說』.
南秉吉, 『六一齋叢書』.
『大典通編』 卷2, 屬官.
『東國文獻備考』.

『東國輿地勝覽』.
『東闕圖』.
「東闕圖形」, 1907.
법제처, 1981.『古法典用語集』.
「北闕圖形」, 1907.
『備考篇 東國輿地備考』 卷1.
『三國史記』.
徐有榘,『金華畊讀記』.
徐居正, 1478.『東文選』.
徐居正, 1487.『筆苑雜記』.
「西闕圖案」.
徐浩修 · 金泳, 1789.『新法漏籌通義』.
徐浩修 · 成周悳 · 金泳. 1796.『國朝曆象考』.
『宣祖妃仁穆后國葬都監儀軌』.
成周悳, 1818.『書雲觀志』.
『承政院日記』.
沈彦光,『漁村先生文集』(『國譯 漁村集』, 2006, 江陵文化院).
『純祖仁陵山陵都監儀軌』.
『新增東國輿地勝覽』.
『牙山蔣氏世譜』.
『外奎章閣形止案』.
柳本藝,『漢京識略』「闕內各司條」.
李渠,『活齋集』.
李圭景,『五洲衍文長箋散稿』.
李肯翊,『燃藜室記述』「天文典故」.
李純之, 1445.『諸家曆象集』.
李弘稙 편, 1963.『국사대사전』, 지문각.
李裕元,『林下筆記』.
李頤命,『疎齋集』.
李恒福,『白沙集』.
李好閔,『五峯集』.
『日省錄』.
『莊陵修改都監儀軌』.
鄭喬,『大韓季年史』.

『朝鮮王祖歷代實錄』.
『宗廟儀軌』
『增補文獻備考 · 象緯考』.
『進饌儀軌』, 1897.
『昌慶宮志』.
『昌德宮志 · 全』
『靑丘要覽』,「都城全圖」.
崔錫鼎, 『明谷集』.
『治平要覽』.
『孝宗寧陵遷陵都監殯殿所儀軌』.
한국정보과학회, 1984. 『컴퓨터용어대사전』, 정익사, 519쪽.

2) 중국

『舊唐書』, 『新唐書』「天文志一」.
『金史 · 志』.
『大戴禮』.
『大淸會典圖』.
『大學衍義』.
『孟子』.
『明史』「職官志三」.
『明實錄』.
『四庫全書提要』.
『事林廣記』.
『山堂考索』 別集.
『尙書』「大禹謨」.
『書經』.
徐堅, 『初學記』.
徐兢, 『高麗圖經』.
徐朝俊, 『自鳴鐘表圖法』「自鳴鐘表圖說」.
蘇頌, 『新儀象法要』.
蘇天爵, 『元朝名臣事略』.
宋濂 等, 『元史』.

『宋史 · 曆律志13』.
『宋史 · 天文志1』.
『守山閣叢書』 卷五十七, 『新儀象法要』.
『隋書 · 天文志』.
荀況, 『荀子』.
『詩經』.
顏頤仲, 『銅壺漏箭制度』.
楊甲, 『六經圖』.
吳澄, 『書纂言』.
王云五 主編, 1937. 『新儀象法要』.
王應麟, 『玉海』.
『元史』.
『元史 · 天文志1』.
『欽定四庫全書』, 『元秘書監志七』.
陸敬麗 · 錢學英 譯注, 2007. 『新儀象法要譯注』.
趙友欽, 『革象新書』.
『周禮』.
『周易』.
朱熹, 『文集』 卷六十五.
『中文大辭典』, 1973. 中華學術院.
『晉書 · 天文志』.
『皇朝禮器圖式』.
『欽定書經圖說』.

3) 일본

『日用便覽』, 1912. 朝鮮總督府觀測所.
京城府, 1934. 『京城府史』.
岡田貢, 1936. 『京城史話』, 京城.
渡邊天倪 · 二宮琶汀, 1910. 『朝鮮名勝記』, 京城.
『朝鮮古蹟圖譜』, 1915~1935, 朝鮮總督府.

2. 논문과 단행본

1) 국내

구만옥, 2019.『조선후기 儀象改修論과 儀象 정책』, 혜안.

국립중앙박물관, 2007.『국립중앙박물관소장 유리건판: 궁궐』.

국립문화재연구소 엮음, 2007.『문화유산에 숨겨진 과학의 비밀』, 고래실.

김명호, 2008.『환재 박규수 연구』, 창비.

김명호 · 남문현 · 김지인, 2000.「南秉哲과 朴珪壽의 천문의기 제작 –『의기집설』을 중심으로 – 」,『朝鮮時代史學報』 12집, 100–125쪽.

김백철, 2014.『두 얼굴의 영조 – 8세기 탕평군주상의 재검토』, 태학사.

김상혁, 2007.『송이영 혼천시계의 작동 메커니즘에 대한 연구』, 중앙대학교 대학원 박사학위논문, 2007년 6월.

김상혁 · 이용삼 · 남문현, 2006.「남병철의 혼천의 연구 II」, *Journal of the Korean Astronomy and space Science*, 23(1), 71–90쪽.

김상혁 · 이용삼 · 민병희, 2016.「조선시대에 창제한 일성정시의 연구」, 한국천문연구원 제8회 고천문 워크숍 홍대용과학관, 천안, 충남, 2016년 8월 11–12일.

김성균 · 이재효 · 한영호 · 남문현, 2006.「報漏閣 自擊漏 研究 (II) – 計時시스템」,『건국기술논문지』 제31집, 75–84쪽.

김영식, 2013.『유가 전통과 과학』, 예문서원.

김영식, 2013.『동아시아 과학의 차이』, ㈜사이언스 북스.

김원모 · 정길성, 1986.『사진으로 본 백년 전의 한국: 근대 한국(1871–1910)』, 가톨릭출판사.

김정동, 2004.『고종황제가 사랑한 정동과 덕수궁』, 도서출판 발언.

나일성, 2016.『한국(韓國)의 우주관(宇宙觀) – 이 땅에서 하늘을 그리다 – 』, 연세대학교 대학출판문화원.

나일성 · 이계순, 2019, 2020.『과학고서해제집 I, II』, (사)한국과학문화진흥원.

남경욱, 2011.「남병철『의기집설』의 험시의(驗時儀) 연구」,『한국과학사학회지』 33: 3, 533–570쪽.

南文鉉, 1985. "15世紀 韓國의 물時計에 대한 制御工學的 解析",『대한전기학회 제어계측제어연구회 춘계학술회의 논문집』, 서울대학교, 1985. 6. 8, 47–52쪽.

南文鉉, 1989A.「世宗 自擊漏의 報時 시스템에 관한 研究」,『한국과학사학회지』 제11권 제1호, 19–38쪽.

南文鉉, 1989B.「世宗 自擊漏의 更點 報時 시스템의 復元」,『전기학회논문지』 제38권 제12호, 1022–1032쪽.

남문현, 1995A.『한국의 물시계 – 자격루와 제어계측공학의 역사』, 건국대학교출판부.

南文鉉, 韓永浩, 李秀雄, 梁必承, 1995.「朝鮮朝의 渾天儀 硏究」,『學術誌』(건국대) 39집(1), 519-543쪽.

남문현, 1998.「혼천의, 자격루, 측우기」,『한국사시민강좌』 23집, 226-241쪽.

남문현, 1998C.「金墩의 '報漏閣記'에 대하여 - 自擊漏의 原理와 構造」,『한국사연구』 101호, 75-114쪽.

남문현, 2002.『장영실과 자격루 - 조선시대 시간측정사 복원 - 』, 서울대학교출판부.

남문현, 2007.「전등소는 우리 전기공학의 뿌리」,『건국기술연구논문지』 32집, 1-16쪽.

남문현, 2007.「전등소는 우리 전기공학의 뿌리」, 대한전기학회 창립60주년기념특강 논문, 2007. 12. 6, 서울: 플라자호텔.

남문현, 2008.「간의대(簡儀臺)의 어제와 오늘」,『고궁문화』, 제2호, 87-113쪽.

남문현, 2010.「장영실과 자격루」,《장영실과 과학의 나라》〈窮理〉, 부산박물관,「2010 특별기획전 論考」, 2010, 161-178쪽.

남문현, 2010.「전통과학과 21세기 문화비전」,『한국과학기술사 탐구』, 부산박물관, 111-128쪽.

남문현, 2011,「자격루 오디세이 - 나의 과학사 연구 30년」,『한국과학사학회지』 33: 3호, 437-475쪽.

남문현, 2012.「해시계와 물시계의 융합 - 디지털 자격루」, 이인식 기획,『따뜻한 기술』, 고즈윈, 136-155쪽.

남문현, 2013.「조선 초기의 과학과 이슬람」, 제13회 한 · 일역사가회의 전체 주제:「世界史 속의 이슬람」, 제3세션:「이슬람과 아시아」, 2013. 10, 25-27, 서울: 동북아역사재단 회의실, 125-141쪽.

남문현 · 陳久金 국역, 2013A, 南秉哲 편찬,『儀器輯說』上 · 下卷,『국역육일재총서 1』, 서울: 세종대왕기념사업회, 1-411쪽.

남문현 · 陳久金 등 국역, 2013B, 南相吉,『量度儀圖說』, 1-131쪽, 나일성 국역,『重修中星表』, 133-227쪽,『恒星出中入表』, 229-319쪽; 李尙爀,『揆日考』, 국역 이은희, 321-388쪽.『국역육일재총서 2』, 서울: 세종대왕기념사업회, 1-388쪽)

남문현 · 남종진, 2013.「이순지(李純之)와『제가역상집』」, 남종진 역주, 남문현 · 박종국 교열,『국역 제가역상집』, 상권, ㈔세종대왕기념사업회.

남문현, 2013. "남병길(南秉吉)의『육일재총서(六一齋叢書)』에 대하여", 천문학과 천문의기 속의 과학원리, 겨레과학연구회 제2회 학술세미나, 국립중앙과학관, 대전, 2013. 7. 11, 33-40쪽.

남문현, 2014.「자동화의 역사와 장영실의 공헌」, 전기전문역사위원회, 대한전기학회, 2014년하계 학술대회, 2014. 7. 17-19, 강원도: 용평.

남문현, 2015. "기계시계 - 해와 달의 일치를 위한 타협의 역사 - ", 이인식 편집,『세계를 바꾼 20가지 공학기술』, 서울: 글램북스.

남문현, 2015A.「세종의 자격루 창제에서 발현된 장영실의 상상력과 창의성」, 김상환 · 박영선 · 장태순 편, 이학사, 336-381쪽.

남문현, 2016A.「창경궁 보루각 연혁: 금루 – 일성정시의 제도를 중심으로」,『고궁문화』(국립고궁박물관) 9호, 175–199쪽.
남문현, 2016B.「세종대왕의 간의대 자격루 창제 연구」,『세종학연구』16집, 3–27쪽.
남문현, 2016C.「報漏閣定時儀銘과 昌慶宮 觀天臺說 再論」, 한국천문연구원 제8회 고천문워크숍, 2016. 8. 11–12, 천안: 홍대용과학관.
남문현 · 남종진 국역, 石云里(SHI) 교주, 2014A. 南秉哲,『推步續解』,『국역육일재총서 3』, 서울: 세종대왕기념사업회, 1–393쪽.
남문현 · 남종진 국역, 石云里(SHI) 교주, 2014B. 南秉吉,『時憲紀要』上 · 中卷 ,『국역육일재총서 4』, 서울: 세종대왕기념사업회, 1–393쪽.
남문현 · 남종진 국역, 石云里(SHI) 교주, 南秉吉,『時憲紀要』下卷, 1–151쪽, 李尙爀,『晷影地經偏』,『黃赤距緯』, 155–202쪽; 南秉吉,『太陽出入表』, 남문현 · 남종진 국역, 2014C.『국역육일재총서 5』, 서울: 세종대왕기념사업회, 205–232쪽, 찾아보기(통합편) 235–419쪽.
南秉哲, 1864.『圭齋遺藁』卷5,「書推步續解後」.
남종진 역주, 남문현 · 박종국 교열, 2013.『국역제가역상집 · 하』, ㈔세종대왕기념사업회.
盧奎來, 1984.「남병길의 생애와 천문학」,『한국과학사학회지』6–1.
노대환, 2010.「19세기 중반 남병철(1818–1863)의 학문과 현실 인식」,『이화사학연구』40, 151–171쪽.
노대환, 2015.「남병철」,『동아시아 실학사상가 99인』, 학자원, 148–151쪽.
따찌아나 심비르쩨바 · 스베틀라나 레보쉬코, 2009.「조선국왕 폐하의 건축가 사바찐(1860~1921)」, 국제한국사학회 월례발표회, 2009. 10. 27, 서울.
모리스 쿠랑(M. Courant) 지음, 1891. 김수경 옮김, 1995.『조선문화사 서설』, 범우사.
문중양, 2000.「19세기의 사대부 과학자 남병철」,『계간 과학사상』여름, 99–117쪽.
박정혜 · 윤진영 · 황정연 · 강민기, 2011.『왕과 국가의 회화』, 돌베개.
박정혜 · 윤진영 · 황정연 · 강민기, 2012.『조선궁궐의 그림』, 돌베개.
徐光啟 지음, 최형섭 옮김, 2010.『徐光啟 文集』, 지식을 만드는 지식.
서문호 · 한영호 · 남문현, 2007.「보루각 자격루 연구(IV) – 경점기계」,『건국기술연구논문지』31집, 95–102쪽.
서준, 2007.「자격루 복원 과정과 의의」,『고궁문화』(국립고궁박물관) 창간호, 92–134쪽.
徐浩修 · 成周悳 · 金泳 編著, 이은희 · 문중양 역주, 2004.『국조역상고』, 소명출판.
成周悳 編著, 이면우 · 허윤섭 · 박권수 역주, 2003.『서운관지』, 소명출판.
신동원, 2020.『한국과학문명사 강의』, 책과 함께.
원주용, 2009.『고려시대 한시읽기』, 한국학술정보㈜.
俞景老, 1996.『한국과학기술사 자료대계』, 천문학편 10, 여강출판사, 1–6쪽.
유희경, 1980.『한국복식사』, 이화여자대학교출판부.
이기백, 1999.『한국사 신론』, 일조각.

이노국, 2006.『19세기 천문수학 서적 연구 – 남병철 · 남병길 저술을 중심으로 – 』, 한국학술정보㈜.

이수웅 역주, 2015.『역주 시경언해』, 서울: 세종대왕기념사업회.

이수웅 · 陳久金 · 남문현, 2001.「17, 18世紀의 韓 · 中 科技 交流 硏究」,『18世紀 硏究』 3호, 231–271쪽.

이수웅 · 陳久金 · 이은희 · 남문현, 2001.「17, 18세기 한 · 중 과학기술교류 연구」,『東西文化交流硏究』(한국돈황학회) 제3집, 1–34쪽.

이순지 편찬, 남종진 역주, 남문현 · 박종국 교열, 2013.『국역제가역상집』 상 · 하권, 서울: 세종대왕기념사업회.

이승한, 2012.『혼혈 왕, 충선왕 – 그 경계인의 삶과 시대 – 』, 푸른역사.

이용삼 · 김상혁 · 남문현, 2000.「남병철의 혼천의 연구 – I」, *Journal of the Korean Astronomical Society*, 34, 51–52쪽.

이용삼 · 남문현, 1998.「세종대(世宗代) 천문시계(天文時計) 일성정시의(日星定時儀)와 자격루(自擊漏)의 시간 교정」, 세종대왕탄신601돌 기념학술대회 논문집『세종과학기술의 현대적 조명』, 23–31쪽.

이용삼 엮음, 2016.『조선시대 천문의기 – 천문대 · 천문관측의기 · 천문시계, 그 복원을 논하다』, 민속원.

이은희 국역, 남문현 윤문, 2013. 이상혁 편찬,『규일고』,『국역육일재총서 2』, 서울: 세종대왕기념사업회, 321–388쪽.

이재효 · 김성균 · 남문현, 2007.「보루각 자격루 연구(I) – 누기」,『건국기술연구논문지』 31집, 67–74쪽.

이재효 · 김성균 · 한영호 · 남문현, 2006.「보루각 자격루 연구(II) – 계시 시스템」,『건국기술연구논문지』 31집, 75–84쪽.

李重華,「鍾樓와 普信閣에 대하여」,『診檀學報』 6권, 123쪽.

이춘식, 2004.『유학의 천도사상과 정치이념』, 고려대학교 출판부.

이창익, 2013.『조선시대 달력의 변천과 세시의례』, ㈜창비, 46–102쪽.

이태진, 2012.『새韓國史』, 까치, 464–470쪽.

이훈종 편저, 이병도 · 이희승 감수, 1970, 1997.『국학도감』.

이희수, 2012.『이슬람과 한국문화』, 청아출판사.

장혜원, 2006.『산학서로 보는 조선수학』, 경문사, 31쪽.

全相運, 1963.「李氏朝鮮의 時計製作 小考」,『鄕土 서울』 第17號, 65쪽.

全相運, 1963.「璿璣玉衡(天文時計)에 對하여」,『古文化』 2, 2–10쪽.

전상운, 1966.『한국과학기술사』, 과학세계사.

전상운, 2016.『우리 과학 문화재의 한길에서』, ㈜사이언스 북스.

全相運 · 羅逸星, 1983.「觀象監 觀天臺에 대하여」『東方學志』 40輯.(羅逸星敎授華甲紀念論文集, 1992, 499–503쪽에 재수록)

전상운 · 김성삼 · 김정흠 · 나일성 · 남천우 · 박성래 · 박익수 · 박흥수 · 유경로 · 이은성 · 이태녕 · 송상용, 1984. 「한국의 과학문화재 조사보고 1980-1985」, 『한국과학사학회지』 6권, 58-118쪽.

전용훈, 2011. 「南秉哲의 『推步續解』와 조선후기 서양천문학」, 『규장각』 38호, 177-201.

전용훈, 2017. 『한국천문학사』, 들녘.

정성희, 2011. 「南秉吉의 천문과학관」, 『추사연구』 9호, 95-100쪽.

정연식, 2010. 「조선시대 觀天臺와 日影臺의 연혁 – 창경궁 일영대와 관련하여 – 」, 『한국문화』 51, 265-297쪽.

崔南善, 1947. 『朝鮮常識問答續編』, 東明社.(현대판 三星文化文庫 17, 1972. 삼성문화재단출판부)

한국천문연구원 편, 2013. 『天文을 담은 그릇』, 한국천문연구원.

한국실학학회 · 중국실학연구회 · 일본동아실학연구회 · 실학박물관, 2015. 『동아시아 실학사상가 99인』, 학자원, 25-155쪽.

한국천문학사편찬위원회 편, 1999. 『한국 천문학사 연구』 소남 유경로 선생 유고 논문집, 녹두.

한영호, 2000. "농수각 의기에 담긴 서양과학", 『한국과학사학회창립 40주년기념 학술대회 논집』, 26-32쪽.

한영호, 2016. 「해제 조선의 역법 『칠정산내편(七政算內篇)』」, 한영호 · 이은희 · 강민정 역주, 『해와 달, 다섯행성의 천문학 칠정산내편1』, 한국고전번역원.

한영호 · 남문현, 1997. 「조선조 중기의 혼천의 복원연구: 이민철의 혼천시계」, 『한국과학사학회지』 19권 1호, 3-19쪽.

한영호 · 남문현 · 이수웅 · 이문규, 2000. 「조선의 천문시계: 세종의 흠경각루에 대하여」, 『기술과 역사』 1권 1호, 125쪽.

한영호 · 남문현 · 이수웅, 2001. 「조선의 천문시계 – 수격식 혼천시계」, 『한국사연구』 113호, 57-83쪽.

한영호 · 서문호 · 남문현, 2007. 「보루각 자격루 연구(III) – 주시기계」, 『건국기술연구논문지』 31집, 85-94쪽.

한영호 · 남문현, 2008. 「朝鮮의 更漏法」, 『東方學志』(연세대) 101집, 192-206쪽.

한영호 · 이은희 · 강민정 역주, 2016, 『칠정산내편2 – 해와 달, 다섯 행성의 천문학 – · 1과 2』, 한국고전번역원.

韓永浩 · 李載孝 · 李文揆 · 徐文浩 · 南文鉉, 1999. 「洪大容의 測管儀 연구」, 『歷史學報』 164輯, 125-164쪽.

함선영, 2013. 『남병길(南秉吉)의 성경(星鏡) 성표를 활용한 혼상(渾象) 제작 연구』, 충북대학교 대학원 천문우주학과 석사학위논문.

洪以燮, 1946. 『朝鮮科學史』, 正音社. 이 책은 『洪以燮全集』 1, 科學史 · 海洋史, 1994. 연세대학교 출판부에서 출판.

黃胤錫, 『頤齋全書』 下卷, 240-241쪽.
黃胤錫, 『頤齋亂藁』 卷二十六, 戊戌 七月 丁未.

2) 해외

(1) 중문, 일문

高林兵衛, 1924. 『時計發達史』, 東京.
陶宗儀, 1959. 『南村輟耕錄』, 中華書局.
北京天文館 編, 1987. 『中國古代天文學成就』, 科學技術出版社.
北京故宮博物院, 劉潞, 1999. 『淸宮西洋儀器』, 上海科學技術出版社, 商務印書館(香港)
故宮博物院 編, 朱誠如 主編, 2002. 『淸史圖 -淸朝通史圖錄』 第4册, 康熙朝, 下, 紫禁城出版社, 北京.
陳久金, 1996. 『回回天文學史硏究』, 廣西科學技術出版社.
陳美東 · 華同旭, 2011. 『中國計時儀器 發達史 - 古代編 - 』, 安徽教育出版社.
陳高華 · 史衛民, 2010. 『元大都上都硏究』, 中國人民大學出版社.
華同旭, 1989. 『中國漏刻』, 安徽科學技術出版社.
李迪, 2005. 「元上都回回司天臺的始末」, 『內蒙古師範大學學報(自然科學漢文版)』 34권, 3호, 311頁.
李志超, 1997. 『水運儀象志 - 中國古代天文鐘的歷史 - 』, 中國科技大出版社.
李志超, 2014. 『中國水鍾史』, 安徽教育出版社.
李山, 2015. 『詩經選』, 商務印書館, 北京. 215-226頁.
馬堅, 「元秘書監回回書籍釋義」, 『光明日報』, 1995. 7. 7.
劉潞, 1999. 『淸宮西洋儀器』, 北京故宮博物院, 上海科學技術出版社.
馬堅, 1995. 「元秘書監志 · 回回書籍釋文」, 『回族史論集』, 193-198頁.
南文鉉, 1995. 「對于 朝鮮世宗朝創制的 觀天授時儀器的技術考祭」, 『自然科學史硏究』(北京) 14卷 1期, 42-50頁.
南文鉉 · 韓永浩 · 陳久金, 2001. 「南秉哲的 渾天儀 主要技術革新 - 載極圈」, 『李迪教授 科技史硏究 40周記念論文集』, 內蒙古, 師大.
潘鼐 主編, 2005, 『彩圖本中國古天文儀器史』, 山西教育出版社.
山東博物館 · 故宮博物院 編, 2016. 『皇帝眼中的西洋科技』, 浙江人民美術出版社.
山田慶兒 · 土屋榮夫, 1997. 『復元 水運儀象臺 - 十一世紀 中國の天文觀測時計塔』, 新曜社. 日本.
徐朝俊, 1809. 『高厚蒙求』(1807) 3集 4, 『自鳴鐘表圖法』 「自鳴鐘表圖說」.
王鋒 · 宋峴, 2008. 『中國回族科學技術史』, 寧夏人民出版社.

汪小虎, 2014.「元代孫逢吉《准齋心制几漏圖式》新探」,『中國科技史雜志』35期, 446-458頁.
張柏春, 2009.「機械技術」第三講,〈渾儀,渾象與計時器〉, 周魁一, "水力技術", 路甬祥 主編 走進堂的『中國古代 科技史 · 下』, 上海交通大學出版社.
張柏春, 1999,「南懷仁所造天文儀器的技術及其歷史地位」,『自然科學史研究』18卷 4期, 347-352頁.
張柏春, 2000B.「漢語述語 "機器" 與 "機械" 初探」, Zhang Baichun, An Inquiry into two Chinese Terms 'Jiqi' and 'Jixie', History of Mechanical Technology (2), Proceedings of the Second China-Japan International Conference On the History of Mechanical Engineering.
張柏春, 2011.「水運儀象臺的技術創新」, HMM International Workshop, Plenary Lecture, 2011. 10. 12. 北京.
曲安京, 2008.『中國數理天文學』, 科學出版社.

(2) 영문 · 유럽어

Al-Jazarī, 1206. *Kitáb fi màrifat al-hiyal al-handasiyya* (Hill, D. R., 1974, ed. and trans., *The Book of Knowledge of Ingenious Mechanical Devices.*, Dordrecht and Boston: Reidel, 1974)
al-Hassan, Ahmad Y. and Hill, Donald Routledge, 1986. *Islamic Technology: an Illustrated History*, Cambridge University Press, pp. 57-59.
Bird Bishop, I., 1898. *Korea and Her Neighbours*, F.H. Revell Co. New York, Chicago [etc.].
Chaupis, A. and Gelis, E., 1928: *Le Monde des Automates*, Paris: Tome Premies.
Chikofsky, E. J. and Cross II, J. H., 1990, "Reverse Engineering and Design Recovery: A Taxonomy". *IEEE Software*, Vol. 7, No. 1, pp. 13-17.
Combridge, J. H., 1962. "The Celestial Balance; a Practical Reconstructions", *Hororlogical Journal*, 104, p. 82.
Coury, B. G., 1996. "Water Level Control for the Toilet Tank: A Historical Perspective", In *The Control Handbook* (ed.) by Levine, W.S., CRC Press, Inc., pp. 1179-1190.
Chen Cheng-Yih, 1996. *Early Chinese Work in Natural Seiences, A Re-examination of Physics of Motion, Acoustics, Astronomy and Scientific Thoughts*, Hong Kong University Press.
Dale R., 1992. *Timekeeping*, London: The British Library.
Diels, H. A., 1919. *Antike Technik*, 2nd ed. Leipzig: Teubner, pp. 203-206.
Farhad Rahimi, 1993. "Marageh Observatory and Its Influences on the other observatories

around the world", 中國與其他國間天文學交融史國際學術研討會, 1993. 8. 19-25, 古觀象臺, 中國, 北京.

FSTC, 2008. Al-Jazari: 800 Years After.

Halsberghe, N., 2011. "Introduction and Development of the Screw in Seventeenth-Century China: Theoretical Explanations and Practical Applications by Ferdinand Verbiest", *EASTM*, 34, pp. 163-193.

https://muslimheritage.com/al-jazari-800-years-after/

Hill D. R., Trans. and Annot., 1979: Banū(sons of) Mūsà bin_Shākir, *The Book of Ingenious Devices (Kitab al-Hiyal)*. Dordrecht: Reidel.

Hill, D. R., 1987, "Islamic Fine Technology and its Influence on the Development of European Horology", *Al-Abhath*, vol. XXXV, 19. pp. 9-28.

Ibn Al-Satti, d. 618/1231. *On the Construction of Clocks and Their Use*, Ed. Fuat Sezgin, 2010, Frankfurt: Institut für Geschichte der Arabish-Islamischen Wissenschaften.

Landels, J. G., 1979. "Water-clocks and time measurement in classical antiquity", *Endeavour*, New Series Vol. 3, No. 1, pp. 32-37.

Lee Yong-Sam, Kim Sang-Hyuk and Nam Moon-Hyon, 2002. "On The Armillary Sphere of *Uigijipsol*", International Conference on Astronomical Instruments and Archives from the Asia-Pacific Region, Cheongju, Korea, 2-5, July, 2002.

Mayr, O., 1970. *The Origins of Feedback Control*, Cambridge, U.S.A.: MIT Press, p. 20.

Moon-hyon Nam, 2015D, "Innovations on the Timekeeping Devices at King Sejong's Observatory *Ganui-dae*", Springer Science, R. Pisano (ed.), *A Bridge between Conceptual Frameworks*, History of Mechanism and Machine Science Series 27, Dordrecht: Springer Science, pp. 345-366.

Moon-hyon Nam and Il-Seong Nha, 2015C, "Highlights of King Sejong's Astronomical Project: Observatory Ganui-dae and Calendar *Chiljeong-san*", R. Pisano (ed.), *A Bridge Between Conceptual Frameworks*, History of Mechanism and Machine Science vol. 27, 2015, Dordrecht: Springer Science. pp. 321-343.

Moon-Hyon Nam, 2019. "Two Century's Journey from Diyar Bakr to Seoul: Al-Jazari and Jang Yeong-Sil Met in the Striking Palace Clepsydra", ICHSEA 2019 15th International Conference on History of Science in East Asia, *Book of Abstracts*, TuD2-1, p. 94, Aug. 19-Aug. 23, Jeonju, Korea.

Nam, Kyoung Uk, 2012. *Nam Byeongcheol's astronomical instrument* in nineteenth-century Korea - Focusing on the planisheric astrolabe - "남병철(南秉哲) 『의기집설(儀器輯說)』의 「혼개통헌의설(渾蓋通憲儀說)」 연구", *Proc. 2012 International Symposium on*

Historical Astronomy, Eds. Kim, Sang Hyuk & Yang Hong-Jin, 17-19, May, 2012, Seoul, Korea, pp. 107-111.

Nam M, 2014. "Yeong-sil Jang(Unknown)", In: M. Ceccarelli (ed.), *Distinguished Figures In Mechanism and Machine Science: Their Contributions and Legacies*, Vol. 3, History of Mechanism and Machine Science 26, DOI: 10.1007/978-94-017-8947-9_6, Dordrecht: Springer Science + Media, pp. 87-113.

Nam, Moon-Hyon, 1990A. "Chagyongnu: The Automatic Striking Water-Clock", *Korea Journal*(UNESCO Korea Committee), Vol. 30, No. 7, pp. 9-21.

Nam Moon-Hyon, 2010. "Reconstruction of a Striking Clepsydra From the Joseon Period of King Sejong", In Nakamura, T., Orchiston, W., Soma, M. and Strom, R.(eds), 2010. *Mapping the Oriental Sky. Proceedings of the Seventh International Conference on Oriental Astronomy*, Tokyo, National Astronomical Observatory of Japan, pp. 116-125.

Nam Moon-Hyon, Han Y. H. and Chen Jiujin, 1996. "An Innovation on the Structure of Armillary Sphere by Nam Pyeng-Chul: Pole-axis pivot circle *Jaikeuk Kwon*", 8th International Conference on the History of Science in East Asia, 26-31 August, 1996, Seoul, Korea, p. 70.

Nam Moon-Hyon, 2007. "Early History of Korean Electric Light and Power", *IEEE Conference on the History of Electric Power*, New Jersey Institute of Technology, Newark, NJ, U.S.A., August 3-5, 2007, pp. 192-200.

Nam, M.H., 2011. "The Early History of Korean Electric Light and Power Development", *Transactions of Royal Asiatic Society Korea Branch* 86: pp. 41-59.

Nam, M. H., 2012. "Jang Yeong-sil: Inventor of the Striking Clepsydra During the reign of King Sejong in Joseon", T. Koetsier, M. Ceccarelli(Eds.): *Explorations in the History of Machines and Mechanisms. Proceedings of HMM 2012*, International Symposium VU University, Amsterdam, The Netherlands, 2012. 5. 7-11. Springer: Dordrecht, 2012, pp. 83-105.

Nam Moon-hyon, 2015A, "Striking Clepsydras", C.L.N. Ruggles (ed.), *Handbook of Archaeoastronomy and Ethnoastronomy*, New York: Springer, pp. 2163-2178.

Nam Moon-hyon, 2015B, "Transmission of Western Scientific Knowledge to Korea and the Advent of a Unique Astronomical Clock in 1669", *Proceedings of 2015 IFToMM Workshop on History of Mechanism and Machine Science May 26-28, 2015*, St-Petersburg, Russia.

Needham, J., et al., *Science and Civilisation in China*, 1954-. 23 vols. to date, London:

Cambridge University Press.

Needham, J. and Wang Ling & Derek J. De Solla Price, 1960. *Heavenly Clockwork(HC): The great astronomical clock of medieval China*. 1986. second edition with supple-ment by John H. Combridge, London: Cambridge University Press.

Needham, J., Lu G-D., Combridge J.H. and Major, J.S., 1986A, *The Hall of Heavenly Records Korean astronomical instruments and clocks, 1380-1780*, London: Cambridge University Press.(조지프 니덤 · 노계진 · 존 콤부리지 · 존 메이저 지음, 1986, 이성규 옮김, 2010.『조선의 서운관: 조선의 천문의기와 시계에 관한 기록』, ㈜살림출판사.

Needham and Wang, 1965, *Science and Civilisation in China(SCC)*, Cambridge: Cambridge University Press.

Nocks, L., 2008. *The Robot: The Life Story of a Technology*, The Johs Hopkins University press: Baltimore.

Odoric of Pordenone, 2002. *The Travels of Friar Odoric, A 14TH Century Journal of the Blessed Odoric of Pordenone*, WilliamB. Eedermans Pub. Co., Grand Rapides, Michgan/Cambridge, UK.(오도릭 지음, 정수일 역주, 2012.『오도릭의 동방기행』, 문학동네).

Ohashi Yukio, 2000. "Early History of the Water-Driven Clock in the East",『기술과 역사(*Technology and History*)』(한국산업기술사학회), Vol. 1, No. 1. pp. 37-67.

Romdhane, L. and Zeghloul, S., 2010. AL-JAZARI(1136-1206), M. Ceccarelli (ed.), *Distinguished Figures in Mechanism and Machine Science: Their Contributions and Legacies, Part 2*, History of Mechanism and Machine Science 7, DOI 10.1007/978-90-481-2346-9_1, Dordrecht: Springer Science+Business Media B.V., pp. 1-2.

Rufus, W. C., 1936. "Astronomy in Korea", *Transactions of the Korea Branch of the Royal Asiatic Society*, Vol. 26, 1936.

Salim T.S, Al-hassani, Chief Editor, 2012. *1001 Inventions, The Endurance Legacy of Muslim Civilization*, 3rd ed. FSTC Limited. Washington, D.C.: National Geographic.

Sarton, G., 1931. *Introduction to the History of Science*, London: Williams and Wilkins, Vol. 2, p. 510.

Seo, M.H., Hahn, Y.H., Lee, J. H. and Nam, M. H., Clock-work Mechanisms of the Automatic Striking Clepsydra *Jagyungnu*, M. Ceccarelli (ed), *Int. Symp. History of Machines and Mechanism · HMM 2000*, 2000, pp. 341-350. Kluwer Academic Publishers, Dordrecht, Netherlands.

Sezgin, F.(ed), 2002. *A Compendium on the Theory of the Practices of the Mechanical Arts*. الجامع بين العلم والعمل النافع في صناعة الحيل (*al-Jami'baynal-'ilmwa'amal,al-nafi'fisina'atal-hiyal*), Institute for the History of Arabic-Islamic Science at the Johann Wolfgang

Goethe University, Frankfurt am Main, Germany.

Wiedemann, E and Hauser F., 1915, "Über die Uhren im Bereich d. islamischen Kultur." *Nova Acta. Abhdl. der Kaiserl. Leopol. Carol. Deutschen Akademie der Naturforscher 100*, No. 5, pp. 1-272, Druck von Ehrhardt Karras, Halle.

Wright, Michael T., 2011. "The Antikythera Mechanism: Reconstruction as a medium for research and publication", (ed.) Klaus Staubermann, *Reconstruction: Recreating Science and Technology of the Past*. National Museums Scotland, pp. 1-20.

3. 보고서, 학위논문, 특허 등 기타 자료

남문현, 1992. "동률도량형(同律度量衡) - 조선시대 척도자료 조사용역 - ", 문화재관리국.

남문현 · 한영호 · 이수웅, 1994. 『과학기술문화재(혼의)복원설계용역보고서』, 문화재관리국.

남문현 등, 1996. 『전통과학기기의 복원기술개발』, 과학기술처.

남문현, 1998. 『보루각 자격루 복원설계 용역 보고서 - 1998년 11월』, 문화재관리국.

남문현, 2005. 『자격루 복원제작』, 문화재청.

김상혁, 2007. 「송이영 혼천시계의 작동 메커니즘에 대한 연구」, 중앙대학교 대학원 박사학위논문.

남문현, 1975. 「인간의 Saccade 안구운동계의 정보처리 특성」, 연세대학교 대학원 박사학위논문.

남문현, 1999. 「시간측정 및 경보시스템」, 특허 제0210013호, 대한민국특허청.

남문현 · 서문호, 1999. 「신호자동 반복 장치」, 특허 제10-0226249호, 대한민국특허청.

남문현 · 윤용산, 1999. 「신호 증폭장치」, 특허 제180095호, 대한민국특허청.

남문현 · 한영호, 1998. 「전시물 교체장치」, 특허 제185159호, 대한민국특허청.

남문현 · 이재효, 2007. 「유량제어 시스템」, 특허 제10-0762345호, 대한민국특허청.

남문현, 2013A. 「시간측정 시보 장치」, 특허 제10-1245806호, 대한민국특허청.

남문현, 2013B. 「시간측정 시보 시스템」, 특허 제10-1245806호, 대한민국특허청.

강홍빈, 2011. 『1901년 체코인 브라즈의 서울 방문 - 체코 여행가들의 서울이야기』』, 서울역사박물관 조사연구과, 주한 체코공화국대사관.

『창경궁 자격루[국보 제229호] 보존처리 결과보고』(문화재청 국립문화재연구소 문화재보존과학센터, 19쪽, 2020. 4.)

한국전력공사, 1987. 『한국전기100년사』.

和田雄治, 1910. 『韓國觀測記錄報告』, 1卷, 農商工部 測候所, 濟物浦.(Wada Y., *Scientific Memoirs of the Korean Meteorological Observatory*, Vol. 1).

和田雄治, 1917.『朝鮮古代觀測記錄調査報告』, 朝鮮總督府, 京城.

4. YouTube(영상, 애니메이션)

국립고궁박물관 과학문화실 자격루 (2020. 04. 09.), https://www.youtube.com/watch?v=m8N39sTPYDA

조선, 시간의 문을 열다 / YTN 사이언스 (2013. 07. 23.), https://www.youtube.com/watch?v=eAkuUMXpTjY

조선의 혁신적인 물시계, 자격루 / YTN 사이언스 (2017. 07. 12.), https://www.youtube.com/watch?v=AUB-ASsHTzE

영상한국사 I 078 장영실과 자동 시보 물시계 자격루, 그 원리와 복원, KBS 역사저널 그날 (2019. 05. 16.), https://www.youtube.com/watch?v=KCPoo6FRVkA

[한국사 탐(探)] – 자연 속에서 찾은 시간의 비밀 / YTN DMB (2016. 10. 10.), https://www.youtube.com/watch?v=kOPzn9TjqEw

Animation of Al-Jazari's Elephant Clock (1001 Inventions), Al-Jazari's Elephant Clock (2018. 01. 13.), https://www.youtube.com/watch?v=MCW_wp0dgF4

The Peacock Clock, The Peacock Clock at Hermitage (2018. 02. 24.), https://www.youtube.com/watch?v=ilPlVRoUl_8

찾아보기

ㄱ

ㄴ

ㄷ

ㄹ

ㅁ

ㅅ

ㅇ

ㅈ

ㅊ

ㅋ

ㅌ

ㅍ

ㅎ

저자 소개

남문현(南文鉉)
Nam Moon-hyon(Moon-hyon NAM)

출생 및 학력

1942년 경기도 남양주시 출생.
연세대학교 이공대학 전기공학과를 거쳐 같은 대학교 대학원 전기공학과에서 제어공학과 생체공학을 전공하여 공학석사와 공학박사 학위를 받음. 미국 University of California, Berkeley에서 박사후과정 신경제어공학 연구.

주요 경력 및 수상 이력

건국대학교 전기공학과 조교수, 부교수, 교수 역임. 韓國技術史硏究所 소장, 상허기념도서관장, 박물관장, 산업대학원장 역임. 연세대학교 의료원 안과학교실 외래임상교수(비전임), 연세대학교 이공대학 강사, 서울대학교 대학원 국사학과 시간강사, 한국과학기술원(KAIST) 시간강사 역임.
대한전기학회 정회원 겸 전기역사전문위원회 부위원장, 한국전자공학회, 미국전기전자학회(IEEE) History Committee Member 역임. 대한의용생체공학회, 한국과학사학회, 한국사연구회, 한국돈황학회, 한국18세기학회 정회원. Advanced Historical Studies (U.S.A.) Editorial Board Member 위촉. 동방천문학사국제회의(ICOA) 집행위원, 한국산업기술사학회 초대 회장, 자격루연구회 이사장, 세종대왕기념사업회 정회원 겸 이사, 외솔회 회원, 문화재청 문화재위원회 동산, 근대문화재 분과 위원, 과학기술 앰배서더, 과학기술부 과학기술사정립위원회 위원, 과학기술부 국립과학관 추진위원회 위원 역임.
학술연구상(건국대학교, 1985), 한국출판문화상(저작상, 1996), 과학기술도서상(저술상, 1996), 강북사진공모상 대상(서울 강북구청, 1996), 공로패(미국전기전자학회 IEEE History Comm, 2003), 연구공로상(건국대학교, 2005), 감사패(대한전기학회, 2007), 옥조근정훈장(대통령, 2008), 감사장(교과부 장관, 2009), 외솔상(외솔회, 2010), 서울특별시 제64회 문화상(2015), 한국공학한림원 해동상(2017) 수상.

저술 및 업적

『한국의 물시계 - 자격루와 제어계측공학의 역사』(한국출판문화상, 과학기술도서상), 『장영실과 자격루 – 조선시대 시간측정 역사 복원』, 『우리의 과학문화재』(공저), 『전통 속의 첨단공학기술』(공저).
『전자측정』(교과서)(공저), 『전기공학개론』, 『개인용 콤퓨터를 이용한 自動制御 計算法』(편역), 『자동제어 시스템』, 『電氣回路와 信號』, 『제어 시스텀 공학』(공저), 『뇌의 인공적인 확장은 가능한가』(공저).
History of Mechanism and Machine Science Series, *A Bridge between Conceptual Frameworks*(Springer), *Handbook*, *Encyclopaedia* 등 국내외 편저(Book Chapters) 9편, 국역서 『儀器輯說』, 『推步續解』, 『量度儀圖說』, 『時憲紀要』(공역).
"자격루 복원 제작" 등 연구용역 보고서 7건 외 150여 편의 논문과 시간측정 시스템 등 특허 등록 7건이 있음.

현재

건국대학교 명예교수이며, 서예, 사진 찍기, 고전 읽기 등 취미를 즐김.